DE MOLIÈRE

TOME PREMIER

PUBLICATION DE CH. LAHURE, IMPRIMEUR

CH. LAHURE, Imprimeur-Éditeur, rue de Fleurus, 9, à Paris

MOLIÈRE

ŒUVRES COMPLÈTES

ILLUSTRÉES

Tout le monde connaît Molière, l'homme de génie qui devait illustrer le plus, non-seulement le règne de Louis XIV, mais la France; il n'est pas vrai de même que tous connaissent ses œuvres. On les sait d'intuition, me direz-vous; elles sont tellement dans notre tradition que tous les grands caractères de ses pièces sont comme des acteurs de notre histoire dont la vie devrait être écrite à son ordre alphabétique dans les biographies universelles : les uns étaient nos aïeux plus ou moins ridicules; d'autres et le plus grand nombre seront toujours les contemporains, même de nos arrière-neveux. On se contente trop de cette idée générale : on ne va pas assez aux représentations des pièces de Molière; on ne lit pas assez les œuvres de Molière. Ce n'est pas mille éditions qui devraient exister, c'est cent mille qui auraient dû jeter par millions au milieu de nous cette Bible de la Comédie humaine.

Oh! on sait bien les titres : *les Précieuses ridicules*, *le Misanthrope*, *l'Avare*, *Tartuffe*, *le Malade imaginaire*, *le Bourgeois gentilhomme*, etc., etc. Eh bien! ce n'est pas assez, nous devrions savoir par cœur les beaux vers, les belles scènes de Molière, comme les érudits de bon goût savent Horace et Virgile, et vous verriez alors quel agréable et riche ami vous avez reçu en vous-même et comme il a ennobli et développé votre intelligence et votre cœur, y semant la saine gaieté et la bonne philosophie.

Voulez-vous rire de bon cœur en effet : dès les premières livraisons lisez l'*Étourdi*, le *Dépit amoureux*, *Sganarelle*, et un peu plus loin les *Fourberies de Scapin*; par-ci par-là la farce est bien un peu forte; mais il y a déjà là de l'homme nouveau qui du premier coup a dépassé Gauthier Garguille, Gros-Guillaume et Turlupin; et Louis XIV, qui comprenait bien autant la morale et la dignité que nous, ouvrit à Molière les portes du théâtre à Paris, et en fit son auteur préféré dans les fêtes de la cour.

Après viennent les *Précieuses*, dont le succès mérité fut immense dès le premier jour, et le triomphe de Molière fut aussi une victoire pour la langue française, débarrassée à jamais du style absurde et du galimatias du royaume du Tendre.

Nous ne vous analyserons point ensuite les *Fâcheux*, parodie du ridicule de la cour; l'*Impromptu de Versailles*, où Molière se mit lui-même en scène sous son nom ; le *Mariage forcé* et la *Princesse d'Élide*, une farce et un ballet.

Dans l'*École des femmes* et l'*École des maris*, au milieu du feu croisé des scènes comiques, l'étude s'approfondit. Arnolphe, amoureux et vieux, nous montre bien l'agonie de la volonté luttant contre la passion et les misères de la passion survivant à la jeunesse.

L'homme grandit toujours : voici *Don Juan* ou le *Festin de Pierre*, et le *Misanthrope*, bien plus hardi que Don Juan, quand on va au fond du caractère de Philinte et d'Alceste.

Après le *Misanthrope*, vous lirez le *Tartuffe*, le démon de l'hypocrisie, dont le plan est simple, mais où l'intérêt va grandissant de la première scène à la dernière.

L'*Avare* fut et restera une peinture vraie et terrible. *Georges Dandin*, *Monsieur de Pourceaugnac*, les *Amours magnifiques* précédèrent le *Bourgeois gentilhomme*, qui est à la fois une excellente comédie et une farce désopilante. La *Comtesse d'Escarbagnas* n'est qu'une ébauche, mais Molière se retrouve dans les *Femmes savantes*, et enfin dans le *Malade imaginaire*, qui, avec les apparences d'une farce, est une grande comédie.

Persuadé de toutes ces vérités en relisant Molière, le créateur de nos meilleurs livres populaires depuis dix ans, celui qui en fondant le *Journal pour tous*, la *Semaine des enfants*, l'*Histoire populaire* et l'*Histoire contemporaine de la France*, la *Bible populaire*, a appris à lire en leur donnant l'envie de le savoir à des millions de Français, M. Ch. Lahure a donc eu raison de penser que Molière devait aussi avoir une des premières places dans sa *Bibliothèque illustrée*. Il a appelé à lui tous les dessinateurs de réputation, à chacun il a dit : Choisissez dans cette bibliothèque de chefs-d'œuvre les pièces qui s'harmonisent le mieux avec votre talent et faites-moi ainsi un musée de chefs-d'œuvre; liberté vous est laissée; donnez-nous une représentation vivante et vraie à laquelle croient assister les lecteurs.

Andrieux, Brion, Bertall, Castelli, Chazal, Fellman, Foulquier, Gerlier, Jund, Morin, Pelcoq, Philippoteaux, Roux, Worms ont alors taillé leurs crayons et nous ont donné les huit cents dessins affectés à illustrer l'une des plus belles éditions de Molière. L'œuvre marche ; douze livraisons ont déjà paru et nos lecteurs ont pour juger des pièces en main. Parmi nos souscripteurs, nous comptons donc en première ligne sur ceux qui ne nous ont jamais fait défaut, les fidèles lecteurs de toutes nos publications.

Nous n'avons pas besoin de leur dire que c'est non-seulement une riche édition que nous leur promettons, mais que nous voulons qu'elle soit remarquable par l'exactitude du texte revu avec le plus grand soin sur les éditions correctes.

Le jour des représentations populaires, les premières pièces du répertoire et les premiers sujets de la troupe sont toujours choisis, aussi jamais le succès n'est plus grand. Aujourd'hui, il faut que ce soit de même pour nous, c'est comme une grande représentation populaire de Molière que nous donnons ; digne de tous, il faut que tous y soient, c'est-à-dire que notre livre soit dans les mains de tout le monde.

Les ŒUVRES COMPLÈTES DE MOLIÈRE, dont nous donnons ci-contre deux pages spécimens, seront publiées en 120 livraisons environ de 8 pages chacune, et formeront 2 volumes illustrés de plus de 500 vignettes.

Les livraisons paraissent régulièrement le mercredi et le samedi de chaque semaine.

Prix de la livraison : 15 centimes.

LA SÉRIE DE 10 LIVRAISONS, AVEC COUVERTURE COLORIÉE, 1 FR. 50 C.

Les personnes qui voudraient souscrire d'avance pour les 2 volumes, recevront *franco*, toutes les livraisons, quel qu'en soit le nombre, en versant 16 francs dans nos bureaux, rue de Fleurus, 9.

Imprimerie générale de Ch. Lahure, rue de Fleurus, 9, à Paris.

Si vous n'éclatez fort contre un trait si hardi,
Et ne trouvez bientôt moyen de me défaire
Des persécutions d'un pareil téméraire,
J'abandonnerai tout, et renonce à l'ennui
De souffrir les affronts que je reçois de lui.

SGANARELLE.
Ne t'afflige point tant; va, ma petite femme,
Je m'en vais le trouver et lui chanter sa gamme.

ISABELLE.
Dites-lui bien au moins qu'il le nieroit en vain.

Isabelle fait semblant d'embrasser Sganarelle et donne sa main à baiser à Valère. (Acte II, scène xiv.)

Que c'est de bonne part qu'on m'a dit son dessein;
Et qu'après cet avis, quoi qu'il puisse entreprendre,
J'ose le défier de me pouvoir surprendre;
Enfin, que sans plus perdre et soupirs et momens,
Il doit savoir pour vous quels sont mes sentimens;
Et que, si d'un malheur il ne veut être cause,

Il ne se fasse pas deux fois dire une chose.

SGANARELLE.
Je dirai ce qu'il faut.

ISABELLE.
　　　　Mais tout cela d'un ton
Qui marque que mon cœur lui parle tout de bon.

Les Amants magnifiques.

PUBLICATION DE CH. LAHURE, IMPRIMEUR, RUE DE FLEURUS, 9, A PARIS

ŒUVRES DE MOLIÈRE

NOTICE SUR MOLIÈRE.

On a cru longtemps que Molière était né en 1620, dans une maison située sous les piliers des halles, et que sa mère se nommait Anne Boutet ou Boudet. M. Beffara, qui s'est occupé avec un zèle infatigable de recueillir toutes les pièces qui peuvent jeter du jour sur la biographie de Molière, a retrouvé son extrait de baptême; et l'on sait maintenant qu'il a été baptisé le 15 janvier 1622, sous le nom de Jean Poquelin; que son père demeurait rue Saint-Honoré, au coin de la rue des Vieilles-Étuves, et que sa mère s'appelait Marie Cressé. Molière signa toujours Jean-Baptiste Poquelin, parce qu'étant libre de choisir son patron entre les divers saints Jean du calendrier, il se mit de préférence sous la protection de saint Jean-Baptiste.

Le père de Molière n'appartenait pas précisément à la bourgeoisie, car alors on réservait ce nom aux familles de robe ou du haut commerce; mais il était distingué dans la classe des artisans, puisque deux de ses parents avaient rempli l'emploi de consul. Il était lui-même pourvu d'une charge de valet de chambre tapissier du roi. Les Poquelin étaient tapissiers de père en fils; et Molière fut d'abord destiné à exercer la profession de son père.

Il resta dans la maison paternelle jusqu'à l'âge de quatorze ans; il ne savait encore que lire, écrire et compter, et c'était assez pour suivre les vues de sa

NOTICE SUR MOLIÈRE.

famille; mais il obtint, à force de supplications, qu'on lui ferait faire ses études. On le mit au collége de Clermont, depuis collége Louis-le-Grand, qui dès lors était dirigé par des jésuites. Il ne tarda pas à s'y faire remarquer, et cinq années lui suffirent pour faire des études complètes, en y comprenant la philosophie. Il eut pour condisciples le prince de Conti, qui fut généralissime de l'armée de la Fronde, abbé de Saint-Germain des Prés, qui permit par épouser une nièce de Mazarin; Bernier, le célèbre voyageur; Hesnault, poëte assez médiocre; Cyrano de Bergerac, auteur de comédies maintenant oubliées, et Chapelle, dont on ne lit plus les poésies, mais que ses contemporains honorèrent comme un écrivain de mérite. Chapelle avait pour précepteur Pierre Gassendi, l'illustre commentateur d'Épicure, qui permit à Molière, à Bernier et à Cyrano de Bergerac d'assister aux leçons de son élève. Ce fut une grande douleur pour Molière de quitter ses condisciples, son précepteur, ses études, et de rentrer dans une carrière qu'il avait tout fait pour éviter; mais son père, vieux et infirme, avait obtenu pour lui la survivance de son emploi; il se vit obligé, en 1642, au sortir du collége, de commencer ses fonctions de valet de chambre et de suivre le roi Louis XIII à ce voyage de Narbonne si célèbre par le supplice de Cinq-Mars et de Thou, et que suivirent de près la mort du cardinal de Richelieu et celle du roi. Les principales fonctions d'un valet de chambre tapissier du roi consistaient à faire le lit de Sa Majesté le matin et à le découvrir le soir; cependant ces places étaient fort souhaitées, comme toutes celles de la domesticité du palais. Elles s'acquéraient moyennant finance, et presque toujours se transmettaient de père en fils. Les valets de chambre dépendaient des premiers valets de chambre, qui servaient par quartier, et dont l'emploi, recherché par la plus haute bourgeoisie, était fort supérieur en autorité, en considération et en bénéfices; mais, à leur tour, les simples valets de chambre se distinguaient des valets du serdeau, des garçons de la chambre et de la garde-robe, des bas officiers des écuries et de la bouche, et en un mot, de toute la livrée. Ils mangeaient à la table du contrôleur de la bouche; il n'était pas rare de voir parmi eux des gens de mérite, et Clément Marot avait été valet de chambre de François Ier.

On ne connaît pas avec certitude l'emploi des quatre années qui suivirent le voyage de Narbonne. Il paraît que Molière en passa une partie à Orléans, et qu'il s'y fit recevoir avocat; ce qui est plus avéré, c'est que, de retour à Paris, il s'associa avec quelques amis pour fonder une troupe de comédiens amateurs, qui, sous le nom de l'*Illustre Théâtre*, ne tarda pas à attirer la foule; et qu'enfin, encouragé par le succès, il donna des représentations pour de l'argent, et se fit résolument comédien. Suivant les idées du temps, c'était se mettre en dehors de la société; et le nouveau comédien, pour épargner un déshonneur à sa famille et se conformer à une coutume reçue au théâtre, ne se fit plus appeler que Molière.

Ce nom de Molière n'était pas absolument nouveau dans les lettres. François de Molière, sieur d'Essertines, avait publié, au commencement du siècle, deux romans : *Polyxène* et *la Semaine amoureuse*; et ce nom fut encore porté, du vivant de Molière, par un homme de la musique du roi et par un danseur de profession.

Dès que l'*Illustre Théâtre* voulut faire concurrence à l'*Hôtel de Bourgogne* et à la troupe du *Marais*, il perdit toute sa vogue, et les troubles de la Fronde qui survinrent achevèrent de ruiner la nouvelle entreprise. Molière se détermina à courir la province; mais ici tous les Mémoires perdent sa trace pendant plusieurs années. On sait seulement qu'il avait avec lui quelques acteurs de l'*Illustre Théâtre* : du Parc, qui se faisait appeler Gros-René, et pour lequel il a écrit plus tard le rôle qui porte ce nom dans *le Dépit amoureux*; les deux Béjart et leur sœur Madeleine. Madeleine était la maîtresse de Molière, et toute la troupe vivait en commun. On représentait des comédies, des tragédies et des farces, suivant les nécessités du moment et le bon plaisir des spectateurs. Molière inventait des canevas à la manière italienne, qu'il développait impromptu sur la scène avec ses camarades. Il fit aussi, durant cet intervalle, une tragédie de *la Thébaïde*, dont il ne s'est conservé aucun fragment. On le retrouve avec certitude à Nantes en 1648, deux ans après son départ de Paris; puis à Bordeaux, où il joue *la Thébaïde*; puis à Vienne, et enfin à Lyon en 1653.

C'est à Lyon que Molière fit représenter la première de ses pièces, qui mérite véritablement le nom de comédie. *L'Étourdi* se voit encore aujourd'hui avec plaisir; mais, pour le bien apprécier, il faut songer à l'état où se trouvait notre théâtre, aux pièces sans conduite, sans caractère et sans style que l'on était forcé d'applaudir, aux intrigues compliquées et invraisemblables de Rotrou, aux lazzi ordures de Scarron, à l'extravagance d'un Cyrano de Bergerac. La seule comédie que nous eussions alors avait été donnée à Paris onze ans auparavant, et c'était *le Menteur* du grand Corneille.

Molière eut à Lyon tout le succès qu'il pouvait souhaiter comme auteur et comme acteur. Une autre troupe qui s'y trouvait en même temps ne put tenir, et la plupart des acteurs prirent parti avec lui et le suivirent à Avignon et à Béziers. Ce fut aussi à Lyon que Molière rencontra d'Assoucy. Cet original, d'un talent contestable, d'une réputation équivoque, dont la vie fut une suite de malheurs et d'extravagances, courait alors la province avec son luth, son théorbe et ses deux petits pages, ou *enfants de musique*, et s'occupait à gagner le glorieux surnom d'*empereur du burlesque*. « Je trouvai à Lyon, dit-il dans ses *Mémoires*, mes poésies dans tous les couvents de religieuses; mais ce qui me charma le plus, ce fut la rencontre de Molière et de MM. les Béjart. Comme la comédie a des charmes, je ne pus sitôt quitter ces charmants amis : je demeurai trois mois à Lyon parmi les jeux, la comédie et les festins.... Ayant ouï dire qu'il y avait à Avignon une excellente voix de dessus, je m'embarquai avec Molière sur le Rhône, qui mène en Avignon, où, étant arrivé avec quarante pistoles..., la première chose que je fis, ce fut d'aller à l'académie : » à l'académie, c'est-à-dire au tripot, et les quarante pistoles y passèrent. « Mais comme un homme n'est jamais pauvre lorsqu'il a des amis, ayant Molière pour estimateur et toute la maison Béjart pour amie, en dépit du diable et de la fortune, je me vis plus riche et plus content que jamais ; car ces généreuses personnes ne se contentèrent pas de m'assister comme ami : elles me voulurent traiter comme parent. Étant commandés pour aller aux états, ils me menèrent avec eux à Pézenas, où je ne saurais dire combien de grâces je reçus ensuite de toute la maison. Molière et sa troupe étaient commandés pour aller aux états jouer devant la noblesse du Languedoc et devant le prince de Conti, qui la présidait. Molière devait cet honneur à la bienveillance du prince, son ancien condisciple au collège des jésuites, et au succès éclatant qu'il venait d'obtenir à Lyon. Sa troupe était dès lors citée comme la meilleure troupe qui fût en province. Les mauvais jours étaient passés pour elle; l'argent lui venait avec la réputation, et chaque soir, quand la comédie était jouée et qu'on s'était débarbouillé le visage, on se retrouvait à table autour de Madeleine Béjart pour boire et chanter et mener joyeuse vie, en vrais bohémiens. » Ce pauvre d'Assoucy, qui avait au moins le mérite d'être reconnaissant, nous donne encore de précieux détails à ce sujet dans cette même page de ses *Mémoires* : « On dit que le meilleur frère est las, au bout d'un mois, de donner à manger à son frère ; mais ceux-ci, plus généreux que tous les frères qu'on puisse avoir, ne se lassèrent point de me voir à leur table tout un hiver ; et je peux dire :

> Qu'en cette douce compagnie,
> Que je repaissais d'harmonie,
> Au milieu de sept ou huit plats,
> Exempt de soins et d'embarras,
> Je passais doucement la vie,
> Jamais plus gueux ne fut plus gras ;
> Et quoi qu'on chante et quoi qu'on die,
> De ces beaux messieurs des états,
> Qui tous les jours ont six ducats,
> La musique et la comédie ;
> A cette table bien garnie,
> Parmi les plus friands muscats,
> C'est moi qui soufflais la rôtie
> Et qui buvais plus d'hypocras.

« En effet, quoique je fusse chez eux, je pouvais bien dire que j'étais chez moi. Je ne vis jamais tant de bonté, tant de franchise, ni tant d'honnêteté que parmi ces gens-là, bien dignes de représenter réellement dans le monde les princes qu'ils représentent tous les jours sur le théâtre. »

D'Assoucy passa encore « six bons mois dans cette cocagne ; » et il suivit Molière jusqu'à Narbonne.

C'est à Béziers et pendant la tenue des états, en 1654, que Molière donna *le Dépit amoureux*, excellente comédie où se trouve une scène digne de la maturité de son talent.

Le prince de Conti, dans sa bienveillance, ne se borna pas à appeler Molière comme comédien ; il lui offrit la place de secrétaire de ses commandements, vacante par la mort de Sarazin, et il fut refusé. La proposition n'était pas fort séduisante. Le frère puîné du prince de Condé n'avait qu'une fortune médiocre pour son rang : il était prince, bel esprit et mécontent de sa situation. Molière fit bien de ne pas s'attacher à lui. Le prince ne lui en garda pas rancune. Il lui procura, quelques années plus tard, l'amitié du grand Condé, et contribua à le faire venir à la cour.

D'ailleurs Molière aimait sa profession. Il l'avait embrassée malgré sa famille, par entraînement, et il ne voulut même pas l'abandonner dans la suite, lorsque tous ses amis l'avertirent qu'elle lui devenait mortelle. Il fut célèbre comme acteur avant de s'illustrer comme poëte. Il ne réussissait pas dans la tragédie, quoiqu'il eût la faiblesse d'aimer les rôles tragiques ; mais il était supérieur dans la comédie. Il étudiait ses rôles avec un soin infini, en composait toutes les parties avec art, ne négligeait pas les détails en apparence les plus insignifiants, et avait toujours en tête quelque original dont il imitait la démarche, la prononciation et le costume ; jusque-là, pour jouer le rôle d'un pédant, il emprunta, dit-on, le chapeau du cartésien Rohault, qui était son ami. « Il était comédien depuis les pieds jusqu'à la tête, dit un de ses contemporains. Tout parlait en lui, et, d'un pas, d'un sourire, d'un clin d'œil, d'un remuement de tête, il faisait concevoir plus de choses que le plus grand parleur n'aurait pu en dire en une heure. »

Molière, après la clôture des états, parcourut pendant plusieurs années le Languedoc. Il joua la comédie à Montpellier, à Pézenas ; il revint à Avignon, passa le carnaval de 1658 à Grenoble. On raconte qu'étant à Pézenas, il allait souvent s'asseoir dans la boutique d'un barbier, et y demeurait oisif en apparence, mais occupé à voir et à entendre les originaux de ses comédies, en homme que Boileau devait appeler *le contemplateur*, et dont les pièces bien lues pourraient, suivant l'expression de la Harpe, tenir lieu d'expérience. Et pourquoi n'aurait-il pas étudié dans la boutique du barbier de Pézenas, lui qui plus tard ne dédaignait pas de consulter sa servante Laforêt, et qui effaçait de ses pièces les plaisanteries qu'elle n'avait pas goûtées ? La ville de Pézenas garde avec respect le fauteuil de Molière, comme on conserve à la Comédie française le fauteuil du *Malade imaginaire*, dans lequel il s'assit quelques heures avant de mourir.

Pendant son second séjour à Avignon, en 1657, Molière se lia avec Mignard, qui revenait de Rome. Cette liaison fut intime et durable. Molière écrivit *la Gloire du Val-de-Grâce*, Mignard fit plusieurs portraits de Molière. En se quittant, Mignard fut à Lyon, et Molière à Grenoble, puis à Rouen ; mais ils ne tardèrent pas à se retrouver à Paris et à la cour.

Molière avait son but en se rapprochant de Paris. Il y fit secrètement plusieurs voyages, pendant son séjour à Rouen, s'appuya de la protection du prince de Conti, se fit présenter à Monsieur et à la reine mère ; et enfin obtint la permission de jouer au Louvre devant le jeune roi. Louis XIV fit tout exprès dresser un théâtre dans la salle des Gardes du vieux Louvre, et au grand désespoir des comédiens de l'Hôtel de Bourgogne, la troupe de Molière y représenta la tragédie de *Nicomède*. Le roi se montra satisfait de la manière dont la tragédie de Corneille avait été rendue; et Molière, s'avançant sur le théâtre, fit une harangue dans laquelle il supplia le roi « d'avoir pour agréable qu'il lui donnât un de ces petits divertissements qui lui avaient acquis quelque réputation, et dont il régalait les provinces. » Le roi y consentit de bonne grâce, et l'on joua aussitôt la farce du *Docteur amoureux*. Cette farce a péri, comme toutes les autres que Molière avait écrites durant sa vie errante, à l'exception du *Médecin volant* et de *la Jalousie du Barbouillé*. Le roi, qui ne voyait plus de petites pièces, car depuis la mort de Gros-Guillaume, Gauthier-Garguille et Turlupin, la dignité de messieurs de l'Hôtel de Bourgogne

Molière dans la boutique du barbier de Pézenas.

ne s'abaissait plus jusqu'à la farce, fut charmé de cette nouveauté, et permit aussitôt à Molière de jouer sur le théâtre du Petit-Bourbon, alternativement avec la troupe italienne. Cette mémorable représentation avait eu lieu le 24 octobre 1658, et dès le 3 novembre Molière inaugurait son nouveau théâtre par *l'Étourdi* et *le Dépit amoureux*.

Assuré désormais de la protection du roi, et par elle de la faveur des courtisans, Molière ne craignit pas d'attaquer de front une secte de beaux esprits qui avait eu, peut-être, une influence heureuse pour rétablir le goût des lettres, mais qui avait dégénéré en pédantisme et en afféterie et menaçait de corrompre le goût national. Il donna en 1659 *les Précieuses ridicules*; ce fut sa troisième comédie, et la première qu'il eût composée pour Paris et pour la cour. Il prouva ce jour-là qu'il avait au plus haut degré deux qualités sans lesquelles il n'y a pas de grand auteur comique : la fermeté du jugement et l'énergie du caractère. Le jargon des précieuses ne nous paraît plus aujourd'hui qu'un travers; mais quand ce comédien et ce poëte, deux fois vulnérable comme auteur et comme acteur, en fit une si sanglante justice, elles étaient les maîtresses de l'esprit public; elles tenaient des bureaux d'esprit dont les arrêts étaient reçus comme des oracles, et les plus beaux génies du temps, le grand Corneille lui-même, en reconnaissaient l'autorité et en subissaient l'influence. Molière, en frappant ce grand coup pour son début, annonçait l'homme qui, grandissant avec le succès, et flétrissant le crime après avoir corrigé les ridicules, oserait écrire *le Tartuffe*.

Les Précieuses ridicules allèrent aux nues dès le premier jour. Un vieillard s'écria du milieu du parterre : « Courage, Molière ! voilà la bonne comédie ! » Ce fut un des plus grands et en même temps des plus faciles triomphes que le bon sens ait jamais remportés; et la preuve, c'est que Ménage, un des oracles des *Précieuses*, se déclara vaincu et détrompé séance tenante. « Au sortir de la pièce, prenant M. Chapelain par la main : « Monsieur, lui dis-je, nous approuvions, vous

Madeleine Béjart.

« et moi, toutes les sottises qui viennent d'être criti-
« quées si finement et avec tant de bon sens; mais,
« croyez-moi, pour me servir de ce que saint Remy dit
« à Clovis, il nous faudra brûler ce que nous avons
« adoré et adorer ce que nous avons brûlé. » Cela arriva comme je l'avais prédit, et, dès cette première représentation, l'on revint du style forcé et du galimatias. »

Molière donna ensuite *Sganarelle ou le Cocu imaginaire*, qui n'est, à la vérité, qu'une farce, mais une farce où l'homme de génie se reconnaît; puis, pour obéir au roi qui commença à ne plus employer que lui dans les fêtes de la cour, *Don Garcie de Navarre*, puis *l'École des Maris*, comédie de mœurs où la nature est prise sur le fait, et où le poëte comique, disparaissant derrière ses personnages, provoque à la fois la réflexion et le rire; puis *les Fâcheux*, la première de nos comédies à tiroir, une satire plutôt qu'une comédie, mais une satire vive, animée, hardie, et par-dessus tout divertissante. *Les Fâcheux* rappelèrent et dépassèrent même le succès des *Précieuses ridicules*. Il fallut la mettre au double, c'est-à-dire la jouer deux fois par jour, pour suffire à l'influence des spectateurs. La cour se donnait, pour ainsi dire, ce spectacle à elle-même;

chacun y reconnaissait son voisin, et Molière, que le roi soutenait, et qui en attaquant tous les ridicules pouvait dire hardiment : « Je prends mon bien où je le trouve, » devenait une véritable puissance.

Les Fâcheux furent joués en 1661. Molière se maria l'année suivante. Il épousa Armande Béjart, une des plus jeunes actrices de sa troupe, et des plus séduisantes sinon des plus belles. Tous les contemporains tombent d'accord qu'il a voulu la peindre dans ce passage du *Bourgeois gentilhomme* : « Elle a les yeux petits, mais elle les a pleins de feu, les plus brillants, les plus perçants du monde, les plus touchants qu'on puisse voir. Elle a la bouche grande, mais on y voit des grâces qu'on ne voit point aux autres bouches. Sa taille n'est pas grande, mais elle est aisée et bien prise. Elle affecte une nonchalance dans son parler et dans son maintien; mais elle a grâce à tout cela, et ses paroles ont je ne sais quel charme à s'insinuer dans les cœurs. Enfin, son esprit est du plus fin et du plus délicat; sa conversation est charmante ; et si elle est capricieuse autant que personne du monde, tout sied bien aux belles, on souffre tout des belles. »

Armande Béjart, dit Grimarest, crut être parvenue au rang de duchesse en épousant Molière. Et quel plus beau nom aurait-elle pu porter? Les lettres n'en avaient point alors et n'en auront probablement jamais de plus grand. Molière lui apportait la fortune et la gloire, qui ne vont pas toujours de compagnie ; il était beaucoup plus âgé qu'elle, mais pas assez cependant pour ne pas lui plaire; sans avoir cette beauté fade d'une figure régulière, on trouvait dans ses traits fortement prononcés et dans toute sa personne le reflet de son génie; il n'y avait qu'une voix sur sa probité, sur sa délicatesse, sur sa générosité ; enfin il aimait sa femme avec idolâtrie. Cependant Molière fut malheureux. Il fut jaloux, et il eut lieu de l'être. Il ne trouva dans sa femme ni fidélité, ni soumission, ni tendresse, ni égards. Il lui fallut vivre uniquement par le travail et par la pensée, lui qui avait un cœur digne de son génie. Il éprouva par lui-même toutes les angoisses de la jalousie et de l'amour malheureux, dont il a été le plus grand peintre. Son nom ne fut pas même respecté après sa mort, et sa veuve épousa un comédien obscur, nommé Guérin d'Estriché.

Le mariage de Molière donna lieu à d'atroces calomnies. Quand il avait quitté Paris pour courir la province avec quelques acteurs de l'*Illustre Théâtre*, il avait avec lui les Béjart et leur sœur Madeleine. Il l'aima; et plus tard, quand il épousa Armande, les plus modérés se bornèrent à dire qu'il épousait la fille après avoir été l'amant de la mère; d'autres ne craignirent pas de l'accuser d'épouser sa propre fille. Un comédien de l'Hôtel de Bourgogne porta ces accusations jusqu'au roi; mais ce qui prouve que l'esprit de Louis XIV n'en fut pas effleuré, c'est qu'il nomma lui-même, quelque temps après, avec Henriette d'Angleterre, le premier enfant de Molière et d'Armande Béjart.

La vérité est qu'Armande était la sœur et non pas la fille de Madeleine; et ce qui le prouve avec évidence, c'est l'acte authentique du mariage de Molière, retrouvé par M. Beffara. Le voici :

« Jean-Baptiste Poquelin (Molière), fils de Jean Poquelin et de feue Marie Cressé d'une part, et Armande-Grésinde Béjart, fille de feu Joseph Béjart et de Marie Hervé, d'autre part, tous deux de cette paroisse, vis-à-vis le Palais-Royal, fiancés et mariés tout ensemble, par permission de M. de Comtes, doyen de Notre-Dame et grand vicaire de monseigneur le cardinal de Retz, archevêque de Paris, en présence dudit Jean Poquelin, père du marié, et de André Boudet, beau-frère du marié; de ladite Marie Hervé, mère de la mariée, Louis Béjart et Madeleine Béjart, frère et sœur de ladite mariée. »

Cet acte est du 20 février 1662, et de la paroisse de Saint-Germain l'Auxerrois.

Outre le fils qui eut pour parrain Louis XIV, Molière eut encore un autre fils, qui ne vécut que deux mois, et une fille, que Madeleine Béjart tint sur les fonts avec son ancien amant le comte de Modène, et qui seule survécut à son père. Elle épousa Montalant, organiste de Saint-André des Arcs, et mourut à Argenteuil, sans postérité.

La troupe de Molière n'avait joué sur le théâtre du Petit-Bourbon que pendant deux années. Lorsque Louis XIV fit abattre l'hôtel du Petit-Bourbon pour achever la colonnade du Louvre, il donna à Molière la salle que Richelieu avait fait construire à grands frais au Palais-Royal pour les représentations de *Mirame*. Molière y joua pour la première fois le 4 novembre 1660; et à partir de *Don Garcie de Navarre*, toutes ses pièces furent représentées sur ce théâtre. Après sa mort, sa troupe fut reléguée dans la rue Guénégaud, et le roi donna la salle du Palais-Royal à Lulli, pour y installer l'*Académie royale de musique*.

La première pièce que Molière donna après son mariage fut *l'École des Femmes*, dont le succès ne fut ni moins grand, ni moins mérité que celui de *l'École des Maris*. Arnolphe amoureux et par conséquent jaloux, mais jaloux en vieillard, c'est-à-dire avec frénésie et avec réflexion, employant toute sa pénétration et toute son expérience à élever une femme dont la tendresse lui soit assurée, s'apercevant tout à coup, après tant d'années de soins, de surveillance, de tyrannie, que ce cœur lui échappe, furieux de sa découverte, puis navré, passant en un moment du despotisme à la soumission, pleurant aux genoux de cette enfant qui ne le trouve que ridicule, se relevant pour exiger de son obéissance ce qu'il ne peut attendre de son cœur, et la trouvant enfin dans les bras d'un autre, c'était une de ces peintures à la fois terribles et vraies où l'homme se retrouve avec effroi, et qui nous font voir l'agonie de la volonté luttant contre la passion, et les misères de la passion survivant à la jeunesse. Molière, par la force comique des situations, par la verve de son style, par mille détails plaisants, sauvait à la représentation la tristesse du sujet, et restait fidèle à la devise de la comédie qui ne corrige qu'en riant. On riait dans la salle; mais on gardait au fond de l'âme une impression grave. Molière était là tout entier et l'idéal de la comédie était trouvé.

La critique se déchaîna contre *l'École des Femmes*; pauvre critique, qui passait à côté de la question, et, dans une œuvre de cette force, ne s'attaquait qu'aux détails du style ou de l'intrigue. Molière fut blessé; il répondit, non par des dissertations, mais par une pièce. Il écrivit *la Critique de l'École des Femmes*; il la dédia à la reine mère; et il joua devant le roi une pièce toute remplie de lui-même. C'était agir en poète tout-puissant. Il ne s'en tint pas là : il osa plus. Dans *l'Impromptu de Versailles*, il se mit lui-même en scène sous son nom, et fit comparaître toute sa troupe, en quelque sorte à visage découvert, devant Louis XIV. *Le Mariage forcé* et *la Princesse d'Élide*, une farce et un ballet, ne sont que deux flatteries pour ses deux souverains, le peuple et le roi. Il se releva glorieusement dans *Don Juan ou le Festin de pierre*. C'est sa première comédie de caractère. Elle n'a pas la perfection du *Misanthrope* et du *Tartuffe*; mais le caractère du libertin y est tracé avec une telle vigueur, qu'on peut dire à bon droit que l'apparition de ce chef-d'œuvre marque une ère nouvelle dans la scène française. Il faut, pour comprendre Molière, songer aux spectateurs pour lesquels *Don Juan* fut écrit : il faut penser à la royauté majestueuse et solennelle de Louis XIV, à cette cour polie, raffinée; mais routinière, à ces beaux esprits tout remplis de préjugés contre les innovations, à ces règles d'Aristote, dont on faisait les règles mêmes du goût. Le don Juan de Molière épouse une religieuse, et la quitte pour courir à d'autres amours; il met toutes les femmes à mal, tue les pères et les maris, se parjure, tourne en dérision et en mépris l'autorité paternelle, se sert du nom de Dieu pour couvrir ses vices, insulte son ennemi mort jusque sur son tombeau, met sa main dans la main de la statue sans trembler, converse avec les morts, et meurt lui-même, foudroyé, sans effroi et sans repentir.

L'Amour médecin n'est qu'un agréable intermède, fait, appris et représenté en cinq jours. Puis vint *le Misanthrope*, qui serait la plus belle des comédies, si Molière n'avait pas fait *le Tartuffe*.

Le Misanthrope est bien plus hardi que *Don Juan*; car l'insurrection de don Juan contre la société n'est que la rage d'un scélérat, et l'insurrection d'Alceste est la protestation d'un honnête homme. On a eu beau dire que Philinte était l'honnête homme de la pièce, et qu'Alceste, avec son exagération, n'était qu'un ridicule. Le ridicule ne porte que sur l'exagération d'Alceste; mais, dans le fond, il a raison partout. Il a raison contre ses juges dans son procès, contre Philinte dans son horreur des hypocrisies du monde, contre Oronte dans son jugement sur le sonnet, contre Célimène dans son mépris de la coquetterie. Il est vaincu partout, il est vrai, et c'est par là que Molière triomphe; et quand Célimène l'abandonne aussi, ce dernier trait, le plus cruel de tous, ne fait qu'ajouter à la grandeur et à la vérité du tableau. On voulut persuader au duc de Montausier, l'ami de Fénelon, que Molière avait voulu le peindre dans Alceste; le duc fut voir *le Misanthrope*, et, loin de se plaindre, il en sortit ravi ; mais on se trompait, et l'original du *Misanthrope*, c'est Molière lui-même.

Hélas ! quand il montrait sur la scène cette âme si noble, si courageuse, si héroïque malgré ses travers, aux prises avec la légèreté et la perfidie d'une coquette, il racontait son histoire en même temps que son cœur. Il était alors brouillé avec Armande, qu'il adorait toujours, et il ne la voyait plus qu'au théâtre. Elle jouait le rôle de Célimène, et lui le rôle d'Alceste. Et quand Célimène dit à Alceste :

> Vous avez sujet de me haïr ;
> Faites-le, j'y consens,

c'est à Armande, c'est à elle-même que Molière répondait :

> Hé ! le puis-je, traîtresse ?
> Puis-je ainsi triompher de toute ma tendresse ?
> Et quoique avec ardeur je veuille vous haïr,
> Trouvé-je en moi un cœur tout prêt à m'obéir ?

On rapporte une conversation de Molière avec Chapelle son ami, qui est le plus frappant et le plus touchant commentaire de tout ce côté du rôle d'Alceste. La voici. On ne peut se dispenser de la citer dans une vie de Molière, car il s'y est peint lui-même, dans les effusions de l'intimité, comme il savait peindre [1].

Chapelle raillait son ami sur la douleur à laquelle il s'abandonnait pour une femme indigne de lui. « Je vois bien que vous n'avez encore rien aimé, lui répondit Molière, et vous avez pris la figure de l'amour pour l'amour même. Vous dites que j'ai une connaissance parfaite du cœur de l'homme, et je tombe d'accord que je me suis étudié, autant que j'ai pu, à connaître leur faible; mais si ma science m'a appris qu'on pouvait fuir le péril, mon expérience ne m'a que trop fait voir qu'il est impossible de l'éviter ; j'en juge tous les jours par moi-même. Je suis né avec les dernières dispositions à la tendresse ; et, comme j'ai cru que mes effets pourraient lui inspirer, par l'habitude, des sentiments que le temps ne pourrait détruire, je n'ai rien oublié pour y parvenir. Comme elle était fort jeune quand je l'épousai [2], je ne m'aperçus pas de ses méchantes inclinations, et je me crus un peu moins malheureux que la plupart de ceux qui prennent de pareils engagements; aussi le mariage ne ralentit point mes empressements; mais je lui trouvai tant d'indifférence que je commençai à m'apercevoir que toute ma précaution avait été inutile, et que ce qu'elle sentait pour moi était bien éloigné de ce que j'aurais souhaité pour être heureux. Je me fis à moi-même ce reproche sur une délicatesse qui me semblait ridicule dans un mari, et j'attribuai à son humeur ce qui était

---

[1]. Ce passage est extrait d'un pamphlet très méprisable à tous égards, intitulé : *la Fameuse comédie, ou Histoire de la Guérin, auparavant femme de Molière*. Cet ouvrage, qui eut de nombreuses éditions, est attribué à une comédienne nommée la Boudin. La conversation de Molière que nous rapportons ici peut avoir été altérée dans le texte, mais il est évident que le fond en est vrai.

[2]. Elle avait dix-sept ans.

un effet de son peu de tendresse pour moi; mais je n'eus que trop de moyens de m'apercevoir de mon erreur, et la folle passion qu'elle eut peu de temps après pour le comte de Guiche fit trop de bruit pour me laisser dans cette tranquillité apparente. Je n'épargnai rien, à la première connaissance que j'en eus, pour me vaincre moi-même dans l'impossibilité que je trouvai à la changer; je me servis pour cela de toutes les forces de mon esprit, j'appelai à mon secours tout ce qui pouvait contribuer à ma consolation. Je la considérai comme une personne de qui tout le mérite est dans l'innocence, et qui, par cette raison, n'en conservait plus depuis son infidélité. Je pris dès lors la résolution de vivre avec elle comme un honnête homme qui a une femme coquette, et qui est bien persuadé, quoi qu'on puisse dire, que sa réputation ne dépend pas de la mauvaise conduite de son épouse; mais j'eus le chagrin de voir qu'une personne sans beauté, qui doit le peu d'esprit qu'on lui trouve à l'éducation que je lui ai donnée, détruisait en un moment toute ma

Molière.

philosophie. Sa présence me fit oublier mes résolutions, et les premières paroles qu'elle me dit pour sa défense me laissèrent si convaincu que mes soupçons étaient mal fondés, que je lui demandai pardon d'avoir été si crédule. Cependant mes bontés ne l'ont point changée. Je me suis donc déterminé à vivre avec elle comme si elle n'était pas ma femme; mais si vous saviez ce que je souffre, vous auriez pitié de moi. Ma passion est venue à un tel point, qu'elle va jusqu'à entrer avec compassion dans ses intérêts; et quand je considère combien il m'est impossible de vaincre ce que je sens pour elle, je me dis en même temps qu'elle a peut-être une même difficulté à détruire le penchant qu'elle a d'être coquette, et je me trouve plus dans la disposition de la plaindre que de la blâmer. Vous me direz sans doute qu'il faut être fou pour aimer de cette manière; mais, pour moi, je crois qu'il n'y a qu'une sorte d'amour, et que les gens qui n'ont point senti de semblable délicatesse n'ont jamais aimé véritablement. Toutes les choses du monde ont du rapport avec elle dans mon cœur; mon idée en est si fort occupée que je ne fais rien en son absence qui m'en puisse divertir. Quand je la vois, une émotion et des transports qu'on peut sentir, mais qu'on ne saurait exprimer, m'ôtent l'usage de la réflexion; je n'ai plus d'yeux pour ses défauts : il m'en reste seulement pour tout ce qu'elle a d'aimable. N'est-ce pas là le dernier degré de la folie ? Et n'admirez-vous pas que tout ce que j'ai de raison ne sert qu'à me faire connaître ma faiblesse, sans en pouvoir triompher ? »

Lorsque *le Misanthrope* fut joué pour la première fois, le 4 juin 1666, sur le théâtre du Palais-Royal, le public resta froid. Molière en fut consterné. C'était son œuvre de prédilection. Il y avait mis plus de lui-même que dans ses autres ouvrages. « Attendez, » lui dit Boileau. En effet, les connaisseurs ramenèrent le public, et bientôt les contemporains jugèrent comme devait juger la postérité.

Molière donna, après *le Misanthrope*, le *Médecin malgré lui*, une de ses plus excellentes farces, *Méli-*

Armande Béjart, femme de Molière.

certe, pastorale au-dessous du médiocre, écrite pour une fête de la cour; *le Sicilien ou l'Amour peintre*, comédie de genre fort agréable, et enfin son œuvre capitale, égale ou supérieure au *Misanthrope*, *le Tartuffe*.

Le Tartuffe était composé avant *le Misanthrope*. Le 12 mai 1664, pendant les fêtes de Versailles, le roi en entendit les trois premiers actes. Ils firent sur les courtisans une sensation profonde. Ce n'était plus ici une attaque générale contre les vices de la société, comme dans *le Misanthrope*, ou contre ses ridicules,

comme dans *les Fâcheux*; ce n'était pas non plus, comme dans *les Précieuses*, une charge à fond contre le mauvais goût. Le poëte prenait corps à corps les faux dévots, c'est-à-dire les hommes à la fois les plus habiles et les plus pervers, les plus accoutumés aux intrigues souterraines, les plus résolus à la vengeance, les plus étroitement unis entre eux dans la défense commune, d'autant plus redoutables qu'ils revêtent les apparences de la vertu, et que leur industrie consiste à compromettre sans cesse la religion dans leurs intérêts. Le coup était terrible ; la réponse fut immédiate. Le roi approuva la pièce et les intentions de Molière ; mais le faux dévot, dit-il, ressemblait trop au véritable, pour qu'il n'y eût péril à laisser jouer cette comédie. Elle fut interdite. Le 24 septembre suivant, le roi entendit encore ces trois premiers actes chez Monsieur, à Villers-Cotterets, et la pièce entière fut représentée le 29 novembre, au Raincy, chez le prince de Condé, mais à huis clos ; ni le grand Condé, ni le frère du roi ne purent obtenir que l'interdiction fût levée.

Molière ne se découragea pas. C'était à qui, parmi les courtisans, obtiendrait de lui une lecture de sa pièce. Il fut la lire au légat du pape et à ceux des évêques auprès desquels il put trouver accès. Le légat et les évêques approuvèrent *le Tartuffe*, et ne crurent pas le ciel intéressé dans la cause des hypocrites. Molière était d'ailleurs personnellement en faveur auprès du roi. Il était rentré à son service comme valet de chambre tapissier, en 1661, après un intervalle de plusieurs années, à la mort d'un de ses frères qui l'avait d'abord remplacé. Le roi le voyait fréquemment, s'entretenait avec lui, et lui accordait des grâces extraordinaires. Il l'avait fait mettre, en sa qualité de poète, sur la liste de ses pensionnaires. Il avait, en quelque sorte, adopté sa troupe. Il s'occupait lui-même des affaires du théâtre, recevait les débutants ou les rejetait, indiquait à Molière des sujets de pièce, se faisait lire des fragments des pièces à l'étude, donnait son opinion sur chaque comédie nouvelle, et répondait aux calomnies de Montfleury en servant de parrain au premier enfant de Molière. Cependant *le Tartuffe* ne pouvait être ni joué ni imprimé, tandis qu'on représentait impunément une pièce impie, intitulée *Scaramouche ermite*. « Je voudrais bien savoir, disait le roi, pourquoi les gens qui se scandalisent si fort de la comédie de Molière, ne disent mot de celle de *Scaramouche* ? » Et le grand Condé lui répondait : « C'est que la comédie de *Scaramouche* joue le ciel et la religion, dont ces messieurs-là ne se soucient point ; mais celle de Molière les joue eux-mêmes, et c'est ce qu'ils ne peuvent souffrir. »

Enfin le roi, étant à l'armée de Flandre, permit à Molière de représenter *le Tartuffe*. Cette première représentation eut lieu le 5 août 1667, trois ans après la représentation incomplète qui avait eu lieu à Versailles. Molière, malgré la permission du roi, se crut obligé aux plus grands ménagements. Il changea le titre de la pièce, et l'appela *l'Imposteur*. Il donna une épée et des dentelles à Tartuffe ; c'est-à-dire que d'un homme d'église, il fit un homme du monde. Ni ces précautions, ni l'aveu du roi ne le sauvèrent d'un second malheur. Un huissier du Parlement vint, dès le lendemain, défendre la seconde représentation de la part du premier président Lamoignon. Cinq jours après paraissait un mandement de l'archevêque de Paris, portant interdiction « à toutes personnes de voir représenter, lire ou entendre réciter la comédie nouvellement nommée *l'Imposteur*, soit publiquement, soit en particulier, sous peine d'excommunication. »

Dès le 7, Molière avait fait partir la Grange et la Thorillière pour présenter un placet au roi, qui était au siège de Lille. Le roi promit de faire examiner la pièce à son retour. Pendant le voyage des deux comédiens, la troupe ne joua pas. Cette interruption dura cinquante jours.

Enfin, la seconde représentation du *Tartuffe* eut lieu le 5 février 1669. Ce jour-là, on s'écrasa littéralement pour entrer au théâtre. On a dit, et il est vrai, que c'est une gloire pour Louis XIV d'avoir enfin accordé cette permission. Sous les règnes suivants, les comédiens n'ont pas toujours été libres de remettre *le Tartuffe*.

Le plan du *Tartuffe* est fort simple. C'est un homme qui, par des grimaces hypocrites, séduit Orgon, s'en fait admirer et aimer, et le met au point de lui donner tout son bien et de lui sacrifier sa fille ; et qui, dans le même temps, veut suborner la femme de son bienfaiteur. Orgon le prend sur le fait, et Tartuffe, démasqué, se vengerait en réduisant à la misère et au désespoir ceux dont il a mangé le pain si longtemps, si le roi n'intervenait pour punir son ingratitude et remettre toutes choses en leur place. Le plan est parfait de tous points ; le caractère de Tartuffe s'y développe à l'aise sous ses deux faces : rampant et hypocrite, tant qu'il espère tromper ; insolent et féroce, dès que la ruse devient impossible. L'auteur ne fait paraître Tartuffe qu'au troisième acte ; mais quoique absent, il remplit les deux premiers. On le connaît tout entier jusque dans son fonds avant de le voir ; et dès qu'il paraît, au premier mot qu'il prononce, tout le monde se dit involontairement : « Le voilà ! » Il nous oppresse, tant qu'il est en scène ; soit qu'il fasse étalage de sa fausse vertu, ou qu'il s'efforce de corrompre Elmire ; ou que, pour répondre à une accusation qui n'est que trop méritée, il s'avoue audacieusement coupable, en se donnant l'apparence d'un saint qui savoure l'occasion de s'humilier. Nous sommes de moitié dans l'indignation d'Elmire, quand Orgon refuse de la croire ; nous applaudissons à l'épreuve qu'elle propose ; nous jouissons de voir le traître s'accuser lui-même devant un invisible témoin ; nous disons avec Orgon, sortant de sa cachette :

Voilà, je vous l'avoue, un abominable homme !

Mais dès que le scélérat, démasqué, à bout de ruses, met son chapeau sur la tête, et s'écrie insolemment, en parlant à son bienfaiteur :

C'est à vous d'en sortir !...

la colère s'empare de nous, comme si cette injure était la nôtre. Nous arracherions les yeux à Mme Pernelle, qui persiste à défendre le bourreau de sa famille ; et nous ne commençons à respirer enfin que quand l'exempt prend la parole pour annoncer le châtiment du coupable.

Ce serait se tromper que de voir dans Tartuffe un athée, un sceptique, qui se sert de la religion sans y croire, et qui joue perpétuellement une comédie pour faire des dupes. Ce Tartuffe-là n'est que celui du cinquième acte de *Don Juan*. La conception de Molière est ici bien plus forte. Tartuffe croit; mais ses honteuses passions dominant sa croyance, il s'abandonne au crime les yeux ouverts, et les sophismes dont il essaye d'aveugler Elmire lui ont servi d'abord à s'étourdir lui-même. Quel est le mystique, parmi ceux dont l'âme n'était pas douée, qui n'ait cherché comme Tartuffe des accommodements avec le ciel? Ce qui effraye dans la transformation de Tartuffe, d'esclave devenu bourreau, c'est qu'on n'est pas sûr qu'il se juge lui-même. Il s'admire peut-être dans sa vengeance. Il se loue de sa fermeté. Il est dégradé dans son âme, au point de n'avoir plus conscience de son infamie. C'est un hypocrite, sans doute; mais parmi les hypocrites, le pire, ce n'est pas l'hypocrite qui ne croit pas, c'est l'hypocrite fanatique.

Après *le Tartuffe*, Molière donna encore plus d'un chef-d'œuvre. *L'Amphitryon* est une imitation de Plaute, où il laisse son modèle loin derrière lui. *L'Aulularia* ne saurait être comparée à *l'Avare*. *L'Avare* était le premier exemple d'une comédie en prose; le public hésita d'abord, puis il fut entraîné par cette peinture

Chapelle.

si vraie et si terrible. *George Dandin ou le Mari confondu*, *Monsieur de Pourceaugnac* et *les Amants magnifiques* précédèrent *le Bourgeois gentilhomme*, dont les trois premiers actes sont une excellente comédie, et les deux derniers une farce désopilante. *Psyché* appartient à peine à Molière. Il en fit le plan; mais ce plan était déjà dans Apulée et dans la Fontaine. Il en écrivit une partie; mais Corneille et Quinault peuvent en réclamer plus de la moitié. Boileau a été bien sévère pour *les Fourberies de Scapin*. Assurément cette pièce est bien loin des grandes comédies de Molière; mais elle a de la vivacité, de la gaieté, et on y trouve deux scènes du premier ordre. Parce que *les Fourberies de Scapin* et quelques autres pièces de Molière ne sont qu'amusantes, cela n'empêche pas *le Misanthrope* et *le Tartuffe* d'être des chefs-d'œuvre. Pour *la Comtesse d'Escarbagnas*, ce n'est qu'une ébauche sans valeur. Mais Molière se retrouve dans *les Femmes savantes*. C'est le projet des *Précieuses*, traité avec une ampleur, une verve, une abondance, qui annoncent la pleine maturité du génie. Enfin, la dernière production du poëte, *le Malade imaginaire*, est, avec les apparences d'une farce, une grande comédie. La scène des deux amants est charmante, le caractère de Bélise est achevé, le rôle d'Argan est admirable d'un bout à l'autre, la consultation des médecins est une satire que Juvénal aurait enviée ; il n'existe pas de caricature mieux réussie que Thomas Diafoirus, ni de caractère plus vrai et plus plaisant que M. Purgon. Molière n'avait guère que cinquante ans lorsqu'il écrivit *le Malade imaginaire*. Il avait la tête remplie de projets. Il est mort dans sa gloire et dans sa force.

Molière avait été l'ami de la plupart des écrivains de son temps. Il ne fut haï et calomnié que par les Boursault et les Monfleury. Boileau fut un des premiers à reconnaître sa supériorité. On connaît sa réponse à Louis XIV. « Quel est, suivant vous, lui demanda le roi, l'écrivain qui honore le plus mon règne ? — Sire, c'est Molière ! — Je ne le croyais pas, répondit Louis XIV ; mais vous vous y connaissez mieux que moi. »

Molière, qui avait dix-huit ans de plus que Racine, l'avait protégé à ses débuts. On prétend qu'il lui avait donné le sujet et le plan de *la Thébaïde* en y joignant une bourse de cent louis. Cependant Racine ne parle pas de Molière dans la défense des *Frères ennemis*. Il fit jouer *Alexandre*, le même jour, par les deux théâtres français, donna *Andromaque* aux comédiens de

Molière à la table de Louis XIV.

l'Hôtel de Bourgogne, et en même temps enrôla pour eux Mlle du Parc, la meilleure actrice du Palais-Royal. Molière ne put lui pardonner cette conduite. Ils demeurèrent brouillés sans être ennemis, et continuèrent à se rendre justice. Molière défendit *les Plaideurs* contre les ennemis de Racine ; et comme on disait à Racine que *le Misanthrope* était tombé à la première représentation : « Je n'y étais pas, et vous y étiez, répondit-il ; cependant j'affirme que vous vous trompez ; car il est impossible que Molière ait fait une mauvaise pièce. »

La Fontaine était un hôte assidu de la maison de Molière à Auteuil. Ces deux génies étaient faits pour se comprendre. Ils travaillaient sur le même fond, et celui qu'on appelle le peintre des animaux ne changeait guère que le nom des personnages. Un jour que les beaux esprits du temps raillaient la Fontaine, qui ne daignait pas y prendre garde : « Ils ont beau faire, dit Molière, le Bonhomme vivra plus longtemps que nous tous. »

Chapelle n'est plus rien, ou presque rien pour la postérité ; mais il était compté par ses contemporains parmi les plus grands poëtes. Molière l'aimait par souvenir d'enfance : ils avaient été condisciples chez les jésuites ; et Chapelle avait assez de discernement pour savoir ce que valait un tel ami. On a dit que Chapelle était l'original de Philinte : il y a quelque différence pourtant; et le sage Philinte ne paraît pas fait pour aimer la bouteille, et pour laisser couler la vie sans s'en mêler. Chapelle avait pris l'habitude de recevoir ses amis chez Molière; il y arrivait toujours avec deux ou trois beaux esprits; on servait un bon dîner qu'on arrosait largement, puis on causait de littérature et on finissait par dire des folies. Molière, sur les derniers temps, n'assistait qu'au commencement de ces festins. Il prenait son lait, seule nourriture qui lui fût permise, ne disait mot pour ménager sa voix, et se retirait de bonne heure. Un soir qu'on menait grand train dans la salle à manger, et que Molière s'était couché, un valet vint le réveiller en sursaut. Il n'y avait pas une minute à perdre. C'était Chapelle qui entraînait gaiement tous les convives à la rivière, pour s'y noyer de compagnie. Molière accourt, et trouve tous ces ivrognes entêtés de leur projet. « Comment, sans moi? leur dit-il. — Eh! il a raison, s'écria Chapelle. Nous lui faisions injure d'aller nous noyer sans lui. — Mais, reprit Molière, ce n'est pas la nuit qu'il faut exécuter un si beau dessein : nous passerions pour des imprudents ou des étourdis. C'est à la lumière du soleil que nous dirons adieu aux sottises de ce bas monde; attendons le jour; allons nous coucher. » Et ils y furent.

Baron.

Molière avait beau être dans l'intimité des plus beaux esprits de son temps, et dans la faveur du roi, il était comédien, et le préjugé contre les gens de théâtre était encore dans toute sa force. Un jour qu'il se présentait pour faire le lit du roi, un de ses confrères refusa de partager le service avec lui; il fallut que le poëte Bellocq, qui était aussi valet de chambre tapissier du roi, s'offrît « pour avoir l'honneur de faire le lit du roi avec M. de Molière. » Une autre fois, comme il s'assoyait, suivant son droit,

La Thorillière.

Du Croisy.

à la table du contrôleur de la bouche, plusieurs officiers de la chambre affectèrent de se retirer. Le roi le sut, et se chargea de le venger. « Il paraît que vous faites maigre chère ici, Molière, lui dit-il, et que les officiers de ma chambre ne vous trouvent pas fait pour manger avec eux. Vous avez peut-être faim : moi-même je m'éveille avec un assez bon appétit. Mettez-vous à cette table, et qu'on me serve mon en-cas de nuit. » L'*en-cas de nuit* était une volaille froide que l'on tenait toujours prête; le roi en prit une aile, servit l'autre à Molière, et fit introduire les petites entrées : « Vous me voyez occupé, leur dit-il, à faire manger Molière, que mes valets de chambre ne trouvent pas assez bonne compagnie pour eux. »

Les comédiens dont il était la gloire, le maître, le soutien, et qui perdirent tout en le perdant, le tourmentaient par leurs querelles intestines et par leur ingratitude. Lorsque les Italiens reprirent faveur, son théâtre fut abandonné pendant quelque temps; peu s'en fallut que sa troupe ne s'en prît à lui. Les femmes surtout lui faisaient la vie dure. Madeleine Béjart, dont l'humeur était difficile, avait d'ailleurs ses droits d'ancienne maîtresse. La du Parc, qui lui servit de modèle pour Arsinoé, et qu'il avait autrefois aimée sans succès, abusait contre lui de sa beauté et de son talent. Mlle de Brie était la seule qui lui donnât des consolations. Ce mot lui échappa dans *l'Impromptu de Versailles* : « Les étranges animaux à conduire que des comédiens ! » Les comédiens ne se lassaient pas d'être ingrats, ni lui d'être généreux. Son temps, sa bourse, ses conseils, tout était, sans réserve, à leur service. Le jeune Baron, son élève, dont il eut à souffrir, lui présente un jour un vieux comédien, qui avait joué avec Molière dans le Languedoc, et qui était sans engagement, et mourant de faim. « Que lui donnerai-je, » dit Molière? Baron répondit en hésitant : « Quatre pistoles. — Donnez-les-lui pour moi, lui dit Molière; et ajoutez-y ces vingt pistoles en votre nom. » Il y joignit encore un habit de théâtre qui valait plus de deux mille livres. Sa bienfaisance était inépuisable. Sur la fin de sa vie, réduit à se nourrir de lait et à garder le silence, il s'obstinait à jouer les rôles les plus fatigants. L'Académie lui offrait la première place vacante à condition qu'il renoncerait au théâtre. Tous ses amis le pressaient de prendre sa retraite. « Vous vous tuerez, » disait Boileau, et Molière répondait : « Mon honneur exige que je ne quitte point. » Boileau le comprenait mal. « Singulier point d'honneur, disait-il plus tard en racontant cette conversation, que de se noircir le visage chaque soir, et de tendre son dos à toutes les bastonnades ! » Mais la pensée de Molière était bien différente. Il pensait à tant de familles, à tant d'ouvriers qui attendaient leur pain de la représentation du jour.

Le vendredi 17 février 1673, il était plus malade que de coutume. On donnait ce soir-là la quatrième représentation du *Malade imaginaire*. On voulut lui persuader de ne pas jouer. « C'est impossible, dit-il; il y a cinquante pauvres ouvriers qui n'ont que leur journée pour vivre : que feront-ils si je ne joue pas? Je me reprocherais d'avoir négligé de leur donner du pain un seul jour, le pouvant faire absolument.... Mais, ajouta-t-il un instant après, qu'on soit prêt à quatre heures précises, car je ne pourrais pas répondre de moi si l'on jouait plus tard. » Il joua; mais il était à bout de ses forces. En prononçant le mot : *Juro*, dans la cérémonie, il lui prit une convulsion, qu'il essaya de cacher sous un sourire. On le porta chez lui après la pièce. Il eut une quinte de toux qui effraya sa femme et Baron; ils coururent chercher le médecin et un vicaire de Saint-Eustache, qui arrivèrent trop tard. Molière avait près de lui deux sœurs quêteuses, qu'il avait retirées dans sa maison; il mourut entouré d'elles à dix heures du soir, une heure environ après avoir quitté le théâtre. Il était âgé de cinquante et un ans, un mois et deux ou trois jours.

On lui refusa d'abord la sépulture religieuse; il fallut que sa veuve allât se jeter aux pieds du roi. L'archevêque se rendit enfin à condition que l'enterrement aurait lieu la nuit, et sans pompe. Ses amis vinrent en foule faire un cortège d'honneur à ce cercueil proscrit, et verser des larmes sur

.... Ce peu de terre, obtenu par la prière.

La populace accourut aussi, on ne sut dans quelle intention. La veuve lui jeta de l'argent par la fenêtre. L'hiver suivant, par un froid rigoureux, elle fit allumer un bûcher sur l'humble pierre du cimetière Saint-Joseph qui couvrait la cendre de son mari....

La Fontaine fit l'épitaphe suivante :

Sous ce tombeau gisent Plaute et Térence,
Et cependant le seul Molière y gît.
Leurs trois talents ne formaient qu'un esprit,
Dont le bel art réjouissait la France.
Ils sont partis et j'ai peu d'espérance
De les revoir. Malgré tous nos efforts,
Pour un long temps, selon toute apparence,
Térence et Plaute et Molière sont morts.

LA JALOUSIE DU BARBOUILLÉ

COMÉDIE

PERSONNAGES.

LE BARBOUILLÉ, mari d'Angélique.
LE DOCTEUR.
ANGÉLIQUE, fille de Gorgibus.
VALÈRE, amant d'Angélique.
CATHAU, suivante d'Angélique.
GORGIBUS, père d'Angélique.
VILLEBREQUIN.
LA VALLÉE.

LA JALOUSIE DU BARBOUILLÉ

SCÈNE I.

LE BARBOUILLÉ, *seul*.

Il faut avouer que je suis le plus malheureux de tous les hommes! J'ai une femme qui me fait enrager : au lieu de me donner du soulagement, et de faire les choses à mon souhait, elle me fait donner au diable vingt fois le jour; au lieu de se tenir à la maison, elle aime la promenade, la bonne chère, et fréquente je ne sais quelle sorte de gens. Ah! pauvre Barbouillé, que tu es misérable! Il faut pourtant la punir. Si tu la tuois.... l'intention ne vaut rien, car tu serois pendu. Si tu la faisois mettre en prison.... la carogne en sortiroit avec son passe-partout. Que diable faire donc? Mais voilà monsieur le docteur qui passe par ici, il faut que je lui demande un bon conseil sur ce que je dois faire.

SCÈNE II.

LE DOCTEUR, LE BARBOUILLÉ.

LE BARBOUILLÉ. — Je m'en allois vous chercher pour vous faire une prière sur une chose qui m'est d'importance.

LE DOCTEUR. — Il faut que tu sois bien mal appris, bien lourdaud, et bien mal morigéné, mon ami, puisque tu m'abordes sans ôter ton chapeau, sans observer *rationem loci, temporis et personæ*. Quoi! débuter par un discours mal digéré, au lieu de dire : *Salve, vel salvus sis, doctor doctorum eruditissime!* Hé! pour qui me prends-tu, mon ami?

LE BARBOUILLÉ. — Ma foi, excusez-moi, c'est que

---

1. Molière, dans sa jeunesse, avait composé des farces dont les titres seuls étaient connus. Ces farces, au nombre de cinq sont *le Docteur amoureux*, *les trois Docteurs rivaux*, *le Maître d'École*, *le Médecin volant* et *la Jalousie du Barbouillé*. Molière a lui-même supprimé les trois premières. Nous publions *le Médecin volant* et *la Jalousie du Barbouillé*, qu'on ne trouve que dans les éditions les plus récentes et les plus complètes.

j'avois l'esprit en écharpe, et je ne songeois pas à ce que je faisois ; mais je sais bien que vous êtes galant homme.

LE DOCTEUR. — Sais-tu bien d'où vient le mot galant homme.

LE BARBOUILLÉ. — Qu'il vienne de Villejuif ou d'Aubervilliers, je ne m'en soucie guère.

LE DOCTEUR. — Sache que le mot galant homme vient d'élégant ; prenant le *g* et l'*a* de la dernière syllabe, cela fait *ga*, et puis prenant un *l*, ajoutant un *a* et les deux dernières lettres, cela fait *galant*, et puis ajoutant *homme*, cela fait *galant homme*. Mais encore, pour qui me prends-tu ?

LE BARBOUILLÉ. — Je vous prends pour un docteur. Or çà, parlons un peu de l'affaire que je vous veux proposer, il faut que vous sachiez....

LE DOCTEUR. — Sache auparavant que je ne suis pas seulement une fois docteur, mais que je suis une, deux, trois, quatre, cinq, six, sept, huit, neuf et dix fois docteur. 1° Parce que, comme l'unité est la base, le fondement et le premier de tous les nombres ; aussi moi, je suis le premier de tous les docteurs, le docte des doctes. 2° Parce qu'il y a deux facultés nécessaires pour la parfaite connoissance de toutes choses, le sens et l'entendement ; et, comme je suis tout sens et tout entendement, je suis deux fois docteur.

LE BARBOUILLÉ. — D'accord. C'est que....

LE DOCTEUR. — 3° Parce que le nombre trois est celui de la perfection, selon Aristote ; et, comme je suis parfait, et que toutes mes productions le sont aussi, je suis trois fois docteur.

LE BARBOUILLÉ. — Hé bien, monsieur le docteur....

LE DOCTEUR. — 4° Parce que la philosophie a quatre parties, la logique, la morale, la physique et la métaphysique ; et, comme je les possède toutes quatre, et que je suis parfaitement versé en icelles, je suis quatre fois docteur.

LE BARBOUILLÉ. — Que diable, je n'en doute pas. Écoutez-moi donc.

LE DOCTEUR. — 5° Parce qu'il y a cinq universaux, le genre, l'espèce, la différence, le propre et l'accident, sans la connoissance desquels il est impossible de faire aucun bon raisonnement ; et, comme je m'en sers avec avantage, et que j'en connois l'utilité, je suis cinq fois docteur.

LE BARBOUILLÉ. — Il faut que j'aie bonne patience.

LE DOCTEUR. — 6° Parce que le nombre six est le nombre du travail ; et, comme je travaille incessamment pour ma gloire, je suis six fois docteur.

LE BARBOUILLÉ. — Ho ! parle tant que tu voudras.

LE DOCTEUR. — 7° Parce que le nombre de sept est le nombre de la félicité ; et, comme je possède une parfaite connoissance de tout ce qui peut rendre heureux, et que je le suis en effet par mes talents, je me sens obligé de dire de moi-même : *O ter quaterque beatum !* 8° Parce que le nombre de huit est le nombre de la justice à cause de l'égalité qui se rencontre en lui, et que la justice et la prudence avec lesquelles je mesure et pèse toutes mes actions me rendent huit fois docteur. 9° Parce qu'il y a neuf Muses, et que je suis également chéri d'elles. 10° Parce que, comme on ne peut passer le nombre de dix sans faire une répétition des autres nombres, et qu'il est le nombre universel ; aussi, quand on m'a trouvé, on a trouvé le docteur universel ; je contiens en moi tous les autres docteurs. Ainsi, tu vois par des raisons plausibles, vraies, démonstratives et convaincantes, que je suis une, deux, trois, quatre, cinq, six, sept, huit, neuf, dix fois docteur.

LE BARBOUILLÉ. — Que diable est ceci ? je croyois trouver un homme bien savant, qui me donneroit un bon conseil, et je trouve un ramoneur de cheminées, qui, au lieu de me parler, s'amuse à jouer à la mourre. Une, deux, trois, quatre ; ha, ha, ha ! Oh bien ! ce n'est pas cela ; c'est que je vous prie de m'écouter, et croyez que je ne suis pas un homme à vous faire perdre vos peines, et que, si vous me satisfaites sur ce que je veux de vous, je vous donnerai ce que vous voudrez ; de l'argent, si vous en voulez.

LE DOCTEUR. — Hé de l'argent ?

LE BARBOUILLÉ. — Oui, de l'argent, et toute autre chose que vous pourriez demander.

LE DOCTEUR, *troussant sa robe derrière son cul*. — Tu me prends donc pour un homme à qui l'argent fait tout faire, pour un homme attaché à l'intérêt, pour une âme mercenaire ? Sache, mon ami, que, quand tu me donnerois une bourse pleine de pistoles, et que cette bourse seroit dans une riche boîte, cette boîte dans un étui précieux, cet étui dans un coffre admirable, ce coffre dans un cabinet curieux, ce cabinet dans une chambre magnifique, cette chambre dans un appartement agréable, cet appartement dans un château pompeux, ce château dans une citadelle incomparable, cette citadelle dans une ville célèbre, cette ville dans une île fertile, cette île dans une province opulente, cette province dans une monarchie florissante, cette monarchie dans tout le monde ; et que tout le monde où seroit cette monarchie florissante, où seroit cette province opulente, où seroit cette île fertile, où seroit cette ville célèbre, où seroit cette citadelle incomparable, où seroit ce château pompeux, où seroit cet appartement agréable, où seroit ce cabinet curieux, où seroit ce coffre admirable, où seroit cet étui précieux, où seroit cette riche boîte dans laquelle seroit enfermée la bourse pleine de pistoles, que je me soucierois aussi peu de ton argent et de toi que de cela. (*Il s'en va.*)

LE BARBOUILLÉ. — Ma foi, je m'y suis mépris : à cause qu'il est vêtu comme un médecin, j'ai cru qu'il lui falloit parler d'argent ; mais puisqu'il n'en veut point, il n'y a rien de plus aisé que de le contenter : je m'en vais courir après lui. (*Il sort.*)

SCÈNE III.

ANGÉLIQUE, VALÈRE, CATHAU.

ANGÉLIQUE. — Monsieur, je vous assure que vous m'obligerez beaucoup de me tenir quelquefois compagnie ; mon mari est si mal bâti, si débauché, si ivrogne, que ce m'est un supplice d'être avec lui, et je vous laisse à penser quelle satisfaction on peut avoir d'un rustre comme lui.

VALÈRE. — Mademoiselle, vous me faites trop d'honneur de me vouloir souffrir. Je vous promets de contribuer de tout mon pouvoir à votre divertissement; et, puisque vous me témoignez que ma compagnie ne vous est point désagréable, je vous ferai connoître par mes empressements combien j'ai de joie de la bonne nouvelle que vous m'apprenez.

CATHAU. — Ah! changez de discours, voyez porte-guignon qui arrive.

SCÈNE IV.
LE BARBOUILLÉ, VALÈRE, ANGÉLIQUE, CATHAU.

VALÈRE. — Mademoiselle, je suis au désespoir de vous apporter de si méchantes nouvelles; mais aussi bien les auriez-vous apprises de quelque autre; et, puisque votre frère est fort malade....

ANGÉLIQUE. — Monsieur, ne m'en dites pas davantage; je suis votre servante, et vous rends grâce de la peine que vous avez prise.

LE BARBOUILLÉ. — Ma foi, sans aller chez le notaire, voilà le certificat de mon cocuage. Ha! ha! madame la carogne, je vous trouve avec un homme, après toutes les défenses que je vous ai faites, et vous me voulez envoyer de Gemini en Capricorne!

ANGÉLIQUE. — Hé bien! faut-il gronder pour cela? Ce monsieur vient de m'apprendre que mon frère est bien malade : où est le sujet de querelle?

CATHAU. — Ah! le voilà venu; je m'étonnois bien si nous aurions longtemps du repos.

LE BARBOUILLÉ. — Vous vous gâtez, par ma foi, toutes deux, mesdames les carognes; toi, Cathau, tu corromps ma femme; depuis que tu la sers, elle ne vaut pas la moitié de ce qu'elle valoit.

CATHAU. — Vraiment oui, vous nous la baillez bonne.

ANGÉLIQUE. — Laisse là cet ivrogne; ne vois-tu pas qu'il est si soûl qu'il ne sait ce qu'il dit?

SCÈNE V.
GORGIBUS, VILLEBREQUIN, ANGÉLIQUE, CATHAU, LE BARBOUILLÉ.

GORGIBUS. — Ne voilà pas encore mon maudit gendre qui querelle ma fille!

VILLEBREQUIN. — Il faut savoir ce que c'est.

GORGIBUS. — Hé quoi! toujours se quereller! vous n'aurez pas la paix dans votre ménage?

LE BARBOUILLÉ. — Cette coquine-là m'appelle ivrogne. (A Angélique.) Tiens, je suis bien tenté de te bailler une quinte major, en présence de tes parents.

GORGIBUS. — Au diable l'escarcelle, si vous l'aviez fait.

ANGÉLIQUE. — Mais aussi c'est lui qui commence toujours à....

CATHAU. — Que maudite soit l'heure où vous avez choisi ce grigou!

VILLEBREQUIN. — Allons, taisez-vous; la paix.

SCÈNE VI.
GORGIBUS, VILLEBREQUIN, ANGÉLIQUE, CATHAU, LE BARBOUILLÉ, LE DOCTEUR.

LE DOCTEUR. — Qu'est ceci? quel désordre! quelle querelle! quel grabuge! quel vacarme! quel bruit! quel différend! quelle combustion! Qu'y a-t-il? messieurs, qu'y a-t-il? qu'y a-t-il? Çà, çà, voyons s'il n'y a pas moyen de vous mettre d'accord; que je sois votre pacificateur, que j'apporte l'union chez vous.

GORGIBUS. — C'est mon gendre et ma fille qui ont eu bruit ensemble.

LE DOCTEUR. — Et qu'est-ce que c'est? voyons, dites-moi un peu la cause de leur différend.

GORGIBUS. — Monsieur....

LE DOCTEUR. — Mais en peu de paroles.

GORGIBUS. — Oui-da : mettez donc votre bonnet.

LE DOCTEUR. Savez-vous d'où vient le mot bonnet.

GORGIBUS. — Nenni.

LE DOCTEUR. — Cela vient de *bonum est*, bon est, voilà qui est bon, parce qu'il garantit des catarrhes et fluxions.

GORGIBUS. — Ma foi, je ne savois pas cela.

LE DOCTEUR. — Dites donc vite cette querelle.

GORGIBUS. — Voici ce qui est arrivé.

LE DOCTEUR. — Je ne crois pas que vous soyez homme à me tenir longtemps, puisque je vous en prie. J'ai quelques affaires pressantes qui m'appellent à la ville; mais, pour remettre la paix dans votre famille, je veux bien m'arrêter un moment.

GORGIBUS. J'aurai fait en un moment.

LE DOCTEUR. — Soyez donc bref.

GORGIBUS. — Voilà qui est fait incontinent.

LE DOCTEUR. — Il faut avouer, monsieur Gorgibus, que c'est une belle qualité que de dire les choses en peu de paroles, et que les grands parleurs, au lieu de se faire écouter, se rendent le plus souvent si importuns, qu'on ne les entend point; *virtutem primam esse puta compescere linguam*. Oui, la plus belle qualité d'un honnête homme, c'est de parler peu.

GORGIBUS. — Vous saurez donc....

LE DOCTEUR. — Socrate recommandoit trois choses fort soigneusement à ses disciples : la retenue dans les actions, la sobriété dans le manger, et de dire les choses en peu de paroles. Commencez donc, monsieur Gorgibus.

GORGIBUS. — C'est ce que je veux faire.

LE DOCTEUR. — En peu de mots, sans façon, sans vous amuser à beaucoup de discours, tranchez-moi d'un apophthegme, vite, vite, monsieur Gorgibus pêchons, évitez la prolixité.

GORGIBUS. — Laissez-moi donc parler.

LE DOCTEUR. — Monsieur Gorgibus, touchez là, vous parlez trop; il faut que quelque autre me dise la cause de leur querelle.

VILLEBREQUIN. — Monsieur le docteur, vous saurez que....

LE DOCTEUR. — Vous êtes un ignorant, un indocte,

un homme ignare de toutes les bonnes disciplines, un âne en bon françois. Hé quoi! vous commencez la narration sans avoir fait un mot d'exorde! Il faut que quelque autre me conte le désordre. Mademoiselle, contez-moi un peu le détail de ce vacarme.

ANGÉLIQUE. — Voyez-vous bien là mon gros coquin, mon sac à vin de mari?

LE DOCTEUR. — Doucement, s'il vous plaît : parlez avec respect de votre époux, quand vous êtes devant la moustache d'un docteur comme moi.

ANGÉLIQUE. — Ah! vraiment oui, docteur. Je me moque bien de vous et de votre doctrine, et je suis docteur quand je veux.

LE DOCTEUR. — Tu es docteur quand tu veux? Ouais! Je pense que tu es un plaisant docteur. Tu as la mine de suivre fort ton caprice : des parties d'oraison, tu n'aimes que la conjonction; des genres, que le masculin; des déclinaisons, le génitif; de la syntaxe, *mobile cum fixo*; et enfin de la quantité, tu n'aimes que le dactyle *quia constat ex una longa et duabus brevibus*. Venez çà, vous, dites-moi un peu quelle est la cause, le sujet de votre combustion.

LE BARBOUILLÉ. — Monsieur le docteur....

LE DOCTEUR. — Voilà qui est bien commencé ; monsieur le docteur, ce mot a quelque chose de doux à l'oreille, quelque chose plein d'emphase; monsieur le docteur!

LE BARBOUILLÉ. — A la mienne volonté....

LE DOCTEUR. — Voilà qui est bien.... à la mienne volonté! la volonté présuppose le souhait, le souhait présuppose des moyens pour arriver à ses fins, et la fin présuppose un objet; voilà qui est bien.... à la mienne volonté!

LE BARBOUILLÉ. — J'enrage.

LE DOCTEUR. — Otez-moi ce mot, j'enrage; voilà un terme bas et populaire.

LE BARBOUILLÉ. — Hé, monsieur le docteur, écoutez-moi, de grâce.

LE DOCTEUR. — *Audi, quæso*, auroit dit Cicéron.

LE BARBOUILLÉ. — Oh! ma foi, si se rompt, si se casse, ou si se brise, je ne m'en mets guère en peine ; mais tu m'écouteras, ou je te vais casser ton museau doctoral; et que diable donc est ceci?

(*Le Barbouillé, Angélique, Gorgibus, Cathau, Villebrequin voulant dire la cause de la querelle, et le Docteur disant que la paix est une belle chose, parlent tous à la fois. Au milieu de tout ce bruit, le Barbouillé attache le Docteur par le pied, et le fait tomber sur le dos : le Barbouillé l'entraîne par la corde qu'il lui a attachée au pied, et, pendant qu'il l'entraîne, le Docteur doit toujours parler, et compter par ses doigts toutes ses raisons comme s'il n'étoit point à terre.*)

(*Le Barbouillé et le Docteur disparoissent.*)

GORGIBUS. — Allons, ma fille, retirez-vous chez vous, et vivez bien avec votre mari.

VILLEBREQUIN. — Adieu, serviteur et bonsoir.

(*Villebrequin, Gorgibus et Angélique s'en vont.*)

SCÈNE VII.

VALÈRE, LA VALLÉE

VALÈRE. — Monsieur, je vous suis obligé du soin que vous avez pris, et je vous promets de me rendre dans une heure à l'assignation que vous me donnez.

LA VALLÉE. — Cela ne peut se différer; et si vous tardez d'un quart d'heure, le bal sera fini dans un moment : vous n'aurez pas le bien d'y voir celle que vous aimez, si vous n'y venez tout présentement.

VALÈRE. — Allons donc ensemble de ce pas.

(*Ils s'en vont.*)

SCÈNE VIII.

ANGÉLIQUE, *seule*.

Cependant que mon mari n'y est pas, je vais faire un tour à un bal que donne une de mes voisines. Je serai revenue auparavant lui, car il est quelque part au cabaret; il ne s'apercevra pas que je suis sortie. Ce maroufle-là me laisse toute seule à la maison, comme si j'étois son chien.

(*Elle s'en va.*)

Le Docteur.

SCÈNE IX.

LE BARBOUILLÉ, *seul*.

Je savois bien que j'aurois raison de ce diable de docteur et de sa fichue doctrine. Au diable l'ignorant! j'ai bien envoyé toute sa science par terre. Il faut pourtant que j'aille un peu voir si notre bonne ménagère m'aura fait à souper. (*Il sort.*)

SCÈNE X.

ANGÉLIQUE, *seule*.

Que je suis malheureuse! j'ai resté trop tard, l'assemblée est finie: je suis arrivée justement comme tout le monde sortoit; mais il n'importe, ce sera pour une autre fois, je m'en vais cependant au logis comme si de rien n'étoit. Ouais! la porte est fermée; Cathau, Cathau!

Ay! je suis morte.

SCÈNE XI.

LE BARBOUILLÉ *à la fenêtre*, ANGÉLIQUE.

LE BARBOUILLÉ. — Cathau, Cathau! Eh bien! qu'a-t-elle fait, Cathau? et d'où venez-vous, madame la carogne, à l'heure qu'il est, et par le temps qu'il fait?

ANGÉLIQUE. — D'où je viens? ouvre-moi seulement, et je te le dirai après.

LE BARBOUILLÉ. — Oui, ah! ma foi, tu peux aller coucher là d'où tu viens, ou si tu l'aimes mieux, dans la rue; je n'ouvre point à une coureuse comme toi. Comment, diable! être toute seule à l'heure qu'il est! Je ne sais si c'est imagination, mais mon front m'en paroît plus rude de moitié.

ANGÉLIQUE. — Hé bien! pour être toute seule, qu'en veux-tu dire? Tu me querelles quand je suis en compagnie: comment donc faut-il faire?

LE BARBOUILLÉ. — Il faut être retirée à la maison;

donner ordre au souper, avoir soin du ménage, des enfants ; mais, sans tant de discours inutiles, adieu, bonsoir, va-t'en au diable, et me laisse en repos.

ANGÉLIQUE. — Tu ne veux pas m'ouvrir ?

LE BARBOUILLÉ. — Non, je n'ouvrirai pas.

ANGÉLIQUE. — Hé ! mon pauvre petit mari, je t'en prie, ouvre-moi, mon cher petit cœur.

LE BARBOUILLÉ. — Ah ! crocodile ! ah ! serpent dangereux ! tu me caresses pour me trahir.

ANGÉLIQUE. — Ouvre, ouvre donc.

LE BARBOUILLÉ. — Adieu, *vade retro, Satanas* !

ANGÉLIQUE. — Quoi ! tu ne m'ouvriras pas ?

LE BARBOUILLÉ. — Non.

ANGÉLIQUE. — Et tu n'as point de pitié de la femme qui t'aime tant ?

LE BARBOUILLÉ. — Non, je suis inflexible ; tu m'as offensé, je suis vindicatif comme tous les diables, c'est-à-dire bien fort, je suis inexorable.

ANGÉLIQUE. — Sais-tu bien que si tu me pousses à bout, et que tu me mettes en colère, je ferai quelque chose dont tu te repentiras ?

LE BARBOUILLÉ. — Et que ferais-tu, bonne chienne ?

ANGÉLIQUE. — Tiens, si tu ne m'ouvres, je m'en vais me tuer devant la porte ; mes parents, qui sans doute viendront ici auparavant de se coucher, pour savoir si nous sommes bien ensemble, me trouveront morte, et tu seras pendu.

LE BARBOUILLÉ. — Ah, ah, ah, ah, la bonne bête ! et qui y perdra le plus de nous deux ? Va, va, tu n'es pas si sotte que de faire ce coup-là.

ANGÉLIQUE. — Tu ne me crois donc pas ? Tiens, tiens, voilà mon couteau tout prêt ; si tu ne m'ouvres, je m'en vais tout à cette heure m'en donner dans le cœur.

LE BARBOUILLÉ. — Prends garde, voilà qui est bien pointu.

ANGÉLIQUE. — Tu ne veux donc pas m'ouvrir ?

LE BARBOUILLÉ. — Je t'ai déjà dit vingt fois que je n'ouvrirai point ; tue-toi, crève, va-t'en au diable ; je ne m'en soucie pas.

ANGÉLIQUE, *faisant semblant de se frapper*. — Adieu donc.... Ay ! je suis morte.

LE BARBOUILLÉ. — Seroit-elle bien assez sotte pour avoir fait ce coup-là ? Il faut que je descende pour aller voir.

ANGÉLIQUE. — Il faut que je t'attrappe. Si je peux entrer dans la maison subtilement cependant que tu me chercheras, chacun aura bien son tour.

LE BARBOUILLÉ. — Hé bien ! ne savois-je pas bien qu'elle n'étoit pas si sotte ? Elle est morte, et elle court comme le cheval de Pacolet. Ma foi, elle m'avoit fait peur tout de bon. Elle a bien fait de gagner au pied ; car si je l'eusse trouvée en vie, après m'avoir fait cette frayeur-là, je lui aurois apostrophé cinq ou six clystères de coups de pied dans le cul, pour lui apprendre à faire la bête. Je m'en vais me coucher cependant. Oh ! oh ! je pense que le vent a fermé la porte. Hé ! Cathau, Cathau, ouvre-moi.

ANGÉLIQUE. — Cathau, Cathau ! Hé bien ! qu'a-t-elle fait, Cathau ? et d'où venez-vous, monsieur l'ivrogne ? Ah ! vraiment, va, mes parents, qui vont venir dans un moment, sauront tes vérités. Sac à vin, infâme, tu ne bouges du cabaret, et tu laisses une pauvre femme avec des petits enfants, sans savoir s'ils ont besoin de quelque chose, à croquer le marmot tout le long du jour.

LE BARBOUILLÉ. — Ouvre vite, diablesse que tu es, ou je te casserai la tête.

SCÈNE XII.

GORGIBUS, VILLEBREQUIN, ANGELIQUE, LE BARBOUILLÉ.

GORGIBUS. — Qu'est ceci, toujours de la dispute, de la querelle et de la dissension !

VILLEBREQUIN. — Hé quoi ! vous ne serez jamais d'accord ?

ANGÉLIQUE. — Mais voyez un peu, le voilà qui est soûl, et revient, à l'heure qu'il est, faire un vacarme horrible ; il me menace.

GORGIBUS. — Mais aussi ce n'est pas là l'heure de revenir. Ne devriez-vous pas, comme un bon père de famille, vous retirer de bonne heure, et bien vivre avec votre femme ?

LE BARBOUILLÉ. — Je me donne au diable si j'ai sorti de la maison : demandez plutôt à ces messieurs qui sont là-bas dans le parterre ; c'est elle qui ne fait que de revenir. Ah ! que l'innocence est opprimée !

VILLEBREQUIN. — Çà, çà ; allons, accordez-vous ; demandez-lui pardon.

LE BARBOUILLÉ. — Moi, pardon ! j'aimerois mieux que le diable l'eût emportée. Je suis dans une colère que je ne me sens pas.

GORGIBUS. — Allons, ma fille, embrassez votre mari, et soyez bons amis.

SCÈNE XIII.

LE DOCTEUR, *à la fenêtre, en bonnet de nuit et en camisole*; LE BARBOUILLÉ, VILLEBREQUIN, GORGIBUS, ANGÉLIQUE.

LE DOCTEUR. — Hé quoi ! toujours du bruit, du désordre, de la dissension, des querelles, des débats, des différends, des combustions, des altercations éternelles ? Qu'est-ce ? qu'y a-t-il donc. On ne sauroit avoir du repos.

VILLEBREQUIN. — Ce n'est rien, monsieur le docteur, tout le monde est d'accord.

LE DOCTEUR. — A propos d'accord, voulez-vous que je vous lise un chapitre d'Aristote, où il prouve que toutes les parties de l'univers ne subsistent que par l'accord qui est entre elles ?

VILLEBREQUIN. — Cela est-il bien long ?

LE DOCTEUR. — Non, cela n'est pas long ; cela contient environ soixante ou quatre-vingts pages.

VILLEBREQUIN. — Adieu, bonsoir, nous vous remercions.

GORGIBUS. — Il n'en est pas besoin.

LE DOCTEUR. — Vous ne le voulez pas ?

GORGIBUS. — Non.

LE DOCTEUR. — Adieu donc, puisque ainsi est ; bonsoir ; *latine, bona nox*.

VILLEBREQUIN. — Allons-nous-en souper ensemble, nous autres.

PERSONNAGES.

GORGIBUS, père de Lucile.
LUCILE, fille de Gorgibus.
VALÈRE, amant de Lucile.
SABINE, cousine de Lucile.
SGANARELLE, valet de Valère.
GROS-RENÉ, valet de Gorgibus.
UN AVOCAT.

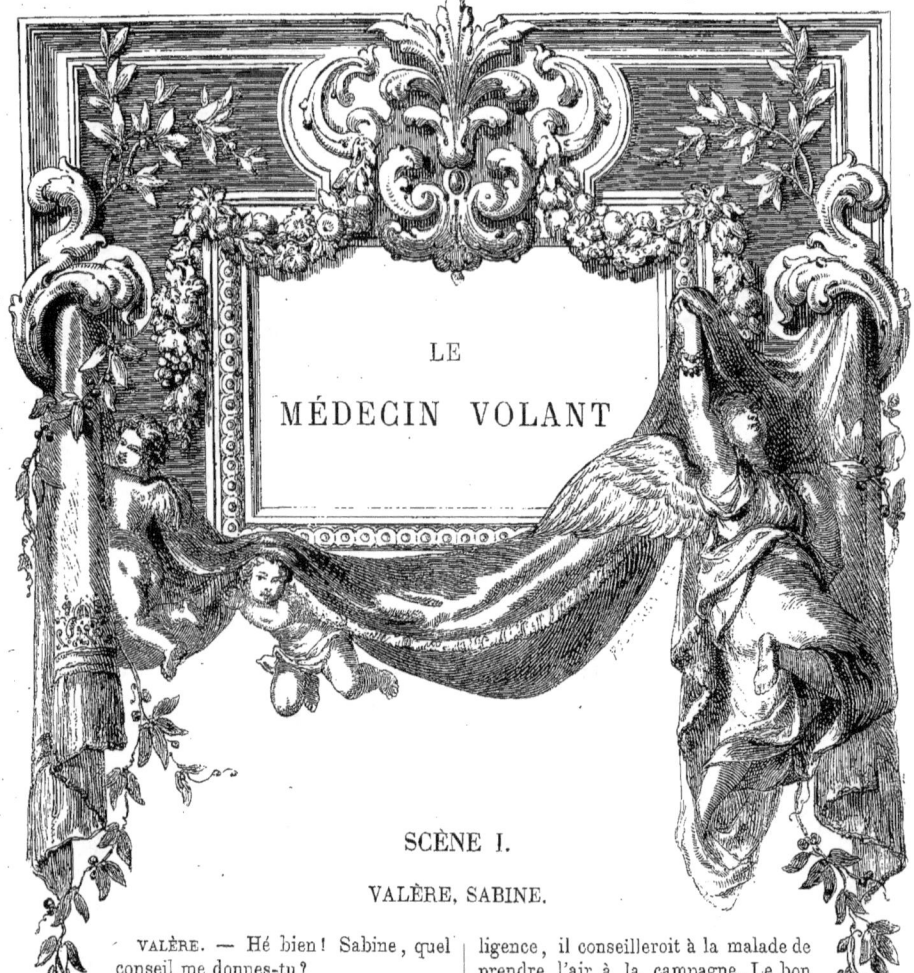

LE MÉDECIN VOLANT

SCÈNE I.

VALÈRE, SABINE.

VALÈRE. — Hé bien! Sabine, quel conseil me donnes-tu?

SABINE. — Vraiment, il y a bien des nouvelles. Mon oncle veut résolûment que ma cousine épouse M. Villebrequin, et les affaires sont tellement avancées, que je crois qu'ils eussent été mariés dès aujourd'hui, si vous n'étiez aimé; mais, comme ma cousine m'a confié le secret de l'amour qu'elle vous porte, et que nous nous sommes vues à l'extrémité par l'avarice de mon vilain oncle, nous nous sommes avisées d'une bonne invention pour différer le mariage. C'est que ma cousine, dès l'heure que je vous parle, contrefait la malade; et le bon vieillard, qui est assez crédule, m'envoie querir un médecin. Si vous en pouviez envoyer quelqu'un qui fût de vos bons amis, et qui fût de notre intelligence, il conseilleroit à la malade de prendre l'air à la campagne. Le bon homme ne manquera pas de faire loger ma cousine à ce pavillon qui est au bout de notre jardin, et, par ce moyen, vous pourriez l'entretenir à l'insu de notre vieillard, l'épouser, et le laisser pester tout son soûl avec Villebrequin.

VALÈRE. — Mais le moyen de trouver si tôt un médecin à ma porte, et qui voulût tant hasarder pour mon service! Je te le dis franchement, je n'en connois pas un.

SABINE. — Je songe à une chose; si vous faisiez habiller votre valet en médecin; il n'y a rien de si facile à duper que le bon homme.

VALÈRE. — C'est un lourdaud qui gâtera tout; mais il faut s'en servir, faute d'autre. Adieu, je le vais chercher. Où diable trouver ce maroufle à présent ? mais le voici tout à propos.

SCÈNE II.

VALÈRE, SGANARELLE.

VALÈRE. — Ah! mon pauvre Sganarelle, que j'ai de joie de te voir! J'ai besoin de toi dans une affaire de conséquence; mais, comme je ne sais pas ce que tu sais faire....

SGANARELLE. — Ce que je sais faire, monsieur? employez-moi seulement à vos affaires de conséquence, ou pour quelque chose d'importance : par exemple, envoyez-moi voir quelle heure il est à une horloge, voir combien le beurre vaut au marché, abreuver un cheval, c'est alors que vous connoîtrez ce que je sais faire.

VALÈRE. — Ce n'est pas cela; c'est qu'il faut que tu contrefasses le médecin.

SGANARELLE. — Moi, médecin, monsieur! Je suis prêt à faire tout ce qu'il vous plaira; mais, pour faire le médecin, je suis assez votre serviteur pour n'en rien faire du tout; et par quel bout m'y prendre, mon Dieu? Ma foi, monsieur, vous vous moquez de moi.

VALÈRE. — Si tu veux entreprendre cela, va, je te donnerai dix pistoles.

SGANARELLE. — Ah! pour dix pistoles, je ne dis pas que je ne sois pas médecin; car, voyez-vous bien, monsieur, je n'ai pas l'esprit tant, tant subtil, pour vous dire la vérité. Mais, quand je serai médecin, où irai-je?

VALÈRE. — Chez le bonhomme Gorgibus, voir sa fille qui est malade; mais tu es un lourdaud qui, au lieu de bien faire, pourrois bien....

SGANARELLE. — Hé! mon Dieu, monsieur, ne soyez point en peine, je vous réponds que je ferai aussi bien mourir une personne qu'aucun médecin qui soit dans la ville. On dit un proverbe, d'ordinaire : Après la mort le médecin; mais vous verrez que, si je m'en mêle, on dira : Après le médecin, gare la mort! Mais, néanmoins, quand je songe, cela est bien difficile de faire le médecin; et si je ne fais rien qui vaille?

VALÈRE. — Il n'y a rien de si facile en cette rencontre; Gorgibus est un homme simple, grossier, qui se laissera étourdir de ton discours, pourvu que tu parles d'Hippocrate et de Galien, et que tu sois un peu effronté.

SGANARELLE. — C'est-à-dire qu'il lui faudra parler philosophie, mathématique. Laissez-moi faire; s'il est un homme facile, comme vous le dites, je vous réponds de tout; venez seulement me faire avoir un habit de médecin, et m'instruire de ce qu'il me faut faire et me donner mes licences, qui sont les dix pistoles promises.

(*Valère et Sganarelle s'en vont.*)

SCÈNE III.

GORGIBUS, GROS-RENÉ.

GORGIBUS. — Allez vite chercher un médecin, car ma fille est bien malade, et dépêchez-vous.

GROS-RENÉ. — Que diable aussi ! pourquoi vouloir donner votre fille à un vieillard? Croyez-vous que ce ne soit pas le désir qu'elle a d'avoir un jeune homme qui la travaille? Voyez-vous la connexité qu'il y a, etc. (*galimatias*).

GORGIBUS. — Va-t'en vite; je vois bien que cette maladie-là reculera bien les noces.

GROS-RENÉ. — Et c'est ce qui me fait enrager; je croyais refaire mon ventre d'une bonne carrelure, et m'en voilà sevré. Je m'en vais chercher un médecin pour moi, aussi bien que pour votre fille; je suis désespéré.

(*Il sort.*)

SCÈNE IV.

SABINE, GORGIBUS, SGANARELLE.

SABINE. — Je vous trouve à propos, mon oncle, pour vous apprendre une bonne nouvelle. Je vous amène le plus habile médecin du monde, un homme qui vient des pays étrangers, qui sait les plus beaux secrets, et qui sans doute guérira ma cousine. On me l'a indiqué par bonheur, et je vous l'amène. Il est si savant, que je voudrois de bon cœur être malade, afin qu'il me guérît.

GORGIBUS. — Où est-il donc?

SABINE. — Le voilà qui me suit; tenez, le voilà.

GORGIBUS. — Très-humble serviteur à monsieur le médecin. Je vous envoie quérir pour voir ma fille qui est malade; je mets toute mon espérance en vous.

SGANARELLE. — Hippocrate dit, et Galien, par vives raisons, persuade qu'une personne ne se porte pas bien quand elle est malade. Vous avez raison de mettre votre espérance en moi, car je suis le plus grand, le plus habile, le plus docte médecin qui soit dans la Faculté végétable, sensitive et minérale.

GORGIBUS. — J'en suis fort ravi.

SGANARELLE. — Ne vous imaginez pas que je sois un médecin ordinaire, un médecin du commun. Tous les autres médecins ne sont, à mon égard, que des avortons de médecins. J'ai des talents particuliers, j'ai des secrets. Salamalec, salamalec. Rodrigue, as-tu du cœur? *signor, si; signor, no. Per omnia sæcula sæculorum.* Mais encore voyons un peu.

SABINE. — Eh! ce n'est pas lui qui est malade, c'est sa fille.

SGANARELLE. — Il n'importe; le sang du père et de la fille ne sont qu'une seule et même chose; et, par l'altération de celui du père, je puis connoître la maladie de la fille. Monsieur Gorgibus, y auroit-il moyen de voir de l'urine de l'égrotante?

GORGIBUS. — Oui-da; Sabine, vite allez querir de l'urine de ma fille. (*Sabine sort.*) Monsieur le médecin, j'ai grand'peur qu'elle ne meure.

SGANARELLE. — Ah! qu'elle s'en garde bien! Il ne faut pas qu'elle s'amuse à se laisser mourir sans l'ordonnance de la médecine. (*Sabine rentre.*) Voilà de l'urine qui marque grande chaleur, grande inflammation dans les intestins; elle n'est pas tant mauvaise pourtant.

GORGIBUS. — Eh quoi! monsieur, vous l'avalez?

SGANARELLE. — Ne vous étonnez pas de cela : les médecins, d'ordinaire, se contentent de la regarder; mais moi, qui suis un médecin hors du commun, je l'avale, parce qu'avec le goût je discerne bien mieux la cause et les suites de la maladie; mais, à vous dire la vérité, il y en avoit trop peu pour avoir un bon jugement; qu'on la fasse encore pisser.

SABINE *sort et revient.* — J'ai bien eu de la peine à la faire pisser.

SGANARELLE. — Que cela! voilà bien de quoi! Faites-la pisser copieusement, copieusement. Si toutes les malades pissent de la sorte, je veux être médecin toute ma vie.

SABINE *sort et revient.* — Voilà tout ce qu'on peut avoir; elle ne peut pas pisser davantage.

SGANARELLE. — Quoi! monsieur Gorgibus, votre fille ne pisse que des gouttes? voilà une pauvre pisseuse que votre fille; je vois bien qu'il faut que je lui ordonne une potion pissatrice. N'y auroit-il pas moyen de voir la malade?

SABINE. — Elle est levée; si vous voulez, je la ferai venir.

SCÈNE V.

SABINE, GORGIBUS, SGANARELLE, LUCILE.

SGANARELLE. — Hé bien! mademoiselle, vous êtes malade?

LUCILE. — Oui, monsieur.

SGANARELLE. — Tant pis, c'est une marque que vous ne vous portez pas bien. Sentez-vous de grandes douleurs à la tête, aux reins?

LUCILE. — Oui, monsieur.

SGANARELLE. — C'est fort bien fait. Oui, ce grand médecin, au chapitre qu'il a fait de la nature des animaux, dit... cent belles choses; et, comme les humeurs qui ont de la connexité ont beaucoup de rapport; car, par exemple, comme la mélancolie est ennemie de la joie, et que la bile qui se répand par le corps nous fait devenir jaunes, et qu'il n'est rien plus contraire à la santé que la maladie, nous pouvons dire avec ce grand homme, que votre fille est fort malade. Il faut que je vous fasse une ordonnance.

GORGIBUS. — Vite une table, du papier, de l'encre.

SGANARELLE. — Y a-t-il quelqu'un qui sache écrire?

GORGIBUS. — Est-ce que vous ne le savez point?

SGANARELLE. — Ah! je ne m'en souvenois pas; j'ai tant d'affaires dans la tête, que j'oublie la moitié.... Je crois qu'il seroit nécessaire que votre fille prît un peu l'air, qu'elle se divertit à la campagne.

GORGIBUS. — Nous avons un fort beau jardin, et quelques chambres qui y répondent; si vous le trouvez à propos, je l'y ferai loger.

SGANARELLE. — Allons visiter les lieux.

(*Ils sortent.*)

SCÈNE VI.

L'AVOCAT, *seul*.

J'ai ouï dire que la fille de monsieur Gorgibus étoit malade; il faut que je m'informe de sa santé, et que je lui offre mes services comme ami de toute sa famille. Holà, holà! monsieur Gorgibus y est-il?

SCÈNE VII.

GORGIBUS, L'AVOCAT.

L'AVOCAT. — Ayant appris la maladie de mademoiselle votre fille, je suis venu vous témoigner la part que j'y prends, et vous faire offre de tout ce qui dépend de moi.

GORGIBUS. — J'étois là dedans avec le plus savant homme!

L'AVOCAT. — N'y auroit-il pas moyen de l'entretenir un moment?

SCÈNE VIII.

GORGIBUS, L'AVOCAT, SGANARELLE.

GORGIBUS. — Monsieur, voilà un fort habile homme

de mes amis, qui souhaiteroit de vous parler, et vous entretenir.

SGANARELLE. — Je n'ai pas le loisir, monsieur Gorgibus; il faut aller à mes malades. Je ne prendrai pas la droite avec vous, monsieur.

L'AVOCAT. — Monsieur, après ce que m'a dit monsieur Gorgibus de votre mérite et de votre savoir, j'ai eu la plus grande passion du monde d'avoir l'honneur de votre connoissance, et j'ai pris la liberté de vous saluer à ce dessein; je crois que vous ne le trouverez pas mauvais. Il faut avouer que ceux qui excellent en quelque science sont dignes de grande louange, et particulièrement ceux qui font profession de la médecine, tant à cause de son utilité, que parce qu'elle contient en elle plusieurs autres sciences; ce qui rend sa parfaite connoissance fort difficile : et c'est fort à propos qu'Hippocrate dit dans son premier aphorisme : *Vita brevis, ars vero longa, occasio autem præceps, experimentum, judicium periculosum, difficile.*

SGANARELLE *à Gorgibus*. — *Ficile tantinapota baril cambustibus.*

L'AVOCAT. — Vous n'êtes pas de ces médecins qui ne s'appliquent qu'à la médecine qu'on appelle rationale ou dogmatique, et je crois que vous l'exercez tous les jours avec beaucoup de succès, *experientia magistra rerum*. Les premiers hommes qui firent profession de la médecine furent tellement estimés d'avoir cette belle science, qu'on les mit au nombre des dieux pour les belles cures qu'ils faisoient tous les jours. Ce n'est pas qu'on doive mépriser un médecin qui n'auroit pas rendu la santé à son malade, puisqu'elle ne dépend pas absolument de ses remèdes, ni de son savoir; *interdum doctâ plus valet arte malum*. Monsieur, j'ai peur de vous être importun : je prends congé de vous, dans l'espérance que j'ai qu'à la première vue j'aurai l'honneur de converser avec vous avec plus de loisir. Vos heures vous sont précieuses, etc.

(*L'avocat sort.*)

GORGIBUS. — Que vous semble de cet homme-là?

SGANARELLE. — Il sait quelque petite chose. S'il fût demeuré tant soit peu davantage, je l'allois mettre sur une matière sublime et relevée. Cependant je prends congé de vous. (*Gorgibus lui donne de l'argent.*) Hé! que voulez-vous faire?

GORGIBUS. — Je sais bien ce que je vous dois.

SGANARELLE. — Vous moquez-vous, monsieur Gorgibus? Je n'en prendrai pas, je ne suis pas un homme mercenaire. (*Il prend l'argent.*) Votre très-humble serviteur.

(*Sganarelle sort et Gorgibus rentre dans sa maison.*)

SCÈNE IX.

VALÈRE, seul.

Je ne sais ce qu'aura fait Sganarelle : je n'ai point eu de ses nouvelles, et je suis fort en peine où je le pourrois rencontrer. (*Sganarelle revient en habit de valet.*) Mais bon, le voici. Hé bien! Sganarelle, qu'as-tu fait depuis que je ne t'ai pas vu?

SCÈNE X.

VALÈRE, SGANARELLE.

SGANARELLE. — Merveille sur merveille ; j'ai si bien fait, que Gorgibus me prend pour un habile médecin. Je me suis introduit chez lui ; je lui ai conseillé de faire prendre l'air à sa fille, laquelle est à présent dans un appartement qui est au bout de leur jardin, tellement qu'elle est fort éloignée du vieillard, et que vous pourrez l'aller voir commodément.

VALÈRE. — Ah! que tu me donnes de joie! Sans perdre de temps, je la vais trouver de ce pas.

(*Il sort.*)

SGANARELLE. — Il faut avouer que ce bonhomme de Gorgibus est un vrai lourdaud de se laisser tromper de la sorte. (*Apercevant Gorgibus.*) Ah! ma foi, tout est perdu ; c'est à ce coup que voilà la médecine renversée ; mais il faut que je le trompe.

SCÈNE XI.

SGANARELLE, GORGIBUS.

GORGIBUS. — Bonjour, monsieur.

SGANARELLE. — Monsieur, votre serviteur ; vous voyez un pauvre garçon au désespoir : ne connoissez-vous pas un médecin qui est arrivé depuis peu en cette ville, qui fait des cures admirables?

GORGIBUS. — Oui, je le connois ; il vient de sortir de chez moi.

SGANARELLE. — Je suis son frère, monsieur : nous sommes jumeaux ; et comme nous nous ressemblons fort, on nous prend quelquefois l'un pour l'autre.

GORGIBUS. — Je me donne au diable si je n'y ai été trompé. Et comment vous nommez-vous?

SGANARELLE. — Narcisse, monsieur, pour vous rendre service. Il faut que vous sachiez qu'étant dans son cabinet j'ai répandu deux fioles d'essence qui étoient sur le bord de sa table ; aussitôt il s'est mis dans une colère si étrange contre moi, qu'il m'a mis hors du logis ; il ne me veut plus jamais voir, tellement que je suis un pauvre garçon à présent, sans appui, sans support, sans aucune connoissance.

GORGIBUS. — Allez, je ferai votre paix ; je suis de ses amis, et je vous promets de vous remettre avec lui ; je lui parlerai d'abord que je le verrai.

SGANARELLE. — Je vous serai bien obligé, monsieur Gorgibus.

(*Sganarelle sort et rentre aussitôt avec sa robe de médecin.*)

SCÈNE XII.

SGANARELLE, GORGIBUS.

SGANARELLE. — Il faut avouer que quand ces malades ne veulent pas suivre l'avis du médecin, et qu'ils s'abandonnent à la débauche....

GORGIBUS. — Monsieur le médecin, très-humble serviteur. Je vous demande une grâce.

SGANARELLE. — Qu'y a-t-il, monsieur ? est-il question de vous rendre service ?

GORGIBUS. — Monsieur, je viens de rencontrer monsieur votre frère qui est tout à fait fâché de....

SGANARELLE. — C'est un coquin, monsieur Gorgibus.

GORGIBUS. — Je vous réponds qu'il est tellement contrit de vous avoir mis en colère....

SGANARELLE. — C'est un ivrogne, monsieur Gorgibus.

GORGIBUS. — Eh ! monsieur, voulez-vous désespérer ce pauvre garçon ?

SGANARELLE. — Qu'on ne m'en parle plus ; mais voyez l'impudence de ce coquin-là, de vous aller trouver pour faire son accord ; je vous prie de ne m'en pas parler.

GORGIBUS. — Au nom de Dieu, monsieur le médecin, faites cela pour l'amour de moi. Si je suis capable de vous obliger en autre chose, je le ferai de bon cœur. Je m'y suis engagé, et....

SGANARELLE. — Vous m'en priez avec tant d'instance.... Quoique j'eusse fait serment de ne lui pardonner jamais ; allez, touchez là, je lui pardonne. Je vous assure que je me fais grande violence, et qu'il faut que j'aie bien de la complaisance pour vous. Adieu, monsieur Gorgibus.

(*Gorgibus rentre dans sa maison, et Sganarelle s'en va.*)

SCÈNE XIII.

VALÈRE, SGANARELLE.

VALÈRE. — Il faut que j'avoue que je n'eusse jamais cru que Sganarelle se fût si bien acquitté de son devoir. (*Sganarelle rentre avec ses habits de valet.*) Ah ! mon pauvre garçon, que je t'ai d'obligation ! que j'ai de joie ! et que....

SGANARELLE. — Ma foi, vous parlez fort à votre aise. Gorgibus m'a rencontré ; et, sans une invention que j'ai trouvée, toute la mèche était découverte. (*Apercevant Gorgibus.*) Mais fuyez-vous-en, le voici.

(*Valère sort.*)

SCÈNE XIV.

GORGIBUS, SGANARELLE.

GORGIBUS. Je vous cherchois partout pour vous dire que j'ai parlé à votre frère : il m'a assuré qu'il vous pardonnoit ; mais, pour en être plus assuré, je veux qu'il vous embrasse en ma présence ; entrez dans mon logis, et je l'irai chercher.

SGANARELLE. — Eh ! monsieur Gorgibus, je ne crois pas que vous le trouviez à présent ; et puis je ne resterai pas chez vous : je crains trop de sa colère.

GORGIBUS. — Ah ! vous y demeurerez, car je vous enfermerai. Je m'en vais à présent chercher votre frère ; ne craignez rien, je vous réponds qu'il n'est plus fâché.

(*Gorgibus sort.*)

SGANARELLE, *de la fenêtre*. — Ma foi, me voilà attrapé ce coup-là ; il n'y a plus moyen de m'en échapper. Le nuage est fort épais, et j'ai bien peur que, s'il vient à crever, il ne grêle sur mon dos force coups de bâton, ou que par quelque ordonnance plus forte que toutes celles des médecins, on ne m'applique tout au moins un cautère royal sur les épaules. Mes affaires vont mal ; mais pourquoi se désespérer ? puisque j'ai tant fait, poussons la fourbe jusqu'au bout. Oui, oui, il en faut sortir, et faire voir que Sganarelle est le roi des fourbes.

(*Sganarelle saute par la fenêtre et s'en va.*)

SCÈNE XV.

GROS-RENÉ, GORGIBUS, SGANARELLE.

GROS-RENÉ. — Ah ! ma foi, voilà qui est drôle ! comme diable on saute ici par les fenêtres ! Il faut que je demeure ici, et que je voie à quoi tout cela aboutira.

GORGIBUS. — Je ne saurois trouver ce médecin ; je ne sais où diable il s'est caché. (*Apercevant Sganarelle qui revient en habit de médecin.*) Mais le voici. Monsieur, ce n'est pas assez d'avoir pardonné à votre frère ; je vous prie, pour ma satisfaction, de l'embrasser : il est chez moi, et je vous cherchois partout pour vous prier de faire cet accord en ma présence.

SGANARELLE. — Vous vous moquez, monsieur Gorgibus ; n'est-ce pas assez que je lui pardonne ? je ne le veux jamais voir.

GORGIBUS. — Mais, monsieur, pour l'amour de moi.

SGANARELLE. — Je ne vous saurois rien refuser : dites-lui qu'il descende.

(Pendant que Gorgibus entre dans la maison par la porte, Sganarelle y rentre par la fenêtre.)

GORGIBUS, *à la fenêtre.* — Voilà votre frère qui vous attend là-bas : il m'a promis qu'il fera tout ce que vous voudrez.

SGANARELLE, *à la fenêtre.* — Monsieur Gorgibus, je vous prie de le faire venir ici ; je vous conjure que ce soit en particulier que je lui demande pardon, parce que, sans doute, il me feroit cent hontes, cent opprobres devant tout le monde.

(Gorgibus sort de sa maison par la porte et Sganarelle par la fenêtre.)

GORGIBUS. — Oui-da, je m'en vais lui dire.... Monsieur, il dit qu'il est honteux, et qu'il vous prie d'entrer, afin qu'il vous demande pardon en particulier. Voilà la clef, vous pouvez entrer ; je vous supplie de ne me pas refuser, et de me donner ce contentement.

SGANARELLE. — Il n'y a rien que je ne fasse pour votre satisfaction : vous allez entendre de quelle manière je le vais traiter. *(A la fenêtre.)* Ah ! te voilà, coquin. — Monsieur mon frère, je vous demande pardon, je vous promets qu'il n'y a pas de ma faute. — Pilier de débauche, coquin, va, je t'apprendrai à venir avoir la hardiesse d'importuner monsieur Gorgibus, de lui rompre la tête de tes sottises. — Monsieur mon frère..... — Tais-toi, te dis-je. — Je ne vous déoblig.... — Tais-toi, coquin.

GROS-RENÉ. — Que diable pensez-vous qui soit chez vous à présent ?

GORGIBUS. — C'est le médecin et Narcisse son frère ; ils avoient quelque différend, et ils font leur accord.

GROS-RENÉ. — Le diable emporte ! ils ne sont qu'un.

SGANARELLE, *à la fenêtre.* — Ivrogne que tu es, je t'apprendrai à vivre. Comme il baisse la vue ! il voit bien qu'il a failli, le pendard. Ah ! l'hypocrite, comme il fait le bon apôtre !

GROS-RENÉ. — Monsieur, dites-lui un peu par plaisir qu'il fasse mettre son frère à la fenêtre.

GORGIBUS. — Oui-da.... Monsieur le médecin, je vous prie de faire paroître votre frère à la fenêtre.

SGANARELLE, *de la fenêtre.* — Il est indigne de la vue des gens d'honneur, et puis je ne le saurois souffrir auprès de moi.

GORGIBUS. — Monsieur, ne me refusez pas cette grâce, après toutes celles que vous m'avez faites.

SGANARELLE, *de la fenêtre.* — En vérité, monsieur Gorgibus, vous avez un tel pouvoir sur moi, que je ne vous puis rien refuser. Montre-toi, coquin. *(Après avoir disparu un moment, il se remontre en habit de valet.)* Monsieur Gorgibus, je suis votre obligé. *(Il disparoît encore, et reparoît aussitôt en habit de médecin.)* Hé bien ! avez-vous vu cette image de la débauche ?

GROS-RENÉ. — Ma foi, ils ne sont qu'un ; et, pour vous le prouver, dites-lui un peu que vous les voulez voir ensemble.

GORGIBUS. — Mais faites-moi la grâce de le faire paroître avec vous, et de l'embrasser devant moi à la fenêtre.

SGANARELLE, *de la fenêtre.* — C'est une chose que je refuserois à tout autre qu'à vous ; mais pour vous montrer que je veux tout faire pour l'amour de vous, je m'y résous, quoique avec peine, et veux auparavant qu'il vous demande pardon de toutes les peines qu'il vous a données. — Oui, monsieur Gorgibus, je vous demande pardon de vous avoir tant importuné, et vous promets, mon frère, en présence de monsieur Gorgibus que voilà, de faire si bien désormais, que vous n'aurez plus lieu de vous plaindre, vous priant de ne plus songer à ce qui s'est passé.

(Il embrasse son chapeau et sa fraise, qu'il a mis au bout de son coude.)

GORGIBUS. — Hé bien ! ne les voilà pas tous deux ?

GROS-RENÉ. — Ah ! par ma foi, il est sorcier.

SGANARELLE, *sortant de la maison, en médecin.* — Monsieur, voilà la clef de votre maison que je vous rends ; je n'ai pas voulu que ce coquin soit descendu avec moi, parce qu'il me fait honte : je ne voudrois pas qu'on le vît en ma compagnie, dans la ville où je suis en quelque réputation. Vous irez le faire sortir quand bon vous semblera. Je vous donne le bon jour, et suis votre serviteur, etc.

(Il feint de s'en aller et après avoir mis sa robe, rentre dans la maison par la fenêtre.)

GORGIBUS. — Il faut que j'aille délivrer ce pauvre garçon ; en vérité, s'il lui a pardonné, ce n'a pas été sans le bien maltraiter.

(Il entre dans sa maison, en sort avec Sganarelle en habit de valet.)

SGANARELLE. — Monsieur, je vous remercie de la peine que vous avez prise, et de la bonté que vous avez eue, je vous en serai obligé toute ma vie.

GROS-RENÉ. — Où pensez-vous que soit à présent le médecin ?

GORGIBUS. — Il s'en est allé.

GROS-RENÉ, *qui a ramassé la robe de Sganarelle.* — Je le tiens sous mon bras. Voilà le coquin qui faisoit le médecin, et qui vous trompe. Cependant qu'il vous trompe et joue la farce chez vous, Valère et votre fille sont ensemble, qui s'en vont à tous les diables.

GORGIBUS. — Oh ! que je suis malheureux ! mais tu seras pendu, fourbe, coquin !

SGANARELLE. — Monsieur, qu'allez-vous faire de me pendre? Écoutez un mot, s'il vous plaît; il est vrai que c'est par mon invention que mon maître est avec votre fille; mais en le servant, je ne vous ai point désobligé: c'est un parti sortable pour elle, tant pour la naissance que pour les biens. Croyez-moi, ne faites point un vacarme qui tourneroit à votre confusion, et envoyez à tous les diables ce coquin-là avec Villebrequin. Mais voici nos amans.

SCÈNE XVI.

VALÈRE, LUCILE, GORGIBUS, SGANARELLE.

VALÈRE. — Nous nous jetons à vos pieds.

GORGIBUS. — Je vous pardonne, et suis heureusement trompé par Sganarelle, ayant un si brave gendre. Allons tous faire noces, et boire à la santé de toute la compagnie.

PERSONNAGES ET ACTEURS.

LÉLIE, fils de Pandolfe.	La Grange.
CÉLIE, esclave de Trufaldin.	Mlle de Brie.
MASCARILLE, valet de Lélie [1].	Molière.
HIPPOLYTE, fille d'Anselme.	Mlle du Parc.
ANSELME, père d'Hippolyte.	Louis Béjart.
TRUFALDIN, vieillard.	
PANDOLFE, père de Lélie.	Béjart aîné.
LÉANDRE, fils de famille.	
ANDRÈS, cru Égyptien.	
ERGASTE, ami de Mascarille.	
UN COURRIER.	
Deux troupes de masques.	

La scène est à Messine.

---

1. *Mascarille*, de *maschera*, masque. Aux premières représentations, Molière joua ce rôle sous le masque. On croit qu'il employa le premier le nom de Mascarille, et plus tard celui de Sganarelle.

L'Étourdi fut joué d'abord à Lyon en 1653, ensuite à Béziers, devant le prince de Conti, pendant la tenue des états de Languedoc, enfin à Paris, le 3 décembre 1659, sur le théâtre du Petit-Bourbon. Il fut imprimé pour la première fois en 1663.

Cette comédie est imitée d'une pièce de Nicolas Barbieri, dit Beltrame, intitulée *l'Inavvertito*.

ACTE PREMIER.

SCÈNE I.

LÉLIE.

Hé bien ! Léandre, hé bien ! il faudra contester ;
Nous verrons de nous deux qui pourra l'emporter ;
Qui, dans nos soins communs pour ce jeune miracle,
Aux vœux de son rival portera plus d'obstacle :
Préparez vos efforts, et vous défendez bien,
Sûr que de mon côté je n'épargnerai rien.

SCÈNE II.

LÉLIE, MASCARILLE.

LÉLIE.
Ah ! Mascarille !
MASCARILLE.
Quoi !
LÉLIE.
Voici bien des affaires ;
J'ai dans ma passion toutes choses contraires :
Léandre aime Célie ; et, par un trait fatal,
Malgré mon changement, est toujours mon rival.
MASCARILLE.
Léandre aime Célie !
LÉLIE.
Il l'adore, te dis-je.
MASCARILLE.
Tant pis.

LÉLIE.
Hé, oui, tant pis ; c'est là ce qui m'afflige.
Toutefois j'aurois tort de me désespérer ;
Puisque j'ai ton secours, je me puis rassurer ;
Je sais que ton esprit, en intrigues fertile,
N'a jamais rien trouvé qui lui fût difficile ;
Qu'on te peut appeler le roi des serviteurs ;
Et qu'en toute la terre....
MASCARILLE.
Hé ! trêve de douceurs.
Quand nous faisons besoin, nous autres misérables,
Nous sommes les chéris et les incomparables ;
Et dans un autre temps, dès le moindre courroux,
Nous sommes les coquins qu'il faut rouer de coups.
LÉLIE.
Ma foi ! tu me fais tort avec cette invective.
Mais enfin discourons un peu de ma captive :
Dis si les plus cruels et plus durs sentimens
Ont rien d'impénétrable à des traits si charmans.
Pour moi, dans ses discours, comme dans son visage,
Je vois pour sa naissance un noble témoignage ;
Et je crois que le ciel dedans un rang si bas
Cache son origine, et ne l'en tire pas.
MASCARILLE.
Vous êtes romanesque avecque vos chimères.
Mais que fera Pandolfe en toutes ces affaires ?
C'est, monsieur, votre père, au moins, à ce qu'il dit ;
Vous savez que sa bile assez souvent s'aigrit,
Qu'il peste contre vous d'une belle manière,
Quand vos déportemens lui blessent la visière ;
Il est avec Anselme en parole pour vous
Que de son Hippolyte on vous fera l'époux,
S'imaginant que c'est dans le seul mariage

Qu'il pourra rencontrer de quoi vous faire sage ;
Et s'il vient à savoir que, rebutant son choix,
D'un objet inconnu vous recevez les lois,
Que de ce fol amour la fatale puissance
Vous soustrait au devoir de votre obéissance,
Dieu sait quelle tempête alors éclatera,
Et de quels beaux sermons on vous régalera.

LÉLIE.

Ah! trêve, je vous prie, à votre rhétorique!

MASCARILLE.

Mais vous, trêve plutôt à votre politique!
Elle n'est pas fort bonne, et vous devriez tâcher....

LÉLIE.

Sais-tu qu'on n'acquiert rien de bon à me fâcher,
Que chez moi les avis ont de tristes salaires,
Qu'un valet conseiller y fait mal ses affaires?

MASCARILLE.

(A part.)   (Haut.)

Il se met en courroux. Tout ce que j'en ai dit
N'étoit rien que pour rire et vous sonder l'esprit.
D'un censeur de plaisirs, ai-je fort l'encolure?
Et Mascarille est-il l'ennemi de nature?
Vous savez le contraire, et qu'il est très-certain
Qu'on ne peut me taxer que d'être trop humain.
Moquez-vous des sermons d'un vieux barbon de père :
Poussez votre bidet, vous dis-je, et laissez faire.
Ma foi! j'en suis d'avis, que ces penards chagrins
Nous viennent étourdir de leurs contes badins,
Et, vertueux par force, espèrent par envie
Oter aux jeunes gens les plaisirs de la vie.
Vous savez mon talent, je m'offre à vous servir.

LÉLIE.

Ah! c'est par ces discours que tu peux me ravir.
Au reste, mon amour, quand je l'ai fait paroître,
N'a point été mal vu des yeux qui l'ont fait naître;
Mais, Léandre, à l'instant, vient de me déclarer
Qu'à me ravir Célie il va se préparer :
C'est pourquoi dépêchons, et cherche dans ta tête
Les moyens les plus prompts d'en faire la conquête.
Trouve ruses, détours, fourbes, inventions,
Pour frustrer un rival de ses prétentions.

MASCARILLE.

Laissez-moi quelque temps rêver à cette affaire.
(A part.)
Que pourrois-je inventer pour ce coup nécessaire?

LÉLIE.

Eh bien! le stratagème?

MASCARILLE.

Ah! comme vous courez?
Ma cervelle toujours marche à pas mesurés.
J'ai trouvé votre fait : il faut.... Non, je m'abuse.
Mais si vous alliez....

LÉLIE.

Où?

MASCARILLE.

C'est une foible ruse.
J'en songeois une....

LÉLIE.

Et quelle?

MASCARILLE.

Elle n'iroit pas bien
Mais ne pourriez-vous pas?...

LÉLIE.

Quoi?

MASCARILLE.

Vous ne pourriez rien
Parlez avec Anselme.

LÉLIE.

Et que lui puis-je dire?

MASCARILLE.

Il est vrai, c'est tomber d'un mal dedans un pire.
Il faut pourtant l'avoir. Allez chez Trufaldin.

LÉLIE.

Que faire?

MASCARILLE.

Je ne sais.

LÉLIE.

C'en est trop à la fin,
Et tu me mets à bout par ces contes frivoles.

MASCARILLE.

Monsieur, si vous aviez en main force pistoles,
Nous n'aurions pas besoin maintenant de rêver
A chercher les biais que nous devons trouver,
Et pourrions, par un prompt achat de cette esclave,
Empêcher qu'un rival vous prévienne et vous brave.
De ces Égyptiens qui la mirent ici,
Trufaldin, qui la garde, est en quelque souci;
Et trouvant son argent qu'ils lui font trop attendre,
Je sais bien qu'il seroit très-ravi de la vendre :
Car enfin en vrai ladre il a toujours vécu;
Il se feroit fesser pour moins d'un quart d'écu;
Et l'argent est le dieu que surtout il révère :
Mais le mal, c'est....

LÉLIE.

Quoi c'est....

MASCARILLE.

Que monsieur votre père
Est un autre vilain, qui ne vous laisse pas,
Comme vous voudriez bien, manier ses ducats ;
Qu'il n'est point de ressort qui, pour votre ressource,
Pût faire maintenant ouvrir la moindre bourse.
Mais tâchons de parler à Célie un moment,
Pour savoir là-dessus quel est son sentiment;
La fenêtre est ici.

LÉLIE.

Mais Trufaldin, pour elle,
Fait de nuit et de jour exacte sentinelle.
Prends garde.

MASCARILLE.

Dans ce coin demeurons en repos.
O bonheur! la voilà qui paroît à propos.

SCÈNE III.

CÉLIE, LÉLIE, MASCARILLE.

LÉLIE.

Ah! que le ciel m'oblige, en offrant à ma vue

Les célestes attraits dont vous êtes pourvue !
Et, quelque mal cuisant que m'aient causé vos yeux,
Que je prends de plaisir à les voir en ces lieux !
CÉLIE.
Mon cœur, qu'avec raison votre discours étonne,
N'entend pas que mes yeux fassent mal à personne ;
Et, si dans quelque chose ils vous ont outragé,
Je puis vous assurer que c'est sans mon congé.
LÉLIE.
Ah ! leurs coups sont trop beaux pour me faire une injure !

Je mets toute ma gloire à chérir ma blessure,
Et....
MASCARILLE.
Vous le prenez là d'un ton un peu trop haut ;
Ce style maintenant n'est pas ce qu'il nous faut.

MASCARILLE. — Monsieur, je suis tout vôtre et ma joie est extrême. (Acte I, scène IV.)

Profitons mieux du temps, et sachons vite d'elle
Ce que....
TRUFALDIN, *dans sa maison.*
Célie !
MASCARILLE, *à Lélie.*
Eh bien !

LÉLIE.
O rencontre cruelle !
Ce malheureux vieillard devoit-il nous troubler ?
MASCARILLE.
Allez, retirez-vous ; je saurai lui parler.

SCÈNE IV.

TRUFALDIN, CÉLIE, LÉLIE, *retiré dans un coin*, MASCARILLE.

TRUFALDIN, *à Célie*.
Que faites-vous dehors? et quel soin vous talonne,
Vous à qui je défends de parler à personne?

CÉLIE.
Autrefois j'ai connu cet honnête garçon;
Et vous n'avez pas lieu d'en prendre aucun soupçon.

MASCARILLE.
Est-ce là le seigneur Trufaldin?

CÉLIE.
Oui, lui-même.

MASCARILLE.
Monsieur, je suis tout vôtre, et ma joie est extrême
De pouvoir saluer en toute humilité
Un homme dont le nom est partout si vanté.

TRUFALDIN.
Très-humble serviteur.

MASCARILLE.
J'incommode peut-être;
Mais je l'ai vue ailleurs, où m'ayant fait connoître
Les grands talents qu'elle a pour savoir l'avenir,
Je voulois sur un point un peu l'entretenir.

TRUFALDIN.
Quoi! te mêlerois-tu d'un peu de diablerie?

CÉLIE.
Non, tout ce que je sais n'est que blanche magie.

MASCARILLE.
Voici donc ce que c'est. Le maître que je sers
Languit pour un objet qui le tient dans ses fers;
Il auroit bien voulu, du feu qui le dévore,
Pouvoir entretenir la beauté qu'il adore :
Mais un dragon, veillant sur ce rare trésor,
N'a pu, quoi qu'il ait fait, le lui permettre encor,
Et, ce qui plus le gêne et le rend misérable,
Il vient de découvrir un rival redoutable;
Si bien que, pour savoir si ses soins amoureux
Ont sujet d'espérer quelque succès heureux,
Je viens vous consulter, sûr que de votre bouche
Je puis apprendre au vrai le secret qui nous touche.

CÉLIE.
Sous quel astre ton maître a-t-il reçu le jour?

MASCARILLE.
Sous un astre à jamais ne changer son amour.

CÉLIE.
Sans me nommer l'objet pour qui son cœur soupire,
La science que j'ai m'en peut assez instruire.
Cette fille a du cœur, et, dans l'adversité,
Elle sait conserver une noble fierté;
Elle n'est pas d'humeur à trop faire connoître
Les secrets sentimens qu'en son cœur on fait naître :
Mais je les sais comme elle, et, d'un esprit plus doux,
Je vais en peu de mots vous les découvrir tous.

MASCARILLE.
O merveilleux pouvoir de la vertu magique!

CÉLIE.
Si ton maître en ce point de constance se pique,
Et que la vertu seule anime son dessein,
Qu'il n'appréhende pas de soupirer en vain;
Il a lieu d'espérer, et le fort qu'il veut prendre
N'est pas sourd aux traités, et voudra bien se rendre.

MASCARILLE.
C'est beaucoup; mais ce fort dépend d'un gouverneur
Difficile à gagner.

CÉLIE.
C'est là tout le malheur.

MASCARILLE, *à part, regardant Lélie*.
Au diable le fâcheux qui toujours nous éclaire!

CÉLIE.
Je vais vous enseigner ce que vous devez faire.

LÉLIE, *les joignant*.
Cessez, ô Trufaldin, de vous inquiéter;
C'est par mon ordre seul qu'il vous vient visiter,
Et je vous l'envoyois, ce serviteur fidèle,
Vous offrir mon service, et vous parler pour elle,
Dont je vous veux dans peu payer la liberté,
Pourvu qu'entre nous deux le prix soit arrêté.

MASCARILLE.
La peste soit la bête!

TRUFALDIN.
Ho! ho! qui des deux croire?
Ce discours au premier est fort contradictoire.

MASCARILLE.
Monsieur, ce galant homme a le cerveau blessé;
Ne le savez-vous pas?

TRUFALDIN.
Je sais ce que je sai.
J'ai crainte ici dessous de quelque manigance.
(*A Célie*.)
Rentrez, et ne prenez jamais cette licence.
Et vous, filous fieffés, où je me trompe fort,
Mettez, pour me jouer, vos flûtes mieux d'accord.

SCÈNE V.

LÉLIE, MASCARILLE.

MASCARILLE.
C'est bien fait. Je voudrois qu'encor, sans flatterie,
Il nous eût d'un bâton chargés de compagnie.
A quoi bon se montrer, et, comme un étourdi,
Me venir démentir de tout ce que je di?

LÉLIE.
Je pensois faire bien.

MASCARILLE.
Oui, c'étoit fort l'entendre.
Mais quoi! cette action ne me doit point surprendre :
Vous êtes si fertile en pareils contre-temps,
Que vos écarts d'esprit n'étonnent plus les gens.

LÉLIE.
Ah! mon Dieu! pour un rien me voilà bien coupable!
Le mal est-il si grand qu'il soit irréparable?
Enfin, si tu ne mets Célie entre mes mains,
Songe au moins de Léandre à rompre les desseins;
Qu'il ne puisse acheter avant moi cette belle,

De peur que ma présence encor soit criminelle,
Je te laisse.
MASCARILLE, *seul.*
Fort bien. A dire vrai, l'argent
Seroit dans notre affaire un sûr et fort agent;
Mais, ce ressort manquant, il faut user d'un autre.

SCÈNE VI.

ANSELME, MASCARILLE.

ANSELME.
Par mon chef, c'est un siècle étrange que le nôtre!
J'en suis confus. Jamais tant d'amour pour le bien,
Et jamais tant de peine à retirer le sien!
Les dettes aujourd'hui, quelque soin qu'on emploie,
Sont comme les enfans, que l'on conçoit en joie,
Et dont avecque peine on fait l'accouchement.
L'argent dans une bourse entre agréablement :
Mais le terme venu que nous devons le rendre,
C'est lors que les douleurs commencent à nous prendre.
Baste! ce n'est pas peu que deux mille francs, dus
Depuis deux ans entiers, me soient enfin rendus;
Encore est-ce un bonheur.
MASCARILLE, *à part les quatre premiers vers.*
Ô Dieu! la belle proie
Attirer en volant! Chut, il faut que je voie
Si je pourrois un peu de près le caresser.
Je sais bien les discours dont il le faut bercer....
Je viens de voir, Anselme....
ANSELME.
Et qui?
MASCARILLE.
Votre Nérine.
ANSELME.
Que dit-elle de moi, cette gente assassine?
MASCARILLE.
Pour vous elle est de flamme.
ANSELME.
Elle?
MASCARILLE.
Et vous aime tant,
Que c'est grande pitié.
ANSELME.
Que tu me rends content!
MASCARILLE.
Peu s'en faut que d'amour la pauvrette se meure
« Anselme, mon mignon, crie-t-elle à toute heure,
Quand est-ce que l'hymen unira nos deux cœurs,
Et que tu daigneras éteindre mes ardeurs? »
ANSELME.
Mais pourquoi jusqu'ici me les avoir célées?
Les filles, par ma foi, sont bien dissimulées!
Mascarille, en effet, qu'en dis-tu, quoique vieux,
J'ai de la mine encore assez pour plaire aux yeux
MASCARILLE.
Oui, vraiment, ce visage est encor fort mettable;
S'il n'est pas des plus beaux, il est des-agréable.

ANSELME.
Si bien donc?...
MASCARILLE *veut prendre la bourse.*
Si bien donc qu'elle est sotte de vous,
Ne vous regarde plus....
ANSELME.
Quoi?
MASCARILLE.
Que comme un époux ;
Et vous veu ....
ANSELME.
Et me veut?...
MASCARILLE.
Et vous veut, quoi qu'il tienne,
Prendre la bourse....
ANSELME.
La?
MASCARILLE *prend la bourse et la laisse tomber.*
La bouche avec la sienne.
ANSELME.
Ah! je t'entends. Viens çà : lorsque tu la verras,
Vante-lui mon mérite autant que tu pourras.
MASCARILLE.
Laissez-moi faire.
ANSELME.
Adieu.
MASCARILLE, *à part.*
Que le ciel te conduise!
ANSELME, *revenant.*
Ah! vraiment, je faisois une étrange sottise,
Et tu pouvois pour toi m'accuser de froideur.
Je t'engage à servir mon amoureuse ardeur,
Je reçois par ta bouche une bonne nouvelle,
Sans du moindre présent récompenser ton zèle!
Tiens, tu te souviendras....
MASCARILLE.
Ah! non pas, s'il vous plaît.
ANSELME.
Laisse-moi....
MASCARILLE.
Point du tout. J'agis sans intérêt.
ANSELME.
Je le sais; mais pourtant....
MASCARILLE.
Non, Anselme; vous dis-je;
Je suis homme d'honneur, cela me désoblige.
ANSELME.
Adieu donc, Mascarille.
MASCARILLE, *à part.*
O longs discours!
ANSELME, *revenant.*
Je veux
Régaler par tes mains cet objet de mes vœux;
Et je vais te donner de quoi faire pour elle
L'achat de quelque bague, ou telle bagatelle
Que tu trouveras bon.
MASCARILLE.
Non, laissez votre argent :
Sans vous mettre en souci, je ferai le présent;
Et l'on m'a mis en main une bague à la mode,

Qu'après vous payerez, si cela l'accommode.
ANSELME.
Soit; donne-la pour moi : mais surtout fais si bien
Qu'elle garde toujours l'ardeur de me voir sien.

SCÈNE VII.

LÉLIE, ANSELME, MASCARILLE.

LÉLIE, *ramassant la bourse.*
A qui la bourse?
ANSELME.
Ah! dieux! elle m'étoit tombée!
Et j'aurois après cru qu'on me l'eût dérobée!
Je vous suis bien tenu de ce soin obligeant,
Qui m'épargne un grand trouble, et me rend mon argent.
Je vais m'en décharger au logis tout à l'heure.

SCÈNE VIII.

LÉLIE, MASCARILLE.

MASCARILLE.
C'est être officieux, et très-fort, ou je meure.
LÉLIE.
Ma foi! sans moi, l'argent étoit perdu pour lui.
MASCARILLE.
Certes, vous faites rage, et payez aujourd'hui
D'un jugement très-rare et d'un bonheur extrême;
Nous avancerons fort, continuez de même.
LÉLIE.
Qu'est-ce donc? Qu'ai-je fait?
MASCARILLE.
Le sot, en bon françois,
Puisque je puis le dire, et qu'enfin je le dois.
Il sait bien l'impuissance où son père le laisse;
Qu'un rival qu'il doit craindre, étrangement nous presse;
Cependant, quand je tente un coup pour l'obliger,
Dont je cours moi tout seul la honte et le danger....
LÉLIE.
Quoi! c'étoit!...
MASCARILLE.
Oui, bourreau, c'étoit pour la captive
Que j'attrapois l'argent dont votre soin nous prive.
LÉLIE.
S'il est ainsi, j'ai tort; mais qui l'eût deviné?
MASCARILLE.
Il falloit, en effet, être bien raffiné!
LÉLIE.
Tu me devois par signe avertir de l'affaire.
MASCARILLE.
Oui, je devois au dos avoir mon luminaire.
Au nom de Jupiter, laissez-nous en repos,
Et ne nous chantez plus d'impertinens propos.
Un autre après cela quitteroit tout peut-être;
Mais j'avois médité tantôt un coup de maître,

Dont tout présentement je veux voir les effets,
A la charge que si....
LÉLIE.
Non, je te le promets,
De ne me mêler plus de rien dire ou rien faire.
MASCARILLE.
Allez donc; votre vue excite ma colère.
LÉLIE.
Mais surtout hâte-toi, de peur qu'en ce dessein....
MASCARILLE.
Allez, encore un coup; j'y vais mettre la main.
(*Lélie sort.*)
Menons bien ce projet; la fourbe sera fine,
S'il faut qu'elle succède ainsi que j'imagine.
Allons voir.... Bon, voici mon homme justement.

SCÈNE IX.

PANDOLFE, MASCARILLE.

PANDOLFE.
Mascarille.
MASCARILLE.
Monsieur?
PANDOLFE.
A parler franchement,
Je suis mal satisfait de mon fils.
MASCARILLE.
De mon maître?
Vous n'êtes pas le seul qui se plaigne de l'être;
Sa mauvaise conduite, insupportable en tout,
Met à chaque moment ma patience à bout.
PANDOLFE.
Je vous croyois pourtant assez d'intelligence
Ensemble.
MASCARILLE.
Moi, monsieur? Perdez cette croyance
Toujours de son devoir je tâche à l'avertir,
Et l'on nous voit sans cesse avoir maille à partir.
A l'heure même encor nous avons eu querelle
Sur l'hymen d'Hippolyte, où je le vois rebelle,
Où, par l'indignité d'un refus criminel,
Je le vois offenser le respect paternel.
PANDOLFE.
Querelle?
MASCARILLE.
Oui, querelle, et bien avant poussée.
PANDOLFE.
Je me trompois donc bien; car j'avois la pensée
Qu'à tout ce qu'il faisoit tu donnois de l'appui
MASCARILLE.
Moi? Voyez ce que c'est que le monde aujourd'hui,
Et comme l'innocence est toujours opprimée!
Si mon intégrité vous étoit confirmée,
Je suis auprès de lui gagé pour serviteur,
Vous me voudriez encor payer pour précepteur :
Oui, vous ne pourriez pas lui dire davantage
Que ce que je lui dis pour le faire être sage.

Monsieur, au nom de Dieu, lui fais-je assez souvent,
Cessez de vous laisser conduire au premier vent;
Réglez-vous; regardez l'honnête homme de père
Que vous avez du ciel, comme on le considère;
Cessez de lui vouloir donner la mort au cœur,
Et, comme lui, vivez en personne d'honneur.

PANDOLFE.
C'est parler comme il faut. Et que peut-il répondre?

MASCARILLE.
Répondre? Des chansons dont il me vient confondre.

A qui la bourse? (Acte I, scène VII.)

Ce n'est pas qu'en effet, dans le fond de son cœur,
Il ne tienne de vous des semences d'honneur.
Mais sa raison n'est pas maintenant la maîtresse.
Si je pouvois parler avecque hardiesse,
Vous le verriez dans peu soumis sans nul effort.

PANDOLFE.
Parle.

MASCARILLE.
C'est un secret qui m'importeroit fort
S'il étoit découvert; mais à votre prudence

Je le puis confier avec toute assurance.
PANDOLFE.
Tu dis bien.
MASCARILLE.
Sachez donc que vos vœux sont trahis
Par l'amour qu'une esclave imprime à votre fils.
PANDOLFE.
On m'en avoit parlé; mais l'action me touche
De voir que je l'apprenne encore par ta bouche.
MASCARILLE.
Vous voyez si je suis le secret confident....
PANDOLFE.
Vraiment je suis ravi de cela.
MASCARILLE.
Cependant
A son devoir, sans bruit, désirez-vous le rendre?
Il faut...J'ai toujours peur qu'on nous vienne surprendre;
Ce seroit fait de moi, s'il savoit ce discours.
Il faut, dis-je, pour rompre à toute chose cours,
Acheter sourdement l'esclave idolâtrée,
Et la faire passer en une autre contrée.
Anselme a grand accès auprès de Trufaldin;
Qu'il aille l'acheter pour vous dès ce matin.
Après, si vous voulez en mes mains la remettre,
Je connois des marchands, et puis bien vous promettre
D'en retirer l'argent qu'elle pourra coûter,
Et, malgré votre fils, de la faire écarter;
Car enfin, si l'on veut qu'à l'hymen il se range,
A cet amour naissant il faut donner le change;
Et de plus, quand bien même il seroit résolu
Qu'il auroit pris le joug que vous avez voulu,
Cet autre objet, pouvant réveiller son caprice,
Au mariage encor peut porter préjudice.
PANDOLFE.
C'est très-bien raisonner; ce conseil me plaît fort....
Je vois Anselme; va, je m'en vais faire effort
Pour avoir promptement cette esclave funeste,
Et la mettre en tes mains pour achever le reste.
MASCARILLE, seul.
Bon; allons avertir mon maître de ceci.
Vive la fourberie et les fourbes aussi!

SCÈNE X.
HIPPOLYTE, MASCARILLE.

HIPPOLYTE.
Oui, traître, c'est ainsi que tu me rends service!
Je viens de tout entendre et voir ton artifice :
A moins que de cela, l'eussé-je soupçonné?
Tu couches d'imposture, et tu m'en as donné.
Tu m'avois promis, lâche, et j'avois lieu d'attendre
Qu'on te verroit servir mes ardeurs pour Léandre;
Que du choix de Lélie, où l'on veut m'obliger,
Ton adresse et tes soins sauroient me dégager;
Que tu m'affranchirois du projet de mon père;
Et cependant ici tu fais tout le contraire !
Mais tu t'abuseras; je sais un sûr moyen

Pour rompre cet achat où tu pousses si bien,
Et je vais de ce pas....
MASCARILLE.
Ah! que vous êtes prompte!
La mouche tout d'un coup à la tête vous monte,
Et, sans considérer s'il a raison ou non,
Votre esprit contre moi fait le petit démon.
J'ai tort, et je devrois, sans finir mon ouvrage,
Vous faire dire vrai, puisque ainsi l'on m'outrage.
HIPPOLYTE.
Par quelle illusion penses-tu m'éblouir?
Traître, peux-tu nier ce que je viens d'ouïr?
MASCARILLE.
Non. Mais il faut savoir que tout cet artifice
Ne va directement qu'à vous rendre service;
Que ce conseil adroit, qui semble être sans fard,
Jette dans le panneau l'un et l'autre vieillard;
Que mon soin par leurs mains ne veut avoir Célie,
Qu'à dessein de la mettre au pouvoir de Lélie;
Et faire que, l'effet de cette invention
Dans le dernier excès portant sa passion,
Anselme, rebuté de son prétendu gendre,
Puisse tourner son choix du côté de Léandre.
HIPPOLYTE.
Quoi! tout ce grand projet, qui m'a mise en courroux,
Tu l'as formé pour moi, Mascarille?
MASCARILLE.
Oui, pour vous.
Mais, puisqu'on reconnoît si mal mes bons offices,
Qu'il me faut de la sorte essuyer vos caprices,
Et que, pour récompense, on s'en vient, de hauteur,
Me traiter de faquin, de lâche, d'imposteur,
Je m'en vais réparer l'erreur que j'ai commise,
Et, dès ce même pas, rompre mon entreprise.
HIPPOLYTE, l'arrêtant.
Hé! ne me traite pas si rigoureusement,
Et pardonne aux transports d'un premier mouvement.
MASCARILLE.
Non, non, laissez-moi faire; il est en ma puissance
De détourner le coup qui si fort vous offense.
Vous ne vous plaindrez point de mes soins désormais:
Oui, vous aurez mon maître, et je vous le promets.
HIPPOLYTE.
Hé! mon pauvre garçon, que ta colère cesse.
J'ai mal jugé de toi, j'ai tort, je le confesse.
(Tirant sa bourse.)
Mais je veux réparer ma faute avec ceci.
Pourrois-tu te résoudre à me quitter ainsi?
MASCARILLE.
Non, je ne le saurois, quelque effort que je fasse,
Mais votre promptitude est de mauvaise grâce,
Apprenez qu'il n'est rien qui blesse un noble cœur,
Comme quand il peut voir qu'on le touche en l'honneur.
HIPPOLYTE.
Il est vrai, je t'ai dit de trop grosses injures :
Mais que ces deux louis guérissent tes blessures.
MASCARILLE.
Hé! tout cela n'est rien. Je suis tendre à ces coups;
Mais déjà je commence à perdre mon courroux,
Il faut de ses amis endurer quelque chose.

HIPPOLYTE.
Pourras-tu mettre fin à ce que je me propose,
Et crois-tu que l'effet de tes desseins hardis
Produise à mon amour le succès que tu dis ?
MASCARILLE.
N'ayez point pour ce fait l'esprit sur des épines.
J'ai des ressorts tout prêts pour diverses machines ;
Et quand ce stratagème à nos vœux manqueroit,
Ce qu'il ne feroit pas, un autre le feroit.
HIPPOLYTE.
Crois qu'Hippolyte au moins ne sera pas ingrate.
MASCARILLE.
L'espérance du gain n'est pas ce qui me flatte.
HIPPOLYTE.
Ton maître te fait signe, et veut parler à toi :
Je te quitte ; mais songe à bien agir pour moi.

SCÈNE XI.

LÉLIE, MASCARILLE.

LÉLIE.
Que diable fais-tu là ? Tu me promets merveille ;
Mais ta lenteur d'agir est pour moi sans pareille.
Sans que mon bon génie au-devant m'a poussé,
Déjà tout mon bonheur eût été renversé.
C'étoit fait de mon bien, c'étoit fait de ma joie,
D'un regret éternel je devenois la proie ;
Bref, si je ne me fusse en ce lieu rencontré,
Anselme avoit l'esclave, et j'en étois frustré ;
Il l'emmenoit chez lui. Mais j'ai paré l'atteinte,
J'ai détourné le coup, et tant fait que, par crainte,
Le pauvre Trufaldin l'a retenue.
MASCARILLE.
Et trois :
Quand nous serons à dix nous ferons une croix.
C'étoit par mon adresse, ô cervelle incurable !
Qu'Anselme entreprenoit cet achat favorable ;
Entre mes propres mains on la devoit livrer ;
Et vos soins endiablés nous en viennent sevrer.
Et puis pour votre amour je m'emploirois encore !
J'aimerois mieux cent fois être grosse pécore,
Devenir cruche, chou, lanterne, loup-garou,
Et que monsieur Satan vous vînt tordre le cou.
LÉLIE, *seul*.
Il nous le faut mener en quelque hôtellerie,
Et faire sur les pots décharger sa furie.

FIN DU PREMIER ACTE

ACTE DEUXIÈME.

SCÈNE I.

LÉLIE, MASCARILLE.

MASCARILLE.

A vos désirs enfin il a fallu se rendre :
Malgré tous mes sermons, je n'ai pu m'en défendre,
Et pour vos intérêts, que je voulois laisser,
En de nouveaux périls viens de m'embarrasser.
Je suis ainsi facile ; et si de Mascarille
Madame la nature avoit fait une fille,
Je vous laisse à penser ce que ç'auroit été.
Toutefois n'allez pas, sur cette sûreté,
Donner de vos revers au projet que je tente,
Me faire une bévue, et rompre mon attente.
Auprès d'Anselme encor nous vous excuserons,
Pour en pouvoir tirer ce que nous désirons ;
Mais si dorénavant votre imprudence éclate,
Adieu, vous dis, mes soins pour l'objet qui vous flatte.

LÉLIE.

Non, je serai prudent, te dis-je, ne crains rien :
Tu verras seulement...

MASCARILLE.

Souvenez-vous-en bien ;
J'ai commencé pour vous un hardi stratagème.
Votre père fait voir une paresse extrême
A rendre par sa mort tous vos désirs contens ;
Je viens de le tuer (de parole, j'entends) :
Je fais courir le bruit que d'une apoplexie
Le bon homme surpris a quitté cette vie.
Mais avant, pour pouvoir mieux feindre ce trépas,
J'ai fait que vers sa grange il a porté ses pas ;
On est venu lui dire, et par mon artifice,
Que les ouvriers qui sont après son édifice,
Parmi les fondements qu'ils en jettent encor,
Avoient fait par hasard rencontre d'un trésor ;
Il a volé d'abord ; et comme à la campagne
Toutson monde à présent, hors nous deux, l'accompagne,
Dans l'esprit d'un chacun je le tue aujourd'hui,
Et produis un fantôme enseveli pour lui.
Enfin je vous ai dit à quoi je vous engage.
Jouez bien votre rôle ; et, pour mon personnage,
Si vous apercevez que j'y manque d'un mot,
Dites absolument que je ne suis qu'un sot.

SCÈNE II.

LÉLIE, *seul.*

Son esprit, il est vrai, trouve une étrange voie
Pour adresser mes vœux au comble de leur joie ;
Mais quand d'un bel objet on est bien amoureux,
Que ne feroit-on pas pour devenir heureux ?
Si l'amour est au crime une assez belle excuse,
Il en peut bien servir à la petite ruse
Que sa flamme aujourd'hui me force d'approuver,
Par la douceur du bien qui m'en doit arriver.
Juste ciel ! qu'ils sont prompts ! Je les vois en parole.
Allons nous préparer à jouer notre rôle.

SCÈNE III.

ANSELME, MASCARILLE.

MASCARILLE.
La nouvelle a sujet de vous surprendre fort.
ANSELME.
Être mort de la sorte !
MASCARILLE.
Il a, certes, grand tort

Je lui sais mauvais gré d'une telle incartade.
ANSELME.
N'avoir pas seulement le temps d'être malade !
MASCARILLE.
Non, jamais homme n'eut si hâte de mourir.

Et Lélie ?
ANSELME.
MASCARILLE.
Il se bat, et ne peut rien souffrir ;
Il s'est fait en maints lieux contusion et bosse,

PANDOLFE. Malgré tout mon dépit, il m'y faut prendre part, Anselme. (Acte II, scène V.)

Et veut accompagner son papa dans la fosse :
Enfin, pour achever, l'excès de son transport
M'a fait en grande hâte ensevelir le mort,
De peur que cet objet, qui le rend hypocondre,
A faire un vilain coup ne me l'allât semondre.

ANSELME.
N'importe, tu devois attendre jusqu'au soir ;
Outre qu'encore un coup j'aurois voulu le voir,
Qui tôt ensevelit, bien souvent assassine ;
Et tel est cru défunt, qui n'en a que la mine.

MASCARILLE.
Je vous le garantis trépassé comme il faut.
Au reste, pour venir au discours de tantôt,
Lélie, et l'action lui sera salutaire,
D'un bel enterrement veut régaler son père,
Et consoler un peu ce défunt de son sort,
Par le plaisir de voir faire honneur à sa mort.
Il hérite beaucoup; mais, comme en ses affaires
Il se trouve assez neuf et ne voit encor guères,
Que son bien la plupart n'est point en ces quartiers,
Ou que ce qu'il y tient consiste en des papiers,
Il voudroit vous prier, ensuite de l'instance
D'excuser de tantôt son trop de violence,
De lui prêter au moins pour ce dernier devoir....

ANSELME.
Tu me l'as déjà dit, et je m'en vais le voir,

MASCARILLE, *seul*.
Jusques ici, du moins, tout va le mieux du monde.
Tâchons à ce progrès que le reste réponde;
Et, de peur de trouver dans le port un écueil,
Conduisons le vaisseau de la main et de l'œil

SCÈNE IV.

ANSELME, LÉLIE, MASCARILLE.

ANSELME.
Sortons; je ne saurois qu'avec douleur très-forte,
Le voir empaqueté de cette étrange sorte.
Las! en si peu de temps! il vivoit ce matin!

MASCARILLE.
En peu de temps parfois on fait bien du chemin.

LÉLIE, *pleurant*.
Ah!

ANSELME.
Mais quoi, chère Lélie! enfin il étoit homme.
On n'a point pour la mort de dispense de Rome.

LÉLIE.
Ah!

ANSELME.
Sans leur dire gare, elle abat les humains,
Et contre eux de tout temps a de mauvais desseins.

LÉLIE.
Ah!

ANSELME.
Ce fier animal, pour toutes les prières,
Ne perdroit pas un coup de ses dents meurtrières;
Tout le monde y passe.

LÉLIE.
Ah!

MASCARILLE.
Vous avez beau prêcher,
Ce deuil enraciné ne se peut arracher.

ANSELME.
Si, malgré ces raisons, votre ennui persévère,
Mon cher Lélie, au moins, faites qu'il se modère.

LÉLIE.
Ah!

MASCARILLE.
Il n'en fera rien, je connois son humeur.

ANSELME.
Au reste, sur l'avis de votre serviteur,
J'apporte ici l'argent qui vous est nécessaire
Pour faire célébrer les obsèques d'un père.

LÉLIE.
Ah! ah!

MASCARILLE.
Comme à ce mot s'augmente sa douleur.
Il ne peut, sans mourir, songer à ce malheur.

ANSELME.
Je sais que vous verrez aux papiers du bon homme,
Que je suis débiteur d'une plus grande somme;
Mais, quand par ces raisons je ne vous devrois rien,
Vous pourriez librement disposer de mon bien.
Tenez, je suis tout vôtre, et le ferai paroître.

LÉLIE, *s'en allant*.
Ah!

MASCARILLE.
Le grand déplaisir que sent monsieur mon maître!

ANSELME.
Mascarille, je crois qu'il seroit à propos
Qu'il me fît de sa main un reçu de deux mots.

MASCARILLE.
Ah!

ANSELME.
Des événements l'incertitude est grande.

MASCARILLE.
Ah!

ANSELME.
Faisons-lui signer le mot que je demande.

MASCARILLE.
Las! en l'état qu'il est, comment vous contenter?
Donnez-lui le loisir de se désattrister;
Et, quand ses déplaisirs prendront quelque allégeance,
J'aurai soin d'en tirer d'abord votre assurance.
Adieu. Je sens mon cœur qui se gonfle d'ennui,
Et m'en vais tout mon soûl pleurer avecque lui.
Ha!

ANSELME, *seul*.
Le monde est rempli de beaucoup de traverses,
Chaque homme tous les jours en ressent de diverses;
Et jamais ici-bas.....

SCÈNE V.

PANDOLFE, ANSELME.

ANSELME.
Ah! bon Dieu! je frémi!
Pandolfe qui revient! fût-il bien endormi!
Comme depuis sa mort sa face est amaigrie!
Las! ne m'approchez pas de plus près, je vous prie!
J'ai trop de répugnance à coudoyer un mort.

PANDOLFE.
D'où peut donc provenir ce bizarre transport?

ANSELME.
Dites-moi de bien loin quel sujet vous amène.
Si pour me dire adieu vous prenez tant de peine,
C'est trop de courtoisie, et véritablement
Je me serois passé de votre compliment.

Si votre âme est en peine et cherche des prières,
Las! je vous en promets, et ne m'effrayez guères!
Foi d'homme épouvanté, je vais faire à l'instant
Prier tant Dieu pour vous que vous serez content.
   Disparoissez donc, je vous prie;
   Et que le ciel, par sa bonté,
   Comble de joie et de santé
   Votre défunte seigneurie!
            PANDOLFE, *riant.*
Malgré tout mon dépit, il m'y faut prendre part.
            ANSELME.
Las! pour un trépassé vous êtes bien gaillard!
            PANDOLFE.
Est-ce jeu, dites-nous, ou bien si c'est folie,
Qui traite de défunt une personne en vie?
            ANSELME.
Hélas! vous êtes mort, et je viens de vous voir.
            PANDOLFE.
Quoi! j'aurois trépassé sans m'en apercevoir?
            ANSELME.
Sitôt que Mascarille en a dit la nouvelle,
J'en ai senti dans l'âme une douleur mortelle.
            PANDOLFE.
Mais enfin, dormez-vous? Êtes-vous éveillé?
Me connoissez-vous pas?
            ANSELME.
                     Vous êtes habillé
D'un corps aérien qui contrefait le vôtre,
Mais qui dans un moment peut devenir tout autre.
Je crains fort de vous voir comme un géant grandir
Et tout votre visage affreusement laidir.
Pour Dieu! ne prenez point de vilaine figure;
J'ai prou de ma frayeur en cette conjoncture.
            PANDOLFE.
En une autre saison, cette naïveté
Dont vous accompagnez votre crédulité,
Anselme, me seroit un charmant badinage,
Et j'en prolongerois le plaisir davantage:
Mais, avec cette mort, un trésor supposé
Dont parmi les chemins on m'a désabusé,
Fomente dans mon âme un soupçon légitime.
Mascarille est un fourbe, et fourbe fourbissime,
Sur qui ne peuvent rien la crainte ou le remords,
Et qui pour ses desseins a d'étranges ressorts.
            ANSELME.
M'auroit-on joué pièce et fait supercherie?
Ah! vraiment, ma raison, vous seriez fort jolie!
Touchons un peu pour voir: en effet, c'est bien lui.
Malepeste du sot que je suis aujourd'hui!
De grâce, n'allez pas divulguer un tel conte;
On en feroit jouer quelque farce à ma honte:
Mais, Pandolfe, aidez-moi vous-même à retirer
L'argent que j'ai donné pour vous faire enterrer.
            PANDOLFE.
De l'argent, dites-vous? Ah? c'est donc l'enclouure!
Voilà le nœud secret de toute l'aventure!
A votre dam. Pour moi, sans m'en mettre en souci,
Je vais faire informer de cette affaire ici
Contre ce Mascarille; et si l'on peut le prendre,
Quoi qu'il puisse coûter je le veux faire pendre.

            ANSELME, *seul.*
Et moi, la bonne dupe à trop croire un vaurien.
Il faut donc qu'aujourd'hui je perde et sens et bien?
Il me sied bien, ma foi, de porter tête grise,
Et d'être encor si prompt à faire une sottise;
D'examiner si peu sur un premier rapport....
Mais je vois....

SCÈNE VI.

LÉLIE, ANSELME.

            LÉLIE, *sans voir Anselme.*
         Maintenant, avec ce passe-port,
Je puis à Trufaldin rendre aisément visite.
            ANSELME.
A ce que je puis voir, votre douleur vous quitte?
            LÉLIE.
Que dites-vous? jamais elle ne quittera
Un cœur qui chèrement toujours la nourrira.
            ANSELME.
Je reviens sur mes pas vous dire avec franchise
Que tantôt avec vous j'ai fait une méprise;
Que parmi ces louis, quoiqu'ils semblent très-beaux,
J'en ai, sans y penser, mêlé que je tiens faux;
Et j'apporte sur moi de quoi mettre en leur place.
De nos faux-monnoyeurs l'insupportable audace
Pullule en cet État d'une telle façon,
Qu'on ne reçoit plus rien qui soit hors de soupçon.
Mon Dieu! qu'on feroit bien de les faire tous pendre.
            LÉLIE.
Vous me faites plaisir de les vouloir reprendre;
Mais je n'en ai point vu de faux, comme je croi.
            ANSELME.
Je les connoîtrai bien, montrez, montrez-les-moi.
Est-ce tout?
            LÉLIE.
         Oui.
            ANSELME.
               Tant mieux. Enfin je vous raccroche,
Mon argent bien aimé; rentrez dedans ma poche;
Et vous, mon brave escroc, vous ne tenez plus rien.
Vous tuez donc des gens qui se portent fort bien?
Et qu'auriez-vous donc fait sur moi, chétif beau-père?
Ma foi! je m'engendrois d'une belle manière,
Et j'allois prendre en vous un beau-fils fort discret!
Allez, allez mourir de honte et de regret.
            LÉLIE, *seul.*
Il faut dire, j'en tiens. Quelle surprise extrême?
D'où peut-il avoir su sitôt le stratagème?

SCÈNE VII.

LELIE, MASCARILLE.

            MASCARILLE.
Quoi! vous étiez sorti? Je vous cherchois partout.
Hé bien! en sommes-nous enfin venus à bout?
Je le donne en six coups au fourbe le plus brave

Çà, donnez-moi que j'aille acheter notre esclave;
Votre rival après sera bien étonné.
LÉLIE.
Ah! mon pauvre garçon, la chance a bien tourné!
Pourrois-tu de mon sort deviner l'injustice?
MASCARILLE.
Quoi? Que seroit-ce?
LÉLIE.
Anselme, instruit de l'artifice,
M'a repris maintenant tout ce qu'il nous prêtoit,
Sous couleur de changer de l'or que l'on doutoit.
MASCARILLE.
Vous vous moquez peut-être?
LÉLIE.
Il est trop véritable.
MASCARILLE.
Tout de bon?
LÉLIE.
Tout de bon; j'en suis inconsolable.
Tu te vas emporter d'un courroux sans égal.
MASCARILLE.
Moi, monsieur? Quelque sot! La colère fait mal
Et je veux me choyer, quoi qu'enfin il arrive.
Que Célie, après tout, soit ou libre ou captive,
Que Léandre l'achète, ou qu'elle reste là,
Pour moi, je m'en soucie autant que de cela.
LÉLIE.
Ah! n'aye point pour moi si grande indifférence,
Et soit plus indulgent à ce peu d'imprudence!
Sans ce dernier malheur, ne m'avoûras-tu pas
Que j'avois fait merveille, et qu'en ce feint trépas
J'éludois un chacun d'un deuil si vraisemblable,
Que les plus clairvoyans l'auroient cru véritable?
MASCARILLE.
Vous avez en effet sujet de vous louer.
LÉLIE.
Hé bien! je suis coupable, et je veux l'avouer;
Mais si jamais mon bien te fut considérable,
Répare ce malheur, et me sois secourable.
MASCARILLE.
Je vous baise les mains; je n'ai pas le loisir.
LÉLIE.
Mascarille, mon fils!
MASCARILLE.
Point.
LÉLIE.
Fais-moi ce plaisir.
MASCARILLE.
Non, je n'en ferai rien.
LÉLIE.
Si tu m'es inflexible,
Je m'en vais me tuer.
MASCARILLE.
Soit; il vous est loisible.
LÉLIE.
Je ne te puis fléchir?
MASCARILLE.
Non.
LÉLIE.
Vois-tu le fer prêt?
MASCARILLE.
Oui.
LÉLIE.
Je vais le pousser.
MASCARILLE.
Faites ce qu'il vous plaît.
LÉLIE.
Tu n'auras pas regret de m'arracher la vie?
MASCARILLE.
Non.
LÉLIE.
Adieu, Mascarille.
MASCARILLE.
Adieu, monsieur Lélie.
LÉLIE.
Quoi!...
MASCARILLE.
Tuez-vous donc vite. Ah! que de longs devis!
LÉLIE.
Tu voudrois bien, ma foi, pour avoir mes habits,
Que je fisse le sot, et que je me tuasse.
MASCARILLE.
Savois-je pas qu'enfin ce n'étoit que grimace;
Et, quoi que ces esprits jurent d'effectuer,
Qu'on n'est point aujourd'hui si prompt à se tuer?

SCÈNE VIII.

TRUFALDIN, LÉANDRE, LÉLIE, MASCARILLE.

(Trufaldin parle bas à Léandre, dans le fond du théâtre.)

LÉLIE.
Que vois-je? mon rival et Trufaldin ensemble!
Il achète Célie; ah! de frayeur je tremble!
MASCARILLE.
Il ne faut point douter qu'il fera ce qu'il peut.
Et, s'il a de l'argent, qu'il pourra ce qu'il veut.
Pour moi, j'en suis ravi. Voilà la récompense
De vos brusques erreurs, de votre impatience.
LÉLIE.
Que dois-je faire? dis; veuille me conseiller.
MASCARILLE.
Je ne sais.
LÉLIE.
Laisse-moi, je vais le quereller.
MASCARILLE.
Qu'en arrivera-t-il?
LÉLIE.
Que veux-tu que je fasse
Pour empêcher ce coup?
MASCARILLE.
Allez, je vous fais grâce :
Je jette encore un œil pitoyable sur vous.
Laissez-moi l'observer, par des moyens plus doux
Je vais, comme je crois, savoir ce qu'il projette.
(Lélie sort.)

L'ÉTOURDI, ACTE II.

TRUFALDIN, à Léandre.
Quand on viendra tantôt, c'est une affaire faite.
(Trufaldin sort.)

MASCARILLE, à part, en s'en allant.
Il faut que je l'attrape, et que de ses desseins
Je sois le confident, pour mieux les rendre vains.

LÉANDRE, seul.
Grâces au ciel! voilà mon bonheur hors d'atteinte;
J'ai su me l'assurer, et je n'ai plus de crainte.
Quoi que désormais puisse entreprendre un rival,
Il n'est plus en pouvoir de me faire du mal.

HYPPOLITE. Donnez-moi la main. (Acte II, scène x.)

SCÈNE IX.
LÉANDRE, MASCARILLE.

MASCARILLE dit ces deux vers dans la maison, et entre sur le théâtre.
Ah! ah! à l'aide! au meurtre! au secours! on m'assomme!
Ah! ah! ah! ah! ah! ah! O traître! ô bourreau d'homme!

LÉANDRE.
D'où procède cela? Qu'est-ce? que te fait-on?

MASCARILLE.
On vient de me donner deux cents coups de bâton.

LÉANDRE.
Qui?
MASCARILLE.
Lélie.
LÉANDRE.
Et pourquoi?
MASCARILLE.
Pour une bagatelle
Il me chasse, et me bat d'une façon cruelle.
LÉANDRE.
Ah! vraiment il a tort!
MASCARILLE.
Mais, ou je ne pourrai,
Ou je jure bien fort que je m'en vengerai.
Oui, je te ferai voir, batteur que Dieu confonde,
Que ce n'est pas pour rien qu'il faut rouer le monde,
Que je suis un valet, mais fort homme d'honneur,
Et qu'après m'avoir eu quatre ans pour serviteur,
Il ne me falloit pas payer en coups de gaules,
Et me faire un affront si sensible aux épaules :
Je te le dis encor, je saurai m'en venger ;
Une esclave te plaît, tu voulois m'engager
A la mettre en tes mains, et je veux faire en sorte
Qu'un autre te l'enlève, ou le diable m'emporte.
LÉANDRE.
Écoute, Mascarille, et quitte ce transport.
Tu m'as plu de tout temps, et je souhaitois fort
Qu'un garçon comme toi, plein d'esprit et fidèle,
A mon service un jour pût attacher son zèle :
Enfin, si le parti te semble bon pour toi,
Si tu veux me servir, je t'arrête avec moi.
MASCARILLE.
Oui, monsieur, d'autant mieux que le destin propice
M'offre à me bien venger, en vous rendant service;
Et que, dans mes efforts pour vos contentements,
Je puis à mon brutal trouver des châtiments :
De Célie, en un mot, par mon adresse extrême....
LÉANDRE.
Mon amour s'est rendu cet office lui-même.
Enflammé d'un objet qui n'a point de défaut,
Je viens de l'acheter moins encor qu'il ne vaut.
MASCARILLE.
Quoi! Célie est à vous?
LÉANDRE.
Tu la verrois paroître,
Si de mes actions j'étois tout à fait maître ;
Mais quoi ! mon père l'est : comme il a volonté,
Ainsi que je l'apprends d'un paquet apporté,
De me déterminer à l'hymen d'Hippolyte,
J'empêche qu'un rapport de tout ceci l'irrite.
Donc avec Trufaldin, car je sors de chez lui,
J'ai voulu tout exprès agir au nom d'autrui,
Et l'achat fait, ma bague est la marque choisie
Sur laquelle au premier il doit livrer Célie.
Je songe auparavant à chercher les moyens
D'ôter aux yeux de tous ce qui charme les miens ;
A trouver promptement un endroit favorable
Où puisse être en secret cette captive aimable.
MASCARILLE.
Hors de la ville un peu, je puis avec raison
D'un vieux parent que j'ai vous offrir la maison ;
Là, vous pourrez la mettre avec toute assurance,
Et de cette action nul n'aura connaissance.
LÉANDRE.
Oui, ma foi, tu me fais un plaisir souhaité.
Tiens donc, et va pour moi prendre cette beauté.
Dès que par Trufaldin ma bague sera vue,
Aussitôt en tes mains elle sera rendue,
Et dans cette maison tu me la conduiras,
Quand.... Mais chut, Hippolyte est ici sur nos pas.

SCÈNE X.

HIPPOLYTE, LÉANDRE, MASCARILLE.

HIPPOLYTE.
Je dois vous annoncer, Léandre, une nouvelle ;
Mais la trouverez-vous agréable ou cruelle?
LÉANDRE.
Pour en pouvoir juger et répondre soudain,
Il faudroit la savoir.
HIPPOLYTE.
Donnez-moi donc la main,
Jusqu'au temple ; en marchant, je pourrai vous l'apprendre.
LÉANDRE, à *Mascarille*.
Va, va-t'en me servir sans davantage attendre.

SCÈNE XI.

MASCARILLE, *seul*.

Oui, je te vais servir d'un plat de ma façon.
Fut-il jamais au monde un plus heureux garçon?
Oh ! que dans un moment, Lélie aura de joie !
Sa maîtresse en nos mains tomber par cette voie !
Recevoir tout son bien d'où l'on attend le mal,
Et devenir heureux par la main d'un rival !
Après ce rare exploit, je veux que l'on s'apprête
A me peindre en héros, un laurier sur la tête,
Et qu'au bas du portrait on mette en lettres d'or :
Vivat Mascarillus fourbum imperator.

SCENE XII.

TRUFALDIN, MASCARILLE.

MASCARILLE.
Holà !
TRUFALDIN.
Que voulez-vous?
MASCARILLE.
Cette bague connue
Vous dira le sujet qui cause ma venue.
TRUFALDIN.
Oui, je reconnois bien la bague que voilà.
Je vais quérir l'esclave ; arrêtez un peu là.

SCÈNE XIII.

TRUFALDIN, UN COURRIER, MASCARILLE.

LE COURRIER, à Trufaldin.
Seigneur, obligez-moi de m'enseigner un homme....
TRUFALDIN.
Et qui?
LE COURRIER.
Je crois que c'est Trufaldin qu'il se nomme.
TRUFALDIN.
Et que lui voulez-vous? Vous le voyez ici.
LE COURRIER.
Lui rendre seulement la lettre que voici.
TRUFALDIN lit.
Le ciel, dont la bonté prend souci de ma vie,
Vient de me faire ouïr, par un bruit assez doux,
Que ma fille, à quatre ans, par des voleurs ravie,
Sous le nom de Célie est esclave chez vous.
Si vous sûtes jamais ce que c'est qu'être père,
Et vous trouvez sensible aux tendresses du sang,
Conservez-moi chez vous cette fille si chère,
Comme si de la vôtre elle tenoit le rang.
Pour l'aller retirer je pars d'ici moi-même,
Et vous vais de vos soins récompenser si bien,
Que par votre bonheur, que je veux rendre extrême.
Vous bénirez le jour où vous causez le mien.
De Madrid.
DON PEDRO DE GUSMAN,
Marquis de Montalcane.

(Il continue.)
Quoiqu'à leur nation bien peu de foi soit due,
Ils me l'avoient bien dit, ceux qui me l'ont vendue,
Que je verrois dans peu quelqu'un la retirer,
Et que je n'aurois pas sujet d'en murmurer;
Et cependant j'allois, par mon impatience,
Perdre aujourd'hui les fruits d'une haute espérance.
(Au courrier.)
Un seul moment plus tard tous vos pas étoient vains,
J'allois mettre en l'instant cette fille en ses mains:
Mais suffit; j'en aurai tout le soin qu'on désire.
(Le courrier sort.)
(A Mascarille.)
Vous-même vous voyez ce que je viens de lire
Vous direz à celui qui vous a fait venir,
Que je ne lui saurois ma parole tenir,
Qu'il vienne retirer son argent.
MASCARILLE.
Mais l'outrage
Que vous lui faites....
TRUFALDIN.
Va, sans causer davantage.
MASCARILLE, seul.
Ah! le fâcheux paquet que nous venons d'avoir!
Le sort a bien donné la baie à mon espoir;
Et bien à la malheure est-il venu d'Espagne
Ce courrier que la foudre ou la grêle accompagne.
Jamais, certes, jamais plus beau commencement
N'eut en si peu de temps plus triste événement.

SCÈNE XIV.

LÉLIE, riant, MASCARILLE.

MASCARILLE.
Quel beau transport de joie à présent vous inspire?
LÉLIE.
Laisse m'en rire encore avant que te le dire.
MASCARILLE.
Çà, rions donc bien fort, nous en avons sujet.
LÉLIE.
Ah! je ne serai plus de tes plaintes l'objet,
Tu ne me diras plus, toi qui toujours me cries,
Que je gâte en brouillon toutes tes fourberies:
J'ai bien joué moi-même un tour des plus adroits.
Il est vrai, je suis prompt, et m'emporte parfois:
Mais pourtant, quand je veux, j'ai l'imaginative
Aussi bonne, en effet, que personne qui vive,
Et toi-même avoûras que ce que j'ai fait, part
D'une pointe d'esprit où peu de monde a part.
MASCARILLE.
Sachons donc ce qu'a fait cette imaginative.
LÉLIE.
Tantôt l'esprit ému d'une frayeur bien vive
D'avoir vu Trufaldin avecque mon rival.
Je songeois à trouver un remède à ce mal,
Lorsque, me ramassant tout entier en moi-même,
J'ai conçu, digéré, produit un stratagème
Devant qui tous les tiens, dont tu fais tant de cas,
Doivent, sans contredit, mettre pavillon bas.
MASCARILLE.
Mais, qu'est-ce?
LÉLIE.
Ah! s'il te plaît, donne-toi patience!
J'ai donc feint une lettre avecque diligence,
Comme d'un grand seigneur écrite à Trufaldin,
Qui mande qu'ayant su, par un heureux destin,
Qu'une esclave qu'il tient sous le nom de Célie,
Est sa fille, autrefois par des voleurs ravie,
Il veut la venir prendre, et le conjure au moins
De la garder toujours, de lui rendre des soins;
Qu'à ce sujet il part d'Espagne, et doit pour elle
Par de si grands présents reconnoître son zèle,
Qu'il n'aura point regret de causer son bonheur.
MASCARILLE.
Fort bien.
LÉLIE.
Écoute donc, voici bien le meilleur.
La lettre que je dis a donc été remise;
Mais, sais-tu bien comment? En saison si bien prise,
Que le porteur m'a dit que, sans ce trait falot,
Un homme l'emmenoit, qui s'est trouvé fort sot.
MASCARILLE.
Vous avez fait ce coup sans vous donner au diable?
LÉLIE.
Oui. D'un tour si subtil m'aurois-tu cru capable?
Loue au moins mon adresse, et la dextérité
Dont je romps d'un rival le dessein concerté.
MASCARILLE.
A vous pouvoir louer selon votre mérite,

Je manque d'éloquence et ma force est petite.
Oui, pour bien étaler cet effort relevé,
Ce bel exploit de guerre à nos yeux achevé,
Ce grand et rare effet d'une imaginative
Qui ne cède en vigueur à personne qui vive,
Ma langue est impuissante, et je voudrois avoir
Celles de tous les gens du plus exquis savoir,
Pour vous dire en beaux vers, ou bien en docte prose,
Que vous serez toujours, quoi que l'on se propose,
Tout ce que vous avez été durant vos jours;
C'est-à-dire un esprit chaussé tout à rebours,
Une raison malade et toujours en débauche,
Un envers du bon sens, un jugement à gauche,
Un brouillon, une bête, un brusque, un étourdi,
Que sais-je? un.... cent fois plus encor que je ne di.

C'est faire en abrégé votre panégyrique.

LÉLIE.
Apprends-moi le sujet qui contre moi te pique?
Ai-je fait quelque chose? Éclaircis-moi ce point.

MASCARILLE.
Non, vous n'avez rien fait; mais ne me suivez point.

LÉLIE.
Je te suivrai partout pour savoir ce mystère.

MASCARILLE.
Oui? Sus donc, préparez vos jambes à bien faire;
Car je vais vous fournir de quoi les exercer.

LÉLIE, seul.
Il m'échappe. O malheur qui ne se peut forcer!
Aux discours qu'il m'a faits que saurois-je comprendre,
Et quel mauvais office aurois-je pu me rendre?

ACTE TROISIÈME.

SCÈNE I.

MASCARILLE, seul.

Taisez-vous, ma bonté, cessez votre entretien.
Vous êtes une sotte, et je n'en ferai rien.
Oui, vous avez raison, mon courroux, je l'avoue ;
Relier tant de fois ce qu'un brouillon dénoue,
C'est trop de patience ; et je dois en sortir,
Après de si beaux coups qu'il a su divertir.
Mais aussi raisonnons un peu sans violence.
Si je suis maintenant ma juste impatience,
On dira que je cède à la difficulté ;
Que je me trouve à bout de ma subtilité :
Et que deviendra lors cette publique estime,
Qui te vante partout pour un fourbe sublime,
Et que tu t'es acquise en tant d'occasions,
A ne t'être jamais vu court d'inventions ?
L'honneur, ô Mascarille, est une belle chose !
A tes nobles travaux ne fais aucune pause,
Et quoi qu'un maître ait fait pour te faire enrager,
Achève pour ta gloire et non pour l'obliger.
Mais quoi ! que feras-tu, que de l'eau toute claire ?
Traversé sans repos par ce démon contraire,
Tu vois qu'à chaque instant il te fait déchanter.
Et que c'est battre l'eau, de prétendre arrêter
Ce torrent effréné, qui de tes artifices
Renverse en un moment les plus beaux édifices.
Hé bien ! pour toute grâce, encore un coup du moins.
Au hasard du succès, sacrifions des soins ;
Et s'il poursuit encore à rompre notre chance,
J'y consens, ôtons-lui toute notre assistance.
Cependant notre affaire encor n'iroit pas mal,
Si par là nous pouvions perdre notre rival,
Et que Léandre enfin, lassé de sa poursuite,
Nous laissât jour entier pour ce que je médite.
Oui, je roule en ma tête un trait ingénieux,
Dont je promettrois bien un succès glorieux,
Si je puis n'avoir plus cet obstacle à combattre.
Bon, voyons si son feu se rend opiniâtre.

SCÈNE II.

LÉANDRE, MASCARILLE.

MASCARILLE.
Monsieur, j'ai perdu temps, votre homme se dédit.
LÉANDRE.
De la chose lui-même il m'a fait un récit ;
Mais c'est bien plus : j'ai su que tout ce beau mystère,
D'un rapt d'Égyptiens, d'un grand seigneur pour père,
Qui doit partir d'Espagne, et venir en ces lieux,
N'est qu'un pur stratagème, un trait facétieux,
Une histoire à plaisir, un conte dont Lélie
A voulu détourner notre achat de Célie.
MASCARILLE.
Voyez un peu le fourbe !
LÉANDRE.
Et pourtant Trufaldin
Est si bien imprimé de ce conte badin,
Mord si bien à l'appât de cette foible ruse,
Qu'il ne veut point souffrir que l'on le désabuse.
MASCARILLE.
C'est pourquoi désormais il la gardera bien,
Et je ne vois pas lieu d'y prétendre plus rien.

LÉANDRE.
Si d'abord à mes yeux elle parut aimable,
Je viens de la trouver tout à fait adorable ;
Et je suis en suspens, si, pour me l'acquérir,
Aux extrêmes moyens je ne dois point courir,
Par le don de ma foi rompre sa destinée,
Et changer ses liens en ceux de l'hyménée.
MASCARILLE.
Vous pourriez l'épouser ?
LÉANDRE.
Je ne sais : mais enfin,
Si quelque obscurité se trouve en son destin,
Sa grâce et sa vertu sont de douces amorces,
Qui, pour tirer les cœurs, ont d'incroyables forces.
MASCARILLE.
Sa vertu, dites-vous ?
LÉANDRE.
Quoi ? que murmures-tu ?
Achève, explique-toi sur ce mot de vertu.
MASCARILLE.
Monsieur, votre visage en un moment s'altère,
Et je ferai bien mieux peut-être de me taire.
LÉANDRE.
Non, non, parle.
MASCARILLE.
Hé bien donc, très-charitablement
Je vous veux retirer de votre aveuglement.
Cette fille....
LÉANDRE.
Poursuis.
MASCARILLE.
N'est rien moins qu'inhumaine,
Dans le particulier elle oblige sans peine,
Et son cœur, croyez-moi, n'est point roche après tout
A quiconque la sait prendre par le bon bout.
Elle fait la sucrée, et veut passer pour prude ;
Mais je puis en parler avecque certitude.
Vous savez que je suis quelque peu d'un métier
A me devoir connoître en un pareil gibier.
LÉANDRE.
Célie....
MASCARILLE.
Oui, sa pudeur n'est que franche grimace,
Qu'une ombre de vertu qui garde mal sa place,
Et qui s'évanouit, comme l'on peut savoir,
Aux rayons du soleil qu'une bourse fait voir.
LÉANDRE.
Las ! que dis-tu ? Croirai-je un discours de la sorte !
MASCARILLE.
Monsieur, les volontés sont libres, que m'importe ?
Non, ne me croyez pas, suivez votre dessein,
Prenez cette matoise et lui donnez la main ;
Toute la ville en corps reconnoîtra ce zèle,
Et vous épouserez le bien public en elle.
LÉANDRE.
Quelle surprise étrange !
MASCARILLE, à part.
Il a pris l'hameçon.
Courage, s'il s'y peut enferrer tout de bon,
Nous nous ôtons du pied une fâcheuse épine.

LÉANDRE.
Oui, d'un coup étonnant ce discours m'assassine.
MASCARILLE.
Quoi ! vous pourriez....
LÉANDRE.
Va-t'en jusqu'à la poste, et voi.
Je ne sais quel paquet qui doit venir pour moi.
(Seul, après avoir rêvé.)
Qui ne s'y fût trompé ! Jamais l'air d'un visage,
Si ce qu'il dit est vrai, n'imposa davantage.

SCENE III.

LÉLIE, LÉANDRE.

LÉLIE.
Du chagrin qui vous tient, quel peut être l'objet ?
LÉANDRE.
Moi ?
LÉLIE.
Vous-même.
LÉANDRE.
Pourtant je n'en ai point sujet.
LÉLIE.
Je vois bien ce que c'est, Célie en est la cause.
LÉANDRE.
Mon esprit ne court pas après si peu de chose.
LÉLIE.
Pour elle vous aviez pourtant de grands desseins,
Mais il faut dire ainsi, lorsqu'ils se trouvent vains.
LÉANDRE.
Si j'étois assez sot pour chérir ses caresses,
Je me moquerois bien de toutes vos finesses.
LÉLIE.
Quelles finesses donc ?
LÉANDRE.
Mon Dieu ! nous savons tout.
LÉLIE.
Quoi ?
LÉANDRE.
Votre procédé de l'un à l'autre bout.
LÉLIE.
C'est de l'hébreu pour moi, je n'y puis rien comprendre.
LÉANDRE.
Feignez, si vous voulez, de ne me pas entendre ;
Mais, croyez-moi, cessez de craindre pour un bien
Où je serois fâché de vous disputer rien.
J'aime fort la beauté qui n'est point profanée,
Et ne veux point brûler pour une abandonnée.
LÉLIE.
Tout beau, tout beau, Léandre !
LÉANDRE.
Ah ! que vous êtes bon !
Allez, vous dis-je encor, servez-la sans soupçon ;
Vous pourrez vous nommer homme à bonnes fortunes.
Il est vrai, sa beauté n'est pas des plus communes ;
Mais en revanche aussi le reste est fort commun.
LÉLIE.
Léandre, arrêtons là ce discours importun.

Contre moi tant d'efforts qu'il vous plaira pour elle ;
Mais surtout, retenez cette atteinte mortelle.
Sachez que je m'impute à trop de lâcheté
D'entendre mal parler de ma divinité ;
Et que j'aurai toujours bien moins de répugnance
A souffrir votre amour, qu'un discours qui l'offense.

LÉANDRE.
Ce que j'avance ici me vient de bonne part.

LÉLIE.
Quiconque vous l'a dit est un lâche, un pendard.
On ne peut imposer de tache à cette fille,
Je connois bien son cœur.

LÉANDRE.
Mais enfin, Mascarille
D'un semblable procès est juge compétent ;
C'est lui qui la condamne.

LÉLIE.
Oui !

LÉANDRE.
Lui-même.

LÉLIE.
Il prétend
D'une fille d'honneur insolemment médire,
Et que peut-être encor je n'en ferai que rire !
Gage qu'il se dédit.

LÉANDRE.
Et moi gage que non.

LÉLIE.
Parbleu, je le ferois mourir sous le bâton,
S'il m'avoit soutenu des faussetés pareilles.

LÉANDRE.
Moi, je lui couperois sur-le-champ les oreilles,
S'il n'étoit pas garant de tout ce qu'il m'a dit.

SCÈNE IV.
LÉLIE, LÉANDRE, MASCARILLE.

LÉLIE.
Ah ! bon, bon, le voilà. Venez çà, chien maudit.

MASCARILLE.
Quoi ?

LÉLIE.
Langue de serpent, fertile en impostures,
Vous osez sur Célie attacher vos morsures,
Et lui calomnier la plus rare vertu
Qui puisse faire éclat sous un sort abattu ?

MASCARILLE, *bas à Lélie.*
Doucement, ce discours est de mon industrie.

LÉLIE.
Non, non, point de clin d'œil et point de raillerie ;
Je suis aveugle à tout, sourd à quoi que ce soit ;
Fût-ce mon propre frère, il me la payeroit ;
Et sur ce que j'adore oser porter le blâme,
C'est me faire une plaie au plus tendre de l'âme.
Tous ces signes sont vains. Quels discours as-tu faits ?

MASCARILLE.
Mon Dieu ! ne cherchons point querelle, ou je m'en vais.

LÉLIE.
Tu n'échapperas pas.

MASCARILLE.
Ahi !

LÉLIE.
Parle donc, confesse.

MASCARILLE, *bas à Lélie.*
Laissez-moi, je vous dis que c'est un tour d'adresse.

LÉLIE.
Dépêche, qu'as-tu dit ? Vide entre nous ce point.

MASCARILLE, *bas à Lélie.*
J'ai dit ce que j'ai dit : ne vous emportez point.

LÉLIE, *mettant l'épée à la main.*
Ah ! je vous ferai bien parler d'une autre sorte !

LÉANDRE, *l'arrêtant.*
Halte un peu, retenez l'ardeur qui vous emporte.

MASCARILLE, *à part.*
Fut-il jamais au monde un esprit moins sensé ?

LÉLIE.
Laissez-moi contenter mon courage offensé.

LÉANDRE.
C'est trop que de vouloir le battre en ma présence.

LÉLIE.
Quoi ! châtier mes gens n'est pas en ma puissance ?

LÉANDRE.
Comment, vos gens ?

MASCARILLE, *à part.*
Encore, il va tout découvrir.

LÉLIE.
Quand j'aurois volonté de le battre à mourir,
Hé bien ! c'est mon valet.

LÉANDRE.
C'est maintenant le nôtre.

LÉLIE.
Le trait est admirable ! Et comment donc le vôtre ?

LÉANDRE.
Sans doute.

MASCARILLE, *bas à Lélie.*
Doucement.

LÉLIE.
Hem ! que veux-tu conter ?

MASCARILLE, *à part.*
Ah ! le double bourreau, qui me va tout gâter,
Et qui ne comprend rien, quelque signe qu'on donne !

LÉLIE.
Vous rêvez bien, Léandre, et me la baillez bonne.
Il n'est pas mon valet ?

LÉANDRE.
Pour quelque mal commis,
Hors de votre service il n'a pas été mis ?

LÉLIE.
Je ne sais ce que c'est.

LÉANDRE.
Et plein de violence,
Vous n'avez pas chargé son dos avec outrance ?

LÉLIE.
Point du tout. Moi, l'avoir chassé, roué de coups ?
Vous vous moquez de moi, Léandre, ou lui de vous.

MASCARILLE, *à part.*
Pousse, pousse, bourreau ; tu fais bien tes affaires

LÉANDRE, *à Mascarille*.

Donc les coups de bâton ne sont qu'imaginaires !

MASCARILLE.

Il ne sait ce qu'il dit, sa mémoire....

LÉANDRE.

Non, non,
Tous ces signes pour toi ne disent rien de bon.

Oui, d'un tour délicat mon esprit te soupçonne ;
Mais pour l'invention, va, je te le pardonne.
C'est bien assez pour moi qu'il m'ait désabusé,
De voir par quels motifs tu m'avois imposé,
Et que m'étant commis à ton zèle hypocrite,
A si bon compte encor je m'en sois trouvé quitte.
Ceci doit s'appeler *un avis au lecteur*.
Adieu, Lélie, adieu, très-humble serviteur.

LÉLIE (*mettant l'épée à la main*). Ah ! je vous ferai bien parler d'une autre sorte ! (Acte III, scène IV.)

SCÈNE V.

LÉLIE, MASCARILLE.

MASCARILLE.

Courage, mon garçon, tout heur nous accompagne ;
Mettons flamberge au vent et bravoure en campagne ;
Faisons l'*Olibrius*, l'*occiseur d'innocens*.

LÉLIE.

Il t'avoit accusé de discours médisans
Contre....

MASCARILLE.

Et vous ne pouviez souffrir mon artifice,
Lui laisser son erreur, qui vous rendoit service,
Et par qui son amour s'en étoit presque allé ?
Non, il a l'esprit franc, et point dissimulé.
Enfin, chez son rival je m'ancre avec adresse,
Cette fourbe en mes mains va mettre sa maîtresse,
Il me la fait manquer avec de faux rapports.
Je veux de son rival alentir les transports,
Mon brave incontinent vient qui le désabuse ;
J'ai beau lui faire signe, et montrer que c'est ruse :

L'ÉTOURDI, ACTE III.

Point d'affaire; il poursuit sa pointe jusqu'au bout,
Et n'est point satisfait qu'il n'ait découvert tout.
Grand et sublime effort d'une imaginative
Qui ne le cède point à personne qui vive!
C'est une rare pièce, et digne, sur ma foi,
Qu'on en fasse présent au cabinet du roi.

LÉLIE.
Je ne m'étonne pas si je romps tes attentes;
A moins d'être informé des choses que tu tentes,
J'en ferois encor cent de la sorte.

MASCARILLE.
Tant pis.

Bon Dieu, qu'elle est jolie, et qu'elle a l'air mignon! (Acte III, scène XI.)

LÉLIE.
Au moins pour t'emporter à de justes dépits,
Fais-moi dans tes desseins entrer de quelque chose.
Mais que de leurs ressorts la porte me soit close,
C'est ce qui fait toujours que je suis pris sans vert.
MASCARILLE.
Je crois que vous seriez un maître d'arme expert,
Vous savez à merveille, en toutes aventures,
Prendre les contre-temps et rompre les mesures.
LÉLIE.
Puisque la chose est faite, il n'y faut plus penser.
Mon rival, en tout cas, ne me peut traverser,
Et pourvu que tes soins en qui je me repose....
MASCARILLE.
Laissons là ce discours, et parlons d'autre chose.
Je ne m'apaise pas, non, si facilement,
Je suis trop en colère. Il faut premièrement
Me rendre un bon office, et nous verrons ensuite
Si je dois de vos feux reprendre la conduite.
LÉLIE.
S'il ne tient qu'à cela, je n'y résiste pas.
As-tu besoin, dis-moi, de mon sang, de mes bras?
MASCARILLE.
De quelle vision sa cervelle est frappée!
Vous êtes de l'humeur de ces amis d'épée
Que l'on trouve toujours plus prompts à dégainer
Qu'à tirer un teston, s'il falloit le donner.
LÉLIE.
Que puis-je donc pour toi?
MASCARILLE.
C'est que de votre père
Il faut absolument apaiser la colère.
LÉLIE.
Nous avons fait la paix.
MASCARILLE
Oui, mais non pas pour nous.
Je l'ai fait ce matin mort pour l'amour de vous;
La vision le choque, et de pareilles feintes
Aux vieillards comme lui sont de dures atteintes,
Qui, sur l'état prochain de leur condition,
Leur font faire à regret triste réflexion.
Le bon homme, tout vieux, chérit fort la lumière,
Et ne veut pas de jeu dessus cette matière;
Il craint le pronostic, et, contre moi fâché,
On m'a dit qu'en justice il m'avoit recherché.
J'ai peur, si le logis du roi fait ma demeure,
De m'y trouver si bien dès le premier quart d'heure,
Que j'aye peine aussi d'en sortir par après.
Contre moi dès longtemps on a force décrets;
Car enfin la vertu n'est jamais sans envie,
Et dans ce maudit siècle est toujours poursuivie.
Allez donc le fléchir.
LÉLIE.
Oui, nous le fléchirons;
Mais aussi tu promets....
MASCARILLE.
Ah! mon Dieu! nous verrons!
(*Lélie sort.*)
Ma foi, prenons haleine après tant de fatigues.
Cessons pour quelque temps le cours de nos intrigues.
Et de nous tourmenter de même qu'un lutin.
Léandre, pour nous nuire, est hors de garde enfin,
Et Célie arrêtée avecque l'artifice....

SCÈNE VI.

ERGASTE, MASCARILLE.

ERGASTE.
Je te cherchois partout pour te rendre un service,
Pour te donner avis d'un secret important.
MASCARILLE.
Quoi donc?
ERGASTE.
N'avons-nous point ici quelque écoutant?
MASCARILLE.
Non.
ERGASTE.
Nous sommes amis autant qu'on le peut être:
Je sais bien tes desseins et l'amour de ton maître;
Songez à vous tantôt. Léandre fait parti
Pour enlever Célie; et j'en suis averti
Qu'il a mis ordre à tout, et qu'il se persuade
D'entrer chez Trufaldin par une mascarade,
Ayant su qu'en ce temps, assez souvent le soir
Des femmes du quartier en masque l'alloient voir.
MASCARILLE.
Oui? Suffit; il n'est pas au comble de sa joie,
Je pourrai bien tantôt lui souffler cette proie;
Et contre cet assaut je sais un coup fourré,
Par qui je veux qu'il soit de lui-même enferré.
Il ne sait pas les dons dont mon âme est pourvue.
Adieu, nous boirons pinte à la première vue.

SCÈNE VIII.

MASCARILLE, *seul*.

Il faut, il faut tirer à nous ce que d'heureux
Pourroit avoir en soi ce projet amoureux,
Et, par une surprise adroite et non commune,
Sans courir le danger, en tenter la fortune.
Si je vais me masquer pour devancer ses pas,
Léandre assurément ne nous bravera pas,
Et là, premier que lui, si nous faisons la prise,
Il aura fait pour nous les frais de l'entreprise;
Puisque, par son dessein déjà presque éventé,
Le soupçon tombera toujours de son côté,
Et que nous, à couvert de toutes ses poursuites,
De ce coup hasardeux ne craindrons pas les suites.
C'est ne se point commettre à faire de l'éclat,
Et tirer les marrons de la patte du chat.
Allons donc nous masquer avec quelques bons frères;
Pour prévenir nos gens, il ne faut tarder guères,
Je sais où gît le lièvre, et me puis, sans travail,
Fournir en un moment d'hommes et d'attirail.

Croyez que je mets bien mon adresse en usage :
Si j'ai reçu du ciel les fourbes en partage,
Je ne suis point au rang de ces esprits mal nés
Qui cachent les talens que Dieu leur a donnés.

SCÈNE VIII.

LÉLIE, ERGASTE.

LÉLIE.

Il prétend l'enlever avec sa mascarade?

ERGASTE.

Il n'est rien plus certain. Quelqu'un de sa brigade
M'ayant de ce dessein instruit, sans m'arrêter,
A Mascarille alors j'ai couru tout conter,
Qui s'en va, m'a-t-il dit, rompre cette partie
Par une invention dessus le champ bâtie ;
Et, comme je vous ai rencontré par hasard,
J'ai cru que je devois de tout vous faire part.

LÉLIE.

Tu m'obliges par trop avec cette nouvelle :
Va, je reconnoîtrai ce service fidèle.

SCÈNE IX.

LÉLIE, seul.

Mon drôle assurément leur jouera quelque trait;
Mais je veux de ma part seconder son projet.
Il ne sera pas dit qu'en un fait qui me touche,
Je ne me sois non plus remué qu'une souche.
Voici l'heure, ils seront surpris à mon aspect.
Foin! Que n'ai-je avec moi pris mon porte-respect?
Mais vienne qui voudra contre notre personne,
J'ai deux bons pistolets, et mon épée est bonne.
Holà! quelqu'un, un mot.

SCÈNE X.

TRUFALDIN, à sa fenêtre, LÉLIE.

TRUFALDIN.

Qu'est-ce? Qui me vient voir?

LÉLIE.

Fermez soigneusement votre porte ce soir.

TRUFALDIN.

Pourquoi?

LÉLIE.

Certaines gens font une mascarade
Pour vous venir donner une fâcheuse aubade ;
Ils veulent enlever votre Célie.

TRUFALDIN.

O Dieux !

LÉLIE.

Et sans doute bientôt ils viennent en ces lieux.

Demeurez ; vous pourrez voir tout de la fenêtre.
Hé bien! qu'avois-je dit? Les voyez-vous paroître?
Chut! je veux à vos yeux leur en faire l'affront.
Nous allons voir beau jeu, si la corde ne rompt.

SCÈNE XI.

LÉLIE, TRUFALDIN, MASCARILLE
et sa suite, masqués.

TRUFALDIN.

Oh! les plaisans robins, qui pensent me surprendre!

LÉLIE.

Masques, où courez-vous? le pourroit-on apprendre?
Trufaldin, ouvrez-leur pour jouer un momon.

(*A Mascarille, déguisé en femme.*)

Bon Dieu, qu'elle est jolie, et qu'elle a l'air mignon!
Et quoi, vous murmurez? Mais, sans vous faire outrage,
Peut-on lever le masque et voir votre visage?

TRUFALDIN.

Allez, fourbes méchants, retirez-vous d'ici,
Canaille ; et vous, seigneur, bon soir et grand merci.

SCÈNE XII.

LÉLIE, MASCARILLE.

LÉLIE, *après avoir démasqué Mascarille.*

Mascarille, est-ce toi?

MASCARILLE.

Nenni-da, c'est quelque autre.

LÉLIE.

Hélas! quelle surprise ! et quel sort est le nôtre!
L'aurois-je deviné, n'étant point averti
Des secrètes raisons qui l'avoient travesti?
Malheureux que je suis, d'avoir dessous ce masque
Été, sans y penser, te faire cette frasque?
Il me prendroit envie, en ce juste courroux,
De me battre moi-même et me donner cent coups.

MASCARILLE.

Adieu, sublime esprit, rare imaginative.

LÉLIE.

Las! si de ton secours ta colère me prive,
A quel saint me vouerai-je?

MASCARILLE.

Au grand diable d'enfer

LÉLIE.

Ah! si ton cœur pour moi n'est de bronze ou de fer,
Qu'encore un coup du moins mon imprudence ait grâce
S'il faut pour l'obtenir que tes genoux j'embrasse,
Vois-moi....

MASCARILLE.

Tarare! Allons, camarades, allons :
J'entends venir des gens qui sont sur nos talons.

SCÈNE XIII.

LÉANDRE *et sa suite, masqués;* TRUFALDIN, *à sa fenêtre.*

LÉANDRE.
Sans bruit; ne faisons rien que de la bonne sorte.
TRUFALDIN.
Quoi! masques toute nuit assiégeront ma porte?
Messieurs, ne gagnez point de rhumes à plaisir,
Tout cerveau qui le fait, est certes de loisir.
Il est un peu trop tard pour enlever Célie;
Dispensez-l'en ce soir, elle vous en supplie;
La belle est dans le lit, et ne peut vous parler;
J'en suis fâché pour vous. Mais pour vous régaler
Du souci qui, pour elle, ici vous inquiète,
Elle vous fait présent de cette cassolette.
LÉANDRE.
Fi! cela sent mauvais, et je suis tout gâté.
Nous sommes découverts, tirons de ce côté.

ACTE QUATRIÈME.

SCÈNE I.

LÉLIE, *déguisé en Arménien*, MASCARILLE.

MASCARILLE.
Vous voilà fagoté d'une plaisante sorte.
LÉLIE.
Tu ranimes par là mon espérance morte.
MASCARILLE.
Toujours de ma colère on me voit revenir ;
J'ai beau jurer, pester, je ne m'en puis tenir.
LÉLIE.
Aussi crois, si jamais je suis dans la puissance,
Que tu seras content de ma reconnoissance,
Et que, quand je n'aurois qu'un seul morceau de pain....
MASCARILLE.
Baste ! songez à vous dans ce nouveau dessein.
Au moins si l'on vous voit commettre une sottise,
Vous n'imputerez plus l'erreur à la surprise ;
Votre rôle en ce jeu par cœur doit être su.
LÉLIE.
Mais, comment Trufaldin chez lui t'a-t-il reçu ?
MASCARILLE.
D'un zèle simulé j'ai bridé le bon sire ;
Avec empressement je suis venu lui dire,
S'il ne songeoit à lui, que l'on le surprendroit ;
Que l'on couchoit en joue, et de plus d'un endroit,
Celle dont il a vu qu'une lettre en avance
Avoit si faussement divulgué la naissance ;
Qu'on avoit bien voulu m'y mêler quelque peu ;
Mais que j'avois tiré mon épingle du jeu.
Et que, touché d'ardeur pour ce qui le regarde,
Je venois l'avertir de se donner de garde.
De là, moralisant, j'ai fait de grands discours
Sur les fourbes qu'on voit ici-bas tous les jours ;
Que, pour moi, las du monde et de sa vie infâme,
Je voulois travailler au salut de mon âme,
A m'éloigner du trouble, et pouvoir longuement
Près de quelque honnête homme être paisiblement ;
Que, s'il le trouvoit bon, je n'aurois d'autre envie
Que de passer chez lui le reste de ma vie ;
Et que même à tel point il m'avoit su ravir,
Que, sans lui demander gages pour le servir,
Je mettrois en ses mains, que je tenois certaines,
Quelque bien de mon père, et le fruit de mes peines,
Dont, avenant que Dieu de ce monde m'ôtât,
J'entendois tout de bon que lui seul héritât.
C'étoit le vrai moyen d'acquérir sa tendresse.
Et comme pour résoudre avec votre maîtresse
Des biais qu'on doit prendre à terminer vos vœux,
Je voulois en secret vous aboucher tous deux,
Lui-même a su m'ouvrir une voie assez belle,
De pouvoir hautement vous loger avec elle,
Venant m'entretenir d'un fils privé du jour,
Dont cette nuit en songe il a vu le retour.
A ce propos voici l'histoire qu'il m'a dite,
Et sur qui j'ai tantôt notre fourbe construite.
LÉLIE.
C'est assez, je sais tout : tu me l'as dit deux fois.
MASCARILLE.
Oui, oui ; mais quand j'aurois passé jusques à trois,
Peut-être encor qu'avec toute sa suffisance,
Votre esprit manquera dans quelque circonstance.
LÉLIE.
Mais à tant différer je me fais de l'effort.

MASCARILLE.

Ah! de peur de tomber, ne courons pas si fort!
Voyez-vous? Vous avez la caboche un peu dure;
Rendez-vous affermi dessus cette aventure.
Autrefois Trufaldin de Naples est sorti,
Il s'appeloit alors Zanobio Ruberti;
Un parti qui causa quelque émeute civile,
Dont il fut seulement soupçonné dans sa ville,
(De fait il n'est pas homme à troubler un État),
L'obligea d'en sortir une nuit sans éclat.
Une fille fort jeune et sa femme laissées,
A quelque temps de là se trouvant trépassées,
Il en eut la nouvelle, et, dans ce grand ennui,
Voulant dans quelque ville emmener avec lui,
Outre ses biens, l'espoir qui restoit de sa race,
Un sien fils, écolier, qui se nommoit Horace,
Il écrit à Bologne, où, pour mieux être instruit,
Un certain maître Albert, jeune l'avoit conduit;
Mais pour se joindre tous, le rendez-vous qu'il donne
Durant deux ans entiers ne lui fit voir personne :
Si bien que, les jugeant morts après ce temps-là,
Il vint en cette ville, et prit le nom qu'il a,
Sans que le fils Albert, ni de ce fils Horace
Douze ans aient découvert jamais la moindre trace.
Voilà l'histoire en gros, redite seulement
Afin de vous servir ici de fondement.
Maintenant vous serez un marchand d'Arménie,
Qui les aurez vus sains l'un et l'autre en Turquie.
Si j'ai, plutôt qu'aucun, un tel moyen trouvé,
Pour le ressusciter sur ce qu'il a rêvé,
C'est qu'en fait d'aventure, il est très-ordinaire
De voir gens pris sur mer par quelque Turc corsaire,
Puis être à leur famille à point nommé rendus,
Après quinze ou vingt ans qu'on les a crus perdus.
Pour moi, j'ai vu déjà cent contes de la sorte.
Sans nous alambiquer, servons-nous-en; qu'importe?
Vous leur aurez ouï leur disgrâce conter,
Et leur aurez fourni de quoi se racheter;
Mais que, parti plus tôt pour chose nécessaire,
Horace vous chargea de voir ici son père
Dont il a su le sort, et chez qui vous devez
Attendre quelques jours qu'ils y soient arrivés.
Je vous ai fait tantôt des leçons étendues.

LÉLIE.

Ces répétitions ne sont que superflues :
Dès l'abord mon esprit a compris tout le fait.

MASCARILLE.

Je m'en vais là dedans donner le premier trait.

LÉLIE.

Écoute, Mascarille, un seul point me chagrine.
S'il alloit de son fils me demander la mine;

MASCARILLE.

Belle difficulté! Devez-vous pas savoir
Qu'il étoit fort petit alors qu'il l'a pu voir?
Et puis, outre cela, le temps et l'esclavage
Pourroient-ils pas avoir changé tout son visage?

LÉLIE.

Il est vrai. Mais dis-moi, s'il connoît qu'il m'a vu,
Que faire?

MASCARILLE.

De mémoire êtes-vous dépourvu?
Nous avons dit tantôt, qu'outre que votre image
N'avoit dans son esprit pu faire qu'un passage,
Pour ne vous avoir vu que durant un moment,
Et le poil et l'habit déguisoient grandement.

LÉLIE.

Fort bien. Mais à propos, cet endroit de Turquie?

MASCARILLE.

Tout, vous dis-je, est égal, Turquie où Barbarie.

LÉLIE.

Mais le nom de la ville où j'aurai pu les voir?

MASCARILLE.

Tunis. Il me tiendra, je crois, jusques au soir.
La répétition, dit-il, est inutile,
Et j'ai déjà nommé douze fois cette ville.

LÉLIE.

Va, va-t-en commencer, il ne me faut plus rien.

MASCARILLE.

Au moins soyez prudent, et vous conduisez bien;
Ne donnez point ici de l'imaginative.

LÉLIE.

Laisse-moi gouverner. Que ton âme est craintive!

MASCARILLE.

Horace dans Bologne écolier, Trufaldin
Zanobio Ruberti dans Naples citadin,
Le précepteur Albert....

LÉLIE.

Ah! c'est me faire honte
Que de me tant prêcher! Suis-je un sot, à ton compte?

MASCARILLE.

Non pas du tout; mais bien quelque chose approchant.

SCÈNE II.

LÉLIE, seul.

Quand il m'est inutile, il fait le chien couchant;
Mais, parce qu'il sent bien le secours qu'il me donne,
Sa familiarité jusque-là s'abandonne.
Je vais être de près éclairé des beaux yeux
Dont la force m'impose un joug si précieux;
Je m'en vais sans obstacle, avec des traits de flamme,
Peindre à cette beauté les tourments de mon âme;
Je saurai quel arrêt je dois.... Mais les voici.

SCÈNE III.

TRUFALDIN, LÉLIE, MASCARILLE.

TRUFALDIN.

Sois béni, juste ciel, de mon sort adouci!

MASCARILLE.

C'est à vous de rêver, et de faire des songes,
Puisqu'en vous il est faux que songes sont mensonges.

TRUFALDIN, à Lélie.

Quelle grâce, quel bien vous rendrai-je, seigneur,
Vous, que je dois nommer l'ange de mon bonheur?

LÉLIE.
Ce sont soins superflus, et je vous en dispense.
TRUFALDIN, à Mascarille.
J'ai, je ne sais pas où, vu quelque ressemblance
De cet Arménien.
MASCARILLE.
C'est ce que je disois ;
Mais on voit des rapports admirables parfois.
TRUFALDIN.
Vous avez vu ce fils où mon espoir se fonde?
LÉLIE.
Oui, seigneur Trufaldin, le plus gaillard du monde.
TRUFALDIN.
Il vous a dit sa vie, et parlé fort de moi?
LÉLIE.
Plus de dix mille fois.
MASCARILLE.
Quelque peu moins je croi.
LÉLIE.
Il vous a dépeint tel que je vous vois paroître,
Le visage, le port....
TRUFALDIN.
Cela pourroit-il être,
Si, lorsqu'il m'a pu voir, il n'avoit que sept ans,
Et si son précepteur même, depuis ce temps,
Auroit peine à pouvoir connoître mon visage?
MASCARILLE.
Le sang bien autrement conserve cette image ;
Par des traits si profonds ce portrait est tracé,
Que mon père....
TRUFALDIN.
Suffit. Où l'avez-vous laissé?
LÉLIE.
En Turquie, à Turin.
TRUFALDIN.
Turin? Mais cette ville
Est, je pense, en Piémont.
MASCARILLE, à part.
O cerveau malhabile?
(A Trufaldin.)
Vous ne l'entendez pas, il veut dire Tunis,
Et c'est en effet là qu'il laissa votre fils ;
Mais les Arméniens ont tous une habitude,
Certain vice de langue à nous autres fort rude ;
C'est que dans tous les mots ils changent *nis* en *rin*,
Et pour dire Tunis, ils prononcent Turin.
TRUFALDIN.
Il falloit pour l'entendre, avoir cette lumière.
Quel moyen vous dit-il de rencontrer son père?
MASCARILLE.
(A part.)   (A Trufaldin, après s'être escrimé.)
Voyez s'il répondra. Je repassois un peu
Quelque leçon d'escrime ; autrefois en ce jeu
Il n'étoit point d'adresse à mon adresse égale,
Et j'ai battu le fer en mainte et mainte salle.
TRUFALDIN, à Mascarille.
Ce n'est pas maintenant ce que je veux savoir
(A Lélie.)
Quel autre nom dit-il que je devois avoir?

MASCARILLE.
Ah! seigneur Zanobio Ruberti, quelle joie
Est celle maintenant que le ciel vous envoie!
LÉLIE.
C'est la votre vrai nom, et l'autre est emprunté.
TRUFALDIN.
Mais où vous a-t-il dit qu'il reçut la clarté?
MASCARILLE.
Naples est un séjour qui paroît agréable ;
Mais pour vous ce doit être un lieu fort haïssable.
TRUFALDIN.
Ne peux-tu, sans parler, souffrir notre discours?
LÉLIE.
Dans Naples son destin a commencé son cours.
TRUFALDIN.
Où l'envoyai-je jeune, et sous quelle conduite?
MASCARILLE.
Ce pauvre maître Albert a beaucoup de mérite
D'avoir depuis Bologne accompagné ce fils,
Qu'à sa discrétion vos soins avoient commis.
TRUFALDIN.
Ah!
MASCARILLE, à part.
Nous sommes perdus si cet entretien dure.
TRUFALDIN.
Je voudrois bien savoir de vous leur aventure,
Sur quel vaisseau le sort qui m'a su travailler....
MASCARILLE.
Je ne sais ce que c'est, je ne fais que bâiller ;
Mais, seigneur Trufaldin, songez-vous que peut-être
Ce monsieur l'étranger a besoin de repaître,
Et qu'il est tard aussi?
LÉLIE.
Pour moi, point de repas.
MASCARILLE.
Ah! vous avez plus faim que vous ne pensez pas!
TRUFALDIN.
Entrez donc.
LÉLIE.
Après vous.
MASCARILLE, à Trufaldin.
Monsieur, en Arménie,
Les maîtres du logis sont sans cérémonie.
(A Lélie, après que Trufaldin est entré dans sa maison.)
Pauvre d'esprit! pas deux mots!
LÉLIE.
D'abord il m'a surpris ;
Mais n'appréhende plus, je reprends mes esprits,
Et m'en vais débiter avec hardiesse....
MASCARILLE.
Voici notre rival qui ne sait pas la pièce.
(Ils entrent dans la maison de Trufaldin.)

SCÈNE IV.
ANSELME, LÉANDRE.

ANSELME.
Arrêtez-vous, Léandre, et souffrez un discours
Qui cherche le repos et l'honneur de vos jours.

Je ne vous parle point en père de ma fille,
En homme intéressé pour ma propre famille;
Mais comme votre père ému pour votre bien,
Sans vouloir vous flatter et vous déguiser rien;
Bref, comme je voudrois, d'une âme franche et pure,
Que l'on fît à mon sang en pareille aventure.

Savez-vous de quel œil chacun voit cet amour,
Qui dedans une nuit vient d'éclater au jour?
A combien de discours et de traits de risée
Votre entreprise d'hier est partout exposée?
Quel jugement on fait du choix capricieux,
Qui pour femme, dit-on, vous désigne en ces lieux

Vous avez vu ce fils où mon espoir se fonde? (Acte IV, scène III.)

Un rebut de l'Égypte, une fille coureuse,
De qui le noble emploi n'est qu'un métier de gueuse?
J'en ai rougi pour vous encor plus que pour moi,
Qui me trouve compris dans l'éclat que je voi:
Moi, dis-je, dont la fille, à vos ardeurs promise,
Ne peut, sans quelque affront, souffrir qu'on la méprise.

Ah! Léandre, sortez de cet abaissement!
Ouvrez un peu les yeux sur votre aveuglement.
Si notre esprit n'est pas sage à toutes les heures,
Les plus courtes erreurs sont toujours les meilleures.
Quand on ne prend en dot que la seule beauté,
Le remords est bien près de la solennité,

Et la plus belle femme a très-peu de défense
Contre cette tiédeur qui suit la jouissance.
Je vous le dis encor, ces bouillants mouvements,
Ces ardeurs de jeunesse et ces emportements
Nous font trouver d'abord quelques nuits agréables;
Mais ces félicités ne sont guère durables,
Et notre passion, alentissant son cours,
Après ces bonnes nuits, donne de mauvais jours :
De là viennent les soins, les soucis, les misères,
Les fils déshérités par le courroux des pères.

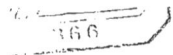

MASCARILLE. C'est ainsi que les fourbes sont ajustés ici. Gardez-moi bien cela. (Acte IV, scène VIII.)

LÉANDRE.
Dans tout votre discours je n'ai rien écouté
Que mon esprit déjà ne m'ait représenté.
Je sais combien je dois à cet honneur insigne
Que vous me voulez faire, et dont je suis indigne ;
Et vois, malgré l'effort dont je suis combattu,
Ce que vaut votre fille et quelle est sa vertu :
Aussi veux-je tâcher....

ANSELME.
On ouvre cette porte :
Retirons-nous plus loin, de crainte qu'il n'en sorte
Quelque secret poison dont vous seriez surpris.

SCÈNE V.

LÉLIE, MASCARILLE.

MASCARILLE.
Bientôt de notre fourbe on verra le débris,
Si vous continuez des sottises si grandes.
LÉLIE.
Dois-je éternellement ouïr tes réprimandes?
De quoi te peux-tu plaindre? Ai-je pas réussi
En tout ce que j'ai dit depuis?
MASCARILLE.
Couci, couci.
Témoin les Turcs par vous appelés hérétiques,
Et que vous assurez, par serments authentiques,
Adorer pour leurs dieux la lune et le soleil.
Passe. Ce qui me donne un dépit nonpareil,
C'est qu'ici votre amour étrangement s'oublie;
Près de Célie, il est ainsi que la bouillie,
Qui par un trop grand feu s'enfle, croît jusqu'aux bords,
Et de tous les côtés se répand au dehors.
LÉLIE.
Pourroit-on se forcer à plus de retenue?
Je ne l'ai presque point encore entretenue.
MASCARILLE.
Oui; mais ce n'est pas tout que de ne parler pas;
Par vos gestes, durant un moment de repas,
Vous avez aux soupçons donné plus de matière
Que d'autres ne feroient dans une année entière.
LÉLIE.
Et comment donc?
MASCARILLE.
Comment? Chacun a pu le voir.
A table, où Trufaldin l'oblige de se seoir,
Vous n'avez toujours fait qu'avoir les yeux sur elle.
Rouge, tout interdit, jouant de la prunelle,
Sans prendre jamais garde à ce qu'on vous servoit,
Vous n'aviez point de soif qu'alors qu'elle buvoit;
Et dans ses propres mains vous saisissant du verre,
Sans le vouloir rincer, sans rien jeter à terre,
Vous buviez sur son reste, et montriez d'affecter
Le côté qu'à sa bouche elle avoit su porter.
Sur les morceaux touchés de sa main délicate,
Ou mordus de ses dents, vous étendiez la patte
Plus brusquement qu'un chat dessus une souris,
Et les avaliez tout ainsi que des pois gris.
Puis, outre tout cela, vous faisiez sous la table
Un bruit, un triquetrac de pieds insupportable,
Dont Trufaldin, heurté de deux coups trop pressants,
A puni par deux fois deux chiens très-innocents,
Qui, s'ils eussent osé, vous eussent fait querelle.
Et puis après cela votre conduite est belle!
Pour moi, j'en ai souffert la gêne sur mon corps.
Malgré le froid, je sue encor de mes efforts.
Attaché dessus vous comme un joueur de boule
Après le mouvement de la sienne qui roule,
Je pensois retenir toutes vos actions,
En faisant de mon corps mille contorsions.
LÉLIE.
Mon Dieu! qu'il t'est aisé de condamner des choses

Dont tu ne ressens point les agréables causes!
Je veux bien néanmoins, pour te plaire une fois,
Faire force à l'amour qui m'impose des lois.
Désormais....

SCÈNE VI.

TRUFALDIN, LÉLIE, MASCARILLE.

MASCARILLE.
Nous parlions des fortunes d'Horace.
TRUFALDIN.
(A Lélie.)
C'est bien fait. Cependant me ferez-vous la grâce
Que je puisse lui dire un seul mot en secret?
LÉLIE.
Il faudrait autrement être fort indiscret.
(Lélie entre dans la maison de Trufaldin.)

SCÈNE VII.

TRUFALDIN, MASCARILLE.

TRUFALDIN.
Ecoute: sais-tu bien ce que je viens de faire?
MASCARILLE.
Non, mais si vous voulez, je ne tarderai guère,
Sans doute, à le savoir.
TRUFALDIN.
D'un chêne grand et fort,
Dont près de deux cents ans ont fait déjà le sort,
Je viens de détacher une branche admirable,
Choisie expressément de grosseur raisonnable,
Dont j'ai fait sur-le-champ, avec beaucoup d'ardeur,
(Il montre son bras.)
Un bâton à peu près.... oui, de cette grandeur,
Moins gros par l'un des bouts, mais, plus que trente gau-
Propre, comme je pense, à rosser les épaules; [les,
Car il est bien en main, vert, noueux et massif.
MASCARILLE.
Mais pour qui, je vous prie, un tel préparatif?
TRUFALDIN.
Pour toi premièrement; puis pour ce bon apôtre
Qui veut m'en donner d'une, et m'en jouer d'une autre,
Pour cet Arménien, ce marchand déguisé,
Introduit sous l'appât d'un conte supposé.
MASCARILLE.
Quoi! vous ne croyez pas?...
TRUFALDIN.
Ne cherche point d'excuse:
Lui-même heureusement a découvert sa ruse;
Et disant à Célie, en lui serrant la main,
Que pour elle il venoit sous ce prétexte vain,
Il n'a pas aperçu Jeannette, ma fillole,
Laquelle a tout ouï, parole pour parole;
Et je ne doute point, quoiqu'il n'en ait rien dit,
Que tu ne sois de tout le complice maudit.

MASCARILLE.
Ah! vous me faites tort. S'il faut qu'on vous affronte,
Croyez qu'il m'a trompé le premier à ce conte.
TRUFALDIN.
Veux-tu me faire voir que tu dis vérité?
Qu'à le chasser mon bras soit du tien assisté;
Donnons-en à ce fourbe et du long et du large,
Et de tout crime après mon esprit te décharge.
MASCARILLE.
Oui-da, très-volontiers, je l'épousterai bien,
Et par là vous verrez que je n'y trempe en rien.
(A part.)
Ah! vous serez rossé, monsieur de l'Arménie,
Qui toujours gâtez tout!

SCÈNE VIII.

LÉLIE, TRUFALDIN, MASCARILLE.

TRUFALDIN, *à Lélie, après avoir heurté à sa porte*.
    Un mot, je vous supplie.
Donc, monsieur l'imposteur, vous osez aujourd'hui
Duper un honnête homme et vous jouer de lui?
MASCARILLE.
Feindre avoir vu son fils en une autre contrée,
Pour vous donner chez lui plus aisément entrée!
TRUFALDIN *bat Lélie*.
Vidons, vidons sur l'heure.
LÉLIE, *à Mascarille qui le bat aussi.*
        Ah! coquin!
MASCARILLE.
            C'est ainsi
Que les fourbes....
LÉLIE.
Bourreau!
MASCARILLE.
            Sont ajustés ici.
Gardez-moi bien cela.
LÉLIE.
        Quoi donc! je serois homme....
MASCARILLE, *le battant toujours en le chassant.*
Tirez, tirez, vous dis-je, ou bien je vous assomme.
TRUFALDIN.
Voilà qui me plaît fort; rentre, je suis content.
(*Mascarille suit Trufaldin qui rentre dans sa maison.*)
LÉLIE, *revenant*.
A moi, par un valet, cet affront éclatant!
L'auroit-on pu prévoir l'action de ce traître,
Qui vient insolemment de maltraiter son maître?
MASCARILLE, *à la fenêtre de Trufaldin.*
Peut-on vous demander comment va votre dos?
LÉLIE.
Quoi! tu m'oses encor tenir un tel propos?
MASCARILLE.
Voilà, voilà que c'est de ne voir pas Jeannette,
Et d'avoir en tout temps une langue indiscrète.
Mais, pour cette fois-ci, je n'ai point de courroux,
Je cesse d'éclater, de pester contre vous;
Quoique de l'action l'imprudence soit haute,
Ma main sur votre échine a lavé votre faute.
LÉLIE.
Ah! je me vengerai de ce trait déloyal!
MASCARILLE.
Vous vous êtes causé vous-même tout le mal.
LÉLIE.
Moi?
MASCARILLE.
    Si vous n'étiez pas une cervelle folle,
Quand vous avez parlé naguère à votre idole,
Vous auriez aperçu Jeannette sur vos pas,
Dont l'oreille subtile a découvert le cas.
LÉLIE.
On auroit pu surprendre un mot dit à Célie?
MASCARILLE.
Et d'où doncques viendroit cette prompte sortie?
Oui, vous n'êtes dehors que par votre caquet.
Je ne sais si souvent vous jouez au piquet:
Mais au moins faites-vous des écarts admirables.
LÉLIE.
O le plus malheureux de tous les misérables!
Mais encore, pourquoi me voir chassé par toi?
MASCARILLE.
Je ne fis jamais mieux que d'en prendre l'emploi;
Par là, j'empêche au moins que de cet artifice
Je ne sois soupçonné d'être auteur ou complice.
LÉLIE.
Tu devois donc, pour toi, frapper plus doucement.
MASCARILLE.
Quelque sot. Trufaldin lorgnoit exactement;
Et puis, je vous dirai, sous ce prétexte utile
Je n'étois point fâché d'évaporer ma bile.
Enfin, la chose est faite; et, si j'ai votre foi
Qu'on ne vous verra point vouloir venger sur moi,
Soit ou directement, ou par quelque autre voie,
Les coups sur votre râble assenés avec joie,
Je vous promets, aidé par le poste où je suis,
De contenter vos vœux avant qu'il soit deux nuits.
LÉLIE.
Quoique ton traitement ait eu trop de rudesse,
Qu'est-ce que dessus moi ne peut cette promesse?
MASCARILLE.
Vous le promettez donc?
LÉLIE.
        Oui, je te le promets.
MASCARILLE.
Ce n'est pas encor tout. Promettez que jamais
Vous ne vous mêlerez dans quoi que j'entreprenne.
LÉLIE.
Soit.
MASCARILLE.
    Si vous y manquez, votre fièvre quartaine!
LÉLIE.
Mais tiens-moi donc parole, et songe à mon repos.
MASCARILLE.
Allez quitter l'habit, et graisser votre dos.
LÉLIE, *seul*.
Faut-il que le malheur qui me suit à la trace,
Me fasse voir toujours disgrâce sur disgrâce!

MASCARILLE, *sortant de chez Trufaldin.*

Quoi! vous n'êtes pas loin? Sortez vite d'ici;
Mais, surtout gardez-vous de prendre aucun souci :
Puisque je fais pour vous, que cela vous suffise;
N'aidez point mon projet de la moindre entreprise;
Demeurez en repos.

LÉLIE, *en sortant.*

Oui, va, je m'y tiendrai.

MASCARILLE, *seul.*

Il faut voir maintenant quel biais je prendrai.

SCÈNE IX.

ERGASTE, MASCARILLE.

ERGASTE.

Mascarille, je viens te dire une nouvelle
Qui donne à tes desseins une atteinte cruelle.
A l'heure que je parle, un jeune Égyptien,
Qui n'est pas noir pourtant et sent assez son bien,
Arrive, accompagné d'une vieille fort hâve,
Et vient chez Trufaldin racheter cette esclave
Que vous vouliez; pour elle il paroît fort zélé.

MASCARILLE.

Sans doute c'est l'amant dont Célie a parlé.
Fut-il jamais destin plus brouillé que le nôtre !
Sortant d'un embarras, nous entrons dans un autre.
En vain nous apprenons que Léandre est au point
De quitter la partie, et ne nous troubler point;
Que son père, arrivé contre toute espérance,
Du côté d'Hippolyte emporte la balance,
Qu'il a tout fait changer par son autorité,
Et va dès aujourd'hui conclure le traité;
Lorsqu'un rival s'éloigne, un autre plus funeste
S'en vient nous enlever tout l'espoir qui nous reste.
Toutefois, par un trait merveilleux de mon art,
Je crois que je pourrai retarder leur départ,
Et me donner le temps qui sera nécessaire
Pour tâcher de finir cette fameuse affaire.
Il s'est fait un grand vol; par qui? l'on n'en sait rien :
Eux autres rarement passent pour gens de bien,
Je veux adroitement, sur un soupçon frivole,
Faire pour quelques jours emprisonner ce drôle.
Je sais des officiers de justice altérés,
Qui sont pour de tels coups de vrais délibérés;
Dessus l'avide espoir de quelque paragante,
Il n'est rien que leur art aveuglément ne tente;
Et du plus innocent, toujours à leur profit
La bourse est criminelle, et paye son délit.

ACTE CINQUIÈME.

SCÈNE I.

MASCARILLE, ERGASTE.

MASCARILLE.

Ah! chien! ah! double chien! mâtine de cervelle !
Ta persécution sera-t-elle éternelle?

ERGASTE.

Par les soins vigilants de l'exempt Balafré,
Ton affaire alloit bien, le drôle étoit coffré,
Si ton maître au moment ne fût venu lui-même,
En vrai désespéré, rompre ton stratagème :
« Je ne saurois souffrir, a-t-il dit hautement,
Qu'un honnête homme soit traîné honteusement,
J'en réponds sur sa mine, et je le cautionne. ».
Et, comme on résistoit à lâcher sa personne,
D'abord il a chargé si bien sur les recors,
Qui sont gens d'ordinaire à craindre pour leur corps,
Qu'à l'heure que je parle ils sont encore en fuite,
Et pensent tous avoir un Lélie à leur suite.

MASCARILLE.

Le traître ne sait pas que cet Égyptien
Est déjà là dedans pour lui ravir son bien.

ERGASTE.

Adieu. Certaine affaire à te quitter m'oblige.

SCÈNE II.

MASCARILLE, seul.

Oui, je suis stupéfait de ce dernier prodige.
On diroit, et pour moi j'en suis persuadé,
Que ce démon brouillon dont il est possédé,
Se plaise à me braver, et me l'aille conduire
Partout où sa présence est capable de nuire.
Pourtant je veux poursuivre, et, malgré tous ces coups,
Voir qui l'emportera de ce diable ou de nous.
Célie est quelque peu de notre intelligence,
Et ne voit son départ qu'avecque répugnance.
Je tâche à profiter de cette occasion.
Mais ils viennent; songeons à l'exécution.
Cette maison meublée est en ma bienséance,
Je puis en disposer avec grande licence :
Si le sort nous en dit, tout sera bien réglé ;
Nul que moi ne s'y tient, et j'en garde la clé.
O Dieu! qu'en peu de temps on a vu d'aventures,
Et qu'un fourbe est contraint de prendre de figures !

SCÈNE III.

CÉLIE, ANDRÈS.

ANDRÈS.

Vous le savez, Célie, il n'est rien que mon cœur
N'ait fait pour vous prouver l'excès de son ardeur.
Chez les Vénitiens, dès un assez jeune âge,
La guerre en quelque estime avoit mis mon courage,
Et j'y pouvois un jour, sans trop croire de moi,
Prétendre, en les servant, un honorable emploi ;
Lorsqu'on me vit pour vous oublier toute chose,
Et que le prompt effet d'une métamorphose,
Qui suivit de mon cœur le soudain changement,
Parmi vos compagnons sut ranger votre amant,
Sans que mille accidents, ni votre indifférence

Aient pu me détacher de ma persévérance.
Depuis, par un hasard, d'avec vous séparé
Pour beaucoup plus de temps que je n'eusse auguré,
Je n'ai, pour vous rejoindre, épargné temps ni peine.
Enfin, ayant trouvé la vieille Égyptienne,
Et plein d'impatience apprenant votre sort,
Que pour certain argent qui leur importoit fort,
Et qui de tous vos gens détourna le naufrage,
Vous aviez en ces lieux été mise en otage,
J'accours vite y briser ces chaînes d'intérêt,
Et recevoir de vous les ordres qu'il vous plaît :
Cependant on vous voit une morne tristesse,
Alors que dans vos yeux doit briller l'allégresse.
Si pour vous la retraite avoit quelques appas,
Venise, du butin fait parmi les combats,
Me garde pour tous deux de quoi pouvoir y vivre ;
Que si, comme devant, il vous faut encor suivre,
J'y consens, et mon cœur n'ambitionnera
Que d'être auprès de vous tout ce qu'il vous plaira.

CÉLIE.
Votre zèle pour moi visiblement éclate :
Pour en paroître triste, il faudroit être ingrate ;
Et mon visage aussi, par son émotion,
N'explique point mon cœur en cette occasion.
Une douleur de tête y peint sa violence ;
Et, si j'avois sur vous quelque peu de puissance,
Notre voyage, au moins pour trois ou quatre jours,
Attendroit que ce mal eût pris un autre cours.

ANDRÈS.
Autant que vous voudrez faites qu'il se diffère.
Toutes mes volontés ne buttent qu'à vous plaire.
Cherchons une maison à vous mettre en repos.
L'écriteau que voici s'offre tout à propos.

SCÈNE IV.
CÉLIE, ANDRÈS, MASCARILLE,
déguisé en Suisse.

ANDRÈS.
Seigneur Suisse, êtes-vous de ce logis le maître ?
MASCARILLE.
Moi pour serfir à fous.
ANDRÈS.
Pourrons-nous y bien être ?
MASCARILLE.
Oui ; moi pour d'étrancher chafons champre carni.
Ma che non point locher te chans de méchant vi.
ANDRÈS.
Je crois votre maison franche de tout ombrage.
MASCARILLE.
Fous noufeau dans sti fil, moi foir à la fissage.
ANDRÈS.
Oui.
MASCARILLE.
La matame est-il mariage al monsieur ?
ANDRÈS.
Quoi ?

MASCARILLE.
S'il être son fame, ou s'il être son sœur ?
ANDRÈS.
Non.
MASCARILLE.
Mon foi, pien choli ; fenir pour marchantisse,
Ou pien pour temanter à la palais choustice ?
La procès il faut rien, il coûter tant t'archant !
La procurair larron, l'afocat pien méchant.
ANDRÈS.
Ce n'est pas pour cela.
MASCARILLE.
Fous tonc mener sti file
Pour fenir pourmener et recarter la file ?
ANDRÈS.
(A Célie.)
Il n'importe. Je suis à vous dans un moment.
Je vais faire venir la vieille promptement,
Contremander aussi notre voiture prête.
MASCARILLE.
Li ne porte pas pien ?
ANDRÈS.
Elle a mal à la tête.
MASCARILLE.
Moi chafoir te pon fin, et te fromage pon.
Entre fous, entre fous tans mon petit maisson.
(Célie, Andrès et Mascarille entrent dans la maison.)

SCÈNE V.
LÉLIE, *seul.*

Quel que soit le transport d'une âme impatiente,
Ma parole m'engage à rester en attente,
A laisser faire un autre, et voir, sans rien oser,
Comme de mes destins le ciel veut disposer.

SCÈNE VI.
ANDRÈS, LÉLIE.

LÉLIE, *à Andrès qui sort de la maison.*
Demandiez-vous quelqu'un dedans cette demeure ?
ANDRÈS.
C'est un logis garni que j'ai pris tout à l'heure.
LÉLIE.
A mon père pourtant la maison appartient,
Et mon valet la nuit pour la garder s'y tient.
ANDRÈS.
Je ne sais ; l'écriteau marque au moins qu'on la loue :
Lisez.
LÉLIE.
Certes, ceci me surprend, je l'avoue,
Qui diantre l'auroit mis ? et par quel intérêt ?...
Ah ! ma foi, je devine à peu près ce que c'est !
Cela ne peut venir que de ce que j'augure.
ANDRÈS.
Peut-on vous demander quelle est cette aventure ?

LÉLIE.
Je voudrois à tout autre en faire un grand secret ;
Mais pour vous il n'importe, et vous serez discret.
Sans doute l'écriteau que vous voyez paroître,
Comme je conjecture au moins, ne sauroit être
Que quelque invention du valet que je di,
Que quelque nœud subtil qu'il doit avoir ourdi
Pour mettre en mon pouvoir certaine Égyptienne,
Dont j'ai l'âme piquée, et qu'il faut que j'obtienne ;
Je l'ai déjà manquée, et même plusieurs coups.
ANDRÈS.
Vous l'appelez ?
LÉLIE.
Célie.
ANDRÈS.
Hé ! que ne disiez-vous ?
Vous n'aviez qu'à parler, je vous aurois sans doute
Épargné tous les soins que ce projet vous coûte.
LÉLIE.
Quoi ! vous la connoissez ?
ANDRÈS.
C'est moi qui maintenant
Viens de la racheter.
LÉLIE.
O discours surprenant !
ANDRÈS.
Sa santé de partir ne nous pouvant permettre,
Au logis que voilà je venois de la mettre ;
Et je suis très-ravi, dans cette occasion,
Que vous m'ayez instruit de votre intention.
LÉLIE.
Quoi ! j'obtiendrois de vous le bonheur que j'espère ?
Vous pourriez....
ANDRÈS, *allant frapper à la porte.*
Tout à l'heure on va vous satisfaire.
LÉLIE.
Que pourrois-je vous dire ? Et quel remercîment....
ANDRÈS.
Non, ne m'en faites point, je n'en veux nullement.

SCÈNE VII.

LÉLIE, ANDRÈS, MASCARILLE.

MASCARILLE, *à part.*
Hé bien ! ne voilà pas mon enragé de maître !
Il nous va faire encor quelque nouveau bissêtre.
LÉLIE.
Sous ce grotesque habit qui l'auroit reconnu ?
Approche, Mascarille, et sois le bienvenu.
MASCARILLE.
Moi souis ein chant t'honneur, moi non point Maquerille ;
Chai point fentre chamais le fame ni le fille.
LÉLIE.
Le plaisant baragouin ! il est bon, sur ma foi !
MASCARILLE.
Allez fous pourmener, sans toi rire te moi.
LÉLIE.
Va, va, lève le masque, et reconnois ton maître.

MASCARILLE.
Partié, tiable, mon foi, chamais toi chai connoître.
LÉLIE.
Tout est accommodé, ne te déguise point.
MASCARILLE.
Si toi point t'en aller, che paille ein coup te poing.
LÉLIE.
Ton jargon allemand est superflu, te dis-je,
Car nous sommes d'accord, et sa bonté m'oblige.
J'ai tout ce que mes vœux lui pouvoient demander,
Et tu n'as pas sujet de rien appréhender.
MASCARILLE.
Si vous êtes d'accord par un bonheur extrême,
Je me dessuisse donc et redeviens moi-même.
ANDRÈS.
Ce valet vous servoit avec beaucoup de feu :
Mais je reviens à vous, demeurez quelque peu.

SCÈNE VIII.

LÉLIE, MASCARILLE.

LÉLIE.
Hé bien ! que diras-tu ?
MASCARILLE.
Que j'ai l'âme ravie
De voir d'un beau succès notre peine suivie.
LÉLIE.
Tu feignois à sortir de ton déguisement,
Et ne pouvois me croire en cet événement.
MASCARILLE.
Comme je vous connois, j'étois dans l'épouvante,
Et trouve l'aventure aussi fort surprenante.
LÉLIE.
Mais confesse qu'enfin c'est avoir fait beaucoup.
Au moins j'ai réparé mes fautes à ce coup,
Et j'aurai cet honneur d'avoir fini l'ouvrage.
MASCARILLE.
Soit ; vous aurez été bien plus heureux que sage.

SCÈNE IX.

CELIE, ANDRÈS, LÉLIE, MASCARILLE.

ANDRÈS.
N'est-ce pas là l'objet dont vous m'avez parlé ?
LÉLIE.
Ah ! quel bonheur au mien pourroit être égalé !
ANDRÈS.
Il est vrai, d'un bienfait je vous suis redevable ;
Si je ne l'avouois, je serois condamnable :
Mais enfin ce bienfait auroit trop de rigueur,
S'il falloit le payer aux dépens de mon cœur.
Jugez, dans le transport où sa beauté me jette,
Si je dois à ce prix vous acquitter ma dette ;
Vous êtes généreux, vous ne le voudriez pas :
Adieu. Pour quelques jours retournons sur nos pas.

SCÈNE X.

LÉLIE, MASCARILLE.

MASCARILLE, *après avoir chanté.*
Je ris, et toutefois je n'en ai guère envie ;

Vous voilà bien d'accord, il vous donne Célie ;
Hem ! vous m'entendez bien.

LÉLIE.
C'est trop, je ne veux plus.
Te demander pour moi de secours superflus.

ANDRÈS. Seigneur Suisse, êtes-vous de ce logis le maître? (Acte v, scène IV.)

Je suis un chien, un traître, un bourreau détestable,
Indigne d'aucun soin, de rien faire incapable.
Va, cesse tes efforts pour un malencontreux,
Qui ne sauroit souffrir que l'on le rende heureux.
Après tant de malheurs, après mon imprudence,
Le trépas me doit seul prêter son assistance.

SCÈNE XI.

MASCARILLE, *seul.*

Voilà le vrai moyen d'achever son destin ;
Il ne lui manque plus que de mourir enfin

Pour le couronnement de toutes ses sottises.
Mais en vain son dépit pour ses fautes commises
Lui fait licencier mes soins et mon appui,
Je veux, quoi qu'il en soit, le servir malgré lui,
Et dessus son lutin obtenir la victoire.
Plus l'obstacle est puissant, plus on reçoit de gloire,
Et les difficultés dont on est combattu
Sont les dames d'atour qui parent la vertu.

SCÈNE XII.

CÉLIE, MASCARILLE.

CÉLIE, *à Mascarille qui lui a parlé bas.*
Quoi que tu veuilles dire, et que l'on se propose,
De ce retardement j'attends fort peu de chose.
Ce qu'on voit de succès peut bien persuader

A donné le signal d'un combat furieux. (Acte V, scène XIV.)

Qu'ils ne sont pas encor tort près de s'accorder;
Et je t'ai déjà dit qu'un cœur comme le nôtre
Ne voudroit pas pour l'un faire injustice à l'autre,
Et que très-fortement, par de différents nœuds,
Je me trouve attachée au parti de tous deux.
Si Lélie a pour lui l'amour et sa puissance,
Andrès pour son partage a la reconnoissance,
Qui ne souffrira point que mes pensers secrets
Consultent jamais rien contre ses intérêts;
Oui, s'il ne peut avoir plus de place en mon âme,
Si le don de mon cœur ne couronne sa flamme,
Au moins dois-je ce prix à ce qu'il fait pour moi
De n'en choisir point d'autre, au mépris de sa foi,
Et de faire à mes vœux autant de violence
Que j'en fais aux désirs qu'il met en évidence.
Sur ces difficultés qu'oppose mon devoir,
Juge ce que tu peux te permettre d'espoir.

MASCARILLE.
Ce sont, à dire vrai, de très-fâcheux obstacles,
Et je ne sais point l'art de faire des miracles;

Mais je vais employer mes efforts plus puissants,
Remuer terre et ciel, m'y prendre de tout sens
Pour tâcher de trouver un biais salutaire,
Et vous dirai bientôt ce qui se pourra faire.

SCÈNE XIII.
HIPPOLYTE, CÉLIE.

HIPPOLYTE.

Depuis votre séjour, les dames de ces lieux
Se plaignent justement des larcins de vos yeux,
Si vous leur dérobez leurs conquêtes plus belles,
Et de tous leurs amants faites des infidèles :
Il n'est guère de cœurs qui puissent échapper
Aux traits dont à l'abord vous savez les frapper ;
Et mille libertés, à vos chaînes offertes,
Semblent vous enrichir chaque jour de nos pertes.
Quant à moi, toutefois, je ne me plaindrois pas
Du pouvoir absolu de vos rares appas,
Si, lorsque mes amants sont devenus les vôtres,
Un seul m'eût consolé de la perte des autres ;
Mais qu'inhumainement vous me les ôtiez tous,
C'est un dur procédé dont je me plains à vous.

CÉLIE.

Voilà d'un air galant faire une raillerie ;
Mais épargnez un peu celle qui vous en prie.
Vos yeux, vos propres yeux se connoissent trop bien,
Pour pouvoir de ma part redouter jamais rien ;
Ils sont fort assurés du pouvoir de leurs charmes,
Et ne prendront jamais de pareilles alarmes.

HIPPOLYTE.

Pourtant en ce discours je n'ai rien avancé
Qui dans tous les esprits ne soit déjà passé ;
Et sans parler du reste, on sait bien que Célie
A causé des désirs à Léandre et Lélie.

CÉLIE.

Je crois qu'étant tombés dans cet aveuglement,
Vous vous consoleriez de leur perte aisément,
Et trouveriez pour vous l'amant peu souhaitable
Qui d'un si mauvais choix se trouveroit capable.

HIPPOLYTE.

Au contraire, j'agis d'un air tout différent,
Et trouve en vos beautés un mérite si grand,
J'y vois tant de raisons capables de défendre
L'inconstance de ceux qui s'en laissent surprendre
Que je ne puis blâmer la nouveauté des feux
Dont envers moi Léandre a parjuré ses vœux,
Et le vais voir tantôt sans haine et sans colère,
Ramené sous mes lois par le pouvoir d'un père.

SCÈNE XIV.
CÉLIE, HIPPOLYTE, MASCARILLE.

MASCARILLE.

Grande, grande nouvelle, et succès surprenant,
Que ma bouche vous vient annoncer maintenant !

CÉLIE.

Qu'est-ce donc ?

MASCARILLE.

Écoutez, voici sans flatterie....

CÉLIE.

Quoi ?

MASCARILLE.

La fin d'une vraie et pure comédie.
La vieille Égyptienne à l'heure même....

CÉLIE.

Hé bien ?

MASCARILLE.

Passoit dedans la place et ne songeoit à rien,
Alors qu'une autre vieille assez défigurée,
L'ayant de près au nez longtemps considérée,
Par un bruit enroué de mots injurieux,
A donné le signal d'un combat furieux,
Qui pour armes, pourtant, mousquets, dagues ou flèches,
Ne faisoit voir en l'air que quatre griffes sèches,
Dont ces deux combattants s'efforçoient d'arracher
Ce peu que sur leurs os les ans laissent de chair.
On n'entend que ces mots, chienne, louve, bagasse.
D'abord leurs scoffions ont volé par la place,
Et, laissant voir à nu deux têtes sans cheveux,
Ont rendu le combat risiblement affreux.
Andrès et Trufaldin, à l'éclat du murmure,
Ainsi que force monde, accourus d'aventure,
Ont à les décharpir eu de la peine assez,
Tant leurs esprits étoient par la fureur poussés.
Cependant que chacune, après cette tempête,
Songe à cacher aux yeux la honte de sa tête,
Et que l'on veut savoir qui causoit cette humeur,
Celle qui la première avoit fait la rumeur,
Malgré la passion dont elle étoit émue,
Ayant sur Trufaldin tenu longtemps la vue :
« C'est vous, si quelque erreur n'abuse ici mes yeux,
Qu'on m'a dit qui viviez inconnu dans ces lieux,
A-t-elle dit tout haut ; ô rencontre opportune !
Oui, seigneur Zanobio Ruberti, la fortune
Me fait vous reconnoître, et dans le même instant
Que pour votre intérêt je me tourmentois tant.
Lorsque Naples vous vit quitter votre famille,
J'avois, vous le savez, en mes mains votre fille,
Dont j'élevois l'enfance, et qui, par mille traits,
Faisoit voir, dès quatre ans, sa grâce et ses attraits.
Celle que vous voyez, cette infâme sorcière,
Dedans notre maison se rendant familière,
Me vola ce trésor. Hélas ! de ce malheur
Votre femme, je crois, conçut tant de douleur,
Que cela servit fort pour avancer sa vie !
Si bien qu'entre mes mains cette fille ravie
Me faisant redouter un reproche fâcheux,
Je vous fis annoncer la mort de toutes deux ;
Mais il faut maintenant, puisque je l'ai connue,
Qu'elle fasse savoir ce qu'elle est devenue. »
Au nom de Zanobio Ruberti, que sa voix,
Pendant tout ce récit, répétoit plusieurs fois,
Andrès, ayant changé quelque temps de visage,
A Trufaldin surpris a tenu ce langage :
« Quoi donc ! le ciel me fait trouver heureusement

Celui que jusqu'ici j'ai cherché vainement,
Et que j'avois pu voir, sans pourtant reconnoître
La source de mon sang et l'auteur de mon être !
Qui, mon père, je suis Horace votre fils.
D'Albert, qui me gardoit, les jours étant finis,
Me sentant naître au cœur d'autres inquiétudes,
Je sortis de Bologne, et, quittant mes études,
Portai durant six ans mes pas en divers lieux,
Selon que me poussoit un désir curieux :
Pourtant, après ce temps, une secrète envie
Me pressa de revoir les miens et ma patrie ;
Mais dans Naples, hélas ! je ne vous trouvai plus,
Et n'y sus votre sort que par des bruits confus :
Si bien qu'à votre quête ayant perdu mes peines,
Venise pour un temps borna mes courses vaines ;
Et j'ai vécu depuis, sans que de ma maison
J'eusse d'autre clarté que d'en savoir le nom. »
Je vous laisse à juger si, pendant ces affaires,
Trufaldin ressentoit des transports ordinaires.
Enfin, pour retrancher ce que plus à loisir
Vous aurez le moyen de vous faire éclaircir
Par la confession de votre Égyptienne,
Trufaldin maintenant vous reconnoît pour sienne ;
Andrès est votre frère ; et comme de sa sœur
Il ne peut plus songer à se voir possesseur,
Une obligation qu'il prétend reconnoître,
A fait qu'il vous obtient pour épouse à mon maître,
Dont le père, témoin de tout l'événement,
Donne à cet hyménée un plein consentement,
Et pour mettre une joie entière en sa famille,
Pour le nouvel Horace a proposé sa fille.
Voyez que d'incidents à la fois enfantés !

CÉLIE.
Je demeure immobile à tant de nouveautés.

MASCARILLE.
Tous viennent sur mes pas, hors les deux championnes,
Qui du combat encor remettent leurs personnes.
Léandre est de la troupe, et votre père aussi.
Moi, je vais avertir mon maître de ceci,
Et que, lorsqu'à ses vœux on croit le plus d'obstacle,
Le ciel en sa faveur produit comme un miracle.
(*Mascarille sort.*)

HIPPOLYTE.
Un tel ravissement rend mes esprits confus,
Que pour mon propre sort je n'en aurois pas plus.
Mais les voici venir.

SCÈNE XV.

TRUFALDIN, ANSELME, PANDOLFE, CÉLIE, HIPPOLYTE, LÉANDRE, ANDRÈS.

TRUFALDIN.
Ah ! ma fille !
CÉLIE.
Ah ! mon père !
TRUFALDIN.
Sais-tu déjà comment le ciel nous est prospère ?

CÉLIE.
Je viens d'entendre ici ce succès merveilleux.

HIPPOLYTE, *à Léandre.*
En vain vous parleriez pour excuser vos feux,
Si j'ai devant les yeux ce que vous pouvez dire.

LÉANDRE.
Un généreux pardon est ce que je désire :
Mais j'atteste les cieux, qu'en ce retour soudain
Mon père fait bien moins que mon propre dessein.

ANDRÈS, *à Célie.*
Qui l'auroit jamais cru, que cette ardeur si pure
Pût être condamnée un jour par la nature !
Toutefois tant d'honneur la sut toujours régir,
Qu'en y changeant fort peu, je puis la retenir.

CÉLIE.
Pour moi, je me blâmois, et croyois faire faute,
Quand je n'avois pour vous qu'une estime très-haute.
Je ne pouvois savoir quel obstacle puissant
M'arrêtoit sur un pas si doux et si glissant,
Et détournoit mon cœur de l'aveu d'une flamme
Que mes sens s'efforçoient d'introduire en mon âme.

TRUFALDIN, *à Célie.*
Mais en te recouvrant, que diras-tu de moi,
Si je songe aussitôt à me priver de toi,
Et t'engage à son fils sous les lois d'hyménée ?

CÉLIE.
Que de vous maintenant dépend ma destinée.

SCÈNE XVI.

TRUFALDIN, ANSELME, PANDOLFE, CÉLIE, HIPPOLYTE, LÉLIE, LÉANDRE, ANDRÈS, MASCARILLE.

MASCARILLE, *à Lélie.*
Voyons si votre diable aura bien le pouvoir
De détruire à ce coup un si solide espoir :
Et si, contre l'excès du bien qui nous arrive,
Vous armerez encor votre imaginative.
Par un coup imprévu des destins les plus doux,
Vos vœux sont couronnés, et Célie est à vous.

LÉLIE.
Croirai-je que du ciel la puissance absolue ?...

TRUFALDIN.
Oui, mon gendre, il est vrai.

PANDOLFE.
La chose est résolue.

ANDRÈS, *à Lélie.*
Je m'acquitte par là de ce que je vous dois.

LÉLIE, *à Mascarille.*
Il faut que je t'embrasse et mille et mille fois,
Dans cette joie....

MASCARILLE.
Ahi ! ahi ! doucement, je vous prie.
Il m'a presque étouffé. Je crains fort pour Célie,
Si vous la caressez avec tant de transport ;
De vos embrassements on se passeroit fort.

TRUFALDIN, *à Lélie.*
Vous savez le bonheur que le ciel me renvoie;
Mais puisqu'un même jour nous met tous dans la joie,
Ne nous séparons point qu'il ne soit terminé;
Et que son père aussi nous soit vite amené.

MASCARILLE.
Vous voilà tous pourvus. N'est-il point quelque fille
Qui pût accommoder le pauvre Mascarille?

A voir chacun se joindre à sa chacune ici,
J'ai des démangeaisons de mariage aussi.

ANSELME.
J'ai ton fait.

MASCARILLE.
Allons donc; et que les cieux prospères
Nous donnent des enfants dont nous soyons les pères!

FIN DE L'ÉTOURDI

PERSONNAGES ET ACTEURS.

ÉRASTE, amant de Lucile.	Béjart aîné.
ALBERT, père de Lucile et d'Ascagne.	Molière.
GROS-RENÉ, valet d'Éraste.	Du Parc.
VALÈRE, fils de Polidore.	Béjart jeune.
LUCILE, fille d'Albert.	Mlle de Brie.
MARINETTE, suivante de Lucile.	Madeleine Béjart.
POLIDORE, père de Valère.	
FROSINE, confidente d'Ascagne.	
ASCAGNE, fille d'Albert, déguisée en homme.	
MASCARILLE, valet de Valère.	
MÉTAPHRASTE, pédant.	Du Croisy.
LA RAPIÈRE, bretteur.	De Brie.

Le Dépit amoureux a été joué pour la première fois en 1654, à Béziers, pendant la tenue des états de Languedoc, puis à Paris, en décembre 1658. Cette comédie, imprimée seulement en 1663, est tirée d'une pièce de Nicolas Secchi, intitulée *l'Intéresse*.

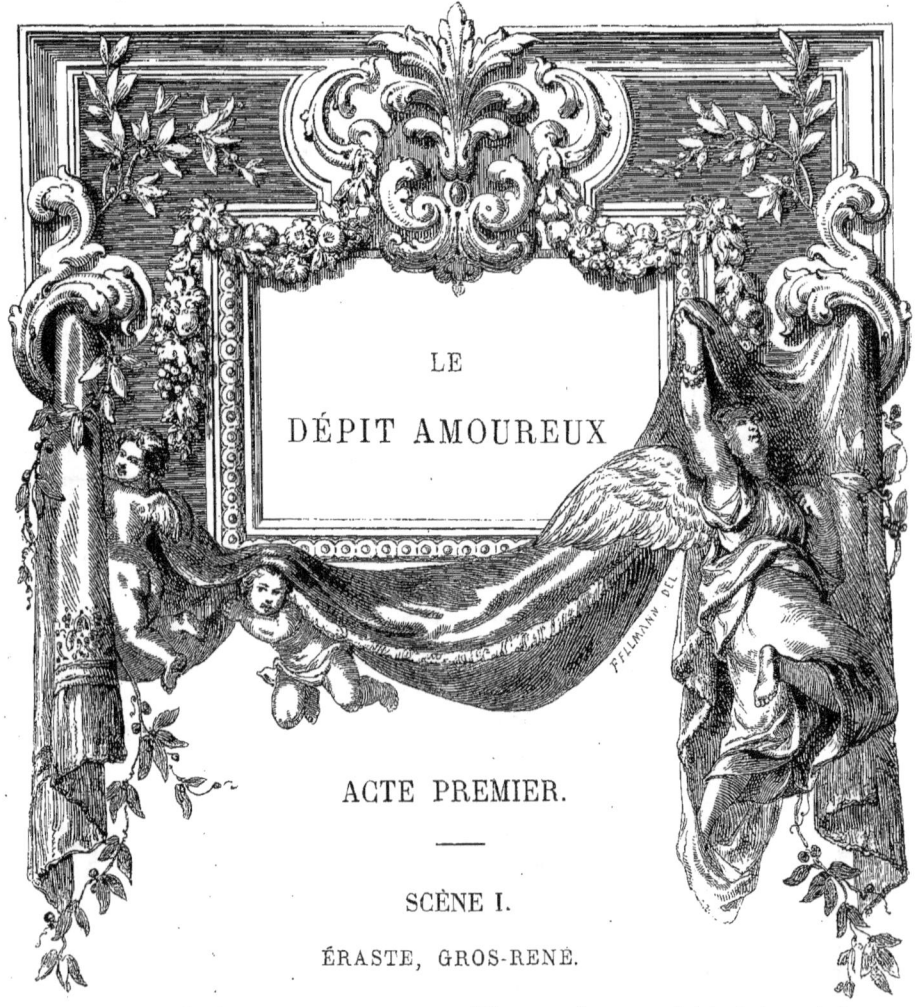

LE DÉPIT AMOUREUX

ACTE PREMIER.

SCÈNE I.

ÉRASTE, GROS-RENÉ.

ÉRASTE.

Veux-tu que je te die? une atteinte secrète
Ne laisse point mon âme en une bonne assiette;
Oui, quoi qu'à mon amour tu puisses repartir,
Il craint d'être la dupe, à ne te point mentir;
Qu'en faveur d'un rival ta foi ne se corrompe,
Ou du moins qu'avec moi toi-même on ne te trompe.

GROS-RENÉ.

Pour moi, me soupçonner de quelque mauvais tour,
Je dirai, n'en déplaise à monsieur votre amour,
Que c'est injustement blesser ma prud'homie,
Et se connoître mal en physionomie.
Les gens de mon minois ne sont point accusés
D'être, grâces à Dieu, ni fourbes, ni rusés.
Cet honneur qu'on nous fait, je ne le démens guères,
Et suis homme fort rond de toutes les manières.
Pour que l'on me trompât, cela se pourroit bien,
Le doute est mieux fondé; pourtant je n'en crois rien.
Je ne vois point encore, ou je suis une bête,
Sur quoi vous avez pu prendre martel en tête.
Lucile, à mon avis, vous montre assez d'amour;

Elle vous voit, vous parle à toute heure du jour;
Et Valère, après tout, qui cause votre crainte,
Semble n'être à présent souffert que par contrainte.

ÉRASTE.

Souvent d'un faux espoir un amant est nourri :
Le mieux reçu toujours n'est pas le plus chéri;
Et tout ce que d'ardeur font paroître les femmes,
Parfois n'est qu'un beau voile à couvrir d'autres flammes.
Valère enfin, pour être un amant rebuté,
Montre depuis un temps trop de tranquillité;
Et ce qu'à ces faveurs, dont tu crois l'apparence,
Il témoigne de joie ou bien d'indifférence,
M'empoisonne à tous coups leurs plus charmants appas,
Me donne ce chagrin que tu ne comprends pas,
Tient mon bonheur en doute, et me rend difficile
Une entière croyance aux propos de Lucile.
Je voudrois, pour trouver un tel destin plus doux,
Y voir entrer un peu de son transport jaloux,
Et, sur ses déplaisirs et son impatience,
Mon âme prendroit lors une pleine assurance.
Toi-même penses-tu qu'on puisse, comme il fait,

Voir chérir un rival d'un esprit satisfait?
Et, si tu n'en crois rien, dis-moi, je t'en conjure,
Si j'ai lieu de rêver dessus cette aventure?
GROS-RENÉ.
Peut-être que son cœur a changé de désirs,
Connoissant qu'il poussoit d'inutiles soupirs.
ÉRASTE.
Lorsque par les rebuts une âme est détachée,
Elle veut fuir l'objet dont elle fut touchée,
Et ne rompt point sa chaîne avec si peu d'éclat
Qu'elle puisse rester en un paisible état.
De ce qu'on a chéri, la fatale présence
Ne nous laisse jamais dedans l'indifférence,
Et, si de cette vue on n'accroît son dédain,
Notre amour est bien près de nous rentrer au sein :
Enfin, crois-moi, si bien qu'on éteigne une flamme,
Un peu de jalousie occupe encore une âme;
Et l'on ne sauroit voir, sans en être piqué,
Posséder par un autre un cœur qu'on a manqué.
GROS-RENÉ.
Pour moi, je ne sais point tant de philosophie :
Ce que voyent mes yeux franchement je m'y fie,
Et ne suis point de moi si mortel ennemi,
Que je m'aille affliger sans sujet ni demi.
Pourquoi subtiliser, et faire le capable
A chercher des raisons pour être misérable?
Sur des soupçons en l'air je m'irois alarmer!
Laissons venir la fête avant que la chômer.
Le chagrin me paroît une incommode chose;
Je n'en prends point pour moi sans bonne et juste cause,
Et mêmes à mes yeux cent sujets d'en avoir
S'offrent le plus souvent, que je ne veux pas voir.
Avec vous en amour je cours même fortune,
Celle que vous aurez me doit être commune;
La maîtresse ne peut abuser votre foi,
A moins que la suivante en fasse autant pour moi :
Mais j'en fuis la pensée avec un soin extrême.
Je veux croire les gens, quand on me dit : Je t'aime,
Et ne vais point chercher, pour m'estimer heureux,
Si Mascarille ou non s'arrache les cheveux.
Que tantôt Marinette endure qu'à son aise
Jodelet par plaisir la caresse et la baise,
Et que ce beau rival en rie ainsi qu'un fou,
A son exemple aussi j'en rirai tout mon soûl,
Et l'on verra qui rit avec meilleure grâce.
ÉRASTE.
Voilà de tes discours.
GROS-RENÉ.
Mais je la vois qui passe.

SCÈNE II.

ÉRASTE, MARINETTE, GROS-RENÉ.

GROS-RENÉ.
St, Marinette?
MARINETTE.
Ho! ho! Que fais-tu là?
GROS-RENÉ.
Ma foi,
Demande; nous étions tout à l'heure sur toi.
MARINETTE.
Vous êtes aussi là, monsieur! Depuis une heure,
Vous m'avez fait trotter comme un Basque, je meure.
ÉRASTE.
Comment?
MARINETTE.
Pour vous chercher j'ai fait dix mille pas,
Et vous promets, ma foi....
ÉRASTE.
Quoi?
MARINETTE.
Que vous n'êtes pas
Au temple, au Cours, chez vous, ni dans la grande place.
GROS-RENÉ.
Il falloit en jurer.
ÉRASTE.
Apprends-moi donc, de grâce,
Qui te fait me chercher?
MARINETTE.
Quelqu'un, en vérité,
Qui pour vous n'a pas trop mauvaise volonté;
Ma maîtresse, en un mot.
ÉRASTE.
Ah! chère Marinette,
Ton discours de son cœur est-il bien l'interprète?
Ne me déguise point un mystère fatal ;
Je ne t'en voudrois pas pour cela plus de mal :
Au nom des dieux, dis-moi si ta belle maîtresse
N'abuse point mes vœux d'une fausse tendresse.
MARINETTE.
Hé! hé! d'où vous vient donc ce plaisant mouvement?
Elle ne fait pas voir assez son sentiment!
Quel garant est-ce encor que votre amour demande?
Que lui faut-il?
GROS-RENÉ.
A moins que Valère se pende,
Bagatelle! Son cœur ne s'assurera point.
MARINETTE.
Comment?
GROS-RENÉ.
Il est jaloux jusques en un tel point.
MARINETTE.
De Valère? Ah! vraiment la pensée est bien belle!
Elle peut seulement naître en votre cervelle.
Je vous croyois du sens, et jusqu'à ce moment
J'avois de votre esprit quelque bon sentiment;
Mais, à ce que je vois, je m'étois fort trompée.
Ta tête de ce mal est-elle aussi frappée?
GROS-RENÉ.
Moi, jaloux? Dieu m'en garde, et d'être assez badin
Pour m'aller emmaigrir avec un tel chagrin!
Outre que de ton cœur ta foi me cautionne,
L'opinion que j'ai de moi-même est trop bonne
Pour croire auprès de moi que quelque autre te plût.
Où diantre pourrois-tu trouver qui me valût?
MARINETTE.
En effet, tu dis bien; voilà comme il faut être.

Jamais de ces soupçons qu'un jaloux fait paroître.
Tout le fruit qu'on en cueille est de se mettre mal,
Et d'avancer par là les desseins d'un rival.
Au mérite souvent de qui l'éclat vous blesse,
Vos chagrins font ouvrir les yeux d'une maîtresse,
Et j'en sais tel, qui doit son destin le plus doux
Aux soins trop inquiets de son rival jaloux.
Enfin, quoi qu'il en soit, témoigner de l'ombrage,
C'est jouer en amour un mauvais personnage,
Et se rendre, après tout, misérable à crédit.

Vous m'avez dit que votre amour? (Acte I, scène II.)

Cela, seigneur Éraste, en passant vous soit dit.
ÉRASTE.
Hé bien! n'en parlons plus. Que venois-tu m'apprendre?
MARINETTE.
Vous mériteriez bien que l'on vous fît attendre,
Qu'afin de vous punir je vous tinsse caché

Le grand secret pourquoi je vous ai tant cherché.
Tenez, voyez ce mot, et sortez hors de doute.
Lisez-le donc tout haut, personne ici n'écoute.
ÉRASTE lit.
Vous m'avez dit que votre amour
Étoit capable de tout faire;

Il se couronnera lui-même dans ce jour,
S'il peut avoir l'aveu d'un père.
Faites parler les droits qu'on a dessus mon cœur,
Je vous en donne la licence;
Et, si c'est en votre faveur,
Je vous réponds de mon obéissance.

Ah! quel bonheur! O toi, qui me l'as apporté,
Je te dois regarder comme une déité !
GROS-RENÉ.
Je vous le disois bien : contre votre croyance,
Je ne me trompe guère aux choses que je pense.
ÉRASTE *relit.*
Faites parler les droits qu'on a dessus mon cœur,
Je vous en donne la licence;
Et, si c'est en votre faveur,
Je vous réponds de mon obéissance.
MARINETTE.
Si je lui rapportois vos foiblesses d'esprit,
Elle désavoûroit bientôt un tel écrit.
ÉRASTE.
Ah! cache-lui, de grâce, une peur passagère,
Où mon âme a cru voir quelque peu de lumière ;
Ou, si tu la lui dis, ajoute que ma mort
Est prête d'expier l'erreur de ce transport;
Que je vais à ses pieds, si j'ai pu lui déplaire,
Sacrifier ma vie à sa juste colère.
MARINETTE.
Ne parlons point de mort, ce n'en est pas le temps.
ÉRASTE.
Au reste, je te dois beaucoup, et je prétends
Reconnoître dans peu, de la bonne manière,
Les soins d'une si noble et si belle courrière.
MARINETTE.
A propos, savez-vous où je vous ai cherché
Tantôt encore?
ÉRASTE.
Hé bien ?
MARINETTE.
Tout proche du marché;
Où vous savez.
ÉRASTE.
Où donc?
MARINETTE.
Là.... dans cette boutique
Où, dès le mois passé, votre cœur magnifique
Me promit, de sa grâce, une bague.
ÉRASTE.
Ah! j'entends.
GROS-RENÉ.
La matoise !
ÉRASTE.
Il est vrai, j'ai tardé trop longtemps
A m'acquitter vers toi d'une telle promesse ;
Mais....
MARINETTE.
Ce que j'en ai dit, n'est pas que je vous presse.
GROS-RENÉ.
Ho ! que non !
ÉRASTE *lui donne sa bague.*
Celle-ci peut-être aura de quoi
Te plaire; accepte-la pour celle que je doi.
MARINETTE.
Monsieur, vous vous moquez, j'aurois honte à la prendre.
GROS-RENÉ.
Pauvre honteuse! prends sans davantage attendre ;
Refuser ce qu'on donne est bon à faire aux fous.
MARINETTE.
Ce sera pour garder quelque chose de vous.
ÉRASTE.
Quand puis-je rendre grâce à cet ange adorable?
MARINETTE.
Travaillez à vous rendre un père favorable.
ÉRASTE.
Mais s'il me rebutoit, dois-je?
MARINETTE.
Alors comme alors ;
Pour vous on emploira toutes sortes d'efforts.
D'une façon ou d'autre il faut qu'elle soit vôtre :
Faites votre pouvoir et nous ferons le nôtre.
ÉRASTE.
Adieu, nous en saurons le succès dans ce jour.
(Éraste relit la lettre tout bas.)
MARINETTE, *à Gros-René.*
Et nous, que dirons-nous aussi de notre amour?
Tu ne m'en parles point.
GROS-RENÉ.
Un hymen qu'on souhaite,
Entre gens comme nous est chose bientôt faite.
Je te veux; me veux-tu de même ?
MARINETTE.
Avec plaisir.
GROS-RENÉ.
Touche, il suffit.
MARINETTE.
Adieu, Gros-René, mon désir.
GROS-RENÉ.
Adieu, mon astre.
MARINETTE.
Adieu, beau tison de ma flamme.
GROS-RENÉ.
Adieu, chère comète, arc-en-ciel de mon âme.
(Marinette sort.)
Le bon Dieu soit loué, nos affaires vont bien ;
Albert n'est pas un homme à vous refuser rien.
ÉRASTE.
Valère vient à nous.
GROS-RENÉ.
Je plains le pauvre hère,
Sachant ce qui se passe.

SCÈNE III.

VALÈRE, ÉRASTE, GROS-RENÉ.

ÉRASTE.
Hé bien! seigneur Valère?
VALÈRE.
Hé bien! seigneur Éraste?

ÉRASTE.
En quel état l'amour?
VALÈRE.
En quel état vos feux?
ÉRASTE.
Plus forts de jour en jour.
VALÈRE.
Et mon amour plus fort.
ÉRASTE.
Pour Lucile?
VALÈRE.
Pour elle
ÉRASTE.
Certes, je l'avoûrai, vous êtes le modèle
D'une rare constance.
VALÈRE.
Et votre fermeté
Doit être un rare exemple à la postérité.
ÉRASTE.
Pour moi, je suis peu fait à cet amour austère,
Qui dans les seuls regards trouve à se satisfaire ;
Et je ne forme point d'assez beaux sentiments
Pour souffrir constamment les mauvais traitements ;
Enfin quand j'aime bien, j'aime fort que l'on m'aime.
VALÈRE.
Il est très-naturel, et j'en suis bien de même.
Le plus parfait objet dont je serois charmé,
N'auroit pas mes tributs, n'en étant point aimé.
ÉRASTE.
Lucile cependant....
VALÈRE.
Lucile, dans son âme,
Rend tout ce que je veux qu'elle rende à ma flamme.
ÉRASTE.
Vous êtes donc facile à contenter?
VALÈRE.
Pas tant
Que vous pourriez penser.
ÉRASTE.
Je puis croire pourtant,
Sans trop de vanité, que je suis en sa grâce.
VALÈRE.
Moi, je sais que j'y tiens une assez bonne place.
ÉRASTE.
Ne vous abusez point, croyez-moi.
VALÈRE.
Croyez-moi,
Ne laissez point duper vos yeux à trop de foi.
ÉRASTE.
Si j'osois vous montrer une preuve assurée
Que son cœur.... Non, votre âme en seroit altérée.
VALÈRE.
Si je vous osois, moi, découvrir en secret....
Mais je vous fâcherois, et veux être discret.
ÉRASTE.
Vraiment, vous me poussez, et, contre mon envie,
Votre présomption veut que je l'humilie.
Lisez.
VALÈRE, *après avoir lu*.
Ces mots sont doux.

ÉRASTE.
Vous connoissez la main?
VALÈRE.
Oui, de Lucile.
ÉRASTE.
Hé bien? cet espoir si certain....
VALÈRE, *riant et s'en allant*.
Adieu, seigneur Éraste.
GROS-RENÉ.
Il est fou, le bon sire.
Où vient-il donc pour lui de voir le mot pour rire?
ÉRASTE.
Certes, il me surprend, et j'ignore entre nous,
Quel diable de mystère est caché là-dessous.
GROS-RENÉ.
Son valet vient, je pense.
ÉRASTE.
Oui, je le vois paroître.
Feignons, pour le jeter sur l'amour de son maître.

SCÈNE IV.

ÉRASTE, MASCARILLE, GROS-RENÉ.

MASCARILLE, *à part*.
Non, je ne trouve point d'état plus malheureux
Que d'avoir un patron jeune et fort amoureux.
GROS-RENÉ.
Bonjour.
MASCARILLE.
Bonjour.
GROS-RENÉ.
Où tend Mascarille à cette heure?
Que fait-il? revient-il? va-t-il? ou s'il demeure?
MASCARILLE.
Non, je ne reviens pas, car je n'ai pas été ;
Je ne vais pas aussi, car je suis arrêté ;
Et ne demeure point, car, tout de ce pas même,
Je prétends m'en aller.
ÉRASTE.
La rigueur est extrême ;
Doucement, Mascarille.
MASCARILLE.
Ah! monsieur, serviteur.
ÉRASTE.
Vous nous fuyez bien vite! hé quoi! vous fais-je peur?
MASCARILLE.
Je ne crois pas cela de votre courtoisie.
ÉRASTE.
Touche ; nous n'avons plus sujet de jalousie,
Nous devenons amis, et mes feux que j'éteins,
Laissent la place libre à vos heureux desseins.
MASCARILLE.
Plût à Dieu!
ÉRASTE.
Gros-René sait qu'ailleurs je me jette.
GROS-RENÉ.
Sans doute ; et je te cède aussi la Marinette.

MASCARILLE.

Passons sur ce point-là ; notre rivalité
N'est pas pour en venir à grande extrémité ;
Mais est-ce un coup bien sûr que votre seigneurie
Soit désenamourée, ou si c'est raillerie ?

ÉRASTE.

J'ai su qu'en ses amours ton maître étoit trop bien,
Et je serois un fou de prétendre plus rien
Aux étroites faveurs qu'il a de cette belle.

MASCARILLE.

Certes, vous me plaisez avec cette nouvelle.
Outre qu'en nos projets je vous craignois un peu,
Vous tirez sagement votre épingle du jeu.
Oui, vous avez bien fait de quitter une place
Où l'on vous caressoit pour la seule grimace ;
Et mille fois, sachant tout ce qui se passoit,
J'ai plaint le faux espoir dont on vous repaissoit.
On offense un brave homme alors que l'on l'abuse ;
Mais d'où diantre, après tout, avez-vous su la ruse ?
Car cet engagement mutuel de leur foi
N'eut pour témoins, la nuit, que deux autres et moi,
Et l'on croit jusqu'ici la chaîne fort secrète,
Qui rend de nos amants la flamme satisfaite.

ÉRASTE.

Hé ! que dis-tu ?

MASCARILLE.

Je dis que je suis interdit,
Et ne sais pas, monsieur, qui peut vous avoir dit
Que, sous ce faux semblant, qui trompe tout le monde,
En vous trompant aussi, leur ardeur sans seconde
D'un secret mariage a serré le lien.

ÉRASTE.

Vous en avez menti.

MASCARILLE.

Monsieur, je le veux bien.

ÉRASTE.

Vous êtes un coquin.

MASCARILLE.

D'accord.

ÉRASTE.

Et cette audace
Mériteroit cent coups de bâton sur la place.

MASCARILLE.

Vous avez tout pouvoir.

ÉRASTE.

Ah ! Gros-René !

GROS-RENÉ.

Monsieur.

ÉRASTE.

Je démens un discours dont je n'ai que trop peur.
(A Mascarille.)
Tu penses fuir.

MASCARILLE.

Nenni.

ÉRASTE.

Quoi ! Lucile est la femme ?...

MASCARILLE.

Non, monsieur, je raillois.

ÉRASTE.

Ah ! vous railliez, infâme !

MASCARILLE.

Non, je ne raillois point.

ÉRASTE.

Il est donc vrai ?

MASCARILLE.

Non pas,
Je ne dis pas cela.

ÉRASTE.

Que dis-tu donc ?

MASCARILLE.

Hélas !
Je ne dis rien, de peur de mal parler.

ÉRASTE.

Assure
Ou si c'est chose vraie, ou si c'est imposture.

MASCARILLE.

C'est ce qu'il vous plaira : je ne suis pas ici
Pour vous rien contester.

ÉRASTE, *tirant son épée.*

Veux-tu dire ? Voici,
Sans marchander, de quoi te délier la langue.

MASCARILLE.

Elle ira faire encor quelque sotte harangue.
Hé ! de grâce, plutôt, si vous le trouvez bon,
Donnez-moi vitement quelques coups de bâton,
Et me laissez tirer des chausses sans murmure.

ÉRASTE.

Tu mourras, ou je veux que la vérité pure
S'exprime par ta bouche.

MASCARILLE.

Hélas ! je la dirai :
Mais peut-être, monsieur, que je vous fâcherai.

ÉRASTE.

Parle : mais prends bien garde à ce que tu vas faire.
A ma juste fureur rien ne peut te soustraire,
Si tu mens d'un seul mot en ce que tu diras.

MASCARILLE.

J'y consens, rompez-moi les jambes et les bras,
Faites-moi pis encor, tuez-moi, si j'impose,
En tout ce que j'ai dit ici, la moindre chose.

ÉRASTE.

Ce mariage est vrai ?

MASCARILLE.

Ma langue, en cet endroit,
A fait un pas de clerc dont elle s'aperçoit :
Mais enfin cette affaire est comme vous la dites,
Et c'est après cinq jours de nocturnes visites,
Tandis que vous serviez à mieux couvrir leur jeu,
Que depuis avant-hier ils sont joints de ce nœud ;
Et Lucile depuis fait encor moins paroître
La violente amour qu'elle porte à mon maître,
Et veut absolument que tout ce qu'il verra,
Et qu'en votre faveur son cœur témoignera,
Il l'impute à l'effet d'une haute prudence,
Qui veut de leurs secrets ôter la connoissance.
Si, malgré mes serments, vous doutez de ma foi,

Gros-René peut venir une nuit avec moi,
Et je lui ferai voir, étant en sentinelle,
Que nous avons dans l'ombre un libre accès chez elle.

ÉRASTE.

Ote-toi de mes yeux, maraud.

MASCARILLE.

Et de grand cœur.
C'est ce que je demande.

SCÈNE V.

ÉRASTE, GROS-RENÉ.

ÉRASTE.

Hé bien?

GROS-RENÉ.

Hé bien ! monsieur ?
Nous en tenons tous deux, si l'autre est véritable.

ÉRASTE.

Las ! il ne l'est que trop, le bourreau détestable !
Je vois trop d'apparence à tout ce qu'il a dit ;
Et ce qu'a fait Valère, en voyant cet écrit,
Marque bien leur concert, et que c'est une baie
Qui sert, sans doute, aux feux dont l'ingrate la paie.

SCÈNE VI.

ÉRASTE, MARINETTE, GROS-RENÉ.

MARINETTE.

Je viens vous avertir que tantôt, sur le soir,
Ma maîtresse au jardin vous permet de la voir.

ÉRASTE.

Oses-tu me parler ? âme double et traîtresse !
Va, sors de ma présence ; et dis à ta maîtresse
Qu'avecque ses écrits elle me laisse en paix,
Et que voilà l'état, infâme ! que j'en fais.

(Il déchire la lettre et sort.)

MARINETTE.

Gros-René, dis-moi donc quelle mouche le pique,

GROS-RENÉ.

M'oses-tu bien encor parler? femelle inique,
Crocodile trompeur, de qui le cœur félon
Est pire qu'un satrape, ou bien qu'un Lestrigon !
Va, va rendre réponse à ta bonne maîtresse,
Et dis-lui bien et beau, que, malgré sa souplesse,
Nous ne sommes plus sots, ni mon maître ni moi,
Et désormais qu'elle aille au diable avecque toi.

MARINETTE, seule.

Ma pauvre Marinette, es-tu bien éveillée?
De quel démon est donc leur âme travaillée?
Quoi ! faire un tel accueil à nos soins obligeants !
Oh ! que ceci chez nous va surprendre les gens !

ACTE DEUXIÈME.

SCÈNE I.

ASCAGNE, FROSINE.

FROSINE.
Ascagne, je suis fille à secret, Dieu merci.
ASCAGNE.
Mais, pour un tel discours, sommes-nous bien ici?
Prenons garde qu'aucun ne nous vienne surprendre,
Ou que de quelque endroit on ne nous puisse entendre.
FROSINE.
Nous serions au logis beaucoup moins sûrement :
Ici de tous côtés on découvre aisément;
Et nous pouvons parler avec toute assurance.
ASCAGNE.
Hélas! que j'ai de peine à rompre mon silence.
FROSINE.
Ouais! ceci doit être un important secret?
ASCAGNE.
Trop, puisque je le dis à vous-même à regret,
Et que, si je pouvois le cacher davantage,
Vous ne le sauriez point.
FROSINE.
            Ah! c'est me faire outrage !
Feindre à s'ouvrir à moi, dont vous avez connu
Dans tous vos intérêts l'esprit si retenu !
Moi, nourrie avec vous, et qui tiens sous silence
Des choses qui vous sont de si grande importance,
Qui sais....
        ASCAGNE.
        Oui, vous savez la secrète raison
Qui cache aux yeux de tous mon sexe et ma maison;
Vous savez que dans celle où passa mon bas âge
Je suis pour y pouvoir retenir l'héritage
Que relâchoit ailleurs le jeune Ascagne mort,
Dont mon déguisement fait revivre le sort;
Et c'est aussi pourquoi ma bouche se dispense
A vous ouvrir mon cœur avec plus d'assurance.
Mais avant que passer, Frosine, à ce discours,
Éclaircissez un doute où je tombe toujours.
Se pourroit-il qu'Albert ne sût rien du mystère
Qui masque ainsi mon sexe, et l'a rendu mon père?
FROSINE.
En bonne foi, ce point sur quoi vous me pressez
Est une affaire aussi qui m'embarrasse assez :
Le fond de cette intrigue est pour moi lettre close;
Et ma mère ne put m'éclaircir mieux la chose.
Quand il mourut ce fils, l'objet de tant d'amour,
Au destin de qui même, avant qu'il vînt au jour,
Le testament d'un oncle abondant en richesses,
D'un soin particulier avoit fait des largesses;
Et que sa mère fit un secret de sa mort,
De son époux absent redoutant le transport,
S'il voyoit chez un autre aller tout l'héritage
Dont sa maison tiroit un si grand avantage;
Quand, dis-je, pour cacher un tel événement,
La supposition fut de son sentiment,
Et qu'on vous prit chez nous où vous étiez nourrie
(Votre mère d'accord de cette tromperie
Qui remplaçoit ce fils à sa garde commis),
En faveur des présents le secret fut promis.
Albert ne l'a point su de nous; et pour sa femme,
L'ayant plus de douze ans conservé dans son âme,
Comme le mal fut prompt dont on la vit mourir,
Son trépas imprévu ne put rien découvrir;
Mais cependant je vois qu'il garde intelligence

Avec celle de qui vous tenez la naissance.
J'ai su qu'en secret même il lui faisoit du bien,
Et peut-être cela ne se fait pas pour rien.
D'autre part, il vous veut porter au mariage;
Et, comme il le prétend, c'est un mauvais langage.
Je ne sais s'il sauroit la supposition
Sans le déguisement; mais la digression
Tout insensiblement pourroit trop loin s'étendre;
Revenons au secret que je brûle d'apprendre.

ASCAGNE.

Sachez donc que l'Amour ne sait point s'abuser,
Que mon sexe à ses yeux n'a pu se déguiser,
Et que ses traits subtils sous l'habit que je porte,
Ont su trouver le cœur d'une fille peu forte :
J'aime, enfin.

FROSINE.

Vous aimez !

Si vous êtes tous deux en quelque conférence... (Acte II, scène II.)

ASCAGNE.

Frosine, doucement.
N'entrez pas tout à fait dedans l'étonnement;
Il n'est pas temps encore; et ce cœur qui soupire,
A bien, pour vous surprendre, autre chose à vous dire.

FROSINE.

Et quoi?

ASCAGNE.

J'aime Valère.

FROSINE.

Ah! vous avez raison.
L'objet de votre amour, lui, dont à la maison
Votre imposture enlève un puissant héritage,
Et qui, de votre sexe ayant le moindre ombrage,
Verroit incontinent ce bien lui retourner !
C'est encore un plus grand sujet de s'étonner.

ASCAGNE.

J'ai de quoi, toutefois, surprendre plus votre âme :
Je suis sa femme.

FROSINE.
O dieux! sa femme!
ASCAGNE.
Oui, sa femme.
FROSINE.
Ah! certes celui-là l'emporte, et vient à bout
De toute ma raison!
ASCAGNE.
Ce n'est pas encor tout.
FROSINE.
Encore?
ASCAGNE.
Je la suis, dis-je, sans qu'il le pense,
Ni qu'il ait de mon sort la moindre connoissance.
FROSINE.
Ho! poussez; je le quitte et ne raisonne plus,
Tant mes sens coup sur coup se trouvent confondus.
A ces énigmes-là je ne puis rien comprendre.
ASCAGNE.
Je vais vous l'expliquer, si vous voulez m'entendre.
Valère, dans les fers de ma sœur arrêté,
Me sembloit un amant digne d'être écouté;
Et je ne pouvois voir qu'on rebutât sa flamme,
Sans qu'un peu d'intérêt touchât pour lui mon âme;
Je voulois que Lucile aimât son entretien;
Je blâmois ses rigueurs; et les blâmai si bien,
Que moi-même j'entrai, sans pouvoir m'en défendre,
Dans tous les sentimens qu'elle ne pouvoit prendre.
C'étoit en lui parlant, moi qu'il persuadoit;
Je me laissois gagner aux soupirs qu'il perdoit;
Et ses vœux, rejetés de l'objet qui l'enflamme,
Étoient, comme vainqueurs, reçus dedans mon âme;
Ainsi mon cœur, Frosine, un peu trop foible hélas!
Se rendit à des soins qu'on ne lui rendoit pas,
Par un coup réfléchi reçut une blessure,
Et paya pour un autre avec beaucoup d'usure.
Enfin, ma chère, enfin, l'amour que j'eus pour lui
Se voulut expliquer, mais sous le nom d'autrui.
Dans ma bouche, une nuit, cet amant trop aimable
Crut rencontrer Lucile à ses vœux favorable,
Et je sus ménager si bien cet entretien,
Que du déguisement il ne reconnut rien.
Sous ce voile trompeur, qui flattoit sa pensée,
Je lui dis que pour lui mon âme étoit blessée,
Mais que, voyant mon père en d'autres sentimens,
Je devois une feinte à ses commandemens;
Qu'ainsi de notre amour nous ferions un mystère
Dont la nuit seulement seroit dépositaire;
Et qu'entre nous, de jour, de peur de rien gâter,
Tout entretien secret se devoit éviter;
Qu'il me verroit alors la même indifférence
Qu'avant que nous eussions aucune intelligence;
Et que de son côté, de même que du mien,
Geste, parole, écrit, ne m'en dît jamais rien.
Enfin, sans m'arrêter sur toute l'industrie
Dont j'ai conduit le fil de cette tromperie,
J'ai poussé jusqu'au bout un projet si hardi,
Et me suis assuré l'époux que je vous di.
FROSINE.
Peste! les grands talens que votre esprit possède!
Diroit-on qu'elle y touche, avec sa mine froide?
Cependant vous avez été bien vite ici;
Car, je veux que la chose ait d'abord réussi,
Ne jugez-vous pas bien, à regarder l'issue,
Qu'elle ne peut longtemps éviter d'être sue?
ASCAGNE.
Quand l'amour est bien fort, rien ne peut l'arrêter;
Ses projets seulement vont à se contenter;
Et, pourvu qu'il arrive au but qu'il se propose,
Il croit que tout le reste après est peu de chose.
Mais enfin aujourd'hui je me découvre à vous,
Afin que vos conseils.... Mais voici cet époux.

SCÈNE II.

VALÈRE, ASCAGNE, FROSINE.

VALÈRE.
Si vous êtes tous deux en quelque conférence
Où je vous fasse tort de mêler ma présence,
Je me retirerai.
ASCAGNE.
Non, non, vous pouvez bien,
Puisque vous le faisiez, rompre notre entretien.
VALÈRE.
Moi?
ASCAGNE.
Vous même.
VALÈRE.
Et comment?
ASCAGNE.
Je disois que Valère
Auroit, si j'étois fille, un peu trop su me plaire,
Et que, si je faisois tous les vœux de son cœur,
Je ne tarderois guère à faire son bonheur.
VALÈRE.
Ces protestations ne coûtent pas grand'chose,
Alors qu'à cet effet un pareil si s'oppose,
Mais vous seriez bien pris, si quelque événement
Alloit mettre à l'épreuve un si doux compliment.
ASCAGNE.
Point du tout: je vous dis que, régnant dans votre âme,
Je voudrois de bon cœur couronner votre flamme.
VALÈRE.
Et si c'étoit quelqu'une où par votre secours
Vous pussiez être utile au bonheur de mes jours?
ASCAGNE.
Je pourrois assez mal répondre à votre attente.
VALÈRE.
Cette confession n'est pas fort obligeante.
ASCAGNE.
Hé quoi! vous voudriez, Valère, injustement,
Qu'étant fille, et mon cœur vous aimant tendrement,
Je m'allasse engager avec une promesse
De servir vos ardeurs pour quelque autre maîtresse?
Un si pénible effort, pour moi, m'est interdit.
VALÈRE.
Mais cela n'étant pas?

ASCAGNE.
Ce que je vous ai dit,
Je l'ai dit comme fille, et vous le devez prendre
Tout de même.

VALÈRE.
Ainsi donc il ne faut rien prétendre,
Ascagne, à des bontés que vous auriez pour nous,
A moins que le ciel fasse un grand miracle en vous ;
Bref, si vous n'êtes fille, adieu votre tendresse,
Il ne vous reste rien qui pour nous s'intéresse.

ASCAGNE.
J'ai l'esprit délicat plus qu'on ne peut penser,
Et le moindre scrupule a de quoi m'offenser
Quand il s'agit d'aimer. Enfin je suis sincère ;
Je ne m'engage point à vous servir, Valère,
Si vous ne m'assurez, au moins absolument,
Que vous gardez pour moi le même sentiment ;
Que pareille chaleur d'amitié vous transporte,
Et que, si j'étois fille, une flamme plus forte
N'outrageroit point celle où je vivrois pour vous.

VALÈRE.
Je n'avois jamais vu ce scrupule jaloux ;
Mais, tout nouveau qu'il est, ce mouvement m'oblige,
Et je vous fais ici tout l'aveu qu'il exige.

ASCAGNE.
Mais sans fard ?

VALÈRE.
Oui, sans fard.

ASCAGNE.
S'il est vrai, désormais
Vos intérêts seront les miens, je vous promets.

VALÈRE.
J'ai bientôt à vous dire un important mystère,
Où l'effet de ces mots me sera nécessaire.

ASCAGNE.
Et j'ai quelque secret de même à vous ouvrir,
Où votre cœur pour moi se pourra découvrir.

VALÈRE.
Hé ! de quelle façon cela pourroit-il être ?

ASCAGNE.
C'est que j'ai de l'amour qui n'oseroit paroître ;
Et vous pourriez avoir sur l'objet de mes vœux
Un empire à pouvoir rendre mon sort heureux.

VALÈRE.
Expliquez-vous, Ascagne ; et croyez, par avance,
Que votre heur est certain, s'il est en ma puissance.

ASCAGNE.
Vous promettez ici plus que vous ne croyez.

VALÈRE.
Non, non ; dites l'objet pour qui vous m'employez.

ASCAGNE.
Il n'est pas encor temps ; mais c'est une personne
Qui vous touche de près.

VALÈRE.
Votre discours m'étonne.
Plût à Dieu que ma sœur !...

ASCAGNE.
Ce n'est pas la saison
De m'expliquer, vous dis-je.

VALÈRE.
Et pourquoi ?

ASCAGNE.
Pour raison.
Vous saurez mon secret, quand je saurai le vôtre.

VALÈRE.
J'ai besoin pour cela de l'aveu de quelque autre.

ASCAGNE.
Ayez-le donc ; et lors, nous expliquant nos vœux,
Nous verrons qui tiendra mieux parole des deux.

VALÈRE.
Adieu, j'en suis content.

ASCAGNE.
Et moi content, Valère.
(*Valère sort.*)

FROSINE.
Il croit trouver en vous l'assistance d'un frère.

SCÈNE III.

LUCILE, ASCAGNE, FROSINE, MARINETTE.

LUCILE, *à Marinette, les trois premiers vers.*
C'en est fait ; c'est ainsi que je me puis venger,
Et si cette action a de quoi l'affliger,
C'est toute la douceur que mon cœur s'y propose.
Mon frère, vous voyez une métamorphose.
Je veux chérir Valère après tant de fierté,
Et mes vœux maintenant tournent de son côté.

ASCAGNE.
Que dites-vous, ma sœur ? Comment ! courir au change
Cette inégalité me semble trop étrange.

LUCILE.
La vôtre me surprend avec plus de sujet.
De vos soins autrefois Valère étoit l'objet,
Je vous ai vu pour lui m'accuser de caprice,
D'aveugle cruauté, d'orgueil et d'injustice ;
Et, quand je veux l'aimer, mon dessein vous déplaît !
Et je vous vois parler contre son intérêt !

ASCAGNE.
Je le quitte, ma sœur, pour embrasser le vôtre :
Je sais qu'il est rangé dessous les lois d'une autre ;
Et ce seroit un trait honteux à vos appas,
Si vous le rappeliez et qu'il ne revînt pas.

LUCILE.
Si ce n'est que cela, j'aurai soin de ma gloire,
Et je sais, pour son cœur, tout ce que j'en dois croire ;
Il s'explique à mes yeux intelligiblement ;
Ainsi découvrez-lui, sans peur, mon sentiment ;
Ou, si vous refusez de le faire, ma bouche
Lui va faire savoir que son ardeur me touche.
Quoi ! mon frère, à ces mots vous restez interdit ?

ASCAGNE.
Ah ! ma sœur ! si sur vous je puis avoir crédit,
Si vous êtes sensible aux prières d'un frère,
Quittez un tel dessein, et n'ôtez point Valère
Aux vœux d'un jeune objet dont l'intérêt m'est cher,
Et qui, sur ma parole, a droit de vous toucher.
La pauvre infortunée aime avec violence ;

A moi seul de ses feux elle fait confidence,
Et je vois dans son cœur de tendres mouvemens
A dompter la fierté des plus durs sentimens.
Oui, vous auriez pitié de l'état de son âme,
Connoissant de quel coup vous menacez sa flamme,
Et je ressens si bien la douleur qu'elle aura,
Que je suis assuré, ma sœur, qu'elle en mourra,
Si vous lui dérobez l'amant qui peut lui plaire.
Éraste est un parti qui doit vous satisfaire,
Et des feux mutuels....

LUCILE.
             Mon frère, c'est assez.
Je ne sais point pour qui vous vous intéressez :
Mais, de grâce, cessons ce discours, je vous prie,
Et me laissez un peu dans quelque rêverie.

ASCAGNE.
Allez, cruelle sœur, vous me désespérez,
Si vous effectuez vos desseins déclarés.

SCÈNE IV.

LUCILE, MARINETTE.

MARINETTE.
La résolution, madame, est assez prompte.
LUCILE.
Un cœur ne pèse rien, alors que l'on l'affronte :
Il court à sa vengeance, et saisit promptement
Tout ce qu'il croit servir à son ressentiment.

Rentrez Lucile.... (Acte ii, scène v).

Le traître ! faire voir cette insolence extrême !
MARINETTE.
Vous m'en voyez encor toute hors de moi-même :
Et quoique là-dessus je rumine sans fin,
L'aventure me passe, et j'y perds mon latin.
Car enfin, aux transports d'une bonne nouvelle
Jamais cœur ne s'ouvrit d'une façon plus belle ;
De l'écrit obligeant le sien tout transporté,
Ne me donnoit pas moins que de la déité ;
Et cependant jamais, à cet autre message,
Fille ne fut traitée avecque tant d'outrage ;
Je ne sais, pour causer de si grands changemens,
Ce qui s'est pu passer entre ces courts momens.
LUCILE.
Rien ne s'est pu passer dont il faille être en peine,
Puisque rien ne le doit défendre de ma haine.
Quoi ! tu voudrois chercher hors de sa lâcheté

La secrète raison de cette indignité ?
Cet écrit malheureux, dont mon âme s'accuse,
Peut-il à son transport souffrir la moindre excuse ?
MARINETTE.
En effet ; je comprends que vous avez raison,
Et que cette querelle est pure trahison.
Nous en tenons, madame : et puis, prêtons l'oreille
Aux bons chiens de pendards qui nous chantent merveille,
Qui, pour nous accrocher, feignent tant de langueur ;
Laissons à leurs beaux mots fondre notre rigueur ;
Rendons-nous à leurs vœux, trop foibles que nous sommes.
Foin de notre sottise, et peste soit des hommes !
LUCILE.
Hé bien ! bien ! qu'il s'en vante et rie à nos dépens :
Il n'aura pas sujet d'en triompher longtemps ;
Et je lui ferai voir qu'en une âme bien faite
Le mépris suit de près la faveur qu'on rejette.

Il faut donc renverser l'ordre de chaque chose. (Acte II, scène VIII.)

MARINETTE.

Au moins, en pareil cas, est-ce un bonheur bien doux,
Quand on sait qu'on n'a point d'avantage sur vous.
Marinette eut bon nez, quoi qu'on en puisse dire,
De ne permettre rien un soir qu'on vouloit rire.
Quelque autre, sous espoir de *matrimonion*,
Auroit ouvert l'oreille à la tentation;
Mais moi, *nescio vos*.

LUCILE.

Que tu dis de folies,
Et choisis mal ton temps pour de telles saillies !
Enfin je suis touchée au cœur sensiblement;
Et si jamais celui de ce perfide amant,
Par un coup de bonheur, dont j'aurois tort, je pense,
De vouloir à présent concevoir l'espérance,
(Car le ciel a trop pris plaisir à m'affliger,
Pour me donner celui de me pouvoir venger);
Quand, dis-je, par un sort à mes désirs propice,
Il reviendroit m'offrir sa vie en sacrifice,
Détester à mes pieds l'action d'aujourd'hui,
Je te défends, surtout, de me parler pour lui.
Au contraire, je veux que ton zèle s'exprime
A me bien mettre aux yeux la grandeur de son crime.
Et même si mon cœur étoit pour lui tenté
De descendre jamais à quelque lâcheté,
Que ton affection me soit alors sévère,
Et tienne comme il faut la main à ma colère.

MARINETTE.

Vraiment, n'ayez point peur, et laissez faire à nous;
J'ai pour le moins autant de colère que vous;
Et je serois plutôt fille toute ma vie,
Que mon gros traître aussi me redonnât envie.
S'il vient....

SCÈNE V.

ALBERT, LUCILE, MARINETTE.

ALBERT.

Rentrez, Lucile, et me faites venir
Le précepteur; je veux un peu l'entretenir,
Et m'informer de lui, qui me gouverne Ascagne,
S'il sait point quel ennui depuis peu l'accompagne.

SCÈNE VI.

ALBERT, *seul*.

En quel gouffre de soins et de perplexité
Nous jette une action faite sans équité!
D'un enfant supposé par mon trop d'avarice,
Mon cœur depuis longtemps souffre bien le supplice;
Et quand je vois les maux où je me suis plongé,
Je voudrois à ce bien n'avoir jamais songé.
Tantôt je crains de voir, par la fourbe éventée,
Ma famille en opprobre et misère jetée;
Tantôt pour ce fils-là qu'il me faut conserver,
Je crains cent accidens qui peuvent arriver.
S'il advient que dehors quelque affaire m'appelle,
J'appréhende au retour cette triste nouvelle :
Las! vous ne savez pas? Vous l'a-t-on annoncé?
Votre fils a la fièvre, ou jambe, ou bras cassé :
Enfin, à tous momens, sur quoi que je m'arrête,
Cent sortes de chagrins me roulent par la tête.
Ah !....

SCÈNE VII.

ALBERT, MÉTAPHRASTE.

MÉTAPHRASTE.
Mandatum tuum curo diligenter.

ALBERT.
Maître, j'ai voulu....

MÉTAPHRASTE.
Maître est dit *à magis ter;*
C'est comme qui diroit trois fois plus grand.

ALBERT.
Je meure
Si je savois cela. Mais, soit, à la bonne heure.
Maître, donc....

MÉTAPHRASTE.
Poursuivez.

ALBERT.
Je veux poursuivre aussi;
Mais ne poursuivez point, vous, d'interrompre ainsi.
Donc, encore une fois, maître, c'est la troisième,
Mon fils me rend chagrin, vous savez que je l'aime
Et que soigneusement je l'ai toujours nourri.

MÉTAPHRASTE.
Il est vrai : *Filio non potest præferri*
Nisi filius.

ALBERT.
Maître, en discourant ensemble;
Ce jargon n'est pas fort nécessaire, me semble;
Je vous crois grand latin et grand docteur juré,
Je m'en rapporte à ceux qui m'en ont assuré :
Mais dans un entretien qu'avec vous je destine,
N'allez point déployer toute votre doctrine,
Faire le pédagogue, et cent mots me cracher,
Comme si vous étiez en chaire pour prêcher.
Mon père quoiqu'il eût la tête des meilleures,
Ne m'a jamais rien fait apprendre que mes Heures,
Qui, depuis cinquante ans, dites journellement,
Ne sont encor pour moi que du haut allemand.
Laissez donc en repos votre science auguste,
Et que votre langage à mon foible s'ajuste.

MÉTAPHRASTE.
Soit.

ALBERT.
A mon fils, l'hymen semble lui faire peur;
Et sur quelque parti que je sonde son cœur,
Pour un pareil lien il est froid et recule.

MÉTAPHRASTE.
Peut-être a-t-il l'humeur du frère de Marc-Tulle,
Dont avec Atticus le même fait sermon;
Et comme aussi les Grecs disent *Athanaton*....

ALBERT.
Mon Dieu ! maître éternel, laissez là, je vous prie,

Les Grecs, les Albanois, avec l'Esclavonie,
Et tous ces autres gens dont vous voulez parler ;
Eux et mon fils n'ont rien ensemble à démêler.
MÉTAPHRASTE.
Hé bien donc, votre fils ?
ALBERT.
Je ne sais si dans l'âme
Il ne sentiroit point une secrète flamme :
Quelque chose le trouble, ou je suis fort déçu ;
Et je l'aperçus hier, sans en être aperçu,
Dans un recoin du bois où nul ne se retire.
MÉTAPHRASTE.
Dans un lieu reculé du bois, voulez-vous dire,
Un endroit écarté, *latinè, secessus* ;
Virgile l'a dit : *Est in secessu locus....*
ALBERT.
Comment auroit-il pu l'avoir dit, ce Virgile,
Puisque je suis certain que, dans ce lieu tranquille,
Ame du monde enfin n'était lors, que nous deux ?
MÉTAPHRASTE.
Virgile est nommé là comme un auteur fameux
D'un terme plus choisi que le mot que vous dites,
Et non comme témoin de ce qu'hier vous vîtes.
ALBERT.
Et moi, je vous dis, moi, que je n'ai pas besoin
De terme plus choisi, d'auteur, ni de témoin,
Et qu'il suffit ici de mon seul témoignage.
MÉTAPHRASTE.
Il faut choisir pourtant les mots mis en usage.
Par les meilleurs auteurs. *Tu vivendo, bonos,*
Comme on dit, *scribendo, sequare peritos.*
ALBERT.
Homme ou démon, veux-tu m'entendre sans conteste ?
MÉTAPHRASTE.
Quintilien en fait le précepte.
ALBERT.
La peste
Soit du causeur !
MÉTAPHRASTE.
Et dit là-dessus doctement
Un mot que vous serez bien aise assurément
D'entendre.
ALBERT.
Je serai le diable qui t'emporte,
Chien d'homme ! Oh ! que je suis tenté d'étrange sorte
De faire sur ce mufle une application !
MÉTAPHRASTE.
Mais qui cause, seigneur, votre inflammation ?
Que voulez-vous de moi ?
ALBERT.
Je veux que l'on m'écoute,
Vous ai-je dit vingt fois, quand je parle.
MÉTAPHRASTE.
Ah ! sans doute,
Vous serez satisfait s'il ne tient qu'à cela ;
Je me tais.
ALBERT.
Vous ferez sagement.
MÉTAPHRASTE.
Me voilà
Tout prêt à vous ouïr.
ALBERT.
Tant mieux.
MÉTAPHRASTE.
Que je trépasse,
Si je dis plus mot.
ALBERT.
Dieu vous en fasse la grâce !
MÉTAPHRASTE.
Vous n'accuserez point mon caquet désormais.
ALBERT.
Ainsi soit-il !
MÉTAPHRASTE.
Parlez quand vous voudrez.
ALBERT.
J'y vais.
MÉTAPHRASTE.
Et n'appréhendez plus l'interruption nôtre.
ALBERT.
C'est assez dit.
MÉTAPHRASTE.
Je suis exact plus qu'aucun autre.
ALBERT.
Je le crois.
MÉTAPHRASTE.
J'ai promis que je ne dirois rien.
ALBERT.
Suffit.
MÉTAPHRASTE.
Dès à présent je suis muet.
ALBERT.
Fort bien.
MÉTAPHRASTE.
Parlez ; courage ; au moins je vous donne audience.
Vous ne vous plaindrez pas de mon peu de silence :
Je ne desserre pas la bouche seulement.
ALBERT, *à part.*
Le traître !
MÉTAPHRASTE.
Mais, de grâce, achevez vîtement :
Depuis longtemps j'écoute ; il est bien raisonnable
Que je parle à mon tour.
ALBERT.
Donc, bourreau détestable...
MÉTAPHRASTE.
Hé ! bon Dieu ! Voulez-vous que j'écoute à jamais ?
Partageons le parler au moins, ou je m'en vais.
ALBERT.
Ma patience est bien....
MÉTAPHRASTE.
Quoi ! voulez-vous poursuivre ?
Ce n'est pas encor fait ? *Per Jovem !* je suis ivre !
ALBERT.
Je n'ai pas dit....
MÉTAPHRASTE.
Encor ? Bon Dieu ! que de discours !
Rien n'est-il suffisant d'en arrêter le cours ?
ALBERT.
J'enrage.
MÉTAPHRASTE.

Derechef? O l'étrange torture!
Hé! laissez-moi parler un peu, je vous conjure.
Un sot qui ne dit mot ne se distingue pas
D'un savant qui se tait.
              ALBERT.
                  Parbleu! tu te tairas.

SCÈNE VIII.

MÉTAPHRASTE, *seul.*

D'où vient fort à propos cette sentence expresse
D'un philosophe : « Parle, afin qu'on te connoisse. »
Doncque, si de parler le pouvoir m'est ôté,
Pour moi, j'aime autant perdre aussi l'humanité,
Et changer mon essence en celle d'une bête.
Me voilà pour huit jours avec un mal de tête.
Oh! que les grands parleurs sont par moi détestés!
Mais quoi! si les savans ne sont point écoutés,
Si l'on veut que toujours ils aient la bouche close,
Il faut donc renverser l'ordre de chaque chose;
Que les poules dans peu dévorent les renards;
Que les jeunes enfans remontrent aux vieillards;
Q'à poursuivre les loups les agnelets s'ébattent;
Qu'un fou fasse les lois; que les femmes combattent;
Que par les criminels les juges soient jugés,
Et par les écoliers les maîtres fustigés;
Que le malade au sain présente le remède;
Que le lièvre craintif...

SCÈNE IX.

ALBERT, MATAPHRASTE.

(*Albert sonne aux oreilles de Métaphraste une cloche de mulet, qui le fait fuir.*)

              MÉTAPHRASTE, *fuyant.*
                  Miséricorde! à l'aide!

Que me vient donc conter ce coquin assuré? (Acte III, scène IX.)

ACTE TROISIÈME.

SCÈNE I.

MASCARILLE, *seul.*

Le ciel parfois seconde un dessein téméraire,
Et l'on sort, comme on peut, d'une méchante affaire.
Pour moi, qu'une imprudence a trop fait discourir,
Le remède plus prompt où j'ai su recourir,
C'est de pousser ma pointe, et dire en diligence
A notre vieux patron toute la manigance.
Son fils, qui m'embarrasse, est un évaporé :
L'autre, diable ! disant ce que j'ai déclaré,
Gare une irruption sur notre friperie !
Au moins, avant qu'on puisse échauffer sa furie,
Quelque chose de bon nous pourra succéder,
Et les vieillards entre eux se pourront accorder.
C'est ce qu'on va tenter ; et, de la part du nôtre,
Sans perdre un seul moment, je m'en vais trouver l'autre.
(Il frappe à la porte d'Albert.)

SCÈNE II.

ALBERT, MASCARILLE.

ALBERT.
Qui frappe?

MASCARILLE.
Amis.

ALBERT.
Oh! oh! qui te peut amener,
Mascarille?

MASCARILLE.
Je viens, monsieur, pour vous donner
Le bonjour.

ALBERT.
Ah! vraiment, tu prends beaucoup de peine!
De tout mon cœur, bonjour.
(Il s'en va.)

MASCARILLE.
La réplique est soudaine.
Quel homme brusque!
(Il heurte.)

ALBERT.
Encor?

MASCARILLE.
Vous n'avez pas ouï,
Monsieur.

ALBERT.
Ne m'as-tu pas donné le bonjour?

MASCARILLE.
Oui.

ALBERT.
Hé bien ! bonjour, te dis-je.
(Il s'en va. Mascarille l'arrête.)

MASCARILLE.
Oui ; mais je viens encore
Vous saluer au nom du seigneur Polidore.

ALBERT.
Ah! c'est un autre fait. Ton maître t'a chargé
De me saluer?
MASCARILLE.
Oui.
ALBERT.
Je lui suis obligé;
Va, que je lui souhaite une joie infinie.
(Il s'en va.)
MASCARILLE.
Cet homme est ennemi de la cérémonie.
(Il heurte.)
Je n'ai pas achevé, monsieur, son compliment;
Il voudroit vous prier d'une chose instamment.
ALBERT.
Hé bien! quand il voudra, je suis à son service.
MASCARILLE, l'arrêtant.
Attendez, et souffrez qu'en deux mots je finisse.
Il souhaite un moment, pour vous entretenir
D'une affaire importante, et doit ici venir.
ALBERT.
Eh! quelle est-elle encor l'affaire qui l'oblige
A me vouloir parler?
MASCARILLE.
Un grand secret, vous dis-je,
Qu'il vient de découvrir en ce même moment,
Et qui sans doute importe à tous deux grandement.
Voilà mon ambassade.

SCÈNE III.

ALBERT, seul.

O juste ciel! je tremble;
Car enfin nous avons peu de commerce ensemble.
Quelque tempête va renverser mes desseins,
Et ce secret, sans doute, est celui que je crains.
L'espoir de l'intérêt m'a fait quelque infidèle,
Et voilà sur ma vie une tache éternelle.
Ma fourbe est découverte. Oh! que la vérité
Se peut cacher longtemps avec difficulté!
Et qu'il eût mieux valu pour moi, pour mon estime,
Suivre les mouvemens d'une peur légitime,
Par qui je me suis vu tenté plus de vingt fois
De rendre à Polidore un bien que je lui dois,
De prévenir l'éclat où ce coup-ci m'expose,
Et faire qu'en douceur passât toute la chose.
Mais, hélas! c'en est fait, il n'est plus de saison,
Et ce bien, par la fraude entré dans ma maison,
N'en sera point tiré, que dans cette sortie
Il n'entraîne du mien la meilleure partie.

SCÈNE IV.

ALBERT, POLIDORE.

POLIDORE, les quatre premiers vers sans voir Albert.
S'être ainsi marié sans qu'on en ait su rien!
Puisse cette action se terminer à bien!
Je ne sais qu'en attendre; et je crains fort du père
Et la grande richesse, et la juste colère.
Mais je l'aperçois seul.
ALBERT.
Dieu! Polidore vient!
POLIDORE.
Je tremble à l'aborder.
ALBERT.
La crainte me retient.
POLIDORE.
Par où lui débuter?
ALBERT.
Quel sera mon langage?
POLIDORE.
Son âme est tout émue.
ALBERT.
Il change de visage.
POLIDORE.
Je vois, seigneur Albert, au trouble de vos yeux,
Que vous savez déjà qui m'amène en ces lieux.
ALBERT.
Hélas! oui.
POLIDORE.
La nouvelle a droit de vous surprendre,
Et je n'eusse pas cru ce que je viens d'apprendre.
ALBERT.
J'en dois rougir de honte et de confusion.
POLIDORE.
Je trouve condamnable une telle action,
Et je ne prétends point excuser le coupable.
ALBERT.
Dieu fait miséricorde au pécheur misérable.
POLIDORE.
C'est ce qui doit par vous être considéré.
ALBERT.
Il faut être chrétien.
POLIDORE.
Il est très-assuré.
ALBERT.
Grâce, au nom de Dieu! grâce, ô seigneur Polidore!
POLIDORE.
Hé! c'est moi qui de vous présentement l'implore.
ALBERT.
Afin de l'obtenir je me jette à genoux.
POLIDORE.
Je dois en cet état être plutôt que vous.
ALBERT.
Prenez quelque pitié de ma triste aventure.
POLIDORE.
Je suis le suppliant dans une telle injure.
ALBERT.
Vous me fendez le cœur avec cette bonté.
POLIDORE.
Vous me rendez confus de tant d'humilité.
ALBERT.
Pardon encore un coup!
POLIDORE.
Hélas! pardon vous-même!

ALBERT.
J'ai de cette action une douleur extrême.
POLIDORE.
Et moi, j'en suis touché de même au dernier point.
ALBERT.
J'ose vous convier qu'elle n'éclate point.
POLIDORE.
Hélas! seigneur Albert, je ne veux autre chose.
ALBERT.
Conservons mon honneur.
POLIDORE.
Hé! oui, je m'y dispose.
ALBERT.
Quant au bien qu'il faudra, vous-même en résoudrez.
POLIDORE.
Je ne veux de vos biens que ce que vous voudrez :
De tous ces intérêts je vous ferai le maître;
Et je suis trop content si vous le pouvez être.
ALBERT.
Ah! quel homme de Dieu! Quel excès de douceur!
POLIDORE.
Quelle douceur, vous-même, après un tel malheur!
ALBERT.
Que puissiez-vous avoir toutes choses prospères!.
POLIDORE.
Le bon Dieu vous maintienne!
ALBERT.
Embrassons-nous en frères.
POLIDORE.
J'y consens de grand cœur, et me réjouis fort
Que tout soit terminé par un heureux accord.
ALBERT.
J'en rends grâces au ciel.
POLIDORE.
Il ne vous faut rien feindre;
Votre ressentiment me donnoit lieu de craindre;
Et Lucile tombée en faute avec mon fils,
Comme on vous voit puissant et de biens et d'amis....
ALBERT.
Hé! que parlez-vous là de faute et de Lucile?
POLIDORE.
Soit, ne commençons point un discours inutile.
Je veux bien que mon fils y trempe grandement :
Même, si cela fait à votre allégement,
J'avoûrai qu'à lui seul en est toute la faute;
Que votre fille avoit une vertu trop haute
Pour avoir jamais fait ce pas contre l'honneur,
Sans l'incitation d'un méchant suborneur;
Que le traître a séduit sa pudeur innocente,
Et de votre conduite ainsi détruit l'attente.
Puisque la chose est faite, et que, selon mes vœux,
Un esprit de douceur nous met d'accord tous deux,
Ne ramentevons rien, et réparons l'offense
Par la solennité d'une heureuse alliance.
ALBERT, à part.
O Dieu! quelle méprise! et qu'est-ce qu'il m'apprend?
Je rentre ici d'un trouble en un autre aussi grand.
Dans ces divers transports je ne sais que répondre,
Et, si je dis un mot, j'ai peur de me confondre.

POLIDORE.
A quoi pensez-vous là, seigneur Albert?
ALBERT.
A rien.
Remettons, je vous prie, à tantôt l'entretien.
Un mal subit me prend, qui veut que je vous laisse.

SCÈNE V.

POLIDORE, seul.

Je lis dedans son âme, et vois ce qui le presse
A quoi que sa raison l'eût déjà disposé,
Son déplaisir n'est pas encor tout apaisé.
L'image de l'affront lui revient, et sa fuite
Tâche à me déguiser le trouble qui l'agite.
Je prends part à sa honte, et son deuil m'attendrit.
Il faut qu'un peu de temps remette son esprit :
La douleur trop craintive aisément se redouble.
Voici mon jeune fou d'où nous vient tout ce trouble.

SCÈNE VI.

POLIDORE, VALÈRE.

POLIDORE.
Enfin, le beau mignon, vos bons déportemens
Troubleront les vieux jours d'un père à tous momens;
Tous les jours vous ferez de nouvelles merveilles,
Et nous n'aurons jamais autre chose aux oreilles.
VALÈRE.
Que fais-je tous les jours qui soit si criminel?
En quoi mériter tant de courroux paternel?
POLIDORE.
Je suis un étrange homme, et d'une humeur terrible,
D'accuser un enfant si sage et si paisible!
Las! il vit comme un saint, et dedans la maison
Du matin jusqu'au soir il est en oraison!
Dire qu'il pervertit l'ordre de la nature,
Et fait du jour la nuit, ô la grande imposture!
Qu'il n'a considéré père, ni parenté
En vingt occasions : horrible fausseté!
Que de fraîche mémoire un furtif hyménée
A la fille d'Albert a joint sa destinée,
Sans craindre de la suite un désordre puissant :
On le prend pour un autre, et le pauvre innocent
Ne sait pas seulement ce que je lui veux dire.
Ah! chien, que j'ai reçu du ciel pour mon martyre!
Te croiras-tu toujours? et ne pourrai-je pas
Te voir être une fois sage avant mon trépas?
VALÈRE, seul et rêvant.
D'où peut venir ce coup? Mon âme embarrassée
Ne voit que Mascarille où jeter sa pensée.
Il ne sera pas homme à m'en faire un aveu.
Il faut user d'adresse et me contraindre un peu
Dans ce juste courroux.

SCÈNE VII.

VALÈRE, MASCARILLE.

VALÈRE.
Mascarille, mon père
Que je viens de trouver, sait toute notre affaire.
MASCARILLE.
Il la sait?

VALÈRE.
Oui.
MASCARILLE.
D'où diantre a-t-il pu la savoir?
VALÈRE.
Je ne sais point sur qui ma conjecture asseoir;
Mais enfin d'un succès cette affaire est suivie,
Dont j'ai tous les sujets d'avoir l'âme ravie.
Il ne m'en a pas dit un mot qui fût fâcheux;

C'est la fidélité que tu m'avais promise.... (Acte III, scène VII.)

Il excuse ma faute, il approuve mes feux,
Et je voudrois savoir qui peut être capable
D'avoir pu rendre ainsi son esprit si traitable.
Je ne puis t'expliquer l'aise que j'en reçoi.
MASCARILLE.
Et que me diriez-vous, monsieur, si c'étoit moi
Qui vous eût procuré cette heureuse fortune?
VALÈRE.
Bon! bon! tu voudrois bien ici m'en donner d'une.

MASCARILLE.
C'est moi, vous dis-je, moi, dont le patron le sait,
Et qui vous ai produit ce favorable effet.
VALÈRE.
Mais, là, sans te railler?
MASCARILLE.
Que le diable m'emporte
Si je fais raillerie, et s'il n'est de la sorte!

VALÈRE, *mettant l'épée à la main.*
Et qu'il m'entraîne, moi, si tout présentement
Tu n'en vas recevoir le juste payement.
MASCARILLE.
Ah! monsieur! qu'est ceci? Je défends la surprise.
VALÈRE.
C'est la fidélité que tu m'avois promise?
Sans ma feinte, jamais tu n'eusses avoué
Le trait que j'ai bien cru que tu m'avois joué.
Traître! de qui la langue à causer trop habile
D'un père contre moi vient d'échauffer la bile,
Qui me perds tout à fait, il faut, sans discourir,
Que tu meures.

MASCARILLE.
Tout beau. Mon âme, pour mourir,
N'est pas en bon état. Daignez, je vous conjure,
Attendre le succès qu'aura cette aventure.
J'ai de fortes raisons qui m'ont fait révéler
Un hymen que vous-même aviez peine à celer:
C'étoit un coup d'État, et vous verrez l'issue
Condamner la fureur que vous avez conçue.
De quoi vous fâchez-vous, pourvu que vos souhaits
Se trouvent par mes soins pleinement satisfaits,
Et voyent mettre à fin la contrainte où vous êtes?
VALÈRE.
Et si tous ces discours ne sont que des sornettes?

C'est trop souffrir, mon père, un impudent valet. (Acte III, scène IX.)

MASCARILLE.
Toujours serez-vous lors à temps pour me tuer.
Mais enfin mes projets pourront s'effectuer,
Dieu fera pour les siens, et, content dans la suite,
Vous me remercîrez de ma rare conduite.
VALÈRE.
Nous verrons. Mais Lucile....
MASCARILLE.
Halte! son père sort.

SCÈNE VIII.

ALBERT, VALÈRE, MASCARILLE.

ALBERT, *les cinq premiers vers sans voir Valère.*
Plus je reviens du trouble où j'ai donné d'abord,
Plus je me sens piqué de ce discours étrange,
Sur qui ma peur prenoit un si dangereux change:
Car Lucile soutient que c'est une chanson,
Et m'a parlé d'un air à m'ôter tout soupçon.
Ah! monsieur, est-ce vous de qui l'audace insigne
Met en jeu mon honneur, et fait ce conte indigne?
MASCARILLE.
Seigneur Albert, prenez un ton un peu plus doux,
Et contre votre gendre ayez moins de courroux.
ALBERT.
Comment, gendre, coquin? Tu portes bien la mine
De pousser les ressorts d'une telle machine,
Et d'en avoir été le premier inventeur.
MASCARILLE.
Je ne vois ici rien à vous mettre en fureur.
ALBERT.
Trouves-tu beau, dis-moi, de diffamer ma fille,
Et faire un tel scandale à toute une famille?
MASCARILLE.
Le voilà prêt de faire en tout vos volontés.
ALBERT.
Que voudrois-je, sinon qu'il dît des vérités?

Si quelque intention le pressoit pour Lucile,
La recherche en pouvoit être honnête et civile;
Il falloit l'attaquer du côté du devoir,
Il falloit de son père implorer le pouvoir,
Et non pas recourir à cette lâche feinte,
Qui porte à la pudeur une sensible atteinte.
MASCARILLE.
Quoi! Lucile n'est pas sous des liens secrets
A mon maître?
ALBERT.
Non, traître, et n'y sera jamais.
MASCARILLE.
Tout doux : et s'il est vrai que ce soit chose faite,
Voulez-vous l'approuver cette chaîne secrète?
ALBERT.
Et, s'il est constant, toi, que cela ne soit pas,
Veux-tu te voir casser les jambes et les bras?
VALÈRE.
Monsieur, il est aisé de vous faire paroître
Qu'il dit vrai.
ALBERT.
Bon! voilà l'autre encor, digne maître
D'un semblable valet! O les menteurs hardis!
MASCARILLE.
D'homme d'honneur, il est ainsi que je le dis.
VALÈRE.
Quel seroit notre but de vous en faire accroire?
ALBERT, *à part*.
Ils s'entendent tous deux comme larrons en foire.
MASCARILLE.
Mais venons à la preuve; et, sans nous quereller,
Faites sortir Lucile et la laissez parler.
ALBERT.
Et si le démenti par elle vous en reste?
MASCARILLE.
Elle n'en fera rien, monsieur, je vous proteste.
Promettez à leurs vœux votre consentement,
Et je veux m'exposer au plus dur châtiment,
Si de sa propre bouche elle ne vous confesse
Et la foi qui l'engage, et l'ardeur qui la presse.
ALBERT.
Il faut voir cette affaire.
(*Il va frapper à sa porte.*)
MASCARILLE, *à Valère.*
Allez, tout ira bien.
ALBERT.
Holà! Lucile, un mot.
VALÈRE, *à Mascarille.*
Je crains....
MASCARILLE.
Ne craignez rien.

SCÈNE IX.

LUCILE, ALBERT, VALÈRE, MASCARILLE.

MASCARILLE.
Seigneur Albert, au moins silence. Enfin, madame,
Toute chose conspire au bonheur de votre âme,

Et monsieur votre père, averti de vos feux,
Vous laisse votre époux et confirme vos vœux;
Pourvu que, bannissant toutes craintes frivoles,
Deux mots de votre aveu confirment nos paroles.
LUCILE.
Que me vient donc compter ce coquin assuré?
MASCARILLE.
Bon! me voilà déjà d'un beau titre honoré.
LUCILE.
Sachons un peu, monsieur, quelle belle saillie
Fait ce conte galant qu'aujourd'hui l'on publie?
VALÈRE.
Pardon, charmant objet, un valet a parlé,
Et j'ai vu, malgré moi, notre hymen révélé.
LUCILE.
Notre hymen?
VALÈRE.
On sait tout, adorable Lucile,
Et vouloir déguiser est un soin inutile.
LUCILE.
Quoi! l'ardeur de mes feux vous a fait mon époux?
VALÈRE.
C'est un bien qui me doit faire mille jaloux :
Mais j'impute bien moins ce bonheur de ma flamme
A l'ardeur de vos feux qu'aux bontés de votre âme.
Je sais que vous avez sujet de vous fâcher,
Que c'étoit un secret que vous vouliez cacher,
Et j'ai de mes transports forcé la violence
A ne point violer votre expresse défense;
Mais....
MASCARILLE.
Hé bien! oui, c'est moi; le grand mal que voilà!
LUCILE.
Est-il une imposture égale à celle-là?
Vous l'osez soutenir en ma présence même,
Et pensez m'obtenir par ce beau stratagème?
O le plaisant amant, dont la galante ardeur
Veut blesser mon honneur au défaut de mon cœur,
Et que mon père, ému de l'éclat d'un sot conte,
Paye avec mon hymen qui me couvre de honte?
Quand tout contribueroit à votre passion,
Mon père, les destins, mon inclination,
On me verroit combattre, en ma juste colère,
Mon inclination, les destins et mon père,
Perdre même le jour, avant que de m'unir
A qui par ce moyen auroit cru m'obtenir.
Allez; et si mon sexe avecque bienséance
Se pouvoit emporter à quelque violence,
Je vous apprendrois bien à me traiter ainsi.
VALÈRE, *à Mascarille.*
C'en est fait, son courroux ne peut être adouci.
MASCARILLE.
Laissez-moi lui parler. Hé! madame, de grâce,
A quoi bon maintenant toute cette grimace?
Quelle est votre pensée, et quel bourru transport
Contre vos propres vœux vous fait roidir si fort?
Si monsieur votre père étoit homme farouche;
Passe; mais il permet que la raison le touche;
Et lui-même m'a dit qu'une confession
Vous va tout obtenir de son affection.

Vous sentez, je crois bien, quelque petite honte
A faire un libre aveu de l'amour qui vous dompte;
Mais, s'il vous a fait prendre un peu de liberté,
Par un bon mariage on voit tout rajusté ;
Et, quoi que l'on reproche au feu qui vous consomme,
Le mal n'est pas si grand que de tuer un homme.
On sait que la chair est fragile quelquefois,
Et qu'une fille, enfin, n'est ni caillou, ni bois.
Vous n'avez pas été, sans doute, la première,
Et vous ne serez pas, que je crois, la dernière.
LUCILE.
Quoi! vous pouvez ouïr ces discours effrontés,
Et vous ne dites mot à ces indignités ?
ALBERT.
Que veux-tu que je die ? Une telle aventure
Me met tout hors de moi.
MASCARILLE.
Madame, je vous jure
Que déjà vous devriez avoir tout confessé.
LUCILE.
Et quoi donc confesser ?
MASCARILLE.
Quoi ? ce qui s'est passé
Entre mon maître et vous. La belle raillerie !
LUCILE.
Et que s'est-il passé, monstre d'effronterie,
Entre ton maître et moi?
MASCARILLE.
Vous devez, que je croi,
En savoir un peu plus de nouvelles que moi;

Je crois qu'elle me vient de donner un soufflet. (Acte III, scène X.)

Et pour vous cette nuit fut trop douce, pour croire
Que vous puissiez si vite en perdre la mémoire.
LUCILE.
C'est trop souffrir, mon père, un impudent valet.
(*Elle lui donne un soufflet.*)

SCÈNE X.
ALBERT, VALÈRE, MASCARILLE.

MASCARILLE.
Je crois qu'elle me vient de donner un soufflet.
ALBERT.
Va, coquin, scélérat, sa main vient sur ta joue
De faire une action dont son père la loue.
MASCARILLE.
Et nonobstant cela, qu'un diable en cet instant

M'emporte, si j'ai dit rien que de très-constant.
ALBERT.
Et nonobstant cela, qu'on me coupe une oreille,
Si tu portes fort loin une audace pareille.
MASCARILLE.
Voulez-vous deux témoins qui me justifieront ?
ALBERT.
Veux-tu deux de mes gens qui te bâtonneront ?
MASCARILLE.
Leur rapport doit au mien donner toute créance.
ALBERT.
Leurs bras peuvent du mien réparer l'impuissance.
MASCARILLE.
Je vous dis que Lucile agit par honte ainsi.
ALBERT.
Je te dis que j'aurai raison de tout ceci.
MASCARILLE.
Connoissez-vous Ormin, ce gros notaire habile ?

ALBERT.
Connois-tu bien Grimpant, le bourreau de la ville?
MASCARILLE.
Et Simon le tailleur, jadis si recherché?
ALBERT.
Et la potence mise au milieu du marché?
MASCARILLE.
Vous verrez confirmer par eux cet hyménée.
ALBERT.
Tu verras achever par eux ta destinée.
MASCARILLE.
Ce sont eux qu'ils ont pris pour témoins de leur foi.
ALBERT.
Ce sont eux qui dans peu me vengeront de toi.
MASCARILLE.
Et ces yeux les ont vus s'entre-donner parole.
ALBERT.
Et ces yeux te verront faire la capriole.
MASCARILLE.
Et, pour signe, Lucile avoit un voile noir.
ALBERT.
Et, pour signe, ton front nous le fait assez voir.
MASCARILLE.
O l'obstiné vieillard!
ALBERT.
O le fourbe damnable!
Va, rends grâce à mes ans, qui me font incapable
De punir sur-le-champ l'affront que tu me fais;
Tu n'en perds que l'attente, et je te le promets.

SCÈNE XI.
VALÈRE, MASCARILLE.

VALÈRE.
Hé bien! ce beau succès que tu devois produire....
MASCARILLE.
J'entends à demi-mot ce que vous voulez dire:
Tout s'arme contre moi; pour moi de tous côtés
Je vois coups de bâton et gibets apprêtés.
Aussi, pour être en paix dans ce désordre extrême,
Je me vais d'un rocher précipiter moi-même,
Si, dans le désespoir dont mon cœur est outré,
Je puis en rencontrer d'assez haut à mon gré.
Adieu, monsieur.
VALÈRE.
Non, non, ta fuite est superflue;
Si tu meurs, je prétends que ce soit à ma vue.
MASCARILLE.
Je ne saurois mourir quand je suis regardé,
Et mon trépas ainsi se verroit retardé.
VALÈRE.
Suis-moi, traître, suis-moi; mon amour en furie
Te fera voir si c'est matière à raillerie.
MASCARILLE, *seul*.
Malheureux Mascarille, à quels maux aujourd'hui
Te vois-tu condamné pour le péché d'autrui!

ACTE QUATRIÈME.

SCÈNE I.

ASCAGNE, FROSINE.

FROSINE.
L'aventure est fâcheuse.
ASCAGNE.
Ah ! ma chère Frosine,
Le sort absolument a conclu ma ruine.
Cette affaire, venue au point où la voilà,
N'est pas assurément pour en demeurer là ;
Il faut qu'elle passe outre ; et Lucile et Valère,
Surpris des nouveautés d'un semblable mystère,
Voudront chercher un jour dans ces obscurités,
Par qui tous mes projets se verront avortés.
Car enfin, soit qu'Albert ait part au stratagème,
Ou qu'avec tout le monde on l'ait trompé lui-même,
S'il arrive une fois que mon sort éclairci
Mette ailleurs tout le bien dont le sien a grossi,
Jugez s'il aura lieu de souffrir ma présence :
Son intérêt détruit me laisse à ma naissance ;
C'est fait de sa tendresse ; et, quelque sentiment
Où pour ma fourbe alors pût être mon amant,
Voudra-t-il avouer pour épouse une fille
Qu'il verra sans appui de biens et de famille ?
FROSINE.
Je trouve que c'est là raisonner comme il faut,
Mais ces réflexions devoient venir plus tôt.
Qui vous a jusqu'ici caché cette lumière ?
Il ne falloit pas être une grande sorcière
Pour voir, dès le moment de vos desseins pour lui,
Tout ce que votre esprit ne voit que d'aujourd'hui ;
L'action le disoit ; et dès que je l'ai sue,
Je n'en ai prévu guère une meilleure issue.
ASCAGNE.
Que dois-je faire enfin ? Mon trouble est sans pareil.
Mettez-vous en ma place, et me donnez conseil.
FROSINE.
Ce doit être à vous-même, en prenant votre place,
A me donner conseil dessus cette disgrâce :
Car je suis maintenant vous, et vous êtes moi :
Conseillez-moi, Frosine : au point où je me voi,
Quel remède trouver ? Dites, je vous en prie.
ASCAGNE.
Hélas ! ne traitez point ceci de raillerie ;
C'est prendre peu de part à mes cuisans ennuis
Que de rire, et de voir les termes où j'en suis.
FROSINE.
Non, vraiment, tout de bon, votre ennui m'est sensible,
Et pour vous en tirer je ferai mon possible.
Mais que puis-je, après tout ? Je vois fort peu de jour
A tourner cette affaire au gré de votre amour.
ASCAGNE.
Si rien ne peut m'aider, il faut donc que je meure.
FROSINE.
Ah ! pour cela, toujours il est assez bonne heure ;
La mort est un remède à trouver quand on veut ;
Et l'on s'en doit servir le plus tard que l'on peut.
ASCAGNE.
Non, non, Frosine, non ; si vos conseils propices
Ne conduisent mon sort parmi ces précipices,
Je m'abandonne toute aux traits du désespoir.
FROSINE.
Savez-vous ma pensée ? Il faut que j'aille voir
La.... Mais Éraste vient, qui pourroit nous distraire
Nous pourrons, en marchant, parler de cette affaire.
Allons, retirons-nous.

SCÈNE II.

ÉRASTE, GROS-RENÉ.

ÉRASTE.
Encore rebuté?

GROS-RENÉ.
Jamais ambassadeur ne fut moins écouté.
A peine ai-je voulu lui porter la nouvelle
Du moment d'entretien que vous souhaitiez d'elle,
Qu'elle m'a répondu, tenant son quant à moi :
« Va, va, je fais état de lui comme de toi ;
Dis-lui qu'il se promène ; » et, sur ce beau langage,
Pour suivre son chemin, m'a tourné le visage,
Et Marinette aussi, d'un dédaigneux museau,
Lâchant un : « Laisse-nous, beau valet de carreau, »
M'a planté là comme elle ; et mon sort et le vôtre
N'ont rien à se pouvoir reprocher l'un à l'autre.

ÉRASTE.
L'ingrate! recevoir avec tant de fierté
Le prompt retour d'un cœur justement emporté!
Quoi! le premier transport d'un amour qu'on abuse
Sous tant de vraisemblance, est indigne d'excuse?
Et ma plus vive ardeur, en ce moment fatal,
Devoit être insensible au bonheur d'un rival?
Tout autre n'eût pas fait même chose en ma place,
Et se fût moins laissé surprendre à tant d'audace?
De mes justes soupçons suis-je sorti trop tard?
Je n'ai point attendu de sermens de sa part ;
Et, lorsque tout le monde encor ne sait qu'en croire,
Ce cœur impatient lui rend toute sa gloire,
Il cherche à s'excuser ; et le sien voit si peu
Dans ce profond respect la grandeur de mon feu !
Loin d'assurer une âme, et lui fournir des armes,
Contre ce qu'un rival veut lui donner d'alarmes,
L'ingrate m'abandonne à mon jaloux transport,
Et rejette de moi message, écrit, abord !
Ah! sans doute un amour a peu de violence,
Qu'est capable d'éteindre une si foible offense ;
Et ce dépit si prompt à s'armer de rigueur,
Découvre assez pour moi tout le fond de son cœur,
Et de quel prix doit être à présent à mon âme
Tout ce dont son caprice a pu flatter ma flamme.
Non, je ne prétends plus demeurer engagé
Pour un cœur où je vois le peu de part que j'ai ;
Et, puisque l'on témoigne une froideur extrême
A conserver les gens, je veux faire de même.

GROS-RENÉ.
Et moi de même aussi. Soyons tous deux fâchés,
Et mettons notre amour au rang des vieux péchés.
Il faut apprendre à vivre à ce sexe volage,
Et lui faire sentir que l'on a du courage.
Qui souffre ses mépris, les veut bien recevoir.
Si nous avions l'esprit de nous faire valoir,
Les femmes n'auroient pas la parole si haute.
Oh! qu'elles nous sont bien fières par notre faute!
Je veux être pendu, si nous ne les verrions
Sauter à notre cou plus que nous ne voudrions,
Sans tous ces vils devoirs dont la plupart des hommes
Les gâtent tous les jours dans le siècle où nous sommes.

ÉRASTE.
Pour moi, sur toute chose, un mépris me surprend
Et, pour punir le sien par un autre aussi grand,
Je veux mettre en mon cœur une nouvelle flamme.

GROS-RENÉ.
Et moi, je ne veux plus m'embarrasser de femme ;
A toutes je renonce, et crois, en bonne foi,
Que vous feriez fort bien de faire comme moi.
Car, voyez-vous, la femme est, comme on dit, mon maître,
Un certain animal difficile à connoître,
Et de qui la nature est fort encline au mal :
Et comme un animal est toujours animal,
Et ne sera jamais qu'animal, quand sa vie
Dureroit cent mille ans ; aussi, sans repartie,
La femme est toujours femme, et jamais ne sera
Que femme, tant qu'entier le monde durera.
D'où vient qu'un certain Grec dit que sa tête passe
Pour un sable mouvant ; car, goûtez bien, de grâce,
Ce raisonnement-ci, lequel est des plus forts :
Ainsi que la tête est comme le chef du corps,
Et que le corps sans chef est pire qu'une bête,
Si le chef n'est pas bien d'accord avec la tête,
Que tout ne soit pas bien réglé par le compas,
Nous voyons arriver de certains embarras ;
La partie brutale alors veut prendre empire
Dessus la sensitive, et l'on voit que l'un tire
A dia, l'autre à hurhaut ; l'un demande du mou,
L'autre du dur ; enfin tout va sans savoir où ;
Pour montrer qu'ici-bas, ainsi qu'on l'interprète,
La tête d'une femme est comme la girouette
Au haut d'une maison, qui tourne au premier vent,
C'est pourquoi le cousin Aristote souvent
La compare à la mer ; d'où vient qu'on dit qu'au monde
On ne peut rien trouver de si stable que l'onde.
Or, par comparaison (car la comparaison
Nous fait distinctement comprendre une raison,
Et nous aimons bien mieux, nous autres gens d'étude,
Une comparaison qu'une similitude) ;
Par comparaison donc, mon maître, s'il vous plaît,
Comme on voit que la mer, quand l'orage s'accroît,
Vient à se courroucer, le vent souffle et ravage,
Les flots contre les flots font un remû-ménage
Horrible ; et le vaisseau, malgré le nautonier,
Va tantôt à la cave, et tantôt au grenier :
Ainsi, quand une femme a sa tête fantasque,
On voit une tempête en forme de bourrasque,
Qui veut compétiter par de certains... propos,
Et lors un.... certain vent, qui par.... de certains flots,
De.... certaine façon, ainsi qu'un banc de sable....
Quand.... les femmes enfin ne valent pas le diable.

ÉRASTE.
C'est fort bien raisonner.

GROS-RENÉ.
Assez bien, Dieu merci.
Mais je les vois, monsieur, qui passent par ici.
Tenez-vous ferme au moins.

ÉRASTE.
Ne te mets pas en peine.

GROS-RENÉ.
J'ai bien peur que ses yeux resserrent votre chaîne.

LE DÉPIT AMOUREUX, ACTE IV.

SCÈNE III.

LUCILE, ÉRASTE, MARINETTE, GROS-RENÉ.

MARINETTE.
Je l'aperçois encor; mais ne vous rendez point.

LUCILE.
Ne me soupçonne pas d'être foible à ce point.

MARINETTE.
Il vient à nous.

ÉRASTE.
Non, non, ne croyez pas, madame,

Voici votre portrait.... (Acte IV, scène III.)

Que je revienne encor vous parler de ma flamme.
C'en est fait; je me veux guérir, et connois bien
Ce que de votre cœur a possédé le mien.
Un courroux si constant pour l'ombre d'une offense
M'a trop bien éclairé de votre indifférence,
Et je dois vous montrer que les traits du mépris

Sont sensibles surtout aux généreux esprits.
Je l'avoûrai, mes yeux observoient dans les vôtres
Des charmes qu'ils n'ont point trouvés dans tous les autres,
Et le ravissement où j'étois de mes fers,
Les auroit préférés à des sceptres offerts.
Oui, mon amour pour vous, sans doute, étoit extrême;

Je vivois tout en vous; et je l'avoûrai même,
Peut-être qu'après tout j'aurai, quoique outragé,
Assez de peine encore à m'en voir dégagé :
Possible que malgré la cure qu'elle essaie,
Mon âme saignera longtemps de cette plaie,
Et qu'affranchi d'un joug qui faisoit tout mon bien,
Il faudra se résoudre à n'aimer jamais rien.
Mais enfin, il n'importe; et puisque votre haine
Chasse un cœur tant de fois que l'amour vous ramène,
C'est la dernière ici des importunités
Que vous aurez jamais de mes vœux rebutés.
LUCILE.
Vous pouvez faire aux miens la grâce tout entière,
Monsieur, et m'épargner encor cette dernière.
ÉRASTE.
Hé bien! madame, hé bien! ils seront satisfaits.
Je romps avecque vous, et je romps pour jamais,
Puisque vous le voulez. Que je perde la vie
Lorsque de vous parler je reprendrai l'envie!
LUCILE.
Tant mieux; c'est m'obliger.
ÉRASTE.
Non, non, n'ayez pas peur
Que je fausse parole; eussé-je un foible cœur
Jusques à n'en pouvoir effacer votre image,
Croyez que vous n'aurez jamais cet avantage
De me voir revenir.
LUCILE.
Ce seroit bien en vain.
ÉRASTE.
Moi-même de cent coups je percerois mon sein,
Si j'avois jamais fait cette bassesse insigne
De vous revoir après ce traitement indigne.
LUCILE.
Soit; n'en parlons donc plus.
ÉRASTE.
Oui, oui, n'en parlons plus;
Et, pour trancher ici tous propos superflus,
Et vous donner, ingrate, une preuve certaine
Que je veux, sans retour, sortir de votre chaîne,
Je ne veux rien garder qui puisse retracer
Ce que de mon esprit il me faut effacer.
Voici votre portrait; il présente à la vue
Cent charmes merveilleux dont vous êtes pourvue;
Mais il cache sous eux cent défauts aussi grands,
Et c'est un imposteur enfin que je vous rends.
GROS-RENÉ.
Bon.
LUCILE.
Et moi, pour vous suivre au dessein de tout rendre,
Voilà le diamant que vous m'avez fait prendre.
MARINETTE.
Fort bien.
ÉRASTE.
Il est à vous encor ce bracelet.
LUCILE.
Et cette agate à vous, qu'on fit mettre en cachet.
ÉRASTE *lit*.
Vous m'aimez d'une amour extrême,
Éraste, et de mon cœur voulez être éclairci ;
Si je n'aime Éraste de même,
Au moins aimé-je fort qu'Éraste m'aime ainsi.
LUCILE.
Vous m'assuriez par là d'agréer mon service.
C'est une fausseté digne de ce supplice.
(*Il déchire la lettre.*)
LUCILE *lit*.
J'ignore le destin de mon amour ardente,
Et jusqu'à quand je souffrirai ;
Mais je sais, ô beauté charmante !
Que toujours je vous aimerai.
ÉRASTE.
Voilà qui m'assuroit à jamais de vos feux ;
Et la main et la lettre ont menti toutes deux.
(*Elle déchire la lettre.*)
GROS-RENÉ.
Poussez.
ÉRASTE.
Elle est de vous : suffit ; même fortune.
MARINETTE, *à Lucile*.
Ferme.
LUCILE.
J'aurois regret d'en épargner aucune.
GROS-RENÉ, *à Éraste*.
N'ayez pas le dernier.
MARINETTE, *à Lucile*.
Tenez bon jusqu'au bout.
LUCILE.
Enfin voilà le reste.
ÉRASTE.
Et, grâce au ciel, c'est tout.
Que sois-je exterminé, si je ne tiens parole !
LUCILE.
Me confonde le ciel, si la mienne est frivole !
ÉRASTE.
Adieu donc.
LUCILE.
Adieu donc.
MARINETTE, *à Lucile*.
Voilà qui va des mieux.
GROS-RENÉ, *à Éraste*.
Vous triomphez.
MARINETTE, *à Lucile*.
Allons, ôtez-vous de ses yeux.
GROS-RENÉ, *à Éraste*.
Retirez-vous après cet effort de courage.
MARINETTE, *à Lucile*.
Qu'attendez-vous encor ?
GROS-RENÉ, *à Éraste*.
Que faut-il davantage ?
ÉRASTE.
Ah ! Lucile, Lucile, un cœur comme le mien
Se fera regretter, et je le sais fort bien.
LUCILE.
Éraste, Éraste, un cœur fait comme est fait le vôtre
Se peut facilement réparer par un autre.
ÉRASTE.
Non, non, cherchez partout, vous n'en aurez jamais
De si passionné pour vous, je vous promets.
Je ne dis pas cela pour vous rendre attendrie ;

J'aurois tort d'en former encore quelque envie.
Mes plus ardens respects n'ont pu vous obliger ;
Vous avez voulu rompre ; il n'y faut plus songer :
Mais personne, après moi, quoi qu'on vous fasse entendre,
N'aura jamais pour vous de passion si tendre.
LUCILE.
Quand on aime les gens, on les traite autrement ;
On fait de leur personne un meilleur jugement.
ÉRASTE.
Quand on aime les gens, on peut, de jalousie,
Sur beaucoup d'apparence, avoir l'âme saisie ;
Mais alors qu'on les aime, on ne peut en effet
Se résoudre à les perdre ; et vous, vous l'avez fait.
LUCILE.
La pure jalousie est plus respectueuse.
ÉRASTE.
On voit d'un œil plus doux une offense amoureuse.
LUCILE.
Non, votre cœur, Éraste, étoit mal enflammé.
ÉRASTE.
Non, Lucile, jamais vous ne m'avez aimé.
LUCILE.
Hé ! je crois que cela foiblement vous soucie.
Peut-être en seroit-il beaucoup mieux pour ma vie,
Si je.... Mais laissons là ces discours superflus :
Je ne dis point quels sont mes pensers là-dessus.
ÉRASTE.
Pourquoi ?
LUCILE.
Par la raison que nous rompons ensemble,
Et que cela n'est plus de saison, ce me semble.
ÉRASTE.
Nous rompons ?
LUCILE.
Oui, vraiment ; quoi ! n'en est-ce pas fait ?
ÉRASTE.
Et vous voyez cela d'un esprit satisfait ?
LUCILE.
Comme vous.
ÉRASTE.
Comme moi ?
LUCILE.
Sans doute. C'est foiblesse
De faire voir aux gens que leur perte nous blesse.
ÉRASTE.
Mais, cruelle ! c'est vous qui l'avez bien voulu.
LUCILE.
Moi ? point du tout. C'est vous qui l'avez résolu.
ÉRASTE.
Moi ? Je vous ai cru là faire un plaisir extrême.
LUCILE.
Point ; vous avez voulu vous contenter vous-même.
ÉRASTE.
Mais si mon cœur encor revouloit sa prison ;
Si, tout fâché qu'il est, il demandoit pardon ?
LUCILE.
Non, non, n'en faites rien ; ma foiblesse est trop grande,
J'aurois peur d'accorder trop tôt votre demande.
ÉRASTE.
Ah ! vous ne pouvez pas trop tôt me l'accorder,
Ni moi sur cette peur trop tôt le demander :
Consentez-y, madame ; une flamme si belle
Doit, pour votre intérêt, demeurer immortelle.
Je le demande enfin, me l'accorderez-vous,
Ce pardon obligeant ?
LUCILE.
Ramenez-moi chez nous.

SCÈNE IV.

MARINETTE, GROS-RENÉ.

MARINETTE.
O la lâche personne !
GROS-RENÉ.
Ah ! le foible courage !
MARINETTE.
J'en rougis de dépit.
GROS-RENÉ.
J'en suis gonflé de rage.
Ne t'imagine pas que je me rende ainsi.
MARINETTE.
Et ne pense pas, toi, trouver ta dupe aussi.
GROS-RENÉ.
Viens, viens frotter ton nez auprès de ma colère.
MARINETTE.
Tu nous prends pour une autre, et tu n'as pas affaire
A ma sotte maîtresse. Ardez le beau museau,
Pour nous donner envie encore de sa peau !
Moi, j'aurois de l'amour pour ta chienne de face ?
Moi, je te chercherois ? Ma foi ! l'on t'en fricasse
Des filles comme nous.
GROS-RENÉ.
Oui, tu le prends par là ?
Tiens, tiens, sans y chercher tant de façon, voilà
Ton beau galant de neige, avec ta nonpareille ;
Il n'aura plus l'honneur d'être sur mon oreille.
MARINETTE.
Et toi, pour te montrer que tu m'es à mépris,
Voilà ton demi-cent d'épingles de Paris,
Que tu me donnas hier avec tant de fanfare.
GROS-RENÉ.
Tiens encor ton couteau. La pièce est riche et rare.
Il te coûta six blancs lorsque tu m'en fis don.
MARINETTE.
Tiens tes ciseaux avec ta chaîne de laiton.
GROS-RENÉ.
J'oubliois d'avant-hier ton morceau de fromage,
Tiens. Je voudrois pouvoir rejeter le potage
Que tu me fis manger, pour n'avoir rien à toi.
MARINETTE.
Je n'ai point maintenant de tes lettres sur moi ;
Mais j'en ferai du feu jusques à la dernière.
GROS-RENÉ.
Et des tiennes tu sais ce que j'en saurai faire.
MARINETTE.
Prends garde à ne venir jamais me reprier.
GROS-RENÉ.
Pour couper tout chemin à nous rapatrier,

Il faut rompre la paille. Une paille rompue
Rend, entre gens d'honneur, une affaire conclue.
Ne fais point les doux yeux; je veux être fâché.

MARINETTE.

Ne me lorgne point, toi; j'ai l'esprit trop touché.

GROS-RENÉ.

Romps; voilà le moyen de ne s'en plus dédire;
Romps. Tu ris, bonne bête!

MARINETTE.

Oui, car tu me fais rire.

GROS-RENÉ.

La peste soit ton ris! voilà tout mon courroux
Déjà dulcifié. Qu'en dis-tu? romprons-nous,
Ou ne romprons-nous pas?

MARINETTE.

Vois.

GROS-RENÉ.

Vois, toi.

MARINETTE.

Vois, toi-même.

GROS-RENÉ.

Est-ce que tu consens que jamais je ne t'aime?

MARINETTE.

Moi? Ce que tu voudras.

GROS-RENÉ.

Ce que tu voudras, toi.

Dis.

MARINETTE.

Je ne dirai rien.

GROS-RENÉ.

Ni moi non plus.

MARINETTE.

Ni moi.

GROS-RENÉ.

Ma foi! nous ferons mieux de quitter la grimace.
Touche, je te pardonne.

MARINETTE.

Et moi, je te fais grâce

GROS-RENÉ.

Mon Dieu! qu'à tes appas je suis acoquiné!

MARINETTE.

Que Marinette est sotte après son Gros-René?

ACTE CINQUIÈME.

SCÈNE I.

MASCARILLE, seul.

« Dès que l'obscurité régnera dans la ville,
Je me veux introduire au logis de Lucile;
Va vite de ce pas préparer pour tantôt,
Et la lanterne sourde, et les armes qu'il faut. »
Quand il m'a dit ces mots, il m'a semblé d'entendre
« Va vitement chercher un licou pour te pendre. »
Venez çà, mon patron; car, dans l'étonnement
Où m'a jeté d'abord un tel commandement,
Je n'ai pas eu le temps de vous pouvoir répondre;
Mais je vous veux ici parler et vous confondre :
Défendez-vous donc bien, et raisonnons sans bruit.
Vous voulez, dites-vous, aller voir cette nuit
Lucile? « Oui, Mascarille. » Et que pensez-vous faire ?
« Une action d'amant qui se veut satisfaire. »
Une action d'un homme à fort petit cerveau,
Que d'aller sans besoin risquer ainsi sa peau.
« Mais tu sais quel motif à ce dessein m'appelle;
Lucile est irritée. » Eh bien! tant pis pour elle.
« Mais l'amour veut que j'aille apaiser son esprit. »
Mais l'amour est un sot qui ne sait ce qu'il dit.
Nous garantira-t-il, cet amour, je vous prie,
D'un rival, ou d'un père, ou d'un frère en furie?
« Penses-tu qu'aucun d'eux songe à nous faire mal? »
Oui, vraiment, je le pense; et surtout ce rival.
« Mascarille, en tout cas, l'espoir où je me fonde,
Nous irons bien armés, et si quelqu'un nous gronde,
Nous nous chamaillerons. » Oui? Voilà justement
Ce que votre valet ne prétend nullement.
Moi, chamailler, bon Dieu! Suis-je Roland, mon maître,

Ou quelque Ferragus? C'est fort mal me connoître.
Quand je viens à songer, moi, qui me suis si cher,
Qu'il ne faut que deux doigts d'un misérable fer
Dans le corps, pour vous mettre un humain dans la bière,
Je suis scandalisé d'une étrange manière.
« Mais tu seras armé de pied en cap. » Tant pis,
J'en serai moins léger à gagner le taillis;
Et de plus, il n'est point d'armure si bien jointe,
Où ne puisse glisser une vilaine pointe.
« Oh! tu seras ainsi tenu pour un poltron! »
Soit, pourvu que toujours je branle le menton.
A table comptez-moi, si vous voulez, pour quatre;
Mais comptez-moi pour rien s'il s'agit de se battre.
Enfin, si l'autre monde a des charmes pour vous,
Pour moi, je trouve l'air de celui-ci fort doux.
Je n'ai pas grande faim de mort ni de blessure,
Et vous ferez le sot tout seul, je vous assure.

SCÈNE II.

VALÈRE, MASCARILLE.

VALÈRE.

Je n'ai jamais trouvé de jour plus ennuyeux.
Le soleil semble s'être oublié dans les cieux;
Et jusqu'au lit qui doit recevoir sa lumière,
Je vois rester encore une telle carrière,
Que je crois que jamais il ne l'achèvera,
Et que de sa lenteur mon âme enragera.

MASCARILLE.

Et cet empressement, pour s'en aller dans l'ombre,
Pêcher vite à tâtons quelque sinistre encombre....

Vous voyez que Lucile, entière en ses rebuts....
VALÈRE.
Ne me fais point ici de contes superflus.
Quand j'y devrois trouver cent embûches mortelles,
Je sens de son courroux des gênes trop cruelles,
Et je veux l'adoucir, ou terminer mon sort.
C'est un point résolu.
MASCARILLE
J'approuve ce transport :
Mais le mal est, monsieur, qu'il faudra s'introduire
En cachette
VALÈRE.
Fort bien.
MASCARILLE.
Et j'ai peur de vous nuire.
VALÈRE.
Et comment ?
MASCARILLE.
Une toux me tourmente à mourir,
Dont le bruit importun vous fera découvrir :
(Il tousse.)
De moment en moment.... vous voyez le supplice.
VALÈRE
Ce mal te passera, prends du jus de réglisse.
MASCARILLE.
Je ne crois pas, monsieur, qu'il se veuille passer.
Je serois ravi, moi, de ne vous point laisser ;
Mais j'aurois un regret mortel, si j'étois cause
Qu'il fût à mon cher maître arrivé quelque chose.

SCÈNE III.

VALÈRE, LA RAPIÈRE, MASCARILLE.

LA RAPIÈRE.
Monsieur, de bonne part je viens d'être informé
Qu'Éraste est contre vous fortement animé,
Et qu'Albert parle aussi de faire pour sa fille
Rouer jambes et bras à votre Mascarille.
MASCARILLE.
Moi ? Je ne suis pour rien dans tout cet embarras.
Qu'ai-je fait pour me voir rouer jambes et bras ?
Suis-je donc gardien, pour employer ce style,
De la virginité des filles de la ville ?
Sur la tentation ai-je quelque crédit,
Et puis-je mais, chétif, si le cœur leur en dit ?
VALÈRE.
Oh ! qu'ils ne seront pas si méchans qu'ils le disent !
Et quelque belle ardeur que ses feux lui produisent,
Éraste n'aura pas si bon marché de nous.
LA RAPIÈRE.
S'il vous faisoit besoin, mon bras est tout à vous
Vous savez de tout temps que je suis un bon frère.
VALÈRE.
Je vous suis obligé, monsieur de La Rapière.
LA RAPIÈRE.
J'ai deux amis aussi que je vous puis donner,
Qui contre tous venans sont gens à dégainer,
Et sur qui vous pourrez prendre toute assurance.
MASCARILLE.
Acceptez-les, monsieur.
VALÈRE.
C'est trop de complaisance.
LA RAPIÈRE.
Le petit Gille encore eût pu nous assister.
Sans le triste accident qui vient de nous l'ôter.
Monsieur, le grand dommage ! et l'homme de service !
Vous avez su le tour que lui fit la justice ;
Il mourut en César, et, lui cassant les os,
Le bourreau ne lui put faire lâcher deux mots.
VALÈRE.
Monsieur de La Rapière, un homme de la sorte
Doit être regretté : mais, quant à votre escorte,
Je vous rends grâces.
LA RAPIÈRE.
Soit ; mais soyez averti
Qu'il vous cherche et vous peut faire un mauvais parti.
VALÈRE.
Et moi, pour vous montrer combien je l'appréhende,
Je lui veux, s'il me cherche, offrir ce qu'il demande,
Et par toute la ville aller présentement,
Sans être accompagné que de lui seulement.

SCÈNE IV.

VALÈRE, MASCARILLE.

MASCARILLE.
Quoi ! monsieur, vous voulez tenter Dieu ? Quelle audace !
Las ! vous voyez tous deux comme l'on nous menace ;
Combien de tous côtés....
VALÈRE.
Que regardes-tu là ?
MASCARILLE.
C'est qu'il sent le bâton du côté que voilà.
Enfin, si maintenant ma prudence en est crue,
Ne nous obstinons point à rester dans la rue ;
Allons nous renfermer.
VALÈRE.
Nous renfermer, faquin !
Tu m'oses proposer un acte de coquin ?
Sus, sans plus de discours, résous-toi de me suivre.
MASCARILLE.
Hé ! monsieur mon cher maître, il est si doux de vivre !
On ne meurt qu'une fois, et c'est pour si longtemps !
VALÈRE.
Je m'en vais t'assommer de coups, si je t'entends.
Ascagne vient ici, laissons-le ; il faut attendre
Quel parti de lui-même il résoudra de prendre.
Cependant avec moi viens prendre à la maison
Pour nous frotter....
MASCARILLE.
Je n'ai nulle démangeaison.
Que maudit soit l'amour, et les filles maudites,
Qui veulent en tâter, puis font les chattemites ?

SCÈNE V.

ASCAGNE, FROSINE.

ASCAGNE.

Est-il bien vrai, Frosine, et ne rêvé-je point?
De grâce, contez-moi bien tout de point en point.

FROSINE.

Vous en saurez assez le détail, laissez faire.
Ces sortes d'incidens ne sont, pour l'ordinaire,
Que redits trop de fois de moment en moment.
Suffit que vous sachiez qu'après ce testament

S'il vous faisoit besoin, mon bras est tout à vous. (Acte v, scène III.)

Qui vouloit un garçon pour tenir sa promesse,
De la femme d'Albert la dernière grossesse
N'accoucha que de vous, et que lui, dessous main,
Ayant depuis longtemps concerté son dessein,
Fit son fils de celui d'Ignès la bouquetière,
Qui vous donna pour sienne à nourrir à ma mère.

La mort ayant ravi ce petit innocent
Quelque dix mois après, Albert étant absent,
La crainte d'un époux et l'amour maternelle
Firent l'événement d'une ruse nouvelle.
Sa femme en secret lors se rendit son vrai sang,
Vous devîntes celui qui tenoit votre rang,

Et la mort de ce fils mis dans votre famille
Se couvrit pour Albert de celle de sa fille.
Voilà de votre sort un mystère éclairci,
Que votre feinte mère a caché jusqu'ici;
Elle en dit des raisons, et peut en avoir d'autres,
Par qui ses intérêts n'étoient pas tous les vôtres.
Enfin, cette visite, où j'espérois si peu,
Plus qu'on ne pouvoit croire, a servi votre feu.
Cette Ignès vous relâche, et, par votre autre affaire,
L'éclat de son secret devenu nécessaire,
Nous en avons nous deux votre père informé;
Un billet de sa femme a le tout confirmé :
Et poussant plus avant encore notre pointe,
Quelque peu de fortune à notre adresse jointe,
Aux intérêts d'Albert, de Polidore, après,
Nous avons ajusté si bien les intérêts,
Si doucement à lui déplié ces mystères,
Pour n'effaroucher pas d'abord trop les affaires;
Enfin, pour dire tout, mené si prudemment
Son esprit pas à pas à l'accommodement,
Qu'autant que votre père il montre de tendresse
A confirmer les nœuds qui font votre allégresse.

ASCAGNE.
Ah ! Frosine, la joie où vous m'acheminez....
Hé ! que ne dois-je point à vos soins fortunés !

FROSINE.
Au reste, le bon homme est en humeur de rire,
Et pour son fils encor nous défend de rien dire.

Non, non, je ne suis pas si méchant qu'on me fait. (Acte v, scène ix.)

SCÈNE VI.
POLIDORE, ASCAGNE, FROSINE.

POLIDORE.
Approchez-vous, ma fille, un tel nom m'est permis,
Et j'ai su le secret que cachoient ces habits.
Vous avez fait un trait qui, dans sa hardiesse,
Fait briller tant d'esprit et tant de gentillesse,
Que je vous en excuse, et tiens mon fils heureux
Quand il saura l'objet de ses soins amoureux.
Vous valez tout un monde, et c'est moi qui l'assure.
Mais le voici; prenons plaisir de l'aventure.
Allez faire venir tous vos gens promptement.

ASCAGNE.
Vous obéir sera mon premier compliment.

SCÈNE VII.
POLIDORE, VALÈRE, MASCARILLE.

MASCARILLE, à Valère.
Les disgrâces souvent sont du ciel révélées.
J'ai songé cette nuit de perles défilées,
Et d'œufs cassés ; monsieur, un tel songe m'abat.

VALÈRE.
Chien de poltron !

POLIDORE.
Valère, il s'apprête un combat
Où toute ta valeur te sera nécessaire.
Tu vas avoir en tête un puissant adversaire.

MASCARILLE.
Et personne, monsieur, qui se veuille bouger

Pour retenir des gens qui se vont égorger ?
Pour moi, je le veux bien ; mais au moins s'il arrive
Qu'un funeste accident de votre fils vous prive,
Ne m'en accusez point.

POLIDORE.

Non, non, en cet endroit,
Je le pousse moi-même à faire ce qu'il doit.

MASCARILLE.

Père dénaturé !

VALÈRE.

Ce sentiment, mon père,
Est d'un homme de cœur, et je vous en révère.
J'ai dû vous offenser, et je suis criminel
D'avoir fait tout ceci sans l'aveu paternel ;

Mais, à quelque dépit que ma faute vous porte,
La nature toujours se montre la plus forte,
Et votre honneur fait bien, quand il ne veut pas voir
Que le transport d'Éraste ait de quoi m'émouvoir.

POLIDORE.

On me faisoit tantôt redouter sa menace ;
Mais les choses depuis ont bien changé de face,
Et, sans le pouvoir fuir, d'un ennemi plus fort
Tu vas être attaqué.

MASCARILLE.

Point de moyen d'accord ?

VALÈRE.

Moi, le fuir ! Dieu m'en garde. Et qui donc pourroit-ce être ?

Vous, Lucile, pardon. (Acte v, scène ix.)

POLIDORE

Ascagne.

VALÈRE.

Ascagne ?

POLIDORE.

Oui, tu le vas voir paroître.

VALÈRE.

Lui, qui de me servir m'avoit donné sa foi !

POLIDORE.

Oui, c'est lui qui prétend avoir affaire à toi ;
Et qui veut, dans le champ où l'honneur vous appelle,
Qu'un combat seul à seul vide votre querelle.

MASCARILLE.

C'est un brave homme ; il sait que les cœurs généreux
Ne mettent point les gens en compromis pour eux.

POLIDORE.

Enfin, d'une imposture ils te rendent coupable,
Dont le ressentiment m'a paru raisonnable ;
Si bien qu'Albert et moi sommes tombés d'accord
Que tu satisferois Ascagne sur ce tort ;
Mais aux yeux d'un chacun et sans nulles remises,
Dans les formalités en pareil cas requises.

VALÈRE.

Et Lucile, mon père, a, d'un cœur endurci....

POLIDORE.

Lucile épouse Éraste, et te condamne aussi,
Et pour convaincre mieux tes discours d'injustice,
Veut qu'à tes propres yeux cet hymen s'accomplisse.

VALÈRE.

Ah ! c'est une impudence à me mettre en fureur :
Elle a donc perdu sens, foi, conscience, honneur !

SCÈNE VIII.

ALBERT, POLIDORE, LUCILE, ÉRASTE,
VALÈRE, MASCARILLE.

ALBERT.

Hé bien ! les combattans ? on amène le nôtre.
Avez-vous disposé le courage du vôtre ?

VALÈRE.

Oui, oui, me voilà prêt, puisqu'on m'y veut forcer :
Et, si j'ai pu trouver sujet de balancer,
Un reste de respect en pouvoit être cause,
Et non pas la valeur du bras que l'on m'oppose ;
Mais c'est trop me pousser, ce respect est à bout ;
A toute extrémité mon esprit se résout,
Et l'on fait voir un trait de perfidie étrange,
Dont il faut hautement que mon amour se venge.

(*A Lucile*.)

Non pas que cet amour prétende encore à vous :
Tout son feu se résout en ardeur de courroux ;
Et, quand j'aurai rendu votre honte publique,
Votre coupable hymen n'aura rien qui me pique.
Allez, ce procédé, Lucile, est odieux :
A peine en puis-je croire au rapport de mes yeux ;
C'est de toute pudeur se montrer ennemie,
Et vous devriez mourir d'une telle infamie.

LUCILE.

Un semblable discours me pourroit affliger,
Si je n'avois en main qui m'en saura venger.
Voici venir Ascagne : il aura l'avantage
De vous faire changer bien vite de langage,
Et sans beaucoup d'effort.

SCÈNE IX.

ALBERT, POLIDORE, ASCAGNE, LUCILE,
ÉRASTE, VALÈRE, FROSINE, MARINETTE,
GROS-RENÉ, MASCARILLE.

VALÈRE.

Il ne le fera pas,
Quand il joindroit au sien encor vingt autres bras.
Je le plains de défendre une sœur criminelle ;
Mais puisque son erreur me veut faire querelle,
Nous le satisferons, et vous, mon brave, aussi.

ÉRASTE.

Je prenois intérêt tantôt à tout ceci ;
Mais enfin, comme Ascagne a pris sur lui l'affaire,
Je ne veux plus en prendre, et je le laisse faire.

VALÈRE.

C'est bien fait ; la prudence est toujours de saison.
Mais....

ÉRASTE.

Il saura pour tous vous mettre à la raison.

VALÈRE.

Lui ?

POLIDORE.

Ne t'y trompe pas ; tu ne sais pas encore
Quel étrange garçon est Ascagne.

ALBERT.

Il l'ignore ;
Mais il pourra dans peu le lui faire savoir.

VALÈRE.

Sus donc, que maintenant il me le fasse voir.

MARINETTE.

Aux yeux de tous ?

GROS-RENÉ.

Cela ne seroit pas honnête.

VALÈRE.

Se moque-t-on de moi ? Je casserai la tête
A quelqu'un des rieurs. Enfin voyons l'effet.

ASCAGNE.

Non, non, je ne suis pas si méchant qu'on me fait ;
Et dans cette aventure où chacun m'intéresse,
Vous allez voir plutôt éclater ma foiblesse,
Connoître que le ciel qui dispose de nous,
Ne me fit pas un cœur pour tenir contre vous,
Et qu'il vous réservoit pour victoire facile,
De finir le destin du frère de Lucile.
Oui, bien loin de vanter le pouvoir de mon bras,
Ascagne va par vous recevoir le trépas :
Mais il veut bien mourir, si sa mort nécessaire
Peut avoir maintenant de quoi vous satisfaire
En vous donnant pour femme, en présence de tous,
Celle qui justement ne peut être qu'à vous.

VALÈRE.

Non, quand toute la terre, après sa perfidie
Et les traits effrontés....

ASCAGNE.

Ah ! souffrez que je die,
Valère, que le cœur qui vous est engagé,
D'aucun crime envers vous ne peut être chargé ;
Sa flamme est toujours pure et sa constance extrême,
Et j'en prends à témoin votre père lui-même.

POLIDORE.

Oui, mon fils, c'est assez rire de ta fureur,
Et je vois qu'il est temps de te tirer d'erreur.
Celle à qui par serment ton âme est attachée,
Sous l'habit que tu vois à tes yeux est cachée ;
Un intérêt de bien, dès ses plus jeunes ans,
Fit ce déguisement qui trompe tant de gens,
Et, depuis peu, l'amour en a su faire un autre,
Qui t'abusa, joignant leur famille à la nôtre.
Ne va point regarder à tout le monde aux yeux.
Je te fais maintenant un discours sérieux.
Oui, c'est elle, en un mot, dont l'adresse subtile,
La nuit, reçut ta foi sous le nom de Lucile,
Et qui, par ce ressort qu'on ne comprenoit pas,

A semé parmi vous un si grand embarras.
Mais, puisque Ascagne ici fait place à Dorothée,
Il faut voir de vos feux toute imposture ôtée,
Et qu'un nœud plus sacré donne force au premier.

ALBERT.
Et c'est là justement ce combat singulier
Qui devoit envers nous réparer votre offense,
Et pour qui les édits n'ont point fait de défense.

POLIDORE.
Un tel événement rend tes esprits confus :
Mais en vain tu voudrois balancer là-dessus.

VALÈRE.
Non, non, je ne veux pas songer à m'en défendre,

Et si cette aventure a lieu de me surprendre,
La surprise me flatte, et je me sens saisir
De merveille à la fois, d'amour et de plaisir :
Se peut-il que ces yeux ?....

ALBERT.
Cet habit, cher Valère,
Souffre mal les discours que vous lui pourriez faire.
Allons lui faire en prendre un autre, et cependant
Vous saurez le détail de tout cet incident.

VALÈRE.
Vous, Lucile, pardon, si mon âme abusée....

LUCILE.
L'oubli de cette injure est une chose aisée.

Tu crois te marier pour toi seul, compère ? (Acte v, scène ix.)

ALBERT.
Allons, ce compliment se fera bien chez nous,
Et nous aurons loisir de nous en faire tous.

ÉRASTE.
Mais vous ne songez pas, en tenant ce langage,
Qu'il reste encor ici des sujets de carnage.
Voilà bien à tous deux notre amour couronné ;
Mais de son Mascarille et de mon Gros-René,
Par qui doit Marinette être ici possédée ?
Il faut que par le sang l'affaire soit vidée.

MASCARILLE.
Nenni, nenni, mon sang dans mon corps sied trop bien ;
Qu'il l'épouse en repos, cela ne me fait rien.
De l'humeur que je sais la chère Marinette,
L'hymen ne ferme pas la porte à la fleurette.

MARINETTE.
Et tu crois que de toi je ferois mon galant ?
Un mari, passe encor : tel qu'il est, on le prend ;
On n'y va pas chercher tant de cérémonie ;
Mais il faut qu'un galant soit fait à faire envie.

GROS-RENÉ.
Écoute, quand l'hymen aura joint nos deux peaux,
Je prétends qu'on soit sourde à tous les damoiseaux.

MASCARILLE.
Tu crois te marier pour toi tout seul, compère ?

GROS-RENÉ.
Bien entendu ; je veux une femme sévère,
Ou je ferai beau bruit.

MASCARILLE.
Hé ! mon Dieu ! tu feras

Comme les autres font, et tu t'adouciras.
Ces gens, avant l'hymen, si fâcheux et critiques,
Dégénèrent souvent en maris pacifiques.

MARINETTE.

Va, va, petit mari, ne crains rien de ma foi.
Les douceurs ne feront que blanchir contre moi,
Et je te dirai tout.

MASCARILLE.
O la fine pratique !
Un mari confident!

MARINETTE.
Taisez-vous, as de pique.

ALBERT.
Pour la troisième fois, allons-nous-en chez nous,
Poursuivre en liberté des entretiens si doux.

PRÉFACE.

C'est une chose étrange qu'on imprime les gens malgré eux. Je ne vois rien de si injuste, et je pardonnerois toute autre violence plutôt que celle-là.

Ce n'est pas que je veuille faire ici l'auteur modeste, et mépriser par honneur ma comédie. J'offenserois mal à propos tout Paris, si je l'accusois d'avoir pu applaudir à une sottise : comme le public est le juge absolu de ces sortes d'ouvrages, il y auroit de l'impertinence à moi de le démentir; et quand j'aurois eu la plus mauvaise opinion du monde de mes *Précieuses ridicules* avant leur représentation, je dois croire maintenant qu'elles valent quelque chose, puisque tant de gens ensemble en ont dit du bien. Mais comme une grande partie des grâces qu'on y a trouvées dépendent de l'action et du ton de voix, il m'importoit qu'on ne les dépouillât pas de ces ornemens, et je trouvois que le succès qu'elles avoient eu dans la représentation, étoit assez beau pour en demeurer là. J'avois résolu, dis-je, de ne les faire voir qu'à la chandelle, pour ne point donner lieu à quelqu'un de dire le proverbe; et je ne voulois pas qu'elles sautassent du théâtre de Bourbon dans la galerie du Palais. Cependant je n'ai pu l'éviter, et je suis tombé dans la disgrâce de voir une copie dérobée de ma pièce entre les mains des libraires, accompagnée d'un privilége obtenu par surprise. J'ai eu beau crier : ô temps ! ô mœurs ! on m'a fait voir une nécessité pour moi d'être imprimé, ou d'avoir un procès; et le dernier mal est encore pire que le premier. Il faut donc se laisser aller à la destinée, et consentir à une chose qu'on ne laisseroit pas de faire sans moi.

Mon Dieu ! l'étrange embarras qu'une pièce à mettre au jour, et qu'un auteur est neuf la première fois qu'on l'imprime ! Encore si l'on m'avoit donné du temps, j'aurois pu mieux songer à moi, et j'aurois pris toutes les précautions que messieurs les auteurs, à présent mes confrères, ont coutume de prendre en semblables occasions. Outre quelque grand seigneur que j'aurois été prendre malgré lui pour protecteur de mon ouvrage, et dont j'aurois tenté la libéralité par une épître dédicatoire bien fleurie, j'aurois tâché de faire une belle et docte préface, et je ne manque point de livres qui m'auroient fourni tout ce qu'on peut dire de savant sur la tragédie et la comédie, l'étymologie de toutes deux, leur origine, leur définition et le reste.

J'aurois parlé aussi à mes amis, qui, pour la recommandation de ma pièce, ne m'auroient pas refusé ou des vers françois, ou des vers latins. J'en ai même qui m'auroient loué en grec; et l'on n'ignore pas qu'une louange en grec est d'une merveilleuse efficace à la tête d'un livre. Mais on me met au jour sans me donner le loisir de me reconnoître; et je ne puis même obtenir la liberté de dire deux mots pour justifier mes intentions sur le sujet de cette comédie. J'aurois voulu faire voir qu'elle se tient partout dans les bornes de la satire honnête et permise; que les plus excellentes choses sont sujettes à être copiées par de mauvais singes, qui méritent d'être bernés; que ces vicieuses imitations de ce qu'il y a de plus parfait, ont été de tout temps la matière de la comédie; et que, par la même raison, les véritables savans et les vrais braves ne se sont point encore avisés de s'offenser du Docteur de la comédie, et du Capitan; non plus que les juges, les princes et les rois, de voir Trivelin, ou quelque autre sur le théâtre, faire ridiculement le juge, le prince ou le roi : aussi les véritables précieuses auroient tort de se piquer, lorsqu'on joue les ridicules qui les imitent mal. Mais enfin, comme j'ai dit, on ne me laisse pas le temps de respirer, et M. de Luynes veut m'aller relier de ce pas : à la bonne heure, puisque Dieu l'a voulu.

PERSONNAGES ET ACTEURS.

LA GRANGE, } amants rebutés.	LA GRANGE.	
DU CROISY,	DU CROISY.	
GORGIBUS, bon bourgeois.	L'ESPY.	
MADELON, fille de Gorgibus, } précieuses ridicules.	Mlle DE BRIE.	
CATHOS, nièce de Gorgibus,	Mlle DU PARC.	
MAROTTE, servante des précieuses ridicules.	MADELEINE BÉJART.	
ALMANZOR, laquais des précieuses ridicules.	DE BRIE.	
LE MARQUIS DE MASCARILLE, valet de La Grange.	MOLIÈRE.	
LE VICOMTE DE JODELET, valet de du Croisy.	BRÉCOURT.	
DEUX PORTEURS DE CHAISE.		
VOISINES.		
VIOLONS.		

La comédie des *Précieuses ridicules* fut représentée pour la première fois à Paris, sur le théâtre du Petit-Bourbon, le 18 novembre 1659.

LES PRÉCIEUSES RIDICULES

SCÈNE I.

LA GRANGE, DU CROISY.

DU CROISY. — Seigneur La Grange.
LA GRANGE. — Quoi?
DU CROISY. — Regardez-moi un peu sans rire.
LA GRANGE. — Hé bien?
DU CROISY. — Que dites-vous de notre visite? En êtes-vous fort satisfait?
LA GRANGE. — A votre avis, avons-nous sujet de l'être tous deux?
DU CROISY. — Pas tout à fait, à dire vrai.
LA GRANGE. — Pour moi, je vous avoue que j'en suis tout scandalisé. A-t-on jamais vu, dites-moi, deux pecques provinciales faire plus les renchéries que celles-là, et deux hommes traités avec plus de mépris que nous? A peine ont-elles pu se résoudre à nous faire donner des siéges. Je n'ai jamais vu tant parler à l'oreille qu'elles ont fait entre elles, tant bâiller, tant se frotter les yeux, et demander tant de fois : Quelle heure est-il? Ont-elles répondu que oui et non à tout ce que nous avons pu leur dire! Et ne m'avouerez-vous pas enfin que, quand nous aurions été les dernières personnes du monde, on ne pouvoit nous faire pis qu'elles ont fait?

DU CROISY. — Il me semble que vous prenez la chose fort à cœur.
LA GRANGE. — Sans doute, je l'y prends, et de telle façon, que je me veux venger de cette impertinence. Je connois ce qui nous a fait mépriser. L'air précieux n'a pas seulement infecté Paris, il s'est aussi répandu dans les provinces, et nos donzelles ridicules en ont humé leur bonne part. En un mot, c'est un ambigu de précieuse et de coquette que leur personne. Je vois ce qu'il faut être pour en être bien reçu; et, si vous m'en croyez, nous leur jouerons tous deux une pièce qui leur fera voir leur sottise, et pourra leur apprendre à connoître un peu mieux leur monde.
DU CROISY. — Et comment, encore?
LA GRANGE. — J'ai un certain valet, nommé Mascarille, qui passe, au sentiment de beaucoup de gens, pour une manière de bel esprit; car il n'y a rien à meilleur marché que le bel esprit maintenant. C'est un extravagant qui s'est mis dans la tête de vouloir faire l'homme de condition. Il se pique ordinairement de galanterie et de vers, et dédaigne les autres valets, jusqu'à les appeler brutaux.

DU CROISY. — Hé bien! qu'en prétendez-vous faire?
LA GRANGE. — Ce que j'en prétends faire? Il faut....
Mais sortons d'ici auparavant.

SCÈNE II.
GORGIBUS, DU CROISY, LA GRANGE.

GORGIBUS. — Hé bien! vous avez vu ma nièce et ma fille? Les affaires iront-elles bien? Quel est le résultat de cette visite?

LA GRANGE. — C'est une chose que vous pourrez mieux apprendre d'elles que de nous. Tout ce que nous pouvons vous dire, c'est que nous vous rendons grâce de la faveur que vous nous avez faite, et demeurons vos très-humbles serviteurs.

DU CROISY. — Vos très-humbles serviteurs?

GORGIBUS, *seul*. — Ouais! il semble qu'ils sortent mal satisfaits d'ici. D'où pourroit venir leur mécontentement? Il faut savoir un peu ce que c'est. Holà!

SCÈNE III.
GORGIBUS, MAROTTE.

MAROTTE. — Que désirez-vous, monsieur?
GORGIBUS. — Où sont vos maîtresses?
MAROTTE. — Dans leur cabinet.
GORGIBUS. — Que font-elles?
MAROTTE. — De la pommade pour les lèvres.
GORGIBUS. — C'est trop pommadé: dites-leur qu'elles descendent.

SCÈNE IV.
GORGIBUS, *seul*.

Ces pendardes-là, avec leur pommade, ont, je pense, envie de me ruiner. Je ne vois partout que blancs d'œufs, lait virginal, et mille autres brimborions que je ne connois point. Elles ont usé, depuis que nous sommes ici, le lard d'une douzaine de cochons, pour le moins, et quatre valets vivroient tous les jours des pieds de mouton qu'elles emploient.

SCÈNE V.
MADELON, CATHOS, GORGIBUS.

GORGIBUS. — Il est bien nécessaire, vraiment, de faire tant de dépense pour vous graisser le museau! Dites-moi un peu ce que vous avez fait à ces messieurs, que je les vois sortir avec tant de froideur? Vous avois-je pas commandé de les recevoir comme des personnes que je voulois vous donner pour maris?

MADELON. — Et quelle estime, mon père, voulez-vous que nous fassions du procédé irrégulier de ces gens-là?

CATHOS. — Le moyen, mon oncle, qu'une fille un peu raisonnable se pût accommoder de leur personne?

GORGIBUS. — Et qu'y trouvez-vous à redire?

MADELON. — La belle galanterie que la leur! Quoi! débuter d'abord par le mariage?

GORGIBUS. — Et par où veux-tu donc qu'ils débutent? par le concubinage? N'est-ce pas un procédé dont vous avez sujet de vous louer toutes deux aussi bien que moi? Est-il rien de plus obligeant que cela? Et ce lien sacré où ils aspirent, n'est-il pas un témoignage de l'honnêteté de leurs intentions?

MADELON. — Ah! mon père, ce que vous dites là est du dernier bourgeois! Cela me fait honte de vous ouïr parler de la sorte, et vous devriez un peu vous faire apprendre le bel air des choses.

GORGIBUS. — Je n'ai que faire ni d'air, ni de chanson. Je te dis que le mariage est une chose sainte et sacrée, et que c'est faire en honnêtes gens, que de débuter par là.

MADELON. — Mon Dieu! que si tout le monde vous ressembloit, un roman seroit bientôt fini! La belle chose que ce seroit, si d'abord Cyrus épousoit Mandane, et qu'Aronce de plain-pied fût marié à Clélie!

GORGIBUS. — Que me vient conter celle-ci?

MADELON. — Mon père, voilà ma cousine qui vous dira aussi bien que moi, que le mariage ne doit jamais arriver qu'après les autres aventures. Il faut qu'un amant, pour être agréable, sache débiter les beaux sentiments, pousser le doux, le tendre et le passionné, et que sa recherche soit dans les formes. Premièrement, il doit voir au temple, ou à la promenade, ou dans quelque cérémonie publique, la personne dont il devient amoureux: ou bien être conduit fatalement chez elle par un parent ou un ami, et sortir de là tout rêveur et mélancolique. Il cache un temps sa passion à l'objet aimé, et cependant lui rend plusieurs visites, où l'on ne manque jamais de mettre sur le tapis une question galante qui exerce les esprits de l'assemblée. Le jour de la déclaration arrive, qui se doit faire ordinairement dans une allée de quelque jardin, tandis que la compagnie s'est un peu éloignée: et cette déclaration est suivie d'un prompt courroux qui paroît à notre rougeur, et qui, pour un temps, bannit l'amant de notre présence. Ensuite il trouve moyen de nous apaiser, de nous accoutumer insensiblement au discours de sa passion, et de tirer de nous cet aveu qui fait tant de peine. Après cela viennent les aventures, les rivaux qui se jettent à la traverse d'une inclination établie, les persécutions des pères, les jalousies conçues sur de fausses apparences, les plaintes, les désespoirs, les enlèvemens, et ce qui s'ensuit. Voilà comme les choses se traitent dans les belles manières, et ce sont des règles dont, en bonne galanterie, on ne sauroit se dispenser. Mais en venir de but en blanc à l'union conjugale, ne faire l'amour qu'en faisant le contrat du mariage, et prendre justement le roman par la queue; encore un coup, mon père, il ne se peut rien de plus marchand que ce procédé; et j'ai mal au cœur de la seule vision que cela me fait.

GORGIBUS. — Quel diable de jargon entends-je ici? Voici bien du haut style.

CATHOS. — En effet, mon oncle, ma cousine donne dans le vrai de la chose. Le moyen de bien recevoir des gens qui sont tout à fait incongrus en galanterie! Je m'en vais gager qu'ils n'ont jamais vu la carte de Tendre, et que Billets-doux, Petits-soins, Billets-galans et Jolis-vers, sont des terres inconnues pour eux. Ne voyez-vous pas que toute leur personne marque cela, et qu'ils n'ont point cet air qui donne d'abord bonne opinion des gens? Venir en visite amoureuse avec une jambe tout unie, un chapeau désarmé de plumes, une tête irrégulière en cheveux, et un habit qui souffre une indigence de rubans; mon Dieu! quels amans sont-ce là! Quelle frugalité d'ajustement et quelle sécheresse de conversation! On n'y dure point, on n'y tient pas. J'ai remarqué encore que leurs rabats ne sont pas de la bonne faiseuse, et qu'il s'en faut plus d'un demi-pied, que leurs hauts-de-chausses ne soient assez larges.

GORGIBUS. — Je pense qu'elles sont folles toutes deux, et je ne puis rien comprendre à ce baragouin. Cathos, et vous, Madelon....

MADELON. — Hé! de grâce, mon père, défaites-vous de ces noms étranges, et nous appelez autrement.

GORGIBUS. — Comment ces noms étranges? Ne sont-ce pas vos noms de baptême?

MADELON. — Mon Dieu! que vous êtes vulgaire! Pour moi un de mes étonnemens, c'est que vous ayez

Tiens, voilà pour le soufflet. (Scène VIII.)

pu faire une fille si spirituelle que moi. A-t-on jamais parlé dans le beau style de Cathos ni de Madelon, et ne m'avouerez-vous pas que ce seroit assez d'un de ces noms pour décrier le plus beau roman du monde?

CATHOS. — Il est vrai, mon oncle, qu'une oreille un peu délicate pâlit furieusement à entendre prononcer ces mots-là; et le nom de Polixène que ma cousine a choisi, et celui d'Aminte que je me suis donné, ont une grâce dont il faut que vous demeuriez d'accord.

GORGIBUS. — Écoutez: il n'y a qu'un mot qui serve. Je n'entends point que vous ayez d'autres noms que ceux qui vous ont été donnés par vos parrains et marraines; et pour ces messieurs dont il est question, je connois leurs familles et leurs biens, et je veux résolument que vous vous disposiez à les recevoir pour maris. Je me lasse de vous avoir sur les bras, et la garde de deux filles est une charge un peu trop pesante pour un homme de mon âge.

CATHOS. — Pour moi, mon oncle, tout ce que je puis vous dire, c'est que je trouve le mariage une chose tout à fait choquante. Comment est-ce qu'on peut souffrir la pensée de coucher contre un homme vraiment nu?

MADELON. — Souffrez que nous prenions un peu haleine parmi le beau monde de Paris, où nous ne faisons que d'arriver. Laissez-nous faire à loisir le tissu de notre roman, et n'en pressez point tant la conclusion.

GORGIBUS, à part. — Il n'en faut point douter, elles sont achevées. (Haut.) Encore un coup, je n'entends rien à toutes ces balivernes: je veux être maître absolu; et, pour trancher toutes sortes de discours, ou vous serez mariées toutes deux avant qu'il soit peu, ou, ma foi! vous serez religieuses; j'en fais un bon serment.

SCÈNE VI.
CATHOS, MADELON.

CATHOS. — Mon Dieu! ma chère, que ton père a la forme enfoncée dans la matière! que son intelligence est épaisse, et qu'il fait sombre dans son âme!

MADELON. — Que veux-tu? j'en suis en confusion pour lui. J'ai peine à me persuader que je puisse être véritablement sa fille, et je crois que quelque aventure, un jour, me viendra développer une naissance plus illustre.

CATHOS. — Je le croirois bien; oui, il y a toutes les apparences du monde; et, pour moi, quand je me regarde....

SCÈNE VII.
CATHOS, MADELON, MAROTTE.

MAROTTE. — Voilà un laquais qui demande si vous êtes au logis, et dit que son maître vous veut venir voir.

MADELON. — Apprenez, sotte, à vous énoncer moins vulgairement. Dites: Voilà un nécessaire qui demande si vous êtes en commodité d'être visibles.

MAROTTE. — Dame! je n'entends point le latin, et je n'ai pas appris, comme vous, la filophie dans le grand Cyre.

MADELON. — L'impertinente! Le moyen de souffrir cela! Et qui est-il, le maître de ce laquais?

MAROTTE. — Il me l'a nommé le marquis de Mascarille.

MADELON. — Ah! ma chère! un marquis! Oui, allez dire qu'on nous peut voir. C'est sans doute un bel esprit qui aura ouï parler de nous.

CATHOS. — Assurément, ma chère.

MADELON. — Il faut le recevoir dans cette salle basse, plutôt qu'en notre chambre. Ajustons un peu nos cheveux au moins, et soutenons notre réputation. Vite, venez nous tendre ici dedans le conseiller des grâces.

MAROTTE. — Par ma foi! je ne sais point quelle bête c'est là; il faut parler chrétien si vous voulez que je vous entende.

CATHOS. — Apportez-nous le miroir, ignorante que vous êtes, et gardez-vous bien d'en salir la glace par la communication de votre image. (*Elles sortent.*)

SCÈNE VIII.
MASCARILLE, DEUX PORTEURS.

MASCARILLE. — Holà! porteurs, holà! Là, là, là, là, là, là. Je pense que ces marauds-là ont l'intention de me briser à force de heurter contre les murailles et les pavés.

PREMIER PORTEUR. — Dame! c'est que la porte est étroite. Vous avez voulu aussi que nous soyons entrés jusqu'ici.

MASCARILLE. — je le crois bien. Voudriez-vous, faquins, que j'exposasse l'embonpoint de mes plumes aux inclémences de la saison pluvieuse, et que j'allasse imprimer mes souliers en boue? Allez, ôtez votre chaise d'ici.

DEUXIÈME PORTEUR. — Payez-nous donc, s'il vous plaît, monsieur.

MASCARILLE. — Hein?

DEUXIÈME PORTEUR. — Je dis, monsieur, que vous nous donniez de l'argent, s'il vous plaît.

MASCARILLE, *lui donnant un soufflet*. — Comment, coquin! demander de l'argent à une personne de ma qualité!

DEUXIÈME PORTEUR. — Est-ce ainsi qu'on paye les pauvres gens? Et votre qualité nous donne-t-elle à dîner?

MASCARILLE. — Ah! ah! je vous apprendrai à vous connoître! Ces canailles-là s'osent jouer à moi!

PREMIER PORTEUR, *prenant un des bâtons de sa chaise*. — Çà, payez-nous vitement.

MASCARILLE. — Quoi?

PREMIER PORTEUR. — Je dis que je veux avoir de l'argent tout à l'heure.

MASCARILLE. — Il est raisonnable.

PREMIER PORTEUR. — Vite donc.

MASCARILLE. — Oui-da! tu parles comme il faut, toi; mais l'autre est un coquin qui ne sait ce qu'il dit. Tiens, es-tu content?

PREMIER PORTEUR. — Non, je ne suis pas content; vous avez donné un soufflet à mon camarade, et....

(*Levant son bâton.*)

MASCARILLE. — Doucement; tiens, voilà pour le soufflet. On obtient tout de moi quand on s'y prend de la bonne façon. Allez, venez me reprendre tantôt pour aller au Louvre, au petit coucher.

SCÈNE IX.
MAROTTE, MASCARILLE.

MAROTTE. — Monsieur, voilà mes maîtresses qui vont venir tout à l'heure.

MASCARILLE. — Qu'elles ne se pressent point; je suis ici posté commodément pour attendre.

MAROTTE. — Les voici.

SCÈNE X.
MADELON, CATHOS, MASCARILLE, ALMANZOR.

MASCARILLE, *après avoir salué*. — Mesdames, vous serez surprises, sans doute, de l'audace de ma visite;

mais votre réputation vous attire cette méchante affaire, et le mérite a pour moi des charmes si puissans, que je cours partout après lui.

MADELON. — Si vous poursuivez le mérite, ce n'est pas sur nos terres que vous devez chasser.

CATHOS. — Pour voir chez nous le mérite, il a fallu que vous l'y ayez amené.

MASCARILLE. — Ah ! je m'inscris en faux contre vos paroles. La renommée accuse juste en contant ce que vous valez ; et vous allez faire pic, repic et capot tout ce qu'il y a de galant dans Paris.

MADELON. — Votre complaisance pousse un peu trop avant la libéralité de ses louanges ; et nous n'avons garde, ma cousine et moi, de donner de notre sérieux dans le doux de votre flatterie.

CATHOS. — Ma chère, il faudroit donner des siéges.

MADELON. — Holà ! Almanzor.

ALMANZOR. — Madame.

MADELON. — Vite, voiturez-nous ici les commodités de la conversation.

MASCARILLE. — Mais, au moins y a-t-il sûreté ici pour moi ?   (*Almanzor sort.*)

CATHOS. — Que craignez-vous ?

MASCARILLE. — Quelque vol de mon cœur, quelque assassinat de ma franchise. Je vois ici des yeux qui ont la mine d'être de fort mauvais garçons, de faire insulte aux libertés, et de traiter une âme de Turc à More. Comment, diable ! D'abord qu'on les approche, ils se mettent sur leur garde meurtrière. Ah ! par ma foi, je m'en défie ! et je m'en vais gagner au pied, ou je veux caution bourgeoise qu'ils ne me feront point de mal.

MADELON. — Ma chère, c'est le caractère enjoué.

CATHOS. — Je vois bien que c'est un Amilcar.

MADELON. — Ne craignez rien : nos yeux n'ont point de mauvais desseins, et votre cœur peut dormir en assurance sur leur prud'homie.

CATHOS. — Mais de grâce, monsieur, ne soyez pas inexorable à ce fauteuil qui vous tend les bras il y a un quart d'heure ; contentez un peu l'envie qu'il a de vous embrasser.

MASCARILLE, *après s'être peigné et avoir ajusté ses canons*. — Hé bien ! mesdames, que dites-vous de Paris ?

MADELON. — Hélas ! qu'en pourrions-nous dire ? Il faudroit être l'antipode de la raison, pour ne pas confesser que Paris est le grand bureau des merveilles, le centre du bon goût, du bel esprit et de la galanterie.

MASCARILLE. — Pour moi, je tiens que hors de Paris, il n'y a point de salut pour les honnêtes gens.

CATHOS. — C'est une vérité incontestable.

MASCARILLE. — Il y fait un peu crotté ; mais nous avons la chaise.

MADELON. — Il est vrai que la chaise est un retranchement merveilleux contre les insultes de la boue et du mauvais temps.

MASCARILLE. — Vous recevez beaucoup de visites ? Quel bel esprit est des vôtres ?

MADELON. — Hélas ! nous ne sommes pas encore connues ; mais nous sommes en passe de l'être, et nous avons une amie particulière qui nous a promis d'amener ici tous ces messieurs du *Recueil des pièces choisies*.

CATHOS. — Et certains autres qu'on nous a nommés aussi pour être les arbitres souverains des belles choses.

MASCARILLE. — C'est moi qui ferai votre affaire mieux que personne ; ils me rendent tous visite ; et je puis dire que je ne me lève jamais sans une demi-douzaine de beaux esprits.

MADELON. — Hé ! mon Dieu ! nous vous serons obligées de la dernière obligation, si vous nous faites cette amitié ; car enfin il faut avoir la connoissance de tous ces messieurs-là, si l'on veut être du beau monde. Ce sont eux qui donnent le branle à la réputation dans Paris, et vous savez qu'il y en a tel dont il ne faut que la seule fréquentation pour vous donner bruit de connoisseuse, quand il n'y auroit rien autre chose que cela. Mais, pour moi, ce que je considère particulièrement, c'est que, par le moyen de ces visites spirituelles, on est instruite de cent choses qu'il faut savoir de nécessité, et qui sont de l'essence d'un bel esprit. On apprend par là chaque jour les petites nouvelles galantes, les jolis commerces de prose et de vers. On sait à point nommé : un tel a composé la plus jolie pièce du monde sur un tel sujet ; une telle a fait des paroles sur un tel air ; celui-ci a fait un madrigal sur une jouissance ; celui-là a composé des stances sur une infidélité ; monsieur un tel écrivit hier au soir un sixain à mademoiselle une telle, dont elle lui a envoyé la réponse ce matin sur les huit heures ; un tel auteur a fait un tel dessein ; celui-là en est à la troisième partie de son roman ; cet autre met ses ouvrages sous la presse. C'est là ce qui vous fait valoir dans les compagnies ; et si l'on ignore ces choses, je ne donnerois pas un clou de tout l'esprit qu'on peut avoir.

CATHOS. — En effet, je trouve que c'est renchérir sur le ridicule, qu'une personne se pique d'esprit, et ne sache pas jusqu'au moindre petit quatrain qui se fait chaque jour ; et pour moi, j'aurois toutes les hontes du monde, s'il falloit qu'on vînt à me demander si j'aurois vu quelque chose de nouveau que je n'aurois pas vu.

MASCARILLE. — Il est vrai qu'il est honteux de n'avoir pas des premiers tout ce qui se fait ; mais ne vous mettez pas en peine : je veux établir chez vous une académie de beaux esprits, et je vous promets qu'il ne se fera pas un bout de vers dans Paris, que vous ne sachiez par cœur avant tous les autres. Pour moi, tel que vous me voyez, je m'en escrime un peu quand je veux ; et vous verrez courir de ma façon, dans les belles ruelles de Paris, deux cents chansons, autant de sonnets, quatre cents épigrammes et plus de mille madrigaux, sans compter les énigmes et les portraits.

MADELON. — Je vous avoue que je suis furieusement pour les portraits ; je ne vois rien de si galant que cela.

MASCARILLE. — Les portraits sont difficiles, et demandent un esprit profond : vous en verrez de ma manière qui ne vous déplairont pas.

CATHOS. — Pour moi, j'aime terriblement les énigmes.

MASCARILLE. — Cela exerce l'esprit, et j'en ai fait quatre encore ce matin que je vous donnerai à deviner.

MADELON. — Les madrigaux sont agréables, quand ils sont bien tournés.

MASCARILLE. — C'est mon talent particulier; et je travaille à mettre en madrigaux toute l'histoire romaine.

MADELON. — Ah! certes, cela sera du dernier beau; j'en retiens un exemplaire au moins si vous le faites imprimer.

MASCARILLE. — Je vous en promets à chacune un, et des mieux reliés. Cela est au-dessous de ma condition; mais je le fais seulement pour donner à gagner aux libraires qui me persécutent.

MADELON. — Je m'imagine que le plaisir est grand de se voir imprimé!

MASCARILLE. — Sans doute. Mais, à propos, il faut que je vous die un impromptu que je fis hier chez une duchesse de nos amies que je fus visiter; car je suis diablement fort sur les impromptus.

CATHOS. — L'impromptu est justement la pierre de touche de l'esprit.

MASCARILLE. — Écoutez donc.

MADELON. — Nous y sommes de toutes nos oreilles.

MASCARILLE.

Oh! oh! je n'y prenois pas garde :
Tandis que sans songer à mal, je vous regarde,
Votre œil en tapinois me dérobe mon cœur.
Au voleur! au voleur! au voleur! au voleur!

CATHOS. — Ah! mon Dieu! voilà qui est poussé dans le dernier galant.

MASCARILLE. — Tout ce que je fais a l'air cavalier; cela ne sent point le pédant.

MADELON. — Il en est éloigné de plus de deux mille lieues.

MASCARILLE. — Avez-vous remarqué ce commencement? *oh! oh!* voilà qui est extraordinaire, *oh! oh!* comme un homme qui s'avise tout d'un coup, *oh! oh!* La surprise, *oh! oh!*

MADELON. — Oui, je trouve ce *oh! oh!* admirable.

MASCARILLE. — Il semble que cela ne soit rien.

CATHOS. — Ah! mon Dieu! que dites-vous? ce sont là de ces sortes de choses qui ne se peuvent payer.

MADELON. — Sans doute; et j'aimerois mieux avoir fait ce *oh! oh!* qu'un poëme épique.

MASCARILLE. — Tudieu! vous avez le goût bon.

MADELON. — Hé! je ne l'ai pas tout à fait mauvais.

MASCARILLE. — Mais n'admirez-vous pas aussi *je n'y prenois pas garde? Je n'y prenois pas garde,* je ne m'apercevois pas de cela, façon de parler naturelle, *je n'y prenois pas garde. Tandis que, sans songer à mal,* tandis qu'innocemment, sans malice, comme un pauvre mouton, *je vous regarde,* c'est-à-dire, je m'amuse à vous considérer, je vous observe, je vous contemple; *votre œil en tapinois....* Que vous semble de ce mot *tapinois?* N'est-il pas bien choisi?

CATHOS. — Tout à fait bien.

MASCARILLE. — *Tapinois,* en cachette; il semble que ce soit un chat qui vienne de prendre une souris, *tapinois.*

MADELON. — Il ne se peut rien de mieux.

MASCARILLE. — *Me dérobe mon cœur,* me l'emporte, me le ravit. *Au voleur! au voleur! au voleur! au voleur!* Ne diriez-vous pas que c'est un homme qui crie et court après un voleur pour le faire arrêter? *Au voleur! au voleur! au voleur! au voleur!*

MADELON. — Il faut avouer que cela a un tour spirituel et galant.

MASCARILLE. — Je veux vous dire l'air que j'ai fait dessus.

CATHOS. — Vous avez appris la musique?

MASCARILLE — Moi? Point du tout.

CATHOS. Et comment donc cela se peut-il?

MASCARILLE. — Les gens de qualité savent tout sans avoir jamais rien appris.

MADELON. — Assurément, ma chère.

MASCARILLE. — Écoutez si vous trouverez l'air à votre goût: hem, hem, *la, la, la, la, la.* La brutalité de la saison a furieusement outragé la délicatesse de ma voix; mais il n'importe, c'est à la cavalière. (*Il chante.*)

Oh! oh! je n'y prenois pas garde, etc.

CATHOS. — Ah! que voilà un air qui est passionné! Est-ce qu'on n'en meurt point?

MADELON. — Il y a de la chromatique là-dedans.

MASCARILLE. — Ne trouvez-vous pas la pensée bien exprimée dans le chant? *Au voleur!...* Et puis, comme si l'on crioit bien fort, *au, au, au, au, au voleur!* Et tout d'un coup, comme une personne essoufflée, *au voleur!*

MADELON. — C'est là savoir le fin des choses, le grand fin, le fin du fin. Tout est merveilleux, je vous assure; je suis enthousiasmée de l'air et des paroles.

CATHOS. — Je n'ai encore rien vu de cette force-là.

MASCARILLE. — Tout ce que je fais me vient naturellement, c'est sans étude.

MADELON. — La nature vous a traité en vraie mère passionnée, et vous en êtes l'enfant gâté.

MASCARILLE. — A quoi donc passez-vous le temps?

CATHOS. — A rien du tout.

MADELON. — Nous avons été jusqu'ici dans un jeûne effroyable de divertissemens.

MASCARILLE. — Je m'offre à vous mener l'un de ces jours à la comédie, si vous voulez; aussi bien on en doit jouer une nouvelle que je serai bien aise que nous voyions ensemble.

MADELON. — Cela n'est pas de refus.

MASCARILLE. — Mais je vous demande d'applaudir comme il faut, quand nous serons là; car je me suis engagé de faire valoir la pièce, et l'auteur m'en est venu prier encore ce matin. C'est la coutume ici, qu'à nous autres gens de condition, les auteurs viennent lire leurs pièces nouvelles, pour nous engager à les trouver belles, et leur donner de la réputation : et je vous laisse à penser, si, quand nous disons quelque chose, le parterre ose contredire! Pour moi, j'y suis fort exact; et quand j'ai promis à quelque poëte, je crie toujours : Voilà qui est beau! devant que les chandelles soient allumées.

MADELON. — Ne m'en parlez point : c'est un admirable lieu que Paris; il s'y passe cent choses tous les jours, qu'on ignore dans les provinces, quelque spirituelle qu'on puisse être.

CATHOS. — C'est assez : puisque nous sommes instruites, nous ferons notre devoir de nous écrier comme il faut sur tout ce qu'on dira.

MASCARILLE. — Je ne sais si je me trompe ; mais vous avez toute la mine d'avoir fait quelque comédie.

MADELON. — Hé ! il pourroit être quelque chose de ce que vous dites.

MASCARILLE. — Ah ! ma foi ! il faudra que nous la voyions. Entre nous, j'en ai composé une que je veux faire représenter.

CATHOS. — Hé ! à quels comédiens la donnerez-vous ?

MASCARILLE. — Belle demande ! Aux grands comédiens ; il n'y a qu'eux qui soient capables de faire valoir les choses, les autres sont des ignorans qui récitent comme l'on parle ; ils ne savent pas faire ronfler les vers, et s'arrêter au bel endroit : et le moyen de connoître où est le beau vers, si le comédien ne s'y

Au voleur !... au voleur !... (Scène x.)

arrête, et ne vous avertit par là qu'il faut faire le brouhaha ?

CATHOS. — En effet, il y a manière de faire sentir aux auditeurs les beautés d'un ouvrage ; et les choses ne valent que ce qu'on les fait valoir.

MASCARILLE. — Que vous semble de ma petite oie ? La trouvez-vous congruante à l'habit ?

CATHOS. — Tout à fait.

MASCARILLE. — Le ruban est bien choisi.

MADELON. — Furieusement bien. C'est Perdrigeon tout pur.

MASCARILLE. — Que dites-vous de mes canons ?

MADELON. — Ils ont tout à fait bon air.

MASCARILLE. — Je puis me vanter au moins qu'ils ont un grand quartier plus que tous ceux qu'on fait.

MADELON. — Il faut avouer que je n'ai jamais vu porter si haut l'élégance de l'ajustement.

MASCARILLE. — Attachez un peu sur ces gants la réflexion de votre odorat.

MADELON. — Ils sentent terriblement bon.

CATHOS. — Je n'ai jamais respiré une odeur mieux conditionnée.

MASCARILLE. — Et celle-là ? (*Il donne à sentir les cheveux poudrés de sa perruque.*)

MADELON. — Elle est tout à fait de qualité; le sublime en est touché délicieusement.

MASCARILLE. — Vous ne me dites rien de mes plumes! Comment les trouvez-vous?

CATHOS. — Effroyablement belles.

MASCARILLE. — Savez-vous que le brin me coûte un louis d'or? Pour moi, j'ai cette manie de vouloir donner généralement sur tout ce qu'il y a de plus beau.

MADELON. — Je vous assure que nous sympathisons vous et moi. J'ai une délicatesse furieuse pour tout ce que je porte; et, jusqu'à mes chaussettes, je ne puis rien souffrir qui ne soit de la bonne ouvrière.

MASCARILLE, *s'écriant brusquement.* — Ahi! ahi! ahi! doucement. Dieu me damne! mesdames, c'est fort mal en user; j'ai à me plaindre de votre procédé, cela n'est pas honnête.

CATHOS. — Qu'est-ce donc? Qu'avez-vous?

MASCARILLE. — Quoi! toutes deux contre mon cœur, en même temps! M'attaquer à droite et à gauche! Ah! c'est contre le droit des gens : la partie n'est pas égale; et je m'en vais crier au meurtre.

CATHOS. — Il faut avouer qu'il dit les choses d'une manière particulière.

MADELON. — Il a un tour admirable dans l'esprit.

CATHOS. — Vous avez plus de peur que de mal, et votre cœur crie avant qu'on l'écorche.

MASCARILLE. — Comment, diable! il est écorché depuis la tête jusqu'aux pieds.

SCÈNE XI.

CATHOS, MADELON, MASCARILLE, MAROTTE.

MAROTTE. — Madame, on demande à vous voir.

MADELON. — Qui?

MAROTTE. — Le vicomte de Jodelet.

MASCARILLE. — Le vicomte de Jodelet?

MAROTTE. — Oui, monsieur.

CATHOS. — Le connoissez vous?

MASCARILLE. — C'est mon meilleur ami.

MADELON. — Faites entrer vitement.

MASCARILLE. — Il y a quelque temps que nous ne nous sommes vus, et je suis ravi de cette aventure.

CATHOS. — Le voici.

SCÈNE XII.

CATHOS, MADELON, JODELET, MASCARILLE, MAROTTE, ALMANZOR.

MASCARILLE. — Ah! vicomte!

JODELET, *s'embrassant l'un l'autre.* — Ah! marquis!

MASCARILLE. — Que je suis aise de te rencontrer!

JODELET. Que j'ai de joie de te voir ici!

MASCARILLE. — Baise-moi donc encore un peu, je te prie.

MADELON, *à Cathos.* — Ma toute bonne, nous commençons d'être connues; voilà le beau monde qui prend le chemin de nous venir voir.

MASCARILLE. — Mesdames, agréez que je vous présente ce gentilhomme-ci : sur ma parole, il est digne d'être connu de vous.

JODELET. — Il est juste de venir vous rendre ce qu'on vous doit; et vos attraits exigent leurs droits seigneuriaux sur toutes sortes de personnes.

MADELON. — C'est pousser vos civilités jusqu'aux derniers confins de la flatterie.

CATHOS. — Cette journée doit être marquée dans notre almanach comme une journée bien heureuse.

MADELON, *à Almanzor.* — Allons, petit garçon, faut-il toujours vous répéter les choses? Voyez-vous pas qu'il faut le surcroît d'un fauteuil?

MASCARILLE. — Ne vous étonnez pas de voir le vicomte de la sorte; il ne fait que sortir d'une maladie qui lui a rendu le visage pâle comme vous le voyez.

JODELET. — Ce sont fruits des veilles de la cour et des fatigues de la guerre.

MASCARILLE. — Savez-vous, mesdames, que vous voyez dans le vicomte un des vaillans hommes du siècle? C'est un brave à trois poils.

JODELET. — Vous ne m'en devez rien, marquis; et nous savons que vous savez faire aussi.

MASCARILLE. Il est vrai que nous nous sommes vus tous deux dans l'occasion.

JODELET. — Et dans des lieux où il faisoit fort chaud.

MASCARILLE, *regardant Cathos et Madelon.* — Oui; mais non pas si chaud qu'ici. Hai, hai, hai.

JODELET. — Notre connoissance s'est faite à l'armée; et la première fois que nous nous vîmes, il commandoit un régiment de cavalerie sur les galères de Malte.

MASCARILLE. — Il est vrai; mais vous étiez pourtant dans l'emploi avant que j'y fusse; et je me souviens que je n'étois que petit officier encore, que vous commandiez deux mille chevaux.

JODELET. — La guerre est une belle chose; mais, ma foi, la cour récompense bien mal aujourd'hui les gens de service comme nous.

MASCARILLE. — C'est ce qui fait que je veux pendre l'épée au croc.

CATHOS. — Pour moi, j'ai un furieux tendre pour les hommes d'épée.

MADELON. — Je les aime aussi; mais je veux que l'esprit assaisonne la bravoure.

MASCARILLE. — Te souvient-il, vicomte, de cette demi-lune que nous emportâmes sur les ennemis au siége d'Arras.

JODELET. — Que veux-tu dire, avec ta demi-lune? C'étoit bien une lune tout entière.

MASCARILLE. — Je pense que tu as raison.

JODELET. — Il m'en doit bien souvenir, ma foi! J'y fus blessé à la jambe d'un coup de grenade, dont je porte encore les marques. Tâtez un peu, de grâce : vous sentirez quel coup c'étoit là.

CATHOS, *après avoir touché l'endroit.* — Il est vrai que la cicatrice est grande.

MASCARILLE. — Donnez-moi un peu votre main, et tâtez celui-ci ; là, justement au derrière de la tête. Y êtes-vous ?

MADELON. — Oui : je sens quelque chose.

MASCARILLE. — C'est un coup de mousquet que je reçus la dernière campagne que j'ai faite.

JODELET, *découvrant sa poitrine*. — Voici un autre coup qui me perça de part en part à l'attaque de Gravelines.

MASCARILLE, *mettant la main sur le bouton de son haut-de-chausses*. — Je vais vous montrer une furieuse plaie.

MADELON. — Il n'est pas nécessaire : nous le croyons sans y regarder.

MASCARILLE. — Ce sont des marques honorables qui font voir ce qu'on est.

CATHOS. — Nous ne doutons pas de ce que vous êtes.

MASCARILLE. — Vicomte, as-tu là ton carrosse ?

JODELET. — Pourquoi ?

MASCARILLE. — Nous mènerions promener ces dames hors des portes, et leur donnerions un cadeau.

MADELON. — Nous ne saurions sortir aujourd'hui.

MASCARILLE. — Ayons donc les violons pour danser.

JODELET. — Ma foi ! c'est bien avisé.

MADELON. — Pour cela nous y consentons ; mais il faut donc quelque surcroît de compagnie.

MASCARILLE. — Holà ! Champagne, Picard, Bourguignon, Cascaret, Basque, La Verdure, Lorrain, Provençal, La Violette ! Au diable soient tous les laquais ! je ne pense pas qu'il y ait gentilhomme en France plus mal servi que moi. Ces canailles me laissent toujours seul.

MADELON. — Almanzor, dites aux gens de monsieur qu'ils aillent querir des violons, et nous faites venir ces messieurs et ces dames d'ici près pour peupler la solitude de notre bal. (*Almanzor sort.*)

MASCARILLE. — Vicomte, que dis-tu de ces yeux ?

JODELET. — Mais toi-même, marquis, que t'en semble ?

MASCARILLE. — Moi, je dis que nos libertés auront peine à sortir d'ici les braies nettes. Au moins, pour moi, je reçois d'étranges secousses, et mon cœur ne tient plus qu'à un filet.

MADELON. — Que tout ce qu'il dit est naturel ! Il tourne les choses le plus agréablement du monde.

CATHOS. — Il est vrai qu'il fait une furieuse dépense en esprit.

MASCARILLE. — Pour vous montrer que je suis véritable, je veux faire un impromptu là-dessus. (*Il médite.*)

CATHOS. — Hé ! je vous en conjure de toute la dévotion de mon cœur, que nous oyions quelque chose qu'on ait fait pour nous.

JODELET. — J'aurois envie d'en faire autant ; mais je me trouve un peu incommodé de la veine poétique, pour la quantité des saignées que j'y ai faites ces jours passés.

MASCARILLE. — Que diable est-ce là ! Je fais toujours bien le premier vers ; mais j'ai peine à faire les autres. Ma foi ! ceci est un peu trop pressé ; je vous ferai un impromptu à loisir, que vous trouverez le plus beau du monde.

JODELET. — Il a de l'esprit comme un démon.

MASCARILLE. — Vicomte, dis-moi un peu, y a-t-il longtemps que tu n'as vu la comtesse ?

JODELET. — Il y a plus de trois semaines que je ne lui ai rendu visite.

MASCARILLE. — Sais-tu bien que le duc m'est venu voir ce matin, et m'a voulu mener à la campagne courir un cerf avec lui ?

MADELON. — Voici nos amies qui viennent.

SCÈNE XIII.

LUCILE, CÉLIMÈNE, CATHOS, MADELON, MASCARILLE, JODELET, MAROTTE, ALMANZOR, Violons.

MADELON. — Mon Dieu, mes chères, nous vous demandons pardon. Ces messieurs ont eu fantaisie nous donner les âmes des pieds ; et nous vous avons envoyé querir pour remplir les vides de notre assemblée.

LUCILE. — Vous nous avez obligées, sans doute.

MASCARILLE. — Ce n'est ici qu'un bal à la hâte ; mais l'un de ces jours nous vous en donnerons un dans les formes. Les violons sont-ils venus ?

ALMANZOR. — Oui, monsieur ; ils sont ici.

CATHOS. — Allons donc, mes chères, prenez place.

MASCARILLE, *dansant lui seul comme par prélude*. — La, la, la, la, la, la, la.

MADELON. — Il a tout à fait la taille élégante.

CATHOS. — Et a la mine de danser proprement.

MASCARILLE, *ayant pris Madelon pour danser*. — Ma franchise va danser la courante aussi bien que mes pieds. En cadence, violons, en cadence. Oh ! quels ignorans ! Il n'y a pas moyen de danser avec eux. Le diable vous emporte ! ne sauriez-vous jouer en mesure ? La, la, la, la, la, la, la, la. Ferme. O violons de village !

JODELET, *dansant ensuite*. — Holà ! ne pressez pas si fort la cadence : je ne fais que sortir de maladie.

SCÈNE XIV.

DU CROISY, LA GRANGE, CATHOS, MADELON, LUCILE, CÉLIMÈNE, JODELET, MASCARILLE, MAROTTE, Violons.

LA GRANGE, *un bâton à la main*. — Ah ! ah ! coquins ! que faites-vous ici ? Il y a trois heures que nous vous cherchons.

MASCARILLE, *se sentant battre*. — Ahi ! ahi ! ahi ! vous ne m'aviez pas dit que les coups en seroient aussi.

JODELET. — Ahi ! ahi ! ahi !

LA GRANGE. — C'est bien à vous, infâme que vous êtes, à vouloir faire l'homme d'importance.

DU CROISY. — Voilà qui vous apprendra à vous connoître.

SCÈNE XV.

CATHOS, MADELON, LUCILE, CÉLIMÈNE, MASCARILLE, JODELET, MAROTTE, VIOLONS.

MADELON. — Que veut donc dire ceci ?

JODELET. — C'est une gageure.

CATHOS. — Quoi ! vous laisser battre de la sorte !

MASCARILLE. — Mon Dieu ! je n'ai pas voulu faire semblant de rien ; car je suis violent, et je me serois emporté.

MADELON. — Endurer un affront comme celui-là, en notre présence !

MASCARILLE. — Ce n'est rien : ne laissons pas d'achever. Nous nous connoissons il y a longtemps ; et entre amis, on ne va pas se piquer pour si peu de chose.

Mesdames, agréez que je vous présente ce gentilhomme-ci. (Scène XII.)

SCÈNE XVI.

DU CROISY, LA GRANGE, MADELON, CATHOS, CÉLIMÈNE, LUCILE, MASCARILLE, JODELET, MAROTTE, VIOLONS.

LA GRANGE. — Ma foi ! marauds, vous ne vous rirez pas de nous, je vous promets. Entrez, vous autres.

(Trois ou quatre spadassins entrent.)

MADELON. — Quelle est donc cette audace, de venir nous troubler de la sorte dans notre maison ?

DU CROISY. — Comment ! mesdames, nous endurerons que nos laquais soient mieux reçus que nous ; qu'ils viennent vous faire l'amour à nos dépens, et vous donnent le bal ?

MADELON. — Vos laquais ?

LA GRANGE. — Oui, nos laquais : et cela n'est ni beau ni honnête de nous les débaucher comme vous faites.

MADELON. — O ciel ! quelle insolence !

LA GRANGE. — Mais ils n'auront pas l'avantage de se servir de nos habits pour vous donner dans la vue ; et si vous les voulez aimer ! ce sera, ma foi ! pour leurs beaux yeux. Vite, qu'on les dépouille sur-le-champ.

JODELET. — Adieu notre braverie.

MASCARILLE. — Voilà le marquisat et la vicomté à bas.

DU CROISY. — Ah ! ah ! coquins ! vous avez l'audace d'aller sur nos brisées ! Vous irez chercher autre part de quoi vous rendre agréables aux yeux de vos belles, je vous en assure.

LA GRANGE. — C'est trop que de nous supplanter, et de nous supplanter avec nos propres habits.

MASCARILLE. — O fortune! quelle est ton inconstance!

DU CROISY. — Vite, qu'on leur ôte jusqu'à la moindre chose.

LA GRANGE. — Qu'on emporte toutes ces hardes, dépêchez. Maintenant, mesdames, en l'état qu'ils sont, vous pouvez continuer vos amours avec eux tant qu'il vous plaira ; nous vous laissons toute sorte de liberté pour cela, et nous vous protestons, monsieur et moi, que nous n'en serons aucunement jaloux.

SCÈNE XVII.

MADELON, CATHOS, JODELET, MASCARILLE, Violons.

CATHOS. — Ah! quelle confusion!

MADELON. — Je crève de dépit.

UN DES VIOLONS, à *Mascarille*. — Qu'est-ce donc que ceci? Qui nous payera, nous autres?

Allez vous cacher, vilaines. (Scène XIX.)

MASCARILLE. — Demandez à monsieur le vicomte.

UN DES VIOLONS, à *Jodelet*. — Qui est-ce qui nous donnera de l'argent?

JODELET. — Demandez à monsieur le marquis.

SCÈNE XVIII.

GORGIBUS, MADELON, CATHOS, JODELET, MASCARILLE, Violons.

GORGIBUS. — Ah! coquines que vous êtes, vous nous mettez dans de beaux draps blancs, à ce que je vois ; et je viens d'apprendre de belles affaires, vraiment, de ces messieurs qui sortent.

MADELON. — Ah! mon père, c'est une pièce sanglante qu'ils nous ont faite!

GORGIBUS. — Oui, c'est une pièce sanglante, mais qui est un effet de votre impertinence, infâmes! Ils se sont ressentis du traitement que vous leur avez fait ; et cependant, malheureux que je suis, il faut que je boive l'affront.

MADELON. — Ah! je jure que nous en serons vengées, ou que je mourrai en la peine. Et vous, marauds, osez-vous vous tenir ici après votre insolence?

MASCARILLE. — Traiter comme cela un marquis!

Voilà ce que c'est que du monde, la moindre disgrâce nous fait mépriser de ceux qui nous chérissoient. Allons, camarade, allons chercher fortune autre part; je vois bien qu'on n'aime ici que la vaine apparence, et qu'on n'y considère point la vertu toute nue.

SCÈNE XIX.
GORGIBUS, MADELON, CATHOS, Violons.

UN DES VIOLONS. — Monsieur, nous entendons que vous nous contentiez à leur défaut, pour ce que nous avons joué ici.

GORGIBUS, *les battant*. — Oui, oui, je vous vais contenter, et voici la monnoie dont je vous veux payer. Et vous, pendardes, je ne sais qui me tient que je ne vous en fasse autant; nous allons servir de fable et de risée à tout le monde, et voilà ce que vous vous êtes attiré par vos extravagances. Allez vous cacher, vilaines; allez vous cacher pour jamais. (*Seul.*) Et vous, qui êtes cause de leur folie, sottes billevesées, pernicieux amusemens des esprits oisifs, romans, vers, chansons, sonnets et sonnettes, puissiez-vous être à tous les diables!

PERSONNAGES ET ACTEURS.

GORGIBUS, bourgeois de Paris. L'Espy.
CÉLIE, sa fille. Mlle du Parc.
LÉLIE, amant de Célie. La Grange.
GROS-RENÉ, valet de Lélie. Du Parc.
SGANARELLE, bourgeois de Paris,
et cocu imaginaire. Molière.
LA FEMME DE SGANARELLE. Mlle de Brie.
VILLEBREQUIN, père de Valère. De Brie.
LA SUIVANTE de Célie. Madeleine Béjart.
UN PARENT de la femme de Sganarelle.

Sganarelle ou le Cocu imaginaire fut joué à Paris, le 28 mai 1660. Neufvillenaine apprit la pièce par cœur en l'entendant jouer; il la publia avec des notes et la dédia à Molière lui-même. Le sujet de cette comédie est pris dans un canevas italien intitulé : *Il Ritratto* ou *Arlichino cornuto per opinione*.

SGANARELLE

SCÈNE I.

GORGIBUS, CÉLIE, LA SUIVANTE de *Célie*.

CÉLIE, *sortant tout éplorée, et son père la suivant.*
Ah ! n'espérez jamais que mon cœur y consente.

GORGIBUS.
Que marmottez-vous là, petite impertinente ?
Vous prétendez choquer ce que j'ai résolu ?
Je n'aurai pas sur vous un pouvoir absolu ?
Et, par sottes raisons, votre jeune cervelle
Voudroit régler ici la raison paternelle ?
Qui de nous deux à l'autre a droit de faire loi ?
A votre avis, qui mieux, ou de vous, ou de moi,
O sotte ! peut juger ce qui vous est utile ?
Par la corbleu ! gardez d'échauffer trop ma bile ;
Vous pourriez éprouver, sans beaucoup de longueur,
Si mon bras sait encor montrer quelque vigueur.
Votre plus court sera, madame la mutine,
D'accepter sans façon l'époux qu'on vous destine.
J'ignore, dites-vous, de quelle humeur il est,
Et dois auparavant consulter s'il vous plaît :
Informé du grand bien qui lui tombe en partage,
Dois-je prendre le soin d'en savoir davantage ?
Et cet époux, ayant vingt mille bons ducats,
Pour être aimé de vous, doit-il manquer d'appas ?
Allez, tel qu'il puisse être, avecque cette somme
Je vous suis caution qu'il est très-honnête homme.

CÉLIE.
Hélas !

GORGIBUS.
Hé bien, hélas ! que veut dire ceci ?
Voyez le bel hélas qu'elle nous donne ici !
Hé ! que si la colère une fois me transporte,
Je vous ferai chanter hélas de belle sorte !
Voilà, voilà le fruit de ces empressemens
Qu'on vous voit nuit et jour à lire vos romans ;
De quolibets d'amour votre tête est remplie,
Et vous parlez de Dieu bien moins que de *Clélie*.
Jetez-moi dans le feu tous ces méchans écrits
Qui gâtent tous les jours tant de jeunes esprits ;
Lisez-moi, comme il faut, au lieu de ces sornettes,
Les *Quatrains* de Pibrac, et les doctes *Tablettes*
Du conseiller Mathieu ; l'ouvrage est de valeur,

Et plein de bons dictons à réciter par cœur.
La Guide des pécheurs est encore un bon livre ;
C'est là qu'en peu de temps on apprend à bien vivre ;
Et si vous n'aviez lu que ces moralités,
Vous sauriez un peu mieux suivre mes volontés.
CÉLIE.
Quoi ! vous prétendez donc, mon père, que j'oublie
La constante amitié que je dois à Lélie ?
J'aurois tort si, sans vous, je disposois de moi ;
Mais vous-même à ses vœux engageâtes ma foi.
GORGIBUS.
Lui fût-elle engagée encore davantage,
Un autre est survenu, dont le bien l'en dégage.
Lélie est fort bien fait, mais apprends qu'il n'est rien
Qui ne doive céder au soin d'avoir du bien ;
Que l'or donne aux plus laids certain charme pour plaire,
Et que sans lui le reste est une triste affaire.
Valère, je crois bien, n'est pas de toi chéri ;
Mais s'il ne l'est amant, il le sera mari.
Plus que l'on ne le croit, ce nom d'époux engage,
Et l'amour est souvent un fruit du mariage.
Mais suis-je pas bien fat de vouloir raisonner,
Où de droit absolu j'ai pouvoir d'ordonner ?
Trêve donc, je vous prie, à vos impertinences.
Que je n'entende plus vos sottes doléances.
Ce gendre doit venir vous visiter ce soir :
Manquez un peu, manquez à le bien recevoir ;
Si je ne vous lui vois faire un fort bon visage,
Je vous.... Je ne veux pas en dire davantage.

SCÈNE II.

CÉLIE, LA SUIVANTE de Célie.

LA SUIVANTE.
Quoi ! refuser, madame, avec cette rigueur,
Ce que tant d'autres gens voudroient de tout leur cœur !
A des offres d'hymen répondre par des larmes,
Et tarder tant à dire un oui si plein de charmes !
Hélas ! que ne veut-on aussi me marier !
Ce ne seroit pas moi qui se feroit prier ;
Et, loin qu'un pareil oui me donnât de la peine,
Croyez que j'en dirois bien vite une douzaine.
Le précepteur qui fait répéter la leçon
A votre jeune frère, a fort bonne raison
Lorsque, nous discourant des choses de la terre,
Il dit que la femelle est ainsi que le lierre,
Qui croît beau tant qu'à l'arbre il se tient bien serré,
Et ne profite point s'il en est séparé.
Il n'est rien de plus vrai, ma très-chère maîtresse,
Et je l'éprouve en moi, chétive pécheresse !
Le bon Dieu fasse paix à mon pauvre Martin ;
Mais j'avois, lui vivant, le teint d'un chérubin,
L'embonpoint merveilleux, l'œil gai, l'âme contente,
Et je suis maintenant ma commère dolente.
Pendant cet heureux temps, passé comme un éclair,
Je me couchois sans feu dans le fort de l'hiver ;
Sécher même les draps me sembloit ridicule,
Et je tremble à présent dedans la canicule,

Enfin il n'est rien tel, madame, croyez-moi,
Que d'avoir un mari la nuit auprès de soi ;
Ne fût-ce que pour l'heur d'avoir qui vous salue
D'un : Dieu vous soit en aide, alors qu'on éternue.
CÉLIE.
Peux-tu me conseiller de commettre un forfait ?
D'abandonner Lélie, et prendre ce mal fait ?
LA SUIVANTE.
Votre Lélie aussi n'est, ma foi, qu'une bête,
Puisque si hors de temps son voyage l'arrête ;
Et la grande longueur de son éloignement
Me le fait soupçonner de quelque changement.
CÉLIE, *lui montrant le portrait de Lélie.*
Ah ! ne m'accable point par ce triste présage ;
Vois attentivement les traits de ce visage :
Ils jurent à mon cœur d'éternelles ardeurs ;
Je veux croire, après tout, qu'ils ne sont pas menteurs,
Et que, comme c'est lui que l'art y représente,
Il conserve à mes feux une amitié constante.
LA SUIVANTE.
Il est vrai que ces traits marquent un digne amant,
Et que vous avez lieu de l'aimer tendrement.
CÉLIE.
Et cependant il faut... Ah ! soutiens-moi.
(*Laissant tomber le portrait de Lélie.*)
LA SUIVANTE.
Madame,
D'où vous pourroit venir.... Ah ! bons dieux ! elle pâme.
Hé ! vite, holà ! quelqu'un.

SCÈNE III.

CÉLIE, SGANARELLE, LA SUIVANTE de Célie.

SGANARELLE.
Qu'est-ce donc ? me voilà.
LA SUIVANTE.
Ma maîtresse se meurt.
SGANARELLE.
Quoi ! ce n'est que cela ?
Je croyois tout perdu, de crier de la sorte ;
Mais approchons pourtant. Madame, êtes-vous morte ?
Hays ! Elle ne dit mot.
LA SUIVANTE.
Je vais faire venir
Quelqu'un pour l'emporter ; veuillez la soutenir.

SCÈNE IV.

CÉLIE, SGANARELLE, LA FEMME
DE SGANARELLE.

SGANARELLE, *en passant la main sur le sein de Célie.*
Elle est froide partout et je ne sais qu'en dire.
Approchons-nous pour voir si sa bouche respire.
Ma foi, je ne sais pas ; mais j'y trouve encor, moi,
Quelque signe de vie.

LA FEMME DE SGANARELLE, *regardant par la fenêtre.*
Ah! qu'est-ce que je vois?
Mon mari dans ses bras.... Mais je m'en vais descendre.
Il me trahit sans doute et je veux le surprendre.
SGANARELLE.
Il faut se dépêcher de l'aller secourir;
Certes, elle auroit tort de se laisser mourir.
Aller en l'autre monde est très-grande sottise,
Tant que dans celui-ci l'on peut être de mise.
(*Il la porte chez elle avec un homme que la suivante amène.*)

SCÈNE V.

LA FEMME DE SGANARELLE, *seule.*

Il s'est subitement éloigné de ces lieux,
Et sa fuite a trompé mon désir curieux;
Mais sa trahison je ne fais plus de doute,
Et le peu que j'ai vu me la découvre toute.
Je ne m'étonne plus de l'étrange froideur
Dont je le vois répondre à ma pudique ardeur;
Il réserve, l'ingrat, ses caresses à d'autres,
Et nourrit leurs plaisirs par le jeûne des nôtres.
Voilà de nos maris le procédé commun;
Ce qui leur est permis, leur devient importun.
Dans les commencemens ce sont toutes merveilles;
Ils témoignent pour nous des ardeurs non pareilles;
Mais les traîtres bientôt se lassent de nos feux,
Et portent autre part ce qu'ils doivent chez eux.
Ah! que j'ai de dépit que la loi n'autorise
A changer de mari comme on fait de chemise!
Cela seroit commode; et j'en sais telle ici
Qui, comme moi, ma foi, le voudroit bien aussi.
(*En ramassant le portrait que Célie avoit laissé tomber.*)
Mais quel est ce bijou que le sort me présente?
L'émail en est fort beau, la gravure charmante.
Ouvrons.

SCÈNE VI.

SGANARELLE, LA FEMME DE SGANARELLE.

SGANARELLE, *se croyant seul.*
On la croyoit morte, et ce n'étoit rien.
Il n'en faut plus qu'autant, elle se porte bien.
Mais j'aperçois ma femme.
LA FEMME DE SGANARELLE, *se croyant seule.*
O ciel! c'est miniature!
Et voilà d'un bel homme une vive peinture!
SGANARELLE, *à part, et regardant par-dessus l'épaule de sa femme.*
Que considère-t-elle avec attention?
Ce portrait, mon honneur, ne nous dit rien de bon.
D'un fort vilain soupçon je me sens l'âme émue.
LA FEMME DE SGANARELLE, *sans apercevoir son mari.*
Jamais rien de plus beau ne s'offrit à ma vue;
Le travail plus que l'or s'en doit encor priser.
Oh! que cela sent bon!

SGANARELLE, *à part.*
Quoi! peste, le baiser!
Ah! j'en tiens!
LA FEMME DE SGANARELLE *poursuit.*
Avouons qu'on doit être ravie
Quand d'un homme ainsi fait on se peut voir servie,
Et que, s'il en contoit avec attention,
Le penchant seroit grand à la tentation.
Ah! que n'ai-je un mari d'une aussi bonne mine!
Au lieu de mon pelé, de mon rustre....
SGANARELLE, *lui arrachant le portrait.*
Ah! mâtine!
Nous vous y surprenons en faute contre nous,
En diffamant l'honneur de votre cher époux.
Donc, à votre calcul, ô ma trop digne femme!
Monsieur, tout bien compté, ne vaut pas bien madame?
Et, de par Belzébut, qui vous puisse emporter!
Quel plus rare parti pourriez-vous souhaiter?
Peut-on trouver en moi quelque chose à redire?
Cette taille, ce port que tout le monde admire,
Ce visage si propre à donner de l'amour,
Pour qui mille beautés soupirent nuit et jour;
Bref, en tout et partout, ma personne charmante
N'est donc pas un morceau dont vous soyez contente?
Et, pour rassasier votre appétit gourmand,
Il faut joindre au mari le ragoût d'un galant?
LA FEMME DE SGANARELLE.
J'entends à demi-mot où va la raillerie.
Tu crois par ce moyen....
SGANARELLE.
A d'autres, je vous prie:
La chose est avérée, et je tiens dans mes mains
Un bon certificat du mal dont je me plains.
LA FEMME DE SGANARELLE.
Mon courroux n'a déjà que trop de violence,
Sans le charger encor d'une nouvelle offense.
Écoute, ne crois pas retenir mon bijou,
Et songe un peu....
SGANARELLE.
Je songe à te rompre le cou.
Que ne puis-je, aussi bien que je tiens la copie,
Tenir l'original!
LA FEMME DE SGANARELLE.
Pourquoi?
SGANARELLE.
Pour rien, ma mie.
Doux objet de mes vœux, j'ai grand tort de crier,
Et mon front de vos dons doit vous remercier.
(*Regardant le portrait de Lélie.*)
Le voilà, le beau fils, le mignon de couchette!
Le malheureux tison de ta flamme secrète,
Le drôle avec lequel....
LA FEMME DE SGANARELLE.
Avec lequel?... Poursui.
SGANARELLE.
Avec lequel, te dis-je.... et j'en crève d'ennui.
LA FEMME DE SGANARELLE.
Que me veut donc conter par là ce maître ivrogne?
SGANARELLE.
Tu ne m'entends que trop, madame la carogne.

Sganarelle est un nom qu'on ne me dira plus,
Et l'on va m'appeler seigneur Cornelius.
J'en suis pour mon honneur ; mais à toi, qui me l'ôtes,
Je t'en ferai du moins pour un bras ou deux côtes.
LA FEMME DE SGANARELLE.
Et tu m'oses tenir de semblables discours ?
SGANARELLE.
Et tu m'oses jouer de ces diables de tours ?
LA FEMME DE SGANARELLE.
Et quels diables de tours ? Parle donc sans rien feindre.
SGANARELLE.
Ah ! cela ne vaut pas la peine de se plaindre !
D'un panache de cerf sur le front me pourvoir :
Hélas ! voilà vraiment un beau venez-y-voir !
LA FEMME DE SGANARELLE.
Donc, après m'avoir fait la plus sensible offense
Qui puisse d'une femme exciter la vengeance,
Tu prends d'un feint courroux le vain amusement
Pour prévenir l'effet de mon ressentiment ?
D'un pareil procédé l'insolence est nouvelle !
Celui qui fait l'offense, est celui qui querelle.
SGANARELLE.
Hé ! la bonne effrontée ! A voir ce fier maintien,
Ne la croiroit-on pas une femme de bien ?
LA FEMME DE SGANARELLE.
Va, poursuis ton chemin, cajole tes maîtresses,
Adresse-leur tes vœux, et fais-leur des caresses :
Mais rends-moi mon portrait sans te jouer de moi.
(*Elle lui arrache le portrait et s'enfuit.*)
SGANARELLE, *courant après elle*.
Oui, tu crois m'échapper ; je l'aurai malgré toi.

SCÈNE VII.
LÉLIE, GROS-RENÉ.

GROS-RENÉ.
Enfin nous y voici. Mais, monsieur, si je l'ose,
Je voudrois vous prier de me dire une chose.
LÉLIE.
Hé bien ! parle.
GROS-RENÉ.
Avez-vous le diable dans le corps
Pour ne pas succomber à de pareils efforts ?
Depuis huit jours entiers, avec vos longues traites,
Nous sommes à piquer de chiennes de mazettes,
De qui le train maudit nous a tant secoués,
Que je m'en sens pour moi tous les membres roués ;
Sans préjudice encor d'un accident bien pire,
Qui m'afflige un endroit que je ne veux pas dire :
Cependant, arrivé, vous sortez bien et beau,
Sans prendre de repos, ni manger un morceau.
LÉLIE.
Ce grand empressement n'est point digne de blâme ;
De l'hymen de Célie on alarme mon âme ;
Tu sais que je l'adore ; et je veux être instruit,
Avant tout autre soin, de ce funeste bruit.
GROS-RENÉ.
Oui ; mais un bon repas vous seroit nécessaire,
Pour s'aller éclaircir, monsieur, de cette affaire ;
Et votre cœur, sans doute, en deviendroit plus fort
Pour pouvoir résister aux attaques du sort.
J'en juge par moi-même ; et la moindre disgrâce,
Lorsque je suis à jeun, me saisit, me terrasse ;
Mais quand j'ai bien mangé, mon âme est ferme à tout,
Et les plus grands revers n'en viendroient pas à bout.
Croyez-moi, bourrez-vous, et sans réserve aucune,
Contre les coups que peut vous porter la fortune ;
Et pour fermer chez vous l'entrée à la douleur,
De vingt verres de vin entourez votre cœur.
LÉLIE.
Je ne saurois manger.
GROS-RENÉ, *bas, à part.*
Si ferai bien, je meure.
(*Haut.*)
Votre dîner pourtant seroit prêt tout à l'heure.
LÉLIE.
Tais-toi, je te l'ordonne.
GROS-RENÉ.
Ah ! quel ordre inhumain !
LÉLIE.
J'ai de l'inquiétude et non pas de la faim.
GROS-RENÉ.
Et moi, j'ai de la faim, et de l'inquiétude
De voir qu'un sot amour fait toute votre étude.
LÉLIE.
Laisse-moi m'informer de l'objet de mes vœux,
Et sans m'importuner va manger si tu veux.
GROS-RENÉ.
Je ne réplique point à ce qu'un maître ordonne.

SCÈNE VIII.
LÉLIE, *seul.*

Non, non, à trop de peur mon âme s'abandonne ;
Le père m'a promis, et la fille a fait voir
Des preuves d'un amour qui soutient mon espoir.

SCÈNE IX.
SGANARELLE, LÉLIE.

SGANARELLE, *sans voir Lélie, et tenant dans ses mains le portrait.*
Nous l'avons, et je puis voir à l'aise la trogne
Du malheureux pendard qui cause ma vergogne.
Il ne m'est point connu.
LÉLIE, *à part.*
Dieux ! qu'aperçois-je ici ?
Et, si c'est mon portrait, que dois-je croire aussi ?
SGANARELLE, *sans voir Lélie.*
Ah ! pauvre Sganarelle ! à quelle destinée
Ta réputation est-elle condamnée !
Faut....
(*Apercevant Lélie qui le regarde, il se tourne d'un autre côté.*)

LÉLIE, *à part.*

Ce gage ne peut, sans alarmer ma foi,
Être sorti des mains qui le tenoient de moi.

SGANARELLE, *à part.*

Faut-il que désormais à deux doigts l'on te montre,
Qu'on te mette en chanson, et qu'en toute rencontre,
On te rejette au nez le scandaleux affront

Qu'une femme mal née imprime sur ton front ?

LÉLIE, *à part.*

Me trompé-je ?

SGANARELLE, *à part.*

Ah ! truande ! as-tu bien le courage
De m'avoir fait cocu dans la fleur de mon âge ?
Et femme d'un mari qui peut passer pour beau,
Faut-il qu'un marmouset, un maudit étourneau....

Elle est froide partout et je ne sais qu'en dire. (Scène IV.)

LÉLIE, *à part, et regardant encore le portrait que tient Sganarelle.*

Je ne m'abuse point ; c'est mon portrait lui-même.

SGANARELLE *lui tourne le dos.*

Cet homme est curieux.

LÉLIE, *à part.*

Ma surprise est extrême !

SGANARELLE, *à part.*

A qui donc en a-t-il ?

LÉLIE, *à part.*

Je le veux accoster.

(*Haut.*) (*Sganarelle veut s'éloigner.*)
Puis-je ?... Hé ! de grâce, un mot.

SGANARELLE, *à part, s'éloignant encore.*

Que me veut-il conter?

LÉLIE.

Puis-je obtenir de vous de savoir l'aventure
Qui fait dedans vos mains trouver cette peinture ?

SGANARELLE, *à part.*

D'où lui vient ce désir? Mais je m'avise ici....

(*Il examine Lélie et le portrait qu'il tient.*)
Ah ! ma foi ! me voilà de son trouble éclairci !

Sa surprise à présent n'étonne plus mon âme;
C'est mon homme; ou plutôt, c'est celui de ma femme.
LÉLIE.
Retirez-moi de peine, et dites d'où vous vient....
SGANARELLE.
Nous savons, Dieu merci, le souci qui vous tient;
Ce portrait qui vous fâche est votre ressemblance;
Il étoit en des mains de votre connoissance;
Et ce n'est pas un fait qui soit secret pour nous
Que les douces ardeurs de la dame et de vous.
Je ne sais pas si j'ai, dans sa galanterie,
L'honneur d'être connu de votre seigneurie;
Mais faites-moi celui de cesser désormais
Un amour qu'un mari peut trouver fort mauvais;
Et songez que les nœuds du sacré mariage....
LÉLIE.
Quoi! celle, dites-vous, dont vous tenez ce gage....
SGANARELLE.
Est ma femme, et je suis son mari.
LÉLIE.
Son mari?
SGANARELLE.
Oui, son mari, vous dis-je, et mari très-marri!
Vous en savez la cause, et je m'en vais l'apprendre
Sur l'heure à ses parens.

SCÈNE X.

LÉLIE, seul.

Ah! que viens-je d'entendre!
On me l'avoit bien dit, et que c'étoit de tous
L'homme le plus mal fait qu'elle avoit pour époux.
Ah! quand mille sermens de ta bouche infidèle
Ne m'auroient point promis une flamme éternelle,
Le seul mépris d'un choix si bas et si honteux
Devoit bien soutenir l'intérêt de mes feux,
Ingrate! et quelque bien.... Mais ce sensible outrage,
Se mêlant aux travaux d'un assez long voyage,
Me donne tout à coup un choc si violent,
Que mon cœur devient foible, et mon corps chancelant.

SCÈNE XI.

LÉLIE, LA FEMME DE SGANARELLE.

LA FEMME DE SGANARELLE se croyant seule.
(Apercevant Lélie.)
Malgré moi, mon perfide.... Hélas! quel mal vous presse!
Je vous vois prêt, monsieur à tomber en foiblesse.
LÉLIE.
C'est un mal qui m'a pris assez subitement.
LA FEMME DE SGANARELLE.
Je crains ici pour vous l'évanouissement;
Entrez dans cette salle, en attendant qu'il passe.
LÉLIE.
Pour un moment ou deux j'accepte cette grâce.

SCÈNE XII.

SGANARELLE, UN PARENT DE LA FEMME DE SGANARELLE.

LE PARENT.
D'un mari sur ce point j'approuve le souci;
Mais c'est prendre la chèvre un peu bien vite aussi;
Et tout ce que de vous je viens d'ouïr contre elle,
Ne conclut point, parent, qu'elle soit criminelle.
C'est un point délicat; et de pareils forfaits,
Sans les bien avérer, ne s'imputent jamais.
SGANARELLE.
C'est-à-dire qu'il faut toucher au doigt la chose.
LE PARENT.
Le trop de promptitude à l'erreur nous expose.
Qui sait comme en ses mains ce portrait est venu,
Et si l'homme, après tout, lui peut être connu?
Informez-vous-en donc; et, si c'est ce qu'on pense,
Nous serons les premiers à punir son offense.

SCÈNE XIII.

SGANARELLE, seul.

On ne peut pas mieux dire; en effet, il est bon
D'aller tout doucement. Peut-être, sans raison,
Me suis-je en tête mis ces visions cornues,
Et les sueurs au front m'en sont trop tôt venues.
Par ce portrait enfin dont je suis alarmé,
Mon déshonneur n'est pas tout à fait confirmé.
Tâchons donc par nos soins....

SCÈNE XIV.

SGANARELLE, LA FEMME DE SGANARELLE, sur la porte de sa maison, reconduisant Lélie; LÉLIE.

SGANARELLE, à part, les voyant.
Ah! que vois-je? Je meurs!
Il n'est plus question de portrait à cette heure;
Voici, ma foi, la chose en propre original.
LA FEMME DE SGANARELLE.
C'est par trop vous hâter, monsieur; et votre mal,
Si vous sortez sitôt, pourra bien vous reprendre.
LÉLIE.
Non, non, je vous rends grâce, autant qu'on puisse rendre,
De l'obligeant secours que vous m'avez prêté.
SGANARELLE, à part.
La masque encore après lui fait civilité!
(La femme de Sganarelle rentre dans sa maison.)

SCÈNE XV.

SGANARELLE, LÉLIE.

SGANARELLE, à part.
Il m'aperçoit; voyons ce qu'il me pourra dire.

LÉLIE, *à part.*
Ah! mon âme s'émeut, et cet objet m'inspire....
Mais je dois condamner cet injuste transport,
Et n'imputer mes maux qu'aux rigueurs de mon sort.
Envions seulement le bonheur de sa flamme.
(En s'approchant de Sganarelle.)
Oh! trop heureux d'avoir une si belle femme!

SCÈNE XVI.

SGANARELLE, CÉLIE, *à sa fenêtre, voyant Lélie qui s'en va.*

SGANARELLE, *seul.*
Ce n'est point s'expliquer en termes ambigus.
Cet étrange propos me rend aussi confus
Que s'il m'étoit venu des cornes à la tête.
(Regardant le côté par où Lélie est sorti.)
Allez, ce procédé n'est point du tout honnête.

CÉLIE, *à part, en entrant.*
Quoi! Lélie a paru tout à l'heure à mes yeux!
Qui pourroit me cacher son retour en ces lieux?

SGANARELLE, *sans voir Célie.*
« Oh! trop heureux d'avoir une si belle femme! »
Malheureux bien plutôt de l'avoir, cette infâme!
Dont le coupable feu, trop bien vérifié,
Sans respect ni demi nous a cocufié.
Mais je le laisse aller après un tel indice,
Et demeure les bras croisés comme un jocrisse!
Ah! je devois du moins lui jeter son chapeau,
Lui ruer quelque pierre, ou crotter son manteau,
Et sur lui hautement, pour contenter ma rage,
Faire, au larron d'honneur, crier le voisinage.
(Pendant le discours de Sganarelle, Célie s'approche peu à peu, et attend, pour lui parler, que son transport soit fini.)

CÉLIE, *à Sganarelle.*
Celui qui maintenant devers vous est venu,
Et qui vous a parlé, d'où vous est-il connu?

SGANARELLE.
Hélas! ce n'est pas moi qui le connois, madame:
C'est ma femme.

CÉLIE.
Quel trouble agite ainsi votre âme?

SGANARELLE.
Ne me condamnez point d'un deuil hors de saison,
Et laissez-moi pousser des soupirs à foison.

CÉLIE.
D'où vous peuvent venir ces douleurs non communes?

SGANARELLE.
Si je suis affligé, ce n'est pas pour des prunes;
Et je le donnerois à bien d'autres qu'à moi,
De se voir sans chagrin au point où je me voi.
Des maris malheureux vous voyez le modèle:
On dérobe l'honneur au pauvre Sganarelle;
Mais c'est peu que l'honneur dans mon affliction,
L'on me dérobe encor la réputation.

CÉLIE.
Comment?

SGANARELLE.
Ce damoiseau, parlant par révérence,
Me fait cocu, madame, avec toute licence;
Et j'ai su par mes yeux avérer aujourd'hui
Le commerce secret de ma femme et de lui.

CÉLIE.
Celui qui maintenant....

SGANARELLE.
Oui, oui, me déshonore;
Il adore ma femme, et ma femme l'adore.

CÉLIE.
Ah! j'avois bien jugé que ce secret retour
Ne pouvoit me couvrir que quelque lâche tour;
Et j'ai tremblé d'abord, en le voyant paroître,
Par un pressentiment de ce qui devoit être.

SGANARELLE.
Vous prenez ma défense avec trop de bonté:
Tout le monde n'a pas la même charité;
Et plusieurs qui tantôt ont appris mon martyre,
Bien loin d'y prendre part, n'en ont rien fait que rire.

CÉLIE.
Est-il rien de plus noir que ta lâche action?
Et peut-on lui trouver une punition?
Dois-tu ne te pas croire indigne de la vie,
Après t'être souillé de cette perfidie?
O ciel! est-il possible?

SGANARELLE.
Il est trop vrai pour moi.

CÉLIE.
Ah! traître! scélérat! âme double et sans foi!

SGANARELLE.
La bonne âme!

CÉLIE.
Non, non, l'enfer n'a point de gêne
Qui ne soit pour ton crime une trop douce peine.

SGANARELLE.
Que voilà bien parler!

CÉLIE.
Avoir ainsi traité
Et la même innocence et la même bonté!

SGANARELLE *soupire haut.*
Haï!

CÉLIE.
Un cœur qui jamais n'a fait la moindre chose
A mériter l'affront où ton mépris l'expose!

SGANARELLE.
Il est vrai.

CÉLIE.
Qui bien loin.... Mais c'est trop, et ce cœur
Ne sauroit y songer sans mourir de douleur.

SGANARELLE.
Ne vous fâchez pas tant, ma très-chère madame,
Mon mal vous touche trop, et vous me percez l'âme.

CÉLIE.
Mais ne t'abuse pas jusqu'à te figurer
Qu'à des plaintes sans fruit j'en veuille demeurer:
Mon cœur, pour se venger, sait ce qu'il te faut faire,
Et j'y cours de ce pas; rien ne m'en peut distraire.

SCÈNE XVII.

SGANARELLE, seul.

Que le ciel la préserve à jamais de danger !
Voyez quelle bonté de vouloir me venger !
En effet, son courroux, qu'excite ma disgrâce,
M'enseigne hautement ce qu'il faut que je fasse ;
Et l'on ne doit jamais souffrir, sans dire mot,
De semblables affronts, à moins qu'être un vrai sot.
Courons donc le chercher, ce pendard qui m'affronte,
Montrons notre courage à venger notre honte.
Vous apprendrez, maroufle, à rire à nos dépens,
Et, sans aucun respect, faire cocus les gens.
(Il revient après avoir fait quelques pas.)
Doucement, s'il vous plaît ! Cet homme a bien la mine
D'avoir le sang bouillant et l'âme un peu mutine ;
Il pourroit bien, mettant affront dessus affront,
Charger de bois mon dos comme il a fait mon front.
Je hais de tout mon cœur les esprit colériques,
Et porte grand amour aux hommes pacifiques ;
Je ne suis point battant, de peur d'être battu,
Et l'humeur débonnaire est ma grande vertu.
Mais mon honneur me dit que d'une telle offense
Il faut absolument que je prenne vengeance :
Ma foi ! laissons-le dire autant qu'il lui plaira,
Au diantre qui pourtant rien du tout en fera !
Quand j'aurai fait le brave, et qu'un fer, pour ma peine,
M'aura d'un vilain coup transpercé la bedaine,
Que par la ville ira le bruit de mon trépas,
Dites-moi, mon honneur, en serez-vous plus gras ?
La bière est un séjour par trop mélancolique,
Et trop malsain pour ceux qui craignent la colique ;
Et quant à moi, je trouve, ayant tout compassé,
Qu'il vaut mieux être encor cocu que trépassé.
Quel mal cela fait-il ? La jambe en devient-elle
Plus tortue, après tout, et la taille moins belle ?
Peste soit qui premier trouva l'invention
De s'affliger l'esprit de cette vision,
Et d'attacher l'honneur de l'homme le plus sage
Aux choses que peut faire une femme volage !
Puisqu'on tient, à bon droit, tout crime personnel,
Que fait là notre honneur pour être criminel ?
Des actions d'autrui l'on nous donne le blâme :
Si nos femmes sans nous ont un commerce infâme,
Il faut que tout le mal tombe sur notre dos :
Elles font la sottise, et nous sommes les sots.
C'est un vilain abus, et les gens de police
Nous devroient bien régler une telle injustice.
N'avons-nous pas assez des autres accidens
Qui nous viennent happer en dépit de nos dents ?
Les querelles, procès, faim, soif et maladie,
Troublent-ils pas assez le repos de la vie,
Sans s'aller, de surcroît, aviser sottement
De se faire un chagrin qui n'a nul fondement ?
Moquons-nous de cela, méprisons les alarmes
Et mettons sous nos pieds les soupirs et les larmes.
Si ma femme a failli, qu'elle pleure bien fort ;
Mais pourquoi, moi, pleurer, puisque je n'ai point tort ?
En tout cas, ce qui peut m'ôter ma fâcherie,
C'est que je ne suis pas seul de ma confrérie.
Voir cajoler sa femme, et n'en témoigner rien,
Se pratique aujourd'hui par force gens de bien.
N'allons donc point chercher à faire une querelle,
Pour un affront qui n'est que pure bagatelle.
L'on m'appellera sot de ne me venger pas ;
Mais je le serois fort de courir au trépas.
(Mettant la main sur sa poitrine.)
Je me sens là pourtant remuer une bile
Qui veut me conseiller quelque action virile :
Oui, le courroux me prend ; c'est trop être poltron :
Je veux résolûment me venger du larron.
Déjà pour commencer, dans l'ardeur qui m'enflamme,
Je vais dire partout qu'il couche avec ma femme.

SCÈNE XVIII.

GORGIBUS, CÉLIE, LA SUIVANTE DE CÉLIE.

CÉLIE.

Oui, je veux bien subir une si juste loi :
Mon père, disposez de mes vœux et de moi ;
Faites, quand vous voudrez, signer cet hyménée ;
A suivre mon devoir je suis déterminée ;
Je prétends gourmander mes propres sentimens,
Et me soumettre en tout à vos commandemens.

GORGIBUS.

Ah ! voilà qui me plaît, de parler de la sorte.
Parbleu ! si grande joie à l'heure me transporte,
Que mes jambes sur l'heure en caprioleroient,
Si nous n'étions point vus de gens qui s'en riroient !
Approche-toi de moi ; viens çà, que je t'embrasse.
Une telle action n'a pas mauvaise grâce ;
Un père, quand il veut, peut sa fille baiser,
Sans que l'on ait sujet de s'en scandaliser.
Va, le contentement de te voir si bien née,
Me fera rajeunir de dix fois une année.

SCÈNE XIX.

CÉLIE, LA SUIVANTE DE CÉLIE.

LA SUIVANTE.

Ce changement m'étonne.

CÉLIE.

                Et lorsque tu sauras
Par quel motif j'agis, tu m'estimeras.

LA SUIVANTE.
Cela pourroit bien être.

CÉLIE.

                Apprends donc que Lélie
A pu blesser mon cœur par une perfidie ;
Qu'il étoit en ces lieux sans....

LA SUIVANTE.

                Mais il vient à nous.

SCÈNE XX.

LÉLIE, CÉLIE, LA SUIVANTE DE CÉLIE.

LÉLIE.
Avant que pour jamais je m'éloigne de vous,
Je veux vous reprocher au moins en cette place....

CÉLIE.
Quoi! me parler encore? Avez-vous cette audace?

LÉLIE.
Il est vrai qu'elle est grande; et votre choix est tel,
Qu'à vous rien reprocher je serois criminel.
Vivez, vivez contente, et bravez ma mémoire,
Avec le digne époux qui vous comble de gloire.

CÉLIE.
Oui, traître! j'y veux vivre; et mon plus grand désir
Ce seroit que ton cœur en eût du déplaisir.

LÉLIE.
Qui rend donc contre moi ce courroux légitime!

CÉLIE.
Quoi! tu fais le surpris et demandes ton crime?

Oui, j'ai juré sa mort; rien ne peut l'empêcher. (Scène XXI.)

SCÈNE XXI.

CÉLIE, LÉLIE, SGANARELLE, *armé de pied en cap*, LA SUIVANTE DE CÉLIE.

SGANARELLE.
Guerre! guerre mortelle à ce larron d'honneur
Qui, sans miséricorde, a souillé notre honneur!

CÉLIE, *à Lélie, lui montrant Sganarelle.*
Tourne, tourne les yeux, sans me faire répondre.

LÉLIE.
Ah! je vois....

CÉLIE.
Cet objet suffit pour te confondre.

LÉLIE.
Mais pour vous obliger bien plutôt à rougir.

SGANARELLE, *à part.*
Ma colère à présent est en état d'agir;
Dessus ses grands chevaux est monté mon courage;
Et si je le rencontre, on verra du carnage.
Oui, j'ai juré sa mort; rien ne peut l'empêcher:
Où je le trouverai, je veux le dépêcher.
(*Tirant son épée à demi, il approche de Lélie.*)
Au beau milieu du cœur il faut que je lui donne....

LÉLIE, *se retournant.*
A qui donc en veut-on?

SGANARELLE.
Je n'en veux à personne.

LÉLIE

Pourquoi ces armes-là?

SGANARELLE.

C'est un habillement.
(A part.)
Que j'ai pris pour la pluie. Ah! quel contentement
J'aurois à le tuer! Prenons-en le courage.

LÉLIE, se retournant encore.

Haï?

SGANARELLE.

Je ne parle pas.
(A part, après s'être donné des soufflets pour s'exciter.)
Ah! poltron! dont j'enrage,
Lâche! vrai cœur de poule!

CÉLIE, à Lélie.

Il t'en doit dire assez,
Cet objet dont tes yeux nous paroissent blessés.

LÉLIE.

Oui, je connois par là que vous êtes coupable
De l'infidélité la plus inexcusable,
Qui jamais d'un amant puisse outrager la foi.

SGANARELLE, à part.

Que n'ai-je un peu de cœur!

CÉLIE.

Ah! cesse devant moi,
Traître! de ce discours l'insolence cruelle!

SGANARELLE, à part.

Sganarelle, tu vois qu'elle prend ta querelle :
Courage, mon enfant, sois un peu vigoureux.
Là, hardi! tâche à faire un effort généreux,
En le tuant tandis qu'il tourne le derrière.

LÉLIE, faisant deux ou trois pas sans dessein, fait retourner Sganarelle qui s'approchoit pour le tuer.

Puisqu'un pareil discours émeut votre colère,
Je dois de votre cœur me montrer satisfait,
Et l'applaudir ici du beau choix qu'il a fait.

CÉLIE.

Oui, oui, mon choix est tel qu'on n'y peut rien reprendre.

LÉLIE.

Allez, vous faites bien de le vouloir défendre.

SGANARELLE.

Sans doute, elle fait bien de défendre mes droits.
Cette action, monsieur, n'est point selon les lois :
J'ai raison de m'en plaindre ; et, si je n'étois sage,
On verroit arriver un étrange carnage.

LÉLIE.

D'où vous naît cette plainte, et quel chagrin brutal?...

SGANARELLE.

Suffit. Vous savez bien où le bât me fait mal ;
Mais votre conscience et le soin de votre âme
Vous devroient mettre aux yeux que ma femme est ma [femme;
Et vouloir, à ma barbe, en faire votre bien,
Que ce n'est pas du tout agir en bon chrétien.

LÉLIE.

Un semblable soupçon est bas et ridicule.
Allez, dessus ce point n'ayez aucun scrupule ;
Je sais qu'elle est à vous ; et, bien loin de brûler....

CÉLIE.

Ah! qu'ici tu sais bien, traître, dissimuler!

LÉLIE.

Quoi! me soupçonnez-vous d'avoir une pensée
De qui son âme ait lieu de se croire offensée?
De cette lâcheté voulez-vous me noircir?

CÉLIE.

Parle, parle à lui-même, il pourra t'éclaircir.

SGANARELLE, à Célie.

Vous me défendez mieux que je ne saurois faire,
Et du biais qu'il faut vous prenez cette affaire.

SCÈNE XXII.

CÉLIE, LÉLIE, SGANARELLE, LA FEMME
DE SGANARELLE, LA SUIVANTE DE CÉLIE.

LA FEMME DE SGANARELLE.

Je ne suis point d'humeur à vouloir contre vous
Faire éclater, madame, un esprit trop jaloux ;
Mais je ne suis point dupe, et vois ce qui se passe :
Il est de certains feux de fort mauvaise grâce ;
Et votre âme devroit prendre un meilleur emploi,
Que de séduire un cœur qui doit n'être qu'à moi.

CÉLIE.

La déclaration est assez ingénue.

SGANARELLE, à sa femme.

L'on ne demandoit pas, carogne, ta venue :
Tu la viens quereller lorsqu'elle me défend,
Et tu trembles de peur qu'on t'ôte ton galant.

CÉLIE.

Allez, ne croyez pas que l'on en ait envie.
(Se tournant vers Lélie.)
Tu vois si c'est mensonge ; et j'en suis fort ravie.

LÉLIE.

Que me veut-on conter?

LA SUIVANTE.

Ma foi, je ne sais pas
Quand on verra finir ce galimatias ;
Déjà depuis longtemps je tâche à le comprendre,
Et si, plus je l'écoute, et moins je puis l'entendre,
Je vois bien à la fin que je m'en dois mêler.
(Elle se met entre Lélie et sa maîtresse.)
Répondez-moi par ordre, et me laissez parler.
(A Lélie.)
Vous, qu'est-ce qu'à son cœur peut reprocher le vôtre?

LÉLIE.

Que l'infidèle a pu me quitter pour un autre ;
Que lorsque, sur le bruit de son hymen fatal,
J'accours tout transporté d'un amour sans égal,
Dont l'ardeur résistoit à se croire oubliée,
Mon abord en ces lieux la trouve mariée.

LA SUIVANTE.

Mariée! à qui donc?

LÉLIE, montrant Sganarelle.

A lui.

LA SUIVANTE.

Comment, à lui?

LÉLIE.

Oui-da!

LA SUIVANTE.

Qui vous l'a dit ?

LÉLIE.

C'est lui-même, aujourd'hui.

LA SUIVANTE, à Sganarelle.

Est-il vrai ?

SGANARELLE.

Moi ? J'ai dit que c'étoit à ma femme
Que j'étois marié.

LÉLIE.

Dans un grand trouble d'âme,
Tantôt de mon portrait je vous ai vu saisi.

SGANARELLE.

Il est vrai : le voilà.

LÉLIE, à Sganarelle.

Vous m'avez dit aussi
Que celle aux mains de qui vous avez pris ce gage,
Étoit liée à vous des nœuds du mariage.

SGANARELLE.

(Montrant sa femme.)

Sans doute. Et je l'avois de ses mains arraché ;
Et n'eusse pas sans lui découvert son péché.

LA FEMME DE SGANARELLE.

Que me viens-tu conter par ta plainte importune ?
Je l'avois sous mes pieds rencontré par fortune ;
Et même, quand, après ton injuste courroux,
(Montrant Lélie.)
J'ai fait dans sa foiblesse entrer monsieur chez nous,
Je n'ai pas reconnu les traits de sa peinture.

CÉLIE.

C'est moi qui du portrait ai causé l'aventure ;
Et je l'ai laissé choir en cette pamoison,
(A Sganarelle).
Qui m'a fait par vos soins remettre à la maison.

LA SUIVANTE.

Vous voyez que sans moi vous y seriez encore,
Et vous aviez besoin de mon peu d'ellébore.

SGANARELLE, à part.

Prendrons-nous tout ceci pour de l'argent comptant ?
Mon front l'a, sur mon âme, eu bien chaude pourtant !

LA FEMME DE SGANARELLE.

Ma crainte toutefois n'est pas trop dissipée,
Et, doux que soit le mal, je crains d'être trompée.

SGANARELLE, à sa femme.

Hé ! mutuellement, croyons-nous gens de bien ;
Je risque plus du mien que tu ne fais du tien ;
Accepte sans façon le marché qu'on propose.

LA FEMME DE SGANARELLE.

Soit. Mais gare le bois si j'apprends quelque chose !

CÉLIE, à Lélie, après avoir parlé bas ensemble.

Ah ! dieux ! s'il est ainsi, qu'est-ce donc que j'ai fait ?
Je dois de mon courroux appréhender l'effet.
Oui, vous croyant sans foi, j'ai pris, pour ma vengeance,
Le malheureux secours de mon obéissance,
Et, depuis un moment, mon cœur vient d'accepter
Un hymen que toujours j'eus lieu de rebuter.

J'ai promis à mon père ; et ce qui me désole....
Mais je le vois venir.

LÉLIE.

Il me tiendra parole.

SCÈNE XXIII.

GORGIBUS, CÉLIE, LÉLIE, SGANARELLE, LA FEMME DE SGANARELLE, LA SUIVANTE DE CÉLIE.

LÉLIE.

Monsieur, vous me voyez en ces lieux de retour,
Brûlant des mêmes feux ; et mon ardent amour
Verra, comme je crois, la promesse accomplie
Qui me donna l'espoir de l'hymen de Célie.

GORGIBUS.

Monsieur, que je revois en ces lieux de retour,
Brûlant des mêmes feux, et dont l'ardent amour
Verra, que vous croyez, la promesse accomplie
Qui vous donna l'espoir de l'hymen de Célie,
Très-humble serviteur à votre seigneurie.

LÉLIE.

Quoi ! monsieur, est-ce ainsi qu'on trahit mon espoir ?

GORGIBUS.

Oui, monsieur, c'est ainsi que je fais mon devoir :
Ma fille en suit les lois.

CÉLIE.

Mon devoir m'intéresse,
Mon père, à dégager vers lui votre promesse.

GORGIBUS.

Est-ce répondre en fille à mes commandemens ?
Tu te démens bientôt de tes bons sentimens.
Pour Valère, tantôt... Mais j'aperçois son père :
Il vient assurément pour conclure l'affaire.

SCÈNE XXIV.

VILLEBREQUIN, GORGIBUS, CÉLIE, LÉLIE, SGANARELLE, LA FEMME DE SGANARELLE, LA SUIVANTE DE CÉLIE.

GORGIBUS.

Qui vous amène ici, seigneur Villebrequin ?

VILEBREQUIN.

Un secret important que j'ai su ce matin,
Qui rompt absolument ma parole donnée.
Mon fils, dont votre fille acceptoit l'hyménée,
Sous des liens cachés trompant les yeux de tous,
Vit depuis quatre mois avec Lise en époux ;
Et, comme des parens le bien et la naissance
M'ôtent tout le pouvoir d'en casser l'alliance,
Je vous viens....

GORGIBUS.

Brisons là. Si, sans votre congé,
Valère votre fils ailleurs s'est engagé,
Je ne vous puis celer que ma fille Célie

Dès longtemps par moi-même est promise à Lélie ;
Et que, riche en vertu, son retour aujourd'hui
M'empêche d'agréer un autre époux que lui.
VILLEBREQUIN.
Un tel choix me plaît fort.
LÉLIE.
Et cette juste envie
D'un bonheur éternel va couronner ma vie....

GORGIBUS.
Allons choisir le jour pour se donner la foi.
SGANARELLE, *seul*.
A-t-on mieux cru jamais être cocu que moi ?
Vous voyez qu'en ce fait la plus forte apparence
Peut jeter dans l'esprit une fausse créance.
De cet exemple-ci ressouvenez-vous bien ;
Et, quand vous verriez tout, ne croyez jamais rien.

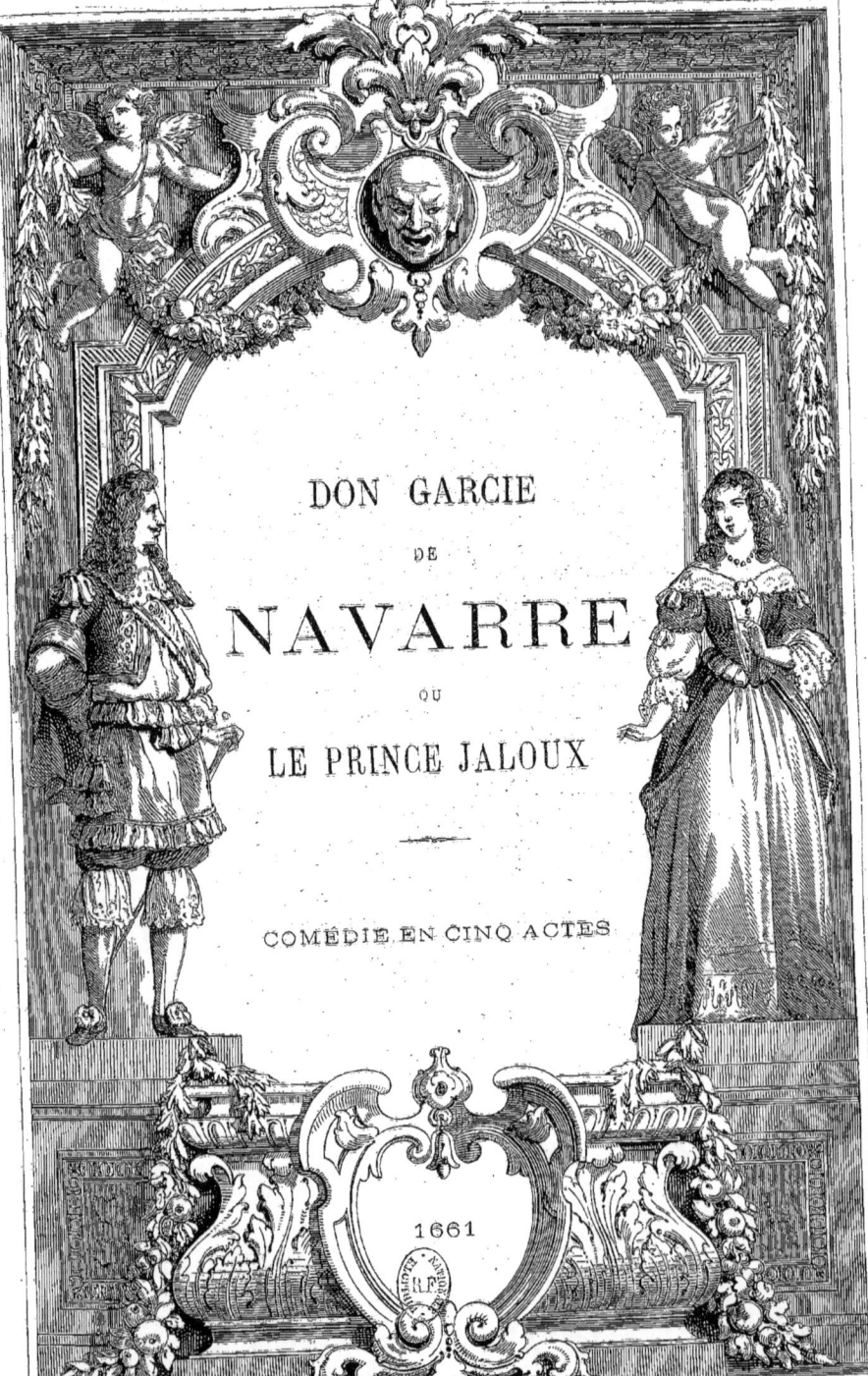

PERSONNAGES ET ACTEURS.

DON GARCIE, prince de Navarre, amant de doné Elvire.   Molière.

DONE ELVIRE, princesse de Léon.   Mlle du Parc.

DON ALPHONSE, prince de Léon, cru prince de Castille, sous le nom de don Sylve.   La Grange.

DONE IGNÈS, comtesse, amante de don Sylve, aimée par Mauregat, usurpateur de l'État de Léon.

ÉLISE, confidente de done Elvire.   Madeleine Béjart

DON ALVAR, confident de don Garcie, amant d'Élise.

DON LOPE, autre confident de don Garcie, amant d'Élise.

DON PÈDRE, écuyer d'Ignès.

UN PAGE de done Elvire.

La scène est dans Astorgue, ville d'Espagne, dans le royaume de Léon.

Don Garcie de Navarre, ou le Prince jaloux, fut représenté pour la première fois sur le théâtre du Palais-Royal, le 4 février 1661. Cette comédie est imitée d'une pièce de Cicognini, intitulée : *Le Gelosie fortunate del principe Rodrigo.*

ACTE PREMIER.

SCÈNE I.

DONE ELVIRE, ÉLISE

DONE ELVIRE.

Non, ce n'est point un choix, qui, pour ces deux amans,
Sut régler de mon cœur les secrets sentimens;
Et le prince n'a point, dans tout ce qu'il peut être,
Ce qui fit préférer l'amour qu'il fait paroître.
Don Sylve, comme lui, fit briller à mes yeux
Toutes les qualités d'un héros glorieux;
Même éclat de vertus, joint à même naissance,
Me parloit en tous deux pour cette préférence;
Et je serois encore à nommer le vainqueur,
Si le mérite seul prenoit droit sur un cœur:
Mais ces chaînes du ciel qui tombent sur nos âmes,
Décidèrent en moi le destin de leurs flammes;
Et toute mon estime, égale entre les deux,
Laissa vers don Garcie entraîner tous mes vœux.

ÉLISE.

Cet amour que pour lui votre astre vous inspire,
N'a sur vos actions pris que bien peu d'empire,
Puisque nos yeux, madame, ont pu longtemps douter
Qui de ces amans vous vouliez mieux traiter.

DONE ELVIRE.

De ces nobles rivaux l'amoureuse poursuite,
A de fâcheux combats, Élise, m'a réduite.
Quand je regardois l'un, rien ne me reprochoit
Le tendre mouvement où mon âme penchoit;
Mais je me l'imputois à beaucoup d'injustice,
Quand de l'autre à mes yeux s'offroit le sacrifice;
Et don Sylve, après tout, dans ses soins amoureux,
Me sembloit mériter un destin plus heureux.
Je m'opposois encor ce qu'au sang de Castille
Du feu roi de Léon semble devoir la fille;
Et la longue amitié, qui, d'un étroit lien,
Joignit les intérêts de son père et du mien.
Ainsi, plus dans mon âme un autre prenoit place,
Plus de tous ses respects je plaignois la disgrâce;
Ma pitié, complaisante à ses brûlans soupirs,
D'un dehors favorable amusoit ses désirs,
Et vouloit réparer, par ce foible avantage,
Ce qu'au fond de mon cœur je lui faisois d'outrage.

ÉLISE.

Mais son premier amour que vous avez appris,
Doit de cette contrainte affranchir vos esprits;
Et, puisqu'avant ces soins où pour vous il s'engage,
Done Ignès de son cœur avoit reçu l'hommage,
Et que, par des liens aussi fermes que doux,
L'amitié vous unit, cette comtesse et vous,
Son secret révélé vous est une matière
A donner à vos vœux liberté tout entière;

Et vous pouvez, sans crainte, à cet amant confus,
D'un devoir d'amitié couvrir tous vos refus.
DONE ELVIRE.
Il est vrai que j'ai lieu de chérir la nouvelle
Qui m'apprit que don Sylve étoit un infidèle,
Puisque par ses ardeurs mon cœur tyrannisé
Contre elles à présent se voit autorisé ;
Qu'il en peut justement combattre les hommages,
Et, sans scrupule, ailleurs donner tous ses suffrages ;
Mais enfin quelle joie en peut prendre ce cœur,
Si d'une autre contrainte il souffre la rigueur?
Si d'un prince jaloux l'éternelle foiblesse
Reçoit indignement les soins de ma tendresse,
Et semble préparer dans mon juste courroux,
Un éclat à briser tout commerce entre nous?
ÉLISE.
Mais si de votre bouche il n'a point su sa gloire,
Est-ce un crime pour lui que de n'oser la croire?
Et ce qui d'un rival a pu flatter les feux,
L'autorise-t-il pas à douter de vos vœux?
ELVIRE.
Non, non, de cette sombre et lâche jalousie
Rien ne peut excuser l'étrange frénésie,
Et, par mes actions, je l'ai trop informé
Qu'il peut bien se flatter du bonheur d'être aimé.
Sans employer la langue, il est des interprètes
Qui parlent clairement des atteintes secrètes.
Un soupir, un regard, une simple rougeur,
Un silence est assez pour expliquer un cœur.
Tout parle dans l'amour; et, sur cette matière
Le moindre jour doit être une grande lumière,
Puisque, chez notre sexe où l'honneur est puissant,
On ne montre jamais tout ce que l'on ressent.
J'ai voulu, je l'avoue, ajuster ma conduite,
Et voir d'un œil égal l'un et l'autre mérite ;
Mais que contre ses vœux on combat vainement,
Et que la différence est connue aisément
De toutes ces faveurs qu'on fait avec étude,
A celles où du cœur fait pencher l'habitude!
Dans les unes toujours on paroît se forcer;
Mais les autres, hélas ! se font sans y penser :
Semblables à ces eaux si pures et si belles,
Qui coulent sans effort des sources naturelles.
Ma pitié pour don Sylve avoit beau l'émouvoir,
J'en trahissois les soins sans m'en apercevoir :
Et mes regards au prince, en un pareil martyre,
En disoient toujours plus que je n'en voulois dire.
ÉLISE.
Enfin si les soupçons de cet illustre amant,
Puisque vous le voulez, n'ont point de fondement,
Pour le moins font-ils foi d'une âme bien atteinte,
Et d'autres chériroient ce qui fait votre plainte.
De jaloux mouvemens doivent être odieux,
S'ils partent d'un amour qui déplait à nos yeux;
Mais tout ce qu'un amant nous peut montrer d'alarmes,
Doit, lorsque nous l'aimons, avoir pour nous des charmes,
C'est par là que son feu se peut mieux exprimer ;
Et, plus il est jaloux, plus nous devons l'aimer.
Ainsi, puisqu'en votre âme un prince magnanime....

DONE ELVIRE.
Ah ! ne m'avancez point cette étrange maxime !
Partout la jalousie est un monstre odieux :
Rien n'en peut adoucir les traits injurieux ;
Et plus l'amour est cher qui lui donne naissance,
Plus on doit ressentir les coups de cette offense.
Voir un prince emporté, qui perd à tous momens
Le respect que l'amour inspire aux vrais amans ;
Qui, dans les soins jaloux où son âme se noie,
Querelle également mon chagrin et ma joie,
Et dans tous mes regards ne peut rien remarquer
Qu'en faveur d'un rival il ne veuille expliquer :
Non, non, par ces soupçons je suis trop offensée,
Et sans déguisement je te dis ma pensée.
Le prince don Garcie est cher à mes désirs ;
Il peut d'un cœur illustre échauffer les soupirs ;
Au milieu de Léon on a vu son courage
Me donner de sa flamme un noble témoignage,
Braver, en ma faveur, des périls les plus grands,
M'enlever aux desseins de nos lâches tyrans,
Et, dans ces murs forcés, mettre ma destinée
A couvert des horreurs d'un indigne hyménée ;
Et je ne cèle point que j'aurois de l'ennui
Que la gloire en fût due à quelque autre qu'à lui ;
Car un cœur amoureux prend un plaisir extrême
A se voir redevable, Élise, à ce qu'il aime,
Et sa flamme timide ose mieux éclater,
Lorsqu'en favorisant elle croit s'acquitter.
Oui, j'aime qu'un secours, qui hasarde sa tête,
Semble à sa passion donner droit de conquête;
J'aime que mon péril m'ait jetée en ses mains ;
Et, si les bruits communs ne sont pas des bruits vains,
Si la bonté du ciel nous ramène mon frère,
Les vœux les plus ardens que mon cœur puisse faire,
C'est que son bras encor sur un perfide sang
Puisse aider à ce frère à reprendre son rang,
Et, par d'heureux succès d'une haute vaillance,
Mériter tous les soins de sa reconnoissance ;
Mais, avec tout cela, s'il pousse mon courroux,
S'il ne purge ses feux de leurs transports jaloux,
Et ne les range aux lois que je lui veux prescrire,
C'est inutilement qu'il prétend done Elvire :
L'hymen ne peut nous joindre, et j'abhorre des nœuds
Qui deviendroient sans doute un enfer pour tous deux.
ÉLISE.
Bien que l'on pût avoir des sentimens tout autres,
C'est au prince, madame, à se régler aux vôtres ;
Et dans votre billet ils sont si bien marqués,
Que quand il les verra de la sorte expliqués....
DONE ELVIRE.
Je n'y veux point, Élise, employer cette lettre,
C'est un soin qu'à ma bouche il me vaut mieux commettre.
La faveur d'un écrit laisse aux mains d'un amant
Des témoins trop constans de notre attachement;
Ainsi donc empêchez qu'au prince on ne la livre.
ÉLISE.
Toutes vos volontés sont des lois qu'on doit suivre.
J'admire cependant que le ciel ait jeté
Dans le goût des esprits tant de diversité.
Et que ce que les uns regardent comme outrage,

Soit vu par d'autres yeux sous un autre visage.
Pour moi, je trouverois mon sort tout à fait doux,
Si j'avois un amant qui pût être jaloux;
Je saurois m'applaudir de son inquiétude;
Et ce qui pour mon âme est souvent un peu rude,
C'est de voir don Alvar ne prendre aucun souci.

DONE ELVIRE.
Nous ne le croyions pas si proche; le voici.

SCÈNE II.

DONE ELVIRE, DON ALVAR, ÉLISE.

DONE ELVIRE.
Votre retour surprend; qu'avez-vous à m'apprendre?
Don Alphonse vient-il? A-t-on lieu de l'attendre?

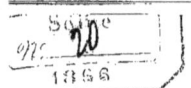

Ah! ne m'avancez pas cette étrange maxime! (Acte I, scène I.)

DON ALVAR.
Oui, madame, et ce frère en Castille élevé,
De rentrer dans ses droits voit le temps arrivé.
Jusqu'ici don Louis, qui vit à sa prudence
Par le feu roi mourant commettre son enfance,
A caché ses destins aux yeux de tout l'État,
Pour l'ôter aux fureurs du traître Mauregat;
Et bien que le tyran, depuis sa lâche audace,
L'ait souvent demandé pour lui rendre sa place,

Jamais son zèle ardent n'a pris de sûreté
A l'appât dangereux de sa fausse équité;
Mais, les peuples émus par cette violence
Que vous a voulu faire une injuste puissance,
Ce généreux vieillard a cru qu'il étoit temps
D'éprouver le succès d'un espoir de vingt ans:
Il a tenté Léon, et ses fidèles trames
Des grands, comme du peuple, ont pratiqué les âmes,
Tandis que la Castille armoit dix mille bras

Pour redonner ce prince aux vœux de ses États ;
Il fait auparavant semer sa renommée,
Et ne veut le montrer qu'en tête d'une armée,
Que tout prêt à lancer le foudre punisseur,
Sous qui doit succomber un lâche ravisseur.
On investit Léon, et don Sylve en personne
Commande le secours que son père vous donne.
DONE ELVIRE.
Un secours si puissant doit flatter notre espoir ;
Mais je crains que mon frère y puisse trop devoir.
DON ALVAR.
Mais, madame, admirez que malgré la tempête
Que votre usurpateur oit gronder sur sa tête,
Tous les bruits de Léon annoncent pour certain
Qu'à la comtesse Ignès il va donner la main.
DONE ELVIRE.
Il cherche dans l'hymen de cette illustre fille
L'appui du grand crédit où se voit sa famille.
Je ne reçois rien d'elle, et j'en suis en souci ;
Mais son cœur au tyran fut toujours endurci.
ÉLISE.
De trop puissans motifs d'honneur et de tendresse
Opposent ses refus aux nœuds dont on la presse
Pour....
DON ALVAR.
Le prince entre ici.

SCÈNE III.

DON GARCIE, DONE ELVIRE, DON ALVAR, ÉLISE.

DON GARCIE.
Je viens m'intéresser,
Madame, au doux espoir qu'il vous vient d'annoncer.
Ce frère qui menace un tyran plein de crimes,
Flatte de mon amour les transports légitimes :
Son sort offre à mon bras des périls glorieux
Dont je puis faire hommage à l'éclat de vos yeux,
Et par eux m'acquérir, si le ciel m'est propice,
La gloire d'un revers que vous doit sa justice,
Qui va faire à vos pieds choir l'infidélité,
Et rendre à votre sang toute sa dignité.
Mais ce qui plus me plaît d'une attente si chère,
C'est que pour être roi, le ciel vous rend ce frère,
Et qu'ainsi mon amour peut éclater au moins
Sans qu'à d'autres motifs on impute ses soins,
Et qu'il soit soupçonné que dans votre personne
Il cherche à me gagner les droits d'une couronne.
Oui, tout mon cœur voudroit montrer aux yeux de tous,
Qu'il ne regarde en vous autre chose que vous ;
Et cent fois, si je puis le dire sans offense,
Ses vœux se sont armés contre votre naissance ;
Leur chaleur indiscrète a d'un destin plus bas
Souhaité le partage à vos divins appas ;
Afin que de ce cœur le noble sacrifice
Pût du ciel envers vous réparer l'injustice,
Et votre sort tenir des mains de mon amour
Tout ce qu'il doit au sang dont vous tenez le jour.

Mais puisque enfin les cieux, de tout ce juste hommage,
A mes feux prévenus dérobent l'avantage,
Trouvez bon que ces feux prennent un peu d'espoir
Sur la mort que mon bras s'apprête à faire voir,
Et qu'ils osent briguer, par d'illustres services,
D'un frère et d'un État les suffrages propices.
DONE ELVIRE.
Je sais que vous pouvez, prince, en vengeant nos droits,
Faire pour votre amour parler cent beaux exploits ;
Mais ce n'est pas assez pour le prix qu'il espère,
Que l'aveu d'un État, et la faveur d'un frère.
Donc Elvire n'est pas au bout de cet effort,
Et je vous vois à vaincre un obstacle plus fort.
DON GARCIE.
Oui, madame, j'entends ce que vous voulez dire.
Je sais bien que pour vous mon cœur en vain soupire ;
Et l'obstacle puissant qui s'oppose à mes feux,
Sans que vous le nommiez, n'est pas secret pour eux.
DONE ELVIRE.
Souvent on entend mal ce qu'on croit bien entendre,
Et par trop de chaleur, prince, on se peut méprendre ;
Mais, puisqu'il faut parler, désirez-vous savoir
Quand vous pourrez me plaire, et prendre quelque espoir ?
DON GARCIE.
Ce me sera, madame, une faveur extrême.
DONE ELVIRE.
Quand vous saurez m'aimer comme il faut que l'on aime.
DON GARCIE.
Eh ! que peut-on, hélas ! observer sous les cieux,
Qui ne cède à l'ardeur que m'inspirent vos yeux ?
DONE ELVIRE.
Quand votre passion ne fera rien paroître
Dont se puisse indigner celle qui l'a fait naître.
DON GARCIE.
C'est là son plus grand soin.
DONE ELVIRE.
Quand tous ses mouvemens
Ne prendront point de moi de trop bas sentimens.
DON GARCIE.
Ils vous révèrent trop.
DONE ELVIRE.
Quand d'un injuste ombrage
Votre raison saura me réparer l'outrage,
Et que vous bannirez enfin ce monstre affreux
Qui de son noir venin empoisonne vos feux,
Cette jalouse humeur dont l'importun caprice
Aux vœux que vous m'offrez rend un mauvais office,
S'oppose à leur attente, et contre eux, à tous coups,
Arme les mouvemens de mon juste courroux.
DON GARCIE.
Ah ! madame ! il est vrai, quelque effort que je fasse,
Qu'un peu de jalousie en mon cœur trouve place,
Et qu'un rival, absent de vos divins appas,
Au repos de ce cœur vient livrer des combats.
Soit caprice ou raison, j'ai toujours la croyance
Que votre âme en ces lieux souffre de son absence,
Et que, malgré mes soins, vos soupirs amoureux
Vont trouver à tous coups ce rival trop heureux.
Mais si de tels soupçons ont de quoi vous déplaire,
Il vous est bien facile, hélas ! de m'y soustraire !

Et leur bannissement, d'ont j'accepte la loi,
Dépend bien plus de vous, qu'il ne dépend de moi.
Oui, c'est vous qui pouvez, par deux mots pleins de flamme,
Contre la jalousie armer toute mon âme,
Et, des pleines clartés d'un glorieux espoir,
Dissiper les horreurs que ce monstre y fait choir.
Daignez donc étouffer le doute qui m'accable,
Et faites qu'un aveu d'une bouche adorable
Me donne l'assurance, au fort de tant d'assauts,
Que je ne puis trouver dans le peu que je vaux.

DONE ELVIRE.

Prince, de vos soupçons la tyrannie est grande :
Au moindre mot qu'il dit, un cœur veut qu'on l'entende,
Et n'aime pas ces feux dont l'importunité
Demande qu'on s'explique avec plus de clarté.
Le premier mouvement qui découvre notre âme
Doit d'un amant discret satisfaire la flamme ;
Et c'est à s'en dédire autoriser nos vœux,
Que vouloir plus avant pousser de tels aveux.
Je ne dis point quel choix, s'il m'étoit volontaire,
Entre don Sylve et vous mon âme pourroit faire ;
Mais vouloir vous contraindre à n'être point jaloux
Auroit dit quelque chose à tout autre que vous ;
Et je croyois cet ordre un assez doux langage,
Pour n'avoir pas besoin d'en dire davantage.
Cependant votre amour n'est pas encor content;
Il demande un aveu qui soit plus éclatant ;
Pour l'ôter de scrupule, il me faut, à vous-même,
En des termes exprès, dire que je vous aime ;
Et peut-être qu'encor, pour vous en assurer,
Vous vous obstineriez à m'en faire jurer.

DON GARCIE.

Hé bien ! madame, hé bien ! je suis trop téméraire,
De tout ce qui vous plaît je dois me satisfaire.
Je ne demande point de plus grande clarté ;
Je crois que vous avez pour moi quelque bonté,
Que d'un peu de pitié mon feu vous sollicite,
Et je me vois heureux plus que je ne mérite.
C'en est fait, je renonce à mes soupçons jaloux ;
L'arrêt qui les condamne est un arrêt bien doux,
Et je reçois la loi qu'il daigne me prescrire,
Pour affranchir mon cœur de leur injuste empire.

DONE ELVIRE.

Vous promettez beaucoup, prince ; et je doute fort
Si vous pourrez sur vous faire ce grand effort.

DON GARCIE.

Ah ! madame, il suffit, pour me rendre croyable,
Que ce qu'on vous promet doit être inviolable ;
Et que l'heur d'obéir à sa divinité
Ouvre aux plus grands efforts trop de facilité.
Que le ciel me déclare une éternelle guerre,
Que je tombe à vos pieds d'un éclat de tonnerre ;
Ou, pour périr encor par de plus rudes coups,
Puissé-je voir sur moi fondre votre courroux,
Si jamais mon amour descend à la foiblesse
De manquer au devoir d'une telle promesse ;
Si jamais dans mon âme aucun jaloux transport
Fait....

SCÈNE IV.

DONE ELVIRE, DON GARCIE, DON ALVAR, ÉLISE, UN PAGE, *présentant un billet à done Elvire.*

DONE ELVIRE.

J'en étois en peine, et tu m'obliges fort.
Que le courrier attende.

SCÈNE V.

DONE ELVIRE, DON GARCIE, DON ALVAR, ÉLISE.

DONE ELVIRE, *bas, à part.*

A ces regards qu'il jette,
Vois-je pas que déjà cet écrit l'inquiète ?
Prodigieux effet de son tempérament !
(*Haut.*)
Qui vous arrête, prince, au milieu du serment ?

DON GARCIE.

J'ai cru que vous aviez quelque secret ensemble,
Et je ne voulois pas l'interrompre.

DONE ELVIRE.

Il me semble
Que vous me répondez d'un ton fort altéré.
Je vous vois tout à coup le visage égaré.
Ce changement soudain a lieu de me surprendre :
D'où peut-il provenir? le pourroit-on apprendre ?

DON GARCIE.

D'un mal qui tout à coup vient d'attaquer mon cœur.

DONE ELVIRE.

Souvent plus qu'on ne croit ces maux ont de rigueur,
Et quelque prompt secours vous seroit nécessaire.
Mais encor, dites-moi, vous prend-il d'ordinaire ?

DON GARCIE.

Parfois.

DONE ELVIRE.

Ah ! prince foible ! Hé bien ! par cet écrit,
Guérissez-le, ce mal ; il n'est que dans l'esprit.

DON GARCIE.

Par cet écrit, madame ? Ah ! ma main le refuse !
Je vois votre pensée, et de quoi l'on m'accuse.
Si....

DONE ELVIRE.

Lisez-le, vous dis-je, et satisfaites-vous.

DON GARCIE.

Pour me traiter après de foible, de jaloux ?
Non, non. Je dois ici vous rendre un témoignage
Qu'à mon cœur cet écrit n'a point donné d'ombrage ;
Et, bien que vos bontés m'en laissent le pouvoir,
Pour me justifier, je ne veux point le voir.

DONE ELVIRE.

Si vous vous obstinez à cette résistance,
J'aurois tort de vouloir vous faire violence ;
Et c'est assez enfin que vous avoir pressé
De voir de quelle main ce billet m'est tracé.

DON GARCIE.

Ma volonté toujours vous doit être soumise :

Si c'est votre plaisir que pour vous je le lise,
Je consens volontiers à prendre cet emploi.
DONE ELVIRE.
Oui, oui, prince, tenez, vous le lirez pour moi.
DON GARCIE.
C'est pour vous obéir, au moins, et je puis dire....
DONE ELVIRE.
C'est ce que vous voudrez : dépêchez-vous de lire.
DON GARCIE.
Il est de done Ignès, à ce que je connoi.
DONE ELVIRE.
Oui. Je m'en réjouis et pour vous et pour moi.
DON GARCIE *lit.*

Malgré l'effort d'un grand mépris,
Le tyran toujours m'aime, et, depuis votre absence,
Vers moi, pour me porter au dessein qu'il a pris,
Il semble avoir tourné toute sa violence,
   Dont il poursuivoit l'alliance
    De vous et de son fils.
  Ceux qui sur moi peuvent avoir empire,
Par de lâches motifs qu'un faux honneur inspire,
   Approuvent tous cet indigne lien.
J'ignore encor par où finira mon martyre;
Mais je mourrai plutôt que de consentir rien.
  Puissiez-vous jouir, belle Elvire,
  D'un destin plus doux que le mien !
DONE IGNÈS.
Dans la haute vertu son âme est affermie.
DONE ELVIRE.
Je vais faire réponse à cette illustre amie.
Cependant, apprenez, prince, à vous mieux armer
Contre ce qui prend droit de vous trop alarmer.
J'ai calmé votre trouble avec cette lumière,
Et la chose a passé d'une douce manière;
Mais, à n'en point mentir, il seroit des momens
Où je pourrois entrer dans d'autres sentimens.
DON GARCIE.
Hé quoi! vous croyez donc?...
DONE ELVIRE.
                Je crois ce qu'il faut croire.
Adieu. De mes avis conservez la mémoire;
Et s'il est vrai pour moi que votre amour soit grand,
Donnez-en à mon cœur les preuves qu'il prétend.
DON GARCIE.
Croyez que désormais c'est toute mon envie,
Et qu'avant qu'y manquer je veux perdre la vie.

ACTE DEUXIÈME.

SCÈNE I.

ÉLISE, DON LOPE.

ÉLISE.

Tout ce que fait le prince, à parler franchement,
N'est pas ce qui me donne un grand étonnement;
Car que d'un noble amour une âme bien saisie
En pousse les transports jusqu'à la jalousie,
Que de doutes fréquens ses vœux soient traversés,
Il est fort naturel, et je l'approuve assez;
Mais ce qui me surprend, don Lope, c'est d'entendre
Que vous lui préparez les soupçons qu'il doit prendre,
Que votre âme les forme, et qu'il n'est en ces lieux
Fâcheux que par vos soins, jaloux que par vos yeux.
Encore un coup, don Lope, une âme bien éprise,
Des soupçons qu'elle prend ne me rend point surprise;
Mais qu'on ait sans amour tous les soins d'un jaloux,
C'est une nouveauté qui n'appartient qu'à vous.

DON LOPE.

Que sur cette conduite à son aise l'on glose,
Chacun règle la sienne au but qu'il se propose;
Et, rebuté par vous des soins de mon amour,
Je songe auprès du prince à bien faire ma cour.

ÉLISE.

Mais savez-vous qu'enfin il fera mal la sienne,
S'il faut qu'en cette humeur votre esprit l'entretienne?

DON LOPE.

Et quand, charmante Élise, a-t-on vu, s'il vous plaît,
Qu'on cherche auprès des grands que son propre intérêt?
Qu'un parfait courtisan veuille charger leur suite
D'un censeur des défauts qu'on trouve en leur conduite,
Et s'aille inquiéter si son discours leur nuit,
Pourvu que sa fortune en tire quelque fruit?

Tout ce qu'on fait ne va qu'à se mettre en leur grâce:
Par la plus courte voie on y cherche une place;
Et les plus prompts moyens de gagner leur faveur,
C'est de flatter toujours le foible de leur cœur;
D'applaudir en aveugle à ce qu'ils veulent faire,
Et n'appuyer jamais ce qui peut leur déplaire:
C'est là le vrai secret d'être bien auprès d'eux.
Les utiles conseils font passer pour fâcheux,
Et vous laissent toujours hors de la confidence
Où vous jette d'abord l'adroite complaisance.
Enfin, on voit partout que l'art des courtisans
Ne tend qu'à profiter des foiblesses des grands,
A nourrir leurs erreurs, et jamais dans leur âme
Ne porter les avis des choses qu'on y blâme.

ÉLISE.

Ces maximes un temps leur peuvent succéder;
Mais il est des revers qu'on doit appréhender;
Et dans l'esprit des grands, qu'on tâche de surprendre
Un rayon de lumière à la fin peut descendre,
Qui sur tous ces flatteurs venge équitablement
Ce qu'a fait à leur gloire un long aveuglement.
Cependant je dirai que votre âme s'explique
Un peu bien librement sur votre politique;
Et ces nobles motifs, au prince rapportés,
Serviroient assez mal vos assiduités.

DON LOPE.

Outre que je pourrois désavouer sans blâme
Ces libres vérités sur quoi s'ouvre mon âme,
Je sais fort bien qu'Élise a l'esprit trop discret
Pour aller divulguer cet entretien secret.
Qu'ai-je dit, après tout, que sans moi l'on ne sache?
Et dans mon procédé que faut-il que je cache?
On peut craindre une chute avec quelque raison,
Quand on met en usage ou ruse ou trahison;

Mais qu'ai-je à redouter, moi, qui partout n'avance
Que les soins approuvés d'un peu de complaisance,
Et qui suis seulement par d'utiles leçons
La pente qu'a le prince à de jaloux soupçons?
Son âme semble en vivre, et je mets mon étude
A trouver des raisons à son inquiétude,
A voir de tous côtés s'il ne se passe rien,
A fournir le sujet d'un secret entretien;
Et quand je puis venir, enflé d'une nouvelle,
Donner à son repos une atteinte mortelle,
C'est lors que plus il m'aime, et je vois sa raison
D'une audience avide avaler ce poison,
Et m'en remercier comme d'une victoire
Qui combleroit ses jours de bonheur et de gloire.
Mais mon rival paroît, je vous laisse tous deux;
Et bien que je renonce à l'espoir de vos vœux,
J'aurois un peu de peine à voir qu'en ma présence
Il reçut des effets de quelque préférence,
Et je veux, si je puis, m'épargner ce souci.

ÉLISE.
Tout amant de bon sens en doit user ainsi.

SCÈNE II.

DON ALVAR, ÉLISE.

DON ALVAR.
Enfin nous apprenons que le roi de Navarre
Pour les désirs du prince aujourd'hui se déclare;
Et qu'un nouveau renfort de troupes nous attend
Pour le fameux service où son amour prétend.
Je suis surpris, pour moi, qu'avec tant de vitesse
On ait fait avancer.... Mais....

SCÈNE III.

DON GARCIE, ÉLISE, DON ALVAR.

DON GARCIE.
          Que fait la princesse?
ÉLISE.
Quelques lettres, seigneur; je le présume ainsi;
Mais elle va savoir que vous êtes ici.
DON GARCIE.
J'attendrai qu'elle ait fait.

SCÈNE IV.

DON GARCIE, seul.

                    Près de souffrir sa vue,
D'un trouble tout nouveau je me sens l'âme émue;
Et la crainte, mêlée à mon ressentiment,
Jette par tout mon corps un soudain tremblement.
Prince, prends garde au moins qu'un aveugle caprice
Ne te conduise ici dans quelque précipice,
Et que de ton esprit les désordres puissans

Ne donnent un peu trop au rapport de tes sens :
Consulte ta raison, prends sa clarté pour guide;
Vois si de tes soupçons l'apparence est solide,
Ne démens pas leur voix; mais aussi garde bien
Que, pour les croire trop, ils ne t'imposent rien;
Qu'à tes premiers transports ils n'osent trop permettre,
Et relis posément cette moitié de lettre.
Ah! qu'est-ce que mon cœur, trop digne de pitié,
Ne voudroit pas donner pour son autre moitié?
Mais, après tout, que dis-je? Il suffit bien de l'une,
Et n'en voilà que trop pour voir mon infortune.

 Quoique votre rival....
 Vous devez toutefois vous...
 Et vous avez en vous à....
 L'obstacle le plus grand....

 Je chéris tendrement ce....
 Pour me tirer des mains de....
 Son amour, ses devoirs....
 Mais il m'est odieux avec....

 Otez donc à vos feux ce ...
 Méritez les regards que l'on....
 Et lorsqu'on vous oblige....
 Ne vous obstinez point à....

Oui, mon sort par ces mots est assez éclairci;
Son cœur, comme sa main, se fait connoître ici;
Et les sens imparfaits de cet écrit funeste,
Pour s'expliquer à moi, n'ont pas besoin du reste.
Toutefois, dans l'abord agissons doucement,
Couvrons à l'infidèle un vif ressentiment;
Et, de ce que je tiens ne donnant point d'indice,
Confondons son esprit par son propre artifice.
La voici. Ma raison, renferme mes transports,
Et rends-toi pour un temps maîtresse du dehors.

SCÈNE V.

DONE ELVIRE, DON GARCIE.

DONE ELVIRE.
Vous avez bien voulu que je vous fisse attendre?
DON GARCIE, *bas, à part.*
Ah! qu'elle cache bien....
DONE ELVIRE.
                    On vient de nous apprendre
Que le roi votre père approuve vos projets,
Et veut bien que son fils nous rende nos sujets;
Et mon âme en a pris une allégresse extrême.
DON GARCIE.
Oui, madame, et mon cœur s'en réjouis de même;
Mais....
DONE ELVIRE.
     Le tyran sans doute aura peine à parer
Les foudres que partout il entend murmurer;
Et j'ose me flatter que la même courage
Qui put bien me soustraire à sa brutale rage,
Et, dans les murs d'Astorgue arraché de ses manis,
Me faire un sûr asile à braver ses desseins;
Pourra, de tout Léon achevant la conquête,

DON GARCIE DE NAVARRE, ACTE II.

Sous ses nobles efforts faire choir cette tête.

DON GARCIE.

Le succès en pourra parler dans quelques jours.
Mais, de grâce, passons à quelque autre discours.
Puis-je, sans trop oser, vous prier de me dire
A qui vous avez pris, madame, soin d'écrire,
Depuis que le destin nous a conduits ici?

DONE ELVIRE.

Pourquoi cette demande, et d'où vient ce souci?

DON GARCIE.

D'un désir curieux de pure fantaisie.

DONE ELVIRE.

La curiosité naît de la jalousie.

DON GARCIE.

Non, ce n'est rien du tout de ce que vous pensez;
Vos ordres de ce mal me défendent assez.

DONE ELVIRE.

Sans chercher plus avant quel intérêt vous presse,
J'ai deux fois à Léon écrit à la comtesse,
Et deux fois au marquis don Louis à Burgos.
Avec cette réponse êtes-vous en repos?

DON GARCIE.

Vous n'avez point écrit à quelque autre personne,
Madame?

DONE ELVIRE.

Non, sans doute, et ce discours m'étonne.

DON GARCIE.

De grâce, songez bien, avant que d'assurer.
En manquant de mémoire, on peut se parjurer.

DONE ELVIRE.

Ma bouche, sur ce point, ne peut être parjure.

DON GARCIE.

Elle a dit toutefois une haute imposture.

DONE ELVIRE.

Prince?

DON GARCIE.

Madame?

DONE ELVIRE.

O ciel! quel est ce mouvement?
Avez-vous, dites-moi, perdu le jugement?

DON GARCIE.

Oui, oui, je l'ai perdu, lorsque dans votre vue
J'ai pris, pour mon malheur, le poison qui me tue,
Et que j'ai cru trouver quelque sincérité
Dans les traîtres appas dont je fus enchanté.

DONE ELVIRE.

De quelle trahison pouvez-vous donc vous plaindre?

DON GARCIE.

Ah! que ce cœur est double et sait bien l'art de feindre!
Mais tous moyens de fuir lui vont être soustraits.
Jetez ici les yeux, et connoissez vos traits:
Sans avoir lu le reste, il m'est assez facile
De découvrir pour qui vous employez ce style.

DONE ELVIRE.

Voilà donc le sujet qui vous trouble l'esprit?

DON GARCIE.

Vous ne rougissez pas en voyant cet écrit?

DONE ELVIRE.

L'innocence à rougir n'est point accoutumée.

DON GARCIE.

Il est vrai qu'en ces lieux on la voit opprimée.
Ce billet démenti pour n'avoir point de seing....

DONE ELVIRE.

Pourquoi le démentir, puisqu'il est de ma main?

DON GARCIE.

Encore est-ce beaucoup, que, de franchise pure,
Vous demeuriez d'accord que c'est votre écriture;
Mais ce sera, sans doute, et j'en serois garant,
Un billet qu'on envoie à quelque indifférent;
Ou du moins, ce qu'il a de tendresse évidente,
Sera pour une amie, ou pour quelque parente.

DONE ELVIRE.

Non, c'est pour un amant que ma main l'a formé;
Et, j'ajoute de plus, pour un amant aimé.

DON GARCIE.

Et je puis, ô perfide!...

DONE ELVIRE.

Arrêtez, prince indigne,
De ce lâche transport l'égarement insigne.
Bien que de vous mon cœur ne prenne point de loi,
Et ne doive en ces lieux aucun compte qu'à soi,
Je veux bien me purger, pour votre seul supplice,
Du crime que m'impose un insolent caprice.
Vous serez éclairci, n'en doutez nullement.
J'ai ma défense prête en ce même moment.
Vous allez recevoir une pleine lumière.
Mon innocence ici paroîtra tout entière;
Et je veux, vous mettant juge en votre intérêt,
Vous faire prononcer vous-même votre arrêt.

DON GARCIE.

Ce sont propos obscurs qu'on ne sauroit comprendre.

DONE ELVIRE.

Bientôt à vos dépens vous me pourrez entendre.
Élise, holà!

SCÈNE VI.

DON GARCIE, DONE ELVIRE, ÉLISE.

ÉLISE.

Madame.

DONE ELVIRE, *à don Garcie.*

Observez bien au moins
Si j'ose à vous tromper employer quelques soins;
Si, par un seul coup d'œil, ou geste qui l'instruise,
Je cherche de ce coup à parer la surprise.

(*A Élise.*)

Le billet que tantôt ma main avoit tracé,
Répondez promptement, où l'avez-vous laissé?

ÉLISE.

Madame, j'ai sujet de m'avouer coupable.
Je ne sais comme il est demeuré sur ma table;
Mais on vient de m'apprendre en ce même moment
Que don Lope, venant dans mon appartement,
Par une liberté qu'on lui voit se permettre,
A fureté partout et trouvé cette lettre.
Comme il la déplioit, Léonor a voulu
S'en saisir promptement, avant qu'il eût rien lu;
Et, se jetant sur lui, la lettre contestée

En deux justes moitiés dans leurs mains est restée ;
Et don Lope, aussitôt prenant un prompt essor,
A dérobé la sienne aux soins de Léonor.
DONE ELVIRE.
Avez-vous ici l'autre ?
ÉLISE.
Oui, la voilà, madame.

DONE ELVIRE.
(A don Garcie.)
Donnez. Nous allons voir qui mérite le blâme.
Avec votre moitié rassemblez celle-ci.
Lisez, et hautement ; je veux l'entendre aussi.
DON GARCIE.
Au prince don Garcie. Ah !

Oui, mon sort par ces mots est assez éclairci. (Acte II, scène IV.)

DONE ELVIRE.
Achevez de lire ;
Votre âme pour ce mot ne doit pas s'interdire.
DON GARCIE lit.
Quoique votre rival, prince, alarme votre âme,
Vous devez toutefois vous craindre plus que lui ;
Et vous avez en vous à détruire aujourd'hui
L'obstacle le plus grand que trouve votre flamme.
Je chéris tendrement ce qu'a fait don Garcie
Pour me tirer des mains de nos fiers ravisseurs.

Son amour, ses devoirs, ont pour moi des douceurs ;
Mais il m'est odieux avec sa jalousie.
Otez donc à vos feux ce qu'ils en font paroître,
Méritez les regards que l'on jette sur eux ;
Et, lorsqu'on vous oblige à vous tenir heureux,
Ne vous obstinez point à ne pas vouloir l'être.
DONE ELVIRE.
Hé bien ! que dites-vous ?
DON GARCIE.
Ah ! madame ! je dis

Qu'à cet objet mes sens demeurent interdits;
Que je vois dans ma plainte une horrible injustice,
Et qu'il n'est point pour moi d'assez cruel supplice.
DONE ELVIRE.
Il suffit. Apprenez que, si j'ai souhaité
Qu'à vos yeux cet écrit pût être présenté,
C'est pour le démentir, et cent fois me dédire
De tout ce que pour vous vous y venez de lire.
Adieu, prince.
DON GARCIE.
Madame, hélas! où fuyez-vous?
DONE ELVIRE.
Où vous ne serez point, trop odieux jaloux.
DON GARCIE.
Ah! madame, excusez un amant misérable,
Qu'un sort prodigieux a fait vers vous coupable,

Ah! madame, excusez un amant misérable. (Acte II, scène IV.)

Et qui, bien qu'il vous cause un courroux si puissant,
Eût été plus blâmable à rester innocent.
Car enfin, peut-il être une âme bien atteinte
Dont l'espoir le plus doux ne soit mêlé de crainte?
Et pourriez-vous penser que mon cœur eût aimé,
Si ce billet fatal ne l'eût point alarmé;
S'il n'avoit point frémi des coups de cette foudre,
Dont je me figurois tout mon bonheur en poudre?
Vous-même, dites-moi si cet événement
N'eût pas dans mon erreur jeté tout autre amant;
Si d'une preuve, hélas! qui me sembloit si claire,
Je pouvois démentir....
DONE ELVIRE.
Oui, vous le pouviez faire;
Et dans mes sentimens, assez bien déclarés,
Vos doutes rencontroient des garans assurés :
Vous n'aviez rien à craindre; et d'autres, sur ce gage,
Auroient du monde entier bravé le témoignage.

DON GARCIE.
Moins on mérite un bien qu'on nous fait espérer,
Plus notre âme a de peine à pouvoir s'assurer.
Un sort trop plein de gloire à nos yeux est fragile,
Et nous laisse aux soupçons une pente facile.
Pour moi, qui crois si peu mériter vos bontés,
J'ai douté du bonheur de mes témérités,
J'ai cru que dans ces lieux rangés sous ma puissance,
Votre âme se forçoit à quelque complaisance ;
Que, déguisant pour moi votre sévérité....

DONE ELVIRE.
Et je pourrois descendre à cette lâcheté !
Moi, prendre le parti d'une honteuse feinte !
Agir par les motifs d'une servile crainte !
Trahir mes sentimens ! et, pour être en vos mains,
D'un masque de faveur vous couvrir mes dédains !
La gloire sur mon cœur auroit si peu d'empire !
Vous pouvez le penser, et vous me l'osez dire !
Apprenez que ce cœur ne sait point s'abaisser ;
Qu'il n'est rien sous les cieux qui puisse l'y forcer ;
Et, s'il vous a fait voir, par une erreur insigne,
Des marques de bonté dont vous n'étiez pas digne,
Qu'il saura bien montrer, malgré votre pouvoir,
La haine que pour vous il se résout d'avoir ;
Braver votre furie, et vous faire connoître
Qu'il n'a point été lâche et ne veut jamais l'être.

DON GARCIE.
Hé bien ! je suis coupable, et ne m'en défends pas ;
Mais je demande grâce à vos divins appas ;
Je la demande au nom de la plus vive flamme
Dont jamais deux beaux yeux aient fait brûler une âme.
Que, si votre courroux ne peut être apaisé,
Si mon crime est trop grand pour se voir excusé,
Si vous ne regardez ni l'amour qui le cause,
Ni le vif repentir que mon cœur vous expose,
Il faut qu'un coup heureux, en me faisant mourir,
M'arrache à des tourmens que je ne puis souffrir.
Non, ne présumez pas qu'ayant su vous déplaire,
Je puisse vivre une heure avec votre colère.
Déjà de ce moment la barbare longueur
Sous ses cuisans remords fait succomber mon cœur,
Et de mille vautours les blessures cruelles
N'ont rien de comparable à ses douleurs mortelles.
Madame, vous n'avez qu'à me le déclarer :
S'il n'est point de pardon que je doive espérer,
Cette épée aussitôt, par un coup favorable,
Va percer, à vos yeux, le cœur d'un misérable ;
Ce cœur, ce traître cœur, dont les perplexités
Ont si fort outragé vos extrêmes bontés :
Trop heureux, en mourant, si ce coup légitime
Efface en votre esprit l'image de mon crime,
Et ne laisse aucuns traits de votre aversion
Au foible souvenir de mon affection !
C'est l'unique faveur que demande ma flamme.

DONE ELVIRE.
Ah ! prince trop cruel !

DON GARCIE.
Dites, parlez, madame.

DONE ELVIRE.
Faut-il encor pour vous conserver des bontés,
Et vous voir m'outrager par tant d'indignités ?

DON GARCIE.
Un cœur ne peut jamais outrager quand il aime ;
Et ce que fait l'amour, il l'excuse lui-même.

DONE ELVIRE.
L'amour n'excuse point de tels emportemens.

DON GARCIE.
Tout ce qu'il a d'ardeur passe en ses mouvemens ;
Et plus il devient fort, plus il trouve de peine....

DONE ELVIRE.
Non, ne m'en parlez point, vous méritez ma haine.

DON GARCIE.
Vous me haïssez donc ?

DONE ELVIRE.
J'y veux tâcher, au moins.
Mais, hélas ! je crains bien que j'y perde mes soins,
Et que tout le courroux qu'excite votre offense,
Ne puisse jusque-là faire aller ma vengeance.

DON GARCIE.
D'un supplice si grand ne tentez point l'effort,
Puisque pour vous venger je vous offre ma mort ;
Prononcez-en l'arrêt, et j'obéis sur l'heure.

DONE ELVIRE.
Qui ne sauroit haïr ne peut vouloir qu'on meure.

DON GARCIE.
Et moi, je ne puis vivre, à moins que vos bontés
Accordent un pardon à mes témérités.
Résolvez l'un des deux, de punir ou d'absoudre.

DONE ELVIRE.
Hélas ! j'ai trop fait voir ce que je puis résoudre.
Par l'aveu d'un pardon n'est-ce pas se trahir,
Que dire au criminel qu'on ne le peut haïr ?

DON GARCIE.
Ah ! c'en est trop, souffrez, adorable princesse....

DONE ELVIRE.
Laissez : je me veux mal d'une telle foiblesse.

DON GARCIE, seul.
Enfin je suis....

SCÈNE VII.

DON GARCIE, DON LOPE.

DON LOPE.
Seigneur, je viens vous informer
D'un secret dont vos feux ont droit de s'alarmer.

DON GARCIE.
Ne me viens point parler de secret ni d'alarme
Dans les doux mouvemens du transport qui me charme.
Après ce qu'à mes yeux on vient de me présenter,
Il n'est point de soupçons que je doive écouter,
Et d'un divin objet la bonté sans pareille
A tous ces vains rapports doit fermer mon oreille :
Ne m'en fais plus.

DON LOPE.
Seigneur, je veux ce qu'il vous plaît ;
Mes soins en tout ceci n'ont que votre intérêt.
J'ai cru que le secret que je viens de surprendre,
Méritoit bien qu'en hâte on vous le vînt apprendre;

Mais puisque vous voulez que je n'en touche rien,
Je vous dirai, seigneur, pour changer d'entretien,
Que déjà dans Léon on voit chaque famille
Lever le masque au bruit des troupes de Castille,
Et que surtout le peuple y fait pour son vrai roi
Un éclat à donner au tyran de l'effroi.

DON GARCIE.

La Castille du moins n'aura pas la victoire,
Sans que nous essayions d'en partager la gloire ;
Et nos troupes aussi peuvent être en état
D'imprimer quelque crainte au cœur de Mauregat.
Mais quel est ce secret dont tu voulois m'instruire?
Voyons un peu.

DON LOPE.

Seigneur, je n'ai rien à vous dire.

DON GARCIE.

Va, va, parle, mon cœur t'en donne le pouvoir.

DON LOPE.

Vos paroles, seigneur, m'en ont trop fait savoir,
Et puisque mes avis ont de quoi vous déplaire,
Je saurai désormais trouver l'art de me taire.

DON GARCIE.

Enfin, je veux savoir la chose absolument.

DON LOPE.

Je ne réplique point à ce commandement.
Mais, seigneur, en ce lieu le devoir de mon zèle
Trahiroit le secret d'une telle nouvelle.
Sortons pour vous l'apprendre ; et, sans rien embrasser,
Vous-même vous verrez ce qu'on en doit penser.

FIN DU DEUXIÈME ACTE.

ACTE TROISIÈME.

SCÈNE I.

DONE ELVIRE, ÉLISE.

DONE ELVIRE.
Élise, que dis-tu de l'étrange foiblesse
Que vient de témoigner le cœur d'une princesse?
Que dis-tu de me voir tomber si promptement
De toute la chaleur de mon ressentiment,
Et, malgré tant d'éclat, relâcher mon courage
Au pardon trop honteux d'un si cruel outrage?

ÉLISE.
Moi, je dis que d'un cœur que nous pouvons chérir,
Une injure sans doute est bien dure à souffrir;
Mais que, s'il n'en est point qui davantage irrite,
Il n'en est point aussi qu'on pardonne si vite,
Et qu'un coupable aimé triomphe à nos genoux [roux;
De tous les prompts transports du plus bouillant cour-
D'autant plus aisément, madame, quand l'offense
Dans un excès d'amour peut trouver sa naissance.
Ainsi, quelque dépit que l'on vous ait causé,
Je ne m'étonne point de le voir apaisé ;
Et je sais quel pouvoir, malgré votre menace,
A de pareils forfaits donnera toujours grâce.

DONE ELVIRE.
Ah! sache, quelque ardeur qui m'impose des lois,
Que mon front a rougi pour la dernière fois,
Et que, si désormais on pousse ma colère,
Il n'est point de retour qu'il faille qu'on espère.
Quand je pourrois reprendre un tendre sentiment,
C'est assez contre lui que l'éclat d'un serment;
Car enfin, un esprit qu'un peu d'orgueil inspire,
Trouve beaucoup de honte à se pouvoir dédire;
Et souvent, aux dépens d'un pénible combat,
Fait sur ses propres vœux un illustre attentat,
S'obstine par honneur, et n'a rien qu'il n'immole
A la noble fierté de tenir sa parole.
Ainsi, dans le pardon que l'on vient d'obtenir,
Ne prends point de clartés pour régler l'avenir;
Et, quoi qu'à mes destins la fortune prépare,
Crois que je ne puis être au prince de Navarre,
Que de ces noirs accès qui troublent sa raison
Il n'ait fait éclater l'entière guérison,
Et réduit tout mon cœur, que ce mal persécute,
A n'en plus redouter l'affront d'une rechute.

ÉLISE.
Mais quel affront nous fait le transport d'un jaloux?

DONE ELVIRE.
En est-il un qui soit plus digne de courroux?
Et, puisque notre cœur fait un effort extrême
Lorsqu'il se peut résoudre à confesser qu'il aime,
Puisque l'honneur du sexe, en tout temps rigoureux,
Oppose un fort obstacle à de pareils aveux,
L'amant qui voit pour lui franchir un tel obstacle,
Doit-il impunément douter de cet oracle?
Et n'est-il pas coupable, alors qu'il ne croit pas
Ce qu'on ne dit jamais qu'après de grands combats?

ÉLISE.
Moi, je tiens que toujours un peu de défiance
En ces occasions n'a rien qui nous offense;
Et qu'il est dangereux qu'un cœur qu'on a charmé
Soit trop persuadé, madame, d'être aimé,
Si....

DONE ELVIRE.
N'en disputons plus. Chacun a sa pensée.
C'est un scrupule enfin dont mon âme est blessée;
Et, contre mes désirs, je sens je ne sais quoi
Me prédire un éclat entre le prince et moi,

Qui, malgré ce qu'on doit aux vertus dont il brille....
Mais, ô ciel! en ces lieux don Sylve de Castille!

SCÈNE II.
DONE ELVIRE, DON ALPHONSE, *cru don Sylve*, ÉLISE.

DONE ELVIRE.
Ah! seigneur, par quel sort vous vois-je maintenant?
DON ALPHONSE.
Je sais que mon abord, madame, est surprenant,
Et qu'être sans éclat entré dans cette ville,
Dont l'ordre d'un rival rend l'accès difficile;
Qu'avoir pu me soustraire aux yeux de ses soldats,
C'est un événement que vous n'attendiez pas.
Mais si j'ai dans ces lieux franchi quelques obstacles,
L'ardeur de vous revoir peut bien d'autres miracles;
Tout mon cœur a senti par de trop rudes coups
Le rigoureux destin d'être éloigné de vous,
Et je n'ai pu nier au tourment qui le tue,
Quelques momens secrets d'une si chère vue.
Je viens vous dire donc que je rends grâce aux cieux
De vous voir hors des mains d'un tyran odieux;

DONE ELVIRE. — Cette vue, en effet, surprend au dernier point. (Scène III.)

Mais parmi les douceurs d'une telle aventure,
Ce qui m'est un sujet d'éternelle torture,
C'est de voir qu'à mon bras les rigueurs de mon sort
Ont envié l'honneur de cet illustre effort,
Et fait à mon rival, avec trop d'injustice,
Offrir les doux périls d'un si fameux service.
Oui, madame, j'avois, pour rompre vos liens,
Des sentimens sans doute aussi beaux que les siens;
Et je pouvois pour vous gagner cette victoire,
Si le ciel n'eût voulu m'en dérober la gloire.
DONE ELVIRE.
Je sais, seigneur, je sais que vous avez un cœur
Qui des plus grands périls vous peut rendre vainqueur;
Et je ne doute point que ce généreux zèle,
Dont la chaleur vous pousse à venger ma querelle,
N'eût, contre les efforts d'un indigne projet,
Pu faire en ma faveur tout ce qu'un autre a fait.
Mais sans cette action dont vous étiez capable,
Mon sort à la Castille est assez redevable.
On sait ce qu'un ami plein d'ardeur et de foi,
Le comte votre père a fait pour le feu roi
Après l'avoir aidé jusqu'à l'heure dernière,
Il donne en ses États un asile à mon frère;
Quatre lustres entiers il y cache son sort

Aux barbares fureurs de quelque lâche effort,
Et, pour rendre à son front l'éclat d'une couronne,
Contre nos ravisseurs vous marchez en personne.
N'êtes-vous pas content? Et ces soins généreux
Ne m'attachent-ils point par d'assez puissants nœuds?
Quoi! votre âme, seigneur, seroit-elle obstinée
A vouloir asservir toute ma destinée.
Et faut-il que jamais il ne tombe sur nous
L'ombre d'un seul bienfait, qu'il ne vienne de vous?
Ah! souffrez, dans les maux où mon destin m'expose,
Qu'au soin d'un autre aussi je doive quelque chose;
Et ne vous plaignez point de voir un autre bras
Acquérir de la gloire où le vôtre n'est pas.

DON ALPHONSE.

Oui, madame, mon cœur doit cesser de s'en plaindre;
Avec trop de raison vous voulez m'y contraindre,
Et c'est injustement qu'on se plaint d'un malheur,
Quand un autre plus grand s'offre à notre douleur.
Ce secours d'un rival m'est un cruel martyre;
Mais, hélas! de mes maux, ce n'est pas là le pire:
Le coup, le rude coup dont je suis atterré,
C'est de me voir par vous ce rival préféré.
Oui, je ne vois que trop que ces feux pleins de gloire,
Sur les miens dans votre âme emportent la victoire;
Et cette occasion de servir vos appas,
Cet avantage offert de signaler son bras,
Cet éclatant exploit qui vous fut salutaire,
N'est que le pur effet du bonheur de vous plaire,
Que le secret pouvoir d'un astre merveilleux,
Qui fait tomber la gloire où s'attachent vos vœux.
Ainsi tous mes efforts ne seront que fumée!
Contre vos fiers tyrans je conduis une armée;
Mais je marche en tremblant à cet illustre emploi,
Assuré que vos vœux ne seront pas pour moi;
Et que, s'ils sont suivis, la fortune prépare
L'heur des plus beaux succès aux soins de la Navarre.
Ah! madame, faut-il me voir précipité
De l'espoir glorieux dont je m'étois flatté?
Et ne puis-je savoir quels crimes on m'impute,
Pour avoir mérité cette effroyable chute?

DONE ELVIRE.

Ne me demandez rien avant que regarder
Ce qu'à mes sentiments vous devez demander,
Et, sur cette froideur qui semble vous confondre,
Répondez-vous, seigneur, ce que je puis répondre,
Car enfin tous vos soins ne sauroient ignorer
Quels secrets de votre âme on m'a su déclarer;
Et je la crois, cette âme, et trop noble et trop haute,
Pour vouloir m'obliger à commettre une faute.
Vous-même, dites-vous s'il est de l'équité
De me voir couronner une infidélité;
Si vous pouviez m'offrir, sans beaucoup d'injustice,
Un cœur à d'autres yeux offert en sacrifice;
Vous plaindre avec raison, et blâmer mes refus,
Lorsqu'ils veulent d'un crime affranchir vos vertus.
Oui, seigneur, c'est un crime, et les premières flammes
Ont des droits si sacrés sur les illustres âmes,
Qu'il faut perdre grandeurs, et renoncer au jour,
Plutôt que de pencher vers un second amour.
J'ai pour vous cette ardeur que peut prendre l'estime
Pour un courage haut, pour un cœur magnanime;
Mais n'exigez de moi que ce que je vous dois,
Et soutenez l'honneur de votre premier choix.
Malgré vos feux nouveaux, voyez quelle tendresse
Vous conserve le cœur de l'aimable comtesse;
Ce que pour un ingrat, car vous l'êtes, seigneur,
Elle a d'un choix constant refusé de bonheur!
Quels mépris généreux, dans son ardeur extrême,
Elle a fait de l'éclat que donne un diadème!
Voyez combien d'efforts pour vous elle a bravés!
Et rendez à son cœur ce que vous lui devez.

DON ALPHONSE.

Ah! madame, à mes yeux n'offrez point son mérite.
Il n'est que trop présent à l'ingrat qui la quitte;
Et si mon cœur vous dit ce que pour elle il sent,
J'ai peur qu'il ne soit pas envers vous innocent.
Oui, ce cœur l'ose plaindre, et ne suit pas sans peine
L'impérieux effort de l'amour qui l'entraîne:
Aucun espoir pour vous n'a flatté mes désirs,
Qui ne m'ait arraché pour elle des soupirs;
Qui n'ait dans ses douceurs fait jeter à mon âme
Quelques tristes regards vers sa première flamme;
Se reprocher l'effet de vos divins attraits,
Et mêler des remords à mes plus chers souhaits.
J'ai fait plus que cela, puisqu'il vous faut tout dire,
Oui, j'ai voulu sur moi vous ôter votre empire,
Sortir de votre chaîne, et rejeter mon cœur
Sous le joug innocent de son premier vainqueur.
Mais, après mes efforts, ma constance abattue
Voit un cours nécessaire à ce mal qui me tue;
Et, dût être mon sort à jamais malheureux,
Je ne puis renoncer à l'espoir de mes vœux.
Je ne saurois souffrir l'épouvantable idée
De vous voir par un autre à mes yeux possédée;
Et le flambeau du jour, qui m'offre vos appas,
Doit avant cet hymen éclairer mon trépas.
Je sais que je trahis une princesse aimable;
Mais, madame, après tout, mon cœur est-il coupable?
Et le fort ascendant que prend votre beauté
Laisse-t-il aux esprits aucune liberté?
Hélas! je suis ici bien plus à plaindre qu'elle:
Son cœur, en me perdant, ne perd qu'un infidèle,
D'un pareil déplaisir on se peut consoler;
Mais moi, par un malheur qui ne peut s'égaler,
J'ai celui de quitter une aimable personne,
Et tous les maux encor que mon amour me donne.

DONE ELVIRE.

Vous n'avez que les maux que vous voulez avoir,
Et toujours notre cœur est en notre pouvoir.
Il peut bien quelquefois montrer quelque foiblesse;
Mais enfin sur nos sens la raison, la maîtresse....

SCÈNE III.

DON GARCIE, DONE ELVIRE, DON ALPHONSE,
cru don Sylve.

DON GARCIE.

Madame, mon abord, comme je connois bien,

Assez mal à propos trouble votre entretien ;
Et mes pas en ce lieu, s'il faut que je le die,
Ne croyoient pas trouver si bonne compagnie.
DONE ELVIRE.
Cette vue, en effet, surprend au dernier point ;
Et, de même que vous, je ne l'attendois point.
DON GARCIE.
Oui, madame, je crois que de cette visite,
Comme vous l'assurez, vous n'étiez point instruite.
(A don Sylve.)
Mais, seigneur, vous deviez nous faire au moins l'honneur
De nous donner avis de ce rare bonheur,
Et nous mettre en état, sans nous vouloir surprendre,
De vous rendre en ces lieux ce qu'on voudroit vous rendre.
DON ALPHONSE.
Les héroïques soins vous occupent si fort,
Que de vous en tirer, seigneur, j'aurois eu tort ;
Et des grands conquérans les sublimes pensées
Sont aux civilités avec peine abaissées.
DON GARCIE.
Mais les grands conquérans, dont on vante les soins,
Loin d'aimer le secret, affectent les témoins :
Leur âme, dès l'enfance à la gloire élevée,
Les fait dans leurs projets aller tête levée ;
Et, s'appuyant toujours sur de hauts sentimens,
Ne s'abaisse jamais à des déguisemens.
Ne commettez-vous point vos vertus héroïques,
En passant dans ces lieux par de sourdes pratiques ?
Et ne craignez-vous point qu'on puisse, aux yeux de tous,
Trouver cette action trop indigne de vous ?
DON ALPHONSE.
Je ne sais si quelqu'un blâmera ma conduite,
Au secret que j'ai fait d'une telle visite ;
Mais je sais qu'aux projets qui veulent la clarté,
Prince, je n'ai jamais cherché l'obscurité ;
Et, quand j'aurai sur vous à faire une entreprise,
Vous n'aurez pas sujet de blâmer la surprise :
Il ne tiendra qu'à vous de vous en garantir,
Et l'on prendra le soin de vous en avertir.
Cependant demeurons aux termes ordinaires,
Remettons nos débats après d'autres affaires ;
Et, d'un sang un peu chaud réprimant les bouillons,
N'oublions pas tous deux devant qui nous parlons.
DONE ELVIRE, *à don Garcie.*
Prince, vous avez tort ; et sa visite est telle
Que vous....
DON GARCIE.
Ah ! c'en est trop que prendre sa querelle,
Madame, et votre esprit devroit feindre un peu mieux,
Lorsqu'il veut ignorer sa venue en ces lieux.
Cette chaleur si prompte à vouloir la défendre,
Persuade assez mal qu'elle ait pu vous surprendre.
DONE ELVIRE.
Quoi que vous soupçonniez, il m'importe si peu,
Que j'aurois du regret d'en faire un désaveu.
DON GARCIE.
Poussez donc jusqu'au bout cet orgueil héroïque,
Et que, sans hésiter, tout votre cœur s'explique :
C'est au déguisement donner trop de crédit.
Ne désavouez rien, puisque vous l'avez dit.

Tranchez, tranchez le mot, forcez toute contrainte,
Dites que de ses feux vous ressentez l'atteinte,
Que pour vous sa présence a des charmes si doux....
DONE ELVIRE.
Et si je veux l'aimer, m'en empêcherez-vous ?
Avez-vous sur mon cœur quelque empire à prétendre ?
Et pour régler mes vœux, ai-je votre ordre à prendre ?
Sachez que trop d'orgueil a pu vous décevoir,
Si votre cœur sur moi s'est cru quelque pouvoir ;
Et que mes sentimens sont d'une âme trop grande
Pour vouloir les cacher, lorsqu'on me les demande.
Je ne vous dirai point si le comte est aimé ;
Mais apprenez de moi qu'il est fort estimé ;
Que ses hautes vertus, pour qui je m'intéresse,
Méritent mieux que vous les vœux d'une princesse ;
Que je garde aux ardeurs, aux soins qu'il me fait voir,
Tout le ressentiment qu'une âme puisse avoir ;
Et que, si des destins la fatale puissance
M'ôte la liberté d'être sa récompense,
Au moins est-il en moi de promettre à ses vœux,
Qu'on ne me verra point le butin de vos feux ;
Et, sans vous amuser d'une attente frivole,
C'est à quoi je m'engage, et je tiendrai parole.
Voilà mon cœur ouvert, puisque vous le voulez,
Et mes vrais sentimens à vos yeux étalés.
Êtes-vous satisfait ? Et mon âme attaquée
S'est-elle, à votre avis, assez bien expliquée ?
Voyez, pour vous ôter tout lieu de soupçonner,
S'il reste quelque jour encore à vous donner.
(A don Sylve.)
Cependant, si vos soins s'attachent à me plaire,
Songez que votre bras, comte, m'est nécessaire ;
Et, d'un capricieux quels que soient les transports,
Qu'à punir nos tyrans il doit tous ses efforts.
Fermez l'oreille enfin à toute sa furie,
Et, pour vous y porter, c'est moi qui vous en prie.

SCÈNE VI.
DON GARCIE, DON ALPHONSE, *cru don Sylve.*

DON GARCIE.
Tout vous rit, et votre âme en cette occasion
Jouit superbement de ma confusion.
Il vous est doux de voir un aveu plein de gloire,
Sur les feux d'un rival marquer votre victoire ;
Mais c'est à votre joie un surcroît sans égal,
D'en avoir pour témoins les yeux de ce rival ;
Et mes prétentions hautement étouffées,
A vos vœux triomphans sont d'illustres trophées.
Goûtez à pleins transports ce bonheur éclatant ;
Mais sachez qu'on n'est pas encore où l'on prétend.
La fureur qui m'anime a de trop justes causes,
Et l'on verra peut-être arriver bien des choses.
Un désespoir va loin quand il est échappé,
Et tout est pardonnable à qui se voit trompé.
Si l'ingrate à mes yeux, pour flatter votre flamme,
A jamais n'être à moi vient d'engager son âme,
Je saurai bien trouver, dans mon juste courroux,

Les moyens d'empêcher qu'elle ne soit à vous.
DON ALPHONSE.
Cet obstacle n'est pas ce qui me met en peine.
Nous verrons quelle attente en tout cas sera vaine,
Et chacun, de ses feux, pourra, par sa valeur,
Ou défendre la gloire, ou venger le malheur.
Mais comme, entre rivaux, l'âme la plus posée
A des termes d'aigreur trouve une pente aisée,
Et que je ne veux point qu'un pareil entretien
Puisse trop échauffer votre esprit et le mien,
Prince, affranchissez-moi d'une gêne secrète,
Et me donnez moyen de faire ma retraite.

DON GARCIE.
Non, non, ne craignez point qu'on pousse votre esprit
A violer ici l'ordre qu'on vous prescrit.
Quelque juste fureur qui me presse et vous flatte,
Je sais, comte, je sais quand il faut qu'elle éclate.
Ces lieux vous sont ouverts: oui, sortez-en, sortez
Glorieux des douceurs que vous en remportez;
Mais, encore une fois, apprenez que ma tête
Peut seule dans vos mains mettre votre conquête.
DON ALPHONSE.
Quand nous en serons là, le sort en notre bras
De tous nos intérêts videra les débats.

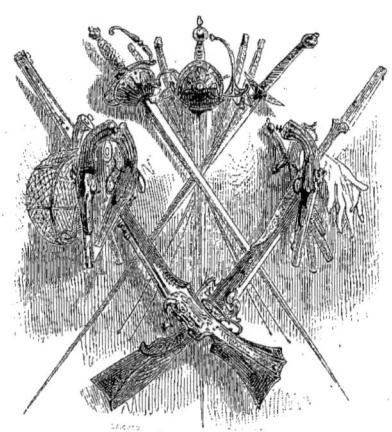

ACTE QUATRIÈME.

SCÈNE I.

DONE ELVIRE, DON ALVAR

DONE ELVIRE.

Retournez, don Alvar, et perdez l'espérance
De me persuader l'oubli de cette offense.
Cette plaie en mon cœur ne sauroit se guérir,
Et les soins qu'on en prend ne font rien que l'aigrir.
A quelques faux respects croit-il que je défère?
Non, non : il a poussé trop avant ma colère;
Et son vain repentir qui porte ici vos pas,
Sollicite un pardon que vous n'obtiendrez pas.

DON ALVAR.

Madame, il fait pitié. Jamais cœur, que je pense,
Par un plus vif remords n'expia son offense;
Et, si dans sa douleur vous le considériez,
Il toucheroit votre âme, et vous l'excuseriez.
On sait bien que le prince est dans un âge à suivre
Les premiers mouvemens où son âme se livre,
Et qu'en un sang bouillant, toutes les passions
Ne laissent guère place à des réflexions.
Don Lope, prévenu d'une fausse lumière,
De l'erreur de son maître a fourni la matière.
Un bruit assez confus, dont le zèle indiscret
A de l'abord du comte éventé le secret,
Vous avoit mise aussi de cette intelligence,
Qui, dans ces lieux gardés, a donné sa présence.
Le prince a cru l'avis, et son amour séduit,
Sur une fausse alarme a fait tout ce grand bruit;
Mais d'une telle erreur son âme est revenue :
Votre innocence enfin lui vient d'être connue,
Et don Lope, qu'il chasse, est un visible effet
Du vif remords qu'il sent de l'éclat qu'il a fait.

DONE ELVIRE.

Ah! c'est trop promptement qu'il croit mon innocence;
Il n'en a pas encore une entière assurance :
Dites-lui, dites-lui qu'il doit bien tout peser,
Et ne se hâter point, de peur de s'abuser.

DON ALVAR.

Madame, il est trop bien....

DONE ELVIRE.

Mais, don Alvar, de grâce,
N'étendons pas plus loin un discours qui me lasse :
Il réveille un chagrin qui vient, à contre-temps,
En troubler dans mon cœur d'autres plus importans.
Oui, d'un trop grand malheur la surprise me presse;
Et le bruit du trépas de l'illustre comtesse
Doit s'emparer si bien de tout mon déplaisir,
Qu'aucun autre souci n'a droit de me saisir.

DON ALVAR.

Madame, ce peut être une fausse nouvelle :
Mais mon retour, au prince, en porte une cruelle.

DONE ELVIRE.

De quelque grand ennui qu'il puisse être agité,
Il en aura toujours moins qu'il n'a mérité.

SCÈNE II.

DONE ELVIRE, ÉLISE.

ÉLISE.

J'attendois qu'il sortît, madame, pour vous dire
Ce qui veut maintenant que votre âme respire,
Puisque votre chagrin, dans un moment d'ici,
Du sort de done Ignès peut se voir éclairci.
Un inconnu, qui vient pour cette confidence,

Vous fait, par un des siens, demander audience.
DONE ELVIRE.
Élise, il faut le voir; qu'il vienne promptement.
ÉLISE.
Mais il veut n'être vu que de vous seulement :
Et, par cet envoyé, madame, il sollicite
Qu'il puisse sans témoins vous rendre sa visite.
DONE ELVIRE.
Hé bien ! nous serons seuls; et je vais l'ordonner,
Tandis que tu prendras le soin de l'amener.
Que mon impatience en ce moment est forte !
O destin ! est-ce joie ou douleur qu'on m'apporte?

SCÈNE III.
DON PÈDRE. ÉLISE.

ÉLISE.
Où....
DON PÈDRE.
Si vous me cherchez, madame, me voici.
ÉLISE.
En quel lieu votre maître ?
DON PÈDRE.
Il est proche d'ici;
Le ferai-je venir ?
ÉLISE.
Dites-lui qu'il s'avance,
Assuré qu'on l'attend avec impatience,
Et qu'il ne se verra d'aucuns yeux éclairé.
(Seule.)
Je ne sais quel secret en doit être auguré.
Tant de précaution qu'il affecte de prendre....
Mais le voici déjà.

SCÈNE IV.
DONE IGNÈS, *déguisée en homme*, ÉLISE.

ÉLISE.
Seigneur, pour vous attendre
On a fait.... Mais que vois-je ? Ah ! madame ! mes yeux....
DONE IGNÈS.
Ne me découvrez point, Élise, dans ces lieux,
Et laissez respirer ma triste destinée,
Sous une feinte mort que je me suis donnée.
C'est elle qui m'arrache à tous mes fiers tyrans,
Car je puis sous ce nom comprendre mes parens.
J'ai par elle évité cet hymen redoutable,
Pour qui j'aurois souffert une mort véritable;
Et, sous cet équipage et le bruit de ma mort,
Il faut cacher à tous le secret de mon sort,
Pour me voir à l'abri de l'injuste poursuite
Qui pourroit dans ces lieux persécuter ma fuite.
ÉLISE.
Ma surprise en public eût trahi vos désirs;
Mais allez là dedans étouffer des soupirs,
Et, des charmans transports d'une pleine allégresse,

Saisir à votre aspect le cœur de la princesse.
Vous la trouverez seule : elle-même a pris soin
Que votre abord fût libre et n'eût aucun témoin.

SCÈNE V.
DON ALVAR, ÉLISE.

ÉLISE.
Vois-je pas don Alvar ?
DON ALVAR.
Le prince me renvoie
Vous prier que pour lui votre crédit s'emploie.
De ses jours, belle Élise, on doit n'espérer rien,
S'il n'obtient par vos soins un moment d'entretien ;
Son âme a des transports.... Mais le voici lui-même.

SCÈNE VI.
DON GARCIE, DON ALVAR, ÉLISE.

DON GARCIE.
Ah ! sois un peu sensible à ma disgrâce extrême,
Élise, et prends pitié d'un cœur infortuné,
Qu'aux plus vives douleurs tu vois abandonné.
ÉLISE.
C'est avec d'autres yeux que ne fait la princesse,
Seigneur, que je verrois le tourment qui vous presse ;
Mais nous avons du ciel, ou du tempérament,
Que nous jugeons de tout chacun diversement :
Et puisqu'elle vous blâme, et que sa fantaisie
Lui fait un monstre affreux de votre jalousie,
Je serois complaisant, et voudrois m'efforcer
De cacher à ses yeux ce qui peut les blesser.
Un amant suit sans doute une utile méthode,
S'il fait qu'à notre humeur la sienne s'accommode;
Et cent devoirs font moins que ces ajustemens,
Qui font croire en deux cœurs les mêmes sentimens
L'art de ces deux rapports fortement les assemble,
Et nous n'aimons rien tant que ce qui nous ressemble.
DON GARCIE.
Je le sais ; mais, hélas ! les destins inhumains
S'opposent à l'effet de ces justes desseins,
Et, malgré tous mes soins, viennent toujours me tendre
Un piége dont mon cœur ne sauroit se défendre.
Ce n'est pas que l'ingrate aux yeux de mon rival
N'ait fait contre mes feux un aveu trop fatal,
Et témoigné pour lui des excès de tendresse
Dont le cruel objet me reviendra sans cesse :
Mais comme trop d'ardeur enfin m'avoit séduit
Quand j'ai cru qu'en ces lieux elle l'ait introduit,
D'un trop cuisant ennui je sentirois l'atteinte
A lui laisser sur moi quelque sujet de plainte.
Oui, je veux faire au moins, si je m'en vois quitté,
Que ce soit de son cœur pure infidélité ;
Et, venant m'excuser d'un trait de promptitude,
Dérober tout prétexte à son ingratitude.

ÉLISE.
Laissez un peu de temps à son ressentiment,
Et ne la voyez point, seigneur, si promptement.
DON GARCIE.
Ah! si tu me chéris, obtiens que je la voie;
C'est une liberté qu'il faut qu'elle m'octroie;
Je ne pars point d'ici, qu'au moins son fier dédain....
ÉLISE.
De grâce, différez l'effet de ce dessein.
DON GARCIE.
Non, ne m'oppose point une excuse frivole.
ÉLISE, *à part.*
Il faut que ce soit elle, avec une parole,
Qui trouve les moyens de le faire en aller.
(*A don Garcie.*)
Demeurez donc, seigneur, je m'en vais lui parler.
DON GARCIE.
Dis-lui que j'ai d'abord banni de ma présence
Celui dont les avis ont causé mon offense,
Que don Lope jamais....

SCÈNE VII.

DON GARCIE, DON ALVAR.

DON GARCIE, *regardant par la porte qu'Élise a laissée entr'ouverte.*
                                Que vois-je? ô justes cieux.
Faut-il que je m'assure au rapport de mes yeux?
Ah! sans doute ils me sont des témoins trop fidèles!
Voilà le comble affreux de mes peines mortelles!
Voici le coup fatal qui devoit m'accabler!
Et quand par des soupçons je me sentois troubler,
C'étoit, c'étoit le ciel, dont la sourde menace
Présageoit à mon cœur cette horrible disgrâce.
DON ALVAR.
Qu'avez-vous vu, seigneur, qui vous puisse émouvoir?
DON GARCIE.
J'ai vu ce que mon âme a peine à concevoir,
Et le renversement de toute la nature
Ne m'étonneroit pas comme cette aventure!
C'en est fait.... le destin.... Je ne saurois parler.
DON ALVAR.
Seigneur, que votre esprit tâche à se rappeler.
DON GARCIE.
J'ai vu.... Vengeance! ô ciel!
DON ALVAR.
                        Quelle atteinte soudaine....
DON GARCIE.
J'en mourrai, don Alvar, la chose est bien certaine.
DON ALVAR.
Mais, seigneur, qui pourroit....
DON GARCIE.
                        Ah! tout est ruiné,
Je suis, je suis trahi, je suis assassiné:
Un homme, sans mourir, te le puis-je bien dire?
Un homme dans les bras de l'infidèle Elvire!
DON ALVAR.
Ah! seigneur! la princesse est vertueuse au point....

DON GARCIE.
Ah! sur ce que j'ai vu ne me contestez point,
Don Alvar; c'en est trop que soutenir sa gloire,
Lorsque mes yeux font foi d'une action si noire.
DON ALVAR.
Seigneur, nos passions nous font prendre souvent
Pour chose véritable un objet décevant;
Et de croire qu'une âme à la vertu nourrie
Se puisse....
DON GARCIE.
        Don Alvar, laissez-moi, je vous prie:
Un conseiller me choque en cette occasion,
Et je ne prends avis que de ma passion.
DON ALVAR, *à part.*
Il ne faut rien répondre à cet esprit farouche.
DON GARCIE.
Ah! que sensiblement cette atteinte me touche!
Mais il faut voir qui c'est, et de ma main punir....
La voici. Ma fureur, te peux-tu retenir?

SCÈNE VIII.

DONE ELVIRE, DON GARCIE, DON ALVAR.

DONE ELVIRE.
Hé bien! que voulez-vous? Et quel espoir de grâce,
Après vos procédés, peut flatter votre audace?
Osez-vous à mes yeux encor vous présenter?
Et que me direz-vous que je doive écouter?
DON GARCIE.
Que toutes les horreurs dont une âme est capable,
A vos déloyautés n'ont rien de comparable;
Que le sort, les démons, et le ciel en courroux,
N'ont jamais rien produit de si méchant que vous.
DONE ELVIRE.
Ah! vraiment, j'attendois l'excuse d'un outrage;
Mais, à ce que je vois, c'est un autre langage.
DON GARCIE.
Oui, oui, c'en est un autre, et vous n'attendiez pas
Que j'eusse découvert le traître dans vos bras;
Qu'un funeste hasard, par la porte entr'ouverte,
Eût offert à mes yeux votre honte et ma perte.
Est-ce l'heureux amant sur ses pas revenu,
Ou quelque autre rival qui m'étoit inconnu?
O ciel! donne à mon cœur des forces suffisantes
Pour pouvoir supporter des douleurs si cuisantes!
Rougissez maintenant, vous en avez raison,
Et le masque est levé de votre trahison.
Voilà ce que marquoient les troubles de mon âme;
Ce n'étoit pas en vain que s'alarmoit ma flamme;
Par ces fréquens soupçons qu'on trouvoit odieux,
Je cherchois le malheur qu'ont rencontré mes yeux,
Et, malgré tous vos soins et votre adresse à feindre,
Mon astre me disoit ce que j'avois à craindre;
Mais ne présumez pas que, sans être vengé,
Je souffre le dépit de me voir outragé.
Je sais que sur les vœux on n'a point de puissance,
Que l'amour veut partout naître sans dépendance,
Que jamais par la force on n'entra dans un cœur,

Et que toute âme est libre à nommer son vainqueur :
Aussi ne trouverois-je aucun sujet de plainte,
Si pour moi votre bouche avoit parlé sans feinte ;
Et, son arrêt livrant mon espoir à la mort,
Mon cœur n'auroit eu droit de s'en prendre qu'au sort.
Mais d'un aveu trompeur voir ma flamme applaudie,
C'est une trahison, c'est une perfidie

Qui ne sauroit trouver de trop grands châtimens,
Et je puis tout permettre à mes ressentimens.
Non, non, n'espérez rien après un tel outrage :
Je ne suis plus à moi ; je suis tout à la rage.
Trahi de tous côtés, mis dans un triste état,
Il faut que mon amour se venge avec éclat ;
Qu'ici j'immole tout à ma fureur extrême,

ÉLISE. — Vous la trouverez seule. (Scène IV.)

Et que mon désespoir achève par moi-même.
####### DONE ELVIRE.
Assez paisiblement vous a-t-on écouté ?
Et pourrai-je à mon tour parler en liberté ?
####### DON GARCIE.
Et par quels beaux discours, que l'artifice inspire....
####### DONE ELVIRE.
Si vous avez encor quelque chose à me dire,
Vous pouvez l'ajouter, je suis prête à l'ouïr ;

Sinon, faites au moins que je puisse jouir
De deux ou trois momens de paisible audience.
####### DON GARCIE.
Hé bien ! j'écoute. O ciel ! quelle est ma patience !
####### DONE ELVIRE.
Je force ma colère ; et veux, sans nulle aigreur,
Répondre à ce discours si rempli de fureur.
####### DON GARCIE.
C'est que vous voyez bien....

DONE ELVIRE.
            Ah ! j'ai prêté l'oreille
Autant qu'il vous a plu; rendez-moi la pareille.
J'admire mon destin, et jamais sous les cieux
Il ne fut rien, je crois, de si prodigieux,
Rien, dont la nouveauté soit plus inconcevable,
Et rien que la raison rende moins supportable.

Je me vois un amant, qui, sans se rebuter,
Applique tous ses soins à me persécuter;
Qui, dans tout cet amour que sa bouche m'exprime,
Ne conserve pour moi nul sentiment d'estime;
Rien, au fond de ce cœur qu'ont pu blesser mes yeux,
Qui fasse droit au sang que j'ai reçu des cieux.
Et de mes actions défende l'innocence

DON GARCIE. — J'ai vu.... Vengeance! ô ciel! (Scène VII.)

Contre le moindre effort d'une fausse apparence.
Oui, je vois....
    (*Don Garcie montre de l'impatience pour parler.*)
            Ah ! surtout ne m'interrompez point.
Je vois, dis-je, mon sort malheureux à ce point,
Qu'un cœur, qui dit qu'il m'aime, et qui doit faire croire
Que, quand tout l'univers douteroit de ma gloire,
Il voudroit contre tous en être le garant,
Est celui qui s'en fait l'ennemi le plus grand.

On ne voit échapper aux soins que prend sa flamme
Aucune occasion de soupçonner mon âme :
Mais c'est peu des soupçons, il en fait des éclats
Que, sans être blessé, l'amour ne souffre pas.
Loin d'agir en amant, qui, plus que la mort même
Appréhende toujours d'offenser ce qu'il aime,
Qui se plaint doucement, et cherche avec respect
A pouvoir s'éclaircir de ce qu'il croit suspect,
A toute extrémité dans ses doutes il passe;

Et ce n'est que fureur, qu'injure et que menace,
Cependant aujourd'hui je veux fermer les yeux
Sur tout ce qui devroit me le rendre odieux,
Et lui donner moyen, par une bonté pure,
De tirer son salut d'une nouvelle injure.
Ce grand emportement qu'il m'a fallu souffrir,
Part de ce qu'à vos yeux le hasard vient d'offrir.
J'aurois tort de vouloir démentir votre vue,
Et votre âme sans doute a dû paroître émue.
DON GARCIE.
Et n'est-ce pas...?
DONE ELVIRE.
Encore un peu d'attention.
Et vous allez savoir ma résolution.
Il faut que de nous deux le destin s'accomplisse;
Vous êtes maintenant sur un grand précipice,
Et ce que votre cœur pourra délibérer
Va vous y faire choir, ou bien vous en tirer.
Si, malgré cet objet qui vous a pu surprendre,
Prince, vous me rendez ce que vous devez rendre,
Et ne demandez point d'autre preuve que moi
Pour condamner l'erreur du trouble où je vous voi;
Si de vos sentimens la prompte déférence
Veut sur ma seule foi croire mon innocence,
Et de tous vos soupçons démentir le crédit
Pour croire aveuglément ce que mon cœur vous dit,
Cette soumission, cette marque d'estime,
Du passé dans ce cœur efface tout le crime;
Je rétracte, à l'instant, ce qu'un juste courroux
M'a fait, dans la chaleur, prononcer contre vous;
Et, si je puis un jour choisir ma destinée
Sans choquer les devoirs du rang où je suis née,
Mon honneur, satisfait par ce respect soudain,
Promet à votre amour, et mes vœux et ma main.
Mais (prêtez bien l'oreille à ce que je vais dire)
Si cette offre sur vous obtient si peu d'empire,
Que vous me refusiez de me faire entre nous
Un sacrifice entier de vos soupçons jaloux;
S'il ne vous suffit pas de toute l'assurance
Que vous peuvent donner mon cœur et ma naissance,
Et que de votre esprit les ombrages puissans
Forcent mon innocence à convaincre vos sens,
Et porter à vos yeux l'éclatant témoignage
D'une vertu sincère à qui l'on fait outrage;
Je suis prête à le faire, et vous serez content :
Mais il vous faut de moi détacher à l'instant,
A mes vœux, pour jamais, renoncer de vous-même;
Et j'atteste du ciel la puissance suprême,
Que, quoi que le destin puisse ordonner de nous,
Je choisirai plutôt d'être à la mort qu'à vous.
Voilà dans ces deux choix de quoi vous satisfaire;
Avisez maintenant celui qui peut vous plaire.
DON GARCIE.
Juste ciel! jamais rien peut-il être inventé
Avec plus d'artifice et de déloyauté?
Tout ce que des enfers la malice étudie
A-t-il rien de si noir que cette perfidie?
Et peut-elle trouver dans toute sa rigueur
Un plus cruel moyen d'embarrasser un cœur?
Ah! que vous savez bien ici contre moi-même,

Ingrate, vous servir de ma foiblesse extrême,
Et ménager pour vous l'effort prodigieux
De ce fatal amour né de vos traîtres yeux!
Parce qu'on est surprise, et qu'on manque d'excuse,
D'une offre de pardon on emprunte la ruse :
Votre feinte douceur forge un amusement
Pour divertir l'effet de mon ressentiment;
Et, par le nœud subtil du choix qu'elle embarrasse,
Veut soustraire un perfide au coup qui le menace.
Oui, vos dextérités veulent me détourner
D'un éclaircissement qui vous doit condamner;
Et votre âme, feignant une innocence entière,
Ne s'offre à m'en donner une pleine lumière
Qu'à des conditions, qu'après d'ardens souhaits
Vous pensez que mon cœur n'acceptera jamais;
Mais vous serez trompée en me croyant surprendre.
Oui, oui, je prétends voir ce qui doit vous défendre,
Et quel fameux prodige, accusant ma fureur,
Peut de ce que j'ai vu justifier l'horreur.
DONE ELVIRE.
Songez que par ce choix vous allez vous prescrire
De ne plus rien prétendre au cœur de done Elvire.
DON GARCIE.
Soit. Je souscris à tout, et mes vœux, aussi bien,
En l'état où je suis, ne prétendent plus rien.
DONE ELVIRE.
Vous vous repentirez de l'éclat que vous faites.
DON GARCIE.
Non, non, tous ces discours sont de vaines défaites;
Et c'est moi bien plutôt qui doit vous avertir
Que quelque autre dans peu se pourra repentir;
Le traître, quel qu'il soit, n'aura pas l'avantage
De dérober sa vie à l'effort de ma rage.
DONE ELVIRE.
Ah! c'est trop en souffrir, et mon cœur irrité
Ne doit plus conserver une sotte bonté;
Abandonnons l'ingrat à son propre caprice;
Et, puisqu'il veut périr, consentons qu'il périsse.
(A don Garcie.)
Élise.... A cet éclat vous voulez me forcer;
Mais je vous apprendrai que c'est trop m'offenser.

SCÈNE IX.

DONE ELVIRE, DON GARCIE, ÉLISE,
DON ALVAR.

DONE ELVIRE, à Élise.
Faites un peu sortir la personne chérie....
Allez, vous m'entendez, dites que je l'en prie.
DON GARCIE.
Et je puis....
DONE ELVIRE.
Attendez, vous serez satisfait.
ÉLISE, à part, en sortant.
Voici de son jaloux, sans doute, un nouveau trait.
DONE ELVIRE.
Prenez garde qu'au moins cette noble colère
Dans la même fierté jusqu'au bout persévère;

Et surtout désormais songez bien à quel prix
Vous avez voulu voir vos soupçons éclaircis.

SCÈNE X.

DONE ELVIRE, DON GARCIE, DONE IGNÈS,
déguisée en homme, ÉLISE, DON ALVAR.

DONE ELVIRE, *à don Garcie, en lui montrant
done Ignès.*

Voici, grâces au ciel, ce qui les a fait naître
Ces soupçons obligeans que l'on me fait paroître ;
Voyez bien ce visage, et si de done Ignès
Vos yeux au même instant n'y connoissent les traits.

DON GARCIE.

O ciel !

DONE ELVIRE.

Si la fureur, dont votre âme est émue,
Vous trouble jusque-là l'usage de la vue,
Vous avez d'autres yeux à pouvoir consulter
Qui ne vous laisseront aucun lieu de douter.
Sa mort est une adresse au besoin inventée
Pour fuir l'autorité qui l'a persécutée ;
Et, sous un tel habit, elle cachoit son sort,
Pour mieux jouir du fruit de cette feinte mort.

(*A done Ignès.*)

Madame, pardonnez, s'il aut que je consente
A trahir vos secrets et tromper votre attente ;
Je me vois exposée à sa témérité,
Toutes mes actions n'ont plus de liberté,
Et mon honneur en butte aux soupçons qu'il peut prendre,
Est réduit à toute heure aux soins de se défendre.
Nos doux embrassemens, qu'a surpris ce jaloux,
De cent indignités m'ont fait souffrir les coups.
Oui, voilà le sujet d'une fureur si prompte,
Et l'assuré témoin qu'on produit de ma honte.

(*A don Garcie.*)

Jouissez à cette heure en tyran absolu
De l'éclaircissement que vous avez voulu ;
Mais sachez que j'aurai sans cesse la mémoire
De l'outrage sanglant qu'on a fait à ma gloire ;
Et, si je puis jamais oublier mes sermens,
Tombent sur moi du ciel les plus grands châtimens,
Qu'un tonnerre éclatant mette ma tête en poudre,
Lorsqu'à souffrir vos feux je pourrai me résoudre !
Allons, madame, allons, ôtons-nous de ces lieux
Qu'infectent les regards d'un monstre furieux ;
Fuyons-en promptement l'atteinte envenimée,
Évitons les effets de sa rage animée,
Et ne faisons des vœux, dans nos justes desseins,
Que pour nous voir bientôt affranchir de ses mains.

DONE IGNÈS, *à don Garcie.*
Seigneur, de vos soupçons l'injuste violence
A la même vertu vient de faire une offense.

SCÈNE XI.

DON GARCIE, DON ALVAR.

DON GARCIE.
Quelles tristes clartés, dissipant mon erreur,
Enveloppent mes sens d'une profonde horreur,
Et ne laissent plus voir à mon âme abattue
Que l'effroyable objet d'un remords qui me tue !
Ah ! don Alvar, je vois que vous avez raison ;
Mais l'enfer dans mon cœur a soufflé son poison ;
Et, par un trait fatal d'une rigueur extrême,
Mon plus grand ennemi se rencontre en moi-même.
Que me sert-il d'aimer du plus ardent amour
Qu'une âme consumée ait jamais mis au jour,
Si, par ces mouvemens qui font toute ma peine,
Cet amour à tout coup se rend digne de haine ?
Il faut, il faut venger par mon juste trépas
L'outrage que j'ai fait à ses divins appas ;
Aussi bien quels conseils aujourd'hui puis-je suivre ?
Ah ! j'ai perdu l'objet pour qui j'aimois à vivre.
Si j'ai pu renoncer à l'espoir de ses vœux,
Renoncer à la vie est beaucoup moins fâcheux.

DON ALVAR.
Seigneur....

DON GARCIE.
Non, don Alvar, ma mort est nécessaire,
Il n'est soins ni raisons qui m'en puissent distraire,
Mais il faut que mon sort, en se précipitant,
Rende à cette princesse un service éclatant,
Et je veux me chercher, dans cette illustre envie,
Les moyens glorieux de sortir de la vie,
Faire par un grand coup qui signale ma foi,
Qu'en expirant pour elle, elle ait regret à moi,
Et qu'elle puisse dire, en se voyant vengée :
« C'est par son trop d'amour qu'il m'avoit outragée. »
Il faut que de ma main un illustre attentat
Porte une mort trop due au sein de Mauregat ;
Que j'aille prévenir, par une belle audace,
Le coup dont la Castille avec bruit le menace ;
Et j'aurai des douceurs, dans mon instant fatal,
De ravir cette gloire à l'espoir d'un rival.

DON ALVAR.
Un service, seigneur, de cette conséquence
Auroit bien le pouvoir d'effacer votre offense ;
Mais hasarder....

DON GARCIE.
Allons, par un juste devoir,
Faire à ce noble effort servir mon désespoir.

ACTE CINQUIÈME.

SCÈNE I.

DON ALVAR, ÉLISE.

DON ALVAR.

Oui, jamais il ne fut de si rude surprise.
Il venoit de former cette haute entreprise ;
A l'avide désir d'immoler Mauregat,
De son prompt désespoir il tournoit tout l'éclat,
Ses soins précipités vouloient à son courage
De cette juste mort assurer l'avantage ;
Y chercher son pardon et prévenir l'ennui
Qu'un rival partageât cette gloire avec lui.
Il sortoit de ces murs, quand un bruit trop fidèle
Est venu lui porter la fâcheuse nouvelle
Que ce même rival, qu'il vouloit prévenir,
A remporté l'honneur qu'il pensoit obtenir,
L'a prévenu lui-même en immolant le traître,
Et poussé dans ce jour don Alphonse à paroître,
Qui, d'un si prompt succès, va goûter la douceur,
Et vient prendre en ces lieux la princesse sa sœur,
Et, ce qui n'a pas peine à gagner la croyance,
On entend publier que c'est la récompense
Dont il prétend payer le service éclatant
Du bras qui lui fait jour au trône qui l'attend.

ÉLISE.

Oui, done Elvire a su ces nouvelles semées,
Et du vieux don Louis les trouve confirmées,
Qui vient de lui mander que Léon, dans ce jour,
De don Alphonse et d'elle attend l'heureux retour ;
Et que c'est là qu'on doit, par un revers prospère,
Lui voir prendre un époux de la main de ce frère,
Dans ce peu qu'il en dit, il donne assez à voir
Que don Sylve est l'époux qu'elle doit recevoir.

DON ALVAR.
Ce coup au cœur du prince....

ÉLISE.
Est sans doute bien rude,
Et je le trouve à plaindre en son inquiétude.
Son intérêt pourtant, si j'en ai bien jugé,
Est encor cher au cœur qu'il a tant outragé ;
Et je n'ai point connu, qu'à ce succès qu'on vante,
La princesse ait fait voir une âme fort contente
De ce frère qui vient, et de la lettre aussi ;
Mais....

SCÈNE II.

DONE ELVIRE, DONE IGNÈS, *déguisée en homme*, ÉLISE, DON ALVAR.

DONE ELVIRE.
Faites, don Alvar, venir le prince ici.
(*Don Alvar sort.*)
Souffrez que devant vous je lui parle, madame,
Sur cet événement dont on surprend mon âme ;
Et ne m'accusez point d'un trop prompt changement,
Si je perds contre lui tout mon ressentiment.
Sa disgrâce imprévue a pris droit de l'éteindre ;
Sans lui laisser ma haine, il est assez à plaindre,
Et le ciel, qui l'expose à ce trait de rigueur,
N'a que trop bien servi les sermens de mon cœur.
Un éclatant arrêt de ma gloire outragée
A jamais n'être à lui me tenoit engagée ;
Mais quand par les destins il est exécuté,
J'y vois pour son amour trop de sévérité ;
Et le triste succès de tout ce qu'il m'adresse
M'efface son offense et lui rend ma tendresse.

DON GARCIE DE NAVARRE, ACTE V.

Oui, mon cœur trop vengé par de si rudes coups,
Laisse à leur cruauté désarmer son courroux,
Et cherche maintenant, par un soin pitoyable,
A consoler le sort d'un amant misérable;
Et je crois que sa flamme a bien pu mériter
Cette compassion que je lui veux prêter.

DONE IGNÈS.
Madame, on auroit tort de trouver à redire
Aux tendres sentiments qu'on voit qu'il vous inspire.
Ce qu'il a fait pour vous.... Il vient, et sa pâleur
De ce coup surprenant marque assez la douleur.

SCÈNE III.

DON GARCIE, DONE ELVIRE, DONE IGNÈS,
déguisée en homme, ÉLISE.

DON GARCIE.
Madame, avec quel front faut-il que je m'avance,
Quand je viens vous offrir l'odieuse présence....

DONE ELVIRE.
Prince, ne parlons plus de mon ressentiment.
Votre sort dans mon âme a fait du changement;

DONE ELVIRE. — Vos plaintes, vos douleurs, vos respects m'ont touchée. (Scène VI.)

Et, par le triste état où sa rigueur vous jette,
Ma colère est éteinte, et notre paix est faite.
Oui, bien que votre amour ait mérité les coups
Que fait sur lui du ciel éclater le courroux;
Bien que ces noirs soupçons aient offensé ma gloire
Par des indignités qu'on auroit peine à croire,
J'avouerai toutefois que je plains son malheur
Jusqu'à voir nos succès avec quelque douleur;
Que je hais les faveurs de ce fameux service,
Lorsqu'on veut de mon cœur lui faire un sacrifice,
Et voudrois bien pouvoir racheter les momens
Où le sort contre vous n'armoit que mes sermens;
Mais enfin vous savez comme nos destinées

Aux intérêts publics sont toujours enchaînées,
Et que l'ordre des cieux pour disposer de moi,
Dans mon frère qui vient, me va montrer mon roi.
Cédez comme moi, prince, à cette violence
Où la grandeur soumet celles de ma naissance;
Et, si de votre amour les déplaisirs sont grands,
Qu'il se fasse un secours de la part que j'y prends,
Et ne se serve point, contre un coup qui l'étonne,
Du pouvoir qu'en ces lieux votre valeur vous donne:
Ce vous seroit, sans doute, un indigne transport
De vouloir dans vos maux lutter contre le sort;
Et, lorsque c'est en vain qu'on s'oppose à sa rage,
La soumission prompte est grandeur de courage.

Ne résistez donc point à ces coups éclatans,
Ouvrez les murs d'Astorgue au frère que j'attends.
Laissez-moi rendre aux droits qu'il peut sur moi prétendre
Ce que mon triste cœur a résolu de rendre ;
Et ce fatal hommage, où mes vœux sont forcés,
Peut-être n'ira pas si loin que vous pensez.

DON GARCIE.
C'est faire voir, madame, une bonté trop rare,
Que vouloir adoucir le coup qu'on me prépare ;
Sur moi sans de tels soins vous pouvez laisser choir
Le foudre rigoureux de tout votre devoir.
En l'état où je suis je n'ai rien à vous dire.
J'ai mérité du sort tout ce qu'il a de pire ;
Et je sais, quelques maux qu'il me faille endurer,
Que je me suis ôté le droit d'en murmurer.
Par où pourrois-je, hélas ! dans ma vaste disgrâce,
Vers vous de quelque plainte autoriser l'audace ?
Mon amour s'est rendu mille fois odieux,
Il n'a fait qu'outrager vos attraits glorieux,
Et, lorsque par un juste et fameux sacrifice
Mon bras à votre sang cherche à rendre un service,
Mon astre m'abandonne au déplaisir fatal
De me voir prévenu par le bras d'un rival.
Madame, après cela je n'ai rien à prétendre,
Je suis digne du coup que l'on me fait attendre ;
Et je le vois venir, sans oser contre lui
Tenter de votre cœur le favorable appui.
Ce qui peut me rester dans mon malheur extrême,
C'est de chercher alors mon remède en moi-même,
Et faire que ma mort, propice à mes désirs,
Affranchisse mon cœur de tous ses déplaisirs.
Oui, bientôt dans ces lieux don Aphonse doit être,
Et déjà mon rival commence de paroître ;
De Léon vers ces murs il semble avoir volé
Pour recevoir le prix du tyran immolé.
Ne craignez point du tout qu'aucune résistance
Fasse valoir ici ce que j'ai de puissance :
Il n'est effort humain, que, pour vous conserver,
Si vous y consentiez, je ne pusse braver ;
Mais ce n'est pas à moi, dont on hait la mémoire,
A pouvoir espérer cet aveu plein de gloire,
Et je ne voudrois pas, par des efforts trop vains,
Jeter le moindre obstacle à vos justes desseins.
Non, je ne contrains point vos sentimens, madame ;
Je vais en liberté laisser toute votre âme,
Ouvrir les murs d'Astorgue à cet heureux vainqueur,
Et subir de mon sort la dernière rigueur.

SCÈNE IV.

DONE ELVIRE, DONE IGNÈS, *déguisée en homme*, ÉLISE.

DONE ELVIRE.
Madame, au désespoir où son destin l'expose
De tous mes déplaisirs n'imputez pas la cause :
Vous me rendrez justice, en croyant que mon cœur
Fait de vos intérêts sa plus vive douleur ;
Que bien plus que l'amour l'amitié m'est sensible,
Et que, si je me plains d'une disgrâce horrible,
C'est de voir que du ciel le funeste courroux
Ait pris chez moi les traits qu'il lance contre vous,
Et rendu mes regards coupables d'une flamme
Qui traite indignement les bontés de votre âme.

DONE IGNÈS.
C'est un événement dont, sans doute, vos yeux
N'ont point pour moi, madame, à quereller les cieux.
Si les foibles attraits qu'étale mon visage
M'exposoient au destin de souffrir un volage,
Le ciel ne pouvoit mieux m'adoucir de tels coups,
Quand, pour m'ôter ce cœur, il s'est servi de vous ;
Et mon front ne doit point rougir d'une inconstance
Qui de vos traits aux miens marque la différence.
Si pour ce changement je pousse des soupirs,
Ils viennent de le voir fatal à vos désirs ;
Et dans cette douleur que l'amitié m'excite,
Je m'accuse pour vous de mon peu de mérite,
Qui n'a pu retenir un cœur dont les tributs
Causent un si grand trouble à vos vœux combattus.

DONE ELVIRE.
Accusez-vous plutôt de l'injuste silence
Qui m'a de vos deux cœurs caché l'intelligence.
Ce secret, plus tôt su, peut-être à toutes deux
Nous auroit épargné des troubles si fâcheux ;
Et mes justes froideurs, des désirs d'un volage
Au point de leur naissance ayant banni l'hommage,
Eussent pu renvoyer....

DONE IGNÈS.
Madame, le voici.

DONE ELVIRE.
Sans rencontrer ses yeux vous pouvez être ici ;
Ne sortez point, madame, et, dans un tel martyre,
Veuillez être témoin de ce que je vais dire.

DONE IGNÈS.
Madame, j'y consens, quoique je sache bien
Qu'on fuiroit en ma place un pareil entretien.

DONE ELVIRE.
Son succès, si le ciel seconde ma pensée,
Madame, n'aura rien dont vous soyez blessée.

SCÈNE V.

DON ALPHONSE, *cru don Sylve*, DONE ELVIRE, DONE IGNÈS, *déguisée en homme*, ÉLISE.

DONE ELVIRE.
Avant que vous parliez, je demande instamment
Que vous daigniez, seigneur, m'écouter un moment.
Déjà la renommée a jusqu'à nos oreilles
Porté de votre bras les soudaines merveilles ;
Et j'admire avec tous comme en si peu de temps
Il donne à nos destins ces succès éclatans.
Je sais bien qu'un bienfait de cette conséquence
Ne sauroit demander trop de reconnoissance,
Et qu'on doit toute chose à l'exploit immortel
Qui replace mon frère au trône paternel.
Mais, quoi que de son cœur vous offrent les hommages,
Usez en généreux de tous vos avantages,

Et ne permettez pas que ce coup glorieux
Jette sur moi, seigneur, un joug impérieux ;
Que votre amour, qui sait quel intérêt m'anime,
S'obstine à triompher d'un refus légitime,
Et veuille que ce frère, où l'on va m'exposer,
Commence d'être roi pour me tyranniser.
Léon a d'autres prix dont, en cette occurrence,
Il peut mieux honorer votre haute vaillance ;
Et c'est à vos vertus faire un présent trop bas,
Que vous donner un cœur qui ne se donne pas.
Peut-on être jamais satisfait en soi-même,
Lorsque par la contrainte on obtient ce qu'on aime ?
C'est un triste avantage, et l'amant généreux
A ces conditions refuse d'être heureux ;
Il ne veut rien devoir à cette violence
Qu'exercent sur nos cœurs les droits de la naissance
Et pour l'objet qu'il aime est toujours trop zélé,
Pour souffrir qu'en victime il lui soit immolé.
Ce n'est pas que ce cœur au mérite d'un autre
Prétende réserver ce qu'il refuse au vôtre ;
Non, seigneur, j'en réponds, et vous donne ma foi
Que personne jamais n'aura pouvoir sur moi ;
Qu'une sainte retraite à toute autre poursuite....

DON ALPHONSE.

J'ai de votre discours assez souffert la suite,
Madame, et par deux mots je vous l'eusse épargné,
Si votre fausse alarme eût sur vous moins gagné.
Je sais qu'un bruit commun, qui partout se fait croire,
De la mort du tyran me veut donner la gloire ;
Mais le seul peuple enfin, comme on nous fait savoir,
Laissant par don Louis échauffer son devoir,
A remporté l'honneur de cet acte héroïque
Dont mon nom est chargé par la rumeur publique ;
Et ce qui d'un tel bruit a fourni le sujet,
C'est que, pour appuyer son illustre projet,
Don Louis fit semer, par une feinte utile,
Que, secondé des miens, j'avois saisi la ville ;
Et, par cette nouvelle, il a poussé les bras
Qui d'un usurpateur ont hâté le trépas.
Par son zèle prudent il a su tout conduire,
Et c'est par un des siens qu'il vient de m'en instruire ;
Mais dans le même instant un secret m'est appris,
Qui va vous étonner autant qu'il m'a surpris.
Vous attendez un frère, et Léon, son vrai maître ;
A vos yeux maintenant le ciel le fait paroître :
Oui, je suis don Alphonse, et mon sort conservé,
Et sous le nom du sang de Castille élevé,
Est un fameux effet de l'amitié sincère
Qui fut entre son prince et le roi notre père,
Don Louis du secret a toutes les clartés,
Et doit aux yeux de tous prouver ces vérités.
D'autres soins maintenant occupent ma pensée,
Non qu'à votre sujet elle soit traversée,
Que ma flamme querelle un tel événement,
Et qu'en mon cœur le frère importune l'amant.
Mes feux par ce secret ont reçu sans murmure
Le changement qu'en eux a prescrit la nature ;
Et le sang qui nous joint m'a si bien détaché
De l'amour dont pour vous mon cœur étoit touché
Qu'il ne respire plus pour faveur souveraine,

Que les chères douceurs de sa première chaîne,
Et le moyen de rendre à l'adorable Ignès
Ce que de ses bontés a mérité l'excès :
Mais son sort incertain rend le mien misérable ;
Et, si ce qu'on en dit se trouvoit véritable,
En vain Léon m'appelle et le trône m'attend ;
La couronne n'a rien à me rendre content,
Et je n'en veux l'éclat que pour goûter la joie
D'en couronner l'objet où le ciel me renvoie,
Et pouvoir réparer, par ces justes tributs,
L'outrage que j'ai fait à ses rares vertus.
Madame, c'est de vous que j'ai raison d'attendre
Ce que de son destin mon âme peut apprendre ;
Instruisez-m'en, de grâce ; et, par votre discours,
Hâtez mon désespoir ou le bien de mes jours.

DONE ELVIRE.

Ne vous étonnez pas si je tarde à répondre,
Seigneur, ces nouveautés ont droit de me confondre.
Je n'entreprendrai point de dire à votre amour
Si done Ignès est morte ou respire le jour ;
Mais par ce cavalier, l'un de ses plus fidèles,
Vous en pourrez sans doute apprendre des nouvelles.

DON ALPHONSE, *reconnoissant done Ignès.*

Ah ! madame ! il m'est doux en ces perplexités
De voir ici briller vos célestes beautés.
Mais vous, avec quels yeux verrez-vous un volage
Dont le crime....

DONE IGNÈS.

Ah ! gardez de me faire un outrage,
Et de vous hasarder de dire que vers moi
Un cœur dont je fais cas ait pu manquer de foi.
J'en refuse l'idée, et l'excuse me blesse ;
Rien n'a pu m'offenser auprès de la princesse ;
Et tout ce que d'ardeur elle vous a causé
Par un si haut mérite est assez excusé.
Cette flamme vers moi ne vous rend point coupable,
Et, dans le noble orgueil dont je me sens capable,
Sachez, si vous l'étiez, que ce seroit en vain
Que vous présumeriez de fléchir mon dédain,
Et qu'il n'est repentir ni suprême puissance
Qui gagnât sur mon cœur d'oublier cette offense.

DONE ELVIRE.

Mon frère, d'un tel nom souffrez-moi la douceur,
De quel ravissement comblez-vous une sœur !
Que j'aime votre choix et bénis l'aventure
Qui vous fait couronner une amitié si pure !
Et de deux nobles cœurs que j'aime tendrement....

SCÈNE VI.

DON GARCIE, DONE ELVIRE, DONE IGNÈS,
déguisée en homme, DON ALPHONSE, *cru don
Sylve,* ÉLISE.

DON GARCIE.

De grâce, cachez-moi votre contentement,
Madame, et me laissez mourir dans ma croyance
Que le devoir vous fait un peu de violence.
Je sais que de vos vœux vous pouvez disposer,

Et mon dessein n'est pas de leur rien opposer :
Vous le voyez assez, et quelle obéissance
De vos commandemens m'arrache la puissance ;
Mais je vous avouerai que cette gaieté
Surprend au dépourvu toute ma fermeté,
Et qu'un pareil objet dans mon âme fait naître
Un transport dont j'ai peur que je ne sois pas maître ;
Et je me punirois, s'il m'avoit pu tirer
De ce respect soumis où je veux demeurer.
Oui, vos commandemens ont prescrit à mon âme
De souffrir sans éclat le malheur de ma flamme :
Cet ordre sur mon cœur doit être tout-puissant,
Et je prétends mourir en vous obéissant ;
Mais, encore une fois, la joie où je vous treuve
M'expose à la rigueur d'une trop rude épreuve,
Et l'âme la plus sage, en ces occasions,
Répond malaisément de ses émotions.
Madame, épargnez-moi cette cruelle atteinte ;
Donnez-moi, par pitié, deux momens de contrainte ;
Et, quoi que d'un rival vous inspirent les soins,
N'en rendez pas mes yeux les malheureux témoins :
C'est la moindre faveur qu'on peut, je crois, prétendre,
Lorsque dans ma disgrâce un amant peut descendre.
Je ne l'exige pas, madame, pour longtemps,
Et bientôt mon départ rendra vos vœux contens :
Je vais où de ses feux mon âme consumée
N'apprendra votre hymen que par la renommée ;
Ce n'est pas un spectacle où je doive courir :
Madame, sans le voir, j'en saurai bien mourir.

DONE IGNÈS.

Seigneur, permettez-moi de blâmer votre plainte.
De vos maux la princesse a su paroître atteinte ;
Et cette joie encor, de quoi vous murmurez,
Ne lui vient que des biens qui vous sont préparés.
Elle goûte un succès à vos désirs prospère,
Et dans votre rival elle trouve son frère ;
C'est don Alphonse, enfin, dont on a tant parlé,
Et ce fameux secret vient d'être dévoilé.

DON ALPHONSE.

Mon cœur, grâces au ciel, après un long martyre,
Seigneur, sans vous rien prendre, a tout ce qu'il désire,
Et goûte d'autant mieux son bonheur en ce jour,
Qu'il se voit en état de servir votre amour.

DON GARCIE.

Hélas ! cette bonté, seigneur, doit me confondre.
A mes plus chers désirs elle daigne répondre ;
Le coup que je craignois, le ciel l'a détourné,
Et tout autre que moi se verroit fortuné ;
Mais ces douces clartés d'un secret favorable
Vers l'objet adoré me découvrent coupable ;
Et, tombé de nouveau dans ces traîtres soupçons
Sur quoi l'on m'a tant fait d'inutiles leçons,
Et par qui mon ardeur, si souvent odieuse,
Doit perdre tout espoir d'être jamais heureuse,
Oui, l'on doit me haïr avec trop de raison ;
Moi-même je me trouve indigne de pardon :
Et, quelque heureux succès que le sort me présente,
La mort, la seule mort est toute mon attente.

DONE ELVIRE.

Non, non ; de ce transport le soumis mouvement,
Prince, jette en mon âme un plus doux sentiment ;
Par lui de mes sermens je me sens détachée ;
Vos plaintes, vos respects, vos douleurs m'ont touchée,
J'y vois partout briller un excès d'amitié,
Et votre maladie est digne de pitié.
Je vois, prince, je vois qu'on doit quelque indulgence
Aux défauts où du ciel fait pencher l'influence ;
Et, pour tout dire enfin, jaloux ou non jaloux,
Mon roi, sans me gêner, peut me donner à vous.

DON GARCIE.

Ciel ! dans l'excès des biens que cet aveu m'octroie,
Rends capable mon cœur de supporter sa joie !

DON ALHHONSE.

Je veux que cet hymen, après nos vains débats,
Seigneur, joigne à jamais nos cœurs et nos États,
Mais ici le temps presse, et Léon nous appelle ;
Allons dans nos plaisirs satisfaire son zèle :
Et, par notre présence et nos soins différens,
Donner le dernier coup au parti des tyrans.

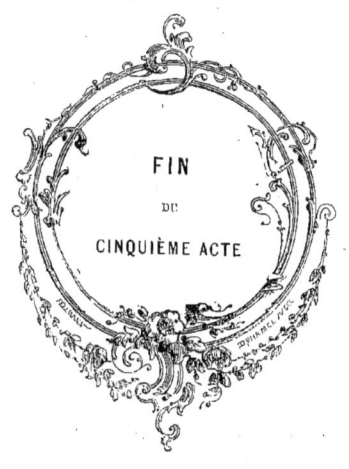

FIN DU CINQUIÈME ACTE

A MONSEIGNEUR LE DUC D'ORLÉANS

FRÈRE UNIQUE DU ROI.

MONSEIGNEUR,

Je fais voir ici à la France des choses bien peu proportionnées. Il n'est rien de si grand et de si superbe que le nom que je mets à la tête de ce livre, et rien de plus bas que ce qu'il contient. Tout le monde trouvera cet assemblage étrange ; et quelques-uns pourront bien dire, pour en exprimer l'inégalité, que c'est poser une couronne de perles et de diamans sur une statue de terre, et faire entrer par des portes magnifiques et des arcs triomphaux superbes dans une méchante cabane. Mais, Monseigneur, ce qui doit me servir d'excuse, c'est qu'en cette aventure je n'ai eu aucun choix à faire, et que l'honneur que j'ai d'être à Votre Altesse Royale, m'a imposé une nécessité absolue de lui dédier le premier ouvrage que je mets de moi-même au jour. Ce n'est pas un présent que je lui fais, c'est un devoir dont je m'acquitte ; et les hommages ne sont jamais regardés par les choses qu'ils portent. J'ai donc osé, Monseigneur, dédier une bagatelle à Votre Altesse Royale, parce que je n'ai pu m'en dispenser ; et si je me dispense ici de m'étendre sur les belles et glorieuses vérités qu'on pourroit dire d'Elle, c'est par la juste appréhension que ces grandes idées ne fissent éclater encore davantage la bassesse de mon offrande. Je me suis imposé silence pour trouver un endroit plus propre à placer de si belles choses ; et tout ce que j'ai prétendu dans cette épître, c'est de justifier mon action à toute la France, et d'avoir cette gloire de vous dire à vous-même, Monseigneur, avec toute la soumission possible, que je suis,

De Votre Altesse Royale,

Le très-humble, très-obéissant et très-fidèle serviteur,

J. B. P. MOLIÈRE.

PERSONNAGES ET ACTEURS.

SGANARELLE, } frères.	MOLIÈRE.	VALÈRE, amant d'Isabelle.	LA GRANGE.
ARISTE,	L'ESPY.	ERGASTE, valet de Valère.	DU PARC.
ISABELLE, } sœurs.	Mlle DE BRIE.	UN COMMISSAIRE.	DE BRIE.
LÉONOR,	ARMANDE BÉJART.	UN NOTAIRE.	
LISETTE, suivante de Léonor.	MADELEINE BÉJART.		

L'École des Maris fut représentée pour la première fois le 24 juin 1661. Le sujet a de l'analogie avec celui des *Adelphes*, de Térence.

L'ÉCOLE DES MARIS

ACTE PREMIER.

SCÈNE I.

SGANARELLE, ARISTE.

SGANARELLE.
Mon frère, s'il vous plaît, ne discourons point tant,
Et que chacun de nous vive comme il l'entend.
Bien que sur moi des ans vous ayez l'avantage
Et soyez assez vieux pour devoir être sage,
Je vous dirai pourtant que mes intentions
Sont de ne prendre point de vos corrections ;
Que j'ai pour tout conseil ma fantaisie à suivre,
Et me trouve fort bien de ma façon de vivre.

ARISTE.
Mais chacun la condamne.

SGANARELLE.
Oui, des fous comme vous,
Mon frère.

ARISTE.
Grand merci, le compliment est doux !

SGANARELLE.
Je voudrois bien savoir, puisqu'il faut tout entendre,
Ce que ces beaux censeurs en moi peuvent reprendre.

ARISTE.
Cette farouche humeur, dont la sévérité
Fuit toutes les douceurs de la société,
A tous vos procédés inspire un air bizarre,
Et, jusques à l'habit, rend tout chez vous barbare.

SGANARELLE.
Il est vrai qu'à la mode il faut m'assujettir,
Et ce n'est pas pour moi que je me dois vêtir !
Ne voudriez-vous point, par vos belles sornettes,
Monsieur mon frère aîné, car, Dieu merci, vous l'êtes
D'une vingtaine d'ans, à ne vous rien celer,
Et cela ne vaut point la peine d'en parler ;
Ne voudriez-vous point, dis-je, sur ces matières,
De vos jeunes muguets m'inspirer les manières ?
M'obliger à porter de ces petits chapeaux
Qui laissent éventer leurs débiles cerveaux ;
Et de ces blonds cheveux, de qui la vaste enflure

Des visages humains offusque la figure?
De ces petits pourpoints sous les bras se perdans,
Et de ces grands collets jusqu'au nombril pendans?
De ces manches qu'à table on voit tâter les sauces?
Et des ces cotillons appelés hauts-de-chausses?
De ces souliers mignons, de rubans revêtus,
Qui vous font ressembler à des pigeons pattus?
Et de ces grands canons où, comme en des entraves,
On met tous les matins ses deux jambes esclaves,
Et par qui nous voyons ces messieurs les galans
Marcher écarquillés ainsi que des volans?
Je vous plairois, sans doute, équipé de la sorte;
Et je vous vois porter les sottises qu'on porte.

ARISTE.

Toujours au plus grand nombre on doit s'accommoder,
Et jamais il ne faut se faire regarder.
L'un et l'autre excès choque, et tout homme bien sage
Doit faire des habits ainsi que du langage,
N'y rien trop affecter, et, sans empressement,
Suivre ce que l'usage y fait de changement.

Et je vous vois porter les sottises qu'on porte.

Mon sentiment n'est pas qu'on prenne la méthode
De ceux qu'on voit toujours renchérir sur la mode,
Et qui, dans cet excès dont ils sont amoureux,
Seroient fâchés qu'un autre eût été plus loin qu'eux;
Mais je tiens qu'il est mal, sur quoi que l'on se fonde,
De fuir obstinément ce que suit tout le monde,
Et qu'il vaut mieux souffrir d'être au nombre des fous,
Que du sage parti se voir seul contre tous.

SGANARELLE.

Cela sent son vieillard, qui, pour en faire accroire,
Cache ses cheveux blancs d'une perruque noire.

ARISTE.

C'est un étrange fait du soin que vous prenez
A me venir toujours jeter mon âge au nez;
Et qu'il faille qu'en moi sans cesse je vous voie
Blâmer l'ajustement, aussi bien que la joie:
Comme si, condamnée à ne plus rien chérir,
La vieillesse devoit ne songer qu'à mourir,
Et d'assez de laideur n'est pas accompagnée,
Sans se tenir encor malpropre et rechignée.

SGANARELLE.

Quoi qu'il en soit, je suis attaché fortement

A ne démordre point de mon habillement.
Je veux une coiffure, en dépit de la mode,
Sous qui toute ma tête ait un abri commode;
Un bon pourpoint bien long, et fermé comme il faut,
Qui, pour bien digérer, tienne l'estomac chaud;
Un haut-de-chausses fait justement pour ma cuisse;
Des souliers où mes pieds ne soient point au supplice,
Ainsi qu'en ont usé sagement nos aïeux:
Et qui me trouve mal, n'a qu'à fermer les yeux.

SCÈNE II.

LÉONOR, ISABELLE, LISETTE; ARISTE ET SGANARELLE, *parlant bas ensemble sur le devant du théâtre, sans être aperçus.*

LÉONOR, *à Isabelle.*
Je me charge de tout, en cas que l'on vous gronde.

Et si par un mari je me voyois contrainte. (Acte I, scène II)

LISETTE, *à Isabelle.*
Toujours dans une chambre à ne point voir le monde?
ISABELLE.
Il est ainsi bâti.
LÉONOR.
Je vous en plains, ma sœur.
LISETTE, *à Léonor.*
Bien vous prend que son frère ait toute une autre humeur,
Madame, et le destin vous fut bien favorable
En vous faisant tomber aux mains du raisonnable.
ISABELLE.
C'est un miracle encor qu'il ne m'ait aujourd'hui
Enfermée à la clef ou menée avec lui.
LISETTE.
Ma foi, je l'enverrois au diable avec sa fraise,
Et....
SGANARELLE, *heurté par Lisette.*
Où donc allez-vous, qu'il ne vous en déplaise?
LÉONOR.
Nous ne savons encore, et je pressois ma sœur
De venir du beau temps respirer la douceur:
Mais....
SGANARELLE, *à Léonor.*
Pour vous, vous pouvez aller où bon vous semble;

(*Montrant Lisette.*)
Vous n'avez qu'à courir, vous voilà deux ensemble.
(*A Isabelle.*)
Mais vous, je vous défends, s'il vous plaît, de sortir.
ARISTE.
Hé! laissez-les, mon frère, aller se divertir.
SGANARELLE.
Je suis votre valet, mon frère.
ARISTE.
La jeunesse
Veut....
SGANARELLE.
La jeunesse est sotte, et parfois la vieillesse
ARISTE.
Croyez-vous qu'elle est mal d'être avec Léonor?
SGANARELLE.
Non pas; mais avec moi je la crois mieux encor.
ARISTE.
Mais....
SGANARELLE.
Mais ses actions de moi doivent dépendre,
Et je sais l'intérêt enfin que j'y dois prendre.
ARISTE.
A celles de sa sœur ai-je un moindre intérêt?

SGANARELLE.
Mon Dieu! chacun raisonne et fait comme il lui plaît.
Elles sont sans parens, et notre ami leur père
Nous commit leur conduite à son heure dernière ;
Et nous chargeant tous deux, ou de les épouser,
Ou, sur notre refus, un jour d'en disposer,
Sur elles, par contrat, nous sut, dès leur enfance,
Et de père et d'époux donner pleine puissance.
D'élever celle-là vous prîtes le souci,
Et moi, je me chargeai du soin de celle-ci;
Selon vos volontés vous gouvernez la vôtre :
Laissez-moi, je vous prie, à mon gré régir l'autre.

ARISTE.
Il me semble....

SGANARELLE.
Il me semble, et je le dis tout haut,
Que sur un tel sujet c'est parler comme il faut.
Vous souffrez que la vôtre aille leste et pimpante?
Je le veux bien : qu'elle ait et laquais et suivante?
J'y consens : qu'elle coure, aime l'oisiveté,
Et soit des damoiseaux fleurée en liberté?
J'en suis fort satisfait; mais j'entends que la mienne
Vive à ma fantaisie, et non pas à la sienne ;
Que d'une serge honnête elle ait son vêtement,
Et ne porte le noir qu'aux bons jours seulement;
Qu'enfermée au logis, en personne bien sage,
Elle s'applique toute aux choses du ménage,
A recoudre mon linge aux heures de loisir,
Ou bien à tricoter quelque bas par plaisir ;
Qu'aux discours des muguets elle ferme l'oreille,
Et ne sorte jamais sans avoir qui la veille.
Enfin la chair est foible, et j'entends tous les bruits,
Je ne veux point porter de cornes si je puis ;
Et, comme à m'épouser sa fortune l'appelle,
Je prétends, corps pour corps, pouvoir répondre d'elle.

ISABELLE.
Vous n'avez pas sujet, que je crois....

SGANARELLE.
Taisez-vous.
Je vous apprendrai bien s'il faut sortir sans nous.

LÉONOR.
Quoi donc, monsieur?

SGANARELLE.
Mon Dieu! madame, sans langage,
Je ne vous parle pas, car vous êtes trop sage.

LÉONOR.
Voyez-vous Isabelle avec nous à regret?

SGANARELLE.
Oui, vous me la gâtez, puisqu'il faut parler net.
Vos visites ici ne font que me déplaire,
Et vous m'obligerez de ne nous en plus faire.

LÉONOR.
Voulez-vous que mon cœur vous parle net aussi?
J'ignore de quel œil elle voit tout ceci :
Mais je sais ce qu'en moi feroit la défiance ;
Et, quoiqu'un même sang nous ait donné naissance,
Nous sommes bien peu sœurs, s'il faut que chaque jour
Vos manières d'agir lui donnent de l'amour.

LISETTE.
En effet, tous ces soins sont des choses infâmes.

Sommes-nous chez les Turcs, pour renfermer les femmes?
Car on dit qu'on les tient esclaves en ce lieu,
Et que c'est pour cela qu'ils sont maudits de Dieu.
Notre honneur est, monsieur, bien sujet à foiblesse,
S'il faut qu'il ait besoin qu'on le garde sans cesse.
Pensez-vous, après tout, que ces précautions
Servent de quelque obstacle à nos intentions?
Et, quand nous nous mettons quelque chose à la tête,
Que l'homme le plus fin ne soit pas une bête ?
Toutes ces gardes-là sont visions de fous :
Le plus sûr est, ma foi, de se fier en nous ;
Qui nous gêne, se met en un péril extrême,
Et toujours notre honneur veut se garder lui-même.
C'est nous inspirer presque un désir de pécher,
Que montrer tant de soins de nous en empêcher ;
Et, si par un mari je me voyois contrainte,
J'aurois fort grande pente à confirmer sa crainte.

SGANARELLE, à Ariste.
Voilà, beau précepteur, votre éducation.
Et vous souffrez cela sans nulle émotion?

ARISTE.
Mon frère, son discours ne doit que faire rire :
Elle a quelque raison en ce qu'elle veut dire.
Leur sexe aime à jouir d'un peu de liberté ;
On le retient fort mal par tant d'austérité ;
Et les soins défians, les verrous et les grilles
Ne font pas la vertu des femmes ni des filles :
C'est l'honneur qui les doit tenir dans le devoir,
Non la sévérité que nous leur faisons voir.
C'est une étrange chose, à vous parler sans feinte,
Qu'une femme qui n'est sage que par contrainte.
En vain sur tous ses pas nous prétendons régner :
Je trouve que le cœur est ce qu'il faut gagner :
Et je ne tiendrois, moi, quelque soin qu'on se donne,
Mon honneur guère sûr aux mains d'une personne
A qui, dans les désirs qui pourroient l'assaillir,
Il ne manqueroit rien qu'un moyen de faillir.

SGANARELLE.
Chansons que tout cela.

ARISTE.
Soit ; mais je tiens sans cesse
Qu'il nous faut en riant instruire la jeunesse,
Reprendre ses défauts avec grande douceur,
Et du nom de vertu ne lui point faire peur.
Mes soins pour Léonor ont suivi ces maximes;
Des moindres libertés je n'ai point fait des crimes,
A ses jeunes désirs j'ai toujours consenti,
Et je ne m'en suis point, grâce au ciel, repenti.
J'ai souffert qu'elle ait vu les belles compagnies,
Les divertissemens, les bals, les comédies;
Ce sont choses, pour moi, que je tiens de tout temps
Fort propres à former l'esprit des jeunes gens;
Et l'école du monde, en l'air dont il faut vivre,
Instruit mieux à mon gré que ne fait aucun livre.
Elle aime à dépenser en habits, linge et nœuds,
Que voulez-vous? Je tâche à contenter ses vœux,
Et ce sont des plaisirs qu'on peut, dans nos familles,
Lorsque l'on a du bien, permettre aux jeunes filles.
Un ordre paternel l'oblige à m'épouser ;
Mais mon dessein n'est pas de la tyranniser.

Je sais bien que nos ans ne se rapportent guère,
Et je laisse à son choix liberté tout entière.
Si quatre mille écus de rente bien venans,
Une grande tendresse et des soins complaisans
Peuvent, à son avis, pour un tel mariage,
Réparer entre nous l'inégalité d'âge,
Elle peut m'épouser; sinon, choisir ailleurs.
Je consens que sans moi ses destins soient meilleurs;
Et j'aime mieux la voir sous un autre hyménée,
Que si contre son gré sa main m'étoit donnée.

SGANARELLE.

Hé! qu'il est doucereux! c'est tout sucre et tout miel!

ARISTE.

Enfin, c'est mon humeur, et j'en rends grâce au ciel.
Je ne suivrois jamais ces maximes sévères,
Qui font que les enfans comptent les jours des pères.

SGANARELLE.

Mais ce qu'en la jeunesse on prend de liberté,
Ne se retranche pas avec facilité;
Et tous ses sentimens suivront mal votre envie,
Quand il faudra changer sa manière de vie.

ARISTE.

Et pourquoi la changer?

SGANARELLE.

Pourquoi?

ARISTE.

Oui.

SGANARELLE.

Je ne sai.

ARISTE.

Y voit-on quelque chose où l'honneur soit blessé?

SGANARELLE.

Quoi! si vous l'épousez, elle pourra prétendre
Les mêmes libertés que fille on lui voit prendre?

ARISTE.

Pourquoi non?

SGANARELLE.

Vos désirs lui seront complaisans,
Jusques à lui laisser et mouches et rubans?

ARISTE.

Sans doute.

SGANARELLE.

A lui souffrir, en cervelle troublée,
De courir tous les bals et les lieux d'assemblée?

ARISTE.

Oui, vraiment.

SGANARELLE.

Et chez vous iront les damoiseaux?

ARISTE.

Et quoi donc?

SGANARELLE.

Qui joueront et donneront cadeaux?

ARISTE.

D'accord.

SGANARELLE.

Et votre femme entendra les fleurettes?

ARISTE.

Fort bien.

SGANARELLE.

Et vous verrez ces visites muguettes

D'un œil à témoigner de n'en être point soûl?

ARISTE.

Cela s'entend.

SGANARELLE.

Allez, vous êtes un vieux fou.
(A Isabelle.)
Rentrez, pour n'ouïr point cette pratique infâme.

SCÈNE III.

ARISTE, SGANARELLE, LÉONOR, LISETTE.

ARISTE.

Je veux m'abandonner à la foi de ma femme,
Et prétends toujours vivre ainsi que j'ai vécu.

SGANARELLE.

Que j'aurai de plaisir si l'on le fait cocu!

ARISTE.

J'ignore pour quel sort mon astre m'a fait naître;
Mais je sais que pour vous, si vous manquez de l'être,
On ne vous en doit point imputer le défaut,
Car vos soins pour cela font bien tout ce qu'il faut.

SGANARELLE.

Riez donc, beau rieur. Oh! que cela doit plaire
De voir un goguenard presque sexagénaire!

LÉONOR.

Du sort dont vous parlez, je le garantis, moi,
S'il faut que par l'hymen il reçoive ma foi.
Il s'y peut assurer; mais sachez que mon âme
Ne répondroit de rien, si j'étois votre femme.

LISETTE.

C'est conscience à ceux qui s'assurent en nous;
Mais c'est pain béni, certe, à des gens comme vous.

SGANARELLE.

Allez, langue maudite, et des plus mal apprises.

ARISTE.

Vous vous êtes mon, frère, attiré ces sottises.
Adieu. Changez d'humeur, et soyez averti
Que renfermer sa femme est le mauvais parti.
Je suis votre valet.

SGANARELLE.

Je ne suis pas le vôtre.

SCÈNE IV.

SGANARELLE, seul.

Oh! que les voilà bien tous formés l'un pour l'autre!
Quelle belle famille! Un vieillard insensé
Qui fait le dameret dans un corps tout cassé;
Une fille maîtresse et coquette suprême;
Des valets impudens: non, la Sagesse même
N'en viendroit pas à bout, perdroit sens et raison
A vouloir corriger une telle maison.
Isabelle pourroit perdre dans ces hantises
Les semences d'honneur qu'avec nous elle a prises:
Et, pour l'en empêcher, dans peu nous prétendons
Lui faire aller revoir nos choux et nos dindons.

SCÈNE V.

VALÈRE, SGANARELLE, ERGASTE.

VALÈRE, *dans le fond du théâtre.*
Ergaste, le voilà cet argus que j'abhorre,
Le sévère tuteur de celle que j'adore.
SGANARELLE, *se croyant seul.*
N'est-ce pas quelque chose enfin de surprenant
Que la corruption des mœurs de maintenant !
VALÈRE.
Je voudrois l'accoster, s'il est en ma puissance,
Et tâcher de lier avec lui connoissance.
SGANARELLE, *se croyant seul.*
Au lieu de voir régner cette sévérité
Qui composoit si bien l'ancienne honnêteté,
La jeunesse en ces lieux, libertine, absolue,
Ne prend....
(*Valère salue Sganarelle de loin.*)
VALÈRE.
Il ne voit pas que c'est lui qu'on salue.
ERGASTE.
Son mauvais œil peut-être est de ce côté-ci.
Passons du côté droit.
SGANARELLE, *se croyant seul.*
Il faut sortir d'ici.
Le séjour de la ville en moi ne peut produire
Que des....
VALÈRE, *en s'approchant peu à peu.*
Il faut chez lui tâcher de m'introduire.
SGANARELLE, *entendant quelque bruit.*
Hé !...J'ai cru qu'on parloit.
(*Se croyant seul.*)
Aux champs, grâces aux cieux,
Les sottises du temps ne blessent point mes yeux.
ERGASTE, *à Valère.*
Abordez-le.
SGANARELLE, *entendant encore du bruit.*
Plaît-il ?
(*N'entendant plus rien.*)
Les oreilles me cornent.
(*Se croyant seul.*)
Là, tous les passe-temps de nos filles se bornent....
(*Il aperçoit Valère qui le salue.*)
Est-ce à nous ?
ERGASTE, *à Valère.*
Approchez.
SGANARELLE, *sans prendre garde à Valère.*
Là, nul godelureau
(*Valère le salue encore.*)
Ne vient.... Que diable !...
(*Il se retourne, et voit Ergaste qui le salue de l'autre côté.*)
Encor ? Que de coups de chapeau !
VALÈRE.
Monsieur, un tel abord vous interrompt peut-être ?
SGANARELLE.
Cela se peut.
VALÈRE.
Mais quoi ! l'honneur de vous connoître
Est un si grand bonheur, est un si doux plaisir,
Que de vous saluer j'avois un grand désir.
SGANARELLE.
Soit.
VALÈRE.
Et de vous venir, mais sans nul artifice,
Assurer que je suis tout à votre service.
SGANARELLE.
Je le crois.
VALÈRE.
J'ai le bien d'être de vos voisins,
Et j'en dois rendre grâce à mes heureux destins.
SGANARELLE.
C'est bien fait.
VALÈRE.
Mais, monsieur, savez-vous les nouvelles
Que l'on dit à la cour, et qu'on tient pour fidèles ?
SGANARELLE.
Que m'importe ?
VALÈRE.
Il est vrai ; mais pour les nouveautés
On peut avoir parfois des curiosités.
Vous irez voir, monsieur, cette magnificence
Que de notre Dauphin prépare la naissance ?
SGANARELLE.
Si je veux.
VALÈRE.
Avouons que Paris nous fait part
De cent plaisirs charmans qu'on n'a point autre part.
Les provinces auprès sont des lieux solitaires.
A quoi donc passez-vous le temps ?
SGANARELLE.
A mes affaires.
VALÈRE.
L'esprit veut du relâche, et succombe parfois
Par trop d'attachement aux sérieux emplois.
Que faites-vous les soirs avant qu'on se retire ?
SGANARELLE.
Ce qui me plaît.
VALÈRE.
Sans doute ; on ne peut pas mieux dire,
Cette réponse est juste, et le bon sens paroît
A ne vouloir jamais faire que ce qui plaît.
Si je ne vous croyois l'âme trop occupée,
J'irois parfois chez vous passer l'après-soupée.
SGANARELLE.
Serviteur.

SCÈNE VI.

VALÈRE, ERGASTE.

VALÈRE
Que dis-tu de ce bizarre fou ?
ERGASTE.
Il a le repart brusque, et l'accueil loup-garou.
VALÈRE.
Ah ! j'enrage !
ERGASTE.
Et de quoi ?

VALÈRE.

De quoi? c'est que j'enrage
de voir celle que j'aime au pouvoir d'un sauvage;
D'un dragon surveillant, dont la sévérité
Ne lui laisse jouir d'aucune liberté.

ERGASTE.

C'est ce qui fait pour vous, et sur ces conséquences
Votre amour doit fonder de grandes espérances.
Apprenez, pour avoir votre esprit raffermi,
Qu'une femme qu'on garde est gagnée à demi,

Serviteur! (Acte I, scène v.)

que les noirs chagrins des maris ou des pères
It toujours du galant avancé les affaires.
coquette fort peu, c'est mon moindre talent,
de profession je ne suis point galant:
ais j'en ai servi vingt de ces chercheurs de proie,

Qui disoient tort souvent que leur plus grande joie
Étoit de rencontrer de ces maris fâcheux,
Qui jamais sans gronder ne reviennent chez eux;
De ces brutaux fieffés, qui, sans raison ni suite,
De leurs femmes en tout contrôlent la conduite,

Et, du nom de mari fièrement se parans,
Leur rompent en visière aux yeux des soupirans.
On en sait, disent-ils, prendre ses avantages ;
Et l'aigreur de la dame à ces sortes d'outrages,
Dont la plaint doucement le complaisant témoin,
Est un champ à pousser les choses assez loin.
En un mot, ce vous est une attente assez belle,
Que la sévérité du tuteur d'Isabelle.

VALÈRE.
Mais depuis quatre mois que je l'aime ardemment,
Je n'ai pour lui parler pu trouver un moment.

ERGASTE.
L'amour rend inventif, mais vous ne l'êtes guère,
Et si j'avois été....

VALÈRE.
   Mais qu'aurois-tu pu faire ?
Puisque sans ce brutal on ne la voit jamais ;
Et qu'il n'est là dedans servantes ni valets
Dont, par l'appât flatteur de quelque récompense,
Je puisse pour mes feux ménager l'assistance ?

ERGASTE.
Elle ne sait donc pas encor que vous l'aimez ?

VALÈRE.
C'est un point dont mes vœux ne sont pas informés.
Partout où ce farouche a conduit cette belle,
Elle m'a toujours vu comme une ombre après elle,
Et mes regards aux siens ont tâché chaque jour
De pouvoir expliquer l'excès de mon amour.
Mes yeux ont fort parlé ; mais qui me peut apprendre
Si leur langage enfin a pu se faire entendre?

ERGASTE.
Ce langage, il est vrai, peut être obscur parfois,
S'il n'a pour truchement l'écriture ou la voix.

VALÈRE.
Que faire pour sortir de cette peine extrême,
Et savoir si la belle a connu que je l'aime
Dis-m'en quelque moyen.

ERGASTE.
   C'est ce qu'il faut trouver :
Entrons un peu chez vous afin d'y mieux rêver.

FIN DU PREMIER ACTE

ACTE DEUXIÈME.

SCÈNE I.

ISABELLE, SGANARELLE.

SGANARELLE.
Va, je sais la maison, et connois la personne
Aux marques seulement que ta bouche me donne.
ISABELLE, *à part.*
O ciel! sois-moi propice, et seconde en ce jour
Le stratagème adroit d'un innocent amour.
SGANARELLE.
Dis-tu pas qu'on t'a dit qu'il s'appelle Valère?
ISABELLE.
Oui.
SGANARELLE.
Va, sois en repos, rentre et me laisse faire;
Je vais parler sur l'heure à ce jeune étourdi.
ISABELLE, *en s'en allant.*
Je fais, pour une fille, un projet bien hardi;
Mais l'injuste rigueur dont envers moi l'on use,
Dans tout esprit bien fait me servira d'excuse.

SCÈNE II.

SGANARELLE, *seul.*

(*Il va frapper à la porte de Valère.*)
Ne perdons point de temps; c'est ici. Qui va là?
Bon, je rêve. Holà! dis-je, holà, quelqu'un! holà!
Je ne m'étonne pas, après cette lumière,
S'il y venoit tantôt de si douce manière:
Mais je veux me hâter, et de son fol espoir....

SCÈNE III.

VALERE, SGANARELLE, ERGASTE.

SGANARELLE, *à Ergaste qui est sorti brusquement.*
Peste soit du gros bœuf, qui, pour me faire choir,
Se vient devant mes pas planter comme une perche!
VALÈRE.
Monsieur, j'ai du regret....
SGANARELLE.
Ah! c'est vous que je cherche.
VALÈRE.
Moi, monsieur?
SGANARELLE.
Vous. Valère est-il pas votre nom?
VALÈRE.
Oui.
SGANARELLE.
Je viens vous parler, si vous le trouvez bon.
VALÈRE.
Puis-je être assez heureux pour vous rendre service?
SGANARELLE.
Non. Mais je prétends, moi, vous rendre un bon office
Et c'est ce qui chez vous prend droit de m'amener.
VALÈRE.
Chez moi, monsieur?
SGANARELLE.
Chez vous. Faut-il tant s'étonner?
VALÈRE.
J'en ai bien du sujet, et mon âme ravie
De l'honneur....
SGANARELLE.
Laissons là cet honneur, je vous prie.

VALÈRE.
Voulez-vous pas entrer?
SGANARELLE.
Il n'en est pas besoin.
VALÈRE.
Monsieur, de grâce.
SGANARELLE.
Non, je n'irai pas plus loin.
VALÈRE.
Tant que vous serez là, je ne puis vous entendre.
SGANARELLE.
Moi, je n'en veux bouger.
VALÈRE.
Hé bien! il faut se rendre :
Vite, puisque monsieur à cela se résout,
Donnez un siége ici.
SGANARELLE.
Je veux parler debout.
VALÈRE.
Vous souffrir de la sorte!...
SGANARELLE.
Ah! contrainte effroyable!
VALÈRE.
Cette incivilité seroit trop condamnable.
SGANARELLE.
C'en est une que rien ne sauroit égaler,
De n'ouïr pas les gens qui veulent nous parler
VALÈRE.
Je vous obéis donc.
SGANARELLE.
Vous ne sauriez mieux faire.
(*Ils font de grandes cérémonies pour se couvrir.*)
Tant de cérémonie est fort peu nécessaire.
Voulez-vous m'écouter?
VALÈRE.
Sans doute, et de grand cœur.
SGANARELLE.
Savez-vous, dites-moi, que je suis le tuteur
D'une fille assez jeune et passablement belle,
Qui loge en ce quartier, et qu'on nomme Isabelle?
VALÈRE.
Oui.
SGANARELLE.
Si vous le savez, je ne vous l'apprends pas.
Mais, savez-vous aussi, lui trouvant des appas,
Qu'autrement qu'en tuteur sa personne me touche,
Et qu'elle est destinée à l'honneur de ma couche?
VALÈRE.
Non.
SGANARELLE.
Je vous l'apprends donc; et qu'il est à propos
Que vos feux, s'il vous plaît, la laissent en repos.
VALÈRE.
Qui? moi, monsieur?
SGANARELLE.
Oui, vous. Mettons bas toute feinte.
VALÈRE.
Qui vous a dit que j'ai pour elle l'âme atteinte?
SGANARELLE.
Des gens à qui l'on peut donner quelque crédit.

VALÈRE.
Mais encore!
SGANARELLE.
Elle-même.
VALÈRE.
Elle?
SGANARELLE.
Elle. Est-ce assez dit?
Comme une fille honnête, et qui m'aime d'enfance,
Elle vient de m'en faire entière confidence;
Et, de plus, m'a chargé de vous donner avis
Que, depuis que par vous tous ses pas sont suivis,
Son cœur, qu'avec excès votre poursuite outrage,
N'a que trop de vos yeux entendu le langage;
Que vos secrets désirs lui sont assez connus,
Et que c'est vous donner des soucis superflus
De vouloir davantage expliquer une flamme
Qui choque l'amitié que me garde son âme.
VALÈRE.
C'est elle, dites-vous, qui de sa part vous fait....
SGANARELLE.
Oui, vous venir donner cet avis franc et net;
Et qu'ayant vu l'ardeur dont votre âme est blessée,
Elle vous eût plus tôt fait savoir sa pensée,
Si son cœur avoit eu, dans son émotion,
A qui pouvoir donner cette commission;
Mais qu'enfin les douleurs d'une contrainte extrême
L'ont réduite à vouloir se servir de moi-même,
Pour vous rendre averti, comme je vous ai dit,
Qu'à tout autre que moi son cœur est interdit,
Que vous avez assez joué de la prunelle,
Et que, si vous avez tant soit peu de cervelle,
Vous prendrez d'autres soins. Adieu, jusqu'au revoir.
Voilà ce que j'avois à vous faire savoir.
VALÈRE, *bas.*
Ergaste, que dis-tu d'une telle aventure?
SGANARELLE, *bas, à part.*
Le voilà bien surpris!
ERGASTE, *bas, à Valère.*
Selon ma conjecture,
Je tiens qu'elle n'a rien de déplaisant pour vous,
Qu'un mystère assez fin est caché là-dessous,
Et qu'enfin cet avis n'est pas d'une personne
Qui veuille voir cesser l'amour qu'elle vous donne.
SGANARELLE, *à part.*
Il en tient comme il faut.
VALÈRE, *bas, à Ergaste.*
Tu crois mystérieux....
ERGASTE, *bas.*
Oui.... Mais il nous observe, ôtons-nous de ses yeux.

SCÈNE IV.

SGANARELLE, *seul.*

Que sa confusion paroît sur son visage!
Il ne s'attendoit pas, sans doute, à ce message.
Appelons Isabelle, elle montre le fruit

Que l'éducation dans une âme produit.
La vertu fait ses soins, et son cœur s'y consomme
Jusques à s'offenser des seuls regards d'un homme

SCÈNE V.
ISABELLE, SGANARELLE.

ISABELLE, *bas, en entrant.*
J'ai peur que cet amant, plein de sa passion,
N'ait pas de mon avis compris l'intention ;
Et j'en veux, dans les fers où je suis prisonnière,
Hasarder un qui parle avec plus de lumière.
SGANARELLE.
Me voilà de retour.
ISABELLE.
Hé bien ?
SGANARELLE.
Un plein effet
A suivi tes discours, et ton homme a son fait.
Il me vouloit nier que son cœur fût malade ;

ISABELLE. — Il est de mon devoir de faire promptement reporter boîte et lettre. (Acte II, scène V.)

Mais, lorsque de ta part j'ai marqué l'ambassade,
Il est resté d'abord et muet et confus,
Et je ne pense pas qu'il y revienne plus.
ISABELLE.
Ah ! que me dites-vous ? J'ai bien peur du contraire,
Et qu'il ne nous prépare encor plus d'une affaire.
SGANARELLE.
Et sur quoi fondes-tu cette peur que tu dis ?
ISABELLE.
Vous n'avez pas été plutôt hors du logis,
Qu'ayant, pour prendre l'air, la tête à ma fenêtre,
J'ai vu dans ce détour un jeune homme paroître,
Qui d'abord, de la part de cet impertinent,
Est venu me donner un bonjour surprenant,
Et m'a, droit dans ma chambre, une boîte jetée
Qui renferme une lettre en poulet cachetée.
J'ai voulu sans tarder lui rejeter le tout ;
Mais ses pas de la rue avoient gagné le bout,
Et je m'en sens le cœur tout gros de fâcherie.
SGANARELLE.
Voyez un peu la ruse et la friponnerie !

ISABELLE.
Il est de mon devoir de faire promptement
Reporter boîte et lettre à ce maudit amant ;
Et j'aurois pour cela besoin d'une personne....
Car, d'oser à vous-même....
SGANARELLE.
Au contraire, mignonne,
C'est me faire mieux voir ton amour et ta foi,
Et mon cœur avec joie accepte cet emploi ;
Tu m'obliges par là plus que je ne puis dire.
ISABELLE.
Tenez donc.
SGANARELLE.
Bon. Voyons ce qu'il a pu t'écrire.
ISABELLE.
Ah ! ciel ! gardez-vous bien de l'ouvrir.
SGANARELLE.
Et pourquoi ?
ISABELLE.
Lui voulez-vous donner à croire que c'est moi ?
Une fille d'honneur doit toujours se défendre
De lire les billets qu'un homme lui fait rendre.
La curiosité qu'on fait lors éclater
Marque un secret plaisir de s'en ouïr conter :
Et je trouve à propos que, toute cachetée,
Cette lettre lui soit promptement reportée,
Afin que d'autant mieux il connoisse aujourd'hui
Le mépris éclatant que mon cœur fait de lui ;
Que ses feux désormais perdent toute espérance,
Et n'entreprennent plus pareille extravagance.
SGANARELLE.
Certes, elle a raison lorsqu'elle parle ainsi.
Va, ta vertu me charme, et ta prudence aussi :
Je vois que mes leçons ont germé dans ton âme,
Et tu te montres digne enfin d'être ma femme.
ISABELLE.
Je ne veux pas pourtant gêner votre désir.
La lettre est en vos mains, et vous pouvez l'ouvrir.
SGANARELLE.
Non, je n'ai garde ; hélas ! tes raisons sont trop bonnes,
Et je vais m'acquitter du soin que tu me donnes ;
A quatre pas de là dire ensuite deux mots,
Et revenir ici te remettre en repos.

SCÈNE VI.

SGANARELLE, *seul.*

Dans quel ravissement est-ce que mon cœur nage,
Lorsque je vois en elle une fille si sage !
C'est un trésor d'honneur que j'ai dans ma maison.
Prendre un regard d'amour pour une trahison !
Recevoir un poulet comme une injure extrême,
Et le faire au galant reporter par moi-même !
Je voudrois bien savoir, en voyant tout ceci,
Si celle de mon frère en useroit ainsi.
Ma foi ! les filles sont ce que l'on les fait être.
Holà !

(*Il frappe à la porte de Valère.*)

SCÈNE VII.

SGANARELLE, ERGASTE.

ERGASTE.
Qu'est-ce ?
SGANARELLE.
Tenez, dites à votre maître
Qu'il ne s'ingère pas d'oser écrire encor
Des lettres qu'il envoie avec des boîtes d'or,
Et qu'Isabelle en est puissamment irritée.
Voyez, on ne l'a pas au moins décachetée ;
Il connoîtra l'état que l'on fait de ses feux,
Et quel heureux succès il doit espérer d'eux.

SCÈNE VIII.

VALÈRE, ERGASTE.

VALÈRE.
Que vient de te donner cette farouche bête ?
ERGASTE.
Cette lettre, monsieur, qu'avecque cette boîte
On prétend qu'ait reçue Isabelle de vous,
Et dont elle est, dit-il, en un fort grand courroux.
C'est sans vouloir l'ouvrir qu'elle vous la fait rendre :
Lisez vite, et voyons si je me puis méprendre.
VALÈRE *lit.*

Cette lettre vous surprendra sans doute, et l'on peut trouver bien hardi pour moi, et le dessein de vous l'écrire, et la manière de vous la faire tenir ; mais je me vois dans un état à ne plus garder de mesure. La juste horreur d'un mariage dont je suis menacée dans six jours, me fait hasarder toutes choses ; et, dans la résolution de m'en affranchir par quelque voie que ce soit, j'ai cru que je devois plutôt vous choisir que le désespoir. Ne croyez pas pourtant que vous soyez redevable de tout à ma mauvaise destinée ; ce n'est pas la contrainte où je me trouve qui a fait naître les sentiments que j'ai pour vous ; mais c'est elle qui en précipite le témoignage, et qui me fait passer sur des formalités où la bienséance du sexe oblige. Il ne tiendra qu'à vous que je sois à vous bientôt, et j'attends seulement que vous m'ayez marqué les intentions de votre amour, pour vous faire savoir la résolution que j'ai prise ; mais surtout songez que le temps presse, et que deux cœurs qui s'aiment doivent s'entendre à demi-mot.

ERGASTE.
Hé bien ! monsieur, le tour est-il d'original ?
Pour une jeune fille elle n'en sait pas mal !
De ces ruses d'amour la croiroit-on capable ?
VALÈRE.
Ah ! je la trouve là tout à fait adorable.
Ce trait de son esprit et de son amitié
Accroît pour elle encor mon amour de moitié ;
Et joint aux sentimens que sa beauté m'inspire....
ERGASTE.
La dupe vient ; songez à ce qu'il vous faut dire.

SCÈNE IX.
SGANARELLE, VALÈRE, ERGASTE.

SGANARELLE, *se croyant seul.*
Oh! trois et quatre fois béni soit cet édit
Par qui des vêtemens le luxe est interdit!
Les peines des maris ne seront plus si grandes,
Et les femmes auront un frein à leurs demandes.
Oh! que je sais au roi bon gré de ces décris!
Et que, pour le repos de ces mêmes maris,
Je voudrois bien qu'on fît de la coquetterie
Comme de la guipure et de la broderie!
J'ai voulu l'acheter, l'édit, expressément,
Afin que d'Isabelle il soit lu hautement;
Et ce sera tantôt, n'étant plus occupée,
Le divertissement de notre après-soupée.
(Apercevant Valère.)
Envoierez-vous encor, monsieur aux blonds cheveux,
Avec des boîtes d'or des billets amoureux?
Vous pensiez bien trouver quelque jeune coquette,
Friande de l'intrigue, et tendre à la fleurette?
Vous voyez de quel air on reçoit vos joyaux?
Croyez-moi, c'est tirer votre poudre aux moineaux.
Elle est sage, elle m'aime, et votre amour l'outrage;
Prenez visée ailleurs, et troussez-moi bagage.

VALÈRE.
Oui, oui, votre mérite, à qui chacun se rend,
Est à mes vœux, monsieur, un obstacle trop grand;
Et c'est folie à moi, dans mon ardeur fidèle,
De prétendre avec vous à l'amour d'Isabelle.

SGANARELLE.
Il est vrai, c'est folie.

VALÈRE.
Aussi n'aurois-je pas
Abandonné mon cœur à suivre ses appas,
Si j'avois pu savoir que ce cœur misérable
Dût trouver un rival comme vous redoutable.

SGANARELLE.
Je le crois.

VALÈRE.
Je n'ai garde à présent d'espérer;
Je vous cède, monsieur, et c'est sans murmurer.

SGANARELLE.
Vous faites bien.

VALÈRE.
Le droit de la sorte l'ordonne;
Et de tant de vertus brille votre personne,
Que j'aurois tort de voir d'un regard de courroux
Les tendres sentimens qu'Isabelle a pour vous.

SGANARELLE.
Cela s'entend.

VALÈRE.
Oui, oui, je vous quitte la place;
Mais je vous prie au moins, et c'est la seule grâce,
Monsieur, que vous demande un misérable amant
Dont vous seul aujourd'hui causez tout le tourment,
Je vous conjure donc d'assurer Isabelle
Que, si depuis trois mois mon cœur brûle pour elle,
Cette amour est sans tache, et n'a jamais pensé
A rien dont son honneur ait lieu d'être offensé.

SGANARELLE.
Oui.

VALÈRE.
Que, ne dépendant que du choix de mon âme,
Tous mes desseins étoient de l'obtenir pour femme,
Si les destins, en vous qui captivez son cœur,
N'opposoient un obstacle à cette juste ardeur.

SGANARELLE.
Fort bien.

VALÈRE.
Que, quoi qu'on fasse, il ne lui faut pas croire
Que jamais ses appas sortent de ma mémoire;
Que, quelque arrêt des cieux qu'il me faille subir,
Mon sort est de l'aimer jusqu'au dernier soupir;
Et que, si quelque chose étouffe mes poursuites,
C'est le juste respect que j'ai pour vos mérites.

SGANARELLE.
C'est parler sagement; et je vais de ce pas
Lui faire ce discours qui ne la choque pas;
Mais, si vous me croyez, tâchez de faire en sorte
Que de votre cerveau cette passion sorte.
Adieu.

ERGASTE, *à Valère.*
La dupe est bonne!

SCÈNE X.
SGANARELLE, *seul.*

Il me fait grand'pitié,
Ce pauvre malheureux trop rempli d'amitié;
Mais c'est un mal pour lui de s'être mis en tête
De vouloir prendre un fort qui se voit ma conquête.
(Sganarelle heurte à sa porte.)

SCÈNE XI.
SGANARELLE, ISABELLE.

SGANARELLE.
Jamais amant n'a fait tant de trouble éclater,
Au poulet renvoyé sans le décacheter:
Il perd toute espérance enfin, et se retire;
Mais il m'a tendrement conjuré de te dire:
« Que du moins en t'aimant, il n'a jamais pensé
A rien dont ton honneur ait lieu d'être offensé,
Et que, ne dépendant que du choix de son âme,
Tous ses désirs étoient de t'obtenir pour femme,
Si les destins, en moi qui captive ton cœur,
N'opposoient un obstacle à cette juste ardeur;
Que, quoi qu'on puisse faire, il ne te faut pas croire
Que jamais tes appas sortent de sa mémoire;
Que, quelque arrêt des cieux qu'il lui faille subir,
Son sort est de t'aimer jusqu'au dernier soupir;
Et que, si quelque chose étouffe sa poursuite,
C'est le juste respect qu'il a pour mon mérite. »
Ce sont ses propres mots; et, loin de le blâmer,

Je le trouve honnête homme, et le plains de t'aimer.
ISABELLE, *bas*.
Ses feux ne trompent point ma secrète croyance,
Et toujours ses regards m'en ont dit l'innocence.
SGANARELLE.
Que dis-tu?
ISABELLE.
Qu'il m'est dur que vous plaigniez si fort
Un homme que je hais à l'égal de la mort;
Et que, si vous m'aimiez autant que vous le dites,
Vous sentiriez l'affront que me font ses poursuites.
SGANARELLE.
Mais il ne savoit pas tes inclinations;
Et, par l'honnêteté de ses intentions,
Son amour ne mérite....

ISABELLE.
Est-ce les avoir bonnes,
Dites-moi, de vouloir enlever les personnes?
Est-ce être homme d'honneur de former des desseins
Pour m'épouser de force en m'ôtant de vos mains?
Comme si j'étois fille à supporter la vie
Après qu'on m'auroit fait une telle infamie!
SGANARELLE.
Comment?
ISABELLE.
Oui, oui; j'ai su que ce traître d'amant
Parle de m'obtenir par un enlèvement;
Et j'ignore, pour moi, les pratiques secrètes
Qui l'ont instruit sitôt du dessein que vous faites
De me donner la main dans huit jours au plus tard,

VALÈRE (*lit*). Cette lettre vous surprendra. (Acte II, scène VIII.)

Puisque ce n'est que d'hier que vous m'en fîtes part;
Mais il veut prévenir, dit-on, cette journée
Qui doit à votre sort unir ma destinée.
SGANARELLE.
Voilà qui ne vaut rien.
ISABELLE.
Oh! que pardonnez-moi!
C'est un fort honnête homme, et qui ne sent pour moi....
SGANARELLE.
Il a tort; et ceci passe la raillerie.
ISABELLE.
Allez, votre douceur entretient sa folie;
S'il vous eût vu tantôt lui parler vertement,
Il craindroit vos transports et mon ressentiment,
Car c'est encor depuis sa lettre méprisée,
Qu'il a dit ce dessein qui m'a scandalisée;
Et son amour conserve, ainsi que je l'ai su,

La croyance qu'il est dans mon cœur bien reçu,
Que je fuis votre hymen, quoi que le monde en croie,
Et me verrois tirer de vos mains avec joie.
SGANARELLE.
Il est fou.
ISABELLE.
Devant vous il sait se déguiser,
Et son intention est de vous amuser.
Croyez par ces beaux mots que le traître vous joue.
Je suis bien malheureuse, il faut que je l'avoue,
Qu'avecque tous mes soins pour vivre dans l'honneur,
Et rebuter les vœux d'un lâche suborneur,
Il faille être exposée aux fâcheuses surprises
De voir faire sur moi d'infâmes entreprises!
SGANARELLE.
Va, ne redoute rien.
ISABELLE.
Pour moi, je vous le di,

Si vous n'éclatez fort contre un trait si hardi,
Et ne trouvez bientôt moyen de me défaire
Des persécutions d'un pareil téméraire,
J'abandonnerai tout, et renonce à l'ennui
De souffrir les affronts que je reçois de lui.

SGANARELLE.
Ne t'afflige point tant; va, ma petite femme,
Je m'en vais le trouver et lui chanter sa gamme.

ISABELLE.
Dites-lui bien au moins qu'il le nieroit en vain,

Isabelle fait semblant d'embrasser Sganarelle et donne sa main à baiser à Valère. (Acte II, scène XIV.)

Que c'est de bonne part qu'on m'a dit son dessein;
Et qu'après cet avis, quoi qu'il puisse entreprendre,
J'ose le défier de me pouvoir surprendre;
Enfin, que sans plus perdre et soupirs et momens,
Il doit savoir pour vous quels sont mes sentimens;
Et que, si d'un malheur il ne veut être cause,

Il ne se fasse pas deux fois dire une chose.

SGANARELLE.
Je dirai ce qu'il faut.

ISABELLE.
Mais tout cela d'un ton
Qui marque que mon cœur lui parle tout de bon.

SGANARELLE.
Va, je n'oublierai rien, je t'en donne assurance.
ISABELLE.
J'attends votre retour avec impatience ;
Hâtez-le, s'il vous plaît, de tout votre pouvoir.
Je languis quand je suis un moment sans vous voir.
SGANARELLE.
Va, pouponne, mon cœur, je reviens tout à l'heure.

SCÈNE XII.

SGANARELLE, *seul*.

Est-il une personne et plus sage et meilleure?
Ah! que je suis heureux! et que j'ai de plaisir
De trouver une femme au gré de mon désir!
Oui, voilà comme il faut que les femmes soient faites;
Et non, comme j'en sais, de ces franches coquettes,
Qui s'en laissent conter, et font dans tout Paris
Montrer au bout du doigt leurs honnêtes maris.
(*Il frappe à la porte de Valère.*)
Holà! notre galant aux belles entreprises!

SCÈNE XIII.

VALÈRE, SGANARELLE, ERGASTE.

VALÈRE.
Monsieur, qui vous ramène en ces lieux ?
SGANARELLE.
Vos sottises.
VALÈRE.
Comment?
SGANARELLE.
Vous savez bien de quoi je veux parler.
Je vous croyois plus sage, à ne vous rien celer.
Vous venez m'amuser de vos belles paroles,
Et conservez sous main des espérances folles.
Voyez-vous, j'ai voulu doucement vous traiter ;
Mais vous m'obligerez à la fin d'éclater.
N'avez-vous point de honte, étant ce que vous êtes,
De faire en votre esprit les projets que vous faites?
De prétendre enlever une fille d'honneur,
Et troubler un hymen qui fait tout son bonheur?
VALÈRE.
Qui vous a dit, monsieur, cette étrange nouvelle?
SGANARELLE.
Ne dissimulons point, je la tiens d'Isabelle,
Qui vous mande par moi, pour la dernière fois,
Qu'elle vous a fait voir assez quel est son choix ;
Que son cœur, tout à moi, d'un tel projet s'offense ;
Qu'elle mourroit plutôt qu'en souffrir l'insolence ;
Et que vous causerez de terribles éclats,
Si vous ne mettez fin à tout cet embarras.
VALÈRE.
S'il est vrai qu'elle ait dit ce que je viens d'entendre,
J'avouerai que mes feux n'ont plus rien à prétendre ;
Par ces mots assez clairs je vois tout terminé,
Et je dois révérer l'arrêt qu'elle a donné.
SGANARELLE.
Si.... Vous en doutez donc, et prenez pour des feintes
Tout ce que de sa part je vous ai fait de plaintes?
Voulez-vous qu'elle-même elle explique son cœur?
J'y consens volontiers pour vous tirer d'erreur.
Suivez-moi, vous verrez s'il est rien que j'avance,
Et si son jeune cœur entre nous deux balance.
(*Il va frapper à sa porte.*)

SCÈNE XIV.

ISABELLE, SGANARELLE, VALÈRE, ERGASTE.

ISABELLE.
Quoi! vous me l'amenez! Quel est votre dessein?
Prenez-vous contre moi ses intérêts en main?
Et voulez-vous, charmé de ses rares mérites,
M'obliger à l'aimer, et souffrir ses visites?
SGANARELLE.
Non, ma mie, et ton cœur pour cela m'est trop cher ;
Mais il prend mes avis pour des contes en l'air,
Croit que c'est moi qui parle, et te fais, par adresse,
Pleine pour lui de haine, et pour moi de tendresse ;
Et par toi-même enfin j'ai voulu, sans retour,
Le tirer d'une erreur qui nourrit son amour.
ISABELLE, *à Valère*.
Quoi! mon âme à vos yeux ne se montre pas toute,
Et de mes vœux encor vous pouvez être en doute?
VALÈRE.
Oui, tout ce que monsieur de votre part m'a dit,
Madame, a bien pouvoir de surprendre un esprit :
J'ai douté, je l'avoue ; et cet arrêt suprême,
Qui décide du sort de mon amour extrême,
Doit m'être assez touchant, pour ne pas s'offenser
Que mon cœur par deux fois le fasse prononcer.
ISABELLE.
Non, non, un tel arrêt ne doit pas vous surprendre :
Ce sont mes sentimens qu'il vous a fait entendre ;
Et je les tiens fondés sur assez d'équité,
Pour en faire éclater toute la vérité.
Oui, je veux bien qu'on sache, et j'en dois être crue,
Que le sort offre ici deux objets à ma vue,
Qui, m'inspirant pour eux différens sentimens,
De mon cœur agité font tous les mouvemens.
L'un par un juste choix où l'honneur m'intéresse,
A toute mon estime et toute ma tendresse ;
Et l'autre, pour le prix de son affection,
A toute ma colère et mon aversion.
La présence de l'un m'est agréable et chère,
J'en reçois dans mon âme une allégresse entière ;
Et l'autre, par sa vue, inspire dans mon cœur
De secrets mouvemens et de haine et d'horreur.
Me voir femme de l'un est toute mon envie ;
Et plutôt qu'être à l'autre on m'ôteroit la vie.
Mais c'est assez montrer mes justes sentimens,
Et trop longtemps languir dans ces rudes tourmens ;
Il faut que ce que j'aime, usant de diligence,
Fasse à ce que je hais perdre toute espérance,

Et qu'un heureux hymen affranchisse mon sort
D'un supplice pour moi plus affreux que la mort.
SGANARELLE.
Oui, mignonne, je songe à remplir ton attente.
ISABELLE.
C'est l'unique moyen de me rendre contente.
SGANARELLE.
Tu la seras dans peu.
ISABELLE.
Je sais qu'il est honteux
Aux filles d'expliquer si librement leurs vœux.
SGANARELLE.
Point, point.
ISABELLE.
Mais en l'état où sont mes destinées,
De telles libertés doivent m'être données ;
Et je puis, sans rougir, faire un aveu si doux
A celui que déjà je regarde en époux.
SGANARELLE.
Oui, ma pauvre fanfan, pouponne de mon âme.
ISABELLE.
Qu'il songe donc, de grâce, à me prouver sa flamme.
SGANARELLE.
Oui, tiens, baise ma main.
ISABELLE.
Que sans plus de soupirs
Il conclue un hymen qui fait tous mes désirs,
Et reçoive en ce lieu la foi que je lui donne
De n'écouter jamais les vœux d'autre personne.
(*Elle fait semblant d'embrasser Sganarelle et donne sa main à baiser à Valère.*)
SGANARELLE.
Hai ! hai ! mon petit nez, pauvre petit bouchon,
Tu ne languiras pas longtemps, je t'en répond.
(*A Valère.*)
Va, chut. Vous le voyez, je ne lui fais pas dire,
Ce n'est qu'après moi seul que son âme respire.
VALÈRE.
Hé bien ! madame, hé bien ! c'est s'expliquer assez ;
Je vois, par ce discours, de quoi vous me pressez,
Et je saurai dans peu vous ôter la présence
De celui qui vous fait si grande violence.
ISABELLE.
Vous ne me sauriez faire un plus charmant plaisir ;
Car enfin cette vue est fâcheuse à souffrir,
Elle m'est odieuse, et l'horreur est si forte....
SGANARELLE.
Hé ! hé !
ISABELLE.
Vous offensé-je en parlant de la sorte ?
Fais-je....

SGANARELLE.
Mon Dieu ! nenni, je ne dis pas cela ;
Mais je plains, sans mentir, l'état où le voilà,
Et c'est trop hautement que ta haine se montre.
ISABELLE.
Je n'en puis trop montrer en pareille rencontre.
VALÈRE.
Oui, vous serez contente ; et, dans trois jours, vos yeux
Ne verront plus l'objet qui vous est odieux.
ISABELLE.
A la bonne heure. Adieu.
SGANARELLE, *à Valère*.
Je plains votre infortune ;
Mais....
VALÈRE.
Non, vous n'entendrez de mon cœur plainte aucune ;
Madame, assurément, rend justice à tous deux,
Et je vais travailler à contenter ses vœux.
Adieu.
SGANARELLE.
Pauvre garçon ! sa douleur est extrême,
Tenez, embrassez-moi ; c'est un autre elle-même.
(*Il embrasse Valère.*)

SCÈNE XV.
ISABELLE, SGANARELLE.

SGANARELLE.
Je le tiens fort à plaindre.
ISABELLE.
Allez, il ne l'est point.
SGANARELLE.
Au reste, ton amour me touche au dernier point,
Mignonnette, et je veux qu'il ait sa récompense.
C'est trop que de huit jours pour ton impatience ;
Dès demain je t'épouse, et n'y veux appeler...,
ISABELLE.
Dès demain ?
SGANARELLE.
Par pudeur tu feins d'y reculer :
Mais je sais bien la joie où ce discours te jette,
Et tu voudrois déjà que la chose fût faite.
ISABELLE.
Mais....
SGANARELLE.
Pour ce mariage allons tout préparer.
ISABELLE, *à part*.
O ciel ! inspire-moi ce qui peut le parer.

ACTE TROISIÈME.

SCÈNE I.

ISABELLE, *seule*.

Oui, le trépas cent fois me semble moins à craindre
Que cet hymen fatal où l'on veut me contraindre ;
Et tout ce que je fais pour en fuir les rigueurs
Doit trouver quelque grâce auprès de mes censeurs.
Le temps presse, il fait nuit ; allons, sans crainte aucune,
A la foi d'un amant commettre ma fortune.

SCÈNE II.

SGANARELLE, ISABELLE.

SGANARELLE, *parlant à ceux qui sont dans sa maison.*
Je reviens, et l'on va pour demain de ma part....
ISABELLE.
O ciel !
SGANARELLE.
C'est toi, mignonne ! Où vas-tu donc si tard ?
Tu disois qu'en ta chambre, étant un peu lassée,
Tu t'allois renfermer lorsque, je t'ai laissée ;
Et tu m'avois prié même que mon retour
T'y souffrit en repos jusques à demain jour.
ISABELLE.
Il est vrai ; mais....
SGANARELLE.
Hé quoi ?
ISABELLE.
Vous me voyez confuse,
Et je ne sais comment vous en dire l'excuse.

SGANARELLE.
Quoi donc ? Que pourroit-ce être ?
ISABELLE.
Un secret surprenant ;
C'est ma sœur qui m'oblige à sortir maintenant,
Et qui pour un dessein dont je l'ai fort blâmée,
M'a demandé ma chambre, où je l'ai renfermée.
SGANARELLE.
Comment ?
ISABELLE.
L'eût-on pu croire ? Elle aime cet amant
Que nous avons banni.
SGANARELLE.
Valère ?
ISABELLE.
Éperdument.
C'est un transport si grand, qu'il n'en est point de même ;
Et vous pouvez juger de sa puissance extrême,
Puisque seule, à cette heure, elle est venue ici
Me découvrir à moi son amoureux souci,
Me dire absolument qu'elle perdra la vie
Si son âme n'obtient l'effet de son envie ;
Que, depuis plus d'un an, d'assez vives ardeurs
Dans un secret commerce entretenoient leurs cœurs ;
Et que même ils s'étoient, leur flamme étant nouvelle,
Donné de s'épouser une foi mutuelle....
SGANARELLE.
La vilaine !
ISABELLE.
Qu'ayant appris le désespoir
Où j'ai précipité celui qu'elle aime à voir,
Elle vient me prier de souffrir que sa flamme
Puisse rompre un départ qui lui perceroit l'âme ;
Entretenir ce soir cet amant sous mon nom

ar la petite rue où ma chambre répond ;
ui peindre, d'une voix qui contrefait la mienne,
uelques doux sentiments dont l'appât le retienne,
t ménager enfin pour elle adroitement
e que pour moi l'on sait qu'il a d'attachement.
SGANARELLE.
t tu trouves cela....
ISABELLE.
Moi ? j'en suis courroucée.
)uoi ! ma sœur, ai-je dit, êtes-vous insensée ?
ïé rougissez-vous point d'avoir pris tant d'amour
'our ces sortes de gens qui changent chaque jour,
)'oublier votre sexe, et tromper l'espérance
)'un homme dont le ciel vous donnoit l'alliance ?
SGANARELLE.
l le mérite bien, et j'en suis fort ravi

ISABELLE.
Enfin de cent raisons mon dépit s'est servi
Pour lui bien reprocher des bassesses si grandes,
Et pouvoir cette nuit rejeter ses demandes ;
Mais elle m'a fait voir de si pressans désirs,
A tant versé de pleurs, tant poussé de soupirs,
Tant dit qu'au désespoir je porterois son âme
Si je lui refusois ce qu'exige sa flamme,
Qu'à céder malgré moi mon cœur s'est vu réduit ;
Et, pour justifier cette intrigue de nuit
Où me faisoit du sang relâcher la tendresse,
J'allois faire avec moi venir coucher Lucrèce,
Dont vous me vantez tant les vertus chaque jour ;
Mais vous m'avez surprise avec ce prompt retour.
SGANARELLE.
Non, non, je ne veux point chez moi tout ce mystère.

Ne faites pas de bruit. (Acte III, scène III.)

Venez, beau directeur. (Acte III, scène VI.)

J'y pourrois consentir à l'égard de mon frère ;
Mais on peut être vu de quelqu'un du dehors ;
Et celle que je dois honorer de mon corps,
Non-seulement doit être et pudique et bien née,
Il ne faut pas que même elle soit soupçonnée.
Allons chasser l'infâme ; et de sa passion....
ISABELLE.
Ah ! vous lui donneriez trop de confusion ;
Et c'est avec raison qu'elle pourroit se plaindre
Du peu de retenue où j'ai su me contraindre :
Puisque de son dessein je dois me départir,
Attendez que du moins je la fasse sortir.
SGANARELLE.
Hé bien ! fais.
ISABELLE.
Mais surtout cachez-vous, je vous prie,
Et, sans lui dire rien, daignez voir sa sortie.

SGANARELLE.
Oui, pour l'amour de toi je retiens mes transports ;
Mais, dès le même instant qu'elle sera dehors,
Je veux, sans différer, aller trouver mon frère :
J'aurai joie à courir lui dire cette affaire.
ISABELLE.
Je vous conjure donc de ne me point nommer.
Bonsoir ; car tout d'un temps je vais me renfermer.
SGANARELLE, seul.
Jusqu'à demain, ma mie.... En quelle impatience
Suis-je de voir mon frère, et lui conter sa chance !
Il en tient, le bonhomme, avec tout son phébus,
Et je ne voudrois pas tenir vingt bons écus.
ISABELLE, dans la maison.
Oui, de vos déplaisirs l'atteinte m'est sensible ;
Mais ce que vous voulez, ma sœur, m'est impossible ;
Mon honneur, qui m'est cher, y court trop de hasard.

Adieu. Retirez-vous avant qu'il soit plus tard.
SGANARELLE.
La voilà qui, je crois, peste de belle sorte :
De peur qu'elle revint, fermons à clef la porte.
ISABELLE, *en sortant*.
O ciel ! dans mes desseins ne m'abandonnez pas !
SGANARELLE.
Où pourra-t-elle aller ? suivons un peu ses pas.
ISABELLE, *à part*.
Dans mon trouble, du moins la nuit me favorise.
SGANARELLE, *à part*.
Au logis du galant ! Quelle est son entreprise ?

SCÈNE III.

VALÈRE, ISABELLE, SGANARELLE.

VALÈRE, *sortant brusquement*.
Oui, oui, je veux tenter quelque effort cette nuit
Pour parler.... Qui va là ?
ISABELLE, *à Valère*.
Ne faites point de bruit,
Valère ; on vous prévient, et je suis Isabelle.
SGANARELLE.
Vous en avez menti, chienne ; ce n'est pas elle.
De l'honneur que tu fuis elle suit trop les lois ;
Et tu prends faussement et son nom et sa voix.
ISABELLE, *à Valère*.
Mais à moins de vous voir par un saint hyménée....
VALÈRE.
Oui, c'est l'unique but où tend ma destinée ;
Et je vous donne ici ma foi que dès demain
Je vais où vous voudrez recevoir votre main.
SGANARELLE, *à part*.
Pauvre sot qui s'abuse !
VALÈRE.
Entrez en assurance :
De votre Argus dupé je brave la puissance ;
Et, devant qu'il vous pût ôter à mon ardeur,
Mon bras de mille coups lui perceroit le cœur.

SCÈNE IV.

SGANARELLE, *seul*.

Ah ! je te promets bien que je n'ai pas envie
De te l'ôter, l'infâme à ses feux asservie,
Que du don de sa foi je ne suis point jaloux,
Et que, si j'en suis cru, tu seras son époux.
Oui, faisons-le surprendre avec cette effrontée :
La mémoire du père à bon droit respectée,
Jointe au grand intérêt que je prends à la sœur,
Veut que du moins on tâche à lui rendre l'honneur.
Holà !

(*Il frappe à la porte d'un commissaire.*)

SCÈNE V.

SGANARELLE, UN COMMISSAIRE,
UN NOTAIRE, UN LAQUAIS, *avec un flambeau*.

LE COMMISSAIRE.
Qu'est-ce ?
SGANARELLE.
Salut, monsieur le commissaire.
Votre présence en robe est ici nécessaire ;
Suivez-moi, s'il vous plaît, avec votre clarté.
LE COMMISSAIRE.
Nous sortions....
SGANARELLE.
Il s'agit d'un fait assez hâté.
LE COMMISSAIRE.
Quoi ?
SGANARELLE.
D'aller là dedans, et d'y surprendre ensemble
Deux personnes qu'il faut qu'un bon hymen assemble :
C'est une fille à nous, que, sous un don de foi,
Un Valère a séduite et fait entrer chez soi.
Elle sort de famille et noble et vertueuse,
Mais....
LE COMMISSAIRE.
Si c'est pour cela, la rencontre est heureuse,
Puisque ici nous avons un notaire.
SGANARELLE.
Monsieur ?
LE NOTAIRE.
Oui, notaire royal.
LE COMMISSAIRE.
De plus homme d'honneur.
SGANARELLE.
Cela s'en va sans dire. Entrez dans cette porte,
Et, sans bruit, ayez l'œil que personne n'en sorte :
Vous serez pleinement contentés de vos soins ;
Mais ne vous laissez point graisser la patte, au moins.
LE COMMISSAIRE.
Comment ! vous croyez donc qu'un homme de justice....
SGANARELLE.
Ce que j'en dis n'est pas pour taxer votre office.
Je vais faire venir mon frère promptement :
Faites que le flambeau m'éclaire seulement.
(*A part*.)
Je vais le réjouir cet homme sans colère.
Holà !

(*Il frappe à la porte d'Ariste.*)

SCÈNE VI.

ARISTE, SGANARELLE.

ARISTE.
Qui frappe ? Ah ! ah ! que voulez-vous, mon frère ?
SGANARELLE.
Venez, beau directeur, suranné damoiseau,
On veut vous faire voir quelque chose de beau.

ARISTE.
Comment?

SGANARELLE.
Je vous apporte une bonne nouvelle.

ARISTE.
Quoi?

SGANARELLE.
Votre Léonor, où, je vous prie, est-elle?

ARISTE.
Pourquoi cette demande? Elle est, comme je crois,
Au bal chez son amie.

SGANARELLE.
Eh! oui, oui; suivez-moi,
Vous verrez à quel bal la donzelle est allée.

ARISTE.
Que voulez-vous conter?

SGANARELLE.
Vous l'avez bien stylée :
Il n'est pas bon de vivre en sévère censeur;
On gagne les esprits par beaucoup de douceur,
Et les soins défians, les verrous et les grilles,
Ne font pas la vertu des femmes ni des filles ;
Nous les portons au mal par tant d'austérité,
Et leur sexe demande un peu de liberté. »
Vraiment! elle en a pris tout son soûl, la rusée ;
Et la vertu chez elle est fort humanisée.

ARISTE.
Où veut donc aboutir un pareil entretien?

SGANARELLE.
Allez, mon frère aîné, cela vous sied fort bien;
Et je ne voudrois pas pour vingt bonnes pistoles
Que vous n'eussiez ce fruit de vos maximes folles;
On voit ce qu'en deux sœurs nos leçons ont produit :
L'une fuit le galant, et l'autre le poursuit.

ARISTE.
Si vous ne me rendez cette énigme plus claire....

SGANARELLE.
L'énigme est que son bal est chez monsieur Valère;
Que, de nuit, je l'ai vue y conduire ses pas,
Et qu'à l'heure présente elle est entre ses bras.

ARISTE.
Qui?

SGANARELLE.
Léonor.

ARISTE.
Cessons de railler, je vous prie.

SGANARELLE.
Je raille.... Il est fort bon avec sa raillerie !
Pauvre esprit! Je vous dis, et vous redis encor
Que Valère chez lui tient votre Léonor,
Et qu'ils s'étoient promis une foi mutuelle
Avant qu'il eût songé à poursuivre Isabelle.

ARISTE.
Le discours d'apparence est si fort dépourvu....

SGANARELLE.
Il ne le croira pas encore en l'ayant vu.
J'enrage. Par ma foi! l'âge ne sert de guère
Quand on n'a pas cela.
(Il met le doigt sur son front.)

ARISTE.
Quoi! voulez-vous, mon frère?...

SGANARELLE.
Mon Dieu! je ne veux rien. Suivez-moi seulement;
Votre esprit tout à l'heure aura contentement;
Vous verrez si j'impose, et si leur foi donnée
N'avoit pas joint leurs cœurs depuis plus d'une année.

ARISTE.
L'apparence qu'ainsi, sans m'en faire avertir,
A cet engagement elle eût pu consentir?
Moi, qui dans toute chose ai, depuis son enfance,
Montré toujours pour elle entière complaisance,
Et qui cent fois ai fait des protestations
De ne jamais gêner ses inclinations !

SGANARELLE.
Enfin vos propres yeux jugeront de l'affaire.
J'ai fait venir déjà commissaire et notaire :
Nous avons intérêt que l'hymen prétendu
Réparé sur-le-champ l'honneur qu'elle a perdu
Car je ne pense pas que vous soyez si lâche
De vouloir l'épouser avecque cette tache,
Si vous n'avez encor quelques raisonnemens
Pour vous mettre au-dessus de tous les bernemens.

ARISTE.
Moi? Je n'aurai jamais cette foiblesse extrême
De vouloir posséder un cœur malgré lui-même.
Mais je ne saurois croire enfin....

SGANARELLE.
Que de discours!
Allons : ce procès-là continueroit toujours.

SCÈNE VII.

SGANARELLE, ARISTE, UN COMMISSAIRE,
UN NOTAIRE.

LE COMMISSAIRE.
Il ne faut mettre ici nulle force en usage,
Messieurs ; et, si vos vœux ne vont qu'au mariage
Vos transports en ce lieu se peuvent apaiser.
Tous deux également tendent à s'épouser ;
Et Valère déjà, sur ce qui vous regarde,
A signé que pour femme il tient celle qu'il garde.

ARISTE.
La fille?...

LE COMMISSAIRE.
Est renfermée, et ne veut point sortir
Que vos désirs aux leurs ne veuillent consentir.

SCÈNE VIII.

VALÈRE, UN COMMISSAIRE, UN NOTAIRE,
SGANARELLE, ARISTE.

VALÈRE, *à la fenêtre de sa maison.*
Non, messieurs; et personne ici n'aura l'entrée
Que cette volonté ne m'ait été montrée.
Vous savez qui je suis, et j'ai fait mon devoir
En vous signant l'aveu qu'on peut vous faire voir.
Si c'est votre dessein d'approuver l'alliance,

Votre main peut aussi m'en signer l'assurance ;
Sinon, faites état de m'arracher le jour,
Plutôt que de m'ôter l'objet de mon amour.
SGANARELLE.
Non, nous ne songeons pas à vous séparer d'elle.
(Bas, à part.)
Il ne s'est point encor détrompé d'Isabelle :
Profitons de l'erreur.
ARISTE, à Valère.
Mais est-ce Léonor?

SGANARELLE, à Ariste.
Taisez-vous.
ARISTE.
Mais....
SGANARELLE.
Paix donc.
ARISTE.
Je veux savoir....
SGANARELLE.
Encor?

Non, nous ne songeons pas à vous séparer d'elle. (Acte III, scène VIII.)

Vous tairez-vous? vous dis-je.
VALÈRE.
Enfin, quoi qu'il avienne,
Isabelle a ma foi ; j'ai de même la sienne,
Et ne suis point un choix, à tout examiner,
Que vous soyez reçus à faire condamner.
ARISTE, à Sganarelle.
Ce qu'il dit là n'est pas....
SGANARELLE.
Taisez-vous, et pour cause.
(A Valère.)
Vous saurez le secret. Oui, sans dire autre chose,
Nous consentons tous deux que vous soyez l'époux

De celle qu'à présent on trouvera chez vous.
LE COMMISSAIRE.
C'est dans ces termes-là que la chose est conçue,
Et le nom est en blanc pour ne l'avoir point vue.
Signez. La fille après vous mettra tous d'accord.
VALÈRE.
J'y consens de la sorte.
SGANARELLE.
Et moi, je le veux fort.
(A part.) (Haut.)
Nous rirons bien tantôt. Là, signez donc, mon frère,
L'honneur vous appartient.

ARISTE.
Mais quoi! tout ce mystère....
SGANARELLE.
Diantre! que de façons! Signez, pauvre butor.

ARISTE.
Il parle d'Isabelle, et vous de Léonor.
SGANARELLE.
N'êtes-vous pas d'accord, mon frère, si c'est elle,

Non, je ne puis sortir de mon étonnement! (Acte III, scène x.)

De les laisser tous deux à leur foi mutuelle?|
ARISTE.
Sans doute.

SGANARELLE.
Signez donc; j'en fais de même aussi.

ARISTE.
Soit. Je n'y comprends rien.
SGANARELLE.
Vous serez éclairci.
LE COMMISSAIRE.
Nous allons revenir.

SGANARELLE, à Ariste.
Or çà, je vais vous dire
La fin de cette intrigue.
(Ils se retirent dans le fond du théâtre.)

SCÈNE IX.
LÉONOR, SGANARELLE, ARISTE, LISETTE.

LÉONOR.
O l'étrange martyre !
Que tous ces jeunes fous me paroissent fâcheux !
Je me suis dérobée au bal pour l'amour d'eux.
LISETTE.
Chacun d'eux près de vous veut se rendre agréable.
LÉONOR.
Et moi, je n'ai rien vu de plus insupportable ;
Et je préférerois le plus simple entretien
A tous les contes bleus de ces diseurs de rien.
Ils croyent que tout cède à leur perruque blonde,
Et pensent avoir dit le meilleur mot du monde,
Lorsqu'ils viennent, d'un ton de mauvais goguenard,
Vous railler sottement sur l'amour d'un vieillard ;
Et moi, d'un tel vieillard je prise plus le zèle,
Que tous les beaux transports d'une jeune cervelle.
Mais n'aperçois-je pas ?...
SGANARELLE, à Ariste.
Oui, l'affaire est ainsi.
(Apercevant Léonor.)
Ah ! je la vois paroître, et sa suivante aussi.
ARISTE.
Léonor, sans courroux, j'ai sujet de me plaindre.
Vous savez si jamais j'ai voulu vous contraindre,
Et si plus de cent fois je n'ai pas protesté
De laisser à vos vœux leur pleine liberté :
Cependant votre cœur, méprisant mon suffrage,
De foi comme d'amour à mon insu s'engage.
Je ne me repens pas de mon doux traitement ;
Mais votre procédé me touche assurément ;
Et c'est une action que n'a pas méritée
Cette tendre amitié que je vous ai portée.
LÉONOR.
Je ne sais pas sur quoi vous tenez ce discours ;
Mais croyez que je suis de même que toujours,
Que rien ne peut pour vous altérer mon estime,
Que toute autre amitié me paroîtroit un crime,
Et que, si vous voulez satisfaire mes vœux,
Un saint nœud dès demain nous unira tous deux.
ARISTE.
Dessus quel fondement venez-vous donc, mon frère ?
SGANARELLE.
Quoi ! vous ne sortez pas du logis de Valère ?
Vous n'avez point conté vos amours aujourd'hui ?
Et vous ne brûlez pas depuis un an pour lui ?
LÉONOR.
Qui vous a fait de moi de si belles peintures,
Et prend soin de forger de telles impostures ?

SCÈNE X.
ISABELLE, VALÈRE, LÉONOR, ARISTE, SGANARELLE, UN COMMISSAIRE, UN NOTAIRE, LISETTE, ERGASTE.

ISABELLE.
Ma sœur, je vous demande un généreux pardon,
Si de mes libertés j'ai taché votre nom.
Le pressant embarras d'une surprise extrême
M'a tantôt inspiré ce honteux stratagème :
Votre exemple condamne un tel emportement ;
Mais le sort nous traita nous deux diversement.
(A Sganarelle.)
Pour vous, je ne veux point, monsieur, vous faire excuse,
Je vous sers beaucoup plus que je ne vous abuse.
Le ciel pour être joints ne nous fit pas tous deux :
Je me suis reconnue indigne de vos vœux ;
Et j'ai bien mieux aimé me voir aux mains d'un autre,
Que ne pas mériter un cœur comme le vôtre.
VALÈRE, à Sganarelle.
Pour moi, je mets ma gloire et mon bien souverain
A la pouvoir, monsieur, tenir de votre main.
ARISTE.
Mon frère, doucement il faut boire la chose :
D'une telle action vos procédés sont cause ;
Et je vois votre sort malheureux à ce point,
Que, vous sachant dupé, l'on ne vous plaindra point.
LISETTE.
Par ma foi ! je lui sais bon gré de cette affaire ;
Et ce prix de ses soins est un trait exemplaire.
LÉONOR.
Je ne sais si ce trait se doit faire estimer ;
Mais je sais bien qu'au moins je ne le puis blâmer.
ERGASTE.
Au sort d'être cocu son ascendant l'expose ;
Et ne l'être qu'en herbe est pour lui douce chose.
SGANARELLE, sortant de l'accablement dans lequel il étoit plongé.
Non, je ne puis sortir de mon étonnement.
Cette déloyauté confond mon jugement ;
Et je ne pense pas que Satan en personne
Puisse être si méchant qu'une telle friponne.
J'aurois pour elle au feu mis la main que voilà.
Malheureux qui se fie à femme après cela !
La meilleure est toujours en malice féconde
C'est un sexe engendré pour damner tout le monde.
J'y renonce à jamais, à ce sexe trompeur,
Et je le donne tout au diable de bon cœur.
ERGASTE.
Bon.
ARISTE.
Allons tous chez moi. Venez, seigneur Valère ;
Nous tâcherons demain d'apaiser sa colère.
LISETTE, au parterre.
Vous, si vous connoissez des maris loups-garous,
Envoyez-les au moins à l'école chez nous.

LES FACHEUX

AU ROI.

Sire,

J'ajoute une scène à la comédie; et c'est une espèce de fâcheux assez insupportable, qu'un homme qui dédie un livre. Votre Majesté en sait des nouvelles plus que personne de son royaume, et ce n'est pas d'aujourd'hui qu'Elle se voit en butte à la furie des épîtres dédicatoires. Mais bien que je suive l'exemple des autres, et me mette moi-même au rang de ceux que j'ai joués, j'ose dire toutefois à Votre Majesté, que ce que j'en ai fait, n'est pas tant pour lui présenter un livre, que pour avoir lieu de lui rendre grâces du succès de cette comédie. Je le dois, Sire, ce succès qui a passé mon attente, non-seulement à cette glorieuse approbation dont Votre Majesté honora d'abord la pièce et qui a entraîné si hautement celle de tout le monde, mais encore à l'ordre qu'elle me donna d'y ajouter un caractère de fâcheux, dont Elle eut la bonté de m'ouvrir les idées Elle-même, et qui a été trouvé partout le plus beau morceau de l'ouvrage. Il faut avouer, Sire, que je n'ai jamais rien fait avec tant de facilité, ni si promptement que cet endroit où Votre Majesté me commanda de travailler. J'avois une joie à lui obéir, qui me valoit bien mieux qu'Apollon et toutes les Muses; et je conçois par là ce que je serois capable d'exécuter pour une comédie entière, si j'étois inspiré par de pareils commandemens. Ceux qui sont nés en un monde élevé, peuvent se proposer l'honneur de servir Votre Majesté dans les grands emplois; mais, pour moi, toute la gloire où je puis aspirer, c'est de la réjouir. Je borne là l'ambition de mes souhaits; et je crois qu'en quelque façon ce n'est pas être inutile à la France que de contribuer quelque chose au divertissement de son roi. Quand je n'y réussirai pas, ce ne sera jamais par un défaut de zèle ni d'étude, mais seulement par un mauvais destin qui suit assez souvent les meilleures intentions, et qui sans doute affligeroit sensiblement,

Sire, de Votre Majesté, le très-humble, très-obéissant et très-fidèle serviteur et sujet,

MOLIÈRE.

AVERTISSEMENT.

Jamais entreprise au théâtre ne fut si précipitée que celle-ci, et c'est une chose, je crois, toute nouvelle, qu'une comédie ait été conçue, faite, apprise et représentée en quinze jours. Je ne dis pas cela pour me piquer de l'*impromptu*, et en prétendre de la gloire, mais seulement pour prévenir certaines gens, qui pourroient trouver à redire que je n'aie pas mis ici toutes les espèces de fâcheux qui se trouvent. Je sais que le nombre en est grand, et à la cour et dans la ville ; et que, sans épisodes, j'eusse bien pu en composer une comédie de cinq actes bien fournis, et avoir encore de la matière de reste. Mais dans le peu de temps qui me fut donné, il m'étoit impossible de faire un grand dessein, et de rêver beaucoup sur le choix de mes personnages, et sur la disposition de mon sujet. Je me réduisis donc à ne toucher qu'un petit nombre d'importuns ; et je pris ceux qui s'offrirent d'abord à mon esprit, et que je crus les plus propres à réjouir les augustes personnes devant qui j'avois à paroître ; et, pour lier promptement toutes ces choses ensemble, je me servis du premier nœud que je pus trouver. Ce n'est pas mon dessein d'examiner maintenant si tout cela pouvoit être mieux, et si tous ceux qui s'y sont divertis, ont ri selon les règles. Le temps viendra de faire imprimer mes remarques sur les pièces que j'aurai faites, et je ne désespère pas de faire voir un jour, en grand auteur, que je puis citer Aristote et Horace. En attendant cet examen, qui peut-être ne viendra point, je m'en remets assez aux décisions de la multitude, et je tiens aussi difficile de combattre un ouvrage que le public approuve, que d'en défendre un qu'il condamne.

Il n'y a personne qui ne sache pour quelle réjouissance la pièce fut composée ; et cette fête a fait un tel éclat, qu'il n'est pas nécessaire d'en parler ; mais il ne sera pas hors de propos de dire deux paroles des ornemens qu'on a mêlés avec la comédie.

Le dessein étoit de donner un ballet aussi ; et comme il n'y avoit qu'un petit nombre choisi de danseurs excellens, on fut contraint de séparer les entrées de ce ballet, et l'avis fut de les jeter dans les entr'actes de la comédie, afin que ces intervalles donnassent temps aux mêmes baladins de revenir sous d'autres habits. De sorte que, pour ne point rompre aussi le fil de la pièce par ces manières d'intermèdes, on s'avisa de les coudre au sujet du mieux que l'on put, et de ne faire qu'une seule chose du ballet et de la comédie ; mais comme le temps étoit fort précipité, et que tout cela ne fut pas réglé entièrement par une même tête, on trouvera peut-être quelques endroits du ballet qui n'entrent pas dans la comédie aussi naturellement que d'autres. Quoi qu'il en soit, c'est un mélange qui est nouveau pour nos théâtres, et dont on pourroit chercher quelques autorités dans l'antiquité ; et comme tout le monde l'a trouvé agréable, il peut servir d'idée à d'autres choses, qui pourroient être méditées avec plus de loisir.

D'abord que la toile fut levée, un des acteurs, comme vous pourriez dire, moi, parut sur le théâtre en habit de ville, et s'adressant au roi avec le visage d'un homme surpris, fit des excuses en désordre sur ce qu'il se trouvoit là seul, et manquoit de temps et d'acteurs pour donner à Sa Majesté le divertissement qu'elle sembloit attendre. En même temps, au milieu de vingt jets d'eau naturels, s'ouvrit cette coquille que tout le monde a vue ; et l'agréable Naïade qui parut dedans, s'avança au bord du théâtre, et d'un air héroïque prononça les vers que M. Pellisson avoit faits, et qui servent de prologue.

PERSONNAGES ET ACTEURS.

DANS LE PROLOGUE.	
UNE NAIADE.	
DRYADES, FAUNES et SATYRES.	

DANS LA COMÉDIE.	
DAMYS, tuteur d'Orphise.	L'ESPY.
ORPHISE.	Mlle MOLIÈRE.
ÉRASTE, amoureux d'Orphise.	MOLIÈRE.
ALCIDOR, LISANDRE, ALCANDRE, } fâcheux.	LA GRANGE.
ALCIPPE, ORANTE, CLIMÈNE, DORANTE, CARITIDÈS, ORMIN, FILINTE, } fâcheux.	Mlle DU PARC. Mlle DE BRIE.
LA MONTAGNE, valet d'Éraste.	DU PARC.
L'ÉPINE, valet de Damis.	
LA RIVIÈRE, et deux camarades.	

Cette pièce, que l'on croit être la première du genre dit *à tiroirs* ou *à scènes détachées*, fut représentée à Sceaux le 17 août 1661, à Fontainebleau huit jours après, augmentée de la scène du chasseur, et enfin le 4 novembre de la même année sur le théâtre du Palais-Royal à Paris. Elle eut quarante-quatre représentations de suite, et fut imprimée en février 1662.

PROLOGUE.

Le théâtre représente un jardin orné de termes et de plusieurs jets d'eau.

UNE NAIADE, *sortant des eaux dans une coquille.*

Pour voir en ces beaux lieux le plus grand roi du monde,
Mortels, je viens à vous de ma grotte profonde.
Faut-il en sa faveur, que la terre ou que l'eau
Produisent à vos yeux un spectacle nouveau?
Qu'il parle ou qu'il souhaite, il n'est rien d'impossible;
Lui-même n'est-il pas un miracle visible?
Son règne si fertile en miracles divers,
N'en demande-t-il pas à tout cet univers?
Jeune, victorieux, sage, vaillant, auguste,
Aussi doux que sévère, aussi puissant que juste :
Régler et ses États et ses propres désirs ;
Joindre aux nobles travaux les plus nobles plaisirs ;
En ses justes projets jamais ne se méprendre ;
Agir incessamment, tout voir et tout entendre,
Qui peut cela, peut tout : il n'a qu'à tout oser,
Et le ciel à ses vœux ne peut rien refuser.
Les termes marcheront, et, si Louis l'ordonne,
Les arbres parleront mieux que ceux de Dodone.
Hôtesses de leurs troncs, moindres divinités,
C'est Louis qui le veut, sortez, Nymphes, sortez ;
Je vous montre l'exemple, il s'agit de lui plaire.

Quittez pour quelque temps votre forme ordinaire,
Et paroissons ensemble aux yeux des spectateurs,
Pour ce nouveau théâtre, autant de vrais acteurs.

(*Plusieurs Dryades, accompagnées de Faunes et de Satyres, sortent des arbres et des termes.*)

Vous, soin de ses sujets, sa plus charmante étude,
Héroïque souci, royale inquiétude,
Laissez-le respirer, et souffrez qu'un moment
Son grand cœur s'abandonne au divertissement :
Vous le verrez demain, d'une force nouvelle,
Sous le fardeau pénible où votre voix l'appelle,
Faire obéir les lois, partager les bienfaits,
Par ses propres conseils prévenir nos souhaits,
Maintenir l'univers dans une paix profonde,
Et s'ôter le repos pour le donner au monde.
Qu'aujourd'hui tout lui plaise et semble consentir
A l'unique dessein de le bien divertir.
Fâcheux, retirez-vous, ou s'il faut qu'il vous voie,
Que ce soit seulement pour exciter sa joie.

(*La Naïade emmène avec elle, pour la comédie, une partie des gens qu'elle a fait paroître, pendant que le reste se met à danser au son des hautbois, qui se joignent aux violons.*)

ACTE PREMIER.

La scène est à Paris.

SCÈNE I.

ÉRASTE, LA MONTAGNE.

ÉRASTE.

Sous quel astre, bon Dieu, faut-il que je sois né,
Pour être de fâcheux toujours assassiné!
Il semble que partout le sort me les adresse,
Et j'en vois chaque jour quelque nouvelle espèce;
Mais il n'est rien d'égal au fâcheux d'aujourd'hui;
J'ai cru n'être jamais débarrassé de lui,
Et cent fois j'ai maudit cette innocente envie
Qui m'a pris à dîner de voir la comédie,
Où, pensant m'égayer, j'ai misérablement
Trouvé de mes péchés le rude châtiment.
Il faut que je te fasse un récit de l'affaire,
Car je m'en sens encor tout ému de colère.
J'étois sur le théâtre en humeur d'écouter
La pièce, qu'à plusieurs j'avois ouï vanter;
Les acteurs commençoient, chacun prêtoit silence;
Lorsque d'un air bruyant et plein d'extravagance,
Un homme à grands canons est entré brusquement
En criant : « Holà! ho! un siége promptement! »
Et, de son grand fracas surprenant l'assemblée,
Dans le plus bel endroit a la pièce troublée.
Hé! mon Dieu! nos François, si souvent redressés,
Ne prendront-ils jamais un air de gens sensés,
Ai-je dit, et faut-il sur nos défauts extrêmes,
Qu'en théâtre public nous nous jouions nous-mêmes;
Et confirmions ainsi, par des éclats de fous,
Ce que chez nos voisins on dit partout de nous?
Tandis que là-dessus je haussois les épaules,
Les acteurs ont voulu continuer leurs rôles;
Mais l'homme pour s'asseoir a fait nouveau fracas,
Et traversant encor le théâtre à grands pas,
Bien que dans les côtés il pût être à son aise,
Au milieu du devant il a planté sa chaise,
Et de son large dos morguant les spectateurs,
Aux trois quarts du parterre a caché les acteurs.
Un bruit s'est élevé, dont un autre eût eu honte;
Mais lui, ferme et constant, n'en a fait aucun compte,
Et se seroit tenu comme il s'étoit posé,
Si, pour mon infortune, il ne m'eût avisé,
« Ah! marquis! m'a-t-il dit, prenant près de moi place,
Comment te portes-tu? Souffre que je t'embrasse. »
Au visage, sur l'heure, un rouge m'est monté,
Que l'on me vit connu d'un pareil éventé.
Je l'étois peu pourtant; mais on en voit paroître,
De ces gens qui de rien veulent fort vous connoître,
Dont il faut au salut les baisers essuyer,
Et qui sont familiers jusqu'à vous tutoyer.
Il m'a fait à l'abord cent questions frivoles,
Plus haut que les acteurs élevant ses paroles.
Chacun le maudissoit; et moi, pour l'arrêter :
« Je serois, ai-je dit, bien aise d'écouter.
—Tu n'as point vu ceci, marquis? Ah! Dieu me damne!
Je le trouve assez drôle, et je n'y suis pas âne;
Je sais par quelles lois un ouvrage est parfait,
Et Corneille me vient lire tout ce qu'il fait. »
Là-dessus de la pièce il m'a fait un sommaire,
Scène à scène averti de ce qui s'alloit faire,

Et jusques à des vers qu'il en savoit par cœur,
Il me les récitoit tout haut avant l'acteur.
J'avois beau m'en défendre, il a poussé sa chance,
Et s'est devers la fin levé longtemps d'avance ;
Car les gens du bel air, pour agir galamment,
Se gardent bien surtout d'ouïr le dénoûment.
Je rendois grâce au ciel, et croyois de justice,
Qu'avec la comédie eût fini mon supplice ;
Mais, comme si c'en eût été trop bon marché,
Sur nouveaux frais mon homme à moi s'est attaché,
M'a conté ses exploits, ses vertus non communes,
Parlé de ses chevaux, de ses bonnes fortunes,
Et de ce qu'à la cour il avoit de faveur,
Disant qu'à m'y servir il s'offroit de grand cœur.
Je le remerciois doucement de la tête,
Minutant à tous coups quelque retraite honnête ;
Mais lui, pour le quitter me moyant ébranlé :
« Sortons, ce m'a-t-il dit, le monde est écoulé : »
Et, sortis de ce lieu, me la donnant plus sèche,
« Marquis, allons au Cours faire voir ma galèche ;
Elle est bien entendue, et plus d'un duc et pair
En fait à mon faiseur faire une du même air. »
Moi, de lui rendre grâce, et, pour mieux m'en défendre,
De dire que j'avois certain repas à rendre.
« Ah ! parbleu ! j'en veux être, étant de tes amis,
Et manque au maréchal à qui j'avois promis.
— De la chère, ai-je fait, la dose est trop peu forte
Pour oser y prier des gens de votre sorte.
— Non, m'a-t-il répondu, je suis sans compliment,
Et j'y vais pour causer avec toi seulement ;
Je suis des grands repas fatigué, je te jure.
— Mais si l'on vous attend, ai-je dit, c'est injure.
— Tu te moques, marquis ; nous nous connoissons tous,
Et je trouve avec toi des passe-temps plus doux. »
Je pestois contre moi, l'âme triste et confuse
Du funeste succès qu'avoit eu mon excuse,
Et ne savois à quoi je devois recourir
Pour sortir d'une peine à me faire mourir ;
Lorsqu'un carrosse fait de superbe manière
Et comblé de laquais et devant et derrière,
S'est avec un grand bruit devant nous arrêté,
D'où sautant un jeune homme amplement ajusté,
Mon importun et lui, courant à l'embrassade,
Ont surpris les passans de leur brusque incartade ;
Et tandis que tous deux étoient précipités
Dans les convulsions de leurs civilités,
Je me suis doucement esquivé sans rien dire ;
Non sans avoir longtemps gémi d'un tel martyre,
Et maudit le fâcheux, dont le zèle obstiné
M'ôtoit au rendez-vous qui m'est ici donné.

LA MONTAGNE.

Ce sont chagrins mêlés aux plaisirs de la vie.
Tout ne va pas, monsieur, au gré de notre envie.
Le ciel veut qu'ici-bas chacun ait ses fâcheux,
Et les hommes seroient sans cela trop heureux.

ÉRASTE.

Mais de tous mes fâcheux, le plus fâcheux encore
C'est Damis, le tuteur de celle que j'adore,
Qui rompt ce qu'à mes vœux elle donne d'espoir,
Et fait qu'en sa présence elle n'ose me voir.

Je crains d'avoir déjà passé l'heure promise,
Et c'est dans cette allée où devoit être Orphise.

LA MONTAGNE.

L'heure d'un rendez-vous d'ordinaire s'étend,
Et n'est pas resserrée aux bornes d'un instant.

ÉRASTE.

Il est vrai ; mais je tremble, et mon amour extrême
D'un rien se fait un crime envers celle que j'aime.

LA MONTAGNE.

Si ce parfait amour, que vous prouvez si bien,
Se fait vers votre objet un grand crime de rien,
Ce que son cœur pour vous sent de feux légitimes,
En revanche, lui fait un rien de tous vos crimes.

ÉRASTE.

Mais, tout de bon, crois-tu que je sois d'elle aimé ?

LA MONTAGNE.

Quoi ! vous doutez encor d'un amour confirmé ?

ÉRASTE.

Ah ! c'est malaisément qu'en pareille matière
Un cœur bien enflammé prend assurance entière ;
Il craint de se flatter ; et, dans ses divers soins,
Ce que plus il souhaite est ce qu'il croit le moins.
Mais songeons à trouver une beauté si rare.

LA MONTAGNE.

Monsieur, votre rabat par devant se sépare.

ÉRASTE.

N'importe.

LA MONTAGNE.

Laissez-moi l'ajuster, s'il vous plaît.

ÉRASTE.

Ouf ! tu m'étrangles ; fat, laisse-le comme il est.

LA MONTAGNE.

Souffrez qu'on peigne un peu....

ÉRASTE.

Sottise sans pareille !
Tu m'as d'un coup de dent presque emporté l'oreille.

LA MONTAGNE.

Vos canons....

ÉRASTE.

Laisse-les, tu prends trop de souci.

LA MONTAGNE.

Ils sont tout chiffonnés.

ÉRASTE.

Je veux qu'ils soient ainsi.

LA MONTAGNE.

Accordez-moi du moins, pour grâce singulière,
De frotter ce chapeau qu'on voit plein de poussière.

ÉRASTE.

Frotte donc, puisqu'il faut que j'en passe par là.

LA MONTAGNE.

Le voulez-vous porter fait comme le voilà ?

ÉRASTE.

Mon Dieu ! dépêche-toi.

LA MONTAGNE.

Ce seroit conscience.

ÉRASTE, *après avoir attendu.*
C'est assez.
LA MONTAGNE.
Donnez-vous un peu de patience.
ÉRASTE.
Il me tue.
LA MONTAGNE.
En quel lieu vous êtes-vous fourré?
ÉRASTE.
T'es-tu de ce chapeau pour toujours emparé?
LA MONTAGNE.
C'est fait.
ÉRASTE.
Donne-moi donc.
LA MONTAGNE, *laissant tomber le chapeau.*
Haï!
ÉRASTE.
Le voilà par terre!
Je suis fort avancé. Que la fièvre te serre!
LA MONTAGNE.
Permettez qu'en deux coups j'ôte....
ÉRASTE.
Il ne me plait pas.
Au diantre tout valet qui vous est sur les bras,
Qui fatigue son maître, et ne fait que déplaire
A force de vouloir trancher du nécessaire.

SCÈNE II.

ORPHISE, ALCIDOR, ÉRASTE, LA MONTAGNE.

(*Orphise traverse le fond du théâtre, Alcidor lui donne la main.*)

ÉRASTE.
Mais vois-je pas Orphise? Oui, c'est elle qui vient.
Où va-t-elle si vite, et quel homme la tient?
(*Il la salue comme elle passe, et elle en passant détourne la tête.*)

SCÈNE III.

ÉRASTE, LA MONTAGNE.

ÉRASTE.
Quoi! me voir en ces lieux devant elle paroître,
Et passer en feignant de ne me pas connoître!
Que croire? Qu'en dis-tu? Parle donc, si tu veux.
LA MONTAGNE.
Monsieur, je ne dis rien, de peur d'être fâcheux.
ÉRASTE.
Et c'est l'être en effet que de ne me rien dire
Dans les extrémités d'un si cruel martyre.
Fais donc quelque réponse à mon cœur abattu.
Que dois-je présumer? Parle, qu'en penses-tu?
Dis-moi ton sentiment.
LA MONTAGNE.
Monsieur, je veux me taire,
Et ne désire point trancher du nécessaire.
ÉRASTE.
Peste l'impertinent! Va-t'en suivre leurs pas,
Vois ce qu'ils deviendront, et ne les quitte pas.
LA MONTAGNE, *revenant sur ses pas.*
Il faut suivre de loin?
ÉRASTE.
Oui.
LA MONTAGNE, *revenant sur ses pas.*
Sans que l'on me voie,
Ou faire aucun semblant qu'après eux on m'envoie?
ÉRASTE.
Non, tu feras bien mieux de leur donner avis
Que par mon ordre exprès ils sont de toi suivis.
LA MONTAGNE, *revenant sur ses pas.*
Vous trouverai-je ici?
ÉRASTE.
Que le ciel te confonde,
Homme, à mon sentiment, le plus fâcheux du monde!

SCÈNE IV.

ÉRASTE, *seul.*

Ah! que je sens de trouble, et qu'il m'eût été doux
Qu'on me l'eût fait manquer ce fatal rendez-vous!
Je pensois y trouver toutes choses propices,
Et mes yeux pour mon cœur y trouvent des supplices.

SCÈNE V.

LISANDRE, ÉRASTE.

LISANDRE.
Sous ces arbres de loin mes yeux t'ont reconnu,
Cher marquis, et d'abord je suis à toi venu.
Comme à de mes amis, il faut que je te chante
Certain air que j'ai fait de petite courante,
Qui de toute la cour contente les experts,
Et sur qui plus de vingt ont déjà fait des vers.
J'ai le bien, la naissance, et quelque emploi passable,
Et fais figure en France assez considérable;
Mais je ne voudrois pas, pour tout ce que je suis,
N'avoir point fait cet air qu'ici je te produis.
(*Il prélude.*)
La, la, hem, hem, écoute avec soin, je te prie.
(*Il chante sa courante.*)
N'est-elle pas belle?
ÉRASTE.
Ah!
LISANDRE.
Cette fin est jolie.
(*Il rechante la fin quatre ou cinq fois de suite.*)

omment la trouves-tu ?
ÉRASTE.
Fort belle, assurément.
LISANDRE.
es pas que j'en ai faits, n'ont pas moins d'agrément,
t surtout la figure a merveilleuse grâce.
(*Il chante, parle et danse tout ensemble, et fait faire
à Éraste les figures de la femme.*)
iens, l'homme passe ainsi ; puis la femme repasse :

Ensemble ; puis on quitte, et la femme vient là.
Vois-tu ce petit trait de feinte que voilà ?
Ce fleuret ? ces coupés courant après la belle ?
Dos à dos, face à face, en se pressant sur elle.
Que t'en semble, marquis ?
ÉRASTE.
Tous ces pas-là sont fins.
LISANDRE.
Je me moque, pour moi, des maîtres baladins.

J'étois sur le théâtre en humeur d'écouter. (Acte I, scène I.)

ÉRASTE.
n le voit.
LISANDRE.
Les pas donc ?
ÉRASTE.
N'ont rien qui ne surprenne.
LISANDRE.
eux-tu, par amitié, que je te les apprenne ?
ÉRASTE.
a foi, pour le présent, j'ai certain embarras....
LISANDRE.
é bien donc ! ce sera lorsque tu le voudras.
j'avois dessus moi ces paroles nouvelles,
ous les lirions ensemble, et verrions les plus belles.

ÉRASTE.
Une autre fois.
LISANDRE.
Adieu ; Baptiste le très-cher
N'a point vu ma courante, et je le vais chercher :
Nous avons pour les airs de grandes sympathies,
Et je veux le prier d'y faire des parties.
(*Il s'en va toujours en chantant.*)

SCÈNE VI.

ÉRASTE, *seul*.

Ciel ! faut-il que le rang, dont on veut tout couvrir,

De cent sots tous les jours nous oblige à souffrir,
Et nous fasse abaisser jusques aux complaisances
D'applaudir bien souvent à leurs impertinences !

SCÈNE VII.

ÉRASTE, LA MONTAGNE.

LA MONTAGNE.
Monsieur, Orphise est seule, et vient de ce côté.
ÉRASTE.
Ah ! d'un trouble bien grand je me sens agité !
J'ai de l'amour encor pour la belle inhumaine,
Et ma raison voudroit que j'eusse de la haine.
LA MONTAGNE.
Monsieur, votre raison ne sait ce qu'elle veut,
Ni ce que sur un cœur une maîtresse peut.
Bien que de s'emporter on ait de justes causes,
Une belle, d'un mot, rajuste bien des choses.
ÉRASTE.
Hélas ! je te l'avoue, et déjà cet aspect
A toute ma colère imprime le respect !

SCÈNE VIII.

ORPHISE, ÉRASTE, LA MONTAGNE.

ORPHISE.
Votre front à mes yeux montre peu d'allégresse ;
Seroit-ce ma présence, Éraste, qui vous blesse ?
Qu'est-ce donc ? Qu'avez-vous ? Et sur quels déplaisirs,
Lorsque vous me voyez, poussez-vous des soupirs ?
ÉRASTE.
Hélas ! pouvez-vous bien me demander, cruelle !
Ce qui fait de mon cœur la tristesse mortelle ?
Et d'un esprit méchant n'est-ce pas un effet,
Que feindre d'ignorer ce que vous m'avez fait ?
Celui dont l'entretien vous a fait à ma vue
Passer....
ORPHISE, riant.
C'est de cela que votre âme est émue ?
ÉRASTE.
Insultez, inhumaine, encore à mon malheur ;
Allez, il vous sied mal de railler ma douleur,
Et d'abuser, ingrate, à maltraiter ma flamme,
Du foible que pour vous vous savez qu'a mon âme.
ORPHISE.
Certes, il faut en rire, et confesser ici
Que vous êtes bien fou de vous troubler ainsi.
L'homme dont vous parlez, loin qu'il puisse me plaire,
Est un homme fâcheux dont j'ai su me défaire ;
Un de ces importuns et sots officieux
Qui ne sauroient souffrir qu'on soit seule en des lieux,
Et viennent aussitôt, avec un doux langage,
Vous donner une main contre qui l'on enrage.
J'ai feint de m'en aller pour cacher mon dessein,
Et jusqu'à mon carrosse il m'a prêté la main.

Je m'en suis promptement défaite de la sorte ;
Et j'ai, pour vous trouver, rentré par l'autre porte.
ÉRASTE.
A vos discours, Orphise, ajouterai-je foi,
Et votre cœur est-il tout sincère pour moi ?
ORPHISE.
Je vous trouve fort bon de tenir ces paroles,
Quand je me justifie à vos plaintes frivoles.
Je suis bien simple encore, et ma sotte bonté....
ÉRASTE.
Ah ! ne vous fâchez pas, trop sévère beauté ;
Je veux croire en aveugle, étant sous votre empire,
Tout ce que vous aurez la bonté de me dire.
Trompez, si vous voulez, un malheureux amant ;
J'aurai pour vous respect jusques au monument....
Maltraitez mon amour, refusez-moi le vôtre,
Exposez à mes yeux le triomphe d'un autre ;
Oui, je souffrirai tout de vos divins appas,
J'en mourrai ; mais enfin je ne m'en plaindrai pas.
ORPHISE.
Quand de tels sentiments régneront dans votre âme,
Je saurai de ma part....

SCÈNE IX.

ALCANDRE, ORPHISE, ÉRASTE, LA MONTAGNE.

ALCANDRE.
(A Orphise.)
Marquis, un mot. Madame,
De grâce, pardonnez si je suis indiscret,
En osant, devant vous, lui parler en secret.
(Orphise sort.)

SCÈNE X.

ALCANDRE, ÉRASTE, LA MONTAGNE.

ALCANDRE.
Avec peine, marquis, je te fais la prière ;
Mais un homme vient là de me rompre en visière ;
Et je souhaite fort, pour ne rien reculer,
Qu'à l'heure, de ma part, tu l'ailles appeler.
Tu sais qu'en pareil cas ce seroit avec joie
Que je te le rendrois en la même monnoie.
ÉRASTE, après avoir été quelque temps sans parler.
Je ne veux point ici faire le capitan ;
Mais on m'a vu soldat avant que courtisan :
J'ai servi quatorze ans, et je crois être en passe
De pouvoir d'un tel pas me tirer avec grâce,
Et de ne craindre point qu'à quelque lâcheté
Le refus de mon bras me puisse être imputé.
Un duel met les gens en mauvaise posture ;
Et notre roi n'est pas un monarque en peinture.
Il sait faire obéir les plus grands de l'État,
Et je trouve qu'il fait en digne potentat.

quand il faut le servir, j'ai du cœur pour le faire ;
Mais je ne m'en sens point quand il faut lui déplaire.
Je me fais de son ordre une suprême loi ;
Pour lui désobéir, cherche un autre que moi.
Je te parle, vicomte, avec franchise entière,
Et suis ton serviteur en toute autre matière.
Adieu.

SCÈNE XI.
ÉRASTE, LA MONTAGNE.

ÉRASTE.
Cinquante fois au diable les fâcheux !
Où donc s'est retiré cet objet de mes vœux ?

LA MONTAGNE.
Je ne sais.

ÉRASTE.
Pour savoir où la belle est allée,
Va-t'en chercher partout ; j'attends dans cette allée.

BALLET DU PREMIER ACTE.

PREMIÈRE ENTRÉE. — *Des joueurs de mail, en criant gare, l'obligent à se retirer, et comme il veut revenir lorsqu'ils ont fait,*

DEUXIÈME ENTRÉE. — *Des curieux viennent qui tournent autour de lui pour le connoître, et font qu'il se retire encore pour un moment.*

ACTE DEUXIÈME.

SCÈNE I.

ÉRASTE.

Les fâcheux à la fin se sont-ils écartés?
Je pense qu'il en pleut ici de tous côtés.
Je les fuis, et les trouve; et, pour second martyre,
Je ne saurois trouver celle que je désire.
Le tonnerre et la pluie ont promptement passé,
Et n'ont point de ces lieux le beau monde chassé.
Plût au ciel, dans les dons que ses soins y prodiguent,
Qu'ils en eussent chassé tous les gens qui fatiguent!
Le soleil baisse fort, et je suis étonné
Que mon valet encor ne soit point retourné.

SCÈNE II.

ALCIPPE, ÉRASTE.

ALCIPPE.

Bonjour.

ÉRASTE, *à part.*

Hé quoi! toujours ma flamme divertie!

ALCIPPE.

Console-moi, marquis, d'une étrange partie
Qu'au piquet je perdis hier contre un Saint-Bouvain,
A qui je donnerois quinze points et la main.
C'est un coup enragé, qui depuis hier m'accable,
Et qui feroit donner tous les joueurs au diable;
Un coup assurément à se pendre en public.
Il ne m'en faut que deux; l'autre a besoin d'un pic :
Je donne, il en prend six, et demande à refaire;
Moi, me voyant de tout, je n'en voulus rien faire.
Je porte l'as de trèfle (admire mon malheur!)
L'as, le roi, le valet, le huit et dix de cœur,
Et quitte, comme au point alloit la politique,
Dame et roi de carreau, dix et dame de pique.
Sur mes cinq cœurs portés la dame arrive encor,
Qui me fait justement une quinte major;
Mais mon homme avec l'as, non sans surprise extrême,
Des bas carreaux sur table étale une sixième.
J'en avois écarté la dame avec le roi;
Mais lui fallant un pic, je sortis hors d'effroi,
Et croyois bien du moins faire deux points uniques.
Avec les sept carreaux il avoit quatre piques,
Et, jetant le dernier, m'a mis dans l'embarras
De ne savoir lequel garder de mes deux as.
J'ai jeté l'as de cœur, avec raison, me semble;
Mais il avoit quitté quatre trèfles ensemble,
Et par un six de cœur je me suis vu capot,
Sans pouvoir, de dépit, proférer un seul mot.
Morbleu! Fais-moi raison de ce coup effroyable;
A moins que l'avoir vu, peut-il être croyable?

ÉRASTE.

C'est dans le jeu qu'on voit les plus grands coups du sort.

ALCIPPE.

Parbleu! tu jugeras toi-même si j'ai tort,
Et si c'est sans raison que ce coup me transporte;
Car voici nos deux jeux, qu'exprès sur moi je porte.
Tiens, c'est ici mon port, comme je te l'ai dit,
Et voici....

ÉRASTE.

J'ai compris le tout par ton récit,
Et vois de la justice au transport qui t'agite;
Mais pour certaine affaire il faut que je te quitte.
Adieu. Console-toi pourtant de ton malheur.

LES FACHEUX, ACTE II.

ALCIPPE.

Oui, moi? J'aurai toujours ce coup-là sur le cœur ;
Et c'est, pour ma raison, pis qu'un coup de tonnerre.
Je le veux faire, moi, voir à toute la terre.
(Il s'en va, et rentre en disant :)
Un six de cœur ! Deux points !

ÉRASTE.

En quel lieu sommes-nous ?
De quelque part qu'on tourne, on ne voit que des fous.

SCÈNE III.

ÉRASTE, LA MONTAGNE.

ÉRASTE.

Ah ! que tu fais languir ma juste impatience !

LA MONTAGNE.

Monsieur, je n'ai pu faire une autre diligence.

Parbleu ! tu jugeras toi-même si j'ai tort. (Acte II, scène II.)

ÉRASTE.

Mais me rapportes-tu quelque nouvelle, enfin ?

LA MONTAGNE.

Sans doute ; et de l'objet qui fait votre destin,
J'ai, par un ordre exprès, quelque chose à vous dire.

ÉRASTE.

Et quoi ? Déjà mon cœur après ce mot soupire.
Parle.

LA MONTAGNE.

Souhaitez-vous de savoir ce que c'est ?

ÉRASTE.

Oui, dis vite.

LA MONTAGNE.

Monsieur, attendez, s'il vous plaît.
Je me suis, à courir, presque mis hors d'haleine.

ÉRASTE.

Prends-tu quelque plaisir à me tenir en peine ?

LA MONTAGNE.

Puisque vous désirez de savoir promptement
L'ordre que j'ai reçu de cet objet charmant,
Je vous dirai.... Ma foi, sans vous vanter mon zèle,
J'ai bien fait du chemin pour trouver cette belle ;
Et si....

ÉRASTE.

Peste soit fait de tes digressions !

LA MONTAGNE.

Ah ! il faut modérer un peu ses passions ;
Et Sénèque....

ÉRASTE.

Sénèque est un sot dans ta bouche,
Puisqu'il ne me dit rien de tout ce qui me touche.
Dis-moi ton ordre, tôt.

LA MONTAGNE.

Pour contenter vos vœux,

Votre Orphise.... Une bête est là dans vos cheveux,
ÉRASTE.
Laisse.
LA MONTAGNE.
Cette beauté, de sa part, vous fait dire....
ÉRASTE.
Quoi?
LA MONTAGNE.
Devinez.
ÉRASTE.
Sais-tu que je ne veux pas rire?
LA MONTAGNE.
Son ordre est qu'en ce lieu vous devez vous tenir,
Assuré que dans peu vous l'y verrez venir,
Lorsqu'elle aura quitté quelques provinciales,
Aux personnes de cour fâcheuses animales.
ÉRASTE.
Tenons-nous donc au lieu qu'elle a voulu choisir.
Mais, puisque l'ordre ici m'offre quelque loisir,
Laisse-moi méditer.
(*La Montagne sort.*)
J'ai dessein de lui faire
Quelques vers sur un air où je la vois se plaire.
(*Il rêve.*)

SCÈNE IV.

ORANTE, CLIMÈNE, ÉRASTE, *dans un coin du théâtre, sans être aperçu.*

ORANTE.
Tout le monde sera de mon opinion.
CLIMÈNE.
Croyez-vous l'emporter par obstination?
ORANTE.
Je pense mes raisons meilleures que les vôtres.
CLIMÈNE.
Je voudrois qu'on ouït les unes et les autres.
ORANTE, *apercevant Éraste.*
J'avise un homme ici qui n'est pas ignorant;
Il pourra nous juger sur notre différend.
Marquis, de grâce, un mot, souffrez qu'on vous appelle
Pour être entre nous deux juge d'une querelle,
D'un débat qu'ont ému nos divers sentimens
Sur ce qui peut marquer les plus parfaits amans.
ÉRASTE.
C'est une question à vider difficile,
Et vous devez chercher un juge plus habile.
ORANTE.
Non : vous nous dites là d'inutiles chansons.
Votre esprit fait du bruit, et nous vous connoissons;
Nous savons que chacun vous donne à juste titre....
ÉRASTE.
Hé! de grâce....
ORANTE.
En un mot, vous serez notre arbitre,
Et ce sont deux momens qu'il vous faut nous donner.
CLIMÈNE, *à Orante.*
Vous retenez ici qui vous doit condamner;
Car enfin, s'il est vrai ce que j'en ose croire,
Monsieur à mes raisons donnera la victoire.
ÉRASTE, *à part.*
Que ne puis-je à mon traître inspirer le souci
D'inventer quelque chose à me tirer d'ici!
ORANTE, *à Climène.*
Pour moi, de son esprit j'ai trop bon témoignage,
Pour craindre qu'il prononce à mon désavantage.
(*A Éraste.*)
Enfin, ce grand débat qui s'allume entre nous,
Est de savoir s'il faut qu'un amant soit jaloux.
CLIMÈNE.
Ou, pour mieux expliquer ma pensée et la vôtre,
Lequel doit plaire plus d'un jaloux ou d'un autre.
ORANTE.
Pour moi, sans contredit, je suis pour le dernier.
CLIMÈNE.
Et, dans mon sentiment, je tiens pour le premier.
ORANTE.
Je crois que notre cœur doit donner son suffrage
A qui fait éclater du respect davantage.
CLIMÈNE.
Et moi, que si nos vœux doivent paroître au jour,
C'est pour celui qui fait éclater plus d'amour.
ORANTE.
Oui; mais on voit l'ardeur dont une âme est saisie,
Bien mieux dans le respect que dans la jalousie.
CLIMÈNE.
Et c'est mon sentiment, que qui s'attache à nous,
Nous aime d'autant plus, qu'il se montre jaloux.
ORANTE.
Fi! ne me parlez point, pour être amans, Climène,
De ces gens dont l'amour est fait comme la haine,
Et qui, pour tous respects et toute offre de vœux,
Ne s'appliquent jamais qu'à se rendre fâcheux;
Dont l'âme que sans cesse un noir transport anime,
Des moindres actions cherche à nous faire un crime,
En soumet l'innocence à son aveuglement,
Et veut sur un coup d'œil un éclaircissement;
Qui, de quelque chagrin nous voyant l'apparence,
Se plaignent aussitôt qu'il naît de leur présence,
Et, lorsque dans nos yeux brille un peu d'enjouement,
Veulent que leurs rivaux en soient le fondement;
Enfin, qui, prenant droit des fureurs de leur zèle,
Ne nous parlent jamais que pour faire querelle,
Osent défendre à tous l'approche de nos cœurs,
Et se font les tyrans de leurs propres vainqueurs.
Moi, je veux des amans que le respect inspire,
Et leur soumission marque mieux notre empire.
CLIMÈNE.
Fi! ne me parlez point, pour être vrais amans,
De ces gens qui pour nous n'ont nuls emportemens;
De ces tièdes galans, de qui les cœurs paisibles
Tiennent déjà pour eux les choses infaillibles,
N'ont point peur de nous perdre, et laissent, chaque jour,
Sur trop de confiance, endormir leur amour;
Sont avec leurs rivaux en bonne intelligence,
Et laissent un champ libre à leur persévérance.
Un amour si tranquille excite mon courroux.
C'est aimer froidement, que n'être point jaloux;

Et je veux qu'un amant, pour me prouver sa flamme,
Sur d'éternels soupçons laisse flotter son âme,
Et, par de prompts transports, donne un signe éclatant
De l'estime qu'il fait de celle qu'il prétend.
On s'applaudit alors de son inquiétude,
Et, s'il nous fait parfois un traitement trop rude,
Le plaisir de le voir, soumis à nos genoux,
S'excuser de l'éclat qu'il a fait contre nous,
Ses pleurs, son désespoir d'avoir pu nous déplaire,
Est un charme à calmer toute notre colère.

ORANTE.

Si, pour vous plaire, il faut beaucoup d'emportement,
Je sais qui vous pourroit donner contentement ;
Et je connois des gens dans Paris plus de quatre,
Qui, comme ils le font voir, aiment jusques à battre.

CLIMÈNE.

Si, pour vous plaire, il faut n'être jamais jaloux,
Je sais certaines gens fort commodes pour vous ;
Des hommes en amour d'une humeur si souffrante,
Qu'ils vous verroient sans peine entre les bras de trente.

ORANTE.

Enfin, par votre arrêt, vous devez déclarer
Celui de qui l'amour vous semble à préférer.

(*Orphise paroît dans le fond du théâtre, et voit
Éraste entre Orante et Climène.*)

ÉRASTE.

Puisqu'à moins d'un arrêt je ne m'en puis défaire,
Toutes deux à la fois je vous veux satisfaire ;
Et, pour ne point blâmer ce qui plaît à vos yeux,
Le jaloux aime plus, et l'autre aime bien mieux.

CLIMÈNE.

L'arrêt est plein d'esprit ; mais....

ÉRASTE.

Suffit. J'en suis quitte.
Après ce que j'ai dit, souffrez que je vous quitte.

SCÈNE V.

ORPHISE, ÉRASTE.

ÉRASTE, *apercevant Orphise, et allant au-devant d'elle.*

Que vous tardez, madame, et que j'éprouve bien....

ORPHISE.

Non, non, ne quittez pas un si doux entretien.
A tort vous m'accusez d'être trop tard venue,
(*Montrant Orante et Climène, qui viennent de sortir.*)
Et vous avez de quoi vous passer de ma vue.

ÉRASTE.

Sans sujet contre moi voulez-vous vous aigrir,
Et me reprochez-vous ce qu'on me fait souffrir ?
Ah ! de grâce, attendez....

ORPHISE.

Laissez-moi, je vous prie,
Et courez vous rejoindre à votre compagnie.

SCÈNE VI.

ÉRASTE, *seul.*

Ciel ! faut-il qu'aujourd'hui fâcheuses et fâcheux
Conspirent à troubler les plus chers de mes vœux !
Mais allons sur ses pas, malgré sa résistance,
Et faisons à ses yeux briller notre innocence.

SCÈNE VII.

DORANTE, ÉRASTE.

DORANTE.

Ah ! marquis ! que l'on voit de fâcheux tous les jours
Venir de nos plaisirs interrompre le cours !
Tu me vois enragé d'une assez belle chasse
Qu'un fat.... C'est un récit qu'il faut que je te fasse.

ÉRASTE.

Je cherche ici quelqu'un, et ne puis m'arrêter.

DORANTE.

Parbleu ! chemin faisant, je te le veux conter.
Nous étions une troupe assez bien assortie,
Qui, pour courir un cerf, avions hier fait partie ;
Et nous fûmes coucher sur le pays exprès,
C'est-à-dire, mon cher, en fin fond de forêts.
Comme cet exercice est mon plaisir suprême,
Je voulus, pour bien faire, aller au bois moi-même,
Et nous conclûmes tous d'attacher nos efforts
Sur un cerf, qu'un chacun nous disoit cerf dix-cors ;
Mais, moi, mon jugement, sans qu'aux marques j'arrête,
Fut qu'il n'étoit qu'un cerf à sa seconde tête.
Nous avions, comme il faut, séparé nos relais,
Et déjeunions en hâte, avec quelques œufs frais,
Lorsqu'un franc campagnard, avec longue rapière,
Montant superbement sa jument poulinière,
Qu'il honoroit du nom de sa bonne jument,
S'en est venu nous faire un mauvais compliment,
Nous présentant aussi, pour surcroît de colère,
Un grand benêt de fils aussi sot que son père.
Il s'est dit grand chasseur, et nous a priés tous
Qu'il pût avoir le bien de courir avec nous.
Dieu préserve, en chassant, toute sage personne
D'un porteur de huchet, qui mal à propos sonne ;
De ces gens qui, suivis de dix hourets galeux,
Disent ma meute, et font les chasseurs merveilleux !
Sa demande reçue, et ses vertus prisées,
Nous avons été tous frapper à nos brisées.
A trois longueurs de trait, tayaut ! voilà d'abord
Le cerf donné aux chiens. J'appuie, et sonne fort.
Mon cerf débuche, et passe une assez longue plaine,
Et mes chiens après lui, mais si bien en haleine,
Qu'on les auroit couverts tous d'un seul justaucorps.
Il vient à la forêt. Nous lui donnons alors
La vieille meute ; et moi, je prends en diligence
Mon cheval alezan. Tu l'as vu ?

ÉRASTE.

Non, je pense.

DORANTE.

Comment! C'est un cheval aussi bon qu'il est beau,
Et que, ces jours passés, j'achetai de Gaveau.
Je te laisse à penser si, sur cette matière,
Il voudroit me tromper, lui qui me considère :
Aussi je m'en contente; et jamais, en effet,
Il n'a vendu cheval, ni meilleur, ni mieux fait.
Une tête de barbe, avec l'étoile nette,
L'encolure d'un cygne, effilée et bien droite;
Point d'épaules non plus qu'un lièvre, court-jointé,
Et qui fait, dans son port, voir sa vivacité;
Des pieds, morbleu! des pieds! le rein double : à vrai dire,
J'ai trouvé le moyen, moi seul, de le réduire;
Et sur lui, quoique aux yeux il montrât beau semblant,
Petit-Jean de Gaveau ne montoit qu'en tremblant :
Une croupe, en largeur à nulle autre pareille,
Et des gigots, Dieu sait ! Bref, c'est une merveille ;
Et j'en ai refusé cent pistoles, crois-moi,
Au retour d'un cheval amené pour le roi.
Je monte donc dessus, et ma joie étoit pleine,
De voir filer de loin les coupeurs dans la plaine;
Je pousse, et je me trouve en un fort à l'écart,
A la queue de nos chiens, moi seul avec Drécar.
Une heure là dedans notre cerf se fait battre.
J'appuie alors mes chiens, et fais le diable à quatre ;
Enfin jamais chasseur ne se vit plus joyeux.
Je le relance seul, et tout alloit des mieux,
Lorsque d'un jeune cerf s'accompagne le nôtre;
Une part de mes chiens se sépare de l'autre;
Et je les vois, marquis, comme tu peux penser,
Chasser tous avec crainte, et Finaut balancer :
Il se rabat soudain, dont j'eus l'âme ravie;
Il empaume la voie ; et moi, je sonne et crie :
A Finaut ! à Finaut ! j'en revois à plaisir
Sur une taupinière, et re-sonne à loisir.
Quelques chiens revenoient à moi, quand, pour disgrâce,
Le jeune cerf, marquis, à mon campagnard passe.
Mon étourdi se met à sonner comme il faut,
Et crie à pleine voix : tayaut! tayaut! tayaut!
Mes chiens me quittent tous, et vont à ma pécore;
J'y pousse, et j'en revois dans le chemin encore;
Mais à terre, mon cher, je n'eus pas jeté l'œil,
Que je connus le change et sentis un grand deuil.
J'ai beau lui faire voir toutes les différences
Des pinces de mon cerf et de ses connoissances,
Il me soutient toujours, en chasseur ignorant,
Que c'est le cerf de meute; et, par ce différend,
Il donne temps aux chiens d'aller loin. J'en enrage,
Et, pestant de bon cœur contre le personnage,
Je pousse mon cheval et par haut et par bas,
Qui plioit des gaulis aussi gros que les bras :
Je ramène les chiens à ma première voie,
Qui vont, en me donnant une excessive joie,
Requérir notre cerf, comme s'ils l'eussent vu.
Ils le relancent; mais ce coup est-il prévu?
A te dire le vrai, cher marquis, il m'assomme ;
Notre cerf relancé va passer à notre homme,
Qui, croyant faire un trait de chasseur fort vanté,
D'un pistolet d'arçon qu'il avoit apporté,
Lui donne justement au milieu de la tête,
Et de fort loin me crie : Ah ! j'ai mis bas la bête ! »
A-t-on jamais parlé de pistolets, bon Dieu!
Pour courre un cerf? Pour moi, venant dessus le lieu,
J'ai trouvé l'action tellement hors d'usage,
Que j'ai donné des deux à mon cheval, de rage,
Et m'en suis revenu chez moi toujours courant,
Sans vouloir dire un mot à ce sot ignorant.

ÉRASTE.

Tu ne pouvois mieux faire, et ta prudence est rare :
C'est ainsi des fâcheux qu'il faut qu'on se sépare.
Adieu.

DORANTE.

Quand tu voudras nous irons quelque part,
Où nous ne craindrons point de chasseur campagnard.

ÉRASTE, *seul.*

Fort bien. Je crois qu'enfin je perdrai patience.
Cherchons à m'excuser avecque diligence.

BALLET DU DEUXIÈME ACTE.

PREMIÈRE ENTRÉE. — *Des joueurs de boule l'arrêtent pour mesurer un coup dont ils sont en dispute. Il se défait d'eux avec peine, et leur laisse danser un pas composé de toutes les postures qui sont ordinaires à ce jeu.*

DEUXIÈME ENTRÉE. — *De petits frondeurs les viennent interrompre, qui sont chassés ensuite.*

TROISIÈME ENTRÉE. — *Par des savetiers et des savetières, leurs pères, et autres qui sont aussi chassés à leur tour.*

QUATRIÈME ENTRÉE. — *Par un jardinier qui danse seul, et se retire pour faire place au troisième acte.*

FIN DU DEUXIÈME ACTE.

ACTE TROISIÈME.

SCÈNE I.

ÉRASTE, LA MONTAGNE.

ÉRASTE.

Il est vrai, d'un côté, mes soins ont réussi,
Cet adorable objet enfin s'est adouci;
Mais, d'un autre, on m'accable, et les astres sévères
Ont contre mon amour redoublé leurs colères.
Oui, Damis son tuteur, mon plus rude fâcheux,
Tout de nouveau s'oppose au plus doux de mes vœux,
A son aimable nièce a défendu ma vue,
Et veut d'un autre époux la voir demain pourvue.
Orphise toutefois, malgré son désaveu,
Daigne accorder ce soir une grâce à mon feu ;
Et j'ai fait consentir l'esprit de cette belle
A souffrir qu'en secret je la visse chez elle.
L'amour aime surtout les secrètes faveurs :
Dans l'obstacle qu'on force il trouve des douceurs ;
Et le moindre entretien de la beauté qu'on aime,
Lorsqu'il est défendu, devient grâce suprême.
Je vais au rendez-vous; c'en est l'heure à peu près,
Puis je veux m'y trouver plutôt avant qu'après.

LA MONTAGNE.

Suivrai-je vos pas ?

ÉRASTE.

Non. Je craindrois que peut-être
À quelques yeux suspects tu me fisses connoître.

LA MONTAGNE.

Mais....

ÉRASTE.

Je ne le veux pas.

LA MONTAGNE.

Je dois suivre vos lois :
Mais au moins si de loin....

ÉRASTE.

Te tairas-tu, vingt fois?
Et ne veux-tu jamais quitter cette méthode,
De te rendre à toute heure un valet incommode ?

SCÈNE II.

CARITIDÈS, ÉRASTE.

CARITIDÈS.

Monsieur, le temps répugne à l'honneur de vous voir,
Le matin est plus propre à rendre un tel devoir ;
Mais de vous rencontrer il n'est pas bien facile,
Car vous dormez toujours, ou vous êtes en ville :
Au moins, messieurs vos gens me l'assurent ainsi ;
Et j'ai, pour vous trouver, pris l'heure que voici.
Encore est-ce un grand heur dont le destin m'honore,
Car, deux momens plus tard, je vous manquois encore.

ÉRASTE.

Monsieur, souhaitez-vous quelque chose de moi ?

CARITIDÈS.

Je m'acquitte, monsieur, de ce que je vous dois ;
Et vous viens.... Excusez l'audace qui m'inspire,
Si....

ÉRASTE.

Sans tant de façons, qu'avez-vous à me dire ?

CARITIDÈS.

Comme le rang, l'esprit, la générosité,
Que chacun vante en vous....

ÉRASTE.

Oui, je suis fort vanté.
Passons, monsieur.

CARITIDÈS.

Monsieur, c'est une peine extrême
Lorsqu'il faut à quelqu'un se produire soi-même ;
Et toujours près des grands on doit être introduit
Par des gens qui de nous fassent un peu de bruit,
Dont la bouche écoutée avecque poids débite
Ce qui peut faire voir notre petit mérite.
Enfin, j'aurois voulu que des gens bien instruits
Vous eussent pu, monsieur, dire ce que je suis.

ÉRASTE.

Je vois assez, monsieur, ce que vous pouvez être,
Et votre seul abord le peut faire connoître.

CARITIDÈS.

Oui, je suis un savant charmé de vos vertus,
Non pas de ces savans dont le nom n'est qu'en *us*,
Il n'est rien si commun qu'un nom à la latine :
Ceux qu'on habille en grec ont bien meilleure mine ;
Et, pour en avoir un qui se termine en *ès*,
Je me fais appeler monsieur Caritidès.

ÉRASTE.

Monsieur Caritidès soit. Qu'avez-vous à dire ?

CARITIDÈS.

C'est un placet, monsieur, que je voudrois vous lire,
Et que, dans la posture où vous met votre emploi,
J'ose vous conjurer de présenter au roi.

ÉRASTE.

Hé ! monsieur, vous pouvez le présenter vous-même.

CARITIDÈS.

Il est vrai que le roi fait cette grâce extrême ;
Mais par ce même excès de ses rares bontés,
Tant de méchans placets, monsieur, sont présentés,
Qu'ils étouffent les bons ; et l'espoir où je fonde,
Est qu'on donne le mien quand le prince est sans monde.

ÉRASTE.

Hé bien ! vous le pouvez, et prendre votre temps.

CARITIDÈS.

Ah ! monsieur, les huissiers sont de terribles gens !
Ils traitent les savans de faquins à nasardes,
Et je n'en puis venir qu'à la salle des gardes.
Les mauvais traitemens qu'il me faut endurer
Pour jamais de la cour me feroient retirer,
Si je n'avois conçu l'espérance certaine
Qu'auprès de notre roi vous serez mon Mécène.
Oui, votre crédit m'est un moyen assuré....

ÉRASTE.

Hé bien ! donnez-moi donc, je le présenterai.

CARITIDÈS.

Le voici. Mais au moins oyez-en la lecture.

ÉRASTE.

Non....

CARITIDÈS.

C'est pour être instruit, monsieur, je vous conjure.

AU ROI.

SIRE,

Votre très-humble, très-obéissant, très-fidèle et très-savant sujet et serviteur, Caritidès, François de nation, Grec de profession, ayant considéré les grands et notables abus qui se commettent aux inscriptions des enseignes des maisons, boutiques, cabarets, jeux de boule, et autres lieux de votre bonne ville de Paris, en ce que certains ignorans, compositeurs desdites inscriptions, renversent, par une barbare, pernicieuse et détestable orthographe, toute sorte de sens et raison, sans aucun égard d'étymologie, analogie, énergie, ni allégorie quelconque, au grand scandale de la république des lettres, et de la nation françoise, qui se décrie et déshonore par lesdits abus et fautes grossières envers les étrangers, et notamment envers les Allemands, curieux lecteurs et inspectateurs desdites inscriptions....

ÉRASTE.

Ce placet est fort long, et pourroit bien fâcher....

CARITIDÈS.

Ah ! monsieur, pas un mot ne s'en peut retrancher.

ÉRASTE.

Achevez promptement.

CARITIDÈS *continue*.

Supplie humblement VOTRE MAJESTÉ *de créer, pour le bien de son État et la gloire de son empire, une charge de contrôleur, intendant, correcteur, réviseur, et restaurateur général desdites inscriptions, et d'icelle honorer le suppliant, tant en considération de son rare et éminent savoir, que des grands et signalés services qu'il a rendus à l'État et à* VOTRE MAJESTÉ, *en faisant l'anagramme de* VOTRE *dite* MAJESTÉ, *en françois, latin, grec, hébreu, syriaque, chaldéen, arabe....*

ÉRASTE, *l'interrompant.*

Fort bien. Donnez-le vite, et faites la retraite :
Il sera vu du roi : c'est une affaire faite.

CARITIDÈS.

Hélas ! monsieur, c'est tout que montrer mon placet.
Si le roi le peut voir, je suis sûr de mon fait ;
Car, comme sa justice en toute chose est grande,
Il ne pourra jamais refuser ma demande.
Au reste, pour porter au ciel votre renom,
Donnez-moi par écrit votre nom et surnom ;
J'en veux faire un poëme en forme d'acrostiche
Dans les deux bouts du vers et dans chaque hémistiche.

ÉRASTE.

Oui, vous l'aurez demain, monsieur Caritidès.

(*Seul.*)

Ma foi ! de tels savans sont des ânes bien faits.
J'aurois dans d'autres temps bien ri de sa sottise.

SCÈNE III.

ORMIN, ÉRASTE.

ORMIN.

Bien qu'une grande affaire en ce lieu me conduise,
J'ai voulu qu'il sortît avant que vous parler.

ÉRASTE.

Fort bien. Mais dépêchons ; car je veux m'en aller.

ORMIN.

Je me doute à peu près que l'homme qui vous quitte
Vous a fort ennuyé, monsieur, par sa visite.
C'est un vieux importun, qui n'a pas l'esprit sain,
Et pour qui j'ai toujours quelque défaite en main.
Au Mail, à Luxembourg et dans les Tuileries,

LES FACHEUX, ACTE III.

fatigue le monde avec ses rêveries ;
des gens comme vous doivent fuir l'entretien
e tous ces savantas qui ne sont bons à rien.
our moi, je ne crains pas que je vous importune,
uisque je viens, monsieur, faire votre fortune.
  ÉRASTE, *bas, à part.*
oici quelque souffleur, de ces gens qui n'ont rien,
t vous viennent toujours promettre tant de bien.
  (*Haut.*)
ous avez fait, monsieur, cette bénite pierre,
ui peut seule enrichir tous les rois de la terre ?

  ORMIN.
La plaisante pensée, hélas ! où vous voilà !
Dieu me garde, monsieur, d'être de ces fous-là !
Je ne me repais point de visions frivoles,
Et je vous porte ici les solides paroles
D'un avis que par vous je veux donner au roi,
Et que tout cacheté je conserve sur moi :
Non de ces sots projets, de ces chimères vaines,
Dont les surintendans ont les oreilles pleines :
Non de ces gueux d'avis, dont les prétentions
Ne parlent que de vingt ou trente millions ;

C'est un placet, monseigneur, que je voudrois vous lire. (Acte III, scène II.)

Mais un qui, tous les ans, à si peu qu'on le monte,
En peut donner au roi quatre cents de bon compte,
Avec facilité, sans risque, ni soupçon,
Et sans fouler le peuple en aucune façon ;
Enfin c'est un avis d'un gain inconcevable,
Et que du premier mot on trouvera faisable.
Oui, pourvu que par vous je puisse être poussé....
  ÉRASTE.
Soit ; nous en parlerons. Je suis un peu pressé.
  ORMIN.
Si vous me promettiez de garder le silence,
Je vous découvrirois cet avis d'importance.
  ÉRASTE.
Non, non, je ne veux point savoir votre secret.

  ORMIN
Monsieur, pour le trahir, je vous crois trop discret,
Et veux, avec franchise, en deux mots vous l'apprendre.
Il faut voir si quelqu'un ne peut point nous entendre.
  (*Après avoir regardé si personne ne l'écoute,
  il s'approche de l'oreille d'Éraste.*)
Cet avis merveilleux dont je suis l'inventeur,
Est que....
  ÉRASTE.
  D'un peu plus loin, et pour cause, monsieur.
  ORMIN.
Vous voyez le grand gain, sans qu'il faille le dire,
Que de ses ports de mer le roi tous les ans tire.
Or l'avis, dont encor nul ne s'est avisé,

Est qu'il faut de la France, et c'est un coup aisé,
En-fameux ports de mer mettre toutes les côtes.
Ce seroit pour monter à des sommes très-hautes,
Et si....
ÉRASTE.
L'avis est bon, et plaira fort au roi.
Adieu. Nous nous verrons.
ORMIN.
Au moins, appuyez-moi
Pour en avoir ouvert les premières paroles.
ÉRASTE.
Oui, oui.
ORMIN.
Si vous vouliez me prêter deux pistoles,
Que vous reprendriez sur le droit de l'avis,
Monsieur....
ÉRASTE.
(Il donne de l'argent à Ormin.) *(Seul.)*
Oui, volontiers. Plût à Dieu qu'à ce prix
De tous les importuns je pusse me voir quitte !
Voyez quel contre-temps prend ici leur visite !
Je pense qu'à la fin je pourrai bien sortir.
Viendra-t-il point quelqu'un encor me divertir?

SCÈNE IV.
FILINTE, ÉRASTE

FILINTE.
Marquis, je viens d'apprendre une étrange nouvelle.
ÉRASTE.
Quoi?
FILINTE.
Qu'un homme tantôt t'a fait une querelle.
ÉRASTE.
A moi?
FILINTE.
Que te sert-il de le dissimuler?
Je sais de bonne part qu'on t'a fait appeler;
Et comme ton ami, quoi qu'il en réussisse,
Je te viens contre tous faire offre de service.
ÉRASTE.
Je te suis obligé; mais crois que tu me fais....
FILINTE.
Tu ne l'avoueras pas; mais tu sors sans valets.
Demeure dans la ville, ou gagne la campagne,
Tu n'iras nulle part que je ne t'accompagne.
ÉRASTE, *à part.*
Ah! j'enrage !
FILINTE.
A quoi bon de te cacher de moi?
ÉRASTE.
Je te jure, marquis, qu'on s'est moqué de toi.
FILINTE.
En vain tu t'en défends.
ÉRASTE.
Que le ciel me foudroie,
Si d'aucun démêlé....

FILINTE.
Tu penses qu'on te croie?
ÉRASTE.
Hé! mon Dieu ! je te dis, et ne déguise point
Que....
FILINTE.
Ne me crois pas dupe, et crédule à ce point.
ÉRASTE.
Veux-tu m'obliger?
FILINTE.
Non.
ÉRASTE.
Laisse-moi, je te prie.
FILINTE.
Point d'affaire, marquis.
ÉRASTE.
Une galanterie
En certain lieu ce soir....
FILINTE.
Je ne te quitte pas.
En quel lieu que ce soit, je veux suivre tes pas.
ÉRASTE.
Parbleu ! puisque tu veux que j'aie une querelle,
Je consens à l'avoir pour contenter ton zèle;
Ce sera contre toi, qui me fais enrager,
Et dont je ne me puis par douceur dégager.
FILINTE.
C'est fort mal d'un ami recevoir le service;
Mais puisque je vous rends un si mauvais office,
Adieu. Videz sans moi tout ce que vous aurez.
ÉRASTE.
Vous serez mon ami quand vous me quitterez.
(Seul.)
Mais voyez quels malheurs suivent ma destinée !
Ils m'auront fait passer l'heure qu'on m'a donnée.

SCÈNE V.
DAMIS, L'ÉPINE, ÉRASTE, LA RIVIÈRE,
ET SES COMPAGNONS.

DAMIS, *à part.*
Quoi ! malgré moi le traître espère l'obtenir !
Ah! mon juste courroux saura le prévenir.
ÉRASTE, *à part.*
J'entrevois là quelqu'un sur la porte d'Orphise. [rise!
Quoi ! toujours quelque obstacle aux feux qu'elle auto-
DAMIS, *à l'Épine.*
Oui, j'ai su que ma nièce, en dépit de mes soins,
Doit voir ce soir chez elle Éraste sans témoins.
LA RIVIÈRE, *à ses compagnons.*
Qu'entends-je à ces gens-là dire de notre maître?
Approchons doucement sans nous faire connoître.
DAMIS, *à l'Épine.*
Mais avant qu'il ait lieu d'achever son dessein,
Il faut de mille coups percer son traître sein.
Va-t'en faire venir ceux que je viens de dire
Pour les mettre en embûche aux lieux que je désire.

fin qu'au nom d'Éraste on soit prêt à venger
Mon honneur que ses feux ont l'orgueil d'outrager,
rompre un rendez-vous qui dans ce lieu l'appelle,
Et noyer dans son sang sa flamme criminelle.

LA RIVIÈRE, *attaquant Damis avec ses compagnons.*
Avant qu'à tes fureurs on puisse l'immoler,
Traître ! tu trouveras en nous à qui parler.

ÉRASTE.
Bien qu'il m'ait voulu perdre, un point d'honneur me
De secourir ici l'oncle de ma maîtresse.   [presse
(*A Damis.*)
Je suis à vous, monsieur.
(*Il met l'épée à la main contre La Rivière et ses
compagnons qu'il met en fuite.*)

DAMIS.
O ciel ! par quel secours,
D'un trépas assuré vois-je sauver mes jours ?

A qui suis-je obligé d'un si rare service ?

ÉRASTE, *revenant.*
Je n'ai fait, vous servant, qu'un acte de justice.

DAMIS.
Ciel ! puis-je à mon oreille ajouter quelque foi ?
Est-ce la main d'Éraste ?...

ÉRASTE.
Oui, oui, monsieur, c'est moi.
Trop heureux que ma main vous ait tiré de peine,
Trop malheureux d'avoir mérité votre haine.

DAMIS.
Quoi ! celui dont j'avois résolu le trépas,
Est celui qui pour moi vient d'employer son bras !
Ah ! c'en est trop ; mon cœur est contraint de se rendre
Et, quoique votre amour ce soir ait pu prétendre,
Ce trait si surprenant de générosité

Je vous joins dès ce soir à l'objet de vos vœux. (Acte III, scène v.)

Doit étouffer en moi toute animosité.
Je rougis de ma faute, et blâme mon caprice.
Ma haine trop longtemps vous a fait injustice ;
Et, pour la condamner par un éclat fameux,
Je vous joins dès ce soir à l'objet de vos vœux.

SCÈNE VI.
ORPHISE, DAMIS, ÉRASTE.

ORPHISE, *sortant de chez elle avec un flambeau.*
Monsieur, quelle aventure a d'un trouble effroyable....

DAMIS.
Ma nièce, elle n'a rien que de très-agréable,
Puisqu'après tant de vœux que j'ai blâmés en vous,
C'est lui qui vous donne Éraste pour époux.
Son bras a repoussé le trépas que j'évite,
Et je veux envers lui que votre main m'acquitte.

ORPHISE.
Si c'est pour lui payer ce que vous lui devez,

J'y consens, devant tout aux jours qu'il a sauvés.

ÉRASTE.
Mon cœur est si surpris d'une telle merveille,
Qu'en ce ravissement je doute si je veille.

DAMIS.
Célébrons l'heureux sort dont vous allez jouir,
Et que nos violons viennent nous réjouir.
(*On frappe à la porte de Damis.*)

ÉRASTE.
Qui frappe là si fort ?

SCÈNE VII.
DAMIS, ORPHISE, ÉRASTE, L'ÉPINE.

L'ÉPINE.
Monsieur, ce sont des masques,
Qui portent des crincrins et des tambours de basques.
(*Les masques entrent qui occupent toute la place.*)

ÉRASTE.

Quoi! toujours des fâcheux! Holà! Suisses, ici ;
Qu'on me fasse sortir ces gredins que voici.

BALLET DU TROISIÈME ACTE.

PREMIÈRE ENTRÉE. — *Des Suisses avec des hallebardes, chassent tous les masques fâcheux, et se retirent ensuite pour laisser danser à leur aise.*

DERNIÈRE ENTRÉE. — *Quatre bergers et une bergère, qui, au sentiment de tous ceux qui l'ont vue, ferme le divertissement d'assez bonne grâce.*

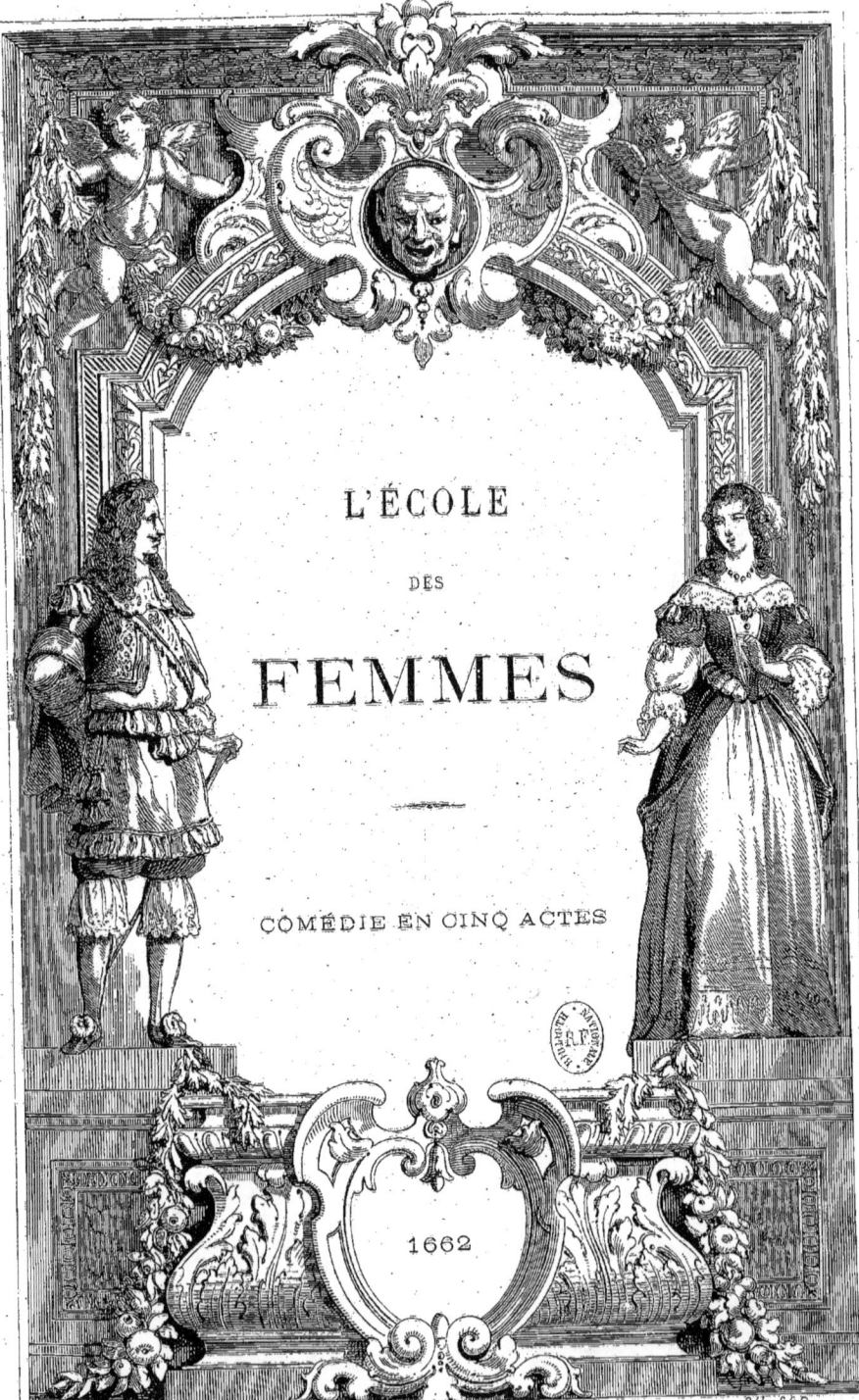

A MADAME.

Madame,

Je suis le plus embarrassé homme du monde, lorsqu'il me faut dédier un livre ; et je me trouve si peu fait au style d'épître dédicatoire, que je ne sais par où sortir de celle-ci. Un autre auteur qui seroit en ma place trouveroit d'abord cent belles choses à dire de Votre Altesse Royale, sur ce titre de *l'Ecole des femmes*, et l'offre qu'il vous en feroit. Mais, pour moi, Madame, je vous avoue mon foible. Je ne sais point cet art de trouver des rapports entre des choses si peu proportionnées ; et, quelques belles lumières que mes confrères les auteurs me donnent tous les jours sur de pareils sujets, je ne vois point ce que Votre Altesse Royale pourroit avoir à démêler avec la comédie que je lui présente. On n'est pas en peine, sans doute, comment il faut faire pour vous louer. La matière, Madame, ne saute que trop aux yeux ; et, de quelque côté qu'on vous regarde, on rencontre gloire sur gloire, et qualités sur qualités. Vous en avez, Madame, du côté du rang et de la naissance, qui vous font respecter de toute la terre. Vous en avez du côté des grâces, et de l'esprit et du corps, qui vous font admirer de toutes les personnes qui vous voient. Vous en avez du côté de l'âme, qui, si l'on ose parler ainsi, vous font aimer de tous ceux qui ont l'honneur d'approcher de vous : je veux dire cette douceur pleine de charmes, dont vous daignez tempérer la fierté des grands titres que vous portez ; cette bonté tout obligeante, cette affabilité généreuse que vous faites paroître pour tout le monde. Et ce sont particulièrement ces dernières pour qui je suis, et dont je sens fort bien que je ne me pourrai taire quelque jour. Mais encore une fois, Madame, je ne sais point le biais de faire entrer ici des vérités si éclatantes ; et ce sont choses, à mon avis, et d'une trop vaste étendue, et d'un mérite trop relevé, pour les vouloir renfermer dans une épître, et les mêler avec des bagatelles. Tout bien considéré, Madame, je ne vois rien à faire ici pour moi, que de vous dédier simplement ma comédie, et de vous assurer, avec tout le respect qu'il m'est possible, que je suis,

De Votre Altesse Royale, Madame, le très-humble, très-obéissant et très-obligé serviteur,

J. B. P. Molière.

PRÉFACE.

Bien des gens ont frondé d'abord cette comédie ; mais les rieurs ont été pour elle, et tout le mal qu'on a pu dire, n'a pu faire qu'elle n'ait eu un succès dont je me contente.

Je sais qu'on attend de moi dans cette impression quelque préface qui réponde aux censeurs, et rende raison de mon ouvrage ; et sans doute que je suis assez redevable à toutes les personnes qui lui ont donné leur approbation, pour me croire obligé de défendre leur jugement contre celui des autres ; mais il se trouve qu'une grande partie des choses que j'aurois à dire sur ce sujet, est déjà dans une dissertation que j'ai faite en dialogue, et dont je ne sais encore ce que je ferai.

L'idée de ce dialogue, ou, si l'on veut, de cette petite comédie, me vint après les deux ou trois premières représentations de ma pièce.

Je la dis, cette idée, dans une maison où je me trouvai un soir ; et d'abord une personne de qualité, dont l'esprit est assez connu dans le monde, et qui me fait l'honneur de m'aimer, trouva le projet assez à son gré, non-seulement pour me solliciter d'y mettre la main, mais encore pour l'y mettre lui-même ; et je fus étonné que deux jours après il me montra toute l'affaire exécutée d'une manière, à la vérité, beaucoup plus galante et plus spirituelle que je ne puis faire, mais où je trouvai des choses trop avantageuses pour moi ; et j'eus peur que, si je produisois cet ouvrage sur notre théâtre, on ne m'accusât d'abord d'avoir mendié les louanges qu'on m'y donnoit. Cependant cela m'empêcha, par quelque considération, d'achever ce que j'avois commencé. Mais tant de gens me pressent tous les jours de le faire, que je ne sais ce qui en sera ; et cette incertitude est cause que je ne mets point dans cette préface ce qu'on verra dans la Critique, en cas que je me résolve à la faire paroître. S'il faut que cela soit, je le dis encore, ce sera seulement pour venger le public du chagrin délicat de certaines gens ; car, pour moi, je m'en tiens assez vengé par la réussite de ma comédie ; et je souhaite que toutes celles que je pourrai faire soient traitées par eux comme celle-ci, pourvu que le reste suive de même.

PERSONNAGES ET ACTEURS.

ARNOLPHE, autrement M. DE LA SOUCHE. . . . . Molière.
AGNÈS, jeune fille innocente élevée par Arnolphe. . . . . Mlle DE BRIE.
HORACE, amant d'Agnès. . . . . LA GRANGE.
ALAIN, paysan, valet d'Arnolphe. . BRÉCOURT.
GEORGETTE, paysanne, servante d'Arnolphe. . . . . Mlle BEAUVAL.
CHRYSALDE, ami d'Arnolphe. . . . . . L'ESPY.
ENRIQUE, beau-frère de Chrysalde.
ORONTE, père d'Horace et grand ami d'Arnolphe.
UN NOTAIRE. . . . . DE BRIE.

La scène est dans une place de ville.

L'École des Femmes fut jouée pour la première fois le 26 décembre 1662, et fut imprimée au commencement de 1663.

ACTE PREMIER.

SCÈNE I.

CHRYSALDE, ARNOLPHE.

CHRYSALDE.
Vous venez, dites-vous, pour lui donner la main?
ARNOLPHE.
Oui. Je veux terminer la chose dans demain.
CHRYSALDE.
Nous sommes ici seuls ; et l'on peut, ce me semble,
Sans craindre d'être ouïs, y discourir ensemble.
Voulez-vous qu'en ami je vous ouvre mon cœur?
Votre dessein, pour vous, me fait trembler de peur ;
Et, de quelque façon que vous tourniez l'affaire,
Prendre femme est à vous un coup bien téméraire.
ARNOLPHE.
Il est vrai, notre ami. Peut-être que, chez vous,
Vous trouvez des sujets de craindre pour chez nous ;
Et votre front, je crois, veut que du mariage
Les cornes soient partout l'infaillible apanage.

CHRYSALDE.
Ce sont coups du hasard dont on n'est point garant,
Et bien sot, ce me semble, est le soin qu'on en prend.
Mais quand je crains pour vous, c'est cette raillerie
Dont cent pauvres maris ont souffert la furie :
Car enfin vous savez qu'il n'est grands, ni petits,
Que de votre critique on ait vus garantis ;
Que vos plus grands plaisirs sont, partout où vous êtes,
De faire cent éclats des intrigues secrètes....

ARNOLPHE.
Fort bien. Est-il au monde une autre ville aussi
Où l'on ait des maris si patiens qu'ici ?
Est-ce qu'on n'en voit pas de toutes les espèces,
Qui sont accommodés chez eux de toutes pièces ?
L'un amasse du bien, dont sa femme fait part
A ceux qui prennent soin de le faire cornard ;
L'autre un peu plus heureux, mais non pas moins infâme,
Voit faire tous les jours des présens à sa femme,
Et d'aucun soin jaloux n'a l'esprit combattu,
Parce qu'elle lui dit que c'est pour sa vertu.
L'un fait beaucoup de bruit qui ne lui sert de guères,
L'autre en toute douceur laisse aller les affaires,
Et, voyant arriver chez lui le damoiseau,
Prend fort honnêtement ses gants et son manteau.
L'une, de son galant, en adroite femelle,
Fait fausse confidence à son époux fidèle,
Qui dort en sûreté sur un pareil appas,
Et le plaint, ce galant, des soins qu'il ne perd pas ;
L'autre, pour se purger de sa magnificence,
Dit qu'elle gagne au jeu l'argent qu'elle dépense ;
Et le mari benêt, sans songer à quel jeu,
Sur les gains qu'elle fait rend des grâces à Dieu.
Enfin, ce sont partout des sujets de satire ;
Et, comme spectateur, ne puis-je pas en rire ?
Puis-je pas de nos sots ?...

CHRYSALDE.
Oui : mais qui rit d'autrui,
Doit craindre qu'en revanche on rie aussi de lui.
J'entends parler le monde ; et des gens se délassent
A venir débiter les choses qui se passent ;
Mais, quoi que l'on divulgue aux endroits où je suis,
Jamais on ne m'a vu triompher de ces bruits.
J'y suis assez modeste ; et, bien qu'aux occurrences
Je puisse condamner certaines tolérances,
Que mon dessein ne soit de souffrir nullement
Ce que quelques maris souffrent paisiblement,
Pourtant je n'ai jamais affecté de le dire ;
Car enfin il faut craindre un revers de satire,
Et l'on ne doit jamais jurer sur de tels cas
De ce qu'on pourra faire, ou bien ne faire pas.
Ainsi, quant à mon front, par un sort qui tout mène,
Il seroit arrivé quelque disgrâce humaine,
Après mon procédé, je suis presque certain
Qu'on se contentera de s'en rire sous main :
Et peut-être qu'encor j'aurai cet avantage,
Que quelques bonnes gens diront que c'est dommage.
Mais de vous, cher compère, il en est autrement ;
Je vous le dis encor, vous risquez diablement.
Comme sur les maris accusés de souffrance
De tout temps votre langue a daubé d'importance,
Qu'on vous a vu contre eux un diable déchaîné,
Vous devez marcher droit pour n'être point berné ;
Et, s'il faut que sur vous on ait la moindre prise,
Gare qu'aux carrefours on ne vous tympanise,
Et....

ARNOLPHE.
Mon Dieu ! notre ami, ne vous tourmentez point.
Bien huppé qui pourra m'attraper sur ce point.
Je sais les tours rusés et les subtiles trames
Dont pour nous en planter savent user les femmes,
Et comme on est dupé par leurs dextérités.
Contre cet accident j'ai pris mes sûretés ;
Et celle que j'épouse a toute l'innocence
Qui peut sauver mon front de maligne influence.

CHRYSALDE.
Et que prétendez-vous qu'une sotte, en un mot....

ARNOLPHE.
Épouser une sotte, est pour n'être point sot.
Je crois, en bon chrétien, votre moitié fort sage ;
Mais une femme habile est un mauvais présage ;
Et je sais ce qu'il coûte à de certaines gens
Pour avoir pris les leurs avec trop de talens.
Moi, j'irois me charger d'une spirituelle
Qui ne parleroit rien que cercle et que ruelle ;
Qui de prose et de vers feroit de doux écrits,
Et que visiteroient marquis et beaux esprits,
Tandis que, sous le nom du mari de madame,
Je serois comme un saint que pas un ne réclame !
Non, non, je ne veux point d'un esprit qui soit haut ;
Et femme qui compose en sait plus qu'il ne faut.
Je prétends que la mienne, en clartés peu sublime,
Même ne sache pas ce que c'est qu'une rime ;
Et, s'il faut qu'avec elle on joue au corbillon
Et qu'on vienne à lui dire à son tour : « Qu'y met-on ? »
Je veux qu'elle réponde : « Une tarte à la crème ; »
En un mot, qu'elle soit d'une ignorance extrême ;
Et c'est assez pour elle, à vous en bien parler,
De savoir prier Dieu, m'aimer, coudre et filer.

CHRYSALDE.
Une femme stupide est donc votre marotte ?

ARNOLPHE.
Tant, que j'aimerois mieux une laide bien sotte,
Qu'une femme fort belle avec beaucoup d'esprit.

CHRYSALDE.
L'esprit et la beauté....

ARNOLPHE.
L'honnêteté suffit.

CHRYSALDE.
Mais comment voulez-vous, après tout, qu'une bête
Puisse jamais savoir ce que c'est qu'être honnête ?
Outre qu'il est assez ennuyeux, que je crois,
D'avoir toute sa vie une bête avec soi,
Pensez-vous le bien prendre, et que sur votre idée
La sûreté d'un front puisse être bien fondée ?
Une femme d'esprit peut trahir son devoir ;
Mais il faut, pour le moins, qu'elle ose le vouloir :
Et la stupide au sien peut manquer d'ordinaire,
Sans en avoir l'envie et sans penser le faire.

ARNOLPHE.
A ce bel argument, à ce discours profond,

Ce que Pantagruel à Panurge répond :
Pressez-moi de me joindre à femme autre que sotte ;
Prêchez, patrocinez jusqu'à la Pentecôte ;
Vous serez ébahi, quand vous serez au bout,
Que vous ne m'aurez rien persuadé du tout.
CHRYSALDE.
Je ne vous dis plus mot.
ARNOLPHE.
Chacun a sa méthode.
En femme, comme en tout, je veux suivre ma mode.
Je me vois riche assez pour pouvoir, que je croi,
Choisir une moitié qui tienne tout de moi,
Et de qui la soumise et pleine dépendance
N'ait à me reprocher aucun bien ni naissance.
Un air doux et posé, parmi d'autres enfans,
M'inspira de l'amour pour elle dès quatre ans ;
Sa mère se trouvant de pauvreté pressée,
De la lui demander il me vint en pensée ;
Et la bonne paysanne, apprenant mon désir,
A s'ôter cette charge eut beaucoup de plaisir.
Dans un petit couvent, loin de toute pratique,
Je la fis élever selon ma politique ;
C'est-à-dire, ordonnant quels soins on emploîroit
Pour la rendre idiote autant qu'il se pourroit.
Dieu merci, le succès a suivi mon attente.
Et grande, je l'ai vue à tel point innocente,
Que j'ai béni le ciel d'avoir trouvé mon fait,
Pour me faire une femme au gré de mon souhait.
Je l'ai donc retirée ; et, comme ma demeure
A cent sortes de monde est ouverte à toute heure,
Je l'ai mise à l'écart, comme il faut tout prévoir,
Dans cette autre maison où nul ne me vient voir ;
Et, pour ne point gâter sa bonté naturelle,
Je n'y tiens que des gens tout aussi simples qu'elle.
Vous me direz : Pourquoi cette narration ?
C'est pour vous rendre instruit de ma précaution.
Le résultat de tout est qu'en ami fidèle
Ce soir je vous invite à souper avec elle ;
Je veux que vous puissiez un peu l'examiner,
Et voir si de mon choix on me doit condamner.
CHRYSALDE.
J'y consens.
ARNOLPHE.
Vous pourrez, dans cette conférence,
Juger de sa personne et de son innocence.
CHRYSALDE.
Pour cet article-là, ce que vous m'avez dit
Ne peut....
ARNOLPHE.
La vérité passe encor mon récit.
Dans ses simplicités à tous coups je l'admire,
Et parfois elle en dit dont je pâme de rire.
L'autre jour (pourroit-on se le persuader?),
Elle étoit fort en peine, et me vint demander,
Avec une innocence à nulle autre pareille,
Si les enfans qu'on fait se faisoient par l'oreille.
CHRYSALDE.
Je me réjouis fort, seigneur Arnolphe....
ARNOLPHE.
Bon !
Me voulez-vous toujours appeler de ce nom ?
CHRYSALDE.
Ah ! malgré que j'en aie, il me vient à la bouche,
Et jamais je ne songe à monsieur de La Souche.
Qui diable vous a fait aussi vous aviser,
A quarante-deux ans, de vous débaptiser,
Et d'un vieux tronc pourri de votre métairie
Vous faire dans le monde un nom de seigneurie ?
ARNOLPHE.
Outre que la maison par ce nom se connoît,
La Souche plus qu'Arnolphe à mes oreilles plaît.
CHRYSALDE.
Quel abus de quitter le vrai nom de ses pères
Pour en vouloir prendre un bâti sur des chimères !
De la plupart des gens c'est la démangeaison ;
Et, sans vous embrasser dans la comparaison,
Je sais un paysan qu'on appeloit Gros-Pierre,
Qui, n'ayant pour tout bien qu'un seul quartier de terre,
Y fit tout à l'entour faire un fossé bourbeux,
Et de monsieur de L'Isle en prit le nom pompeux.
ARNOLPHE.
Vous pourriez vous passer d'exemples de la sorte.
Mais enfin de La Souche est le nom que je porte :
J'y vois de la raison, j'y trouve des appas ;
Et m'appeler de l'autre est ne m'obliger pas.
CHRYSALDE.
Cependant la plupart ont peine à s'y soumettre,
Et je vois même encor des adresses de lettre...
ARNOLPHE.
Je le souffre aisément de qui n'est pas instruit ;
Mais vous....
CHRYSALDE.
Soit : là-dessus nous n'aurons point de bruit,
Et je prendrai le soin d'accoutumer ma bouche
A ne plus vous nommer que monsieur de La Souche.
ARNOLPHE.
Adieu. Je frappe ici, pour donner le bonjour,
Et dire seulement que je suis de retour.
CHRYSALDE, *à part, en s'en allant.*
Ma foi, je le tiens fou de toutes les manières.
ARNOLPHE, *seul.*
Il est un peu blessé sur certaines matières.
Chose étrange de voir comme, avec passion,
Un chacun est chaussé de son opinion !
        (*Il frappe à sa porte.*)
Holà !

SCÈNE II.

ARNOLPHE, ALAIN, GEORGETTE,
dans la maison.

ALAIN.
Qui heurte ?
ARNOLPHE.
(*A part.*)
Ouvrez. On aura, que je pense
Grande joie à me voir après dix jours d'absence.

ALAIN.
Qui va là?

ARNOLPHE.
Moi.

ALAIN.
Georgette!

GEORGETTE.
Hé bien?

Belle cérémonie — Pour me laisser dehors! (Acte I, scène II.)

ALAIN.
Ouvre là-bas.

GEORGETTE.
Ma foi, je n'irai pas.

ALAIN.
Vas-y, toi.

GEORGETTE.
Vas-y, toi.

Je n'irai pas aussi.

ARNOLPHE.
Belle cérémonie

our me laisser dehors! Holà! ho! je vous prie.

GEORGETTE.

Qui frappe?

ARNOLPHE.

Votre maître.

GEORGETTE.

Alain!

ALAIN.

Quoi?

La besogne à la main! c'est un bon témoignage. (Acte I, scène IV.)

GEORGETTE.

C'est monsieu.

Ouvre vite.

ALAIN.

Ouvre, toi.

GEORGETTE.

Je souffle notre feu.

ALAIN.

J'empêche, peur du chat, que mon moineau ne sorte.

ARNOLPHE.

Quiconque de vous deux n'ouvrira pas la porte
N'aura point à manger de plus de quatre jours.
Ah!

GEORGETTE.

Par quelle raison y venir, quand j'y cours?

ALAIN.

Pourquoi plutôt que moi? Le plaisant strodagème!

GEORGETTE.

Ote-toi donc de là.

ALAIN.

Non, ôte-toi, toi-même.

GEORGETTE.

Je veux ouvrir la porte.

ALAIN.

Et je veux l'ouvrir, moi.

GEORGETTE.

Tu ne l'ouvriras pas.

ALAIN.

Ni toi non plus.

GEORGETTE.

Ni toi.

ARNOLPHE.

Il faut que j'aie ici l'âme bien patiente!

ALAIN, *en entrant*.

Au moins, c'est moi, monsieur.

GEORGETTE, *en entrant*.

Je suis votre servante.

C'est moi.

ALAIN.

Sans le respect de monsieur que voilà,
Je te....

ARNOLPHE, *recevant un coup d'Alain*.

Peste!

ALAIN.

Pardon.

ARNOLPHE.

Voyez ce lourdaud-là!

ALAIN.

C'est elle aussi, monsieur....

ARNOLPHE.

Que tous deux on se taise.
Songez à me répondre, et laissons la fadaise.
Hé bien! Alain, comment se porte-t-on ici?

ALAIN.

Monsieur, nous nous....

(*Arnolphe ôte le chapeau de dessus la tête d'Alain.*)

Monsieur, nous nous por....

(*Arnolphe l'ôte encore.*)

Dieu merci,
Nous nous....

ARNOLPHE, *ôtant le chapeau d'Alain pour la troisième fois, et le jetant par terre*.

Qui vous apprend, impertinente bête,
A parler devant moi, le chapeau sur la tête?

ALAIN.

Vous faites bien, j'ai tort.

ARNOLPHE, *à Alain*.

Faites descendre Agnès.

SCÈNE III.

ARNOLPHE, GEORGETTE.

ARNOLPHE.

Lorsque je m'en allai, fut-elle triste après?

GEORGETTE.

Triste? Non.

ARNOLPHE.

Non!

GEORGETTE.

Si fait.

ARNOLPHE.

Pourquoi donc?...

GEORGETTE.

Oui, je meure.
Elle vous croyoit voir de retour à toute heure;
Et nous n'oyions jamais passer devant chez nous,
Cheval, âne, ou mulet, qu'elle ne prît pour vous.

SCENE IV.

ARNOLPHE, AGNÈS, ALAIN, GEORGETTE.

ARNOLPHE.

La besogne à la main! c'est un bon témoignage.
Hé bien! Agnès, je suis de retour du voyage;
En êtes-vous bien aise?

AGNÈS.

Oui, monsieur, Dieu merci.

ARNOLPHE.

Et moi de vous revoir je suis bien aise aussi.
Vous vous êtes toujours, comme on voit, bien portée?

AGNÈS.

Hors les puces, qui m'ont la nuit inquiétée.

ARNOLPHE.

Ah! vous aurez dans peu quelqu'un pour les chasser.

AGNÈS.

Vous me ferez plaisir.

ARNOLPHE.

Je le puis bien penser.
Que faites-vous donc là?

AGNÈS.

Je me fais des cornettes ;
Vos chemises de nuit et vos coiffes sont faites.

ARNOLPHE.

Ah! voilà qui va bien ! Allez, montez là-haut,
Ne vous ennuyez point, je reviendrai tantôt,
Et je vous parlerai d'affaires importantes.

SCÈNE V.

ARNOLPHE, *seul.*

Héroïnes du temps, mesdames les savantes,
Pousseuses de tendresse et de beaux sentimens,
Je défie à la fois tous vos vers, vos romans,
Vos lettres, billets doux, toute votre science,
De valoir cette honnête et pudique ignorance.
Ce n'est point par le bien qu'il faut être ébloui ;
Et pourvu que l'honneur soit....

SCÈNE VI.

HORACE, ARNOLPHE.

ARNOLPHE.

Que vois-je? Est-ce?... Oui.
Je me trompe. Nenni. Si fait. Non, c'est lui-même,
Hor....

HORACE.

Seigneur Ar....

ARNOLPHE.

Horace.

HORACE.

Arnolphe.

ARNOLPHE.

Ah! joie extrême!
Et depuis quand ici ?

HORACE.

Depuis neuf jours.

ARNOLPHE.

Vraiment ?

HORACE.

Je fus d'abord chez vous, mais inutilement.

ARNOLPHE.

J'étois à la campagne.

HORACE.

Oui, depuis dix journées.

ARNOLPHE.

Oh! comme les enfans croissent en peu d'années !
J'admire de le voir au point où le voilà,
Après que je l'ai vu pas plus grand que cela.

HORACE.

Vous voyez.

ARNOLPHE.

Mais, de grâce, Oronte votre père,
Mon bon et cher ami, que j'estime et révère,
Que fait-il? que dit-il? Est-il toujours gaillard?
A tout ce qui le touche, il sait que je prends part :
Nous ne nous sommes vus depuis quatre ans ensemble,
Ni, qui plus est, écrit l'un à l'autre, ce semble.

HORACE.

Il est, seigneur Arnolphe, encor plus gai que nous,
Et j'avois de sa part une lettre pour vous ;
Mais depuis, par une autre, il m'apprend sa venue,
Et la raison encor ne m'en est pas connue.
Savez-vous qui peut être un de vos citoyens
Qui retourne en ces lieux avec beaucoup de biens
Qu'il s'est en quatorze ans acquis dans l'Amérique?

ARNOLPHE.

Non. Vous a-t-on point dit comme on le nomme ?

HORACE.

Enrique.

ARNOLPHE.

Non.

HORACE.

Mon père m'en parle, et qu'il est revenu,
Comme s'il devoit m'être entièrement connu,
Et m'écrit qu'en chemin ensemble ils se vont mettre
Pour un fait important que ne dit point sa lettre.

(*Horace remet la lettre d'Oronte à Arnolphe.*)

ARNOLPHE.

J'aurai certainement grande joie à le voir,
Et pour le régaler je ferai mon pouvoir.

(*Après avoir lu la lettre.*)

Il faut pour des amis des lettres moins civiles,
Et tous ces complimens sont choses inutiles.
Sans qu'il prît le souci de m'en écrire rien,
Vous pouvez librement disposer de mon bien.

HORACE.

Je suis homme à saisir les gens par leurs paroles,
Et j'ai présentement besoin de cent pistoles.

ARNOLPHE.

Ma foi, c'est m'obliger que d'en user ainsi,
Et je me réjouis de les avoir ici.
Gardez aussi la bourse.

HORACE.

Il faut....

ARNOLPHE.

Laissons ce style.
Hé bien! comment encor trouvez-vous cette ville?

HORACE.

Nombreuse en citoyens, superbe en bâtimens ;
Et j'en crois merveilleux les divertissemens.

ARNOLPHE.

Chacun a ses plaisirs qu'il se fait à sa guise ;
Mais pour ceux que du nom de galans on baptise,
Ils ont en ce pays de quoi se contenter,
Car les femmes y sont faites à coqueter :

On trouve d'humeur douce et la brune et la blonde
Et les maris aussi les plus bénins du monde ;
C'est un plaisir de prince ; et des tours que je vois
Je me donne souvent la comédie à moi.
Peut-être en avez-vous déjà féru quelqu'une.
Vous est-il point encore arrivé de fortune ?
Les gens faits comme vous font plus que les écus,
Et vous êtes de taille à faire des cocus.

HORACE.

A ne vous rien cacher de la vérité pure,
J'ai d'amour en ces lieux eu certaine aventure,
Et l'amitié m'oblige à vous en faire part.

ARNOLPHE, à part.

Bon ! Voici de nouveau quelque conte gaillard ;
Et ce sera de quoi mettre sur mes tablettes.

HORACE.

Mais, de grâce, qu'au moins ces choses soient secrètes.

ARNOLPHE.

Oh !

HORACE.

Vous n'ignorez pas qu'en ces occasions
Un secret éventé rompt nos prétentions.
Je vous avouerai donc avec pleine franchise
Qu'ici d'une beauté mon âme s'est éprise.
Mes petits soins d'abord ont eu tant de succès,
Que je me suis chez elle ouvert un doux accès ;
Et, sans trop me vanter ni lui faire une injure,
Mes affaires y sont en fort bonne posture.

ARNOLPHE, en riant.

Et c'est ?

HORACE, lui montrant le logis d'Agnès.

Un jeune objet qui loge en ce logis
Dont vous voyez d'ici que les murs sont rougis ;
Simple, à la vérité, par l'erreur sans seconde
D'un homme qui la cache au commerce du monde,
Mais qui, dans l'ignorance où l'on veut l'asservir,
Fait briller des attraits capables de ravir ;
Un air tout engageant, je ne sais quoi de tendre
Dont il n'est point de cœur qui se puisse défendre.
Mais peut-être il n'est pas que vous n'ayez bien vu
Ce jeune astre d'amour de tant d'attraits pourvu :
C'est Agnès qu'on l'appelle.

ARNOLPHE, à part.

Ah ! je crève !

HORACE.

Pour l'homme,
C'est, je crois, de La Lousse, ou Source, qu'on le nomme ;
Je ne me suis pas fort arrêté sur le nom :
Riche, à ce qu'on m'a dit, mais des plus sensés, non ;
Et l'on m'en a parlé comme d'un ridicule.
Le connoissez-vous point ?

ARNOLPHE, à part.

La fâcheuse pilule !

HORACE.

Hé ! vous ne dites mot ?

ARNOLPHE.

Eh ! oui, je le connoi

HORACE.

C'est un fou, n'est-ce pas ?

ARNOLPHE.

Hé....

HORACE.

Qu'en dites-vous ? Quoi ?
Hé ! c'est-à-dire, oui ? Jaloux à faire rire ?
Sot ? Je vois qu'il en est ce que l'on m'a pu dire.
Enfin l'aimable Agnès a su m'assujettir.
C'est un joli bijou, pour ne vous point mentir ;
Et ce seroit péché qu'une beauté si rare
Fût laissée au pouvoir de cet homme bizarre.
Pour moi, tous mes efforts, tous mes vœux les plus doux
Vont à m'en rendre maître en dépit du jaloux ;
Et l'argent que de vous j'emprunte avec franchise
N'est que pour mettre à bout cette juste entreprise.
Vous savez mieux que moi, quels que soient nos efforts,
Que l'argent est la clef de tous les grands ressorts,
Et que ce doux métal qui frappe tant de têtes,
En amour, comme en guerre, avance les conquêtes.
Vous me semblez chagrin ! Seroit-ce qu'en effet
Vous désapprouveriez le dessein que j'ai fait ?

ARNOLPHE.

Non, c'est que je songeois....

HORACE.

Cet entretien vous lasse.
Adieu. J'irai chez vous tantôt vous rendre grâce.

ARNOLPHE, se croyant seul.

Ah ! faut-il !...

HORACE, revenant.

Derechef, veuillez être discret ;
Et n'allez pas, de grâce, éventer mon secret.

ARNOLPHE, se croyant seul.

Que je sens dans mon âme !...

HORACE, revenant.

Et surtout à mon père,
Qui s'en feroit peut-être un sujet de colère.

ARNOLPHE, croyant qu'Horace revient encore.

Oh !...

SCÈNE VII.

ARNOLPHE, seul.

Oh ! que j'ai souffert durant cet entretien !
Jamais trouble d'esprit ne fut égal au mien.
Avec quelle imprudence et quelle hâte extrême
Il m'est venu conter cette affaire à moi-même !
Bien que mon autre nom le tienne dans l'erreur,
Étourdi montra-t-il jamais tant de fureur ?

Mais, ayant tant souffert, je devois me contraindre
Jusques à m'éclaircir de ce que je dois craindre,
À pousser jusqu'au bout son caquet indiscret,
Et savoir pleinement leur commerce secret.

Tâchons à le rejoindre; il n'est pas loin, je pense :
Tirons-en de ce fait l'entière confidence.
Je tremble du malheur qui m'en peut arriver,
Et l'on cherche souvent plus qu'on ne veut trouver.

FIN DU 1ᵉʳ ACTE

ACTE DEUXIÈME

SCÈNE I.

ARNOLPHE, *seul.*

Il m'est, lorsque j'y pense, avantageux sans doute
D'avoir perdu mes pas, et pu manquer sa route :
Car enfin de mon cœur le trouble impérieux
N'eût pu se renfermer tout entier à ses yeux ;
Il eût fait éclater l'ennui qui me dévore,
Et je ne voudrois pas qu'il sût ce qu'il ignore.
Mais je ne suis pas homme à gober le morceau,
Et laisser un champ libre aux vœux du damoiseau.
J'en veux rompre le cours, et, sans tarder, apprendre
Jusqu'où l'intelligence entre eux a pu s'étendre :
J'y prends pour mon honneur un notable intérêt ;
Je la regarde en femme aux termes qu'elle en est ;
Elle n'a pu faillir sans me couvrir de honte,
Et tout ce qu'elle a fait enfin est sur mon compte.
Éloignement fatal ! voyage malheureux !

(*Il frappe à sa porte.*)

SCÈNE II.

ARNOLPHE, ALAIN, GEORGETTE.

ALAIN.
Ah! monsieur, cette fois....
ARNOLPHE.
Paix. Venez çà, tous deux.
Passez là, passez là. Venez là, venez, dis-je.
GEORGETTE.
Ah! vous me faites peur, et tout mon sang se fige.
ARNOLPHE.
C'est donc ainsi qu'absent vous m'avez obéi?
Et, tous deux de concert, vous m'avez donc trahi?
GEORGETTE, *tombant aux genoux d'Arnolphe.*
Hé! ne me mangez pas, monsieur, je vous conjure.
ALAIN, *à part.*
Quelque chien enragé l'a mordu, je m'assure.
ARNOLPHE, *à part.*
Ouf! je ne puis parler, tant je suis prévenu ;
Je suffoque, et voudrois me pouvoir mettre nu.
(*A Alain et à Georgette.*)
Vous avez donc souffert! ô canaille maudite!
(*A Alain qui veut s'enfuir.*)
Qu'un homme soit venu?... Tu veux prendre la fuite !
(*A Georgette.*)
Il faut que sur-le-champ.... Si tu bouges.... Je veux
(*A Alain.*)
Que vous me disiez.... Euh! oui, je veux que tous deux...
(*Alain et Georgette se lèvent et veulent encore s'enfuir.*)
Quiconque remûra, par la mort! je l'assomme.
Comme est-ce que chez moi s'est introduit cet homme?
Hé! parlez. Dépêchez, vite, promptement, tôt,
Sans rêver. Veut-on dire?
ALAIN ET GEORGETTE.
Ah! ah!
GEORGETTE, *retombant aux genoux d'Arnolphe.*
Le cœur me faut.
ALAIN, *retombant aux genoux d'Arnolphe.*
Je meurs.
ARNOLPHE, *à part.*
Je suis en eau : prenons un peu d'haleine ;
Il faut que je m'évente et que je me promène.
Aurois-je deviné, quand je l'ai vu petit,
Qu'il croîtroit pour cela? Ciel! que mon cœur pâtit!

pense qu'il vaut mieux que de sa propre bouche
tire avec douceur l'affaire qui me touche.
chons à modérer notre ressentiment.
tience, mon cœur, doucement, doucement.

(A Alain et à Georgette.)

vez-vous, et, rentrant, faites qu'Agnès descende.

(A part.)

rêtez. Sa surprise en deviendroit moins grande :
u chagrin qui me trouble ils iroient l'avertir,
t moi-même je veux l'aller faire sortir.

(A Alain et à Georgette.)

ue l'on m'attende ici.

SCÈNE III.

ALAIN, GEORGETTE.

GEORGETTE.
Mon Dieu ! qu'il est terrible !
es regards m'ont fait peur, mais une peur horrible ;
t jamais je ne vis un plus hideux chrétien.
ALAIN.
e monsieur l'a fâché ; je te le disois bien.
GEORGETTE.
Mais que diantre est-ce là, qu'avec tant de rudesse
l nous fait au logis garder notre maîtresse ?
D'où vient qu'à tout le monde il veut tant la cacher,
Et qu'il ne sauroit voir personne en approcher ?
ALAIN.
C'est que cette action le met en jalousie.
GEORGETTE.
Mais d'où vient qu'il est pris de cette fantaisie ?
ALAIN.
Cela vient.... Cela vient de ce qu'il est jaloux.
GEORGETTE.
Oui ; mais pourquoi l'est-il ? Et pourquoi ce courroux ?
ALAIN.
C'est que la jalousie.... entends-tu bien, Georgette,
Est une chose.... là.... qui fait qu'on s'inquiète....
Et qui chasse les gens d'autour d'une maison.
Je m'en vais te bailler une comparaison,
Afin de concevoir la chose davantage.
Dis-moi, n'est-il pas vrai, quand tu tiens ton potage,
Que, si quelque affamé venoit pour en manger,
Tu serois en colère, et voudrois le charger ?
GEORGETTE.
Oui, je comprends cela.
ALAIN.
C'est justement tout comme.
La femme est en effet le potage de l'homme ;
Et quand un homme voit d'autres hommes parfois
Qui veulent dans sa soupe aller tremper leurs doigts,
Il en montre aussitôt une colère extrême.
GEORGETTE.
Oui ; mais pourquoi chacun n'en fait-il pas de même,
Et que nous en voyons qui paroissent joyeux
Lorsque leurs femmes sont avec les biaux monsieurs ?

ALAIN.
C'est que chacun n'a pas cette amitié goulue
Qui n'en veut que pour soi.
GEORGETTE.
Si je n'ai la berlue,
Je le vois qui revient.
ALAIN.
Tes yeux sont bons, c'est lui.
GEORGETTE.
Vois comme il est chagrin.
ALAIN.
C'est qu'il a de l'ennui.

SCÈNE IV.

ARNOLPHE, ALAIN, GEORGETTE.

ARNOLPHE, à part.
Un certain Grec disoit à l'empereur Auguste,
Comme une instruction utile autant que juste,
Que, lorsqu'une aventure en colère nous met,
Nous devons, avant tout, dire notre alphabet,
Afin que dans ce temps la bile se tempère,
Et qu'on ne fasse rien que l'on ne doive faire.
J'ai suivi sa leçon sur le sujet d'Agnès,
Et je la fais venir dans ce lieu tout exprès,
Sous prétexte d'y faire un tour de promenade,
Afin que les soupçons de mon esprit malade
Puissent sur le discours la mettre adroitement,
Et, lui sondant le cœur, s'éclaircir doucement.

SCÈNE V.

ARNOLPHE, AGNÈS, ALAIN, GEORGETTE.

ARNOLPHE.
Venez, Agnès.

(A Alain et à Georgette.)
Rentrez.

SCÈNE VI.

ARNOLPHE, AGNÈS.

ARNOLPHE.
La promenade est belle.
AGNÈS.
Fort belle.
ARNOLPHE.
Le beau jour !
AGNÈS.
Fort beau.
ARNOLPHE.
Quelle nouvelle ?

AGNÈS.

Le petit chat est mort.

ARNOLPHE.

C'est dommage; mais quoi!

Nous sommes tous mortels, et chacun est pour soi.
Lorsque j'étois aux champs, n'a-t-il point fait de pluie?

AGNÈS.

Non.

Hé! ne me mangez pas, monsieur, je vous conjure. (Acte II, scène II.)

ARNOLPHE.

Vous ennuyoit-il?

AGNÈS.

Jamais je ne m'ennuie.

ARNOLPHE.

Qu'avez-vous fait encor ces neuf ou dix jours-ci?

AGNÈS.

Six chemises, je pense, et six coiffes aussi.

ARNOLPHE, *après avoir un peu rêvé.*

Le monde, chère Agnès, est une étrange chose!
Voyez la médisance, et comme chacun cause!
Quelques voisins m'ont dit qu'un jeune homme inconnu

Étoit en mon absence à la maison venu ;
Que vous aviez souffert sa vue et ses harangues ;
Mais je n'ai point pris foi sur ces méchantes langues,
Et j'ai voulu gager que c'étoit faussement....

AGNÈS.
Mon Dieu ! ne gagez pas, vous perdriez vraiment.

ARNOLPHE.
Quoi ! c'est la vérité qu'un homme ?...

Mon Dieu ! ne gagez rien, vous perdriez vraiment. (Acte II, scène VI.)

AGNÈS.
Chose sûre.
Il n'a presque bougé de chez nous, je vous jure.

ARNOLPHE, bas, à part.
Cet aveu qu'elle fait avec sincérité
Me marque pour le moins son ingénuité.

(Haut.)
Mais il me semble, Agnès, si ma mémoire est bonne
Que j'avois défendu que vous vissiez personne.

AGNÈS.
Oui ; mais, quand je l'ai vu, vous ignorez pourquoi ;
Et vous en auriez fait, sans doute, autant que moi.

ARNOLPHE.
Peut-être. Mais enfin contez-moi cette histoire.
AGNÈS.
Elle est fort étonnante, et difficile à croire.
J'étois sur le balcon à travailler au frais,
Lorsque je vis passer sous les arbres d'auprès
Un jeune homme bien fait, qui, rencontrant ma vue,
D'une humble révérence aussitôt me salue :
Moi, pour ne point manquer à la civilité,
Je fis la révérence aussi de mon côté.
Soudain il me refait une autre révérence ;
Moi, j'en refais de même une autre en diligence ;
Et lui d'une troisième aussitôt repartant,
D'une troisième aussi j'y repars à l'instant.
Il passe, vient, repasse, et toujours, de plus belle,
Me fait à chaque fois révérence nouvelle ;
Et moi, qui tous ces tours fixement regardois,
Nouvelle révérence aussi je lui rendois :
Tant que, si sur ce point la nuit ne fût venue,
Toujours comme cela je me serois tenue,
Ne voulant point céder, et recevoir l'ennui
Qu'il me pût estimer moins civile que lui.
ARNOLPHE.
Fort bien.
AGNÈS.
Le lendemain, étant sur notre porte,
Une vieille m'aborde, en parlant de la sorte :
« Mon enfant, le bon Dieu puisse-t-il vous bénir,
Et dans tous vos attraits longtemps vous maintenir !
Il ne vous a pas faite une belle personne
Afin de mal user des choses qu'il vous donne ;
Et vous devez savoir que vous avez blessé
Un cœur qui de s'en plaindre est aujourd'hui forcé. »
ARNOLPHE, à part.
Ah ! suppôt de Satan ! exécrable damnée !
AGNÈS.
« Moi, j'ai blessé quelqu'un ! fis-je tout étonnée.
— Oui, dit-elle, blessé, mais blessé tout de bon ;
Et c'est l'homme qu'hier vous vîtes du balcon.
— Hélas ! qui pourroit, dis-je, en avoir été cause ?
Sur lui, sans y penser, fis-je choir quelque chose ?
— Non, dit-elle, vos yeux ont fait ce coup fatal,
Et c'est de leurs regards qu'est venu tout son mal.
— Hé ! mon Dieu ! ma surprise est, fis-je, sans seconde ;
Mes yeux ont-ils du mal, pour en donner au monde ?
— Oui, fit-elle, vos yeux, pour causer le trépas,
Ma fille, ont un venin que vous ne savez pas.
En un mot, il languit le pauvre misérable ;
Et, s'il faut, poursuivit la vieille charitable,
Que votre cruauté lui refuse un secours,
C'est un homme à porter en terre dans deux jours.
— Mon Dieu ! j'en aurois, dis-je, une douleur bien grande
Mais pour le secourir qu'est-ce qu'il me demande ?
— Mon enfant, me dit-elle, il ne veut obtenir
Que le bien de vous voir et vous entretenir ;
Vos yeux peuvent eux seuls empêcher sa ruine,
Et du mal qu'ils ont fait être la médecine.
— Hélas ! volontiers, dis-je ; et, puisqu'il est ainsi,
Il peut, tant qu'il voudra, me venir voir ici. »

ARNOLPHE, à part.
Ah ! sorcière maudite, empoisonneuse d'âmes,
Puisse l'enfer payer tes charitables trames !
AGNÈS.
Voilà comme il me vit, et reçut guérison.
Vous-même, à votre avis, n'ai-je pas eu raison ?
Et pouvois-je, après tout, avoir la conscience
De le laisser mourir faute d'une assistance ?
Moi qui compatis tant aux gens qu'on fait souffrir,
Et ne puis, sans pleurer, voir un poulet mourir !
ARNOLPHE, bas, à part.
Tout cela n'est parti que d'une âme innocente ;
Et j'en dois accuser mon absence imprudente,
Qui sans guide a laissé cette bonté de mœurs
Exposée aux aguets des rusés séducteurs.
Je crains que le pendard, dans ses vœux téméraires,
Un peu plus fort que jeu n'ait poussé les affaires.
AGNÈS.
Qu'avez-vous ? Vous grondez, ce me semble, un petit ?
Est-ce que c'est mal fait ce que je vous ai dit ?
ARNOLPHE.
Non. Mais de cette vue apprenez-moi les suites,
Et comme le jeune homme a passé ses visites.
AGNÈS.
Hélas ! si vous saviez comme il étoit ravi,
Comme il perdit son mal sitôt que je le vi,
Le présent qu'il m'a fait d'une belle cassette,
Et l'argent qu'en ont eu notre Alain et Georgette,
Vous l'aimeriez sans doute, et diriez comme nous....
ARNOLPHE.
Oui. Mais que faisoit-il étant seul avec vous ?
AGNÈS.
Il juroit qu'il m'aimoit d'une amour sans seconde,
Et me disoit des mots les plus gentils du monde,
Des choses que jamais rien ne peut égaler,
Et dont, toutes les fois que je l'entends parler,
La douceur me chatouille, et là dedans remue
Certain je ne sais quoi dont je suis toute émue.
ARNOLPHE, bas, à part.
O fâcheux examen d'un mystère fatal,
Où l'examinateur souffre seul tout le mal !
(Haut.)
Outre tous ces discours, toutes ces gentillesses,
Ne vous faisoit-il point aussi quelques caresses ?
AGNÈS.
Oh tant ! il me prenoit et les mains et les bras,
Et de me les baiser il n'étoit jamais las.
ARNOLPHE.
Ne vous a-t-il point pris, Agnès, quelque autre chose ?
(La voyant interdite.)
Ouf !
AGNÈS.
Hé ! il m'a....
ARNOLPHE.
Quoi ?
AGNÈS.
Pris....
ARNOLPHE.
Euh !

AGNÈS.
Le....

ARNOLPHE.
Plaît-il?

AGNÈS.
Je n'ose,
Et vous vous fâcherez peut-être contre moi.

ARNOLPHE.
Non.

AGNÈS.
Si fait.

ARNOLPHE.
Mon Dieu ! non.

AGNÈS.
Jurez donc votre foi.

ARNOLPHE.
Ma foi, soit.

AGNÈS.
Il m'a pris.... Vous serez en colère.

ARNOLPHE.
Non.

AGNÈS.
Si.

ARNOLPHE.
Non, non, non, non. Diantre ! que de mystère !
Qu'est-ce qu'il vous a pris?

AGNÈS.
Il....

ARNOLPHE, à part.
Je souffre en damné.

AGNÈS.
Il m'a pris le ruban que vous m'aviez donné.
A vous dire le vrai, je n'ai pu m'en défendre.

ARNOLPHE, reprenant haleine.
Passe pour le ruban. Mais je voulois apprendre
S'il ne vous a rien fait que vous baiser les bras.

AGNÈS.
Comment ! est-ce qu'on fait d'autres choses ?

ARNOLPHE.
Non pas.
Mais pour guérir du mal qu'il dit qui le possède,
N'a-t-il point exigé de vous d'autre remède ?

AGNÈS.
Non. Vous pouvez juger, s'il en eût demandé,
Que pour le secourir j'aurois tout accordé.

ARNOLPHE, bas, à part.
Grâce aux bontés du ciel, j'en suis quitte à bon compte :
Si j'y retombe plus, je veux bien qu'on m'affronte.
(Haut)
Chut. De votre innocence, Agnès, c'est un effet,
Je ne vous en dis mot. Ce qui s'est fait est fait.
Je sais qu'en vous flattant le galant ne désire
Que de vous abuser, et puis après s'en rire.

AGNÈS.
Oh! point. Il me l'a dit plus de vingt fois à moi.

ARNOLPHE.
Ah! vous ne savez pas ce que c'est que sa foi.
Mais enfin apprenez qu'accepter des cassettes,
Et de ces beaux blondins écouter les sornettes ;
Que se laisser par eux, à force de langueur,
Baiser ainsi les mains et chatouiller le cœur,
Est un péché mortel des plus gros qu'il se fasse.

AGNÈS.
Un péché, dites-vous? Et la raison, de grâce?

ARNOLPHE.
La raison? La raison est l'arrêt prononcé
Que par ces actions le ciel est courroucé.

AGNÈS.
Courroucé ! Mais pourquoi faut-il qu'il s'en courrouce ?
C'est une chose, hélas ! si plaisante et si douce !
J'admire quelle joie on goûte à tout cela ;
Et je ne savois point encor ces choses-là.

ARNOLPHE.
Oui, c'est un grand plaisir que toutes ces tendresses,
Ces propos si gentils et ces douces caresses ;
Mais il faut le goûter en toute honnêteté,
Et qu'en se mariant, le crime en soit ôté.

AGNÈS.
N'est-ce plus un péché lorsque l'on se marie?

ARNOLPHE.
Non.

AGNÈS.
Mariez-moi donc promptement, je vous prie.

ARNOLPHE.
Si vous le souhaitez, je le souhaite aussi,
Et pour vous marier on me revoit ici.

AGNÈS.
Est-il possible ?

ARNOLPHE.
Oui.

AGNÈS.
Que vous me ferez aise !

ARNOLPHE.
Oui, je ne doute point que l'hymen ne vous plaise.

AGNÈS.
Vous nous voulez, nous deux....

ARNOLPHE.
Rien de plus assuré.

AGNÈS.
Que si cela se fait, je vous caresserai !

ARNOLPHE.
Hé ! la chose sera de ma part réciproque.

AGNÈS.
Je ne reconnois point, pour moi, quand on se moque.
Parlez-vous tout de bon ?

ARNOLPHE.
Oui, vous le pourrez voir.

AGNÈS.
Nous serons mariés?

ARNOLPHE.
Oui.

AGNÈS.
Mais quand ?

ARNOLPHE.
Dès ce soir.

AGNÈS, riant.
Dès ce soir?

ARNOLPHE.
Dès ce soir. Cela vous fait donc rire?

AGNÈS.

Oui.

ARNOLPHE.

Vous voir bien contente est ce que je désire.

AGNÈS.

Hélas! que je vous ai grande obligation,
Et qu'avec lui j'aurai de satisfaction!

ARNOLPHE.

Avec qui?

AGNÈS.

Avec.... Là....

ARNOLPHE.

Là....Là n'est pas mon compte.
A choisir un mari vous êtes un peu prompte.
C'est un autre, en un mot, que je vous tiens tout prêt.
Et quant au monsieur-là, je prétends, s'il vous plaît,
Dût le mettre au tombeau le mal dont il vous berce,
Qu'avec lui désormais vous rompiez tout commerce;
Que, venant au logis, pour votre compliment,
Vous lui fermiez au nez la porte honnêtement;
Et, lui jetant, s'il heurte, un grès par la fenêtre,
L'obligiez tout de bon à ne plus y paroître.
M'entendez-vous, Agnès? Moi, caché dans un coin,
De votre procédé je serai le témoin.

AGNÈS.

Las! il est si bien fait! C'est....

ARNOLPHE.

Ah! que de langage!

AGNÈS.

Je n'aurai pas le cœur....

ARNOLPHE.

Point de bruit davantage.
Montez là-haut.

AGNÈS.

Mais quoi! voulez-vous....

ARNOLPHE.

C'est assez.
Je suis maître, je parle; allez, obéissez.

FIN
DU
DEUXIÈME ACTE

ACTE TROISIÈME.

SCÈNE I.

ARNOLPHE, AGNÈS, ALAIN, GEORGETTE.

ARNOLPHE.

Oui, tout a bien été, ma joie est sans pareille :
Vous avez là suivi mes ordres à merveille,
Confondu de tout point le blondin séducteur ;
Et voilà de quoi sert un sage directeur.
Votre innocence, Agnès, avoit été surprise :
Voyez, sans y penser, où vous vous étiez mise.
Vous enfiliez tout droit, sans mon instruction,
Le grand chemin d'enfer et de perdition.
De tous ces damoiseaux on sait trop les coutumes :
Ils ont de beaux canons, force rubans et plumes,
Grands cheveux, belles dents, et des propos fort doux ;
Mais, comme je vous dis, la griffe est là-dessous ;
Et ce sont vrais Satans, dont la gueule altérée
De l'honneur féminin cherche à faire curée ;
Mais, encore une fois, grâce au soin apporté,
Vous en êtes sortie avec honnêteté.
L'air dont je vous ai vu lui jeter cette pierre,
Qui de tous ses desseins a mis l'espoir par terre,
Me confirme encor mieux à ne point différer
Les noces où je dis qu'il vous faut préparer.
Mais, avant toute chose, il est bon de vous faire
Quelque petit discours qui vous soit salutaire.

(A Georgette et à Alain.)

Un siége au frais ici. Vous, si jamais en rien....

GEORGETTE.

De toutes vos leçons nous nous souviendrons bien.

Cet autre monsieur-là nous en faisoit accroire ;
Mais....

ALAIN.

S'il entre jamais, je veux jamais ne boire.
Aussi bien est-ce un sot ; il nous a l'autre fois
Donné deux écus d'or qui n'étoient pas de poids.

ARNOLPHE.

Ayez donc pour souper tout ce que je désire ;
Et pour notre contrat, comme je viens de dire,
Faites venir ici, l'un ou l'autre, au retour,
Le notaire qui loge au coin de ce carfour.

SCÈNE II.

ARNOLPHE, AGNÈS.

ARNOLPHE, *assis.*

Agnès, pour m'écouter, laissez là votre ouvrage :
Levez un peu la tête, et tournez le visage :
(Mettant le doigt sur son front.)
Là, regardez-moi là durant cet entretien ;
Et, jusqu'au moindre mot, imprimez-le-vous bien.
Je vous épouse, Agnès ; et, cent fois la journée,
Vous devez bénir l'heur de votre destinée,
Contempler la bassesse où vous avez été,
Et dans le même temps admirer ma bonté,
Qui, de ce vil état de pauvre villageoise,
Vous fait monter au rang d'honorable bourgeoise,
Et jouir de la couche et des embrassemens
D'un homme qui fuyoit tous ces engagemens,
Et dont à vingt partis, fort capables de plaire,

Le cœur a refusé l'honneur qu'il vous veut faire.
Vous devez toujours, dis-je, avoir devant les yeux
Le peu que vous étiez sans ce nœud glorieux,
Afin que cet objet d'autant mieux vous instruise
A mériter l'état où je vous aurai mise,
A toujours vous connoître, et faire qu'à jamais
Je puisse me louer de l'acte que je fais.
Le mariage, Agnès, n'est pas un badinage :
A d'austères devoirs le rang de femme engage,
Et vous n'y montez pas, à ce que je prétends,
Pour être libertine et prendre du bon temps.
Votre sexe n'est là que pour la dépendance :
Du côté de la barbe est la toute-puissance.
Bien qu'on soit deux moitiés de la société,
Ces deux moitiés pourtant n'ont point d'égalité :
L'une est moitié suprême, et l'autre subalterne ;
L'une en tout est soumise à l'autre qui gouverne ;
Et ce que le soldat, dans son devoir instruit,
Montre d'obéissance au chef qui le conduit,
Le valet à son maître, un enfant à son père,
A son supérieur le moindre petit Frère,
N'approche point encor de la docilité,
Et de l'obéissance, et de l'humilité,
Et du profond respect où la femme doit être
Pour son mari, son chef, son seigneur et son maître.
Lorsqu'il jette sur elle un regard sérieux,
Son devoir aussitôt est de baisser les yeux,
Et de n'oser jamais le regarder en face,
Que quand d'un doux regard il lui veut faire grâce.
C'est ce qu'entendent mal les femmes d'aujourd'hui ;
Mais ne vous gâtez pas sur l'exemple d'autrui.
Gardez-vous d'imiter ces coquettes vilaines
Dont par toute la ville on chante les fredaines,
Et de vous laisser prendre aux assauts du malin,
C'est-à-dire d'ouïr aucun jeune blondin.
Songez qu'en vous faisant moitié de ma personne,
C'est mon honneur, Agnès, que je vous abandonne ;
Que cet honneur est tendre, et se blesse de peu ;
Que sur un tel sujet il ne faut point de jeu ;
Et qu'il est aux enfers des chaudières bouillantes
Où l'on plonge à jamais les femmes mal vivantes.
Ce que je vous dis là ne sont pas des chansons ;
Et vous devez du cœur dévorer ces leçons.
Si vôtre âme les suit, et fuit d'être coquette,
Elle sera toujours, comme un lis, blanche et nette ;
Mais s'il faut qu'à l'honneur elle fasse un faux bond,
Elle deviendra lors noire comme un charbon ;
Vous paroîtrez à tous un objet effroyable,
Et vous irez un jour, vrai partage du diable,
Bouillir dans les enfers à toute éternité,
Dont vous veuille garder la céleste bonté !
Faites la révérence. Ainsi qu'une novice
Par cœur dans le couvent doit savoir son office,
Entrant au mariage il en faut faire autant ;
Et voici dans ma poche un écrit important,
Qui vous enseignera l'office de la femme.
J'en ignore l'auteur : mais c'est quelque bonne âme ;
Et je veux que ce soit votre unique entretien.
 (*Il se lève.*)
Tenez. Voyons un peu si vous le lirez bien.

AGNÈS *lit.*

LES MAXIMES DU MARIAGE,
OU LES DEVOIRS DE LA FEMME MARIÉE,
AVEC SON EXERCICE JOURNALIER.

PREMIÈRE MAXIME.

Celle qu'un lien honnête
Fait entrer au lit d'autrui,
Doit se mettre dans la tête,
Malgré le train d'aujourd'hui,
Que l'homme qui la prend, ne la prend que pour lui.

ARNOLPHE.

Je vous expliquerai ce que cela veut dire ;
Mais pour l'heure présente il ne faut rien que lire.

AGNÈS *poursuit.*

DEUXIÈME MAXIME.

Elle ne se doit parer
Qu'autant que peut désirer
Le mari qui la possède :
C'est lui que touche seul le soin de sa beauté ;
Et pour rien doit être compté
Que les autres la trouvent laide.

TROISIÈME MAXIME.

Loin ces études d'œillades,
Ces eaux, ces blancs, ces pommades
Et mille ingrédiens qui font des teints fleuris :
A l'honneur, tous les jours, ce sont drogues mortelles ;
Et les soins de paroître belles
Se prennent peu pour les maris.

QUATRIÈME MAXIME.

Sous sa coiffe en sortant, comme l'honneur l'ordonne,
Il faut que de ses yeux elle étouffe les coups ;
Car pour bien plaire à son époux,
Elle ne doit plaire à personne.

CINQUIÈME MAXIME.

Hors ceux dont au mari la visite se rend,
La bonne règle défend
De recevoir aucune âme :
Ceux qui de galante humeur
N'ont affaire qu'à madame,
N'accommodent pas monsieur.

SIXIÈME MAXIME.

Il faut des présens des hommes
Qu'elle se défende bien ;
Car, dans le siècle où nous sommes,
On ne donne rien pour rien.

SEPTIÈME MAXIME.

Dans ses meubles, dût-elle en avoir de l'ennui,
Il ne faut écritoire, encre, papier, ni plumes :
Le mari doit dans les bonnes coutumes,
Écrire tout ce qui s'écrit chez lui.

HUITIÈME MAXIME.

Ces sociétés déréglées,
Qu'on nomme belles assemblées
Des femmes tous les jours corrompent les esprits :
En bonne politique on les doit interdire ;
Car c'est là que l'on conspire
Contre les pauvres maris.

L'ECOLE DES FEMMES, ACTE III.

NEUVIÈME MAXIME.

[T]oute femme qui veut à l'honneur se vouer
Doit se défendre de jouer,
Comme d'une chose funeste :
Car le jeu, fort décevant,
Pousse une femme souvent
A jouer de tout son reste.

DIXIÈME MAXIME.

Des promenades du temps,
Ou repas qu'on donne aux champs,
Il ne faut point qu'elle essaye.
Selon les prudens cerveaux,
Le mari dans ces cadeaux
Est toujours celui qui paye.

ONZIÈME MAXIME....

ARNOLPHE.

[V]ous achèverez seule ; et, pas à pas, tantôt
[J]e vous expliquerai ces choses comme il faut.
[J]e me suis souvenu d'une petite affaire :
[J]e n'ai qu'un mot à dire, et ne tarderai guère.
[R]entrez ; et conservez ce livre chèrement.
[S]i le notaire vient, qu'il m'attende un moment.

SCÈNE III.

ARNOLPHE, *seul.*

[J]e ne puis faire mieux que d'en faire ma femme.
[A]insi que je voudrai, je tournerai cette âme ;
[C]omme un morceau de cire entre mes mains elle est,
[E]t je lui puis donner la forme qui me plaît.
[I]l s'en est peu fallu que, durant mon absence,
[O]n ne m'ait attrapé par son trop d'innocence ;
[M]ais il vaut beaucoup mieux, à dire vérité,
[Q]ue la femme qu'on a pèche de ce côté.
[D]e ces sortes d'erreurs le remède est facile.
[T]oute personne simple aux leçons est docile :
[E]t, si du bon chemin on l'a fait écarter,
[D]eux mots incontinent l'y peuvent rejeter.
[M]ais une femme habile est bien une autre bête :
[N]otre sort ne dépend que de sa seule tête ;
[D]e ce qu'elle s'y met, rien ne la fait gauchir,
[E]t nos enseignemens ne font là que blanchir :
[S]on bel esprit lui sert à railler nos maximes,
[A] se faire souvent des vertus de ses crimes,
[E]t trouver, pour venir à ses coupables fins,
[D]es détours à duper l'adresse des plus fins.
[P]our se parer du coup en vain on se fatigue :
[U]ne femme d'esprit est un diable en intrigue ;
[E]t, dès que son caprice a prononcé tout bas
[L]'arrêt de notre honneur, il faut passer le pas :
[B]eaucoup d'honnêtes gens en pourroient bien que dire.
[E]nfin mon étourdi n'aura pas lieu d'en rire ;
[C]ar son trop de caquet il a ce qu'il lui faut.
[V]oilà de nos François l'ordinaire défaut :
[D]ans la possession d'une bonne fortune,
[L]e secret est toujours ce qui les importune ;

Et la vanité sotte a pour eux tant d'appas,
Qu'ils se pendroient plutôt que de ne causer pas.
Oh ! que les femmes sont du diable bien tentées
Lorsqu'elles vont choisir ces têtes éventées !
Et que.... Mais le voici.... Cachons-nous toujours bien,
Et découvrons un peu quel chagrin est le sien.

SCÈNE IV.

HORACE, ARNOLPHE.

HORACE.

Je reviens de chez vous, et le destin me montre
Qu'il n'a pas résolu que je vous y rencontre.
Mais j'irai tant de fois, qu'enfin quelque moment....

ARNOLPHE.

Hé ! mon Dieu ! n'entrons point dans ce vain compli-
Rien ne me fâche tant que ces cérémonies ; [ment :
Et, si l'on m'en croyoit, elles seroient bannies.
C'est un maudit usage ; et la plupart des gens
Y perdent sottement les deux tiers de leur temps.

(Il se couvre.)

Mettons donc sans façon. Hé bien ! vos amourettes ?
Puis-je, seigneur Horace, apprendre où vous en êtes ?
J'étois tantôt distrait par quelque vision ;
Mais depuis là-dessus j'ai fait réflexion.
De vos premiers progrès j'admire la vitesse,
Et dans l'événement mon âme s'intéresse.

HORACE.

Ma foi, depuis qu'à vous s'est découvert mon cœur,
Il est à mon amour arrivé du malheur.

ARNOLPHE.

Oh ! oh ! comment cela ?

HORACE.

La fortune cruelle
A ramené des champs le patron de la belle.

ARNOLPHE.

Quel malheur !

HORACE.

Et de plus, à mon très-grand regret,
Il a su de nous deux le commerce secret.

ARNOLPHE.

D'où diantre a-t-il sitôt appris cette aventure ?

HORACE.

Je ne sais ; mais enfin c'est une chose sûre.
Je pensois aller rendre, à mon heure à peu près,
Ma petite visite à ses jeunes attraits,
Lorsque, changeans pour moi de ton et de visage,
Et servante et valet m'ont bouché le passage,
Et d'un « Retirez-vous, vous nous importunez, »
M'ont assez rudement fermé la porte au nez.

ARNOLPHE.

La porte au nez !

HORACE.

Au nez.

ARNOLPHE.

La chose est un peu fort.

HORACE.
J'ai voulu leur parler au travers de la porte;
Mais à tous mes propos ce qu'ils ont répondu,
C'est: « Vous n'entrerez point, monsieur l'a défendu. »

ARNOLPHE.
Ils n'ont donc point ouvert?
HORACE.
Non. Et de la fenêtre

Agnès, pour m'écouter, laissez là votre ouvrage. (Acte III, scène II.)

Agnès m'a confirmé le retour de ce maître,
En me chassant de là d'un ton plein de fierté,
Accompagné d'un grès que sa main a jeté.

ARNOLPHE.
Comment! d'un grès?

HORACE.
D'un grès de taille non petite,
Dont on a par ses mains régalé ma visite.

ARNOLPHE.
Diantre! ce ne sont pas des prunes que cela!
Et je trouve fâcheux l'état où vous voilà.

HORACE.
Il est vrai, je suis mal par ce retour funeste.
ARNOLPHE.
Certes, j'en suis fâché pour vous, je vous proteste.

HORACE.
Cet homme me rompt tout.
ARNOLPHE.
Oui; mais cela n'est rien;

Cette pierre ou ce grès.... Avec un mot de lettre est tombée à mes pieds. (Acte III, scène IV.)

Et de vous raccrocher vous trouverez moyen.
HORACE.
Il faut bien essayer, par quelque intelligence,
De vaincre du jaloux l'exacte vigilance.
ARNOLPHE.
Cela vous est facile; et la fille, après tout,

Vous aime.
HORACE.
Assurément.
ARNOLPHE.
Vous en viendrez à bout.
HORACE.
Je l'espère.

ARNOLPHE.
Le grès vous a mis en déroute ;
Mais cela ne doit pas vous étonner.
HORACE.
Sans doute ;
Et j'ai compris d'abord que mon homme étoit là,
Qui, sans se faire voir, conduisoit tout cela.
Mais ce qui m'a surpris, et qui va vous surprendre,
C'est un autre incident que vous allez entendre ;
Un trait hardi qu'a fait cette jeune beauté,
Et qu'on n'attendroit point de sa simplicité.
Il le faut avouer, l'amour est un grand maître :
Ce qu'on ne fut jamais il nous enseigne à l'être ;
Et souvent de nos mœurs l'absolu changement
Devient par ses leçons l'ouvrage d'un moment.
De la nature en nous il force les obstacles,
Et ses effets soudains ont de l'air des miracles.
D'un avare à l'instant il fait un libéral,
Un vaillant d'un poltron, un civil d'un brutal ;
Il rend agile à tout l'âme la plus pesante,
Et donne de l'esprit à la plus innocente.
Oui, ce dernier miracle éclate dans Agnès ;
Car, tranchant avec moi par ces termes exprès :
« Retirez-vous, mon âme aux visites renonce,
Je sais tous vos discours, et voilà ma réponse, »
Cette pierre ou ce grès dont vous vous étonniez
Avec un mot de lettre est tombée à mes pieds ;
Et j'admire de voir cette lettre ajustée
Avec le sens des mots, et la pierre jetée.
D'une telle action n'êtes-vous pas surpris ?
L'amour sait-il pas l'art d'aiguiser les esprits ?
Et peut-on me nier que ses flammes puissantes
Ne fassent dans un cœur des choses étonnantes ?
Que dites-vous du tour et de ce mot d'écrit ?
Euh ! n'admirez-vous point cette adresse d'esprit ?
Trouvez-vous pas plaisant de voir quel personnage
A joué mon jaloux dans tout ce badinage ?
Dites.
ARNOLPHE.
Oui, fort plaisant.
HORACE.
Riez-en donc un peu.
(Arnolphe rit d'un air forcé.)
Cet homme, gendarmé d'abord contre mon feu,
Qui chez lui se retranche, et de grès fait parade,
Comme si j'y voulois entrer par escalade ;
Qui, pour me repousser, dans son bizarre effroi,
Anime du dedans tous ses gens contre moi ;
Et qu'abuse à ses yeux, par sa machine même,
Celle qu'il veut tenir dans l'ignorance extrême !
Pour moi, je vous l'avoue, encor que son retour
En un grand embarras jette ici mon amour,
Je tiens cela plaisant, autant qu'on sauroit dire :
Je ne puis y songer sans de bon cœur en rire ;
Et vous n'en riez pas assez, à mon avis.
ARNOLPHE, *avec un ris forcé.*
Pardonnez-moi, j'en ris tout autant que je puis.
HORACE.
Mais il faut qu'en ami je vous montre la lettre.
Tout ce que son cœur sent, sa main a su l'y mettre,
Mais en termes touchans et tout pleins de bonté,
De tendresse innocente et d'ingénuité,
De la manière enfin que la pure nature
Exprime de l'amour la première blessure.
ARNOLPHE, *bas, à part.*
Voilà, fripone, à quoi l'écriture te sert ;
Et, contre mon dessein, l'art t'en fut découvert.
HORACE *lit.*

Je veux vous écrire, et je suis bien en peine par où je m'y prendrai. J'ai des pensées que je désirerois que vous sussiez ; mais je ne sais comment faire pour vous les dire, et je me défie de mes paroles. Comme je commence à connoître qu'on m'a toujours tenue dans l'ignorance, j'ai peur de mettre quelque chose qui ne soit pas bien, et d'en dire plus que je ne devrois. En vérité, je ne sais ce que vous m'avez fait ; mais je sens que je suis fâchée à mourir de ce qu'on me fait faire contre vous, que j'aurai toutes les peines du monde à me passer de vous, et que je serois bien aise d'être à vous. Peut-être qu'il y a du mal à dire cela ; mais enfin je ne puis m'empêcher de le dire, et je voudrois que cela se pût faire sans qu'il y en eût. On me dit fort que tous les jeunes hommes sont des trompeurs, qu'il ne les faut point écouter, et que tout ce que vous me dites, n'est que pour m'abuser ; mais je vous assure que je n'ai pu encore me figurer cela de vous, et je suis si touchée de vos paroles, que je ne saurois croire qu'elles soient menteuses. Dites-moi franchement ce qui en est ; car enfin, comme je suis sans malice, vous auriez le plus grand tort du monde, si vous me trompiez ; et je pense que j'en mourrois de déplaisir.

ARNOLPHE, *à part.*
Hon ! chienne !
HORACE.
Qu'avez-vous ?
ARNOLPHE.
Moi ? rien. C'est que je tousse.
HORACE.
Avez-vous jamais vu d'expression plus douce ?
Malgré les soins maudits d'un injuste pouvoir,
Un plus beau naturel peut-il se faire voir ?
Et n'est-ce pas sans doute un crime punissable,
De gâter méchamment ce fonds d'âme admirable ;
D'avoir, dans l'ignorance et la stupidité,
Voulu de cet esprit étouffer la clarté ?
L'amour a commencé d'en déchirer le voile ;
Et si, par la faveur de quelque bonne étoile,
Je puis, comme j'espère, à ce franc animal,
Ce traître, ce bourreau, ce faquin, ce brutal...
ARNOLPHE.
Adieu.
HORACE.
Comment ! si vite ?
ARNOLPHE.
Il m'est dans la pensée
Venu tout maintenant une affaire pressée.
HORACE.
Mais ne sauriez-vous point, comme on la tient de près,
Qui dans cette maison pourroit avoir accès ?
J'en use sans scrupule ; et ce n'est pas merveille

Qu'on se puisse, entre amis, servir à la pareille.
Je n'ai plus là dedans que gens pour m'observer;
Et servante et valet, que je viens de trouver,
N'ont jamais, de quelque air que je m'y sois pu prendre,
Adouci leur rudesse à me vouloir entendre.
J'avois pour de tels coups certaine vieille en main,
D'un génie, à vrai dire, au-dessus de l'humain :
Elle m'a dans l'abord servi de bonne sorte;
Mais, depuis quatre jours, la pauvre femme est morte.
Ne me pourriez-vous point ouvrir quelque moyen?
           ARNOLPHE.
Non, vraiment; et sans moi vous en trouverez bien.
           HORACE.
Adieu donc. Vous voyez ce que je vous confie.

SCÈNE V.

ARNOLPHE, seul.

Comme il faut devant lui que je me mortifie!
Quelle peine à cacher mon déplaisir cuisant!
Quoi! pour une innocente un esprit si présent!
Elle a feint d'être telle à mes yeux, la traîtresse,
Ou le diable à son âme a soufflé cette adresse.
Enfin me voilà mort par ce funeste écrit.
Je vois qu'il a, le traître, empaumé son esprit,
Qu'à ma suppression il s'est ancré chez elle;
Et c'est mon désespoir et ma peine mortelle.
Je souffre doublement dans le vol de son cœur,
Et l'amour y pâtit aussi bien que l'honneur.
J'enrage de trouver cette place usurpée,
Et j'enrage de voir ma prudence trompée.
Je sais que, pour punir son amour libertin,
Je n'ai qu'à laisser faire à son mauvais destin,
Que je serai vengé d'elle par elle-même :
Mais il est bien fâcheux de perdre ce qu'on aime.
Ciel! puisque pour un choix j'ai tant philosophé,
Faut-il de ses appas m'être si fort coiffé!
Elle n'a ni parens, ni support, ni richesse;
Elle trahit mes soins, mes bontés, ma tendresse :
Et cependant je l'aime, après ce lâche tour,
Jusqu'à ne me pouvoir passer de cet amour.
Sot, n'as-tu point de honte? Ah! je crève, j'enrage,
Et je souffletterois mille fois mon visage.
Je veux entrer un peu, mais seulement pour voir
Quelle est sa contenance après un trait si noir.
Ciel, faites que mon front soit exempt de disgrâce;
Ou bien, s'il est écrit qu'il faille que j'y passe,
Donnez-moi tout au moins, pour de tels accidens,
La constance qu'on voit à de certaines gens!

FIN DU TROISIÈME ACTE

ACTE QUATRIÈME.

SCÈNE I.

ARNOLPHE, *seul.*

J'ai peine, je l'avoue, à demeurer en place,
Et de mille soucis mon esprit s'embarrasse,
Pour pouvoir mettre un ordre et dedans et dehors,
Qui du godelureau rompe tous les efforts.
De quel œil la traîtresse a soutenu ma vue !
De tout ce qu'elle a fait elle n'est point émue ;
Et, bien qu'elle me mette à deux doigts du trépas,
On diroit, à la voir, qu'elle n'y touche pas.
Plus, en la regardant, je la voyois tranquille,
Plus je sentois en moi s'échauffer une bile ;
Et ces bouillans transports, dont s'enflammoit mon cœur,
Y sembloient redoubler mon amoureuse ardeur.
J'étois aigri, fâché, désespéré contre elle ;
Et cependant jamais je ne la vis si belle,
Jamais ses yeux aux miens n'ont paru si perçans,
Jamais je n'eus pour eux des désirs si pressans ;
Et je sens là dedans qu'il faudra que je crève,
Si de mon triste sort la disgrâce s'achève.
Quoi ! j'aurai dirigé son éducation
Avec tant de tendresse et de précaution ;
Je l'aurai fait passer chez moi dès son enfance,
Et j'en aurai chéri la plus tendre espérance ;
Mon cœur aura bâti sur ses attraits naissans,
Et cru la mitonner pour moi durant treize ans,
Afin qu'un jeune fou dont elle s'amourache
Me la vienne enlever jusque sur la moustache,
Lorsqu'elle est avec moi mariée à demi !
Non, parbleu ! non, parbleu ! Petit sot, mon ami,
Vous aurez beau tourner, ou j'y perdrai mes peines,
Ou je rendrai, ma foi, vos espérances vaines,
Et de moi tout à fait vous ne vous rirez point.

SCÈNE II.
UN NOTAIRE, ARNOLPHE.

LE NOTAIRE.
Ah ! le voilà ! Bonjour. Me voici tout à point
Pour dresser le contrat que vous souhaitez faire.
ARNOLPHE, *se croyant seul, et sans voir ni entendre
le notaire.*
Comment faire ?
LE NOTAIRE.
Il le faut dans la forme ordinaire.
ARNOLPHE, *se croyant seul.*
A mes précautions je veux songer de près.
LE NOTAIRE.
Je ne passerai rien contre vos intérêts.
ARNOLPHE, *se croyant seul.*
Il faut se garantir de toutes les surprises.
LE NOTAIRE.
Suffit qu'entre mes mains vos affaires soient mises.
Il ne vous faudra point, de peur d'être déçu,
Quittancer le contrat que vous n'ayez reçu.
ARNOLPHE, *se croyant seul.*
J'ai peur, si je vais faire éclater quelque chose,
Que de cet incident par la ville on ne cause.
LE NOTAIRE.
Hé bien ! il est aisé d'empêcher cet éclat,
Et l'on peut en secret faire votre contrat.

ARNOLPHE, *se croyant seul.*
…is comment faudra-t-il qu'avec elle j'en sorte?
LE NOTAIRE.
…douaire se règle au bien qu'on vous apporte.

ARNOLPHE, *se croyant seul.*
Je l'aime, et cet amour est mon grand embarras.
LE NOTAIRE.
On peut avantager une femme en ce cas.

Vous savez tout cela ; mais qui vous en dit mot? (Acte IV, scène II.)

ARNOLPHE, *se croyant seul.*
…el traitement lui faire en pareille aventure?
LE NOTAIRE.
…ordre est que le futur doit douer la future
…tiers du dot qu'elle a ; mais cet ordre n'est rien,
…l'on va plus avant lorsque l'on le veut bien.

ARNOLPHE, *se croyant seul.*
Si….

(*Il aperçoit le notaire.*)
LE NOTAIRE.
Pour le préciput, il les regarde ensemble.
Je dis que le futur peut, comme bon lui semble,

Douer la future.

ARNOLPHE.

Hé?

LE NOTAIRE.

Il peut l'avantager
Lorsqu'il l'aime beaucoup et qu'il veut l'obliger;
Et cela par douaire, ou préfix qu'on appelle,
Qui demeure perdu par le trépas d'icelle;
Ou sans retour, qui va de ladite à ses hoirs,
Ou coutumier, selon les différens vouloirs;
Ou par donation dans le contrat formelle,
Qu'on fait ou pure et simple, ou qu'on fait mutuelle.
Pourquoi hausser le dos? Est-ce qu'on parle en fat,
Et que l'on ne sait pas les formes d'un contrat?
Qui me les apprendra? Personne, je présume.
Sais-je pas qu'étant joints on est par la coutume
Communs en meubles, biens, immeubles et conquêts,
A moins que par un acte on y renonce exprès?
Sais-je pas que le tiers du bien de la future
Entre en communauté pour....

ARNOLPHE.

Oui, c'est chose sûre,
Vous savez tout cela; mais qui vous en dit mot?

LE NOTAIRE.

Vous, qui me prétendez faire passer pour sot,
En me haussant l'épaule et faisant la grimace.

ARNOLPHE.

La peste soit fait l'homme, et sa chienne de face!
Adieu. C'est le moyen de vous faire finir.

LE NOTAIRE.

Pour dresser un contrat m'a-t-on pas fait venir?

ARNOLPHE.

Oui, je vous ai mandé; mais la chose est remise,
Et l'on vous mandera quand l'heure sera prise.
Voyez quel diable d'homme avec son entretien!

LE NOTAIRE, *seul*.

Je pense qu'il en tient; et je crois penser bien.

SCÈNE III.

LE NOTAIRE, ALAIN, GEORGETTE.

LE NOTAIRE, *allant au-devant d'Alain et de Georgette*.
M'êtes-vous pas venu querir pour votre maître?

ALAIN.

Oui.

LE NOTAIRE.

J'ignore pour qui vous le pouvez connoître;
Mais allez de ma part lui dire de ce pas
Que c'est un fou fieffé.

GEORGETTE.

Nous n'y manquerons pas.

SCÈNE IV.

ARNOLPHE, ALAIN, GEORGETTE.

ALAIN.

Monsieur....

ARNOLPHE.

Approchez-vous; vous êtes mes fidèles,
Mes bons, mes vrais amis, et j'en sais des nouvelles.

ALAIN.

Le notaire....

ARNOLPHE.

Laissons, c'est pour quelque autre jour.
On veut à mon honneur jouer d'un mauvais tour;
Et quel affront pour vous, mes enfants, pourroit-ce être,
Si l'on avoit ôté l'honneur à votre maître!
Vous n'oseriez après paroître en nul endroit:
Et chacun, vous voyant, vous montreroit au doigt.
Donc, puisque autant que moi l'affaire vous regarde,
Il faut de votre part faire une telle garde,
Que ce galant ne puisse en aucune façon....

GEORGETTE.

Vous nous avez tantôt montré notre leçon.

ARNOLPHE.

Mais à ses beaux discours gardez bien de vous rendre.

ALAIN.

Oh vraiment!...

GEORGETTE.

Nous savons comme il faut s'en défendre.

ARNOLPHE.

S'il venoit doucement : « Alain, mon pauvre cœur,
Par un peu de secours soulage ma langueur! »

ALAIN.

Vous êtes un sot.

ARNOLPHE.

(*A Georgette.*)
Bon. « Georgette, ma mignonne,
Tu me parois si douce et si bonne personne! »

GEORGETTE.

Vous êtes un nigaud.

ARNOLPHE.

(*A Alain.*)
Bon. « Quel mal trouves-tu
Dans un dessein honnête et tout plein de vertu? »

ALAIN.

Vous êtes un fripon.

ARNOLPHE.

(*A Georgette.*)
Fort bien. « Ma mort est sûre
Si tu ne prends pitié des peines que j'endure. »

GEORGETTE.

Vous êtes un benêt, un impudent.

ARNOLPHE.

Fort bien.
(*A Alain.*)
« Je ne suis pas un homme à vouloir rien pour rien;
Je sais, quand on me sert, en garder la mémoire:
Cependant, par avance, Alain, voilà pour boire;
Et voilà pour t'avoir, Georgette, un cotillon.

(*Ils tendent tous deux la main, et prennent l'argent.*)

Ce n'est de mes bienfaits qu'un simple échantillon.
Toute la courtoisie enfin dont je vous presse,
C'est que je puisse voir votre belle maîtresse. »

GEORGETTE, *le poussant*.

A d'autres.

L'ÉCOLE DES FEMMES, ACTE IV.

ARNOLPHE.
Bon cela.

ALAIN, *le poussant.*
Hors d'ici.

ARNOLPHE.
Bon.

GEORGETTE, *le poussant.*
Mais tôt.

ARNOLPHE.
Holà ! c'est assez.

GEORGETTE.
Fais-je pas comme il faut ?

ALAIN.
Est-ce de la façon que vous voulez l'entendre ?

ARNOLPHE.
Oui, fort bien, hors l'argent qu'il ne falloit pas prendre.

GEORGETTE.
Nous ne nous sommes pas souvenus de ce point.

ALAIN.
Voulez-vous qu'à l'instant nous recommencions ?

ARNOLPHE.
Point :
Suffit. Rentrez tous deux.

ALAIN.
Vous n'avez rien qu'à dire.

ARNOLPHE.
Non, vous dis-je ; rentrez, puisque je le désire.
Je vous laisse l'argent. Allez : je vous rejoins.
Ayez bien l'œil à tout, et secondez mes soins.

SCÈNE V.

ARNOLPHE, *seul.*

Je veux, pour espion qui soit d'exacte vue,
Prendre le savetier du coin de notre rue.
Dans la maison toujours je prétends la tenir,
Y faire bonne garde, et surtout en bannir
Vendeuses de rubans, perruquières, coiffeuses,
Faiseuses de mouchoirs, gantières, revendeuses,
Tous ces gens qui sous main travaillent chaque jour
À faire réussir les mystères d'amour.
Enfin j'ai vu le monde, et j'en sais les finesses.
Il faudra que mon homme ait de grandes adresses,
Si message ou poulet de sa part peut entrer.

SCÈNE VI.

HORACE, ARNOLPHE.

HORACE.
La place m'est heureuse à vous y rencontrer.
Je viens de l'échapper bien belle, je vous jure.
Au sortir d'avec vous, sans prévoir l'aventure,
Seule dans son balcon j'ai vu paroître Agnès,
Qui des arbres prochains prenoit un peu le frais.
Après m'avoir fait signe, elle a su faire en sorte,
Descendant au jardin, de m'en ouvrir la porte ;
Mais à peine tous deux dans sa chambre étions-nous,
Qu'elle a sur les degrés entendu son jaloux ;
Et tout ce qu'elle a pu dans un tel accessoire,
C'est de me renfermer dans une grande armoire.
Il est entré d'abord : je ne le voyois pas,
Mais je l'oyois marcher, sans rien dire, à grands pas ;
Poussant de temps en temps des soupirs pitoyables,
Et donnant quelquefois de grands coups sur les tables,
Frappant un petit chien qui pour lui s'émouvoit,
Et jetant brusquement les hardes qu'il trouvoit.
Il a même cassé, d'une main mutinée,
Des vases dont la belle ornoit sa cheminée ;
Et sans doute il faut bien qu'à ce becque cornu
Du trait qu'elle a joué quelque jour soit venu.
Enfin, après cent tours, ayant de la manière
Sur ce qui n'en peut mais déchargé sa colère,
Mon jaloux inquiet, sans dire son ennui,
Est sorti de la chambre, et moi, de mon étui.
Nous n'avons point voulu, de peur du personnage,
Risquer à nous tenir ensemble davantage ;
C'étoit trop hasarder ; mais je dois, cette nuit,
Dans sa chambre un peu tard m'introduire sans bruit.
En toussant par trois fois je me ferai connoître ;
Et je dois au signal voir ouvrir la fenêtre,
Dont, avec une échelle, et secondé d'Agnès,
Mon amour tâchera de me gagner l'accès.
Comme à mon seul ami, je veux bien vous l'apprendre.
L'allégresse du cœur s'augmente à la répandre ;
Et, goûtât-on cent fois un bonheur tout parfait,
On n'en est pas content, si quelqu'un ne le sait.
Vous prendrez part, je pense, à l'heur de mes affaires.
Adieu. Je vais songer aux choses nécessaires.

SCÈNE VII.

ARNOLPHE, *seul.*

Quoi ! l'astre qui s'obstine à me désespérer
Ne me donnera pas le temps de respirer !
Coup sur coup je verrai, par leur intelligence,
De mes soins vigilans confondre la prudence !
Et je serai la dupe, en ma maturité,
D'une jeune innocente et d'un jeune éventé !
En sage philosophe on m'a vu, vingt années,
Contempler des maris les tristes destinées,
Et m'instruire avec soin de tous les accidens
Qui font dans le malheur tomber les plus prudens ;
Des disgrâces d'autrui profitant dans mon âme,
J'ai cherché les moyens, voulant prendre une femme,
De pouvoir garantir mon front de tous affronts,
Et le tirer de pair d'avec les autres fronts ;
Pour ce noble dessein, j'ai cru mettre en pratique
Tout ce que peut trouver l'humaine politique ;
Et, comme si du sort il étoit arrêté
Que nul homme ici-bas n'en seroit exempté,
Après l'expérience et toutes les lumières

Que j'ai pu m'acquérir sur de telles matières,
Après vingt ans et plus de méditation
Pour me conduire en tout avec précaution,
De tant d'autres maris j'aurois quitté la trace,
Pour me trouver après dans la même disgrâce !
Ah ! bourreau de destin, vous en aurez menti.
De l'objet qu'on poursuit je suis encor nanti ;
Si son cœur m'est volé par ce blondin funeste,
J'empêcherai du moins qu'on s'empare du reste ;
Et cette nuit, qu'on prend pour ce galant exploit,
Ne se passera pas si doucement qu'on croit.
Ce m'est quelque plaisir, parmi tant de tristesse,
Que l'on me donne avis du piége qu'on me dresse,
Et que cet étourdi, qui veut m'être fatal,
Fasse son confident de son propre rival.

SCÈNE VIII.
CHRYSALDE, ARNOLPHE.

CHRYSALDE.
Hé bien ! souperons-nous avant la promenade ?
ARNOLPHE.
Non. Je jeûne ce soir.
CHRYSALDE.
D'où vient cette boutade ?
ARNOLPHE.
De grâce, excusez-moi, j'ai quelque autre embarras.
CHRYSALDE.
Votre hymen résolu ne se fera-t-il pas ?
ARNOLPHE.
C'est trop s'inquiéter des affaires des autres.
CHRYSALDE.
Oh ! oh ! si brusquement ! Quels chagrins sont les vôtres ?
Seroit-il point, compère, à votre passion
Arrivé quelque peu de tribulation ?
Je le jurerois presque, à voir votre visage.
ARNOLPHE.
Quoi qu'il m'arrive, au moins aurai-je l'avantage
De ne pas ressembler à de certaines gens
Qui souffrent doucement l'approche des galans.
CHRYSALDE.
C'est un étrange fait, qu'avec tant de lumières,
Vous vous effarouchiez toujours sur ces matières ;
Qu'en cela vous mettiez le souverain bonheur,
Et ne conceviez point au monde d'autre honneur.
Être avare, brutal, fourbe, méchant et lâche,
N'est rien, à votre avis, auprès de cette tache ;
Et, de quelque façon qu'on puisse avoir vécu,
On est homme d'honneur quand on n'est point cocu.
A le bien prendre au fond, pourquoi voulez-vous croire
Que de ce cas fortuit dépende notre gloire,
Et qu'une âme bien née ait à se reprocher
L'injustice d'un mal qu'on ne peut empêcher ?
Pourquoi voulez-vous, dis-je, en prenant une femme,
Qu'on soit digne, à son choix, de louange ou de blâme,
Et qu'on s'aille former un monstre plein d'effroi
De l'affront que nous fait son manquement de foi ?

Mettez-vous dans l'esprit qu'on peut du cocuage
Se faire en galant homme une plus douce image ;
Que, des coups du hasard aucun n'étant garant,
Cet accident de soi doit être indifférent,
Et qu'enfin tout le mal, quoique le monde glose,
N'est que dans la façon de recevoir la chose :
Et, pour se bien conduire en ces difficultés,
Il y faut, comme en tout, fuir les extrémités,
N'imiter pas ces gens un peu trop débonnaires
Qui tirent vanité de ces sortes d'affaires,
De leurs femmes toujours vont citant les galans,
En font partout l'éloge, et prônent leurs talens,
Témoignent avec eux d'étroites sympathies,
Sont de tous leurs cadeaux, de toutes leurs parties,
Et font qu'avec raison les gens sont étonnés
De voir leur hardiesse à montrer là leur nez.
Ce procédé, sans doute, est tout à fait blâmable ;
Mais l'autre extrémité n'est pas moins condamnable.
Si je n'approuve pas ces amis des galans,
Je ne suis pas aussi pour ces gens turbulens,
Dont l'imprudent chagrin, qui tempête et qui gronde,
Attire au bruit qu'il fait les yeux de tout le monde,
Et qui, par cet éclat, semblent ne pas vouloir
Qu'aucun puisse ignorer ce qu'ils peuvent avoir.
Entre ces deux partis il en est un honnête,
Où, dans l'occasion, l'homme prudent s'arrête ;
Et, quand on le sait prendre, on n'a point à rougir
Du pis dont une femme avec nous puisse agir.
Quoi qu'on en puisse dire enfin, le cocuage
Sous des traits moins affreux aisément s'envisage ;
Et, comme je vous dis, toute l'habileté
Ne va qu'à le savoir tourner du bon côté.
ARNOLPHE.
Après ce beau discours, toute la confrérie
Doit un remercîment à votre seigneurie ;
Et quiconque voudra vous entendre parler
Montrera de la joie à s'y voir enrôler.
CHRYSALDE.
Je ne dis pas cela, car c'est ce que je blâme,
Mais, comme c'est le sort qui nous donne une femme,
Je dis que l'on doit faire ainsi qu'au jeu de dés,
Où, s'il ne vous vient pas ce que vous demandez,
Il faut jouer d'adresse, et d'une âme réduite
Corriger le hasard par la bonne conduite.
ARNOLPHE.
C'est-à-dire, dormir et manger toujours bien,
Et se persuader que tout cela n'est rien.
CHRYSALDE.
Vous pensez vous moquer ; mais, à ne vous rien feindre,
Dans le monde je vois cent choses plus à craindre,
Et dont je me ferois un bien plus grand malheur
Que de cet accident qui vous fait tant de peur.
Pensez-vous qu'à choisir de deux choses prescrites,
Je n'aimasse pas mieux être ce que vous dites,
Que de me voir mari de ces femmes de bien,
Dont la mauvaise humeur fait un procès sur rien,
Ces dragons de vertu, ces honnêtes diablesses,
Se retranchant toujours sur leurs sages prouesses,
Qui, pour un petit tort qu'elles ne nous font pas,
Prennent droit de traiter les gens de haut en bas,

Et veulent, sur le pied de nous être fidèles,
Que nous soyons tenus à tout endurer d'elles?
Encore un coup, compère, apprenez qu'en effet
Le cocuage n'est que ce que l'on le fait;

Qu'on peut le souhaiter pour de certaines causes,
Et qu'il a ses plaisirs comme les autres choses.
ARNOLPHE.
Si vous êtes d'humeur à vous en contenter,

Et tout ce qu'elle a pu..., C'est de me renfermer dans une grande armoire. (Acte IV, scène VI.)

Quant à moi, ce n'est pas la mienne d'en tâter;
Et plutôt que subir une telle aventure....
CHRYSALDE.
Mon Dieu! ne jurez point, de peur d'être parjure.
Si le sort l'a réglé, vos soins sont superflus,
Et l'on ne prendra pas votre avis là-dessus.

ARNOLPHE.
Moi, je serois cocu?
CHRYSALDE.
Vous voilà bien malade!
Mille gens le sont bien, sans vous faire bravade,
Qui de mine, de cœur, de biens et de maison,

Ne feroient avec vous nulle comparaison.
ARNOLPHE.
Et moi, je n'en voudrois avec eux faire aucune;
Mais cette raillerie, en un mot, m'importune;
Brisons là, s'il vous plaît.
CHRYSALDE.
Vous êtes en courroux !
Nous en saurons la cause. Adieu. Souvenez-vous,
Quoi que sur ce sujet votre honneur vous inspire,
Que c'est être à demi ce que l'on vient de dire,
Que de vouloir jurer qu'on ne le sera pas.
ARNOLPHE.
Moi, je le jure encore, et je vais de ce pas
Contre cet accident trouver un bon remède.
(Il court heurter à sa porte.)

SCÈNE IX.

ARNOLPHE, ALAIN, GEORGETTE.

ARNOLPHE.
Mes amis, c'est ici que j'implore votre aide.
Je suis édifié de votre affection;
Mais il faut qu'elle éclate en cette occasion;
Et, si vous m'y servez selon ma confiance,
Vous êtes assurés de votre récompense.
L'homme que vous savez (n'en faites point de bruit)
Veut, comme je l'ai su, m'attraper cette nuit,
Dans la chambre d'Agnès entrer par escalade;
Mais il lui faut, nous trois, dresser une embuscade.
Je veux que vous preniez chacun un bon bâton,
Et, quand il sera près du dernier échelon
(Car dans le temps qu'il faut j'ouvrirai la fenêtre),
Que tous deux à l'envi vous me chargiez ce traître,
Mais d'un air dont son dos garde le souvenir,
Et qui lui puisse apprendre à n'y plus revenir;
Sans me nommer pourtant en aucune manière,
Ni faire aucun semblant que je serai derrière.
Aurez-vous bien l'esprit de servir mon courroux?
ALAIN.
S'il ne tient qu'à frapper, monsieur, tout est à nous :
Vous verrez, quand je bats, si j'y vais de main morte.
GEORGETTE.
La mienne, quoique aux yeux elle semble moins forte,
N'en quitte pas sa part à le bien étriller.
ARNOLPHE.
Rentrez donc; et surtout gardez de babiller.
(Seul.)
Voilà pour le prochain une leçon utile;
Et, si tous les maris qui sont en cette ville
De leurs femmes ainsi recevoient le galant,
Le nombre des cocus ne seroit pas si grand.

ACTE CINQUIÈME.

SCÈNE I.

ARNOLPHE, ALAIN, GEORGETTE.

ARNOLPHE.
raîtres! qu'avez-vous fait par cette violence ?
ALAIN.
ous vous avons rendu, monsieur, obéissance.
ARNOLPHE.
e cette excuse en vain vous voulez vous armer,
'ordre étoit de le battre et non de l'assommer;
t c'étoit sur le dos, et non pas sur la tête,
ue j'avois commandé qu'on fît choir la tempête.
iel! dans quel accident me jette ici le sort?
t que puis-je résoudre à voir cet homme mort?
entrez dans la maison, et gardez de rien dire
e cet ordre innocent que j'ai pu vous prescrire.
(Seul.)
 jour s'en va paroître, et je vais consulter
omment dans ce malheur je me dois comporter.
élas! que deviendrai-je? et que dira le père,
orsque inopinément il saura cette affaire?

SCÈNE II.

HORACE, ARNOLPHE.

HORACE, *à part*.
faut que j'aille un peu reconnoître qui c'est.
ARNOLPHE, *se croyant seul*.
t-on jamais prévu....

(Heurté par Horace qu'il ne reconnoît pas.)
Qui va là, s'il vous plaît?
HORACE.
Vous, vous, seigneur Arnolphe?
ARNOLPHE.
Oui. Mais vous?...
HORACE.
C'est Horace.
Je m'en allois chez vous vous prier d'une grâce.
Vous sortez bien matin!
ARNOLPHE, *bas, à part*.
Quelle confusion!
Est-ce un enchantement? est-ce une illusion?
HORACE.
J'étois, à dire vrai, dans une grande peine;
Et je bénis du ciel la bonté souveraine
Qui fait qu'à point nommé je vous rencontre ainsi.
Je viens vous avertir que tout a réussi,
Et même beaucoup plus que je n'eusse osé dire,
Et par un incident qui devoit tout détruire.
Je ne sais point par où l'on a pu soupçonner
Cette assignation qu'on m'avoit su donner;
Mais, étant sur le point d'atteindre à la fenêtre,
J'ai, contre mon espoir, vu quelques gens paroître,
Qui, sur moi brusquement levant chacun le bras,
M'ont fait manquer le pied et tomber jusqu'en bas,
Et ma chute, aux dépens de quelque meurtrissure,
De vingt coups de bâton m'a sauvé l'aventure.
Ces gens-là, dont étoit, je pense, mon jaloux,
Ont imputé ma chute à l'effort de leurs coups;
Et, comme la douleur, un assez long espace,
M'a fait sans remuer demeurer sur la place,
Ils ont cru tout de bon qu'ils m'avoient assommé,

Et chacun d'eux s'en est aussitôt alarmé.
J'entendois tout leur bruit dans le profond silence :
L'un l'autre ils s'accusoient de cette violence ;
Et, sans lumière aucune, en querellant le sort,
Sont venus doucement tâter si j'étois mort.
Je vous laisse à penser si, dans la nuit obscure,
J'ai d'un vrai trépassé su tenir la figure.
Ils se sont retirés avec beaucoup d'effroi ;
Et, comme je songeois à me retirer, moi,
De cette feinte mort la jeune Agnès émue
Avec empressement est devers moi venue :
Car les discours qu'entre eux ces gens avoient tenus
Jusques à son oreille étoient d'abord venus,
Et, pendant tout ce trouble étant moins observée,
Du logis aisément elle s'étoit sauvée ;
Mais, me trouvant sans mal, elle a fait éclater
Un transport difficile à bien représenter.
Que vous dirai-je ? Enfin, cette aimable personne
A suivi les conseils que son amour lui donne,
N'a plus voulu songer à retourner chez soi,
Et de tout son destin s'est commise à ma foi.
Considérez un peu, par ce trait d'innocence,
Où l'expose d'un fou la haute impertinence,
Et quels fâcheux périls elle pourroit courir,
Si j'étois maintenant homme à la moins chérir.
Mais d'un trop pur amour mon âme est embrasée,
J'aimerois mieux mourir que l'avoir abusée :
Je lui vois des appas dignes d'un autre sort,
Et rien ne m'en sauroit séparer que la mort.
Je prévois là-dessus l'emportement d'un père ;
Mais nous prendrons le temps d'apaiser sa colère.
A des charmes si doux je me laisse emporter,
Et dans la vie, enfin, il se faut contenter.
Ce que je veux de vous, sous un secret fidèle,
C'est que je puisse mettre en vos mains cette belle ;
Que dans votre maison, en faveur de mes feux,
Vous lui donniez retraite au moins un jour ou deux.
Outre qu'aux yeux du monde il faut cacher sa fuite,
Et qu'on en pourra faire une exacte poursuite,
Vous savez qu'une fille aussi de sa façon
Donne avec un jeune homme un étrange soupçon ;
Et, comme c'est à vous, sûr de votre prudence,
Que j'ai fait de mes feux entière confidence,
C'est à vous seul aussi, comme ami généreux,
Que je puis confier ce dépôt amoureux.
ARNOLPHE.
Je suis, n'en doutez point, tout à votre service.
HORACE.
Vous voulez bien me rendre un si charmant office?
ARNOLPHE.
Très-volontiers, vous dis-je ; et je me sens ravir
De cette occasion que j'ai de vous servir.
Je rends grâces au ciel de ce qu'il me l'envoie,
Et n'ai jamais rien fait avec si grande joie.
HORACE.
Que je suis redevable à toutes vos bontés !
J'avois de votre part craint des difficultés :
Mais vous êtes du monde ; et, dans votre sagesse,
Vous savez excuser le feu de la jeunesse.
Un de mes gens la garde au coin de ce détour.

ARNOLPHE.
Mais comment ferons-nous? car il fait un peu jour.
Si je la prends ici, l'on me verra peut-être ;
Et, s'il faut que chez moi vous veniez à paroître,
Des valets causeront. Pour jouer au plus sûr,
Il faut me l'amener dans un lieu plus obscur.
Mon allée est commode, et je l'y vais attendre.
HORACE.
Ce sont précautions qu'il est fort bon de prendre.
Pour moi, je ne ferai que vous la mettre en main,
Et chez moi, sans éclat, je retourne soudain.
ARNOLPHE, seul.
Ah ! fortune, ce trait d'aventure propice
Répare tous les maux que m'a faits ton caprice !
(Il s'enveloppe le nez de son manteau.)

SCÈNE III.

AGNÈS, ARNOLPHE, HORACE.

HORACE, à Agnès.
Ne soyez point en peine où je vais vous mener ;
C'est un logement sûr que je vous fais donner.
Vous loger avec moi, ce seroit tout détruire :
Entrez dans cette porte, et laissez-vous conduire.
(Arnolphe lui prend la main sans qu'elle le reconnoisse.)
AGNÈS, à Horace.
Pourquoi me quittez-vous?
HORACE.
Chère Agnès, il le faut.
AGNÈS.
Songez donc, je vous prie, à revenir bientôt.
HORACE.
J'en suis assez pressé par ma flamme amoureuse.
AGNÈS.
Quand je ne vous vois point, je ne suis point joyeuse.
HORACE.
Hors de votre présence, on me voit triste aussi.
AGNÈS.
Hélas ! s'il étoit vrai, vous resteriez ici.
HORACE.
Quoi ! vous pourriez douter de mon amour extrême !
AGNÈS.
Non, vous ne m'aimez pas autant que je vous aime.
(Arnolphe la tire.)
Ah ! l'on me tire trop.
HORACE.
C'est qu'il est dangereux,
Chère Agnès, qu'en ce lieu nous soyons vus tous deux ;
Et le parfait ami de qui la main vous presse
Suit le zèle prudent qui pour nous l'intéresse.
AGNÈS.
Mais suivre un inconnu que....
HORACE.
N'appréhendez rien :
Entre de telles mains vous ne serez que bien.
AGNÈS.
Je me trouverois mieux entre celles d'Horace,
Et j'aurois....

(*A Arnolphe qui la tire encore.*) Attendez. HORACE. Adieu. Le jour me chasse.	AGNÈS. Quand vous verrai-je donc? HORACE. Bientôt, assurément.

Ne soyez point en peine où je vais vous mettre. (Acte V, scène III.)

AGNÈS. Que je vais m'ennuyer jusques à ce moment! HORACE, *en s'en allant.* Grâce au ciel, mon bonheur n'est plus en concurrence; Et je puis maintenant dormir en assurance.	SCÈNE IV. ARNOLPHE, AGNÈS. ARNOLPHE, *caché dans son manteau, et déguisant sa voix.* Venez, ce n'est pas là que je vous logerai,

Et votre gîte ailleurs est par moi préparé.
Je prétends en lieu sûr mettre votre personne.
  (*Se faisant connoître.*)
Me connoissez-vous?
         AGNÈS
Hai!
  ARNOLPHE.
              Mon visage, friponne,
Dans cette occasion rend vos sens effrayés,
Et c'est à contre-cœur qu'ici vous me voyez;
Je trouble en ses projets l'amour qui vous possède.
  (*Agnès regarde si elle ne verra point Horace.*)
N'appelez point des yeux le galant à votre aide;
Il est trop éloigné pour vous donner secours.
Ah! ah! si jeune encor, vous jouez de ces tours!
Votre simplicité, qui semble sans pareille,
Demande si l'on fait les enfans par l'oreille;
Et vous savez donner des rendez-vous la nuit,
Et pour suivre un galant vous évader sans bruit!
Tudieu! comme avec lui votre langue cajole!
Il faut qu'on vous ait mise à quelque bonne école!
Qui diantre tout d'un coup vous en a tant appris?
Vous ne craignez donc plus de trouver des esprits?
Et ce galant, la nuit, vous a donc enhardie?
Ah! coquine, en venir à cette perfidie!
Malgré tous mes bienfaits former un tel dessein!
Petit serpent que j'ai réchauffé dans mon sein,
Et qui, dès qu'il se sent, par une humeur ingrate
Cherche à faire du mal à celui qui le flatte!
  AGNÈS.
Pourquoi me criez-vous?
  ARNOLPHE.
              J'ai grand tort en effet!
  AGNÈS.
Je n'entends point de mal dans tout ce que j'ai fait.
  ARNOLPHE.
Suivre un galant n'est pas une action infâme?
  AGNÈS.
C'est un homme qui dit qu'il me veut pour sa femme :
J'ai suivi vos leçons, et vous m'avez prêché
Qu'il se faut marier pour ôter le péché.
  ARNOLPHE.
Oui. Mais pour femme, moi, je prétendois vous prendre;
Et je vous l'avois fait, me semble, assez entendre.
  AGNÈS.
Oui. Mais, à vous parler franchement entre nous,
Il est plus pour cela selon mon goût que vous.
Chez vous le mariage est fâcheux et pénible,
Et vos discours en font une image terrible;
Mais, las! il le fait, lui, si rempli de plaisirs,
Que de se marier il donne des désirs.
  ARNOLPHE.
Ah! c'est que vous l'aimez, traîtresse!
  AGNÈS.
              Oui, je l'aime.
  ARNOLPHE.
Et vous avez le front de le dire à moi-même!
  AGNÈS.
Et pourquoi, s'il est vrai, ne le dirois-je pas?

  ARNOLPHE.
Le deviez-vous aimer, impertinente?
  AGNÈS.
              Hélas!
Est-ce que j'en puis mais? Lui seul en est la cause;
Et je n'y songeois pas lorsque se fit la chose.
  ARNOLPHE.
Mais il falloit chasser cet amoureux désir.
  AGNÈS.
Le moyen de chasser ce qui fait du plaisir?
  ARNOLPHE.
Et ne saviez-vous pas que c'étoit me déplaire?
  AGNÈS.
Moi? point du tout. Quel mal cela vous peut-il faire?
  ARNOLPHE.
Il est vrai, j'ai sujet d'en être réjoui!
Vous ne m'aimez donc pas, à ce compte?
  AGNÈS.
              Vous?
  ARNOLPHE.
              Oui.
  AGNÈS.
Hélas! non.
  ARNOLPHE.
Comment, non!
  AGNÈS.
              Voulez-vous que je mente?
  ARNOLPHE.
Pourquoi ne m'aimer pas, madame l'impudente?
  AGNÈS.
Mon Dieu! ce n'est pas moi que vous devez blâmer :
Que ne vous êtes-vous, comme lui, fait aimer?
Je ne vous en ai pas empêché, que je pense.
  ARNOLPHE.
Je m'y suis efforcé de toute ma puissance;
Mais les soins que j'ai pris, je les ai perdus tous.
  AGNÈS.
Vraiment, il en sait donc là-dessus plus que vous;
Car à se faire aimer il n'a point eu de peine.
  ARNOLPHE, *à part*.
Voyez comme raisonne et répond la vilaine!
Peste! une précieuse en diroit-elle plus?
Ah! je l'ai mal connue; ou, ma foi, là-dessus
Une sotte en sait plus que le plus habile homme.
  (*A Agnès.*)
Puisqu'en raisonnemens votre esprit se consomme,
La belle raisonneuse, est-ce qu'un si long temps
Je vous aurai pour lui nourrie à mes dépens?
  AGNÈS.
Non. Il vous rendra tout jusques au dernier double.
  ARNOLPHE, *bas, à part*.
Elle a de certains mots où mon dépit redouble.
  (*Haut.*)
Me rendra-t-il, coquine, avec tout son pouvoir,
Les obligations que vous pouvez m'avoir?
  AGNÈS.
Je ne vous en ai pas de si grandes qu'on pense.
  ARNOLPHE.
N'est-ce rien que les soins d'élever votre enfance?

AGNÈS.

us avez là dedans bien opéré vraiment,
m'avez fait en tout instruire joliment !
oit-on que je me flatte, et qu'enfin, dans ma tête,
ne juge pas bien que je suis une bête ?
oi-même j'en ai honte ; et, dans l'âge où je suis,
ne veux plus passer pour sotte, si je puis.

ARNOLPHE.

ous fuyez l'ignorance, et voulez, quoi qu'il coûte,
pprendre du blondin quelque chose.

AGNÈS.

                      Sans doute.
est de lui que je sais ce que je puis savoir ;
t beaucoup plus qu'à vous je pense lui devoir.

ARNOLPHE.

ne sais qui me tient qu'avec une gourmade
la main de ce discours ne venge la bravade.
enrage quand je vois sa piquante froideur ;
t quelques coups de poing satisferoient mon cœur.

AGNÈS.

élas ! vous le pouvez, si cela peut vous plaire.

ARNOLPHE, *à part*.

e mot et ce regard désarme ma colère,
t produit un retour de tendresse de cœur,
ui de son action m'efface la noirceur.
hose étrange d'aimer, et que, pour ces traîtresses,
es hommes soient sujets à de telles foiblesses !
out le monde connoît leur imperfection ;
e n'est qu'extravagance et qu'indiscrétion ;
eur esprit est méchant, et leur âme fragile ;
n'est rien de plus foible et de plus imbécile,
ien de plus infidèle : et, malgré tout cela,
ans le monde on fait tout pour ces animaux-là.

(*A Agnès*.)

é bien ! faisons la paix. Va, petite traîtresse,
e te pardonne tout et te rends ma tendresse ;
onsidère par là l'amour que j'ai pour toi,
t, me voyant si bon, en revanche aime-moi.

AGNÈS.

u meilleur de mon cœur je voudrois vous complaire :
ue me coûteroit-il, si je le pouvois faire ?

ARNOLPHE.

on pauvre petit bec, tu le peux, si tu veux.
coute seulement ce soupir amoureux,
ois ce regard mourant, contemple ma personne,
t quitte ce morveux et l'amour qu'il te donne.
'est quelque sort qu'il faut qu'il ait jeté sur toi,
t tu seras cent fois plus heureuse avec moi.
a forte passion est d'être brave et leste ;
u le seras toujours, va, je te le proteste ;
ans cesse, nuit et jour, je te caresserai,
e te bouchonnerai, baiserai, mangerai ;
out comme tu voudras, tu pourras te conduire :
e ne m'explique point, et cela, c'est tout dire.

(*Bas, à part.*)

usqu'où la passion peut-elle faire aller !

(*Haut.*)

nfin, à mon amour rien ne peut s'égaler :
uelle preuve veux-tu que je t'en donne, ingrate ?
e veux-tu voir pleurer ? Veux-tu que je me batte ?

Veux-tu que je m'arrache un côté de cheveux ?
Veux-tu que je me tue ? Oui, dis si tu le veux,
Je suis tout prêt, cruelle, à te prouver ma flamme.

AGNÈS.

Tenez, tous vos discours ne me touchent point l'âme :
Horace avec deux mots en feroit plus que vous.

ARNOLPHE.

Ah ! c'est trop me braver, trop pousser mon courroux
Je suivrai mon dessein, bête trop indocile,
Et vous dénicherez à l'instant de la ville.
Vous rebutez mes vœux et me mettez à bout ;
Mais un cul de couvent me vengera de tout.

SCÈNE V.

ARNOLPHE, AGNÈS, ALAIN.

ALAIN.

Je ne sais ce que c'est, monsieur, mais il me semble
Qu'Agnès et le corps mort s'en sont allés ensemble.

ARNOLPHE.

La voici. Dans ma chambre allez me la nicher.
(*A part.*)
Ce ne sera pas là qu'il la viendra chercher ;
Et puis, c'est seulement pour une demi-heure.
Je vais, pour lui donner une sûre demeure,
(*A Alain.*)
Trouver une voiture. Enfermez-vous des mieux,
Et surtout gardez-vous de la quitter des yeux.
(*Seul.*)
Peut-être que son âme, étant dépaysée,
Pourra de cet amour être désabusée.

SCÈNE VI.

ARNOLPHE, HORACE.

HORACE.

Ah ! je viens vous trouver, accablé de douleur.
Le ciel, seigneur Arnolphe, a conclu mon malheur ;
Et, par un trait fatal d'une injustice extrême,
On me veut arracher de la beauté que j'aime.
Pour arriver ici mon père a pris le frais ;
J'ai trouvé qu'il mettoit pied à terre ici près :
Et la cause, en un mot, d'une telle venue,
Qui, comme je disois, ne m'étoit pas connue,
C'est qu'il m'a marié sans m'en écrire rien,
Et qu'il vient en ces lieux célébrer ce lien.
Jugez, en prenant part à mon inquiétude,
S'il pouvoit m'arriver un contre-temps plus rude.
Cet Enrique, dont hier je m'informois à vous,
Cause tout le malheur dont je ressens les coups :
Il vient avec mon père achever ma ruine,
Et c'est sa fille unique à qui l'on me destine.
J'ai, dès leurs premiers mots, pensé m'évanouir :
Et d'abord, sans vouloir plus longtemps les ouïr,
Mon père ayant parlé de vous rendre visite,

L'esprit plein de frayeur, je l'ai devancé vite.
De grâce, gardez-vous de lui rien découvrir
De mon engagement qui le pourroit aigrir ;
Et tâchez, comme en vous il prend grande créance,
De le dissuader de cette autre alliance.
ARNOLPHE.
Oui-da.
HORACE.
Conseillez-lui de différer un peu,
Et rendez, en ami, ce service à mon feu.
ARNOLPHE.
Je n'y manquerai pas.
HORACE.
C'est en vous que j'espère.
ARNOLPHE.
Fort bien.
HORACE.
Et je vous tiens mon véritable père.
Dites-lui que mon âge.... Ah ! je le vois venir :
Écoutez les raisons que je vous puis fournir.

SCÈNE VII.

ENRIQUE, ORONTE, CHRYSALDE,
HORACE, ARNOLPHE.

(Horace et Arnolphe se retirent dans un coin du théâtre, et parlent bas ensemble.)

ENRIQUE, *à Chrysalde.*
Aussitôt qu'à mes yeux je vous ai vu paroître,
Quand on ne m'eût rien dit, j'aurois su vous connoître.
Je vous vois tous les traits de cette aimable sœur
Dont l'hymen autrefois m'avoit fait possesseur ;
Et je serois heureux, si la Parque cruelle
M'eût laissé ramener cette épouse fidèle,
Pour jouir avec moi des sensibles douceurs
De revoir tous les siens après nos longs malheurs.
Mais, puisque du destin la fatale puissance
Nous prive pour jamais de sa chère présence,
Tâchons de nous résoudre, et de nous contenter
Du seul fruit amoureux qui m'en ait pu rester.
Il vous touche de près ; et, sans votre suffrage,
J'aurois tort de vouloir disposer de ce gage.
Le choix du fils d'Oronte est glorieux de soi ;
Mais il faut que ce choix vous plaise comme à moi.
CHRYSALDE.
C'est de mon jugement avoir mauvaise estime,
Que douter si j'approuve un choix si légitime.
ARNOLPHE, *à part, à Horace.*
Oui, je vais vous servir de la bonne façon.
HORACE, *à part, à Arnolphe.*
Gardez encore un coup....
ARNOLPHE, *à Horace.*
N'ayez aucun soupçon.
(Arnolphe quitte Horace pour aller embrasser Oronte.)
ORONTE, *à Arnolphe.*
Ah ! que cette embrassade est pleine de tendresse !

ARNOLPHE.
Que je sens à vous voir une grande allégresse !
ORONTE.
Je suis ici venu....
ARNOLPHE.
Sans m'en faire récit,
Je sais ce qui vous mène.
ORONTE.
On vous l'a déjà dit ?
ARNOLPHE.
Oui.
ORONTE.
Tant mieux.
ARNOLPHE.
Votre fils à cet hymen résiste,
Et son cœur prévenu n'y voit rien que de triste :
Il m'a même prié de vous en détourner ;
Et moi, tout le conseil que je vous puis donner,
C'est de ne pas souffrir que ce nœud se diffère,
Et de faire valoir l'autorité de père.
Il faut avec vigueur ranger les jeunes gens,
Et nous faisons contre eux à leur être indulgens.
HORACE, *à part.*
Ah ! traître !
CHRYSALDE.
Si son cœur a quelque répugnance,
Je tiens qu'on ne doit pas lui faire violence.
Mon frère, que je crois, sera de mon avis.
ARNOLPHE.
Quoi ! se laissera-t-il gouverner par son fils ?
Est-ce que vous voulez qu'un père ait la mollesse
De ne savoir pas faire obéir la jeunesse ?
Il seroit beau, vraiment, qu'on le vît aujourd'hui
Prendre loi de qui doit le recevoir de lui !
Non, non : c'est mon intime, et sa gloire est la mienne ;
Sa parole est donnée, il faut qu'il la maintienne,
Qu'il fasse voir ici de fermes sentimens,
Et force de son fils tous les attachemens.
ORONTE.
C'est parler comme il faut, et, dans cette alliance,
C'est moi qui vous réponds de son obéissance.
CHRYSALDE, *à Arnolphe.*
Je suis surpris, pour moi, du grand empressement
Que vous me faites voir pour cet engagement,
Et ne puis deviner quel motif vous inspire....
ARNOLPHE.
Je sais ce que je fais, et dis ce qu'il faut dire.
ORONTE.
Oui, oui, seigneur Arnolphe, il est....
CHRYSALDE.
Ce nom l'aigrit ;
C'est monsieur de La Souche, on vous l'a déjà dit.
ARNOLPHE.
Il n'importe.
HORACE, *à part.*
Qu'entends-je ?
ARNOLPHE, *se retournant vers Horace.*
Oui, c'est là le mystère,
Et vous pouvez juger ce que je devois faire.
HORACE, *à part.*
En quel trouble....

SCÈNE VIII.

ENRIQUE, ORONTE, CHRYSALDE, HORACE, ARNOLPHE, GEORGETTE.

GEORGETTE.
Monsieur, si vous n'êtes auprès,
Nous aurons de la peine à retenir Agnès;
Elle veut à tous coups s'échapper, et peut-être
Qu'elle se pourroit bien jeter par la fenêtre.

ARNOLPHE.
Faites-la-moi venir; aussi bien de ce pas
(A Horace.)
Prétends-je l'emmener. Ne vous en fâchez pas;

La voici. Dans ma chambre allez me la nicher. (Acte v, scène v.)

n bonheur continu rendroit l'homme superbe;
t chacun a son tour, comme dit le proverbe.
HORACE, *à part.*
uels maux peuvent, ô ciel! égaler mes ennuis!
Et s'est-on jamais vu dans l'abîme où je suis!
ARNOLPHE, *à Oronte.*
Pressez vite le jour de la cérémonie,
J'y prends part, et déjà moi-même je m'en prie.

ORONTE.
C'est bien notre dessein.

SCÈNE IX.

AGNÈS, ORONTE, ENRIQUE, ARNOLPHE, HORACE, CHRYSALDE, ALAIN, GEORGETTE.

ARNOLPHE, à *Agnès*.
Venez, belle, venez,
Qu'on ne sauroit tenir, et qui vous mutinez.
Voici votre galant, à qui, pour récompense,
Vous pouvez faire une humble et douce révérence.
(*A Horace.*)
Adieu. L'événement trompe un peu vos souhaits;
Mais tous les amoureux ne sont pas satisfaits.

AGNÈS.
Me laissez-vous, Horace, emmener de la sorte?

HORACE.
Je ne sais où j'en suis, tant ma douleur est forte.

ARNOLPHE.
Allons, causeuse, allons.

AGNÈS.
Je veux rester ici.

ORONTE.
Dites-nous ce que c'est que ce mystère-ci.
Nous nous regardons tous, sans le pouvoir comprendre.

ARNOLPHE.
Avec plus de loisir je pourrai vous l'apprendre.
Jusqu'au revoir.

ORONTE.
Où donc prétendez-vous aller?
Vous ne parlez point comme il nous faut parler.

ARNOLPHE.
Je vous ai conseillé, malgré tout son murmure,
D'achever l'hyménée.

ORONTE.
Oui. Mais pour le conclure,
Si l'on vous a dit tout, ne vous a-t-on pas dit
Que vous avez chez vous celle dont il s'agit;
La fille qu'autrefois, de l'aimable Angélique,
Sous des liens secrets, eut le seigneur Enrique?
Sur quoi votre discours étoit-il donc fondé?

CHRYSALDE.
Je m'étonnois aussi de voir son procédé.

ARNOLPHE.
Quoi !...

CHRYSALDE.
D'un hymen secret ma sœur eut une fille,
Dont on cacha le sort à toute la famille.

ORONTE.
Et qui, sous de feints noms, pour ne rien découvrir,
Par son époux, aux champs fut donnée à nourrir.

CHRYSALDE.
Et dans ce temps, le sort, lui déclarant la guerre,
L'obligea de sortir de sa natale terre.

ORONTE.
Et d'aller essuyer mille périls divers,
Dans ces lieux séparés de nous par tant de mers.

CHRYSALDE.
Où ses soins ont gagné ce que dans sa patrie
Avoient pu lui ravir l'imposture et l'envie.

ORONTE.
Et de retour en France, il a cherché d'abord
Celle à qui de sa fille il confia le sort.

CHRYSALDE.
Et cette paysanne a dit avec franchise,
Qu'en vos mains à quatre ans elle l'avoit remise.

ORONTE.
Et qu'elle l'avoit fait sur votre charité,
Par un accablement d'extrême pauvreté.

CHRYSALDE.
Et lui, plein de transport et l'allégresse en l'âme,
A fait jusqu'en ces lieux conduire cette femme.

ORONTE.
Et vous allez enfin la voir venir ici,
Pour rendre aux yeux de tous ce mystère éclairci.

CHRYSALDE, à *Arnolphe*.
Je devine à peu près quel est votre supplice;
Mais le sort en cela ne vous est que propice.
Si n'être point cocu vous semble un si grand bien,
Ne vous point marier en est le vrai moyen.

ARNOLPHE, *s'en allant tout transporté, et ne pouvant parler.*

Ouf!

SCÈNE XX.

ENRIQUE, ORONTE, CHRYSALDE, AGNÈS, HORACE.

ORONTE.
D'où vient qu'il s'enfuit sans rien dire?

HORACE.
Ah! mon père,
Vous saurez pleinement ce surprenant mystère.
Le hasard en ces lieux avoit exécuté
Ce que votre sagesse avoit prémédité.
J'étois, par les doux nœuds d'une ardeur mutuelle,
Engagé de parole avecque cette belle;
Et c'est elle, en un mot, que vous venez chercher,
Et pour qui mon refus a pensé vous fâcher.

HENRIQUE.
Je n'en ai point douté d'abord que je l'ai vue,
Et mon âme depuis n'a cessé d'être émue.
Ah! ma fille, je cède à des transports si doux.

CHRYSALDE.
J'en ferois de bon cœur, mon frère, autant que vous;
Mais ces lieux et cela ne s'accommodent guères.
Allons dans la maison débrouiller ces mystères,
Payer à notre ami ses soins officieux
Et rendre grâce au ciel qui fait tout pour le mieux.

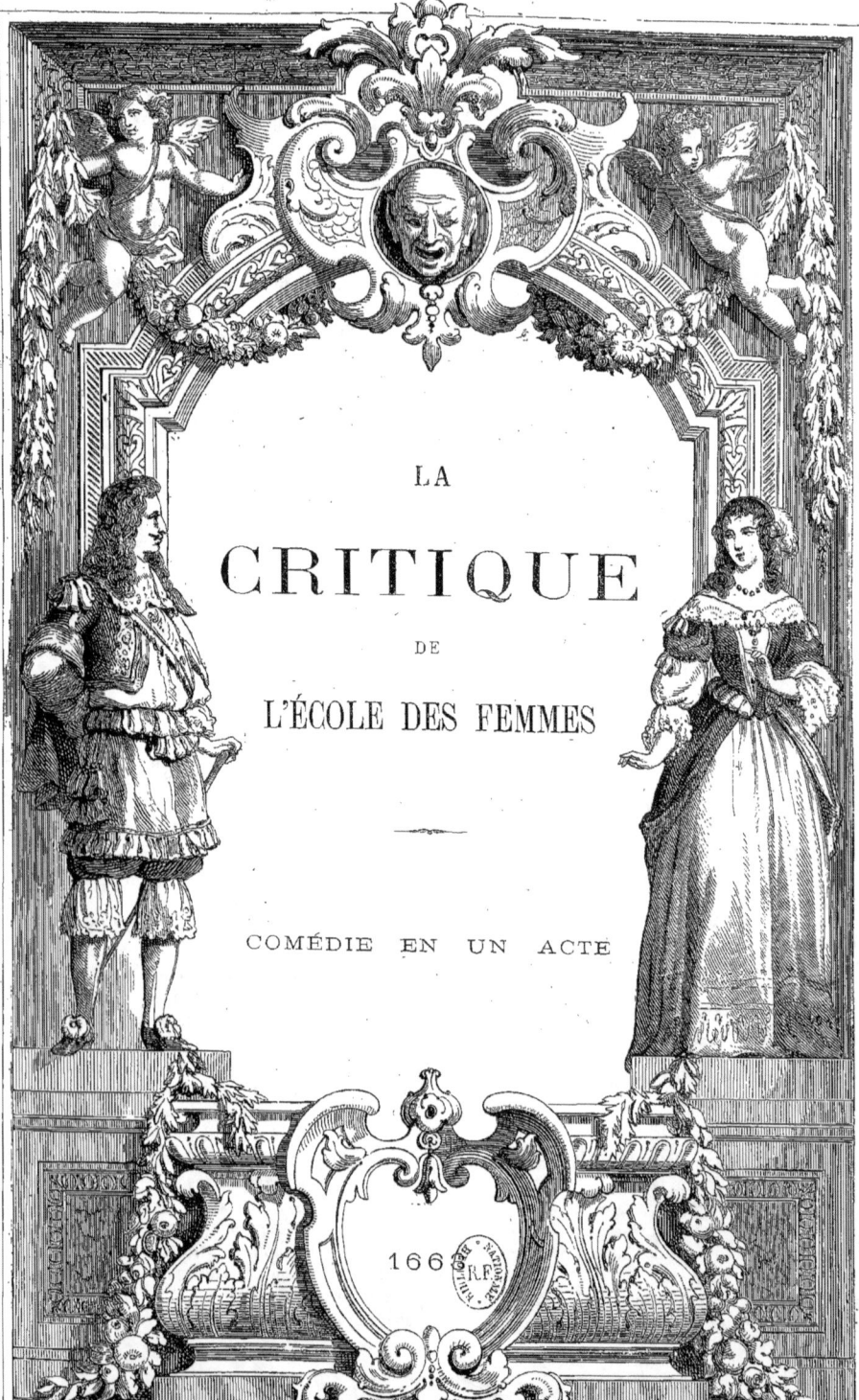

LA CRITIQUE

DE

L'ÉCOLE DES FEMMES

COMÉDIE EN UN ACTE

1663

A LA REINE MÈRE.

Madame,

Je sais bien que Votre Majesté n'a que faire de toutes nos dédicaces, et que ces prétendus devoirs, dont on lui dit élégamment qu'on s'acquitte envers Elle, sont des hommages, à dire vrai, dont Elle nous dispenseroit très-volontiers. Mais je ne laisse pas d'avoir l'audace de lui dédier *la Critique de l'École des Femmes;* et je n'ai pu refuser cette petite occasion de pouvoir témoigner ma joie à Votre Majesté, sur cette heureuse convalescence, qui redonne à nos vœux la plus grande et la meilleure princesse du monde, et nous promet en Elle de longues années d'une santé vigoureuse. Comme chacun regarde les choses du côté de ce qui le touche, je me réjouis, dans cette allégresse générale, de pouvoir encore obtenir l'honneur de divertir Votre Majesté; Elle, Madame, qui prouve si bien que la véritable dévotion n'est point contraire aux honnêtes divertissemens; qui, de ses hautes pensées et de ses importantes occupations, descend si humainement dans le plaisir de nos spectacles, et ne dédaigne pas de rire de cette même bouche dont Elle prie si bien Dieu. Je flatte, dis-je, mon esprit de l'espérance de cette gloire; j'en attends le moment avec toutes les impatiences du monde; et quand je jouirai de ce bonheur, ce sera la plus grande joie que puisse recevoir,

Madame, de Votre Majesté, le très-humble, très-obéissant et très-fidèle serviteur et sujet,

J. B. P. Molière.

PERSONNAGES ET ACTEURS.

URANIE.	Mlle de Brie.	LE MARQUIS.	La Grange.
ÉLISE.	Armande Béjart, femme de Molière.	DORANTE ou LE CHEVALIER.	Brécourt.
		LYSIDAS, poëte.	Du Croisy.
CLIMÈNE.	Mlle du Parc.	GALOPIN, laquais.	

La scène est à Paris, dans la maison d'Uranie.

La Critique de l'École des Femmes fut représentée pour la première fois le 1er juin 1663, et imprimée deux mois après

LA CRITIQUE
DE
L'ÉCOLE DES FEMMES

SCÈNE I.
URANIE, ÉLISE.

URANIE. — Quoi! cousine, personne ne t'est venu rendre visite?

ÉLISE. — Personne du monde.

URANIE. — Vraiment, voilà qui m'étonne, que nous ayons été seules l'une et l'autre tout aujourd'hui.

ÉLISE. — Cela m'étonne aussi, car ce n'est guère notre coutume; et votre maison, Dieu merci, est le refuge ordinaire de tous les fainéans de la cour.

URANIE. — L'après-dînée, à dire vrai, m'a semblé fort longue.

ÉLISE. — Et moi, je l'ai trouvée fort courte.

URANIE. — C'est que les beaux esprits, cousine, aiment la solitude.

ÉLISE. — Ah! très-humble servante au bel esprit; vous savez que ce n'est pas là que je vise.

URANIE. — Pour moi, j'aime la compagnie, je l'avoue.

ÉLISE. — Je l'aime aussi, mais je l'aime choisie; et quantité de sottes visites qu'il vous faut essuyer parmi les autres, est cause bien souvent que je prends plaisir d'être seule.

URANIE. — La délicatesse est trop grande, de ne pouvoir souffrir que des gens triés.

ÉLISE. — Et la complaisance est trop générale, de souffrir indifféremment toutes sortes de personnes.

URANIE. — Je goûte ceux qui sont raisonnables, et me divertis des extravagans.

ÉLISE. — Ma foi, les extravagans ne vont guère loin sans vous ennuyer, et la plupart de ces gens-là ne sont plus plaisans dès la seconde visite. Mais à propos d'extravagans, ne voulez-vous pas me défaire de votre marquis incommode? Pensez-vous me le laisser toujours sur les bras, et que je puisse durer à ses turlupinades perpétuelles?

URANIE. — Ce langage est à la mode, et l'on le tourne en plaisanterie à la cour.

ÉLISE. — Tant pis pour ceux qui le font, et qui se

tuent tout le jour à parler ce jargon obscur. La belle chose de faire entrer, aux conversations du Louvre, de vieilles équivoques ramassées parmi les boues des halles et de la place Maubert ! La jolie façon de plaisanter pour des courtisans, et qu'un homme montre d'esprit lorsqu'il vient vous dire : Madame vous êtes dans la place Royale, et tout le monde vous voit de trois lieues de Paris, car chacun vous voit de bon œil ; à cause que Bonneuil est un village à trois lieues d'ici ! Cela n'est-il pas bien galant et bien spirituel? Et ceux qui trouvent ces belles rencontres, n'ont-ils pas lieu de s'en glorifier?

URANIE. — On ne dit pas cela aussi comme une chose spirituelle ; et la plupart de ceux qui affectent ce langage, savent bien eux-mêmes qu'il est ridicule.

ÉLISE. — Tant pis encore, de prendre peine à dire des sottises, et d'être mauvais plaisans de dessein formé. Je les en tiens moins excusables ; et si j'en étois juge, je sais bien à quoi je condamnerois tous ces messieurs les turlupins.

URANIE. — Laissons cette matière qui t'échauffe un peu trop, et disons que Dorante vient bien tard, à mon avis, pour le souper que nous devons faire ensemble.

ÉLISE. — Peut-être l'a-t-il oublié, et que....

SCÈNE II.

URANIE, ÉLISE, GALOPIN.

GALOPIN. — Voilà Climène, madame, qui vient ici pour vous voir.

URANIE. — Hé ! mon Dieu ! quelle visite !

ÉLISE. — Vous vous plaigniez d'être seule ; aussi le ciel vous en punit.

URANIE. — Vite, qu'on aille dire que je n'y suis pas.

GALOPIN. — On a déjà dit que vous y étiez.

URANIE. — Et qui est le sot qui l'a dit?

GALOPIN. — Moi, madame.

URANIE. — Diantre soit le petit vilain ! Je vous apprendrai bien à faire vos réponses de vous-même.

GALOPIN. — Je vais lui dire, madame, que vous voulez être sortie.

URANIE. — Arrêtez, animal, et la laissez monter, puisque la sottise est faite.

GALOPIN. — Elle parle encore à un homme dans la rue.

URANIE. — Ah ! cousine, que cette visite m'embarrasse à l'heure qu'il est !

ÉLISE. — Il est vrai que la dame est un peu embarrassante de son naturel, j'ai toujours eu pour elle une furieuse aversion ; et, n'en déplaise à sa qualité, c'est la plus sotte bête qui se soit jamais mêlée de raisonner.

URANIE. — L'épithète est un peu forte.

ÉLISE. — Allez, allez, elle mérite bien cela, et quelque chose de plus, si on lui faisoit justice. Est-ce qu'il y a une personne qui soit plus véritablement qu'elle ce qu'on appelle précieuse, à prendre le mot dans sa plus mauvaise signification?

URANIE. — Elle se défend bien de ce nom, pourtant.

ÉLISE. — Il est vrai. Elle se défend du nom, mais non pas de la chose : car enfin elle l'est depuis les pieds jusqu'à la tête, et la plus grande façonnière du monde. Il semble que tout son corps soit démonté, et que les mouvemens de ses hanches, de ses épaules et de sa tête, n'aillent que par ressorts. Elle affecte toujours un ton de voix languissant et niais, fait la moue pour montrer une petite bouche, et roule les yeux pour les faire paroître grands.

URANIE. — Doucement donc. Si elle venoit à entendre....

ÉLISE. — Point, point, elle ne monte pas encore. Je me souviens toujours du soir qu'elle eut envie de voir Damon, sur la réputation qu'on lui donne, et les choses que le public a vues de lui. Vous connoissez l'homme, et sa naturelle paresse à soutenir la conversation. Elle l'avoit invité à souper comme bel esprit, et jamais il ne parut si sot, parmi une demi-douzaine de gens à qui elle avoit fait fête de lui, et qui le regardoient avec de grands yeux, comme une personne qui ne devoit pas être faite comme les autres. Ils pensoient tous qu'il étoit là pour défrayer la compagnie de bons mots ; que chaque parole qui sortoit de sa bouche devoit être extraordinaire ; qu'il devoit faire des impromptus sur tout ce qu'on disoit, et ne demander à boire qu'avec une pointe. Mais il les trompa fort par son silence ; et la dame fut aussi mal satisfaite de lui, que je le fus d'elle.

URANIE. — Tais-toi. Je vais la recevoir à la porte de la chambre.

ÉLISE. — Encore un mot. Je voudrois bien la voir mariée avec le marquis dont nous avons parlé. Le bel assemblage que ce seroit d'une précieuse et d'un turlupin !

URANIE. — Veux-tu te taire? La voici.

SCÈNE III.

CLIMÈNE, URANIE, ÉLISE, GALOPIN.

URANIE. — Vraiment, c'est bien tard que....

CLIMÈNE. — Hé ! de grâce, ma chère, faites-moi vite donner un siége.

URANIE, à Galopin. — Un fauteuil promptement.

CLIMÈNE. — Ah ! mon Dieu !

URANIE. — Qu'est-ce donc?

CLIMÈNE. — Je n'en puis plus.

URANIE. — Qu'avez-vous?

CLIMÈNE. — Le cœur me manque.

URANIE. — Sont-ce vapeurs qui vous ont pris?

CLIMÈNE. — Non.

URANIE. — Voulez-vous que l'on vous délace?

CLIMÈNE. — Mon Dieu non. Ah !

URANIE. — Quel est donc votre mal, et depuis quand vous a-t-il pris?

CLIMÈNE. — Il y a plus de trois heures, et je l'ai rapporté du Palais-Royal.

URANIE. — Comment?

CLIMÈNE. — Je viens de voir, pour mes péchés, cette méchante rapsodie de *l'École des Femmes*. Je suis encore en défaillance du mal de cœur que cela m'a donné, et je pense que je n'en reviendrai de plus de quinze jours.

ÉLISE. — Voyez un peu comme les maladies arrivent sans qu'on y songe!

URANIE. — Je ne sais pas de quel tempérament nous sommes, ma cousine et moi; mais nous fûmes avant-hier à la même pièce, et nous en revînmes toutes deux saines et gaillardes.

CLIMÈNE. — Quoi! vous l'avez vue?.

URANIE. — Oui; et écoutée d'un bout à l'autre.

CLIMÈNE. — Et vous n'en avez pas été jusques aux convulsions, ma chère?

URANIE. — Je ne suis pas si délicate, Dieu merci; je trouve, pour moi, que cette comédie seroit plutôt capable de guérir les gens, que de les rendre malades.

CLIMÈNE — Ah! mon Dieu! que dites-vous là? Cette proposition peut-elle être avancée par une personne qui ait du revenu en sens commun? Peut-on impunément, comme vous faites, rompre en visière à la raison? Et dans le vrai de la chose, est-il un esprit si affamé de plaisanterie, qu'il puisse tâter des fadaises dont cette comédie est assaisonnée? Pour moi, je vous avoue que je n'ai pas trouvé le moindre grain de sel dans tout cela. *Les enfans par l'oreille* m'ont paru d'un goût détestable; *la tarte à la crème* m'a affadi le cœur; et j'ai pensé vomir *au potage*.

ÉLISE. — Mon Dieu! que tout cela est dit élégamment! J'aurois cru que cette pièce étoit bonne; mais madame a une éloquence si persuasive, elle tourne les choses d'une manière si agréable, qu'il faut être de son sentiment, malgré qu'on en ait.

URANIE. — Pour moi, je n'ai pas tant de complaisance; et, pour dire ma pensée, je tiens cette comédie une des plus plaisantes que l'auteur ait produites.

CLIMÈNE. — Ah! vous me faites pitié, de parler ainsi; et je ne saurois vous souffrir cette obscurité de discernement. Peut-on, ayant de la vertu, trouver de l'agrément dans une pièce qui tient sans cesse la pudeur en alarme, et salit à tout moment l'imagination?

ÉLISE. — Les jolies façons de parler que voilà! Que vous êtes, madame, une rude joueuse en critique, et que je plains le pauvre Molière de vous avoir pour ennemie!

CLIMÈNE. — Croyez-moi, ma chère, corrigez de bonne foi votre jugement; et, pour votre honneur, n'allez point dire par le monde que cette comédie vous ait plu.

URANIE. — Moi, je ne sais pas ce que vous y avez trouvé qui blesse la pudeur.

CLIMÈNE. — Hélas! tout; et je mets en fait qu'une honnête femme ne la sauroit voir sans confusion, tant j'y ai découvert d'ordures et de saletés.

URANIE. — Il faut donc que pour les ordures vous ayez des lumières que les autres n'ont pas; car, pour moi, je n'y en ai point vu.

CLIMÈNE. — C'est que vous ne voulez pas y en avoir vu, assurément; car enfin toutes ces ordures, Dieu merci, y sont à visage découvert. Elles n'ont pas la moindre enveloppe qui les couvre, et les yeux les plus hardis sont effrayés de leur nudité.

ÉLISE. — Ah!

CLIMÈNE. — Hai, hai, hai.

URANIE. — Mais encore, s'il vous plaît, marquez-moi une de ces ordures que vous dites.

CLIMÈNE. — Hélas! est-il nécessaire de vous les marquer?

URANIE. — Oui. Je vous demande seulement un endroit qui vous ait fort choquée.

CLIMÈNE. — En faut-il d'autre que la scène de cette Agnès, lorsqu'elle dit ce qu'on lui a pris?

URANIE. — Eh bien! que trouvez-vous là de sale?

CLIMÈNE. — Ah!

URANIE. — De grâce.

CLIMÈNE. — Fi!

URANIE. — Mais encore?

CLIMÈNE. — Je n'ai rien à vous dire.

URANIE. — Pour moi, je n'y entends point de mal.

CLIMÈNE. — Tant pis pour vous.

URANIE. — Tant mieux plutôt, ce me semble. Je regarde les choses du côté qu'on me les montre, et ne les tourne point pour y chercher ce qu'il ne faut pas voir.

CLIMÈNE. — L'honnêteté d'une femme....

URANIE. — L'honnêteté d'une femme n'est pas dans les grimaces. Il sied mal de vouloir être plus sage que celles qui sont sages. L'affectation en cette matière est pire qu'en toute autre; et je ne vois rien de si ridicule que cette délicatesse d'honneur, qui prend tout en mauvaise part, donne un sens criminel aux plus innocentes paroles, et s'offense de l'ombre des choses. Croyez-moi, celles qui font tant de façons, n'en sont pas estimées plus femmes de bien. Au contraire, leur sévérité mystérieuse, et leurs grimaces affectées, irritent la censure de tout le monde contre les actions de leur vie. On est ravi de découvrir ce qu'il peut y avoir à redire; et, pour tomber dans l'exemple, il y avoit l'autre jour des femmes à cette comédie, vis-à-vis de la loge où nous étions, qui, par les mines qu'elles affectèrent durant toute la pièce, leurs détournemens de tête et leurs cachemens de visage, firent dire de tous côtés cent sottises de leur conduite, que l'on n'auroit pas dites sans cela, et quelqu'un même des laquais cria tout haut qu'elles étoient plus chastes des oreilles que de tout le reste du corps.

CLIMÈNE. — Enfin il faut être aveugle dans cette pièce, et ne pas faire semblant d'y voir les choses.

URANIE. — Il ne faut pas y vouloir voir ce qui n'y est pas.

CLIMÈNE. — Ah! je soutiens, encore un coup, que les saletés y crèvent les yeux.

URANIE. — Et moi, je ne demeure pas d'accord de cela.

CLIMÈNE. — Quoi! la pudeur n'est pas visiblement blessée par ce que dit Agnès dans l'endroit dont nous parlons?

URANIE. — Non, vraiment. Elle ne dit pas un mot, qui de soi ne soit fort honnête; et si vous voulez entendre dessous quelque autre chose, c'est vous qui faites l'ordure, et non pas elle, puisqu'elle parle seulement d'un ruban qu'on lui a pris.

CLIMÈNE. — Ah! ruban tant qu'il vous plaira; mais ce *le*, où elle s'arrête, n'est pas mis pour des prunes. Il vient sur ce *le* d'étranges pensées. Ce *le* scandalise furieusement; et, quoi que vous puissiez dire, vous ne sauriez défendre l'insolence de ce *le*.

ÉLISE. — Il est vrai, ma cousine, je suis pour madame contre ce *le*. Ce *le* est insolent au dernier point, et vous avez tort de défendre ce *le*.

CLIMÈNE. — Il a une obscénité qui n'est pas supportable.

ÉLISE. — Comment dites-vous ce mot-là, madame?

CLIMÈNE. — Obscénité, madame.

ÉLISE. — Ah! mon Dieu, obscénité. Je ne sais ce que ce mot veut dire; mais je le trouve le plus joli du monde.

CLIMÈNE. — Enfin, vous voyez comme votre sang prend mon parti.

URANIE. — Hé! mon Dieu! c'est une causeuse qui ne dit pas ce qu'elle pense. Ne vous y fiez pas beaucoup, si vous m'en voulez croire.

ÉLISE. — Ah! que vous êtes méchante, de me vouloir rendre suspecte à madame! Voyez un peu où j'en serois, si elle alloit croire ce que vous dites! Serois-je si malheureuse, madame, que vous eussiez de moi cette pensée?

CLIMÈNE. — Non, non. Je ne m'arrête pas à ses paroles, et je vous crois plus sincère qu'elle ne dit.

ÉLISE. — Ah! que vous avez bien raison, madame, et que vous me rendrez justice, quand vous croirez que je vous trouve la plus engageante personne du monde, que j'entre dans tous vos sentimens, et suis charmée de toutes les expressions qui sortent de votre bouche!

CLIMÈNE. — Hélas! je parle sans affectation.

ÉLISE. — On le voit bien, madame, et que tout est naturel en vous. Vos paroles, le ton de votre voix, vos regards, vos pas, votre action et votre ajustement, ont je ne sais quel air de qualité, qui enchante les gens. Je vous étudie des yeux et des oreilles; et je suis si remplie de vous, que je tâche d'être votre singe, et de vous contrefaire en tout.

CLIMÈNE. — Vous vous moquez de moi, madame.

ÉLISE. — Pardonnez-moi, madame. Qui voudroit se moquer de vous?

CLIMÈNE. — Je ne suis pas un bon modèle, madame.

ÉLISE. — Oh! que si, madame!

CLIMÈNE. — Vous me flattez, madame.

ÉLISE. — Point du tout, madame.

CLIMÈNE. — Épargnez-moi, s'il vous plaît, madame.

ÉLISE. — Je vous épargne aussi, madame, et je ne dis pas la moitié de ce que je pense, madame.

CLIMÈNE. — Ah! mon Dieu, brisons là, de grâce. Vous me jetteriez dans une confusion épouvantable. (*A Uranie.*) Enfin, nous voilà deux contre vous, et l'opiniâtreté sied si mal aux personnes spirituelles....

SCÈNE IV.

LE MARQUIS, CLIMÈNE, URANIE, ÉLISE, GALOPIN.

GALOPIN, *à la porte de la chambre.* — Arrêtez, s'il vous plaît, monsieur.

LE MARQUIS. — Tu ne me connois pas, sans doute.

GALOPIN. — Si fait, je vous connois; mais vous n'entrerez pas.

LE MARQUIS. — Ah! que de bruit, petit laquais!

GALOPIN. — Cela n'est pas bien de vouloir entrer malgré les gens.

LE MARQUIS. — Je veux voir ta maîtresse.

GALOPIN. — Elle n'y est pas, vous dis-je.

LE MARQUIS. — La voilà dans la chambre.

GALOPIN. — Il est vrai, la voilà; mais elle n'y est pas.

URANIE. — Qu'est-ce donc qu'il y a là?

LE MARQUIS. — C'est votre laquais, madame, qui fait le sot.

GALOPIN. — Je lui dis que vous n'y êtes pas, madame, et il ne veut pas laisser d'entrer.

URANIE. — Et pourquoi dire à monsieur que je n'y suis pas?

GALOPIN. — Vous me grondâtes l'autre jour de lui avoir dit que vous y étiez.

URANIE. — Voyez cet insolent! Je vous prie, monsieur, de ne pas croire ce qu'il dit. C'est un petit écervelé, qui vous a pris pour un autre.

LE MARQUIS. — Je l'ai bien vu, madame; et, sans votre respect, je lui aurois appris à connoître les gens de qualité.

ÉLISE. — Ma cousine vous est fort obligée de cette déférence.

URANIE, *à Galopin.* — Un siége donc, impertinent.

GALOPIN. — N'en voilà-t-il pas un?

URANIE. — Approchez-le.

(*Galopin pousse le siége rudement, et sort.*)

SCÈNE V.

LE MARQUIS, CLIMÈNE, URANIE, ÉLISE.

LE MARQUIS. — Votre petit laquais, madame, a du mépris pour ma personne.

ÉLISE. — Il auroit tort, sans doute.

LE MARQUIS. — C'est peut-être que je paye l'intérêt de ma mauvaise mine : (*Il rit.*) hai, hai, hai, hai.

ÉLISE. — L'âge le rendra plus éclairé en honnêtes gens.

LE MARQUIS. — Sur quoi en étiez-vous, mesdames, lorsque je vous ai interrompues?

URANIE. — Sur la comédie de *l'École des Femmes.*

LE MARQUIS. — Je ne fais que d'en sortir.

CLIMÈNE. — Hé bien! monsieur, comment la trouvez-vous, s'il vous plaît?

LE MARQUIS. — Tout à fait impertinente.

CLIMÈNE. — Ah! que j'en suis ravie!

LE MARQUIS. — C'est la plus méchante du monde. Comment, diable! à peine ai-je pu trouver place. J'ai pensé être étouffé à la porte, et jamais on ne m'a tant marché sur les pieds. Voyez comme mes canons et mes rubans en sont ajustés, de grâce.

ÉLISE. — Il est vrai que cela crie vengeance contre l'École des Femmes, et que vous la condamnez avec justice.

LE MARQUIS. — Il ne s'est jamais fait, je pense, une si méchante comédie.

URANIE. — Ah! voici Dorante que nous attendons.

SCÈNE VI.

DORANTE, CLIMÈNE, URANIE, ÉLISE, LE MARQUIS.

DORANTE. — Ne bougez, de grâce, et n'interrompez point votre discours. Vous êtes là sur une matière qui, depuis quatre jours, fait presque l'entretien de toutes les maisons de Paris, et jamais on n'a rien vu de si plaisant que la diversité des jugemens qui se font là-dessus. Car enfin, j'ai ouï condamner

Voyez cet insolent. (Scène VI.)

cette comédie à certaines gens, par les mêmes choses que j'ai vu d'autres estimer le plus.

URANIE. — Voilà monsieur le marquis qui en dit force mal.

LE MARQUIS. — Il est vrai, je la trouve détestable, morbleu! détestable, du dernier détestable, ce qu'on appelle détestable.

DORANTE. — Et moi, mon cher marquis, je trouve ce jugement détestable.

LE MARQUIS. — Quoi! chevalier, est-ce que tu prétends soutenir cette pièce?

DORANTE. — Oui, je prétends la soutenir.

LE MARQUIS. — Parbleu! je la garantis détestable.

DORANTE. — La caution n'est pas bourgeoise. Mais, marquis, par quelle raison, de grâce, cette comédie est-elle ce que tu dis?

LE MARQUIS. — Pourquoi elle est détestable?

DORANTE. — Oui.

LE MARQUIS. — Elle est détestable, parce qu'elle est détestable.

DORANTE. — Après cela, il n'y a plus rien à dire; voilà son procès fait. Mais encore, instruis-nous, et nous dis les défauts qui y sont.

LE MARQUIS. — Que sais-je, moi? je ne me suis pas seulement donné la peine de l'écouter. Mais enfin je sais bien que je n'ai jamais rien vu de si méchant, Dieu me damne; et Dorilas, contre qui j'étois, a été de mon avis.

DORANTE. — L'autorité est belle, et te voilà bien appuyé.

LE MARQUIS. — Il ne faut que voir les continuels éclats de rire que le parterre y fait. Je ne veux point d'autre chose pour témoigner qu'elle ne vaut rien.

DORANTE. — Tu es donc, marquis, de ces messieurs du bel air, qui ne veulent pas que le parterre ait du sens commun, et qui seroient fâchés d'avoir ri avec lui, fût-ce de la meilleure chose du monde? Je vis l'autre jour sur le théâtre un de nos amis, qui se rendit ridicule par là. Il écouta toute la pièce avec un sérieux le plus sombre du monde; et tout ce qui égayoit les autres, ridoit son front. A tous les éclats de risée, il haussoit les épaules, et regardoit le parterre en pitié; et quelquefois aussi le regardant avec dépit, il lui disoit tout haut : *Ris donc, parterre, ris donc.* Ce fut une seconde comédie, que le chagrin de notre ami. Il la donna en galant homme à toute l'assemblée, et chacun demeura d'accord qu'on ne pouvoit pas mieux jouer qu'il fit. Apprends, marquis, je te prie, et les autres aussi, que le bon sens n'a point de place déterminée à la comédie; que la différence du demi-louis d'or, et de la pièce de quinze sols, ne fait rien du tout au bon goût; que debout et assis, l'on peut donner un mauvais jugement; et qu'enfin, à le prendre en général, je me fierois assez à l'approbation du parterre, par la raison qu'entre ceux qui le composent, il y en a plusieurs qui sont capables de juger d'une pièce selon les règles, et que les autres en jugent par la bonne façon d'en juger, qui est de se laisser prendre aux choses, et de n'avoir ni prévention aveugle, ni complaisance affectée, ni délicatesse ridicule.

LE MARQUIS. — Te voilà donc, chevalier, le défenseur du parterre? Parbleu! je m'en réjouis, et je ne manquerai pas de l'avertir que tu es de ses amis. Hai, hai, hai, hai, hai.

DORANTE. — Ris tant que tu voudras. Je suis pour le bon sens, et ne saurois souffrir les ébullitions de cerveau de nos marquis de Mascarille. J'enrage de voir de ces gens qui se traduisent en ridicule, malgré leur qualité; de ces gens qui décident toujours, et parlent hardiment de toutes choses, sans s'y connoître; qui, dans une comédie, se récrieront aux méchans endroits, et ne branleront pas à ceux qui sont bons; qui, voyant un tableau, ou écoutant un concert de musique, blâment de même et louent tout à contre-sens, prennent par où ils peuvent les termes de l'art qu'ils attrapent, et ne manquent jamais de les estropier, et de les mettre hors de place. Hé, morbleu! messieurs, taisez-vous. Quand Dieu ne vous a pas donné la connoissance d'une chose, n'apprêtez point à rire à ceux qui vous entendent parler, et songez qu'en ne disant mot, on croira peut-être que vous êtes d'habiles gens.

LE MARQUIS. — Parbleu! chevalier, tu le prends là....

DORANTE. — Mon Dieu, marquis, ce n'est pas à toi que je parle. C'est à une douzaine de messieurs qui déshonorent les gens de cour par leurs manières extravagantes, et font croire parmi le peuple que nous nous ressemblons tous. Pour moi, je m'en veux justifier le plus qu'il me sera possible; et je les dauberai tant en toutes rencontres, qu'à la fin ils se rendront sages.

LE MARQUIS. — Dis-moi un peu, chevalier, crois-tu que Lysandre ait de l'esprit?

DORANTE. — Oui, sans doute, et beaucoup.

URANIE. — C'est une chose qu'on ne peut pas nier.

LE MARQUIS. — Demandez-lui ce qu'il lui semble de *l'École des Femmes* : vous verrez qu'il vous dira qu'elle ne lui plaît pas.

DORANTE. — Hé! mon Dieu, il y en a beaucoup que le trop d'esprit gâte, qui voient mal les choses à force de lumière, et même qui seroient bien fâchés d'être de l'avis des autres, pour avoir la gloire de décider.

URANIE. — Il est vrai. Notre ami est de ces gens-là, sans doute. Il veut être le premier de son opinion, et qu'on attende son respect son jugement. Toute approbation qui marche avant la sienne, est un attentat sur ses lumières, dont il se venge hautement en prenant le contraire parti. Il veut qu'on le consulte sur toutes les affaires d'esprit; et je suis sûre que, si l'auteur lui eût montré sa comédie avant que de la faire voir au public, il l'eût trouvée la plus belle du monde.

LE MARQUIS. — Et que direz-vous de la marquise Araminte, qui la publie partout pour épouvantable, et dit qu'elle n'a pu jamais souffrir les ordures dont elle est pleine?

DORANTE. — Je dirai que cela est digne du caractère qu'elle a pris; et qu'il y a des personnes qui se rendent ridicules, pour vouloir avoir trop d'honneur. Bien qu'elle ait de l'esprit, elle a suivi le mauvais exemple de celles qui, étant sur le retour de l'âge, veulent remplacer de quelque chose ce qu'elles voient qu'elles perdent, et prétendent que les grimaces d'une pruderie scrupuleuse leur tiendront lieu de jeunesse et de beauté. Celle-ci pousse l'affaire plus avant qu'aucune; et l'habileté de son scrupule découvre des saletés, où jamais personne n'en avoit vu. On tient qu'il va, ce scrupule, jusques à défigurer notre langue, et qu'il n'y a point presque de mots dont la sévérité de cette dame ne veuille retrancher ou la tête ou la queue, pour les syllabes déshonnêtes qu'elle y trouve.

URANIE. — Vous êtes bien fou, chevalier.

LE MARQUIS. — Enfin, chevalier, tu crois défendre ta comédie, en faisant la satire de ceux qui la condamnent.

DORANTE. — Non pas; mais je tiens que cette dame se scandalise à tort....

ÉLISE. — Tout beau, monsieur le chevalier, il pourroit y en avoir d'autres qu'elle qui seroient dans les mêmes sentiments.

DORANTE. — Je sais bien que ce n'est pas vous, au moins; et que, lorsque vous avez vu cette représentation....

ÉLISE. — Il est vrai; mais j'ai changé d'avis; *(montrant Climène)* et madame sait appuyer le sien par des raisons si convaincantes, qu'elle m'a entraînée de son côté.

DORANTE, à *Climène*. — Ah! madame, je vous demande pardon; et, si vous le voulez, je me dédirai, pour l'amour de vous, de tout ce que j'ai dit.

CLIMÈNE. — Je ne veux pas que ce soit pour l'amour de moi, mais pour l'amour de la raison : car enfin cette pièce, à le bien prendre, est tout à fait indéfendable, et je ne conçois pas....

URANIE. — Ah! voici l'auteur, monsieur Lysidas. Il vient tout à propos pour cette matière. Monsieur Lysidas, prenez un siège vous-même, et vous mettez là.

SCÈNE VII.

LYSIDAS, CLIMÈNE, URANIE, ÉLISE, DORANTE, LE MARQUIS.

LYSIDAS. — Madame, je viens un peu tard; mais il m'a fallu lire ma pièce chez madame la marquise dont je vous avois parlé; et les louanges qui lui ont été données, m'ont retenu une heure plus que je ne croyois.

ÉLISE. — C'est un grand charme que les louanges ir arrêter un auteur.

URANIE. — Asseyez-vous donc, monsieur Lysidas; is lirons votre pièce après souper.

LYSIDAS. — Tous ceux qui étoient là, doivent venir a première représentation, et m'ont promis de faire r devoir comme il faut.

URANIE. — Je le crois. Mais, encore une fois, as-ez-vous, s'il vous plaît. Nous sommes ici sur e matière que je serai bien aise que nous pous-ns.

LYSIDAS. — Je pense, madame, que vous retiendrez ssi une loge pour ce jour-là.

URANIE. — Nous verrons. Poursuivons, de grâce, tre discours.

LYSIDAS. — Je vous donne avis, madame, qu'elles it presque toutes retenues.

URANIE. — Voilà qui est bien. Enfin, j'avois besoin vous, lorsque vous êtes venu, et tout le monde étoit contre moi.

ÉLISE, à Uranie, montrant Dorante. — Il s'est mis bord de votre côté; mais maintenant (montrant mène) qu'il sait que madame est à la tête du parti itraire, je pense que vous n'avez qu'à chercher un tre secours.

CLIMÈNE. — Non, non. Je ne voudrois pas qu'il fît l sa cour auprès de madame votre cousine, et je rmets à son esprit d'être du parti de son cœur.

DORANTE. — Avec cette permission, madame, je ndrai la hardiesse de me défendre.

URANIE. — Mais auparavant, sachons un peu les itimens de monsieur Lysidas.

LYSIDAS. — Sur quoi, madame?

URANIE. — Sur le sujet de *l'École des Femmes*.

LYSIDAS. — Ah, ah!

DORANTE. — Que vous en semble?

LYSIDAS. — Je n'ai rien à dire là-dessus; et vous ez qu'entre nous autres auteurs, nous devons parler s ouvrages les uns des autres avec beaucoup de cir-ispection.

DORANTE. — Mais encore, entre nous, que pensez-is de cette comédie?

LYSIDAS. — Moi, monsieur?

URANIE. — De bonne foi, dites-nous votre avis.

LYSIDAS. — Je la trouve fort belle.

DORANTE. — Assurément?

LYSIDAS. — Assurément. Pourquoi non? N'est-elle s en effet la plus belle du monde?

DORANTE. — Hon, hon, vous êtes un méchant diable, nsieur Lysidas; vous ne dites pas ce que vous isez?

LYSIDAS. — Pardonnez-moi.

DORANTE. — Mon Dieu! je vous connois. Ne dissi-lons point.

LYSIDAS. — Moi, monsieur?

DORANTE. — Je vois bien que le bien que vous dites citte pièce n'est que par honnêteté, et que, dans le d du cœur, vous êtes de l'avis de beaucoup de gens i la trouvent mauvaise.

LYSIDAS. — Hai, hai, hai.

DORANTE. — Avouez, ma foi, que c'est une méchante chose que cette comédie.

LYSIDAS. — Il est vrai qu'elle n'est pas approuvée par les connoisseurs.

LE MARQUIS. — Ma foi, chevalier, tu en tiens, et te voilà payé de ta raillerie. Ah, ah, ah, ah, ah!

DORANTE. — Pousse, mon cher marquis, pousse.

LE MARQUIS. — Tu vois que nous avons les savans de notre côté.

DORANTE. — Il est vrai. Le jugement de monsieur Lysidas est quelque chose de considérable. Mais monsieur Lysidas veut bien que je ne me rende pas pour cela; et, puisque j'ai bien l'audace de me défendre (montrant Climène) contre les sentimens de madame, il ne trouvera pas mauvais que je combatte les siens.

ÉLISE. — Quoi! vous voyez contre vous madame, monsieur le marquis et monsieur Lysidas, et vous osez résister encore? Fi! que cela est de mauvaise grâce!

CLIMÈNE. — Voilà qui me confond, pour moi, que des personnes raisonnables se puissent mettre en tête de donner protection aux sottises de cette pièce.

LE MARQUIS. — Dieu me damne! madame, elle est misérable depuis le commencement jusqu'à la fin.

DORANTE. — Cela est bientôt dit, marquis. Il n'est rien plus aisé que de trancher ainsi; et je ne vois aucune chose qui puisse être à couvert de la souveraineté de vos décisions.

LE MARQUIS. — Parbleu! tous les autres comédiens qui étoient là pour la voir, en ont dit tous les maux du monde.

DORANTE. — Ah! je ne dis plus mot; tu as raison, marquis. Puisque les autres comédiens en disent du mal, il faut les en croire assurément. Ce sont tous gens éclairés et qui parlent sans intérêt. Il n'y a plus rien à dire, je me rends.

CLIMÈNE. — Rendez-vous, ou ne vous rendez pas, je sais fort bien que vous ne me persuaderez point de souffrir les immodesties de cette pièce, non plus que les satires désobligeantes qu'on y voit contre les femmes.

URANIE. — Pour moi, je me garderai bien de m'en offenser, et de prendre rien sur mon compte de tout ce qui s'y dit. Ces sortes de satires tombent directement sur les mœurs, et ne frappent les personnes que par réflexion. N'allons point nous appliquer nous-mêmes les traits d'une censure générale; et profitons de la leçon, si nous pouvons, sans faire semblant qu'on parle à nous. Toutes les peintures ridicules qu'on expose sur les théâtres doivent être regardées sans chagrin de tout le monde. Ce sont miroirs publics, où il ne faut jamais témoigner qu'on se voie; et c'est se taxer hautement d'un défaut, que se scandaliser qu'on le reprenne.

CLIMÈNE. — Pour moi, je ne parle pas de ces choses par la part que j'y puisse avoir, et je pense que je vis d'un air dans le monde à ne pas craindre d'être cherchée dans les peintures qu'on fait là des femmes qui se gouvernent mal.

ÉLISE. — Assurément, madame, on ne vous y cherchera point. Votre conduite est assez connue, et ce sont de ces sortes de choses qui ne sont contestées de personne.

URANIE, *à Climène*. — Aussi, madame, n'ai-je rien dit qui aille à vous; et mes paroles, comme les satires de la comédie, demeurent dans la thèse générale.

CLIMÈNE. — Je n'en doute pas, madame. Mais enfin passons sur ce chapitre. Je ne sais pas de quelle façon vous recevez les injures qu'on dit à notre sexe dans un certain endroit de la pièce; et, pour moi, je vous avoue que je suis dans une colère épouvantable, de voir que cet auteur impertinent nous appelle *des animaux*.

URANIE. — Ne voyez-vous pas que c'est un ridicule qu'il fait parler?

DORANTE. — Et puis, madame, ne savez-vous pas que les injures des amans n'offensent jamais; qu'il est des amours emportés aussi bien que des doucereux; et qu'en de pareilles occasions les paroles les plus étranges, et quelque chose de pis encore, se prennent bien souvent pour des marques d'affection, par celles mêmes qui les reçoivent?

ÉLISE. — Dites tout ce que vous voudrez, je ne saurois digérer cela, non plus que *le potage* et *la tarte à la crème*, dont madame a parlé tantôt.

LE MARQUIS. — Ah! ma foi, oui, *tarte à la crème!* voilà ce que j'avois remarqué tantôt; *tarte à la crème!* Que je vous suis obligé, madame, de m'avoir fait souvenir de *tarte à la crème!* Y a-t-il assez de pommes en Normandie pour *tarte à la crème? Tarte à la crème, morbleu! tarte à la crème!*

DORANTE. — Hé bien! que veux-tu dire? *Tarte à la crème!*

LE MARQUIS. — Parbleu! *tarte à la crème*, chevalier.

DORANTE. — Mais encore?

LE MARQUIS. — *Tarte à la crème!*

DORANTE. — Dis-nous un peu tes raisons.

LE MARQUIS. — *Tarte à la crème!*

URANIE. — Mais il faut expliquer sa pensée, ce me semble.

LE MARQUIS. — *Tarte à la crème*, madame!

URANIE. — Que trouvez-vous là à redire?

LE MARQUIS. — Moi, rien. *Tarte à la crème.*

URANIE. — Ah! je le quitte.

ÉLISE. — Monsieur le marquis s'y prend bien, et vous bourre de la belle manière. Mais je voudrois bien que monsieur Lysidas voulût les achever et leur donner quelques petits coups de sa façon.

LYSIDAS. — Ce n'est pas ma coutume de rien blâmer, et je suis assez indulgent pour les ouvrages des autres. Mais, enfin, sans choquer l'amitié que monsieur le chevalier témoigne pour l'auteur, on m'avouera que ces sortes de comédies ne sont pas proprement des comédies, et qu'il y a une grande différence de toutes ces bagatelles, à la beauté des pièces sérieuses. Cependant tout le monde donne là dedans aujourd'hui; on ne court plus qu'à cela, et l'on voit une solitude effroyable aux grands ouvrages, lorsque des sottises ont tout Paris. Je vous avoue que le cœur m'en saigne quelquefois, et cela est honteux pour la France.

CLIMÈNE. — Il est vrai que le goût des gens est étrangement gâté là-dessus, et que le siècle s'encanaille furieusement.

ÉLISE. — Celui-là est joli encore, s'encanaille! Est-ce vous qui l'avez inventé, madame?

CLIMÈNE. — Hé?

ÉLISE. — Je m'en suis bien doutée.

DORANTE. — Vous croyez donc, monsieur Lysidas, que tout l'esprit et toute la beauté sont dans les poëmes sérieux, et que les pièces comiques sont des niaiseries qui ne méritent aucune louange?

URANIE. — Ce n'est pas mon sentiment, pour moi. La tragédie, sans doute, est quelque chose de beau quand elle est bien touchée; mais la comédie a ses charmes, et je tiens que l'une n'est pas moins difficile à faire que l'autre.

DORANTE. — Assurément, madame; et quand, pour la difficulté, vous mettriez un peu plus du côté de la comédie, peut-être que vous ne vous abuseriez pas. Car enfin, je trouve qu'il est bien plus aisé de se guinder sur de grands sentimens, de braver en vers la fortune, accuser les destins, et dire des injures aux dieux, que d'entrer comme il faut dans le ridicule des hommes, et de rendre agréablement sur le théâtre les défauts de tout le monde. Lorsque vous peignez des héros, vous faites ce que vous voulez. Ce sont des portraits à plaisir, où l'on ne cherche point de ressemblance; et vous n'avez qu'à suivre les traits d'une imagination qui se donne l'essor, et qui souvent laisse le vrai pour attraper le merveilleux. Mais lorsque vous peignez les hommes, il faut peindre d'après nature. On veut que ces portraits ressemblent; et vous n'avez rien fait, si vous n'y faites reconnoître les gens de votre siècle. En un mot, dans les pièces sérieuses, il suffit, pour n'être point blâmé, de dire des choses qui soient de bon sens et bien écrites; mais ce n'est pas assez dans les autres, il y faut plaisanter; et c'est une étrange entreprise que celle de faire rire les honnêtes gens.

CLIMÈNE. — Je crois être du nombre des honnêtes gens; et cependant je n'ai pas trouvé le mot pour rire dans tout ce que j'ai vu.

LE MARQUIS. — Ma foi, ni moi non plus.

DORANTE. — Pour toi, marquis, je ne m'en étonne pas. C'est que tu n'y as point trouvé de turlupinades.

LYSIDAS. — Ma foi, monsieur, ce qu'on y rencontre ne vaut guère mieux, et toutes les plaisanteries y sont assez froides à mon avis.

DORANTE. — La cour n'a pas trouvé cela.

LYSIDAS. — Ah! monsieur, la cour!

DORANTE. — Achevez, monsieur Lysidas. Je vois bien que vous voulez dire que la cour ne se connoît pas à ces choses; et c'est le refuge ordinaire de vous autres messieurs les auteurs, dans le mauvais succès de vos ouvrages, que d'accuser l'injustice du siècle et le peu de lumière des courtisans. Sachez, s'il vous plaît, monsieur Lysidas, que les courtisans ont d'aussi bons yeux que d'autres; qu'on peut être habile avec un point de Venise et des plumes, aussi bien qu'avec une perruque courte et un petit rabat uni; que la grande épreuve de toutes vos comédies, c'est le jugement de la cour; que c'est son goût qu'il faut étudier pour trouver l'art de réussir; qu'il n'y a point de lieu où les décisions soient si justes; et, sans mettre en ligne de compte tous les gens savans qui y sont, que, du simple bon sens naturel et du commerce de tout le beau monde, on s'y fait une manière d'esprit, qui, sans comparaison, juge plus finement des choses, que tout le savoir enrouillé des pédans.

URANIE. — Il est vrai que, pour peu qu'on y demeure, il vous passe là tous les jours assez de choses devant les yeux pour acquérir quelque habitude de les connoître, et surtout pour ce qui est de la bonne et mauvaise plaisanterie.

DORANTE. — La cour a quelques ridicules, j'en demeure d'accord, et je suis, comme on voit, le premier à les fronder. Mais, ma foi, il y en a un grand nombre parmi les beaux esprits de profession; et, si l'on joue quelques marquis, je trouve qu'il y a bien plus de quoi jouer les auteurs, et que ce seroit une chose plaisante à mettre sur le théâtre que leurs grimaces savantes et leurs raffinemens ridicules, leur vicieuse coutume d'assassiner les gens de leurs ouvrages, leur

Ne consultons dans une comédie que l'effet qu'elle fait sur nous.

friandise de louanges, leurs ménagemens de pensées, leur trafic de réputation, et leurs ligues offensives et défensives, aussi bien que leurs guerres d'esprit, et leurs combats de prose et de vers.

LYSIDAS. — Molière est bien heureux, monsieur, d'avoir un protecteur aussi chaud que vous. Mais enfin, pour venir au fait, il est question de savoir si la pièce est bonne, et je m'offre d'y montrer partout cent défauts visibles.

URANIE. — C'est une étrange chose de vous autres messieurs les poëtes, que vous condamniez toujours les pièces où tout le monde court, et ne disiez jamais du bien que de celles où personne ne va. Vous montrez pour les unes une haine invincible, et pour les autres une tendresse qui n'est pas concevable.

DORANTE. — C'est qu'il est généreux de se ranger du côté des affligés.

URANIE. — Mais, de grâce, monsieur Lysidas, faites-nous voir ces défauts, dont je ne me suis point aperçue.

LYSIDAS. — Ceux qui possèdent Aristote et Horace, voient d'abord, madame, que cette comédie pèche contre toutes les règles de l'art.

URANIE. — Je vous avoue que je n'ai aucune habitude avec ces messieurs-là, et que je ne sais point les règles de l'art.

DORANTE. — Vous êtes de plaisantes gens avec vos règles dont vous embarrassez les ignorans, et nous étourdissez tous les jours. Il semble, à vous ouïr parler, que ces règles de l'art soient les plus grands mystères du monde; et cependant ce ne sont que quelques observations aisées, que le bon sens a faites sur ce qui peut ôter le plaisir que l'on prend à ces sortes de poëmes; et le même bon sens qui a fait autrefois ces observations, les fait aisément tous les jours, sans le secours d'Horace et d'Aristote. Je voudrois bien savoir si la grande règle de toutes les règles n'est pas de plaire, et si une pièce de théâtre qui a attrapé son but, n'a pas suivi un bon chemin. Veut-on que tout un public s'abuse sur ces sortes de choses, et que chacun n'y soit pas juge du plaisir qu'il y prend?

URANIE. — J'ai remarqué une chose de ces messieurs-là; c'est que ceux qui parlent le plus des règles, et qui les savent mieux que les autres, font des comédies que personne ne trouve belles.

DORANTE. — Et c'est ce qui marque, madame, comme on doit s'arrêter peu à leurs disputes embarrassées. Car enfin, si les pièces qui sont selon les règles ne plaisent pas, et que celles qui plaisent ne soient pas selon les règles, il faudroit, de nécessité, que les règles eussent été mal faites. Moquons-nous donc de cette chicane, où ils veulent assujettir le goût du public, et ne consultons dans une comédie que l'effet qu'elle fait sur nous. Laissons-nous aller de bonne foi aux choses qui nous prennent par les entrailles, et ne cherchons point de raisonnemens pour nous empêcher d'avoir du plaisir.

URANIE. — Pour moi, quand je vois une comédie, je regarde seulement si les choses me touchent; et, lorsque je m'y suis bien divertie, je ne vais point demander si j'ai eu tort, et si les règles d'Aristote me défendoient de rire.

DORANTE. — C'est justement comme un homme qui auroit trouvé une sauce excellente, et qui voudroit examiner si elle est bonne, sur les préceptes du *Cuisinier françois*.

URANIE. — Il est vrai; et j'admire les raffinemens de certaines gens, sur des choses que nous devons sentir par nous-mêmes.

DORANTE. — Vous avez raison, madame, de les trouver étranges, tous ces raffinemens mystérieux. Car enfin, s'ils ont lieu, nous voilà réduits à ne nous plus croire; nos propres sens seront esclaves en toutes choses; et, jusques au manger et au boire, nous n'oserons plus trouver rien de bon, sans le congé de messieurs les experts.

LYSIDAS. — Enfin, monsieur, toute votre raison, c'est que *l'École des Femmes* a plu; et vous ne vous souciez point qu'elle ne soit pas dans les règles, pourvu....

DORANTE. — Tout beau, monsieur Lysidas, je ne vous accorde pas cela. Je dis bien que le grand art est de plaire, et que cette comédie ayant plu à ceux pour qui elle est faite, je trouve que c'est assez pour elle, et qu'elle doit peu se soucier du reste. Mais, avec cela, je soutiens qu'elle ne pèche contre aucune des règles dont vous parlez. Je les ai lues, Dieu merci, autant qu'un autre; et je ferois voir aisément que peut-être n'avons-nous point de pièce au théâtre plus régulière que celle-là.

ÉLISE. — Courage, monsieur Lysidas! nous sommes perdus si vous reculez.

LYSIDAS. — Quoi! monsieur, la protase, l'épitase, et la péripétie....

DORANTE. — Ah! monsieur Lysidas, vous nous assommez avec vos grands mots. Ne paroissez point si savant, de grâce. Humanisez votre discours, et parlez pour être entendu. Pensez-vous qu'un nom grec donne plus de poids à vos raisons? Et ne trouveriez-vous pas qu'il fût aussi beau de dire, l'exposition du sujet, que la protase, le nœud, que l'épitase, et le dénoûment, que la péripétie?

LYSIDAS. Ce sont termes de l'art dont il est permis de se servir. Mais, puisque ces mots blessent vos oreilles, je m'expliquerai d'une autre façon, et je vous prie de répondre positivement à trois ou quatre choses que je vais dire. Peut-on souffrir une pièce qui pèche contre le nom propre des pièces de théâtre? Car enfin, le nom de poëme dramatique vient d'un mot grec qui signifie agir, pour montrer que la nature de ce poëme consiste dans l'action; et dans cette comédie-ci, il ne se passe point d'actions, et tout consiste en des récits que vient faire ou Agnès ou Horace.

LE MARQUIS. — Ah! ah! chevalier.

CLIMÈNE. — Voilà qui est spirituellement remarqué, et c'est prendre le fin des choses.

LYSIDAS. — Est-il rien de si peu spirituel, ou, pour mieux dire, rien de si bas, que quelques mots où tout le monde rit, et surtout celui des *enfans par l'oreille*?

CLIMÈNE. — Fort bien.

ÉLISE. — Ah!

LYSIDAS. — La scène du valet et de la servante au dedans de la maison, n'est-elle pas d'une longueur ennuyeuse, et tout à fait impertinente?

LE MARQUIS. — Cela est vrai.

CLIMÈNE. — Assurément.

ÉLISE. — Il a raison.

LYSIDAS. — Arnolphe ne donne-t-il pas trop librement son argent à Horace? Et puisque c'est le personnage ridicule de la pièce, falloit-il lui faire faire l'action d'un honnête homme?

LE MARQUIS. — Bon. La remarque est encore bonne.

CLIMÈNE. — Admirable.

ÉLISE. — Merveilleuse.

LYSIDAS. — Le sermon et les *Maximes* ne sont-ils pas des choses ridicules, et qui choquent même le respect que l'on doit à nos mystères?

LE MARQUIS. — C'est bien dit.

CLIMÈNE. — Voilà parlé comme il faut.

ÉLISE. — Il ne se peut rien de mieux.

LYSIDAS. — Et ce monsieur de La Souche, enfin, qu'on nous fait un homme d'esprit, et qui paroit si sérieux en tant d'endroits, ne descend-il point dans quelque chose de trop comique et de trop outré au cinquième acte, lorsqu'il explique à Agnès la violence de son amour, avec ces roulemens d'yeux extravagans, ces

…upirs ridicules, et ces larmes niaises qui font rire …ut le monde?

LE MARQUIS. — Morbleu! merveille.
CLIMÈNE. — Miracle!
ÉLISE. — Vivat! monsieur Lysidas.
LYSIDAS. — Je laisse cent mille autres choses, de …eur d'être ennuyeux.
LE MARQUIS. — Parbleu! chevalier, te voilà mal ajusté.
DORANTE. — Il faut voir.
LE MARQUIS. — Tu as trouvé ton homme, ma foi.
DORANTE. — Peut-être.
LE MARQUIS. — Réponds, réponds, réponds, ré…onds.
DORANTE. Volontiers. Il….
LE MARQUIS. Réponds donc, je te prie.
DORANTE. — Laisse-moi donc faire. Si….
LE MARQUIS. — Parbleu! je te défie de répondre.
DORANTE. — Oui, si tu parles toujours.
CLIMÈNE. — De grâce, écoutons ses raisons.
DORANTE. — Premièrement, il n'est pas vrai de …ire que toute la pièce n'est qu'en récits. On y voit …eaucoup d'actions qui se passent sur la scène, et les …écits eux-mêmes y sont des actions, suivant la consti…ution du sujet; d'autant plus qu'ils sont tous faits in…ocemment, ces récits, à la personne intéressée, qui, …ar là, entre à tous coups dans une confusion à réjouir …es spectateurs, et prend, à chaque nouvelle, toutes …es mesures qu'il peut, pour se parer du malheur qu'il …raint.
URANIE. — Pour moi, je trouve que la beauté du …ujet de *l'École des Femmes* consiste dans cette confi…ence perpétuelle; et ce qui me paroît assez plaisant, …'est qu'un homme qui a de l'esprit, et qui est averti …e tout par une innocente qui est sa maîtresse, et par …n étourdi qui est son rival, ne puisse avec cela éviter …e qui lui arrive.
LE MARQUIS. — Bagatelle, bagatelle.
CLIMÈNE. — Foible réponse.
ÉLISE. — Mauvaises raisons.
DORANTE. — Pour ce qui est des *enfans par l'oreille*, …ls ne sont plaisans que par réflexion à Arnolphe, et …'auteur n'a pas mis cela pour être de soi un bon …ot, mais seulement pour une chose qui caractérise …'homme, et peint d'autant mieux son extravagance, …uisqu'il rapporte une sottise triviale qu'a dite Agnès, …omme la chose la plus belle du monde, et qui lui …onne une joie inconcevable.
LE MARQUIS. — C'est mal répondre.
CLIMÈNE. — Cela ne satisfait point.
ÉLISE. — C'est ne rien dire.
DORANTE. — Quant à l'argent qu'il donne librement, …utre que la lettre de son meilleur ami lui est une cau…on suffisante, il n'est pas incompatible qu'une per…onne soit ridicule en de certaines choses, et honnête …omme en d'autres. Et pour la scène d'Alain et de …eorgette dans le logis, que quelques-uns ont trouvée …ngue et froide, il est certain qu'elle n'est pas sans …ison, et de même qu'Arnolphe se trouve attrapé pen…nt son voyage par la pure innocence de sa maîtresse, …demeure au retour longtemps à sa porte par l'inno-

cence de ses valets, afin qu'il soit partout puni par les choses qu'il a cru faire la sûreté de ses précautions.
LE MARQUIS. — Voilà des raisons qui ne valent rien.
CLIMÈNE. — Tout cela ne fait que blanchir.
ÉLISE. — Cela fait pitié.
DORANTE. — Pour le discours moral que vous appelez un sermon, il est certain que de vrais dévots qui l'ont ouï n'ont pas trouvé qu'il choquât ce que vous dites; et sans doute que ces paroles *d'enfer* et de *chaudières bouillantes* sont assez justifiées par l'extravagance d'Arnolphe et par l'innocence de celle à qui il parle. Et quant au transport amoureux du cinquième acte, qu'on accuse d'être trop outré et trop comique, je voudrois bien savoir si ce n'est pas faire la satire des amans, et si les honnêtes gens même et les plus sérieux, en de pareilles occasions, ne font pas des choses….
LE MARQUIS. — Ma foi, chevalier, tu ferois mieux de te taire.
DORANTE. — Fort bien. Mais enfin si nous nous regardions nous-mêmes, quand nous sommes bien amoureux….
LE MARQUIS. — Je ne veux pas seulement t'écouter.
DORANTE. — Écoute-moi, si tu veux. Est-ce que dans la violence de la passion….
LE MARQUIS. — La, la, la, la, lare, la, la, la, la, la, la. (*Il chante.*)
DORANTE. — Quoi!…
LE MARQUIS. — La, la, la, la, lare, la, la, la, la, la, la.
DORANTE. — Je ne sais pas si….
LE MARQUIS. — La, la, la, lare, la, la, la, la, la, la.
URANIE. — Il me semble que….
LE MARQUIS. — La, la, la, lare, la, la, la, la, la, la, la, la, la, la.
URANIE. — Il se passe des choses assez plaisantes dans notre dispute. Je trouve qu'on en pourroit bien faire une petite comédie, et que cela ne seroit pas trop mal à la queue de *l'École des Femmes*.
DORANTE. — Vous avez raison.
LE MARQUIS. — Parbleu! chevalier, tu jouerois là dedans un rôle qui ne te seroit pas avantageux.
DORANTE. — Il est vrai, marquis.
CLIMÈNE. — Pour moi, je souhaiterois que cela se fît, pourvu qu'on traitât l'affaire comme elle s'est passée.
ÉLISE. — Et moi, je fournirois de bon cœur mon personnage.
LYSIDAS. — Je ne refuserois pas le mien, que je pense.
URANIE. — Puisque chacun en seroit content, chevalier, faites un mémoire de tout, et le donnez à Molière, que vous connoissez, pour le mettre en comédie.
CLIMÈNE. — Il n'auroit garde, sans doute, et ce ne seroient pas des vers à sa louange.
URANIE. — Point, point; je connois son humeur: il ne se soucie pas qu'on fronde ses pièces, pourvu qu'il y vienne du monde.
DORANTE. — Oui. Mais quel dénoûment pourroit-il trouver à ceci? Car il ne sauroit y avoir ni mariage, ni reconnoissance, et je ne sais point par où l'on pourroit faire finir la dispute.
URANIE. — Il faudroit rêver quelque incident pour cela.

SCÈNE VIII.

CLIMÈNE, URANIE, ÉLISE, DORANTE, LE MARQUIS, LYSIDAS, GALOPIN.

GALOPIN. — Madame, on a servi sur table.

DORANTE. — Ah! voilà justement ce qu'il faut pour le dénoûment que nous cherchions, et l'on ne peut rien trouver de plus naturel. On disputera fort et ferme de part et d'autre, comme nous avons fait, sans que personne se rende; un petit laquais viendra dire qu'on a servi, on se lèvera, et chacun ira souper.

URANIE. — La comédie ne peut pas mieux finir, et nous ferons bien d'en demeurer là.

Il m'a fallu lire la pièce chez madame la marquise dont je vous ai parlé.

PERSONNAGES ET ACTEURS.

MOLIÈRE, marquis ridicule.
BRÉCOURT, homme de qualité.
DE LA GRANGE, marquis ridicule.
DU CROISY, poëte.
LA THORILLIÈRE, marquis fâcheux.
BÉJART, homme qui fait le nécessaire.
Mademoiselle DU PARC, marquise façonnière.
Mademoiselle BÉJART, prude.
Mademoiselle DE BRIE, sage coquette.
Mademoiselle MOLIÈRE, satirique spirituelle.
Mademoiselle DU CROISY, peste doucereuse.
Mademoiselle HERVÉ, servante précieuse.

La scène est à Versailles, dans la salle de la comédie.

L'Impromptu de Versailles fut composé et joué à Versailles en octobre 1663, et représenté à Paris le 4 novembre suivant.

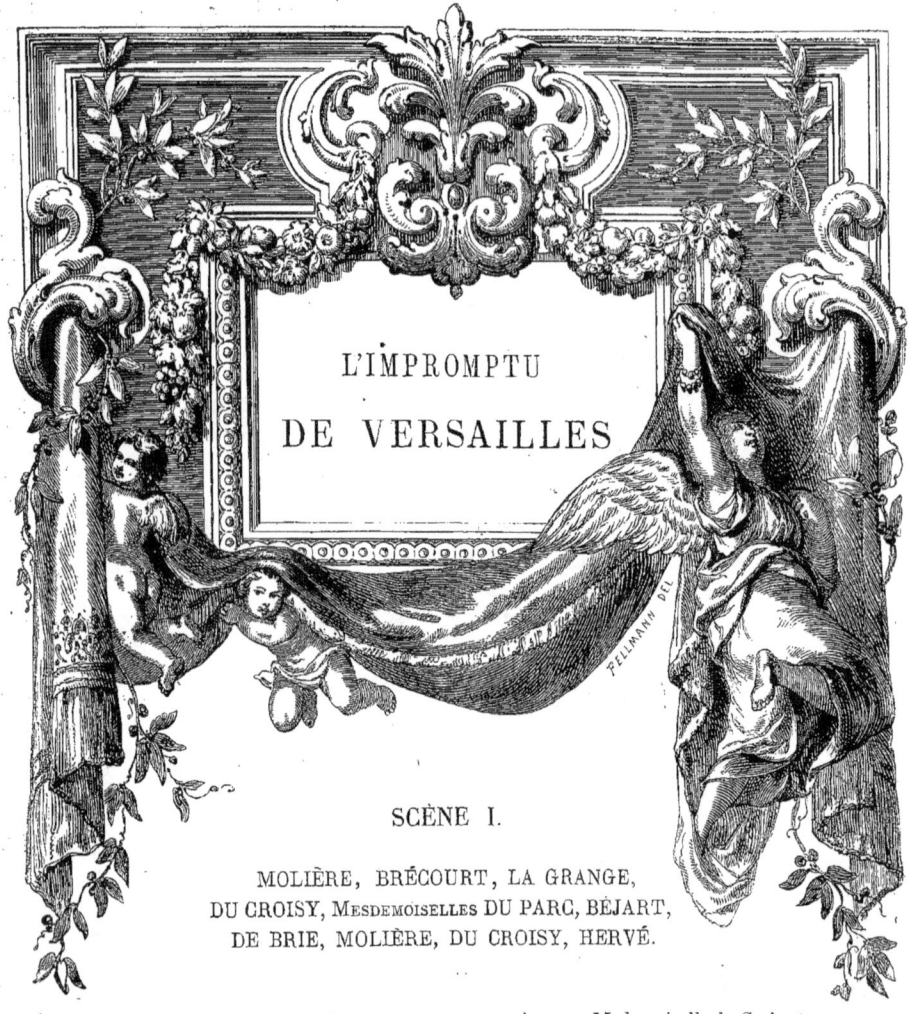

L'IMPROMPTU DE VERSAILLES

SCÈNE I.

MOLIÈRE, BRÉCOURT, LA GRANGE,
DU CROISY, Mesdemoiselles DU PARC, BÉJART,
DE BRIE, MOLIÈRE, DU CROISY, HERVÉ.

MOLIÈRE, *seul, parlant à ses camarades qui sont derrière le théâtre.* — Allons donc, messieurs et mesdames, vous moquez-vous avec votre longueur, et ne voulez-vous pas tous venir ici? La peste soit des gens! Holà, ho! monsieur de Brécourt!

BRÉCOURT, *derrière le théâtre.* — Quoi?

MOLIÈRE. — Monsieur de La Grange!

LA GRANGE, *derrière le théâtre.* — Qu'est-ce?

MOLIÈRE. — Monsieur du Croisy!

DU CROISY, *derrière le théâtre.* — Plaît-il?

MOLIÈRE. — Mademoiselle du Parc!

MADEMOISELLE DU PARC, *derrière le théâtre.* — Hé bien?

MOLIÈRE. — Mademoiselle Béjart!

MADEMOISELLE BÉJART, *derrière le théâtre.* — Qu'y a-t-il?

MOLIÈRE. — Mademoiselle de Brie!

MADEMOISELLE DE BRIE, *derrière le théâtre.* — Que veut-on?

MOLIÈRE. — Mademoiselle du Croisy!

MADEMOISELLE DU CROISY, *derrière le théâtre.* — Qu'est-ce que c'est?

MOLIÈRE. — Mademoiselle Hervé!

MADEMOISELLE HERVÉ, *derrière le théâtre.* — On y va.

MOLIÈRE. — Je crois que je deviendrai fou avec tous ces gens-ci. Hé!

(*Brécourt, La Grange, du Croisy entrent.*)

Têtebleu! messieurs, me voulez-vous faire enrager aujourd'hui?

BRÉCOURT. — Que voulez-vous qu'on fasse? Nous ne savons pas nos rôles; et c'est nous faire enrager vous-même, que de nous obliger à jouer de la sorte.

MOLIÈRE. — Ah! les étranges animaux à conduire que des comédiens!

(*Mesdemoiselles Béjart, du Parc, de Brie, Molière, du Croisy et Hervé arrivent.*)

MADEMOISELLE BÉJART. — Hé bien! nous voilà. Que prétendez-vous faire?

MADEMOISELLE DU PARC. — Quelle est votre pensée?

MADEMOISELLE DE BRIE. — De quoi est-il question?

MOLIÈRE. — De grâce, mettons-nous ici; et puisque nous voilà tous habillés, et que le roi ne doit venir de deux heures, employons ce temps à répéter notre affaire, et voir la manière dont il faut jouer les choses.

LA GRANGE. — Le moyen de jouer ce qu'on ne sait pas?

MADEMOISELLE DU PARC. — Pour moi, je vous déclare que je ne me souviens pas d'un mot de mon personnage.

MADEMOISELLE DE BRIE. — Je sais bien qu'il me faudra souffler le mien d'un bout à l'autre.

MADEMOISELLE BÉJART. — Et moi, je me prépare fort à tenir mon rôle à la main.

MADEMOISELLE MOLIÈRE. — Et moi aussi.

MADEMOISELLE HERVÉ. — Pour moi, je n'ai pas grand'chose à dire.

MADEMOISELLE DU CROISY. — Ni moi non plus; mais avec cela, je ne répondrois pas de ne point manquer.

DU CROISY. — J'en voudrois être quitte pour dix pistoles.

BRÉCOURT. — Et moi, pour vingt bons coups de fouet, je vous assure.

MOLIÈRE. — Vous voilà tous bien malades, d'avoir un méchant rôle à jouer! Et que feriez-vous donc si vous étiez en ma place?

MADEMOISELLE BÉJART. — Qui, vous? Vous n'êtes pas à plaindre; car, ayant fait la pièce, vous n'avez pas peur d'y manquer.

MOLIÈRE. — Et n'ai-je à craindre que le manquement de mémoire? Ne comptez-vous pour rien l'inquiétude d'un succès qui ne regarde que moi seul? Et pensez-vous que ce soit une petite affaire, que d'exposer quelque chose de comique devant une assemblée comme celle-ci; que d'entreprendre de faire rire des personnes qui nous impriment le respect, et ne rient que quand ils veulent? Est-il auteur qui ne doive trembler lorsqu'il en vient à cette épreuve? Et n'est-ce pas à moi de dire que je voudrois en être quitte pour toutes les choses du monde?

MADEMOISELLE BÉJART. — Si cela vous faisoit trembler, vous prendriez mieux vos précautions, et n'auriez pas entrepris en huit jours ce que vous avez fait.

MOLIÈRE. — Le moyen de m'en défendre, quand un roi me l'a commandé?

MADEMOISELLE BÉJART. — Le moyen? Une respectueuse excuse fondée sur l'impossibilité de la chose, dans le peu de temps qu'on vous donne; et tout autre, en votre place, ménageroit mieux sa réputation, et se seroit bien gardé de se commettre comme vous faites. Où en serez-vous, je vous prie, si l'affaire réussit mal; et quel avantage pensez-vous qu'en prendront tous vos ennemis?

MADEMOISELLE DE BRIE. — En effet; il falloit s'excuser avec respect envers le roi, ou demander du temps davantage.

MOLIÈRE. — Mon Dieu! mademoiselle, les rois n'aiment rien tant qu'une prompte obéissance, et ne se plaisent point du tout à trouver des obstacles. Les choses ne sont bonnes que dans le temps qu'ils souhaitent; et leur en vouloir reculer le divertissement, est en ôter pour eux toute la grâce. Ils veulent des plaisirs qui ne se fassent point attendre, et les moins préparés leur sont toujours les plus agréables. Nous ne devons jamais nous regarder dans ce qu'ils désirent de nous; nous ne sommes que pour leur plaire; et lorsqu'ils nous ordonnent quelque chose, c'est à nous à profiter vite de l'envie où ils sont. Il vaut mieux s'acquitter mal de ce qu'ils nous demandent, que de ne s'en acquitter pas assez tôt; et, si l'on a la honte de n'avoir pas bien réussi, on a toujours la gloire d'avoir obéi vite à leurs commandemens. Mais songeons à répéter, s'il vous plaît.

MADEMOISELLE BÉJART. — Comment prétendez-vous que nous fassions, si nous ne savons pas nos rôles?

MOLIÈRE. — Vous les saurez, vous dis-je; et, quand même vous ne les sauriez pas tout à fait, pouvez-vous pas y suppléer de votre esprit, puisque c'est de la prose, et que vous savez votre sujet?

MADEMOISELLE BÉJART. — Je suis votre servante. La prose est pis encore que les vers.

MADEMOISELLE MOLIÈRE. — Voulez-vous que je vous dise? vous deviez faire une comédie où vous auriez joué tout seul.

MOLIÈRE. — Taisez-vous, ma femme, vous êtes une bête.

MADEMOISELLE MOLIÈRE. — Grand merci, monsieur mon mari. Voilà ce que c'est! Le mariage change bien les gens, et vous ne m'auriez pas dit cela il y a dix-huit mois.

MOLIÈRE. — Taisez-vous, je vous prie.

MADEMOISELLE MOLIÈRE. — C'est une chose étrange qu'une petite cérémonie soit capable de nous ôter toutes nos belles qualités; et qu'un mari et un galant regardent la même personne avec des yeux si différens.

MOLIÈRE. — Que de discours!

MADEMOISELLE MOLIÈRE. — Ma foi, si je faisois une comédie, je la ferois sur ce sujet. Je justifierois les femmes de bien des choses dont on les accuse; et je ferois craindre aux maris la différence qu'il y a de leurs manières brusques, aux civilités des galans.

MOLIÈRE. — Ah! laissons cela. Il n'est pas question de causer maintenant; nous avons autre chose à faire.

MADEMOISELLE BÉJART. — Mais puisqu'on vous a commandé de travailler sur le sujet de la critique qu'on a faite contre vous, que n'avez-vous fait cette comédie des comédiens, dont vous nous avez parlé il y a longtemps? C'étoit une affaire toute trouvée et qui venoit fort bien à la chose, et d'autant mieux, qu'ayant entrepris de vous peindre, ils vous ouvroient l'occasion de les peindre aussi, et que cela auroit pu s'appeler leur portrait, à bien plus juste titre que tout ce qu'ils ont fait ne peut être appelé le vôtre. Car vouloir contrefaire un comédien dans un rôle comique, ce n'est pas le peindre lui-même, c'est peindre d'après lui les pernnages qu'il représente, et se servir des mêmes traits des mêmes couleurs qu'il est obligé d'employer aux ffférens tableaux des caractères ridicules qu'il imite après nature; mais contrefaire un comédien dans ıs rôles sérieux, c'est le peindre par des défauts qui nt entièrement de lui, puisque ces sortes de personıges ne veulent ni les gestes, ni les tons de voix ricules, dans lesquels on le reconnoît.

MOLIÈRE. — Il est vrai; mais j'ai mes raisons pour ₁le pas faire, et je n'ai pas cru, entre nous, que la ıose en valût la peine; et puis il falloit plus de temps ur exécuter cette idée. Comme leurs jours de comé₁e sont les mêmes que les nôtres, à peine ai-je été s voir que trois ou quatre fois depuis que nous ₁mmes à Paris; je n'ai attrapé de leur manière de ,citer, que ce qui m'a d'abord sauté aux yeux, et j'auıis eu besoin de les étudier davantage pour faire des ₁rtraits bien ressemblans.

MADEMOISELLE DU PARC. — Pour moi, j'en ai reınnu quelques-uns dans votre bouche.

MADEMOISELLE DE BRIE. — Je n'ai jamais ouï parler ı cela.

MOLIÈRE. — C'est une idée qui m'avoit passé une ıs par la tête, et que j'ai laissée là comme une bagalle, une badinerie, qui peut-être n'auroit pas fait rire.

MADEMOISELLE DE BRIE. — Dites-la-moi un peu, ıisque vous l'avez dite aux autres.

MOLIÈRE. — Nous n'avons pas le temps maintenant.

MADEMOISELLE DE BRIE. — Seulement deux mots.

MOLIÈRE. — J'avois songé une comédie, où il y auıit eu un poëte, que j'aurois représenté moi-même, ıi seroit venu pour offrir une pièce à une troupe de ımédiens nouvellement arrivés de la campagne. Avez-vous, auroit-il dit, des acteurs et des actrices ıi soient capables de bien faire valoir un ouvrage? ar ma pièce est une pièce.... — Hé! monsieur, auıent répondu les comédiens, nous avons des hommes ı des femmes qui ont été trouvés raisonnables partout ı nous avons passé. — Et qui fait les rois parmi vous? · Voilà un acteur qui s'en démêle parfois. — Qui? ce ı une homme bien fait? Vous moquez-vous? Il faut un ı qui soit gros et gras comme quatre; un roi, moreu! qui soit entripaillé comme il faut; un roi d'une ste circonférence, et qui puisse remplir un trône de belle manière. La belle chose qu'un roi d'une taille ılante! Voilà déjà un grand défaut; mais que je l'enıde un peu réciter une douzaine de vers. » Là-dessus ı comédien auroit récité, par exemple, quelques vers ı roi de *Nicomède*:

Te le dirai-je, Araspe? il m'a trop bien servi,
Augmentant mon pouvoir....

plus naturellement qu'il lui auroit été possible. Et poëte : « Comment! vous appelez cela réciter? C'est railler; il faut dire les choses avec emphase. Écoutezıi.

(*Il contrefait Montfleury, comédien de l'hôtel de Bourgogne.*)

Te le dirai-je, Araspe? etc.

Voyez-vous cette posture? Remarquez bien cela. Là, appuyez comme il faut le dernier vers. Voilà ce qui attire l'approbation, et fait faire le brouhaha. — Mais, monsieur, auroit répondu le comédien, il me semble qu'un roi qui s'entretient tout seul avec son capitaine des gardes, parle un peu plus humainement, et ne prend guère ce ton de démoniaque. — Vous ne savez ce que c'est. Allez-vous-en réciter comme vous faites, vous verrez si vous ferez faire aucun ah! Voyons un peu une scène d'amant et d'amante. » Là-dessus une comédienne et un comédien auroient fait une scène ensemble, qui est celle de Camille et de Curiace,

Iras-tu, ma chère âme, et ce funeste honneur
Te plaît-il aux dépens de tout notre bonheur?
Hélas! je vois trop bien, etc.

tout de même que l'autre, et le plus naturellement qu'ils auroient pu. Et le poëte aussitôt : « Vous vous moquez, vous ne faites rien qui vaille, et voici comme il faut réciter cela.

(*Il imite mademoiselle de Beauchâteau, comédienne de l'hôtel de Bourgogne.*)

Iras-tu, ma chère âme, etc.
Non, je te connois mieux, etc.

Voyez-vous comme cela est naturel et passionné? Admirez ce visage riant qu'elle conserve dans les plus grandes afflictions. » Enfin, voilà l'idée; et il auroit parcouru de même tous les acteurs et toutes les actrices.

MADEMOISELLE DE BRIE. — Je trouve cette idée assez plaisante, et j'en ai reconnu là dès le premier vers. Continuez, je vous prie.

MOLIÈRE, *imitant Beauchâteau, comédien de l'hôtel de Bourgogne, dans les stances du Cid.*

Percé jusques au fond du cœur, etc.

Et celui-ci, le reconnoîtrez-vous bien dans Pompée, de *Sertorius*?

(*Il contrefait Hauteroche, comédien de l'hôtel de Bourgogne.*)

L'inimitié qui règne entre les deux partis,
N'y rend pas de l'honneur, etc.

MADEMOISELLE DE BRIE. — Je le reconnois un peu, je pense.

MOLIÈRE. — Et celui-ci?

(*Imitant de Villiers, comédien de l'hôtel de Bourgogne.*)

Seigneur, Polybe est mort, etc.

MADEMOISELLE DE BRIE. — Oui, je sais qui c'est; mais il y en a quelques-uns d'entre eux, je crois, que vous auriez peine à contrefaire.

MOLIÈRE. — Mon Dieu! il n'y en a point qu'on ne pût attraper par quelque endroit, si je les avois bien étudiés! Mais vous me faites perdre un temps qui nous est cher. Songeons à nous, de grâce, et ne nous amusons point davantage à discourir. (*A La Grange.*) Vous, prenez garde à bien représenter avec moi votre rôle de marquis.

MADEMOISELLE MOLIÈRE. — Toujours des marquis!

MOLIÈRE. — Oui, toujours des marquis. Que diable voulez-vous qu'on prenne pour un caractère agréable de théâtre? Le marquis aujourd'hui est le plaisant de la comédie; et comme, dans toutes les comédies anciennes, on voit toujours un valet bouffon qui fait rire les auditeurs, de même, dans toutes nos pièces de maintenant, il faut toujours un marquis ridicule qui divertisse la compagnie.

MADEMOISELLE BÉJART. — Il est vrai, on ne s'en sauroit passer.

MOLIÈRE. — Pour vous, mademoiselle....

MADEMOISELLE DU PARC. — Mon Dieu! pour moi, je m'acquitterai fort mal de mon personnage, et je ne sais pas pourquoi vous m'avez donné ce rôle de façonnière.

MOLIÈRE. — Mon Dieu! mademoiselle, voilà comme vous disiez lorsque l'on vous donna celui de *la Critique de l'École des Femmes;* cependant vous vous en êtes acquittée à merveille, et tout le monde est demeuré d'accord qu'on ne peut pas mieux faire que vous avez fait. Croyez-moi, celui-ci sera de même; et vous le jouerez mieux que vous ne pensez.

MADEMOISELLE DU PARC. — Comment cela se pourroit-il faire? Car il n'y a point de personne au monde qui soit moins façonnière que moi.

MOLIÈRE. — Cela est vrai; et c'est en quoi vous faites mieux voir que vous êtes excellente comédienne, de bien représenter un personnage qui est si contraire à votre humeur. Tâchez donc de bien prendre, tous, le caractère de vos rôles, et de vous figurer que vous êtes ce que vous représentez.

(*A du Croisy.*) Vous faites le poëte, vous, et vous devez vous remplir de ce personnage, marquer cet air pédant qui se conserve parmi le commerce du beau monde, ce ton de voix sentencieux, et cette exactitude de prononciation qui appuie sur toutes les syllabes, et ne laisse échapper aucune lettre de la plus sévère orthographe.

(*A Brécourt.*) Pour vous, vous faites un honnête homme de cour, comme vous avez déjà fait dans *la Critique de l'École des Femmes,* c'est-à-dire, que vous devez prendre un air posé, un ton de voix naturel, et gesticuler le moins qu'il vous sera possible.

(*A La Grange.*) Pour vous, je n'ai rien à vous dire.

(*A mademoiselle Béjart.*) Vous, vous représentez une de ces femmes qui, pourvu qu'elles ne fassent point l'amour, croient que le reste leur soit permis; de ces femmes qui se retranchent toujours fièrement sur leur pruderie, regardent un chacun de haut en bas, et veulent que toutes les belles qualités que possèdent les autres ne soient rien en comparaison d'un misérable honneur dont personne ne se soucie. Ayez toujours ce caractère devant les yeux, pour en bien faire les grimaces.

(*A mademoiselle de Brie.*) Pour vous, vous faites une de ces femmes qui pensent être les plus vertueuses personnes du monde, pourvu qu'elles sauvent les apparences; de ces femmes qui croient que le péché n'est que dans le scandale, qui veulent conduire doucement les affaires qu'elles ont, sur le pied d'attachement honnête, et appellent amis ce que les autres nomment galans. Entrez bien dans ce caractère.

(*A mademoiselle Molière.*) Vous, vous faites le même personnage que dans *la Critique,* et je n'ai rien à vous dire, non plus qu'à mademoiselle du Parc.

(*A mademoiselle du Croisy.*) Pour vous, vous représentez une de ces personnes qui prêtent doucement des charités à tout le monde; de ces femmes qui donnent toujours le petit coup de langue en passant, et seroient bien fâchées d'avoir souffert qu'on eût dit du bien du prochain. Je crois que vous ne vous acquitterez pas mal de ce rôle.

(*A mademoiselle Hervé.*) Et pour vous, vous êtes la soubrette de la précieuse, qui se mêle de temps en temps dans la conversation, et attrape, comme elle peut, tous les termes de sa maîtresse. Je vous dis tous vos caractères, afin que vous vous les imprimiez fortement dans l'esprit. Commençons maintenant à répéter, et voyons comme cela ira. Ah! voici justement un fâcheux! Il ne nous falloit plus que cela.

SCÈNE II.

LA THORILLIÈRE, MOLIÈRE, BRÉCOURT, LA GRANGE, DU CROISY, Mesdemoiselles DU PARC, BÉJART, DE BRIE, MOLIÈRE, DU CROISY, HERVÉ.

LA THORILLIÈRE. — Bonjour, monsieur Molière.

MOLIÈRE. — Monsieur, votre serviteur. (*A part.*) La peste soit de l'homme!

LA THORILLIÈRE. — Comment vous en va?

MOLIÈRE. — Fort bien, pour vous servir. (*Aux actrices.*) Mesdemoiselles, ne....

LA THORILLIÈRE. — Je viens d'un lieu où j'ai bien dit du bien de vous.

MOLIÈRE. — Je vous suis obligé. (*A part.*) Que le diable t'emporte! (*Aux acteurs.*) Ayez un peu soin....

LA THORILLIÈRE. — Vous jouez une pièce nouvelle aujourd'hui?

MOLIÈRE. — Oui, monsieur. (*Aux actrices.*) N'oubliez pas....

LA THORILLIÈRE. — C'est le roi qui vous l'a fait faire?

MOLIÈRE. — Oui, monsieur. (*Aux acteurs.*) De grâce, songez....

LA THORILLIÈRE. — Comment l'appelez-vous?

MOLIÈRE. — Oui, monsieur.

LA THORILLIÈRE. — Je vous demande comment vous la nommez.

MOLIÈRE. — Ah! ma foi, je ne sais. (*Aux actrices.*) Il faut, s'il vous plait, que vous....

LA THORILLIÈRE. — Comment serez-vous habillés?

MOLIÈRE. — Comme vous voyez. (*Aux acteurs.*) Je vous prie....

LA THORILLIÈRE. — Quand commencerez-vous?

MOLIÈRE. — Quand le roi sera venu. (*A part.*) Au diantre le questionneur!

LA THORILLIÈRE. — Quand croyez-vous qu'il vienne ?

MOLIÈRE. — La peste m'étouffe, monsieur, si je sais.

LA THORILLIÈRE. — Savez-vous point....

MOLIÈRE. — Tenez, monsieur, je suis le plus ignorant homme du monde. Je ne sais rien de tout ce que vous pourrez me demander, je vous jure. (*A part.*) Enragé! Ce bourreau vient avec un air tranquille nous faire des questions, et ne se soucie pas qu'on ait en tête d'autres affaires.

LA THORILLIÈRE. — Mesdemoiselles, votre serviteur.

MOLIÈRE. — Ah! bon, le voilà d'un autre côté.

LA THORILLIÈRE, *à mademoiselle du Croisy*. — Vous voilà belle comme un petit ange. Jouez-vous toutes deux aujourd'hui? (*En regardant mademoiselle Hervé.*)

MADEMOISELLE DU CROISY. — Oui, monsieur.

LA THORILLIÈRE. — Sans vous, la comédie ne vaudroit pas grand'chose.

MOLIÈRE, *bas, aux actrices*. — Vous ne voulez pas faire en aller cet homme-là?

MADEMOISELLE DE BRIE, *à La Thorillière*. — Monsieur, nous avons ici quelque chose à répéter ensemble.

LA THORILLIÈRE. — Ah! parbleu! je ne veux pas vous empêcher; vous n'avez qu'à poursuivre.

MADEMOISELLE DE BRIE. — Mais....

LA THORILLIÈRE. — Non, non, je serois fâché d'incommoder personne. Faites librement ce que vous avez à faire.

MADEMOISELLE DE BRIE. — Oui; mais....

LA THORILLIÈRE. — Je suis homme sans cérémonie, vous dis-je, et vous pouvez répéter ce qui vous plaira.

MOLIÈRE. — Monsieur, ces demoiselles ont peine à vous dire qu'elles souhaiteroient fort que personne ne fût ici pendant cette répétition.

LA THORILLIÈRE. — Pourquoi? il n'y a point de danger pour moi.

MOLIÈRE. — Monsieur, c'est une coutume qu'elles observent, et vous aurez plus de plaisir quand les choses vous surprendront.

LA THORILLIÈRE. — Je m'en vais donc dire que vous êtes prêts.

MOLIÈRE. — Point du tout, monsieur; ne vous hâtez pas, de grâce.

SCÈNE III.

MOLIÈRE, BRÉCOURT, LA GRANGE, DU CROISY, Mesdemoiselles DU PARC, BÉJART, DE BRIE, MOLIÈRE, DU CROISY, HERVÉ.

MOLIÈRE. — Ah! que le monde est plein d'impertinents. Or sus, commençons. Figurez-vous donc premièrement que la scène est dans l'antichambre du roi; car c'est un lieu où il se passe tous les jours des choses assez plaisantes. Il est aisé de faire venir là toutes les personnes qu'on veut, et on peut trouver des raisons même pour y autoriser la venue des femmes que j'introduis. La comédie s'ouvre par deux marquis qui se rencontrent.

(*A La Grange.*) Souvenez-vous bien, vous, de venir, comme je vous ai dit, là, avec cet air qu'on nomme le bel air, peignant votre perruque, et grondant une petite chanson entre vos dents. La, la, la, la, la, la. Rangez-vous donc, vous autres, car il faut du terrain à deux marquis; et ils ne sont pas gens à tenir leur personne dans un petit espace. (*A La Grange.*) Allons, parlez.

LA GRANGE. — « Bonjour, marquis. »

MOLIÈRE. — Mon Dieu! ce n'est point là le ton d'un marquis; il faut le prendre un peu plus haut; et la plupart de ces messieurs affectent une manière de parler particulière pour se distinguer du commun : *Bonjour, marquis*. Recommencez donc.

LA GRANGE. — « Bonjour, marquis.

MOLIÈRE. — « Ah! marquis, ton serviteur.

LA GRANGE. — « Que fais-tu là ?

MOLIÈRE. — « Parbleu! tu vois; j'attends que tous ces messieurs aient débouché la porte, pour présenter là mon visage.

LA GRANGE. — « Têtebleu! quelle foule! Je n'ai garde de m'y aller frotter, et j'aime bien mieux entrer des derniers.

MOLIÈRE. — « Il y a là vingt gens qui sont fort assurés de n'entrer point, et qui ne laissent pas de se presser, et d'occuper toutes les avenues de la porte.

LA GRANGE. — « Crions nos deux noms à l'huissier, afin qu'il nous appelle.

MOLIÈRE. — « Cela est bon pour toi ; mais pour moi, je ne veux pas être joué par Molière.

LA GRANGE. — « Je pense pourtant, marquis, que c'est toi qu'il joue dans *la Critique*.

MOLIÈRE. — « Moi! Je suis ton valet; c'est toi-même en propre personne.

LA GRANGE. — « Ah! ma foi, tu es bon de m'appliquer ton personnage.

MOLIÈRE. — « Parbleu! je te trouve plaisant de me donner ce qui t'appartient.

LA GRANGE, *riant*. — « Ah! ah! ah! cela est drôle.

MOLIÈRE, *riant*. — « Ah! ah! ah! cela est bouffon.

LA GRANGE. — « Quoi! tu veux soutenir que ce n'est pas toi qu'on joue dans le marquis de *la Critique* ?

MOLIÈRE. — « Il est vrai, c'est moi. *Détestable, morbleu! détestable! tarte à la crème!* C'est moi, c'est moi, assurément, c'est moi.

LA GRANGE. « Oui, parbleu! c'est toi, tu n'as que faire de railler ; et, si tu veux, nous gagerons, et verrons qui a raison des deux.

MOLIÈRE. — « Et que veux-tu gager encore?

LA GRANGE. — « Je gage cent pistoles que c'est toi.

MOLIÈRE. — « Et moi, cent pistoles que c'est toi.

LA GRANGE. — « Cent pistoles comptant?

MOLIÈRE. — « Comptant. Quatre-vingt-dix pistoles sur Amyntas, et dix pistoles comptant.

LA GRANGE. — « Je le veux.

MOLIÈRE. — « Cela est fait.

LA GRANGE. — « Ton argent court grand risque.

MOLIÈRE. — « Le tien est bien aventuré. »

LA GRANGE. — « A qui nous en rapporter? »

MOLIÈRE, à Brécourt. — « Voici un homme qui nous jugera. Chevalier... »

BRÉCOURT. — « Quoi? »

MOLIÈRE. — Bon. Voilà l'autre qui prend le ton de marquis; vous ai-je pas dit que vous faites un rôle où l'on doit parler naturellement?

BRÉCOURT. — Il est vrai.

MOLIÈRE. — Allons donc. « Chevalier.... »

BRÉCOURT. — « Quoi? »

MOLIÈRE. — « Juge-nous un peu sur une gageure que nous avons faite. »

BRÉCOURT. — « Et quelle? »

MOLIÈRE. — « Nous disputons qui est le marquis de *la Critique* de Molière; il gage que c'est moi, et moi je gage que c'est lui. »

BRÉCOURT. — « Et moi, je juge que ce n'est ni l'un ni l'autre. Vous êtes fous tous deux, de vouloir vous appliquer ces sortes de choses; et voilà de quoi j'ouïs l'autre jour se plaindre Molière, parlant à des personnes qui le chargeoient de même chose que vous. Il disoit que rien ne lui donnoit du déplaisir, comme d'être accusé de regarder quelqu'un dans les portraits qu'il fait; que son dessein est de peindre les mœurs sans vouloir toucher aux personnes, et que tous les personnages qu'il représente sont des personnages en l'air, et des fantômes proprement, qu'il habille à sa fantaisie, pour réjouir les spectateurs; qu'il seroit bien fâché d'y avoir jamais marqué qui que ce soit; et que, si quelque chose étoit capable de le dégoûter de faire des comédies, c'étoient les ressemblances qu'on y vouloit toujours trouver, et dont ses ennemis tâchoient malicieusement d'appuyer la pensée, pour lui rendre de mauvais offices auprès de certaines personnes à qui il n'a jamais pensé. Et, en effet, je trouve qu'il a raison : car pourquoi vouloir, je vous prie, appliquer tous ses gestes et toutes ses paroles, et chercher à lui faire des affaires en disant hautement : « Il joue un tel, » lorsque ce sont des choses qui peuvent convenir à cent personnes? Comme l'affaire de la comédie est de représenter en général tous les défauts des hommes, et principalement des hommes de notre siècle, il est impossible à Molière de faire aucun caractère qui ne rencontre quelqu'un dans le monde; et, s'il faut qu'on l'accuse d'avoir songé à toutes les personnes où l'on peut trouver les défauts qu'il peint, il faut, sans doute, qu'il ne fasse plus de comédies. »

MOLIÈRE. — « Ma foi, chevalier, tu veux justifier Molière, et épargner notre ami que voilà. »

LA GRANGE. — « Point du tout. C'est toi qu'il épargne; et nous trouverons d'autres juges. »

MOLIÈRE. — « Soit. Mais dis-moi, chevalier, crois-tu pas que ton Molière est épuisé maintenant, et qu'il ne trouvera plus de matière pour.... »

BRÉCOURT. — « Plus de matière? Hé! mon pauvre marquis, nous lui en fournirons toujours assez, et nous ne prenons guère le chemin de nous rendre sages pour tout ce qu'il fait et tout ce qu'il dit. »

MOLIÈRE. — Attendez. Il faut marquer davantage tout cet endroit. Écoutez-le-moi dire un peu. « Et qu'il ne trouvera plus de matière pour.... — Plus de matière? Hé! mon pauvre marquis, nous lui en fournirons toujours assez, et nous ne prenons guère le chemin de nous rendre sages pour tout ce qu'il fait et tout ce qu'il dit. Crois-tu qu'il ait épuisé dans ses comédies tout le ridicule des hommes? Et, sans sortir de la cour, n'a-t-il pas encore vingt caractères de gens où il n'a point touché? N'a-t-il pas, par exemple, ceux qui se font les plus grandes amitiés du monde, et qui, le dos tourné, font galanterie de se déchirer l'un l'autre? N'a-t-il pas ces adulateurs à outrance, ces flatteurs insipides, qui n'assaisonnent d'aucun sel les louanges qu'ils donnent, et dont toutes les flatteries ont une douceur fade qui fait mal au cœur à ceux qui les écoutent? N'a-t-il pas ces lâches courtisans de la faveur, ces perfides adorateurs de la fortune, qui vous encensent dans la prospérité, et vous accablent dans la disgrâce? N'a-t-il pas ceux qui sont toujours mécontens de la cour, ces suivans inutiles, ces incommodes assidus, ces gens, dis-je, qui pour services ne peuvent compter que des importunités, et qui veulent que l'on les récompense d'avoir obsédé le prince dix ans durant? N'a-t-il pas ceux qui caressent également tout le monde, qui promènent leurs civilités à droite et à gauche, et courent à tous ceux qu'ils voient, avec les mêmes embrassades, et les mêmes protestations d'amitiés? — Monsieur, votre très-humble serviteur. Monsieur, je suis tout à votre service. Tenez-moi des vôtres, mon cher. Faites état de moi, monsieur, comme du plus chaud de vos amis. Monsieur, je suis ravi de vous embrasser. Ah! monsieur, je ne vous voyois pas! Faites-moi la grâce de m'employer. Soyez persuadé que je suis entièrement à vous. Vous êtes l'homme du monde que je révère le plus. Il n'y a personne que j'honore à l'égal de vous. Je vous conjure de le croire. Je vous supplie de n'en point douter. Serviteur. Très-humble valet. — Va, va, marquis, Molière aura toujours plus de sujets qu'il n'en voudra; et tout ce qu'il a touché jusqu'ici, n'est rien que bagatelle, au prix de ce qui reste. » Voilà à peu près comme cela doit être joué.

BRÉCOURT. — C'est assez.

MOLIÈRE. — Poursuivez.

BRÉCOURT. — « Voici Climène et Élise. »

MOLIÈRE, à mesdemoiselles du Parc et Molière. — Là-dessus vous arriverez toutes deux. (*A mademoiselle du Parc.*) Prenez bien garde, vous, à vous déhancher comme il faut, et à faire bien des façons. Cela vous contraindra un peu; mais qu'y faire? Il faut parfois se faire violence.

MADEMOISELLE MOLIÈRE. — « Certes, madame, je vous ai reconnue de loin, et j'ai bien vu à votre air que ce ne pouvoit être une autre que vous. »

MADEMOISELLE DU PARC. — « Vous voyez. Je viens attendre ici la sortie d'un homme avec qui j'ai une affaire à démêler. »

MADEMOISELLE MOLIÈRE. — « Et moi de même. »

MOLIÈRE. — Mesdames, voilà des coffres qui vous serviront de fauteuils.

MADEMOISELLE DU PARC. — « Allons, madame, prenez place, s'il vous plaît. »

MADEMOISELLE MOLIÈRE. — « Après vous, madame. »

MOLIÈRE. — Bon. Après ces petites cérémonies muettes, chacun prendra place, et parlera assis, hors les marquis, qui tantôt se lèveront, et tantôt s'assoiront, suivant leur inquiétude naturelle. « Parbleu ! chevalier, tu devrois faire prendre médecine à tes canons. »

BRÉCOURT. — « Comment ? »

MOLIÈRE. — « Ils se portent fort mal. »

BRÉCOURT. — « Serviteur à la turlupinade ! »

MADEMOISELLE MOLIÈRE. — « Mon Dieu ! madame, que je vous trouve le teint d'une blancheur éblouissante, et les lèvres d'une couleur de feu surprenante ! »

MADEMOISELLE DU PARC. — « Ah ! que dites-vous là, madame ? ne me regardez point, je suis du dernier laid aujourd'hui. »

MADEMOISELLE MOLIÈRE. — « Hé ! madame, levez un peu votre coiffe. »

MADEMOISELLE DU PARC. — « Fi ! Je suis épouvantable, vous dis-je, et je me fais peur à moi-même. »

MADEMOISELLE MOLIÈRE. — « Vous êtes si belle ! »

MADEMOISELLE DU PARC. — « Point, point. »

MADEMOISELLE MOLIÈRE. — « Montrez-vous. »

MADEMOISELLE DU PARC. — « Ah ! fi donc, je vous prie ! »

MADEMOISELLE MOLIÈRE. — « De grâce. »

MADEMOISELLE DU PARC. — « Mon Dieu, non. »

MADEMOISELLE MOLIÈRE. — « Si fait. »

MADEMOISELLE DU PARC. — « Vous me désespérez. »

MADEMOISELLE MOLIÈRE. — « Un moment. »

MADEMOISELLE DU PARC. — « Hai. »

On ne peut point se passer de vous voir.

MADEMOISELLE MOLIÈRE. — « Résolûment vous vous montrerez. On ne peut point se passer de vous voir. »

MADEMOISELLE DU PARC. — « Mon Dieu ! que vous êtes une étrange personne ! Vous voulez furieusement ce que vous voulez. »

MADEMOISELLE MOLIÈRE. — « Ah ! madame, vous n'avez aucun désavantage à paroître au grand jour, je vous jure ! Les méchantes gens, qui assuroient que vous mettiez quelque chose ! Vraiment, je les démentirai bien maintenant. »

MADEMOISELLE DU PARC. — « Hélas ! je ne sais pas seulement ce qu'on appelle mettre quelque chose. Mais où vont ces dames ? »

MADEMOISELLE DE BRIE. — « Vous voulez bien, mesdames, que nous vous donnions en passant la plus agréable nouvelle du monde. Voilà monsieur Lysidas qui vient de nous avertir qu'on a fait une pièce contre Molière, que les grands comédiens vont jouer. »

MOLIÈRE. — « Il est vrai, on me l'a voulu lire ; et c'est un nommé Br.... Brou.... Brossaut qui l'a faite. »

DU CROISY. — « Monsieur, elle est affichée sous le nom de Boursault ; mais, à vous dire le secret, bien des gens ont mis la main à cet ouvrage, et l'on en doit concevoir une assez haute attente. Comme tous les auteurs et tous les comédiens regardent Molière comme leur plus grand ennemi, nous nous sommes tous unis pour le desservir. Chacun de nous a donné un coup de pinceau à son portrait ; mais nous nous sommes bien gardés d'y mettre nos noms ; il lui auroit été trop glorieux de succomber, aux yeux du monde, sous les efforts de tout le Parnasse ; et, pour rendre sa défaite plus ignominieuse, nous avons voulu choisir tout exprès un auteur sans réputation. »

MADEMOISELLE DU PARC. — « Pour moi, je vous avoue que j'en ai toutes les joies imaginables. »

MOLIÈRE. — « Et moi aussi. Par la sambleu ! le railleur sera raillé ; il aura sur les doigts, ma foi ! »

MADEMOISELLE DU PARC. — « Cela lui apprendra à vouloir satiriser tout. Comment! cet impertinent ne veut pas que les femmes aient de l'esprit! Il condamne toutes nos expressions élevées, et prétend que nous parlions toujours terre à terre!

MADEMOISELLE DE BRIE. — « Le langage n'est rien; mais il censure tous nos attachemens, quelque innocens qu'ils puissent être ; et, de la façon qu'il en parle, c'est être criminelle que d'avoir du mérite.

MADEMOISELLE DU CROISY. — « Cela est insupportable. Il n'y a pas une femme qui puisse plus rien faire. Que ne laisse-t-il en repos nos maris, sans leur ouvrir les yeux, et leur faire prendre garde à des choses dont ils ne s'avisent pas?

MADEMOISELLE BÉJART. — « Passe pour tout cela; mais il satirise même les femmes de bien, et ce méchant plaisant leur donne le titre d'honnêtes diablesses.

MADEMOISELLE MOLIÈRE. — « C'est un impertinent. Il faut qu'il en ait tout le soûl.

DU CROISY. — « La représentation de cette comédie, madame, aura besoin d'être appuyée, et les comédiens de l'hôtel....

MADEMOISELLE DU PARC. — « Mon Dieu ! qu'ils n'appréhendent rien. Je leur garantis le succès de leur pièce, corps pour corps.

MADEMOISELLE MOLIÈRE. — « Vous avez raison, madame. Trop de gens sont intéressés à la trouver belle. Je vous laisse à penser si tous ceux qui se croient satirisés par Molière, ne prendront pas l'occasion de se venger de lui en applaudissant à cette comédie.

BRÉCOURT, *ironiquement*. — « Sans doute; et pour moi je réponds de douze marquis, de six précieuses, de vingt coquettes, et de trente cocus, qui ne manqueront pas d'y battre des mains.

MADEMOISELLE MOLIÈRE. — « En effet. Pourquoi aller offenser toutes ces personnes-là, et particulièrement les cocus, qui sont les meilleures gens du monde?

MOLIÈRE. — « Par le sambleu! on m'a dit qu'on le va dauber, lui et toutes ses comédies, de la belle manière, et que les comédiens et les auteurs, depuis le cèdre jusqu'à l'hysope, sont diablement animés contre lui.

MADEMOISELLE MOLIÈRE. — « Cela lui sied fort bien. Pourquoi fait-il de méchantes pièces que tout Paris va voir, et où il peint si bien les gens, que chacun s'y connoît? Que ne fait-il des comédies comme celles de monsieur Lysidas? Il n'auroit personne contre lui, et tous les auteurs en diroient du bien. Il est vrai que de semblables comédies n'ont pas ce grand concours de monde; mais, en revanche, elles sont toujours bien écrites, personne n'écrit contre elles, et tous ceux qui les voient, meurent d'envie de les trouver belles.

DU CROISY. — « Il est vrai que j'ai l'avantage de ne me point faire d'ennemis, et que tous mes ouvrages ont l'approbation des savans.

MADEMOISELLE MOLIÈRE. — « Vous faites bien d'être content de vous. Cela vaut mieux que tous les applaudissemens du public, et que tout l'argent qu'on sauroit gagner aux pièces de Molière. Que vous importe qu'il vienne du monde à vos comédies, pourvu qu'elles soient approuvées par messieurs vos confrères?

LA GRANGE. — « Mais quand jouera-t-on *le Portrait du Peintre?*

DU CROISY. — « Je ne sais ; mais je me prépare fort à paroître des premiers sur les rangs, pour crier : Voilà qui est beau!

MOLIÈRE. — « Et moi de même, parbleu !

LA GRANGE ! — « Et moi aussi, Dieu me sauve !

MADEMOISELLE DU PARC. — « Pour moi, j'y payerai de ma personne comme il faut ; et je réponds d'une bravoure d'approbation, qui mettra en déroute tous les jugemens ennemis. C'est bien la moindre chose que nous devions faire, que d'épauler de nos louanges le vengeur de nos intérêts !

MADEMOISELLE MOLIÈRE. — « C'est fort bien dit.

MADEMOISELLE DE BRIE. — « Et ce qu'il nous faut faire toutes.

MADEMOISELLE BÉJART. — « Assurément.

MADEMOISELLE DU CROISY. — « Sans doute.

MADEMOISELLE HERVÉ. — « Point de quartier à ce contrefaiseur de gens.

MOLIÈRE. — « Ma foi, chevalier, mon ami, il faudra que ton Molière se cache.

BRÉCOURT. — « Qui, lui? Je te promets, marquis, qu'il fait dessein d'aller sur le théâtre, rire avec tous les autres du portrait qu'on a fait de lui.

MOLIÈRE. — « Parbleu! ce sera donc du bout des dents qu'il rira.

BRÉCOURT. — « Va, va, peut-être qu'il y trouvera plus de sujets de rire que tu ne penses. On m'a montré la pièce ; et, comme tout ce qu'il y a d'agréable sont effectivement les idées qui ont été prises de Molière, la joie que cela pourra donner n'aura pas lieu de lui déplaire, sans doute; car, pour l'endroit où l'on s'efforce de le noircir, je suis le plus trompé du monde, si cela est approuvé de personne ; et quant à tous les gens qu'ils ont tâché d'animer contre lui, sur ce qu'il fait, dit-on, des portraits trop ressemblans; outre que cela est de fort mauvaise grâce, je ne vois rien de plus ridicule et de plus mal repris ; et je n'avois pas cru jusqu'ici que ce fût un sujet de blâme pour un comédien, que de peindre trop bien les hommes.

LA GRANGE. — « Les comédiens m'ont dit qu'ils l'attendoient sur la réponse, et que....

BRÉCOURT. — « Sur la réponse? Ma foi, je le trouverois un grand fou, s'il se mettoit en peine de répondre à leurs invectives. Tout le monde sait assez de quel motif elles peuvent partir; et la meilleure réponse qu'il puisse faire, c'est une comédie qui réussisse comme toutes ses autres. Voilà le vrai moyen de se venger d'eux comme il faut ; et, de l'humeur dont je les connois, je suis fort assuré qu'une pièce nouvelle qui leur enlèvera le monde, les fâchera bien plus que toutes les satires qu'on pourroit faire de leurs personnes.

MOLIÈRE. — « Mais, chevalier.... »

MADEMOISELLE BÉJART. — Souffrez que j'interrompe pour un peu la répétition. (*A Molière.*) Voulez-vous que je vous die? Si j'avois été en votre place, j'aurois poussé les choses autrement. Tout le monde attend de vous une réponse vigoureuse ; et, après la manière dont on m'a dit que vous étiez traité dans cette comédie, vous étiez en droit de tout dire contre les comédiens, et vous deviez n'en épargner aucun.

MOLIÈRE. J'enrage de vous ouïr parler de la sorte; et voilà votre manie, à vous autres femmes. Vous voudriez que je prisse feu d'abord contre eux, et qu'à leur exemple j'allasse éclater promptement en invectives et en injures. Le bel honneur que j'en pourrois tirer, et le grand dépit que je leur ferois! Ne se sont-ils pas préparés de bonne volonté à ces sortes de choses? Et, lorsqu'ils ont délibéré s'ils joueroient le *Portrait du Peintre*, sur la crainte d'une riposte, quelques-uns d'entre eux n'ont-ils pas répondu : Qu'il nous rende toutes les injures qu'il voudra, pourvu que nous gagnions de l'argent? N'est-ce pas là la marque d'une âme fort sensible à la honte? et ne me vengerois-je pas bien d'eux, en leur donnant ce qu'ils veulent bien recevoir?

MADEMOISELLE DE BRIE. — Ils se sont fort plaints, toutefois, de trois ou quatre mots que vous avez dits d'eux dans *la Critique* et dans vos *Précieuses*.

MOLIÈRE. — Il est vrai, ces trois ou quatre mots sont fort offensans, et ils ont grande raison de les citer ! Allez, allez, ce n'est pas cela. Le plus grand mal que je leur aie fait, c'est que j'ai eu le bonheur de plaire un peu plus qu'ils n'auroient voulu; et tout leur procédé, depuis que nous sommes venus à Paris, a trop marqué ce qui les touche. Mais laissons-les faire tant qu'ils voudront; toutes leurs entreprises ne doivent point m'inquiéter. Ils critiquent mes pièces, tant mieux; et Dieu me garde d'en faire jamais qui leur plaisent! Ce seroit une mauvaise affaire pour moi.

MADEMOISELLE DE BRIE. — Il n'y a pas grand plaisir pourtant à voir déchirer ses ouvrages.

MOLIÈRE. — Et qu'est-ce que cela me fait? N'ai-je pas obtenu de ma comédie tout ce que j'en voulois obtenir, puisqu'elle a eu le bonheur d'agréer aux augustes personnes à qui particulièrement je m'efforce de plaire? N'ai-je pas lieu d'être satisfait de sa destinée, et toutes leurs censures ne viennent-elles pas trop tard? Est-ce moi, je vous prie, que cela regarde maintenant? et, lorsqu'on attaque une pièce qui a eu du succès, n'est-ce pas attaquer plutôt le jugement de ceux qui l'ont approuvée, que l'art de celui qui l'a faite?

MADEMOISELLE DE BRIE. — Ma foi, j'aurois joué ce petit monsieur l'auteur, qui se mêle d'écrire contre des gens qui ne songent pas à lui.

MOLIÈRE. — Vous êtes folle. Le beau sujet à divertir la cour, que monsieur Boursault! Je voudrois bien savoir de quelle façon on pourroit l'ajuster pour le rendre plaisant, et si, quand on le berneroit sur un théâtre, il seroit assez heureux pour faire rire le monde. Ce lui seroit trop d'honneur que d'être joué devant une auguste assemblée; il ne demanderoit pas mieux; et il m'attaque de gaieté de cœur, pour se faire connoître de quelque façon que ce soit. C'est un homme qui n'a rien à perdre, et les comédiens ne me l'ont déchaîné que pour m'engager à une sotte guerre, et me détourner, par cet artifice, des autres ouvrages que j'ai à faire; et cependant, vous êtes assez simples pour donner toutes dans ce panneau. Mais enfin, j'en ferai ma déclaration publiquement. Je ne prétends faire aucune réponse à toutes leurs critiques et leurs contre-critiques. Qu'ils disent tous les maux du monde de mes pièces, j'en suis d'accord. Qu'ils s'en saisissent après nous; qu'ils les retournent comme un habit pour les mettre sur leur théâtre, et tâchent à profiter de quelque agrément qu'on y trouve, et d'un peu de bonheur que j'ai; j'y consens, ils en ont besoin, et je serai bien aise de contribuer à les faire subsister, pourvu qu'ils se contentent de ce que je puis leur accorder avec bienséance. La courtoisie doit avoir des bornes; et il y a des choses qui ne font rire ni les spectateurs, ni celui dont on parle. Je leur abandonne de bon cœur mes ouvrages, ma figure, mes gestes, mes paroles, mon ton de voix, et ma façon de réciter, pour en faire et dire tout ce qu'il leur plaira, s'ils en peuvent tirer quelque avantage. Je ne m'oppose point à toutes ces choses, et je serai ravi que cela puisse réjouir le monde; mais en leur abandonnant tout cela, ils me doivent faire la grâce de me laisser le reste, et de ne point toucher à des matières de la nature de celles sur lesquelles on m'a dit qu'ils m'attaquoient dans leurs comédies. C'est de quoi je prierai civilement cet honnête monsieur qui se mêle d'écrire pour eux, et voilà toute la réponse qu'ils auront de moi.

MADEMOISELLE BÉJART. — Mais enfin....

MOLIÈRE. — Mais enfin, vous me feriez devenir fou. Ne parlons point de cela davantage; nous nous amusons à faire des discours, au lieu de répéter notre comédie. Où en étions-nous? Je ne m'en souviens plus.

MADEMOISELLE DE BRIE. — Vous en étiez à l'endroit....

MOLIÈRE. — Mon Dieu! J'entends du bruit; c'est le roi qui arrive assurément; et je vois bien que nous n'aurons pas le temps de passer outre. Voilà ce que c'est de s'amuser. Oh bien! faites donc, pour le reste, du mieux qu'il vous sera possible.

MADEMOISELLE BÉJART. — Par ma foi, la frayeur me prend, et je ne saurois aller jouer mon rôle, si je ne le répète tout entier.

MOLIÈRE. — Comment, vous ne sauriez aller jouer votre rôle?

MADEMOISELLE BÉJART. — Non.

MADEMOISELLE DU PARC. — Ni moi le mien.

MADEMOISELLE DE BRIE. — Ni moi non plus.

MADEMOISELLE MOLIÈRE. — Ni moi.

MADEMOISELLE HERVÉ. — Ni moi.

MADEMOISELLE DU CROISY. — Ni moi.

MOLIÈRE. — Que pensez-vous donc faire? Vous moquez-vous toutes de moi?

SCÈNE IV.

BÉJART, MOLIÈRE, LA GRANGE, DU CROISY,
MESDEMOISELLES DU PARC, BÉJART, DE BRIE,
MOLIÈRE, DU CROISY, HERVÉ.

BÉJART. — Messieurs, je viens vous avertir que le roi est venu, et qu'il attend que vous commenciez.

MOLIÈRE. — Ah! monsieur, vous me voyez dans la plus grande peine du monde, je suis désespéré à l'heure que je vous parle! Voici des femmes qui s'effrayent, et qui disent qu'il leur faut répéter leurs rôles, avant que d'aller commencer. Nous demandons, de grâce, encore un moment. Le roi a de la bonté, et il sait bien que la chose a été précipitée.

SCÈNE V.

MOLIÈRE, LA GRANGE, DU CROISY, Mesdemoiselles DU PARC, BÉJART, DE BRIE, MOLIÈRE, DU CROISY, HERVÉ.

MOLIÈRE. — Hé! de grâce, tâchez de vous remettre, prenez courage, je vous prie.
MADEMOISELLE DU PARC. — Vous devez vous aller excuser.
MOLIÈRE. — Comment m'excuser?

SCÈNE VI.

MOLIERE, LA GRANGE, DU CROISY, Mesdemoiselles DU PARC, BÉJART, DE BRIE, MOLIÈRE, DU CROISY, HERVÉ, un nécessaire.

UN NÉCESSAIRE. — Messieurs, commencez donc.
MOLIÈRE. — Tout à l'heure, monsieur. Je crois que je perdrai l'esprit de cette affaire-ci, et....

SCÈNE VII.

MOLIÈRE, LA GRANGE, DU CROISY, Mesdemoiselles DU PARC, BÉJART, DE BRIE, MOLIÈRE, DU CROISY, HERVÉ, un nécessaire, un second nécessaire.

LE SECOND NÉCESSAIRE. — Messieurs, commencez donc.
MOLIÈRE. — Dans un moment, monsieur. (A ses camarades.) Hé quoi donc? Voulez-vous que j'aie l'affront....

SCÈNE VIII.

MOLIÈRE, LA GRANGE, DU CROISY, Mesdemoiselles DU PARC, BÉJART, DE BRIE, MOLIÈRE, DU CROISY, HERVÉ, un nécessaire, un second nécessaire, un troisième nécessaire.

LE TROISIÈME NÉCESSAIRE. — Messieurs, commencez donc.
MOLIÈRE. — Oui, monsieur, nous y allons. Hé! que de gens se font de fête, et viennent dire : « Commencez donc, » à qui le roi ne l'a pas commandé!

SCÈNE IX.

MOLIÈRE, LA GRANGE, DU CROISY, Mesdemoiselles DU PARC, BÉJART, DE BRIE, MOLIÈRE, DU CROISY, HERVÉ, un nécessaire, un second nécessaire, un troisième nécessaire, un quatrième nécessaire.

LE QUATRIÈME NÉCESSAIRE. — Messieurs, commencez donc.
MOLIÈRE. — Voilà qui est fait, monsieur. (A ses camarades.) Quoi donc! recevrai-je la confusion?...

SCÈNE X.

BÉJART, MOLIÈRE, LA GRANGE, DU CROISY, Mesdemoiselles DU PARC, BÉJART, DE BRIE, MOLIÈRE, DU CROISY, HERVÉ.

MOLIÈRE. — Monsieur, vous venez pour nous dire de commencer, mais....
BÉJART. — Non, messieurs, je viens pour vous dire qu'on a dit au roi l'embarras où vous vous trouviez, et que, par une bonté toute particulière, il remet votre nouvelle comédie à une autre fois, et se contente, pour aujourd'hui, de la première que vous pourrez donner.
MOLIÈRE. — Ah! monsieur, vous me redonnez la vie! Le roi nous fait la plus grande grâce du monde de nous donner du temps pour ce qu'il avoit souhaité; et nous allons tous le remercier des extrêmes bontés qu'il nous fait paroître.

FIN DE L'IMPROMPTU DE VERSAILLES.

PERSONNAGES ET ACTEURS.

SGANARELLE.	Molière.
GÉRONIMO.	La Thorillière.
DORIMÈNE, jeune coquette, promise à Sganarelle.	Mlle du Parc.
ALCANTOR, père de Dorimène.	Béjart.
ALCIDAS, frère de Dorimène.	La Grange.
LYCASTE, amant de Dorimène.	
PANCRACE, docteur aristotélicien.	Brécourt.
MARPHURIUS, docteur pyrrhonien.	Du Croisy.
Deux Égyptiennes.	Mlles Béjart et de Brie.

La scène est dans une place publique.

Le Mariage forcé fut joué au Louvre, en trois actes, avec des intermèdes, sous le titre de *Ballet du roi*, le 29 janvier 1664; et en un acte, avec quelques changements, sur le théâtre du Palais-Royal, le 15 février suivant. Le fond de la pièce rappelle le mariage de Panurge (dans Rabelais, l. III, ch. xxxv). Cette comédie ne fut imprimée qu'en 1668.

SCÈNE I.

SGANARELLE, *parlant à ceux qui sont dans sa maison.*

Je suis de retour dans un moment. Que l'on ait bien soin du logis, et que tout aille comme il faut. Si l'on apporte de l'argent, que l'on me vienne querir vite chez le seigneur Géronimo ; et, si l'on vient m'en demander, qu'on dise que je suis sorti, et que je ne dois venir de toute la journée.

SCÈNE II.

SGANARELLE, GÉRONIMO.

GÉRONIMO, *ayant entendu les dernières paroles de Sganarelle*. — Voilà un ordre fort prudent.
SGANARELLE. — Ah! seigneur Géronimo, je vous trouve à propos; et j'allois chez vous vous chercher.
GÉRONIMO. — Et pour quel sujet, s'il vous plaît?
SGANARELLE. — Pour vous communiquer une affaire que j'ai en tête, et vous prier de m'en dire votre avis.
GÉRONIMO. — Très-volontiers. Je suis bien aise de cette rencontre, et nous pouvons parler ici en toute liberté.
SGANARELLE. — Mettez donc dessus, s'il vous plaît. Il s'agit d'une chose de conséquence, que l'on m'a proposée ; et il est bon de ne rien faire sans le conseil de ses amis.
GÉRONIMO. — Je vous suis obligé de m'avoir choisi pour cela. Vous n'avez qu'à me dire ce que c'est.
SGANARELLE. — Mais, auparavant, je vous conjure de ne me point flatter du tout, et de me dire nettement votre pensée.
GÉRONIMO. — Je le ferai, puisque vous le voulez.
SGANARELLE. — Je ne vois rien de plus condamnable qu'un ami qui ne nous parle pas franchement.
GÉRONIMO. — Vous avez raison.
SGANARELLE. — Et, dans ce siècle, on trouve peu d'amis sincères.
GÉRONIMO. — Cela est vrai.
SGANARELLE. — Promettez-moi donc, seigneur Géronimo, de me parler avec toute sorte de franchise.
GÉRONIMO. — Je vous le promets.
SGANARELLE. — Jurez-en votre foi.
GÉRONIMO. — Oui, foi d'ami. Dites-moi seulement votre affaire.
SGANARELLE. — C'est que je veux savoir de vous si je ferai bien de me marier.
GÉRONIMO. — Qui, vous?
SGANARELLE. — Oui, moi-même, en propre personne. Quel est votre avis là-dessus?
GÉRONIMO. — Je vous prie auparavant de me dire une chose.

SGANARELLE. — Et quoi?

GÉRONIMO. — Quel âge pouvez-vous bien avoir maintenant?

SGANARELLE. — Moi?

GÉRONIMO. — Oui.

SGANARELLE. — Ma foi, je ne sais; mais je me porte bien.

GÉRONIMO. — Quoi! vous ne savez pas à peu près votre âge?

SGANARELLE. — Non; est-ce qu'on songe à cela?

GÉRONIMO. — Hé! dites-moi un peu, s'il vous plaît: combien aviez-vous d'années lorsque nous fîmes connoissance?

SGANARELLE. — Ma foi, je n'avois que vingt ans alors.

GÉRONIMO. — Combien fûmes-nous ensemble à Rome?

SGANARELLE. — Huit ans.

GÉRONIMO. — Quel temps avez-vous demeuré en Angleterre?

SGANARELLE. — Sept ans.

GÉRONIMO. — Et en Hollande, où vous fûtes ensuite?

SGANARELLE. — Cinq ans et demi.

GÉRONIMO. — Combien y a-t-il que vous êtes revenu ici?

SGANARELLE. — Je revins en cinquante-six.

GÉRONIMO. — De cinquante-six à soixante-huit, il y a douze ans, ce me semble. Cinq ans en Hollande, font dix-sept; sept ans en Angleterre, font vingt-quatre; huit dans notre séjour à Rome, font trente-deux; et, vingt que vous aviez lorsque nous nous connûmes, cela fait justement cinquante-deux. Si bien, seigneur Sganarelle, que, sur votre propre confession, vous êtes environ à votre cinquante-deuxième ou cinquante-troisième année.

SGANARELLE. — Qui, moi? cela ne se peut pas.

GÉRONIMO. — Mon Dieu! le calcul est juste; et là-dessus je vous dirai franchement et en ami, comme vous m'avez fait promettre de vous parler, que le mariage n'est guère votre fait. C'est une chose à laquelle il faut que les jeunes gens pensent bien mûrement avant que de la faire; mais les gens de votre âge n'y doivent point penser du tout; et si l'on dit que la plus grande de toutes les folies est celle de se marier, je ne vois rien de plus mal à propos que de la faire, cette folie, dans la saison où nous devons être plus sages. Enfin, je vous en dis nettement ma pensée. Je ne vous conseille point de songer au mariage; et je vous trouverois le plus ridicule du monde, si, ayant été libre jusqu'à cette heure, vous alliez vous charger maintenant de la plus pesante des chaînes.

SGANARELLE. — Et moi, je vous dis que je suis résolu de me marier, et que je ne serai point ridicule en épousant la fille que je recherche.

GÉRONIMO. — Ah! c'est une autre chose! Vous ne m'aviez pas dit cela.

SGANARELLE. — C'est une fille qui me plaît, et que j'aime de tout mon cœur.

GÉRONIMO. — Vous l'aimez de tout votre cœur?

SGANARELLE. — Sans doute, et je l'ai demandée à son père.

GÉRONIMO. — Vous l'avez demandée?

SGANARELLE. — Oui. C'est un mariage qui se doit conclure ce soir; et j'ai donné ma parole.

GÉRONIMO. — Oh! mariez-vous donc! Je ne dis plus mot.

SGANARELLE. — Je quitterois le dessein que j'ai fait! Vous semble-t-il, seigneur Géronimo, que je ne sois plus propre à songer à une femme? Ne parlons point de l'âge que je puis avoir; mais regardons seulement les choses. Y a-t-il homme de trente ans qui paroisse plus frais et plus vigoureux que vous me voyez? N'ai-je pas tous les mouvemens de mon corps aussi bons que jamais; et voit-on que j'aie besoin de carrosse ou de chaise pour cheminer? N'ai-je pas encore toutes mes dents les meilleures du monde? (*Il montre ses dents.*) Ne fais-je pas vigoureusement mes quatre repas par jour, et peut-on voir un estomac qui ait plus de force que le mien? (*Il tousse.*) Hem, hem, hem. Eh! qu'en dites-vous?

GÉRONIMO. — Vous avez raison, je m'étois trompé. Vous ferez bien de vous marier.

SGANARELLE. — J'y ai répugné autrefois; mais j'ai maintenant de puissantes raisons pour cela. Outre la joie que j'aurai de posséder une belle femme, qui me fera mille caresses, qui me dorlotera, et me viendra frotter lorsque je serai las; outre cette joie, dis-je, je considère qu'en demeurant comme je suis, je laisse périr dans le monde la race des Sganarelles; et qu'en me mariant, je pourrai me voir revivre en d'autres moi-même; que j'aurai le plaisir de voir des créatures qui seront sorties de moi, de petites figures qui me ressembleront comme deux gouttes d'eau, qui se joueront continuellement dans la maison, qui m'appelleront leur papa quand je reviendrai de la ville, et me diront de petites folies les plus agréables du monde. Tenez, il me semble déjà que j'y suis, et que j'en vois une demi-douzaine autour de moi.

GÉRONIMO. — Il n'y a rien de plus agréable que cela; et je vous conseille de vous marier le plus vite que vous pourrez.

SGANARELLE. — Tout de bon, vous me le conseillez?

GÉRONIMO. — Assurément. Vous ne sauriez mieux faire.

SGANARELLE. — Vraiment, je suis ravi que vous me donniez ce conseil en véritable ami.

GÉRONIMO. — Hé! quelle est la personne, s'il vous plaît, avec qui vous vous allez marier?

SGANARELLE. — Dorimène.

GÉRONIMO. — Cette jeune Dorimène, si galante et si bien parée?

SGANARELLE. — Oui.

GÉRONIMO. — Fille du seigneur Alcantor?

SGANARELLE. — Justement.

GÉRONIMO. — Et sœur d'un certain Alcidas, qui se mêle de porter l'épée?

SGANARELLE. — C'est cela.

GÉRONIMO. — Vertu de ma vie!

SGANARELLE. — Qu'en dites-vous?

GÉRONIMO. — Bon parti! Mariez-vous promptement.

SGANARELLE. — N'ai-je pas raison d'avoir fait ce choix?

GÉRONIMO. — Sans doute. Ah! que vous serez bien marié! Dépêchez-vous de l'être.

SGANARELLE. — Vous me comblez de joie, de me dire cela. Je vous remercie de votre conseil, et je vous invite ce soir à mes noces.

GÉRONIMO. — Je n'y manquerai pas; et je veux y aller en masque, afin de les mieux honorer.

SGANARELLE. — Serviteur.

GÉRONIMO, *à part.* — La jeune Dorimène, fille du seigneur Alcantor, avec le seigneur Sganarelle, qui n'a que cinquante-trois ans. O le beau mariage! O le beau mariage!

(Ce qu'il répète plusieurs fois en s'en allant.)

SCÈNE III.

SGANARELLE, *seul.*

Ce mariage doit être heureux, car il donne de la joie à tout le monde, et je fais rire tous ceux à qui j'en parle. Me voilà maintenant le plus content des hommes.

SCÈNE IV.

DORIMÈNE, SGANARELLE.

DORIMÈNE, *dans le fond du théâtre, à un petit laquais qui la suit.* — Allons, petit garçon, qu'on tienne bien ma queue, et qu'on ne s'amuse pas à badiner.

Si bien que vous êtes environ à votre cinquante-deuxième année. (Scène II.)

SGANARELLE, *à part, apercevant Dorimène.* — Voici ma maîtresse qui vient. Ah! qu'elle est agréable! Quel air, et quelle taille! Peut-il y avoir un homme qui n'ait, en la voyant, des démangeaisons de se marier? (*A Dorimène.*) Où allez-vous, belle mignonne, chère épouse future de votre futur époux?

DORIMÈNE. — Je vais faire quelques emplettes.

SGANARELLE. — Hé bien! ma belle, c'est maintenant que nous allons être heureux l'un et l'autre. Vous ne serez plus en droit de me rien refuser; et je pourrai faire avec vous tout ce qu'il me plaira, sans que personne s'en scandalise. Vous allez être à moi depuis la tête jusqu'aux pieds, et je serai maître de tout; de vos petits yeux éveillés, de votre petit nez fripon, de vos lèvres appétissantes, de vos oreilles amoureuses, de votre petit menton joli, de vos petits tétons rondelets, de votre.... Enfin, toute votre personne sera à ma discrétion, et je serai à même pour vous caresser comme je voudrai. N'êtes-vous pas bien aise de ce mariage, mon aimable pouponne?

DORIMÈNE. — Tout à fait aise, je vous jure; car enfin, la sévérité de mon père m'a tenue jusques ici dans une sujétion la plus fâcheuse du monde. Il y a je ne sais combien que j'enrage du peu de liberté qu'il me donne, et j'ai cent fois souhaité qu'il me mariât, pour sortir promptement de la contrainte où j'étois avec lui, et me voir en état de faire ce que je voudrai. Dieu merci, vous êtes venu heureusement pour cela, et je me prépare désormais à me donner du divertissement, et à réparer, comme il faut, le temps que j'ai perdu. Comme vous êtes un fort galant homme, et que vous savez comme il faut vivre, je crois que nous ferons le meilleur ménage du monde ensemble, et que vous ne serez point de ces maris incommodes, qui veulent que leurs femmes vivent comme des loups-garous. Je vous avoue que je ne m'accommoderois pas de cela, et que la solitude me désespère. J'aime le jeu, les visites, les assemblées, les cadeaux et les promenades, en un mot, toutes les choses de plaisir, et vous devez être ravi d'avoir une femme de mon humeur. Nous n'aurons jamais aucun démêlé ensemble, et je ne vous contraindrai point dans vos actions, comme j'espère que, de votre côté, vous ne me contraindrez point dans les miennes; car, pour moi, je tiens qu'il faut avoir une complaisance mutuelle, et qu'on ne se doit point marier pour se faire enrager l'un l'autre. Enfin, nous vivrons, étant mariés, comme deux personnes qui savent leur monde. Aucun soupçon jaloux ne nous troublera la cervelle; et c'est assez que vous serez assuré de ma fidélité, comme je serai persuadée de la vôtre. Mais qu'avez-vous? je vous vois tout changé de visage.

SGANARELLE. — Ce sont quelques vapeurs qui me viennent de monter à la tête.

DORIMÈNE. — C'est un mal aujourd'hui qui attaque beaucoup de gens; mais notre mariage vous dissipera tout cela. Adieu. Il me tarde déjà que je n'aie des habits raisonnables, pour quitter vite ces guenilles. Je m'en vais de ce pas achever d'acheter toutes les choses qu'il me faut, et je vous enverrai les marchands.

SCÈNE V.

GÉRONIMO, SGANARELLE.

GÉRONIMO. — Ah! seigneur Sganarelle, je suis ravi de vous trouver encore ici; et j'ai rencontré un orfévre, qui, sur le bruit que vous cherchez quelque beau diamant en bague pour faire un présent à votre épouse, m'a fort prié de vous venir parler pour lui, et de vous dire qu'il en a un à vendre, le plus parfait du monde.

SGANARELLE. — Mon Dieu! cela n'est pas pressé.

GÉRONIMO. — Comment! que veut dire cela? Où est l'ardeur que vous montriez tout à l'heure?

SGANARELLE. — Il m'est venu, depuis un moment, de petits scrupules sur le mariage. Avant que de passer plus avant, je voudrois bien agiter à fond cette matière, et que l'on m'expliquât un songe que j'ai fait cette nuit, et qui vient tout à l'heure de me revenir dans l'esprit. Vous savez que les songes sont comme des miroirs, où l'on découvre quelquefois tout ce qui nous doit arriver. Il me sembloit que j'étois dans un vaisseau, sur une mer bien agitée; et que....

GÉRONIMO. — Seigneur Sganarelle, j'ai maintenant quelque petite affaire qui m'empêche de vous ouïr. Je n'entends rien du tout aux songes; et, quant au raisonnement du mariage, vous avez deux savans, deux philosophes vos voisins, qui sont gens à vous débiter tout ce qu'on peut dire sur ce sujet. Comme ils sont de sectes différentes, vous pouvez examiner leurs diverses opinions là-dessus. Pour moi, je me contente de ce que je vous ai dit tantôt, et demeure votre serviteur.

SGANARELLE, seul. — Il a raison. Il faut que je consulte un peu ces gens-là sur l'incertitude où je suis.

SCÈNE VI.

PANCRACE, SGANARELLE.

PANCRACE, se tournant du côté par où il est entré, et sans voir Sganarelle. — Allez, vous êtes un impertinent, mon ami, un homme ignare de toute bonne discipline, bannissable de la république des lettres.

SGANARELLE. — Ah! bon. En voici un fort à propos.

PANCRACE, de même, sans voir Sganarelle. — Oui, je te soutiendrai par vives raisons, je te montrerai par Aristote, le philosophe des philosophes, que tu es un ignorant, un ignorantissime, ignorantifiant et ignorantifié, par tous les cas et modes imaginables.

SGANARELLE, à part. — Il a pris querelle contre quelqu'un. (A Pancrace.) Seigneur....

PANCRACE, de même, sans voir Sganarelle. — Tu veux te mêler de raisonner, et tu ne sais pas seulement les élémens de la raison.

SGANARELLE, à part. — La colère l'empêche de me voir. (A Pancrace.) Seigneur....

PANCRACE, de même, sans voir Sganarelle. — C'est une proposition condamnable dans toutes les terres de la philosophie.

SGANARELLE, à part. — Il faut qu'on l'ait fort irrité. (A Pancrace.) Je....

PANCRACE, de même, sans voir Sganarelle. — Toto cœlo, totâ viâ aberras.

SGANARELLE. — Je baise les mains à monsieur le docteur.

PANCRACE. — Serviteur.

SGANARELLE. — Peut-on?...

PANCRACE, se retournant vers l'endroit par où il est entré. — Sais-tu bien ce que tu as fait? un syllogisme in Balordo.

SGANARELLE. — Je vous....

PANCRACE, de même. — La majeure en est inepte, la mineure impertinente, et la conclusion ridicule.

SGANARELLE. — Je....

PANCRACE, de même. — Je crèverois plutôt que d'avouer ce que tu dis; et je soutiendrai mon opinion jusqu'à la dernière goutte de mon encre.

SGANARELLE. — Puis-je?...

PANCRACE, de même. — Oui, je défendrai cette proposition, *pugnis et calcibus, unguibus et rostro*.

SGANARELLE. — Seigneur Aristote, peut-on savoir ce qui vous met si fort en colère?

PANCRACE. — Un sujet le plus juste du monde.

SGANARELLE. — Et quoi, encore?

PANCRACE. — Un ignorant m'a voulu soutenir une proposition erronée, une proposition épouvantable, effroyable, exécrable.

SGANARELLE. — Puis-je demander ce que c'est?

PANCRACE. — Ah! seigneur Sganarelle, tout est renversé aujourd'hui, et le monde est tombé dans une corruption générale. Une licence épouvantable règne partout; et les magistrats, qui sont établis pour maintenir l'ordre dans cet État, devroient rougir de honte, en souffrant un scandale aussi intolérable que celui dont je veux parler.

SGANARELLE. — Quoi donc?

PANCRACE. — N'est-ce pas une chose horrible, une chose qui crie vengeance au ciel, que d'endurer qu'on dise publiquement la forme d'un chapeau?

SGANARELLE. — Comment?

PANCRACE. — Je soutiens qu'il faut dire la figure d'un chapeau, et non pas la forme; d'autant qu'il y a cette différence entre la forme et la figure, que la forme est la disposition extérieure des corps qui sont animés, la figure, la disposition extérieure des corps qui sont animés : et puisque le chapeau est un corps inanimé, faut dire la figure d'un chapeau, et non pas la forme. *(e retournant encore du côté par où il est entré.)* Oui, norant que vous êtes, c'est comme il faut parler; et sont les termes exprès d'Aristote dans le chapitre : la Qualité.

SGANARELLE, *à part.* — Je pensois que tout fût rdu. *(A Pancrace.)* Seigneur docteur, ne songez plus tout cela. Je....

PANCRACE. — Je suis dans une colère, que je ne e sens pas.

SGANARELLE. — Laissez la forme et le chapeau en ix. J'ai quelque chose à vous communiquer. Je....

PANCRACE. — Impertinent fieffé!

SGANARELLE. — De grâce, remettez-vous. Je....

PANCRACE. — Ignorant.

SGANARELLE. — Eh! mon Dieu! Je....

PANCRACE. — Me vouloir soutenir une proposition : la sorte?

SGANARELLE. — Il a tort. Je....

PANCRACE. — Une proposition condamnée par Aristote!

SGANARELLE. — Cela est vrai. Je....

PANCRACE. — En termes exprès.

SGANARELLE. — Vous avez raison. *(Se tournant du té par où Pancrace est entré.)* Oui, vous êtes un sot un impudent, de vouloir disputer contre un docteur i sait lire et écrire. Voilà qui est fait : je vous prie m'écouter. Je viens vous consulter sur une affaire i m'embarrasse. J'ai dessein de prendre une femme ur me tenir compagnie dans mon ménage. La perne est belle et bien faite; elle me plaît beaucoup, est ravie de m'épouser. Son père me l'a accordée; ais je crains un peu ce que vous savez, la disgrâce nt on ne plaint personne; et je voudrois bien vous ier, comme philosophe, de me dire votre sentiment. h! quel est votre avis là-dessus?

PANCRACE. — Plutôt que d'accorder qu'il faille dire forme d'un chapeau, j'accorderois que *datur vacuum rerum naturâ*, et que je ne suis qu'une bête.

SGANARELLE, *à part.* — La peste soit de l'homme! *Pancrace.)* Eh! monsieur le docteur, écoutez un u les gens. On vous parle une heure durant, et vous répondez point à ce qu'on vous dit.

PANCRACE. — Je vous demande pardon. Une juste lère m'occupe l'esprit.

SGANARELLE. — Eh! laissez tout cela, et prenez la ine de m'écouter.

PANCRACE. — Soit. Que voulez-vous me dire?

SGANARELLE. — Je veux vous parler de quelque chose.

PANCRACE. — Et de quelle langue voulez-vous vous rvir avec moi?

SGANARELLE. — De quelle langue?

PANCRACE. — Oui.

SGANARELLE. — Parbleu! de la langue que j'ai dans bouche. Je crois que je n'irai pas emprunter celle mon voisin.

PANCRACE. — Je vous dis, de quel idiome, de quel gage?

SGANARELLE. — Ah! c'est une autre affaire.

PANCRACE. — Voulez-vous me parler italien?

SGANARELLE. — Non.

PANCRACE. — Espagnol?

SGANARELLE. — Non.

PANCRACE. — Allemand?

SGANARELLE. — Non.

PANCRACE. — Anglois?

SGANARELLE. — Non.

PANCRACE. — Latin?

SGANARELLE. — Non.

PANCRACE. — Grec?

SGANARELLE. — Non.

PANCRACE. — Hébreu?

SGANARELLE. — Non.

PANCRACE. — Syriaque?

SGANARELLE. — Non.

PANCRACE. — Turc?

SGANARELLE. — Non.

PANCRACE. — Arabe?

SGANARELLE. — Non, non, françois, françois, françois.

PANCRACE. — Ah! françois.

SGANARELLE. — Fort bien.

PANCRACE. — Passez donc de l'autre côté; car cette oreille-ci est destinée pour les langues scientifiques et étrangères, et l'autre est pour la vulgaire et la maternelle.

SGANARELLE, *à part.* — Il faut bien des cérémonies avec ces sortes de gens-ci.

PANCRACE. — Que voulez-vous?

SGANARELLE. — Vous consulter sur une petite difficulté.

PANCRACE. — Ah! ah! sur une difficulté de philosophie, sans doute.

SGANARELLE. — Pardonnez-moi. Je....

PANCRACE. — Vous voulez peut-être savoir si la substance et l'accident sont termes synonymes ou équivoques à l'égard de l'être?

SGANARELLE. — Point du tout. Je....

PANCRACE. — Si la logique est un art ou une science?

SGANARELLE. — Ce n'est pas cela. Je....

PANCRACE. — Si elle a pour objet les trois opérations de l'esprit, ou la troisième seulement?

SGANARELLE. — Non. Je....

PANCRACE. — S'il y a dix catégories, ou s'il n'y en a qu'une.

SGANARELLE. — Point. Je....

PANCRACE. — Si la conclusion est de l'essence du syllogisme?

SGANARELLE. — Nenni. Je....

PANCRACE. — Si l'essence du bien est mise dans l'appétibilité, ou dans la convenance?

SGANARELLE. — Non. Je....

PANCRACE. — Si le bien se réciproque avec la fin?

SGANARELLE. — Hé! non. Je....

PANCRACE. — Si la fin nous peut émouvoir par son être réel, ou par son être intentionnel?

SGANARELLE. — Non, non, non, non, non, de par tous les diables, non.

PANCRACE. — Expliquez donc votre pensée; car je ne puis pas la deviner.

SGANARELLE. — Je vous la veux expliquer aussi; mais il faut m'écouter. (Pendant que Sganarelle dit :) L'affaire que j'ai à vous dire, c'est que j'ai envie de me marier avec une fille qui est jeune et belle. Je l'aime fort, et l'ai demandée à son père; mais, comme j'appréhende....

PANCRACE *dit en même temps sans écouter Sganarelle :* — La parole a été donnée à l'homme pour expliquer sa pensée; et tout ainsi que les pensées sont les portraits des choses, de même nos paroles sont-elles les portraits de nos pensées.

(*Sganarelle, impatienté, ferme la bouche du docteur avec sa main à plusieurs reprises, et le docteur continue de parler d'abord que Sganarelle ôte sa main.*)

Mais ces portraits diffèrent des autres portraits en ce que les autres portraits sont distingués partout de leurs originaux, et que la parole enferme en soi son original, puisqu'elle n'est autre chose que la pensée expliquée par un signe extérieur; d'où vient que ceux qui pensent bien, sont aussi ceux qui parlent le mieux.

Ce sont quelques vapeurs qui me portent à la tête. (Scène IV.)

Expliquez-moi donc votre pensée par la parole, qui est le plus intelligible de tous les signes.

SGANARELLE *pousse le docteur dans sa maison, et tire la porte pour l'empêcher de sortir.* — Peste de l'homme!

PANCRACE, *au dedans de sa maison.* — Oui, la parole est *animi index et speculum*. C'est le truchement du cœur, c'est l'image de l'âme. (*Il monte à la fenêtre et continue.*) C'est un miroir qui nous présente naïvement les secrets les plus arcanes de nos individus; et, puisque vous avez la faculté de ratiociner, et de parler tout ensemble, à quoi tient-il que vous ne vous serviez de la parole pour me faire entendre votre pensée?

SGANARELLE. — C'est ce que je veux faire; mais vous ne voulez pas m'écouter.

PANCRACE. — Je vous écoute, parlez.

SGANARELLE. — Je dis donc, monsieur le docteur, que....

PANCRACE. — Mais, surtout, soyez bref.

SGANARELLE. — Je le serai.

PANCRACE. — Évitez la prolixité.

SGANARELLE. — Hé! monsi....

PANCRACE. — Tranchez-moi votre discours d'un apophthegme à la laconienne.

SGANARELLE. — Je vous....

PANCRACE. — Point d'ambages, de circonlocution.

(*Sganarelle, de dépit de ne point parler, ramasse des pierres pour en casser la tête du docteur.*)

PANCRACE. — Hé quoi! Vous vous emportez au lieu

de vous expliquer? Allez, vous êtes plus impertinent que celui qui m'a voulu soutenir qu'il faut dire la forme d'un chapeau; et je vous prouverai, en toute rencontre, par raisons démonstratives et convaincantes, et par argumens *in Barbara*, que vous n'êtes et ne serez jamais qu'une pécore, et que je suis et serai toujours, *in utroque jure*, le docteur Pancrace.

SGANARELLE. — Quel diable de babillard!

PANCRACE, *en rentrant sur le théâtre*. — Homme de lettres, homme d'érudition.

SGANARELLE. — Encore?

PANCRACE. — Homme de suffisance, homme de capacité; (*s'en allant*) homme consommé dans toutes les sciences, naturelles, morales et politiques. (*Revenant.*) Homme savant, savantissime, *per omnes modos et casus*; (*s'en allant*) homme qui possède, *superlativè*, fables, mythologies et histoires, (*revenant*) grammaire, poésie, rhétorique, dialectique et sophistique, (*s'en allant*) mathématique, arithmétique, optique, onirocritique, physique et mathématique, (*revenant*) cosmométrie, géométrie, architecture, spéculoire et spéculatoire, (*s'en allant*) médecine, astronomie, astrologie, physionomie, métoposcopie, chiromancie, géomancie, etc.

A quoi tient-il que vous ne vous serviez de la parole...? (Scène VI.)

SCÈNE VII.

SGANARELLE, *seul*.

Au diable les savans qui ne veulent point écouter les gens! On me l'avoit bien dit, que son maître Aristote n'étoit rien qu'un bavard. Il faut que j'aille trouver l'autre; il est plus posé, et plus raisonnable. Holà!

SCÈNE VIII.

MARPHURIUS, SGANARELLE.

MARPHURIUS. — Que voulez-vous de moi, seigneur Sganarelle?

SGANARELLE. — Seigneur docteur, j'aurois besoin de votre conseil sur une petite affaire dont il s'agit, et je suis venu ici pour cela. (*A part.*) Ah! voilà qui va bien. Il écoute le monde celui-ci.

MARPHURIUS. — Seigneur Sganarelle, changez, s'il vous plaît, cette façon de parler. Notre philosophie ordonne de ne point énoncer de proposition décisive, de parler de tout avec incertitude, de suspendre toujours son jugement; et, par cette raison, vous ne devez pas dire: Je suis venu; mais: Il me semble que je suis venu.

SGANARELLE. — Il me semble?

MARPHURIUS. — Oui.

SGANARELLE. — Parbleu! il faut bien qu'il me semble, puisque cela est.

MARPHURIUS. — Ce n'est pas une conséquence; et il peut vous le sembler, sans que la chose soit véritable.

SGANARELLE. — Comment! il n'est pas vrai que je suis venu?

MARPHURIUS. — Cela est incertain, et nous devons douter de tout.

SGANARELLE. — Quoi! je ne suis pas ici, et vous ne me parlez pas?

MARPHURIUS. — Il m'apparoît que vous êtes là, et il semble que je vous parle; mais il n'est pas assuré que cela soit.

SGANARELLE. — Hé! que diable! vous vous moquez. Me voilà, et vous voilà bien nettement, et il n'y a point de *me semble* à tout cela. Laissons ces subtilités, je vous prie, et parlons de mon affaire. Je viens vous dire que j'ai envie de me marier.

MARPHURIUS. — Je n'en sais rien.

SGANARELLE. — Je vous le dis.

MARPHURIUS. — Il se peut faire.

SGANARELLE. — La fille que je veux prendre est fort jeune et fort belle.

MARPHURIUS. — Il n'est pas impossible.

SGANARELLE. — Ferai-je bien ou mal de l'épouser?

MARPHURIUS. — L'un ou l'autre.

SGANARELLE, *à part.* — Ah! ah! voici une autre musique. (*A Marphurius.*) Je vous demande si je ferai bien d'épouser la fille dont je vous parle.

MARPHURIUS. — Selon la rencontre.

SGANARELLE. — Ferai-je mal?

MARPHURIUS. — Par aventure.

SGANARELLE. — De grâce, répondez-moi comme il faut.

MARPHURIUS. — C'est mon dessein.

SGANARELLE. — J'ai une grande inclination pour la fille.

MARPHURIUS. — Cela peut être.

SGANARELLE. — Le père me l'a accordée.

MARPHURIUS. — Il se pourroit.

SGANARELLE. — Mais, en l'épousant, je crains d'être cocu.

MARPHURIUS. — La chose est faisable.

Je te ferai changer de note, chien de philosophe. (Scène VIII.)

SGANARELLE. — Qu'en pensez-vous?

MARPHURIUS. — Il n'y a pas d'impossibilité.

SGANARELLE. — Mais que feriez-vous si vous étiez à ma place?

MARPHURIUS. — Je ne sais.

SGANARELLE. — Que me conseillez-vous de faire?

MARPHURIUS. — Ce qui vous plaira.

SGANARELLE. — J'enrage.

MARPHURIUS. — Je m'en lave les mains.

SGANARELLE. — Au diable soit le vieux rêveur!

MARPHURIUS. — Il en sera ce qui pourra.

SGANARELLE, *à part.* — La peste du bourreau! Je te ferai changer de note, chien de philosophe enragé.

(*Il donne des coups de bâton à Marphurius.*)

MARPHURIUS. — Ah! ah! ah!

SGANARELLE. — Te voilà payé de ton galimatias, et me voilà content.

MARPHURIUS. — Comment! Quelle insolence! M'outrager de la sorte! Avoir eu l'audace de battre un philosophe comme moi!

SGANARELLE. — Corrigez, s'il vous plaît, cette manière de parler. Il faut douter de toutes choses, et vous ne devez pas dire que je vous ai battu, mais qu'il vous semble que je vous ai battu.

MARPHURIUS. — Ah! je m'en vais faire ma plainte au commissaire du quartier, des coups que j'ai reçus.

SGANARELLE. — Je m'en lave les mains.

MARPHURIUS. — J'en ai les marques sur ma personne.

SGANARELLE. — Il se peut faire.

MARPHURIUS. — C'est toi qui m'as traité ainsi.

SGANARELLE. — Il n'y a pas d'impossibilité.

MARPHURIUS. — J'aurai un décret contre toi.

SGANARELLE. — Je n'en sais rien.

MARPHURIUS. — Et tu seras condamné en justice.

SGANARELLE. — Il en sera ce qui pourra.

MARPHURIUS. — Laisse-moi faire.

SCÈNE IX.

SGANARELLE, *seul*.

Comment! on ne sauroit tirer une parole positive de ce chien d'homme-là, et l'on est aussi savant à la fin qu'au commencement. Que dois-je faire dans l'incertitude des suites de mon mariage? Jamais homme ne fut plus embarrassé que je suis. Ah! voici des Égyptiennes; il faut que je me fasse dire par elles ma bonne aventure.

SCÈNE X.

DEUX ÉGYPTIENNES, SGANARELLE.

(*Les Égyptiennes, avec leurs tambours de basque, entrent en chantant et en dansant.*)

SGANARELLE. — Elles sont gaillardes. Écoutez, vous autres, y a-t-il moyen de me dire ma bonne fortune?

PREMIÈRE ÉGYPTIENNE. — Oui, mon beau monsieur, nous voici deux qui te la dirons.

DEUXIÈME ÉGYPTIENNE. — Tu n'as seulement qu'à nous donner ta main, avec la croix dedans, et nous te dirons quelque chose pour ton bon profit.

SGANARELLE. — Tenez, les voilà toutes deux avec ce que vous demandez.

PREMIÈRE ÉGYPTIENNE. — Tu as une bonne physionomie, mon bon monsieur, une bonne physionomie.

DEUXIÈME ÉGYPTIENNE. — Oui, une bonne physionomie; physionomie d'un homme qui sera un jour quelque chose.

PREMIÈRE ÉGYPTIENNE. — Tu seras marié avant qu'il soit peu, mon bon monsieur, tu seras marié avant qu'il soit peu.

DEUXIÈME ÉGYPTIENNE. — Tu épouseras une femme gentille, une femme gentille.

PREMIÈRE ÉGYPTIENNE. — Oui, une femme qui sera chérie et aimée de tout le monde.

DEUXIÈME ÉGYPTIENNE. — Une femme qui te fera beaucoup d'amis, mon bon monsieur, qui te fera beaucoup d'amis.

PREMIÈRE ÉGYPTIENNE. — Une femme qui fera venir l'abondance chez toi.

DEUXIÈME ÉGYPTIENNE. — Une femme qui te donnera une grande réputation.

PREMIÈRE ÉGYPTIENNE. — Tu seras considéré par elle, mon bon monsieur, tu seras considéré par elle.

SGANARELLE. — Voilà qui est bien. Mais dites-moi un peu, suis-je menacé d'être cocu?

DEUXIÈME ÉGYPTIENNE. — Cocu?

SGANARELLE. — Oui.

PREMIÈRE ÉGYPTIENNE. — Cocu?

SGANARELLE. — Oui, si je suis menacé d'être cocu?

(*Les deux Égyptiennes dansent et chantent.*)

SGANARELLE. — Que diable, ce n'est pas là me répondre! Venez çà. Je vous demande à toutes deux si je serai cocu?

DEUXIÈME ÉGYPTIENNE. — Cocu? vous?

SGANARELLE. — Oui, si je serai cocu?

PREMIÈRE ÉGYPTIENNE. — Vous? Cocu?

SGANARELLE. — Oui, si je le serai ou non?

(*Les deux Égyptiennes sortent en chantant et en dansant.*)

SCÈNE XI.

SGANARELLE, *seul*.

Peste soit des carognes qui me laissent dans l'inquiétude! Il faut absolument que je sache la destinée de mon mariage; et, pour cela, je veux aller trouver ce grand magicien dont tout le monde parle tant, et qui, par son art admirable, fait voir tout ce que l'on souhaite. Ma foi, je crois que je n'ai que faire d'aller au magicien, et voici qui me montre tout ce que je puis demander.

SCÈNE XII.

DORIMÈNE, LYCASTE, SGANARELLE, *retiré dans un coin du théâtre, sans être vu*.

LYCASTE. — Quoi! belle Dorimène, c'est sans raillerie que vous parlez?

DORIMÈNE. — Sans raillerie.

LYCASTE. — Vous vous mariez tout de bon?

DORIMÈNE. — Tout de bon.

LYCASTE. — Et vos noces se feront dès ce soir?

DORIMÈNE. — Dès ce soir.

LYCASTE. — Et vous pouvez, cruelle que vous êtes, oublier de la sorte l'amour que j'ai pour vous, et les obligeantes paroles que vous m'aviez données?

DORIMÈNE. — Moi? Point du tout. Je vous considère toujours de même, et ce mariage ne doit point vous inquiéter; c'est un homme que je n'épouse point par amour, et sa seule richesse me fait résoudre à l'accepter. Je n'ai point de bien, vous n'en avez point aussi, et vous savez que sans cela, on passe mal le temps au monde; et qu'à quelque prix que ce soit, il faut tâcher d'en avoir. J'ai embrassé cette occasion-ci de me mettre à mon aise; et je l'ai fait sur l'espérance de me voir bientôt délivrée du barbon que je prends. C'est un homme qui mourra avant qu'il soit peu, et qui n'a tout au plus que six mois dans le ventre. Je vous le garantis défunt dans le temps que je dis; et je n'aurai pas longuement à demander pour moi au ciel l'heureux état de veuve. (*A Sganarelle qu'elle aperçoit.*) Ah! nous parlions de vous, et nous en disions tout le bien qu'on en sauroit dire.

LYCASTE. — Est-ce là monsieur?...

DORIMÈNE. — Oui, c'est monsieur qui me prend pour femme.

LYCASTE. — Agréez, monsieur, que je vous félicite de votre mariage, et vous présente en même temps mes très-humbles services. Je vous assure que vous épousez là une très-honnête personne; et vous, mademoiselle, je me réjouis avec vous aussi de l'heureux choix que vous avez fait. Vous ne pouviez pas mieux trouver, et monsieur a toute la mine d'être un fort bon mari. Oui, monsieur, je veux faire amitié avec vous, et lier ensemble un petit commerce de visites et de divertissemens.

DORIMÈNE. — C'est trop d'honneur que vous nous faites à tous deux. Mais allons, le temps me presse, et nous aurons tout le loisir de nous entretenir ensemble.

SCÈNE XIII.

SGANARELLE, *seul*.

Me voilà tout à fait dégoûté de mon mariage, et je crois que je ne ferai pas mal de m'aller dégager de ma parole. Il m'en a coûté quelque argent; mais il vaut mieux encore perdre cela que de m'exposer à quelque chose de pis. Tâchons adroitement de nous débarrasser de cette affaire. Holà!

(*Il frappe à la porte de la maison d'Alcantor.*)

Que diable, ce n'est pas là me répondre! (Scène x.)

SCÈNE XIV.

ALCANTOR, SGANARELLE.

ALCANTOR. — Ah! mon gendre, soyez le bienvenu!
SGANARELLE. — Monsieur, votre serviteur.
ALCANTOR. — Vous venez pour conclure le mariage?
SGANARELLE. — Excusez-moi.
ALCANTOR. — Je vous promets que j'en ai autant d'impatience que vous.
SGANARELLE. — Je viens ici pour autre sujet.
ALCANTOR. — J'ai donné ordre à toutes les choses nécessaires pour cette fête.
SGANARELLE. — Il n'est pas question de cela.
ALCANTOR. — Les violons sont retenus, le festin est commandé, et ma fille est parée pour vous recevoir.
SGANARELLE. — Ce n'est pas ce qui m'amène.
ALCANTOR. — Enfin, vous allez être satisfait et rien ne peut retarder votre contentement.
SGANARELLE. — Mon Dieu! c'est autre chose.
ALCANTOR. — Allons. Entrez donc, mon gendre.
SGANARELLE. — J'ai un petit mot à vous dire.

ALCANTOR. — Ah! mon Dieu, ne faisons point de cérémonie! Entrez vite, s'il vous plaît.
SGANARELLE. — Non, vous dis-je. Je vous veux parler auparavant.
ALCANTOR. — Vous voulez me dire quelque chose?
SGANARELLE. — Oui.
ALCANTOR. — Et quoi?
SGANARELLE. — Seigneur Alcantor, j'ai demandé votre fille en mariage, il est vrai, et vous me l'avez accordée; mais je me trouve un peu avancé en âge pour elle, et je considère que je ne suis point du tout son fait.
ALCANTOR. — Pardonnez-moi, ma fille vous trouve bien comme vous êtes; et je suis sûr qu'elle vivra fort contente avec vous.
SGANARELLE. — Point. J'ai parfois des bizarreries épouvantables, et elle auroit trop à souffrir de ma mauvaise humeur.
ALCANTOR. — Ma fille a de la complaisance, et vous verrez qu'elle s'accommodera entièrement à vous.
SGANARELLE. — J'ai quelques infirmités sur mon corps qui pourroient la dégoûter.
ALCANTOR. — Cela n'est rien. Une honnête femme ne se dégoûte jamais de son mari.

SGANARELLE. — Enfin, voulez-vous que je vous dise? Je ne vous conseille pas de me la donner.

ALCANTOR. — Vous moquez-vous? J'aimerois mieux mourir que d'avoir manqué à ma parole.

SGANARELLE. — Mon Dieu! je vous en dispense, et je....

ALCANTOR. — Point du tout. Je vous l'ai promise; et vous l'aurez en dépit de tous ceux qui y prétendent.

SGANARELLE, à part. — Que diable!

ALCANTOR. — Voyez-vous, j'ai une estime et une amitié pour vous toute particulière; et je refuserois ma fille à un prince pour vous la donner.

SGANARELLE. — Seigneur Alcantor, je vous suis obligé de l'honneur que vous me faites, mais je vous déclare que je ne me veux point marier.

ALCANTOR. — Qui, vous?

SGANARELLE. — Oui, moi.

ALCANTOR. — Et la raison?

SGANARELLE. — La raison? C'est que je ne me sens point propre pour le mariage, et que je veux imiter mon père, et tous ceux de ma race, qui ne se sont jamais voulu marier.

ALCANTOR. — Écoutez. Les volontés sont libres; et je suis homme à ne contraindre jamais personne. Vous vous êtes engagé avec moi pour épouser ma fille, et tout est préparé pour cela; mais, puisque vous voulez retirer votre parole, je vais voir ce qu'il y a à faire; et vous aurez bientôt de mes nouvelles.

Allons, monsieur, choisissez, je vous prie. (Scène XVI.)

SCÈNE XV.

SGANARELLE, seul.

Encore est-il plus raisonnable que je ne pensois, et je croyois avoir bien plus de peine à m'en dégager. Ma foi, quand j'y songe, j'ai fait fort sagement de me tirer de cette affaire; et j'allois faire un pas dont je ne serois peut-être longtemps repenti. Mais voici le fils qui me vient rendre réponse.

SCÈNE XVI.

ALCIDAS, SGANARELLE.

ALCIDAS, parlant d'un ton doucereux. — Monsieur, je suis votre serviteur très-humble.

SGANARELLE. — Monsieur, je suis le vôtre de tout mon cœur.

ALCIDAS, toujours avec le même ton. — Mon père m'a dit, monsieur, que vous vous étiez venu dégager de la parole que vous aviez donnée.

SGANARELLE. — Oui, monsieur, c'est avec regret; mais....

ALCIDAS. — Oh! monsieur, il n'y a pas de mal à cela.

SGANARELLE. — J'en suis fâché, je vous assure; et je souhaiterois....

ALCIDAS. — Cela n'est rien, vous dis-je. (Alcidas présente à Sganarelle deux épées.) Monsieur, prenez la peine de choisir, de ces deux épées, laquelle vous voulez.

SGANARELLE. — De ces deux épées?

ALCIDAS. — Oui, s'il vous plaît.

SGANARELLE. — A quoi bon?

ALCIDAS. — Monsieur, comme vous refusez d'épouser ma sœur après la parole donnée, je crois que vous ne trouverez pas mauvais le petit compliment que je viens vous faire.

SGANARELLE. — Comment?

ALCIDAS. — D'autres gens feroient du bruit, et s'emporteroient contre vous; mais nous sommes personnes à traiter les choses dans la douceur; et je viens vous dire civilement qu'il faut, si vous le trouvez bon, que nous nous coupions la gorge ensemble.

SGANARELLE. — Voilà un compliment fort mal tourné.

ALCIDAS. — Allons, monsieur, choisissez, je vous prie.

SGANARELLE. — Je suis votre valet, je n'ai point de gorge à me couper. (A part.) La vilaine façon de parler que voilà!

ALCIDAS. — Monsieur, il faut que cela soit, s'il vous plaît.

SGANARELLE. — Hé! monsieur, rengainez ce compliment, je vous prie.

ALCIDAS. — Dépêchons vite, monsieur. J'ai une petite affaire qui m'attend.

SGANARELLE. — Je ne veux point de cela, vous dis-je.

ALCIDAS. — Vous ne voulez pas vous battre?

SGANARELLE. — Nenni, ma foi.

ALCIDAS. — Tout de bon?

SGANARELLE. — Tout de bon.

ALCIDAS, *après lui avoir donné des coups de bâton.* — Au moins, monsieur, vous n'avez pas lieu de vous plaindre; vous voyez que je fais les choses dans l'ordre. Vous nous manquez de parole, je me veux battre contre vous; vous refusez de vous battre, je vous donne des coups de bâton : tout cela est dans les formes; et vous êtes trop honnête homme, pour ne pas approuver mon procédé.

SGANARELLE, *à part.* — Quel diable d'homme est-ce ci?

ALCIDAS *lui présente encore les deux épées.* — Allons, monsieur, faites les choses galamment, et sans vous faire tirer l'oreille.

SGANARELLE. — Encore?

ALCIDAS. — Monsieur, je ne contrains personne; mais il faut que vous vous battiez, ou que vous épousiez ma sœur.

SGANARELLE. — Monsieur, je ne puis faire ni l'un ni l'autre, je vous assure.

ALCIDAS. — Assurément?

SGANARELLE. — Assurément.

ALCIDAS. — Avec votre permission donc....
(*Alcidas lui donne encore des coups de bâton.*)

SGANARELLE. — Ah! ah! ah!

ALCIDAS. — Monsieur, j'ai tous les regrets du monde d'être obligé d'en user ainsi avec vous; mais je ne cesserai point, s'il vous plaît, que vous n'ayez promis de vous battre, ou d'épouser ma sœur. (*Alcidas lève le bâton.*)

SGANARELLE. — Hé bien! j'épouserai, j'épouserai.

ALCIDAS. — Ah! monsieur, je suis ravi que vous vous mettiez à la raison, et que les choses se passent doucement. Car enfin, vous êtes l'homme du monde que j'estime le plus, je vous jure; et j'aurois été au désespoir que vous m'eussiez contraint à vous maltraiter. Je vais appeler mon père, pour lui dire que tout est d'accord. (*Il va frapper à la porte d'Alcantor.*)

SCÈNE XVII.

ALCANTOR, DORIMÈNE, ALCIDAS, SGANARELLE.

ALCIDAS. — Mon père, voilà monsieur qui est tout à fait raisonnable. Il a voulu faire les choses de bonne grâce, et vous pouvez lui donner ma sœur.

ALCANTOR. — Monsieur, voilà sa main, vous n'avez qu'à donner la vôtre. Loué soit le ciel! M'en voilà déchargé, et c'est vous désormais que regarde le soin de sa conduite. Allons nous réjouir, et célébrer cet heureux mariage.

PERSONNAGES ET ACTEURS.

SGANARELLE.	Molière.
GÉRONIMO.	La Thorillière.
DORIMÈNE.	Mlle du Parc.
ALCANTOR.	Béjart.
LYCANTE.	La Grange.
PREMIÈRE BOHÉMIENNE.	Mlle Béjart.
DEUXIÈME BOHÉMIENNE.	Mlle de Brie.
PREMIER DOCTEUR.	Brécourt.
DEUXIÈME DOCTEUR.	Du Croisy.

ARGUMENT.

Comme il n'y a rien au monde qui soit si commun que le mariage, et que c'est une chose sur laquelle les hommes ordinairement se tournent le plus en ridicule, il n'est pas merveilleux que ce soit toujours la matière de la plupart des comédies, aussi bien que des ballets, qui sont des comédies muettes; et c'est par là qu'on a pris l'idée de cette comédie-mascarade.

ACTE PREMIER.

SCÈNE I.

Sganarelle demande conseil au seigneur Géronimo s'il se doit marier ou non : cet ami lui dit franchement que le mariage n'est guère le fait d'un homme de cinquante ans ; mais Sganarelle lui répond qu'il est résolu au mariage ; et l'autre, voyant cette extravagance de demander conseil après une résolution prise, lui conseille hautement de se marier, et le quitte en riant.

SCÈNE II.

La maîtresse de Sganarelle arrive, qui lui dit qu'elle est ravie de se marier avec lui, pour pouvoir sortir promptement de la sujétion de son père, et avoir désormais toutes ses coudées franches ; et là-dessus elle lui conte la manière dont elle prétend vivre avec lui, qui sera proprement la naïve peinture d'une coquette achevée. Sganarelle resté seul assez étonné ; il se plaint, après ce discours, d'une pesanteur de tête épouvantable ; et, se mettant en un coin du théâtre pour dormir, il voit en songe une femme représentée par mademoiselle Hilaire, qui chante ce récit :

RÉCIT DE LA BEAUTÉ.

Si l'amour vous soumet à ses lois inhumaines,
Choisissez, en aimant, un objet plein d'appas :
    Portez au moins de belles chaînes ;
Et, puisqu'il faut mourir, mourez d'un beau trépas.

Si l'objet de vos feux ne mérite vos peines,
Sous l'empire d'amour ne vous engagez pas :
    Portez au moins de belles chaînes ;
Et, puisqu'il faut mourir, mourez d'un beau trépas.

PREMIÈRE ENTRÉE.

LA JALOUSIE, LES CHAGRINS, ET LES SOUPÇONS.

LA JALOUSIE, le sieur DOLIVET. — LES CHAGRINS, les sieurs SAINT-ANDRÉ et DESBROSSES.
LES SOUPÇONS, les sieurs DE LORGE et LE CHANTRE.

DEUXIÈME ENTRÉE.

QUATRE PLAISANS, ou GOGUENARDS.

Le comte D'ARMAGNAC, messieurs D'HEUREUX, BEAUCHAMP, et DES-AIRS le jeune.

ACTE DEUXIÈME.

SCÈNE I.

Le seigneur Géronimo éveille Sganarelle, qui lui veut conter le songe qu'il vient de faire; mais il lui répond qu'il n'entend rien aux songes, et que, sur le sujet du mariage, il peut consulter deux savans qui sont connus de lui, dont l'un suit la philosophie d'Aristote, et l'autre est pyrrhonien.

SCÈNE II.

Il trouve le premier, qui l'étourdit de son caquet, et ne le laisse point parler; ce qui l'oblige à le maltraiter.

SCÈNE III.

Ensuite il rencontre l'autre, qui ne lui répond, suivant sa doctrine, qu'en termes qui ne décident rien; il le chasse avec colère, et là-dessus arrivent deux Égyptiens et quatre Égyptiennes.

TROISIÈME ENTRÉE.

DEUX ÉGYPTIENS, QUATRE ÉGYPTIENNES.

Deux Égyptiens, le ROI, le marquis de Villeroy. — Égyptiennes, le marquis de Rassan, les sieurs Raynal, Noblet, et La Pierre.

Il prend fantaisie à Sganarelle de se faire dire sa bonne aventure, et, rencontrant deux Bohémiennes, il leur demande s'il sera heureux en son mariage : pour réponse, elles se mettent à danser, en se moquant de lui, ce qui l'oblige d'aller trouver un magicien.

RÉCIT D'UN MAGICIEN,

CHANTÉ PAR M. DESTIVAL.

Holà !
Qui va là ?
Dis-moi vite quel souci
Te peut amener ici ?
Mariage[1].
Ce sont de grands mystères
Que ces sortes d'affaires.
Destinée.
Je te vais pour cela, par mes charmes profonds,

Faire venir quatre démons.
Ces gens-là.
Non, non, n'ayez aucune peur,
Je leur ôterai la laideur.
N'effrayez pas.
Des puissances invincibles
Rendent depuis longtemps tous les démons muets;
Mais par signes intelligibles,
Ils répondront à tes souhaits.

---

1. Les mots en italiques sont les derniers mots de chaque question de Sganarelle, ce qu'en langage de coulisse on appelle *les répliques.* Le reste des paroles est perdu, parce que Molière, en transformant ce ballet en comédie, n'a pas conservé cette scène.

QUATRIÈME ENTRÉE.

UN MAGICIEN, *qui fait sortir* QUATRE DÉMONS.

Le Magicien, M. Beauchamp. — Quatre Démons, MM. d'Heureux, de Lorge, Des-Airs l'aîné, et Le Mercier.

Sganarelle les interroge; ils répondent par signes, et sortent en lui faisant des cornes.

ACTE TROISIÈME.

SCÈNE I.

Sganarelle, effrayé de ce présage, veut s'aller dégager au père, qui, ayant ouï la proposition, lui répond qu'il n'a rien à lui dire, et qu'il lui va tout à l'heure envoyer sa réponse.

SCÈNE II.

Cette réponse est un brave doucereux, son fils, qui vient avec civilité à Sganarelle, et lui fait un petit compliment pour se couper la gorge ensemble. Sganarelle l'ayant refusé, il lui donne quelques coups de bâton, le plus civilement du monde; et ces coups de bâton le portent à demeurer d'accord d'épouser la fille.

SCÈNE III.

Sganarelle touche les mains à la fille.

CINQUIÈME ENTRÉE.

Un maître à danser, représenté par M. Dolivet, qui vient enseigner une courante à Sganarelle.

SCÈNE IV.

Le seigneur Géronimo vient se réjouir avec son ami, et lui dit que les jeunes gens de la ville ont préparé une mascarade pour honorer ses noces.

CONCERT ESPAGNOL.

CHANTÉ PAR LA SIGNORA ANNA BERGEROTTI, BORDIGONI, CHIARINI, JON AGUSTIN, TAILLAVACA, ANGELO MICHAEL.

Ciego me tienes, Belisa,
Mas bien tus rigores veo,
Porque és tu desden tan claro,
Que pueden verle los ciegos.

Aunque mi amor es tan grande,
Como mi dolor no és menos,
Si calla el uno dormido,
Sé que ya és el otro despierto.

| Favores tuyos, Belisa, | Mas ya de dolores mios |
| Tuvieralos yo secretos; | No puedo hacer lo que quiero. |

SIXIÈME ENTRÉE.

DEUX ESPAGNOLS et DEUX ESPAGNOLES.

MM. du Pille, et Tartas, Espagnols. — MM. de La Lanne, et de Saint-André, Espagnoles.

SEPTIÈME ENTRÉE.

UN CHARIVARI GROTESQUE.

M. Lulli, les sieurs Balthasard, Vagnac, Bonnard, La Pierre, Descouteaux, et les trois Opterres, frères.

HUITIÈME ET DERNIÈRE ENTRÉE.

QUATRE GALANS, *cajolant la femme de Sganarelle.*

M. le Duc, M. le duc de Saint-Aignan, MM. Beauchamp, et Raynal.

FIN DU MARIAGE FORCÉ

LA PRINCESSE D'ÉLIDE.
8 mai 1664.

PERSONNAGES ET ACTEURS
DU PROLOGUE.

L'AURORE, Mlle HILAIRE.
LYCISCAS, valet de chiens. MOLIÈRE.
TROIS VALETS DE CHIENS, chantants. ESTIVAL, DON, BLONDEL.

VALETS DE CHIENS, dansants. PAYSAN, CHICANEAU, NOBLET, PESAN, BONARD, LA PIERRE.

PERSONNAGES ET ACTEURS
DE LA COMÉDIE.

LA PRINCESSE D'ÉLIDE. ARMANDE BÉJART, femme de Molière.
AGLANTE, cousine de la princesse. Mlle DU PARC.
CYNTHIE, cousine de la princesse. Mlle DE BRIE.
PHILIS, suivante de la princesse. MADELEINE BÉJART.
IPHITAS, père de la princesse. HUBERT.

EURYALE, prince d'Ithaque. LA GRANGE.
ARISTOMÈNE, prince de Messène. DU CROISY.
THÉOCLE, prince de Pyle. BÉJART.
ARBATE, gouverneur du prince d'Ithaque. LA THORILLIÈRE.
MORON, plaisant de la princesse. MOLIÈRE.
LYCAS, suivant d'Iphitas. PRÉVOST.

PERSONNAGES ET ACTEURS
DES INTERMÈDES.

PREMIER INTERMÈDE.
MORON. MOLIÈRE.
CHASSEURS, dansants. MANCEAU, CHICANEAU, BALTHAZARD, NOBLET, BONARD, MAGNY, LA PIERRE.

DEUXIÈME INTERMÈDE.
PHILIS.
MORON.
UN SATYRE, chantant. ESTIVAL.
SATYRES, dansants.

TROISIÈME INTERMÈDE.
PHILIS.

TIRCIS, berger chantant. BLONDEL.
MORON.

QUATRIÈME INTERMÈDE.
LA PRINCESSE.
PHILIS. Mlle BÉJART.
CLIMÈNE.

CINQUIÈME INTERMÈDE.
BERGERS, chantants. LE GROS, ESTIVAL, DON, BLONDEL.
BERGÈRES, chantantes. Mlles HILAIRE et LA BARRE.
BERGERS et BERGÈRES, dansants.

La scène est en Élide.

La Princesse d'Élide fut jouée pour la première fois à Versailles le 8 mai 1664, pendant les fêtes dont on trouvera la relation à la suite de cette comédie. *La Princesse d'Élide* est imitée d'une pièce espagnole : *El desdèn con el desdèn* (dédain pour dédain), d'Agostino Moreto.

Allons, debout, vite debout. (Prologue, scène II).

PROLOGUE.

SCÈNE I.

L'AURORE, LYCISCAS, ET PLUSIEURS AUTRES VALETS DE CHIENS, *endormis et couchés sur l'herbe.*

L'AURORE *chante.*

Quand l'amour à vos yeux offre un choix agréable,
  Jeunes beautés, laissez-vous enflammer ;
Moquez-vous d'affecter cet orgueil indomptable,
  Dont on vous dit qu'il est beau de s'armer.
    Dans l'âge où l'on est aimable.
    Rien n'est si beau que d'aimer.
Soupirez librement pour un amant fidèle,
  Et bravez ceux qui voudroient vous blâmer.
Un cœur tendre et aimable, et le nom de cruelle
  N'est pas un nom à se faire estimer,
    Dans le temps où l'on est belle,
    Rien n'est si beau que d'aimer.

SCÈNE II.

LYCISCAS, et autres VALETS DE CHIENS, *endormis.*

TROIS VALETS DE CHIENS, *réveillés par l'aurore, chantent ensemble.*

Holà! holà! Debout, debout.
Pour la chasse ordonnée il faut préparer tout;
Holà! ho! debout, vite debout.

PREMIER.
Jusqu'aux plus sombres lieux le jour se communique.
DEUXIÈME.
L'air sur les fleurs en perles se résout.
TROISIÈME.
Les rossignols commencent leur musique,
Et leurs petits concerts retentissent partout.

TOUS TROIS ENSEMBLE.
Sus, sus, debout, vite debout.

(*A Lyciscas endormi.*)
Qu'est ceci, Lyciscas? Quoi! tu ronfles encore,
Toi qui promettois tant de devancer l'Aurore!
Allons, debout, vite debout.
Pour la chasse ordonnée il faut préparer tout.
Debout, vite debout, dépêchons, debout.

LYCISCAS, *en s'éveillant.* — Par la morbleu! vous êtes de grands braillards, vous autres, et vous avez la gueule ouverte de bon matin.

TOUS TROIS ENSEMBLE.
Ne vois-tu pas le jour qui se répand partout?
Allons, debout, Lyciscas debout.

LYCISCAS. — Hé! laissez-moi dormir encore un peu, je vous conjure.

TOUS TROIS ENSEMBLE.
Non, non, debout, Lyciscas, debout.

LYCISCAS. — Je ne vous demande plus qu'un petit quart d'heure.

TOUS TROIS ENSEMBLE.
Point, point, debout, vite debout.
LYCISCAS. — Hé! je vous prie.
TOUS TROIS ENSEMBLE.
Debout.
LYCISCAS. — Un moment.
TOUS TROIS ENSEMBLE.
Debout.
LYCISCAS. — De grâce.
TOUS TROIS ENSEMBLE.
Debout.
LYCISCAS. — Hé!
TOUS TROIS ENSEMBLE.
Debout.
LYCISCAS. — Je....
TOUS TROIS ENSEMBLE.
Debout.
LYCISCAS. — J'aurai fait incontinent.
TOUS TROIS ENSEMBLE.
Non, non, debout, Lyciscas, debout.

Pour la chasse ordonnée il faut préparer tout,
Vite debout, dépêchons, debout.

LYCISCAS. — Hé bien! laissez-moi, je vais me lever. Vous êtes d'étranges gens, de me tourmenter comme cela! Vous serez cause que je ne me porterai pas bien de toute la journée; car, voyez-vous, le sommeil est nécessaire à l'homme; et, lorsqu'on ne dort pas sa réfection, il arrive.... que.... on n'est.... (*Il se rendort.*)

PREMIER.
Lyciscas!
DEUXIÈME.
Lyciscas!
TROISIÈME.
Lyciscas!
TOUS TROIS ENSEMBLE.
Lyciscas!

LYCISCAS. — Diables soient les braillards! Je voudrois que vous eussiez la gueule pleine de bouillie bien chaude.

TOUS TROIS ENSEMBLE.
Debout, debout;
Vite debout, dépêchons, debout.

LYCISCAS. — Ah! quelle fatigue, de ne pas dormir son soûl!

PREMIER.
Holà! ho!
DEUXIÈME.
Holà! ho!
TROISIÈME.
Holà! ho!
TOUS TROIS ENSEMBLE.
Ho! ho! ho! ho! ho!

LYCISCAS. — Ho! ho! La peste soit des gens, avec leurs chiens de hurlements! Je me donne au diable, si je ne vous assomme. Mais voyez un peu quel diable d'enthousiasme il leur prend, de me venir chanter aux oreilles comme cela. Je....

TOUS TROIS ENSEMBLE.
Debout.
LYCISCAS. — Encore?
TOUS TROIS ENSEMBLE.
Debout.
LYCISCAS. — Le diable vous emporte!
TOUS TROIS ENSEMBLE.
Debout.

LYCISCAS, *en se levant.* — Quoi! toujours? A-t-on jamais vu une pareille furie de chanter? Par la sambleu! j'enrage. Puisque me voilà éveillé, il faut que j'éveille les autres, et que je les tourmente comme on m'a fait. Allons, ho! messieurs, debout, debout, vite, c'est trop dormir. Je vais faire un bruit de diable partout. (*Il crie de toute sa force.*) Debout, debout, debout! Allons vite! ho! ho! ho! debout, debout! Pour la chasse ordonnée il faut préparer tout : debout, debout! Lyciscas, debout! Ho! ho! ho! ho! ho!

(*Plusieurs cors et trompes de chasse se font entendre; les valets de chiens que Lyciscas a réveillés, dansent une entrée.*)

MORON. — Ah! je suis mort. (Acte I, scène II.)

ACTE PREMIER.

SCÈNE I.
EURYALE, ARBATE.

ARBATE.
Ce silence rêveur, dont la sombre habitude
Vous fait à tous momens chercher la solitude ;
Ces longs soupirs que laisse échapper votre cœur,
Et ces fixes regards si chargés de langueur,
Disent beaucoup, sans doute, à des gens de mon âge ;
Et je pense, seigneur, entendre ce langage ;
Mais, sans votre congé, de peur de trop risquer,
Je n'ose m'enhardir jusques à l'expliquer.

EURYALE.
Explique, explique, Arbate, avec toute licence
Ces soupirs, ces regards, et ce morne silence.
Je te permets ici de dire que l'amour
M'a rangé sous ses lois, et me brave à son tour ;
Et je consens encor que tu me fasses honte
Des foiblesses d'un cœur qui souffre qu'on le dompte.

ARBATE.
Moi, vous blâmer, seigneur, des tendres mouvemens
Où je vois qu'aujourd'hui penchent vos sentimens !
Le chagrin des vieux jours ne peut aigrir mon âme
Contre les doux transports de l'amoureuse flamme ;
Et bien que mon sort touche à ses derniers soleils,
Je dirai que l'amour sied bien à vos pareils ;
Que ce tribut qu'on rend aux traits d'un beau visage,
De la beauté d'une âme est un clair témoignage.
Et qu'il est malaisé que, sans être amoureux,
Un jeune prince soit et grand et généreux.
C'est une qualité que j'aime en un monarque ;
La tendresse du cœur est une grande marque,
Que d'un prince à votre âge on peut tout présumer,
Dès qu'on voit que son âme est capable d'aimer.
Oui, cette passion, de toute la plus belle,

Traîne dans un esprit cent vertus après elle ;
Aux nobles actions elle pousse les cœurs,
Et tous les grands héros ont senti ses ardeurs.
Devant mes yeux, seigneur, a passé votre enfance,
Et j'ai de vos vertus vu fleurir l'espérance ;
Mes regards observoient en vous des qualités
Où je reconnoissois le sang dont vous sortez ;
J'y découvrois un fonds d'esprit et de lumière ;
Je vous trouvois bien fait, l'air grand, et l'âme fière ;
Votre cœur, votre adresse, éclatoient chaque jour :
Mais je m'inquiétois de ne voir point d'amour ;
Et, puisque les langueurs d'une plaie invincible
Nous montrent que votre âme à ses traits est sensible,
Je triomphe, et mon cœur, d'allégresse rempli,
Vous regarde à présent comme un prince accompli.

EURYALE.
Si de l'amour un temps j'ai bravé la puissance,
Hélas ! mon cher Arbate, il en prend bien vengeance !
Et, sachant dans quels maux mon cœur s'est abîmé.
Toi-même tu voudrois qu'il n'eût jamais aimé.
Car enfin, vois le sort où mon astre me guide ;
J'aime, j'aime ardemment la princesse d'Élide ;
Et tu sais que l'orgueil, sous des traits si charmans,
Arme contre l'amour ses jeunes sentimens,
Et comment elle fuit en cette illustre fête
Cette foule d'amans qui briguent sa conquête.
Ah ! qu'il est bien peu vrai que ce qu'on doit aimer,
Aussitôt qu'on le voit, prend droit de nous charmer,
Et qu'un premier coup d'œil allume en nous les flammes
Où le ciel en naissant, a destiné nos âmes !
A mon retour d'Argos, je passai dans ces lieux.
Et ce passage offrit la princesse à mes yeux ;
Je vis tous les appas dont elle est revêtue,
Mais de l'œil dont on voit une belle statue.
Leur brillante jeunesse observée à loisir
Ne porta dans mon âme aucun secret désir,

Et d'Ithaque en repos je revis le rivage
Sans m'en être en deux ans rappelé nulle image.
Un bruit vient cependant à répandre à ma cour
Le célèbre mépris qu'elle fait de l'amour ;
On publie en tous lieux que son âme hautaine
Garde pour l'hyménée une invincible haine,
Et qu'un arc à la main, sur l'épaule un carquois,
Comme une autre Diane elle hante les bois,
N'aime rien que la chasse, et de toute la Grèce
Fait soupirer en vain l'héroïque jeunesse.
Admire nos esprits, et la fatalité !
Ce que n'avoient point fait sa vue et sa beauté,
Le bruit de ses fiertés en mon âme fit naître
Un transport inconnu dont je ne fus point maître :
Ce dédain si fameux eut des charmes secrets
A me faire avec soin rappeler tous ses traits ;
Et mon esprit, jetant de nouveaux yeux sur elle,
M'en refit une image et si noble et si belle,
Me peignit tant de gloire et de telles douceurs
A pouvoir triompher de toutes ses froideurs,
Que mon cœur, aux brillans d'une telle victoire,
Vit de sa liberté s'évanouir la gloire ;
Contre une telle amorce il eut beau s'indigner,
Sa douceur sur mes sens prit tel droit de régner,
Qu'entraîné par l'effort d'une occulte puissance,
J'ai d'Ithaque en ces lieux fait voile en diligence ;
Et je couvre un effet de mes vœux enflammés
Du désir de paroître à ces jeux renommés,
Où l'illustre Iphitas, père de la princesse,
Assemble la plupart des princes de la Grèce.

ARBATE.
Mais à quoi bon, seigneur, les soins que vous prenez ?
Et pourquoi ce secret où vous vous obstinez ?
Vous aimez, dites-vous, cette illustre princesse,
Et venez à ses yeux signaler votre adresse ;
Et nuls empressemens, paroles ni soupirs,
Ne l'ont instruite encor de vos brûlans désirs ?
Pour moi, je n'entends rien à cette politique
Qui ne veut point souffrir que votre cœur s'explique ;
Et je ne sais quel fruit peut prétendre un amour
Qui fuit tous les moyens de se produire au jour.

EURYALE.
Et que ferai-je, Arbate, en déclarant ma peine,
Qu'attirer les dédains de cette âme hautaine,
Et me jeter au rang de ces princes soumis,
Que le titre d'amans lui peint en ennemis ?
Tu vois les souverains de Messène et de Pyle
Lui faire de leurs cœurs un hommage inutile,
Et de l'éclat pompeux des plus grandes vertus
En appuyer en vain les respects assidus ;
Ce rebut de leurs soins, sous un triste silence,
Retient de mon amour toute la violence :
Je me tiens condamné dans ces rivaux fameux,
Et je lis mon arrêt au mépris qu'on fait d'eux.

ARBATE.
Et c'est dans ce mépris, et dans cette humeur fière,
Que votre âme à ses vœux doit voir plus de lumière,
Puisque le sort vous donne à conquérir un cœur
Que défend seulement une simple froideur,
Et qui n'impose point à l'ardeur qui vous presse
De quelque attachement l'invincible tendresse.
Un cœur préoccupé résiste puissamment ;
Mais, quand une âme est libre, on la force aisément ;
Et toute la fierté de son indifférence
N'a rien dont ne triomphe un peu de patience.
Ne lui cachez donc plus le pouvoir de ses yeux,
Faites de votre flamme un éclat glorieux ;
Et, bien loin de trembler de l'exemple des autres,
Du rebut de leurs vœux fortifiez les vôtres.
Peut-être, pour toucher ses sévères appas,
Aurez-vous des secrets que ces princes n'ont pas ;
Et, si de ses fiertés l'impérieux caprice
Ne vous fait éprouver un destin plus propice,
Au moins est-ce un bonheur en ces extrémités,
Que de voir avec soi ses rivaux rebutés.

EURYALE.
J'aime à te voir presser cet aveu de ma flamme :
Combattant mes raisons, tu chatouilles mon âme,
Et, par ce que j'ai dit, je voulois pressentir
Si de ce que j'ai fait tu pourrois m'applaudir.
Car enfin, puisqu'il faut t'en faire confidence,
On doit à la princesse expliquer mon silence,
Et peut-être, au moment que je t'en parle ici,
Le secret de mon cœur, Arbate, est éclairci.
Cette chasse, où, pour fuir la foule qui l'adore,
Tu sais qu'elle est allée au lever de l'aurore,
Est le temps que Moron, pour déclarer mon feu,
A pris....

ARBATE.
Moron, seigneur ?

EURYALE.
Ce choix t'étonne un peu ;
Par son titre de fou tu crois le bien connoître ;
Mais sache qu'il l'est moins qu'il ne le veut paroître
Et que, malgré l'emploi qu'il exerce aujourd'hui,
Il a plus de bon sens que tel qui rit de lui.
La princesse se plaît à ses bouffonneries ;
Il s'en est fait aimer par cent plaisanteries,
Et peut, dans cet accès, dire et persuader
Ce que d'autres que lui n'oseroient hasarder ;
Je le vois propre enfin à ce que j'en souhaite
Il a pour moi, dit-il, une amitié parfaite,
Et veut, dans mes États ayant reçu le jour,
Contre tous mes rivaux appuyer mon amour.
Quelque argent mis en main pour soutenir ce zèle....

SCÈNE II.

EURYALE, ARBATE, MORON.

MORON, *derrière le théâtre*.
Au secours ! sauvez-moi de la bête cruelle.

EURYALE.
Je pense ouïr sa voix.

MORON, *derrière le théâtre*.
A moi ! de grâce, à moi !

EURYALE.
C'est lui-même. Où court-il avec un tel effroi ?

MORON, *entrant sans voir personne.*
Où pourrai-je éviter ce sanglier redoutable ?
Grands dieux ! préservez-moi de sa dent effroyable !
Je vous promets, pourvu qu'il ne m'attrape pas,
Quatre livres d'encens, et deux veaux des plus gras.
*(Rencontrant Euryale, que dans sa frayeur il prend
pour le sanglier qu'il évite).*
Ah ! je suis mort.
EURYALE.
Qu'as-tu ?
MORON.
Je vous croyois la bête,
Dont à me diffamer j'ai vu la gueule prête,
Seigneur, et je ne puis revenir de ma peur.
EURYALE.
Qu'est-ce ?
MORON.
Oh ! que la princesse est d'une étrange humeur !
Et qu'à suivre la chasse et ses extravagances,
Il nous faut essuyer de sottes complaisances !
Quel diable de plaisir trouvent tous les chasseurs
De se voir exposés à mille et mille peurs ?
Encore si c'étoit qu'on ne fût qu'à la chasse
Des lièvres, des lapins, et des jeunes daims, passe :
Ce sont des animaux d'un naturel fort doux,
Et qui prennent toujours la fuite devant nous.
Mais aller attaquer de ces bêtes vilaines
Qui n'ont aucun respect pour les faces humaines,
Et qui courent les gens qui les veulent courir,
C'est un sot passe-temps que je ne puis souffrir.
EURYALE.
Dis-nous donc ce que c'est.
MORON.
Le pénible exercice
Où de notre princesse a volé le caprice !
J'en aurois bien juré qu'elle auroit fait le tour ;
Et, la course des chars se faisant en ce jour,
Il falloit affecter ce contre-temps de chasse
Pour mépriser ces jeux avec meilleure grâce,
Et faire voir.... Mais chut. Achevons mon récit,
Et reprenons le fil de ce que j'avois dit.
Q'ai-je dit ?
EURYALE.
Tu parlois d'exercice pénible.
MORON.
Ah ! oui. Succombant donc à ce travail horrible
(Car en chasseur fameux j'étois enharnaché,
Et dès le point du jour je m'étois découché),
Je me suis écarté de tous en galant homme,
Et, trouvant un lieu propre à dormir d'un bon somme,
J'essayois ma posture, et, m'ajustant bientôt,
Prenois déjà mon ton pour ronfler comme il faut,
Lorsqu'un murmure affreux m'a fait lever la vue,
Et j'ai, d'un vieux buisson de la forêt touffue,
Vu sortir un sanglier d'une énorme grandeur
Pour....
EURYALE.
Qu'est-ce ?
MORON.
Ce n'est rien. N'ayez point de frayeur,

Mais laissez-moi passer entre vous deux, pour cause,
Je serai mieux en main pour vous conter la chose.
J'ai donc vu ce sanglier, qui, par nos gens chassé,
Avoit d'un air affreux tout son poil hérissé ;
Ses deux yeux flamboyans ne lançoient que menace,
Et sa gueule faisoit une laide grimace,
Qui, parmi de l'écume, à qui l'osoit presser,
Montroit de certains crocs.... je vous laisse à penser
A ce terrible aspect j'ai ramassé mes armes ;
Mais le faux animal, sans en prendre d'alarmes,
Est venu droit à moi, sans ne lui disois mot.
ARBATE.
Et tu l'as de pied ferme attendu ?
MORON.
Quelque sot.
J'ai jeté tout par terre et couru comme quatre.
ARBATE.
Fuir devant un sanglier, ayant de quoi l'abattre !
Ce trait, Moron, n'est pas généreux....
MORON.
J'y consens ;
Il n'est pas généreux, mais il est de bon sens.
ARBATE.
Mais, par quelques exploits si l'on ne s'éternise.
MORON.
Je suis votre valet. J'aime mieux que l'on dise :
C'est ici qu'en fuyant, sans se faire prier,
Moron sauva ses jours des fureurs d'un sanglier,
Que si l'on y disoit : Voilà l'illustre place
Où le brave Moron, signalant son audace,
Affrontant d'un sanglier l'impétueux effort,
Par un coup de ses dents vit terminer son sort.
EURYALE.
Fort bien.
MORON.
Oui. J'aime mieux, n'en déplaise à la gloire,
Vivre au monde deux jours, que mille ans dans l'histoire.
EURYALE.
En effet, ton trépas fâcheroit tes amis ;
Mais, si de ta frayeur ton esprit est remis,
Puis-je te demander si du feu qui me brûle ?...
MORON.
Il ne faut pas, seigneur, que je vous dissimule ;
Je n'ai rien fait encore, et n'ai point rencontré
De temps pour lui parler qui fût selon mon gré.
L'office de bouffon a des prérogatives ;
Mais souvent on rabat nos libres tentatives.
Le discours de vos feux est un peu délicat,
Et c'est chez la princesse une affaire d'État.
Vous savez de quel titre elle se glorifie,
Et qu'elle a dans la tête une philosophie
Qui déclare la guerre au conjugal lien,
Et vous traite l'amour de déité de rien.
Pour n'effaroucher point son humeur de tigresse
Il me faut manier la chose avec adresse ;
Car on doit regarder comme l'on parle aux grands,
Et vous êtes parfois d'assez fâcheuses gens.
Laissez-moi doucement conduire cette trame.
Je me sens là pour vous un zèle tout de flamme ;
Vous êtes né mon prince, et quelques autres nœuds

Pourroient contribuer au bien que je vous veux.
Ma mère, dans son temps, passoit pour assez belle,
Et naturellement n'étoit pas fort cruelle;
Feu votre père alors, ce prince généreux,
Sur la galanterie étoit fort dangereux;
Et je sais qu'Elpénor, qu'on appeloit mon père
A cause qu'il étoit le mari de ma mère,
Contoit pour grand honneur aux pasteurs d'aujourd'hui
Que le prince autrefois étoit venu chez lui,
Et que, durant ce temps, il avoit l'avantage
De se voir salué de tous ceux du village.
Baste. Quoi qu'il en soit, je veux par mes travaux...
Mais voici la princesse et deux de vos rivaux.

SCÈNE III.

LA PRINCESSE, AGLANTE, CYNTHIE, ARISTOMÈNE, THÉOCLE, EURYALE, PHILIS, ARBATE, MORON.

ARISTOMÈNE.
Reprochez-vous, madame, à nos justes alarmes
Ce péril dont tous deux avons sauvé vos charmes?
J'aurois pensé, pour moi, qu'abattre sous nos coups
Ce sanglier qui portoit sa fureur jusqu'à vous
Étoit une aventure, ignorant votre chasse,

Reprochez-vous, madame, à nos justes alarmes. (Acte I, scène III.)

Dont à nos bons destins nous dussions rendre grâce;
Mais à cette froideur, je connois clairement
Que je dois concevoir un autre sentiment,
Et quereller du sort la fatale puissance
Qui me fait avoir part à ce qui vous offense.
THÉOCLE.
Pour moi, je tiens, madame, à sensible bonheur,
L'action où pour vous a volé tout mon cœur,
Et ne puis consentir, malgré votre murmure,
A quereller le sort d'une telle aventure.
D'un objet odieux je sais que tout déplaît;
Mais, dût votre courroux être plus grand qu'il n'est,
C'est extrême plaisir, quand l'amour est extrême,
De pouvoir d'un péril affranchir ce qu'on aime.
LA PRINCESSE.
Et pensez-vous, seigneur, puisqu'il me faut parler,
Qu'il eût eu, ce péril, de quoi tant m'ébranler?
Que l'arc et que le dard, pour moi si pleins de charmes,
Ne soient entre mes mains que d'inutiles armes?
Et que je fasse enfin mes plus fréquens emplois
De parcourir nos monts, nos plaines et nos bois,
Pour n'oser, en chassant, concevoir l'espérance
De suffire, moi seule, à ma propre défense?
Certes, avec le temps, j'aurois bien profité
De ces soins assidus dont je fais vanité,

S'il falloit que mon bras, dans une telle quête,
Ne pût pas triompher d'une chétive bête!
Du moins, si, pour prétendre à de sensibles coups,
Le commun de mon sexe est trop mal avec vous,
D'un étage plus haut accordez-moi la gloire,
Et me faites tous deux cette grâce de croire,
Seigneur, que, quel que fût le sanglier d'aujourd'hui,
J'en ai mis bas sans vous de plus méchans que lui.
THÉOCLE.
Mais, madame....
LA PRINCESSE.
Hé bien! soit. Je vois que votre envie
Est de persuader que je vous dois la vie;
J'y consens. Oui, sans vous, c'étoit fait de mes jours.
Je rends de tout mon cœur grâce à ce grand secours;
Et je vais de ce pas au prince, pour lui dire
Les bontés que pour moi votre amour vous inspire.

SCÈNE IV.

EURYALE, ARBATE, MORON.

MORON.
Eh! a-t-on jamais vu de plus farouche esprit?
De ce vilain sanglier l'heureux trépas l'aigrit.

Oh! comme volontiers j'aurois d'un beau salaire
Récompensé tantôt qui m'en eût su défaire.
                    ARBATE, *à Euryale.*
Je vous vois tout pensif, seigneur, de ses dédains;
Mais ils n'ont rien qui doive empêcher vos desseins.

Son heure doit venir, et c'est à vous, possible,
Qu'est réservé l'honneur de la rendre sensible.
                    MORON.
Il faut qu'avant la course elle apprenne vos feux.
Et je....

A l'aide! au secours! je suis mort! (Intermède.)

                    EURYALE.
Non, ce n'est plus, Moron, ce que je veux;
Garde-toi de rien dire, et me laisse un peu faire.
J'ai résolu de prendre un chemin tout contraire,
Je vois trop que son cœur s'obstine à dédaigner
Tous ces profonds respects qui pensent la gagner;
Et le dieu qui m'engage à soupirer pour elle,

M'inspire pour la vaincre une adresse nouvelle.
Oui, c'est lui d'où me vient ce soudain mouvement,
Et j'en attends de lui l'heureux événement.
                    ARBATE.
Peut-on savoir, seigneur, par où votre espérance?...
                    EURYALE.
Tu le vas voir. Allons, et garde le silence.

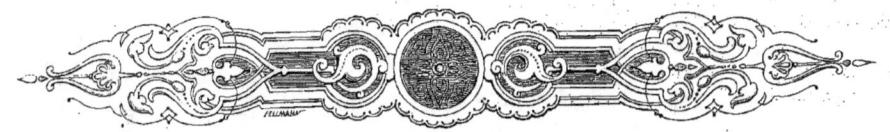

PREMIER INTERMÈDE.

SCÈNE I.

MORON.

Jusqu'au revoir; pour moi, je reste ici, et j'ai une petite conversation à faire avec ces arbres et ces rochers.

Bois, prés, fontaines, fleurs, qui voyez mon teint blême,
Si vous ne le savez, je vous apprends que j'aime.
    Philis est l'objet charmant
    Qui tient mon cœur à l'attache;
    Et je devins son amant
    La voyant traire une vache.
Ses doigts tout pleins de lait et plus blancs mille fois,
Pressoient les bouts du pis, d'une grâce admirable.
    Ouf! cette idée est capable
    De me réduire aux abois
Ah! Philis! Philis! Philis!

SCÈNE II.

MORON, UN ÉCHO.

L'ÉCHO. — Philis.
MORON. — Ah!
L'ÉCHO. — Ah
MORON. — Hem.
L'ÉCHO. — Hem.
MORON. — Ah! Ah!
L'ÉCHO. — Ah.
MORON. — Hi, hi.
L'ÉCHO. — Hi.
MORON. — Oh!
L'ÉCHO. — Oh!
MORON. — Oh!
L'ÉCHO. — Oh!
MORON. — Voilà un écho qui est bouffon.
L'ÉCHO. — On.
MORON. — Hon.
L'ÉCHO. — Hon.
MORON. — Ah!
L'ÉCHO. — Ah.
MORON. — Hu.
L'ÉCHO. — Hu.
MORON. — Voilà un écho qui est bouffon.

SCÈNE III.

MORON, *apercevant un ours qui vient à lui.*

Ah! monsieur l'ours, je suis votre serviteur de tout mon cœur. De grâce, épargnez-moi. Je vous assure que je ne vaux rien du tout à manger, je n'ai que la peau et les os, et je vois de certaines gens là-bas qui seroient bien mieux votre affaire. Hé! hé! hé! monseigneur, tout doux, s'il vous plaît. Là (*il caresse l'ours, et tremble de frayeur*), là, là, là. Ah! monseigneur, que votre altesse est jolie et bien faite! Elle a tout à fait l'air galant et la taille la plus mignonne du monde. Ah! beau poil, belle tête, beaux yeux brillans et bien fendus! Ah! beau petit nez! belle petite bouche! petite quenottes jolies! Ah! belle gorge! belles petites menottes! petits ongles bien faits! (*l'ours se lève sur ses pattes de derrière.*) A l'aide! au secours! je suis mort! Miséricorde! Pauvre Moron! Ah! mon Dieu! Hé! vite, à moi, je suis perdu. (*Moron monte sur un arbre.*)

SCÈNE IV.

MORON, CHASSEURS.

MORON, *monté sur un arbre, aux chasseurs.* — Hé! messieurs, ayez pitié de moi. (*Les chasseurs combattent l'ours.*) Bon! messieurs, tuez-moi ce vilain animal-là. O ciel! daigne les assister! Bon! le voilà qui fuit. Le voilà qui s'arrête; et qui se jette sur eux. Bon! en voilà un qui vient de lui donner un coup dans la gueule. Les voilà tous à l'entour de lui. Courage! ferme, allons, mes amis! Bon! poussez fort! Encore! Ah! le voilà qui est à terre; c'en est fait, il est mort! Descendons maintenant pour lui donner cent coups. (*Moron descend de l'arbre.*) Serviteur, messieurs, je vous rends grâce de m'avoir délivré de cette bête. Maintenant que vous l'avez tuée, je m'en vais l'achever et en triompher avec vous.

(*Moron donne mille coups à l'ours qui est mort.*)

ENTRÉE DE BALLET. — *Les chasseurs dansent pour témoigner leur joie d'avoir remporté la victoire.*

Ces arbres, ces rochers, cette eau, ces gazons frais. (Acte II, scène I.)

ACTE DEUXIÈME.

SCÈNE I.

LA PRINCESSE, AGLANTE, CYNTHIE, PHILIS.

LA PRINCESSE.

Oui, j'aime à demeurer dans ces paisibles lieux ;
On n'y découvre rien qui n'enchante les yeux ;
Et de tous nos palais la savante structure
Cède aux simples beautés qu'y forme la nature.
Ces arbres, ces rochers, cette eau, ces gazons frais,
Ont pour moi des appas à ne lasser jamais.

AGLANTE.

Je chéris comme vous ces retraites tranquilles,
Où l'on se vient sauver de l'embarras des villes.
De mille objets charmans ces lieux sont embellis ;
Et ce qui doit surprendre, est qu'aux portes d'Élis
La douce passion de fuir la multitude
Rencontre une si belle et vaste solitude.
Mais, à vous dire vrai, dans ces jours éclatans
Vos retraites ici me semblent hors de temps ;
Et c'est fort maltraiter l'appareil magnifique
Que chaque prince a fait pour la fête publique.

Ce spectacle pompeux de la course des chars,
Devoit bien mériter l'honneur de vos regards.
LA PRINCESSE.
Quel droit ont-ils chacun d'y vouloir ma présence,
Et que dois-je, après tout, à leur magnificence?
Ce sont soins que produit l'ardeur de m'acquérir,
Et mon cœur est le prix qu'ils veulent tous courir.
Mais, quelque espoir qui flatte un projet de la sorte,
Je me tromperai fort, si pas un d'eux l'emporte.
CYNTHIE.
Jusques à quand ce cœur veut-il s'effaroucher
Des innocens desseins qu'on a de le toucher,
Et regarder les soins que pour vous on se donne
Comme autant d'attentats contre votre personne?
Je sais qu'en défendant le parti de l'amour,
On s'expose chez vous à faire mal sa cour;
Mais ce que par le sang j'ai l'honneur de vous être,
S'oppose aux duretés que vous faites paroître,
Et je ne puis nourrir d'un flatteur entretien
Vos résolutions de n'aimer jamais rien.
Est-il rien de plus beau que l'innocente flamme
Qu'un mérite éclatant allume dans une âme!
Et seroit-ce un bonheur de respirer le jour,
Si d'entre les mortels on bannissoit l'amour?
Non, non, tous les plaisirs se goûtent à le suivre ;
Et vivre sans aimer n'est pas proprement vivre.
AGLANTE. — Pour moi, je tiens que cette passion est la plus agréable affaire de la vie; qu'il est nécessaire d'aimer pour vivre heureusement, et que tous les plaisirs sont fades, s'il ne s'y mêle un peu d'amour.

LA PRINCESSE. — Pouvez-vous bien toutes deux, étant ce que vous êtes, prononcer ces paroles? et ne devez-vous pas rougir d'appuyer une passion qui n'est qu'erreur, que foiblesse et qu'emportement, et dont

Je pense que ce visage est assez passable. (Acte II, scène II).

tous les désordres ont tant de répugnance avec la gloire de notre sexe! J'en prétends soutenir l'honneur jusqu'au dernier moment de ma vie, et ne veux point du tout me commettre à ces gens qui font les esclaves auprès de nous, pour devenir un jour nos tyrans. Toutes ces larmes, tous ces soupirs, tous ces hommages, tous ces respects, sont des embûches qu'on tend à notre cœur, et qui souvent l'engagent à commettre des lâchetés. Pour moi, quand je regarde certains exemples, et les bassesses épouvantables où cette passion ravale les personnes sur qui elle étend sa puissance, je sens tout mon cœur qui s'émeut; et je ne puis souffrir qu'une âme, qui fait profession d'un peu de fierté, ne trouve pas une honte horrible à de telles foiblesses.

CYNTHIE. — Hé! madame, il est de certaines foiblesses qui ne sont point honteuses, et qu'il est beau même d'avoir dans les plus hauts degrés de gloire. J'es-

père que vous changerez un jour de pensée; et, s'il plaît au ciel, nous verrons votre cœur avant qu'il soit peu....

LA PRINCESSE. — Arrêtez. N'achevez pas ce souhait étrange. J'ai une horreur trop invincible pour ces sortes d'abaissemens; et, si jamais j'étois capable d'y descendre, je serois personne, sans doute, à ne me le point pardonner.

AGLANTE. — Prenez garde, madame, l'amour sait se venger des mépris que l'on fait de lui, et peut-être....

LA PRINCESSE. — Non, non. Je brave tous ses traits; et le grand pouvoir qu'on lui donne n'est rien qu'une chimère, et qu'une excuse des foibles cœurs, qui le font invincible pour autoriser leur foiblesse.

CYNTHIE. — Mais, enfin, toute la terre reconnoît sa puissance, et vous voyez que les dieux mêmes sont assujettis à son empire. On nous fait voir que Jupiter n'a pas aimé pour une fois, et que Diane même, dont vous affectez tant l'exemple, n'a pas rougi de pousser des soupirs d'amour.

LA PRINCESSE. — Les croyances publiques sont toujours mêlées d'erreur. Les dieux ne sont point faits comme les fait le vulgaire; et c'est leur manquer de respect, que de leur attribuer les foiblesses des hommes.

SCÈNE II.

LA PRINCESSE, AGLANTE, CYNTHIE, PHILIS, MORON.

AGLANTE. — Viens, approche, Moron, viens nous aider à défendre l'amour contre les sentimens de la princesse.

LA PRINCESSE. — Voilà votre parti fortifié d'un grand défenseur.

MORON. — Ma foi, madame, je crois qu'après mon exemple il n'y a plus rien à dire, et qu'il ne faut plus mettre en doute le pouvoir de l'amour. J'ai bravé ses armes assez longtemps, et fait de mon drôle comme un autre; mais enfin ma fierté a baissé l'oreille, et vous (il montre Philis) avez une maîtresse qui m'a rendu plus doux qu'un agneau. Après cela, on ne doit plus faire aucun scrupule d'aimer; et, puisque j'ai bien passé par là, il peut bien y en passer d'autres.

CYNTHIE. — Quoi! Moron se mêle d'aimer?
MORON. Fort bien.
CYNTHIE. — Et de vouloir être aimé?
MORON. — Et pourquoi non? Est-ce qu'on n'est pas assez bien fait pour cela? Je pense que ce visage est assez passable, et que pour le bel air, Dieu merci, nous ne le cédons à personne.

CYNTHIE. — Sans doute, on auroit tort.

Madame, le prince votre père vient vous trouver ici.... (Acte II, scène III.)

SCÈNE III.

LA PRINCESSE, AGLANTE, CYNTHIE, PHILIS, MORON, LYCAS.

LYCAS. — Madame, le prince votre père vient vous trouver ici, et conduit avec lui les princes de Pyle et d'Ithaque, et celui de Messène.

LA PRINCESSE. — O ciel! que prétend-il faire en me les amenant? Auroit-il résolu ma perte, et voudroit-il bien me forcer au choix de quelqu'un d'eux?

SCÈNE IV.

IPHITAS, EURYALE, ARISTOMÈNE, THÉOCLE, LA PRINCESSE, AGLANTE, CYNTHIE, PHILIS, MORON.

LA PRINCESSE, à Iphitas. — Seigneur, je vous demande la licence de prévenir par deux paroles la déclaration des pensées que vous pouvez avoir. Il y a deux vérités, seigneur, aussi constantes l'une que l'autre, et dont je puis vous assurer également; l'une, que vous avez un absolu pouvoir sur moi, et que vous ne sauriez m'ordonner rien où je ne réponde aussitôt par une obéissance aveugle; l'autre, que je regarde l'hyménée ainsi que le trépas, et qu'il m'est impossible de forcer cette aversion naturelle. Me donner un mari, et me donner la mort, c'est une même chose; mais votre volonté va la première, et mon obéissance m'est bien plus chère que ma vie. Après cela, parlez, seigneur, prononcez librement ce que vous voulez.

IPHITAS. — Ma fille, tu as tort de prendre de telles alarmes; et je me plains de toi, qui peux mettre dans ta pensée que je sois assez mauvais père pour vouloir faire violence à tes sentimens, et me servir tyranniquement de la puissance que le ciel me donne sur toi. Je souhaite, à la vérité, que ton cœur puisse aimer quelqu'un. Tous mes vœux seroient satisfaits, si cela pouvoit arriver : et je n'ai proposé les fêtes et les jeux que je fais célébrer ici, qu'afin d'y pouvoir attirer tout ce que la Grèce a d'illustre, et que, parmi cette noble jeunesse, tu puisses enfin rencontrer où arrêter tes yeux et déterminer tes pensées. Je ne demande, dis-je au ciel autre bonheur que celui de te voir un époux. J'ai, pour obtenir cette grâce, fait encore ce matin un sacrifice à Vénus ; et, si je sais bien expliquer le langage des dieux, elle m'a promis un miracle. Mais, quoi qu'il en soit, je veux en user avec toi en père qui chérit sa fille. Si tu trouves où attacher tes vœux, ton choix sera le mien, et je ne considérerai ni intérêt d'État, ni avantages d'alliance ; si ton cœur demeure insensible, je n'entreprendrai point de le forcer ; mais au moins sois complaisante aux civilités qu'on te rend, et ne m'oblige point à faire les excuses de ta froideur. Traite ces princes avec l'estime que tu leur dois, reçois avec reconnaissance les témoignages de leur zèle, et viens voir cette course où leur adresse va paroître.

THÉOCLE, *à la Princesse.* — Tout le monde va faire

D'où sort cette fierté où l'on ne s'attendait pas? (Acte II, scène V.)

des efforts pour remporter le prix de cette course. Mais, à vous dire vrai, j'ai peu d'ardeur pour la victoire, puisque ce n'est pas votre cœur qu'on y doit disputer.

ARISTOMÈNE. — Pour moi, madame, vous êtes le seul prix que je me propose partout. C'est vous que je crois disputer dans ces combats d'adresse, et je n'aspire maintenant à remporter l'honneur de cette course, que pour obtenir un degré de gloire qui m'approche de votre cœur.

EURYALE. — Pour moi, madame, je n'y vais point du tout avec cette pensée. Comme j'ai fait toute ma vie profession de ne rien aimer, tous les soins que je prends ne vont point où tendent les autres. Je n'ai aucune prétention sur votre cœur, et le seul honneur de la course est tout l'avantage où j'aspire.

SCÈNE V.

LA PRINCESSE, AGLANTE, CINTHIE, PHILIS, MORON.

LA PRINCESSE. — D'où sort cette fierté où l'on ne s'attendoit point? Princesses, que dites-vous de ce jeune prince ? Avez-vous remarqué de quel ton il l'a pris?

AGLANTE. — Il est vrai que cela est un peu fier.

MORON, *à part.* — Ah! quelle brave botte il vient là de lui porter !

LA PRINCESSE. — Ne trouvez-vous pas qu'il y auroit plaisir d'abaisser son orgueil, et de soumettre un peu ce cœur qui tranche tant du brave ?

CYNTHIE. — Comme vous êtes accoutumée à ne jamais recevoir que des hommages et des adorations de tout le monde, un compliment pareil au sien doit vous surprendre, à la vérité.

LA PRINCESSE. — Je vous avoue que cela m'a donné de l'émotion, et que je souhaiterois fort de trouver les moyens de châtier cette hauteur. Je n'avois pas beaucoup d'envie de me trouver à cette course ; mais j'y veux aller exprès, et employer toute chose pour lui donner de l'amour.

CYNTHIE. — Prenez garde, madame. L'entreprise est périlleuse ; et, lorsqu'on veut donner de l'amour, on court risque d'en recevoir.

LA PRINCESSE. — Ah! n'appréhendez rien, je vous prie. Allons, je vous réponds de moi.

FIN DU DEUXIEME ACTE.

DEUXIÈME INTERMÈDE.

SCÈNE I.

PHILIS, MORON.

MORON. — Philis, demeure ici.

PHILIS. — Non. Laisse-moi suivre les autres.

MORON. — Ah! cruelle! si c'étoit Tircis qui t'en priât, tu demeurerois bien vite.

PHILIS. — Cela se pourroit faire, et je demeure d'accord que je trouve bien mieux mon compte avec l'un qu'avec l'autre; car il me divertit avec sa voix, et toi, tu m'étourdis de ton caquet. Lorsque tu chanteras aussi bien que lui, je te promets de t'écouter.

MORON. — Hé! demeure un peu.

PHILIS. — Je ne saurois.

MORON. — De grâce!

PHILIS. — Point, te dis-je.

MORON, *retenant Philis.* — Je ne te laisserai point aller....

PHILIS. — Ah! que de façons!

MORON. — Je ne te demande qu'un moment à être avec toi.

PHILIS. — Hé bien! oui, j'y demeurerai, pourvu que tu me promettes une chose.

MORON. — Et quelle?

PHILIS. — De ne me parler point du tout.

MORON. — Hé! Philis.
PHILIS. — A moins que de cela, je ne demeurerai point avec toi.
MORON. — Veux-tu me?...
PHILIS. — Laisse-moi aller.
MORON.—Hé bien! oui, demeure. Je ne te dirai mot.
PHILIS. — Prends-y bien garde, au moins; car, à la moindre parole, je prends la fuite.
MORON. — Soit. (*Après avoir fait une scène de gestes*) Ah! Philis!... Hé!...

SCÈNE II.
MORON, seul.

Elle s'enfuit, et je ne saurois l'attraper. Voilà ce que c'est. Si je savois chanter, j'en ferois bien mieux mes affaires. La plupart des femmes aujourd'hui se laissent prendre par les oreilles; elles sont cause que tout le monde se mêle de musique, et l'on ne réussit auprès d'elles que par les petites chansons et les petits vers qu'on leur fait entendre. Il faut que j'apprenne à chanter pour faire comme les autres. Bon, voici justement mon homme.

SCÈNE III.
UN SATYRE, MORON.

LE SATYRE *chante*. — La, la, la.
MORON. — Ah! Satyre, mon ami, tu sais bien ce que tu m'as promis, il y a longtemps. Apprends-moi à chanter, je te prie.

Ah! Philis!... Hé!... (Deuxième intermède, scène 1.)

LE SATYRE. — Je le veux. Mais auparavant, écoute une chanson que je viens de faire.
MORON, *bas, à part.* — Il est si accoutumé à chanter, qu'il ne sauroit parler d'autre façon. (*Haut.*) Allons chante, j'écoute.
LE SATYRE *chante*. — Je portois....
MORON. — Une chanson, dis-tu?
LE SATYRE. — Je port....
MORON. — Une chanson à chanter?
LE SATYRE. — Je port....
MORON. — Chanson amoureuse? Peste!

LE SATYRE.

Je portois dans une cage
Deux moineaux que j'avois pris,
Lorsque la jeune Chloris
Fit, dans un sombre bocage,
Briller à mes yeux surpris,

Les fleurs de son beau visage.
Hélas! dis-je aux moineaux, en recevant les coups
De ses yeux si savans à faire des conquêtes,
   Consolez-vous, pauvres petites bêtes,
Celui qui vous a pris est bien plus pris que vous.

(*Moron demande au Satyre une chanson plus passionnée, et le prie de lui dire celle qu'il lui avoit ouï chanter quelques jours auparavant.*)

LE SATYRE *chante*.

Dans vos chants si doux.
Chantez à ma belle,
Oiseaux, chantez tous
Ma peine mortelle.
Mais si la cruelle
Se met en courroux
Au récit fidèle

Des maux que je sens pour elle,
  Oiseaux, taisez-vous.

MORON. — Ah! qu'elle est belle! Apprends-la-moi.
LE SATYRE. — La, la, la, la.

Entrée du ballet. (Intermède, scène III.)

MORON. — La, la, la, la.
LE SATYRE. — Fa, fa, fa, fa.
MORON. — Fat, toi-même.

ENTRÉE DE BALLET. — *Le Satyre en colère menace Moron, et plusieurs Satyres dansent une entrée plaisante.*

Le voici qui s'entretient avec Moron. (Acte III, scène I.)

ACTE TROISIÈME.

SCÈNE I.

LA PRINCESSE, AGLANTE, CYNTHIE, PHILIS.

CYNTHIE. — Il est vrai, madame, que ce jeune prince a fait voir une adresse non commune, et que l'air dont il a paru a été quelque chose de surprenant. Il sort vainqueur de cette course. Mais je doute fort qu'il en sorte avec le même cœur qu'il y a porté ; car enfin vous lui avez tiré des traits dont il est difficile de se défendre ; et, sans parler de tout le reste, la grâce de votre danse et la douceur de votre voix ont eu des charmes aujourd'hui à toucher les plus insensibles.

LA PRINCESSE. — Le voici qui s'entretient avec Moron; nous saurons un peu de qui il lui parle. Ne rompons point encore leur entretien, et prenons cette route pour revenir à leur rencontre.

SCÈNE II.
EURYALE, ARBATE, MORON.

EURYALE. — Ah! Moron, je te l'avoue, j'ai été enchanté; et jamais tant de charmes n'ont frappé tout ensemble mes yeux et mes oreilles! Elle est adorable en tout temps, il est vrai; mais ce moment l'a emporté sur tous les autres, et des grâces nouvelles ont redoublé l'éclat de ses beautés. Jamais son visage ne s'est paré de plus vives couleurs, ni ses yeux ne se sont armés de traits plus vifs et plus perçans. La douceur de sa voix a voulu se faire paroître dans un air tout charmant qu'elle a daigné chanter; et les sons merveilleux qu'elle formoit passoient jusqu'au fond de mon âme, et tenoient tous mes sens dans un ravissement à ne pouvoir en revenir. Elle a fait éclater ensuite une disposition toute divine, et ses pieds amoureux sur l'émail d'un tendre gazon traçoient d'aimables caractères qui m'enlevoient hors de moi-même, et m'attachoient par des nœuds invincibles aux doux et justes mouvemens dont tout son corps suivoit les mouvemens de l'harmonie. Enfin, jamais âme n'a eu de plus puissantes émotions que la mienne; et j'ai pensé plus de vingt fois oublier ma résolution, pour me jeter à ses pieds et lui faire un aveu sincère de l'ardeur que je sens pour elle.

MORON. — Donnez-vous-en bien garde, seigneur, si vous m'en voulez croire. Vous avez trouvé la meilleure invention du monde, et je me trompe fort si elle ne vous réussit. Les femmes sont des animaux d'un naturel bizarre; nous les gâtons par nos douceurs; et je crois

Voyez-vous comme il passe, sans prendre garde à vous? (Acte III, scène III.)

tout de bon que nous les verrions nous courir, sans tous ces respects et ces soumissions où les hommes les accoutument.

ARBATE. — Seigneur, voici la princesse, qui s'est un peu éloignée de sa suite.

MORON. — Demeurez ferme, au moins, dans le chemin que vous avez pris. Je m'en vais voir ce qu'elle me dira. Cependant promenez-vous ici dans ces petites routes, sans faire aucun semblant d'avoir envie de la joindre; et, si vous l'abordez, demeurez avec elle le moins qu'il vous sera possible.

SCÈNE III.
LA PRINCESSE, MORON.

LA PRINCESSE. — Tu as donc familiarité, Moron, avec le prince d'Ithaque?

MORON. — Ah! madame, il y a longtemps que nous nous connoissons.

LA PRINCESSE. — D'où vient qu'il n'est pas venu jusqu'ici, et qu'il a pris cette autre route quand il m'a vue?

MORON. — C'est un homme bizarre, qui ne se plaît qu'à entretenir ses pensées.

LA PRINCESSE. — Étois-tu tantôt au compliment qu'il m'a fait?

MORON. — Oui, madame, j'y étois; et je l'ai trouvé un peu impertinent, n'en déplaise à Sa Principauté.

LA PRINCESSE. — Pour moi, je le confesse, Moron, cette fuite m'a choquée; et j'ai toutes les envies du monde de l'engager, pour rabattre un peu son orgueil.

MORON. — Ma foi, madame, vous ne feriez pas mal; il le mériteroit bien; mais, à vous dire vrai, je doute fort que vous y puissiez réussir.

LA PRINCESSE. — Comment?

MORON. — Comment? C'est le plus orgueilleux petit

vilain que vous ayez jamais vu. Il lui semble qu'il n'y a personne au monde qui le mérite, et que la terre n'est pas digne de le porter.

LA PRINCESSE. — Mais encore, ne t'a-t-il point parlé de moi?

MORON. — Lui? Non.

LA PRINCESSE. — Il ne t'a rien dit de ma voix et de ma danse?

MORON. — Pas le moindre mot.

LA PRINCESSE. — Certes, ce mépris est choquant, et je ne puis souffrir cette hauteur étrange de ne rien estimer.

MORON. — Il n'estime et n'aime que lui.

LA PRINCESSE. — Il n'y a rien que je ne fasse pour le soumettre comme il faut.

MORON. — Nous n'avons point de marbre dans nos montagnes qui soit plus dur et plus insensible que lui.

LA PRINCESSE. — Le voilà.

Seigneur, je vous donne avis que tout va bien. (Acte III, scène IV.)

MORON. — Voyez-vous comme il passe, sans prendre garde à vous?

LA PRINCESSE. — De grâce, Moron, va le faire aviser que je suis ici, et l'oblige à me venir aborder.

SCÈNE IV.
LA PRINCESSE, EURYALE, ARBATE, MORON.

MORON, *allant au-devant d'Euryale, et lui parlant bas*. — Seigneur, je vous donne avis que tout va bien. La princesse souhaite que vous l'abordiez; mais songez bien à continuer votre rôle; et, de peur de l'oublier, ne soyez pas longtemps avec elle.

LA PRINCESSE. — Vous êtes bien solitaire, seigneur; et c'est une humeur bien extraordinaire que la vôtre; de renoncer ainsi à notre sexe, et de fuir, à votre âge, cette galanterie dont se piquent tous vos pareils.

EURYALE. — Cette humeur, madame, n'est pas si extraordinaire qu'on n'en trouvât des exemples sans aller loin d'ici; et vous ne sauriez condamner la résolution que j'ai prise de n'aimer jamais rien, sans condamner aussi vos sentiments

LA PRINCESSE. — Il y a grande différence; et ce qui sied bien à un sexe, ne sied pas bien à l'autre. Il est beau qu'une femme soit insensible, et conserve son cœur exempt des flammes de l'amour; mais ce qui est vertu en elle, devient un crime dans un homme; et, comme la beauté est le partage de notre sexe, vous ne sauriez ne nous point aimer, sans nous dérober les hommages qui nous sont dus, et commettre une offense dont nous devons toutes nous ressentir.

EURYALE. — Je ne vois pas, madame, que celles qui ne veulent point aimer, doivent prendre aucun intérêt à ces sortes d'offenses.

LA PRINCESSE. — Ce n'est pas une raison, seigneur; et, sans vouloir aimer, on est toujours bien aise d'être aimée.

EURYALE. — Pour moi, je ne suis pas de même; et, dans le dessein où je suis de ne rien aimer, je serois fâché d'être aimé.

LA PRINCESSE. — Et la raison?

EURYALE. — C'est qu'on a obligation à ceux qui nous aiment, et que je serois fâché d'être ingrat.

LA PRINCESSE. — Si bien donc que, pour fuir l'ingratitude, vous aimeriez qui vous aimeroit?

EURYALE. — Moi, madame? Point du tout. Je dis bien que je serois fâché d'être ingrat; mais je me résoudrois plutôt de l'être que d'aimer.

Rien n'est capable de toucher mon cœur. (Acte III, scène IV.)

LA PRINCESSE. — Telle personne vous aimeroit peut-être, que votre cœur....

EURYALE. — Non, madame. Rien n'est capable de toucher mon cœur. Ma liberté est la seule maîtresse à qui je consacre mes vœux; et, quand le ciel emploieroit ses soins à composer une beauté parfaite, quand il assembleroit en elle tous les dons les plus merveilleux et du corps et de l'âme, enfin quand il exposeroit à mes yeux un miracle d'esprit, d'adresse et de beauté, et que cette personne m'aimeroit avec toutes les tendresses imaginables, je vous l'avoue franchement, je ne l'aimerois pas.

LA PRINCESSE, à part. — A-t-on jamais rien vu de tel?

MORON, à la princesse. — Peste soit du petit brutal! J'aurois bien envie de lui bailler un coup de poing.

LA PRINCESSE, à part. — Cet orgueil me confond, et j'ai un tel dépit, que je ne me sens pas.

MORON, bas, au prince. — Bon courage, seigneur. Voilà qui va le mieux du monde.

EURYALE, bas, à Moron. — Ah! Moron, je n'en puis plus! et je me suis fait des efforts étranges.

LA PRINCESSE, à Euryale. — C'est avoir une insensibilité bien grande, que de parler comme vous faites.

EURYALE. — Le ciel ne m'a pas fait d'une autre humeur. Mais, madame, j'interromps votre promenade, et mon respect doit m'avertir que vous aimez la solitude.

SCÈNE V.

LA PRINCESSE, MORON.

MORON. — Ce vous en doit rien, madame, en dureté de cœur.

LA PRINCESSE. — Je donnerois volontiers tout ce que j'ai au monde, pour avoir l'avantage d'en triompher.

MORON. — Je le crois.

LA PRINCESSE. — Ne pourrois-tu, Moron, me servir dans un tel dessein?

MORON. — Vous savez bien, madame, que je suis tout à votre service.

LA PRINCESSE. — Parle-lui de moi dans tes entretiens; vante-lui adroitement ma personne et les avantages de ma naissance, et tâche d'ébranler ses sentimens par la douceur de quelque espoir. Je te permets de dire tout ce que tu voudras, pour tâcher à me l'engager.

MORON. — Laissez-moi faire.

LA PRINCESSE. — C'est une chose qui me tient au cœur. Je souhaite ardemment qu'il m'aime.

MORON. — Il est bien fait, oui, ce petit pendard-là; il a bon air, bonne physionomie; et je crois qu'il serait assez le fait d'une jeune princesse.

LA PRINCESSE. — Enfin, tu peux tout espérer de moi, si tu trouves moyen d'enflammer pour moi son cœur.

MORON. — Il n'y a rien qui ne se puisse faire. Mais, madame, s'il venait à vous aimer, que feriez-vous, s'il vous plaît?

LA PRINCESSE. — Ah! ce seroit lors que je prendrois plaisir à triompher pleinement de sa vanité, à punir son mépris par mes froideurs, et à exercer sur lui toutes les cruautés que je pourrois imaginer.

MORON. — Il ne se rendra jamais.

LA PRINCESSE. — Ah! Moron, il faut faire en sorte qu'il se rende.

MORON. — Non, il n'en sera rien. Je le connois, ma peine seroit inutile.

LA PRINCESSE. — Si faut-il pourtant tenter toute chose, et éprouver si son âme est entièrement insensible. Allons. Je veux lui parler, et suivre une pensée qui vient de me venir.

TROISIÈME INTERMÈDE.

SCÈNE I.

PHILIS, TIRCIS.

PHILIS. — Viens, Tircis. Laissons-les aller, et me dis un peu ton martyre de la façon que tu sais faire. Il y a longtemps que tes yeux me parlent; mais je suis plus aise d'ouïr ta voix.

TIRCIS *chante*.
Tu m'écoutes, hélas! dans ma triste langueur :
Mais je n'en suis pas mieux, ô beauté sans pareille;
Et je touche ton oreille,
Sans que je touche ton cœur.

PHILIS. — Va, va, c'est déjà quelque chose que de toucher l'oreille, et le temps amène tout. Chante-moi cependant quelque plainte nouvelle que tu aies composée pour moi.

SCÈNE II.

MORON, PHILIS, TIRCIS.

MORON. — Ah! ah! je vous y prends, cruelle! Vous vous écartez des autres pour ouïr mon rival!

PHILIS. — Oui, je m'écarte pour cela. Je te le dis encore, je me plais avec lui; et l'on écoute volontiers les amans, lorsqu'ils se plaignent aussi agréablement qu'il fait. Que ne chantes-tu comme lui! Je prendrois plaisir à t'écouter.

MORON. — Si je ne sais chanter, je sais faire autre chose; et quand....

PHILIS. — Tais-toi. Je veux l'entendre. Dis, Tircis, ce que tu voudras.

MORON. — Ah! cruelle!...

PHILIS. — Silence, dis-je, ou je me mettrai en colère.

TIRCIS *chante*.

Arbres épais, et vous, prés émaillés,
La beauté dont l'hiver vous avoit dépouillés,
Par le printemps vous est rendue.
Vous reprenez tous vos appas;
Mais mon âme ne reprend pas
La joie, hélas! que j'ai perdue!

MORON. — Morbleu! que n'ai-je de la voix! Ah! nature marâtre! pourquoi ne m'as-tu pas donné de quoi chanter comme à un autre?

PHILIS. — En vérité, Tircis, il ne se peut rien de plus agréable, et tu l'emportes sur tous les rivaux que tu as.

MORON. — Mais pourquoi est-ce que je ne puis pas chanter? N'ai-je pas un estomac, un gosier et une langue comme un autre? Oui, oui, allons. Je veux chanter aussi, et te montrer que l'amour fait faire toutes choses. Voici une chanson que j'ai faite pour toi.

PHILIS. — Oui, dis. Je veux bien t'écouter pour la rareté du fait.

MORON. — Courage, Moron. Il n'y a qu'à avoir de la hardiesse.

(Il chante.)

Ton extrême rigueur
S'acharne sur mon cœur.
Ah! Philis, je trépasse,
Daigne me secourir.
En seras-tu plus grasse
De m'avoir fait mourir?

Vivat! Moron.

PHILIS. — Voilà qui est le mieux du monde. Mais, Moron, je souhaiterois bien d'avoir la gloire que quelque amant fût mort pour moi. C'est un avantage dont je n'ai pas encore joui; et je trouve que j'aimerois de tout mon cœur une personne qui m'aimeroit assez pour se donner la mort.

MORON. — Tu aimerois une personne qui se tueroit pour toi?

PHILIS. — Oui.

MORON. — Il ne faut que cela pour te plaire?

PHILIS. — Non.

MORON. — Voilà qui est fait. Je te veux montrer que je me sais tuer quand je veux.

TIRCIS chante.

Ah! quelle douceur extrême,
De mourir pour ce qu'on aime!

MORON, à Tircis. — C'est un plaisir que vous aurez quand vous voudrez.

TIRCIS chante.

Courage, Moron. Meurs promptement
En généreux amant.

MORON, à Tircis. — Je vous prie de vous mêler de vos affaires, et de me laisser tuer à ma fantaisie. Allons, je vais faire honte à tous les amans. (A Philis.) Tiens, je ne suis pas homme à faire tant de façons. Vois ce poignard. Prends bien garde comme je vais me percer le cœur. Je suis votre serviteur. Quelque niais.

PHILIS. — Allons, Tircis. Viens-t'en me redire à l'écho ce que tu m'as chanté.

LA PRINCESSE. Ah! Moron, il faut faire en sorte qu'il se rende. (Acte III, scène v.)

Eh bien! prince, je veux bien vous la découvrir (Acte IV, scène I.)

ACTE QUATRIÈME.

SCÈNE I.
LA PRINCESSE, EURYALE, MORON.

LA PRINCESSE. — Prince, comme jusqu'ici nous avons fait paroître une conformité de sentimens, et que le ciel a semblé mettre en nous mêmes attachemens pour notre liberté, et même aversion pour l'amour, je suis bien aise de vous ouvrir mon cœur, et de vous faire confidence d'un changement dont vous serez surpris. J'ai toujours regardé l'hymen comme une chose affreuse, et j'avois fait serment d'abandonner plutôt la vie que de me résoudre jamais à perdre cette liberté pour qui j'avois des tendresses si grandes; mais enfin un moment a dissipé toutes ces résolutions. Le mérite d'un prince m'a frappé aujourd'hui les yeux; et mon âme tout d'un coup, comme par un miracle, est devenue sensible aux traits de cette passion que j'avois toujours méprisée. J'ai trouvé d'abord des raisons pour autoriser ce changement, et je puis l'appuyer de ma volonté de répondre aux ardentes sollicitations d'un père, et aux vœux de tout un État; mais, à vous dire vrai, je suis en peine du jugement que vous ferez de moi, et je voudrois savoir si vous condamnerez, ou non, le dessein que j'ai de me donner un époux.

EURYALE. — Vous pourriez faire un tel choix, madame, que je l'approuverois sans doute.

LA PRINCESSE. — Qui croyez-vous, à votre avis, que je veuille choisir?

EURYALE. — Si j'étois dans votre cœur, je pourrois vous le dire; mais comme je n'y suis pas, je n'ai garde de vous répondre.

LA PRINCESSE. — Devinez pour voir, et nommez quelqu'un.

EURYALE. — J'aurois trop peur de me tromper.

LA PRINCESSE. — Mais encore, pour qui souhaiteriez-vous que je me déclarasse?

EURYALE. — Je sais bien, à vous dire vrai, pour qui je le souhaiterois; mais, avant que de m'expliquer, je dois savoir votre pensée.

LA PRINCESSE. — Hé bien! prince, je veux bien vous la découvrir. Je suis sûre que vous allez approuver mon choix; et, pour ne vous point tenir en suspens davantage, le prince de Messène est celui de qui le mérite s'est attiré mes vœux.

EURYALE, à part. — O ciel!

LA PRINCESSE, bas, à Moron. — Mon invention a réussi, Moron. Le voilà qui se trouble.

MORON, à la princesse. — Bon, madame. (Au prince.) Courage, seigneur. (A la princesse.) Il en tient. (Au prince.) Ne vous défaites pas.

LA PRINCESSE, à Euryale. — Ne trouvez-vous pas

Le prince d'Ithaque vous aime.... (Acte IV, scène III.)

que j'ai raison, et que ce prince a tout le mérite qu'on peut avoir?

MORON, bas, au prince. — Remettez-vous et songez à répondre.

LA PRINCESSE. — D'où vient, prince, que vous ne dites mot, et semblez interdit?

EURYALE. — Je le suis, à la vérité; et j'admire, madame, comme le ciel a pu former deux âmes aussi semblables en tout que les nôtres, deux âmes en qui on ait vu une plus grande conformité de sentiments, qui aient fait éclater dans le même temps une résolution à braver les traits de l'amour, et qui, dans le même moment, aient fait paroître une égale facilité à perdre le nom d'insensibles. Car enfin, madame, puisque votre exemple m'autorise, je ne feindrai point de vous dire que l'amour aujourd'hui s'est rendu maître de mon cœur, et qu'une des princesses vos cousines, l'aimable et belle Aglante, a renversé d'un coup d'œil tous les projets de ma fierté. Je suis ravi, madame, que, par cette égalité de défaite, nous n'avons rien à nous re-

procher l'un à l'autre; et je ne doute point que, comme je vous loue infiniment de votre choix, vous n'approuviez aussi le mien. Il faut que ce miracle éclate aux yeux de tout le monde, et nous ne devons point différer à nous rendre tous deux contens. Pour moi, madame, je vous sollicite de vos suffrages pour obtenir celle que je souhaite, et vous trouverez bon que j'aille de ce pas en faire la demande au prince votre père.

MORON, bas, à Euryale. — Ah! digne, ah! brave cœur!

SCÈNE II.

LA PRINCESSE, MORON.

LA PRINCESSE. — Ah! Moron, je n'en puis plus; et ce coup, que je n'attendois pas, triomphe absolument de toute ma fermeté.

MORON. — Il est vrai que le coup est surprenant, et j'avois cru d'abord que votre stratagème avoit fait son effet.

LA PRINCESSE. — Ah! ce m'est un dépit à me désespérer, qu'une autre ait l'avantage de soumettre ce cœur que je voulois soumettre.

SCÈNE III.
LA PRINCESSE, AGLANTE, MORON.

LA PRINCESSE. — Princesse, j'ai à vous prier d'une chose qu'il faut absolument que vous m'accordiez. Le prince d'Ithaque vous aime, et veut vous demander au prince mon père.

AGLANTE. — Le prince d'Ithaque, madame?

LA PRINCESSE. — Oui. Il vient de m'en assurer lui-même, et m'a demandé mon suffrage pour vous obtenir; mais je vous conjure de rejeter cette proposition, et de ne point prêter l'oreille à tout ce qu'il pourra vous dire.

AGLANTE. — Mais, madame, s'il étoit vrai que ce prince m'aimât effectivement, pourquoi, n'ayant aucun dessein de vous engager, ne voudriez-vous pas souffrir?...

Madame, je viens à vos pieds.... (Acte IV, scène IV.)

LA PRINCESSE. — Non, Aglante. Je vous le demande. Faites-moi ce plaisir, je vous prie, et trouvez bon que, n'ayant pu avoir l'avantage de le soumettre, je lui dérobe la joie de vous obtenir.

AGLANTE. — Madame, il faut vous obéir; mais je croirois que la conquête d'un tel cœur ne seroit pas une victoire à dédaigner.

LA PRINCESSE. — Non, non, il n'aura pas la joie de me braver entièrement.

SCÈNE IV.
LA PRINCESSE, ARISTOMÈNE, AGLANTE, MORON.

ARISTOMÈNE. — Madame, je viens à vos pieds, rendre grâce à l'amour de mes heureux destins, et vous témoigner, avec mes transports, le ressentiment où je suis des bontés surprenantes dont vous daignez favoriser le plus soumis de vos captifs.

LA PRINCESSE. — Comment?

ARISTOMÈNE. — Le prince d'Itaque, madame, vient de m'assurer tout à l'heure, que votre cœur avoit eu la bonté de s'expliquer en ma faveur, sur ce célèbre choix qu'attend toute la Grèce.

LA PRINCESSE. — Il vous a dit qu'il tenoit cela de ma bouche?

ARISTOMÈNE. — Oui, madame.

LA PRINCESSE. — C'est un étourdi; et vous êtes un peu trop crédule, prince, d'ajouter foi si promptement à ce qu'il vous a dit. Une pareille nouvelle méritoit bien, ce me semble, qu'on en doutât un peu de temps,

Retirez-vous d'ici. (Acte IV, scène VI.)

et c'est tout ce que vous pourriez faire de la croire, si je vous l'avois dite moi-même.

ARISTOMÈNE — Madame, si j'ai été trop prompt à me persuader....

LA PRINCESSE. — De grâce, prince, brisons là ce discours; et, si vous voulez m'obliger, souffrez que je puisse jouir de deux momens de solitude.

SCÈNE V.
LA PRINCESSE, AGLANTE, MORON.

LA PRINCESSE. — Ah! qu'en cette aventure, le ciel me traite avec une rigueur étrange! Au moins, princesse, souvenez-vous de la prière que je vous ai faite.

AGLANTE. — Je vous l'ai dit déjà, madame, il faut vous obéir.

SCÈNE VI.
LA PRINCESSE, MORON.

MORON. — Mais, madame, s'il vous aimoit, vous n'en voudriez point, et cependant vous ne voulez pas qu'il soit à une autre. C'est faire justement comme le chien du jardinier.

LA PRINCESSE. — Non, je ne puis souffrir qu'il soit heureux avec une autre; et, si la chose étoit, je crois que j'en mourrois de déplaisir.

MORON. — Ma foi, madame, avouons la dette. Vous voudriez qu'il fût à vous; et, dans toutes vos actions, il est aisé de voir que vous aimez un peu ce jeune prince.

LA PRINCESSE. — Moi, je l'aime? O ciel! je l'aime? Avez-vous l'insolence de prononcer ces paroles? Sortez de ma vue, impudent, et ne vous présentez jamais devant moi.

MORON. — Madame....

LA PRINCESSE. — Retirez-vous d'ici, vous dis-je, ou je vous en ferai retirer d'une autre manière.

MORON, *bas, à part*. — Ma foi, son cœur en a sa provision, et....

(*Il rencontre un regard de la princesse, qui l'oblige à se retirer.*)

SCÈNE VII.

LA PRINCESSE, *seule*.

De quelle émotion inconnue sens-je mon cœur atteint? Et quelle inquiétude secrète est venue troubler tout d'un coup la tranquillité de mon âme? Ne seroit-ce point aussi ce qu'on vient de me dire? et, sans en rien savoir, n'aimerois-je point ce jeune prince? Ah! si cela étoit, je serois personne à me désespérer! mais il est impossible que cela soit, et je vois bien que je ne puis pas l'aimer. Quoi! je serois capable de cette lâcheté! J'ai vu toute la terre à mes pieds avec la plus grande insensibilité du monde; les respects, les hommages et les soumissions, n'ont jamais pu toucher mon âme, et la fierté et le dédain en auroient triomphé! J'ai méprisé tous ceux qui m'ont aimée, et j'aimerois le seul qui me méprise! Non, non, je sais bien que je ne l'aime pas. Il n'y a pas de raison à cela. Mais, si ce n'est pas de l'amour, que ce que je sens maintenant, qu'est-ce donc que ce peut être? Et d'où vient ce poison qui me court par toutes les veines, et ne me laisse point en repos avec moi-même? Sors de mon cœur, qui que tu sois, ennemi qui te caches. Attaque-moi visiblement, et deviens à mes yeux la plus affreuse bête de tous nos bois, afin que mon dard et mes flèches me puissent défaire de toi.

QUATRIÈME INTERMÈDE.

SCÈNE I.

LA PRINCESSE.

O vous! admirables personnes, qui, par la douceur de vos chants, avez l'art d'adoucir les plus fâcheuses inquiétudes, approchez-vous d'ici, de grâce; et tâchez de charmer, avec votre musique, le chagrin où je suis.

SCÈNE II.

LA PRINCESSE, CLIMÈNE, PHILIS.

CLIMÈNE *chante*.
Chère Philis, dis-moi, que crois-tu de l'amour?

PHILIS *chante*.
Toi-même, qu'en crois-tu, ma compagne fidèle?

CLIMÈNE.
On m'a dit que sa flamme est pire qu'un vautour,
Et qu'on souffre, en aimant, une peine cruelle.

PHILIS.
On m'a dit qu'il n'est point de passion plus belle,
Et que ne pas aimer, c'est renoncer au jour.

CLIMÈNE.
A qui des deux donnerons-nous victoire?

PHILIS.
Qu'en croirons-nous, ou le mal, ou le bien?

TOUTES DEUX ENSEMBLE.
Aimons, c'est le vrai moyen
De savoir ce qu'on en doit croire.

PHILIS.
Cloris vante partout l'amour et ses ardeurs.
CLIMÈNE.
Amarante pour lui verse en tous lieux des larmes.
PHILIS.
Si de tant de tourmens il accable les cœurs,
D'où vient qu'on aime à lui rendre les armes?
CLIMÈNE.
Si sa flamme, Philis, est si pleine de charmes,
Pourquoi nous défend-on d'en goûter les douceurs?

PHILIS.
A qui des deux donnerons-nous victoire?
CLIMÈNE.
Qu'en croirons-nous, ou le mal, ou le bien?
TOUTES DEUX ENSEMBLE.
Aimons, c'est le vrai moyen
De savoir ce qu'on en doit croire.
LA PRINCESSE. — Achevez seules, si vous voulez. Je ne saurois demeurer en repos; et, quelque douceur qu'aient vos chants, ils ne font que redoubler mon inquiétude.

Climène et Philis chantent. (Acte IV, intermède IV.)

Ah! prince, que je devrai de grâces à ce stratagème. (Acte v, scène i.)

ACTE CINQUIÈME.

SCÈNE I.

IPHITAS, EURYALE, AGLANTE, CYNTHIE, MORON.

MORON, à *Iphitas*. — Oui, seigneur, ce n'est point raillerie ; j'en suis ce qu'on appelle disgracié. Il m'a fallu tirer mes chausses au plus vite, et jamais vous n'avez vu un emportement plus brusque que le sien.

IPHITAS, à *Euryale*. — Ah! prince, que je devrai de grâces à ce stratagème amoureux, s'il faut qu'il ait trouvé le secret de toucher son cœur!

EURYALE. — Quelque chose, seigneur, que l'on vienne de vous en dire, je n'ose encore, pour moi, me flatter de ce doux espoir ; mais enfin, si ce n'est pas à moi trop de témérité que d'oser aspirer à l'honneur de votre alliance, si ma personne et mes États...

IPHITAS. — Prince, n'entrons point dans ces complimens. Je trouve en vous de quoi remplir tous les souhaits d'un père ; et, si vous avez le cœur de ma fille, il ne vous manque rien.

SCÈNE II.

LA PRINCESSE, IPHITAS, EURYALE, AGLANTE, CYNTHIE, MORON.

LA PRINCESSE. — O ciel! que vois-je ici?

IPHITAS, à *Euryale*. — Oui, l'honneur de votre alliance m'est d'un prix très-considérable, et je souscris aisément de tous mes suffrages à la demande que vous me faites.

LA PRINCESSE, à *Iphitas*. — Seigneur, je me jette à vos pieds pour vous demander une grâce. Vous m'avez toujours témoigné une tendresse extrême, et je crois vous devoir bien plus par les bontés que vous m'avez fait voir, que par le jour que vous m'avez donné. Mais si jamais vous avez eu de l'amitié pour moi, je vous en demande aujourd'hui la plus sensible preuve que vous me puissiez accorder ; c'est de n'écouter point, seigneur, la demande de ce prince, et de ne pas souffrir que la princesse Aglante soit unie avec lui.

IPHITAS. — Et par quelle raison, ma fille, voudrois-tu t'opposer à cette union?
LA PRINCESSE. — Par la raison que je hais ce prince, et que je veux, si je puis, traverser ses desseins.
IPHITAS. — Tu le hais, ma fille!
LA PRINCESSE. — Oui, et de tout mon cœur, je vous l'avoue.
IPHITAS. — Et que t'a-t-il fait?
LA PRINCESSE. — Il m'a méprisée.
IPHITAS. — Et comment?
LA PRINCESSE. — Il ne m'a pas trouvée assez bien faite pour m'adresser ses vœux.
IPHITAS. — Et quelle offense te fait cela? Tu ne veux accepter personne.
LA PRINCESSE. — N'importe. Il me devoit aimer comme les autres, et me laisser au moins la gloire de le refuser. Sa déclaration me fait un affront; et ce m'est une honte sensible, qu'à mes yeux, et au milieu de votre cour, il ait recherché une autre que moi.
IPHITAS. — Mais quel intérêt dois-tu prendre à lui?

Oh! ciel, que vois-je ici. (Acte V, scène II.)

LA PRINCESSE. — J'en prends, seigneur, à me venger de son mépris; et, comme je sais bien qu'il aime Aglante avec beaucoup d'ardeur, je veux empêcher, s'il vous plaît, qu'il ne soit heureux avec elle.
IPHITAS. — Cela te tient donc bien au cœur?
LA PRINCESSE. — Oui, seigneur, sans doute; et, s'il obtient ce qu'il demande, vous me verrez expirer à vos yeux.
IPHITAS. — Va, va, ma fille, avoue franchement la chose: Le mérite de ce prince t'a fait ouvrir les yeux, et tu l'aimes enfin, quoi que tu puisses dire.
LA PRINCESSE. — Moi, seigneur?
IPHITAS. — Oui, tu l'aimes.
LA PRINCESSE. — Je l'aime, dites-vous? et vous m'imputez cette lâcheté! O ciel! quelle est mon infortune! Puis-je bien, sans mourir, entendre ces paroles? Et faut-il que je sois si malheureuse, qu'on me soupçonne de l'aimer? Ah! si c'étoit un autre que vous, seigneur, qui me tînt ce discours, je ne sais pas ce que je ne ferois point!
IPHITAS. — Eh bien! oui, tu ne l'aimes pas. Tu le hais, j'y consens, et je veux bien, pour te contenter, qu'il n'épouse pas la princesse Aglante.
LA PRINCESSE. — Ah! seigneur, vous me donnez la vie!

IPHITAS. — Mais, afin d'empêcher qu'il ne puisse être jamais à elle, il faut que tu le prennes pour toi.

LA PRINCESSE. — Vous vous moquez, seigneur, et ce n'est pas ce qu'il demande.

EURYALE. — Pardonnez-moi, madame, je suis assez téméraire pour cela, et je prends à témoin le prince votre père, si ce n'est pas vous que j'ai demandée. C'est trop vous tenir dans l'erreur; il faut lever le masque, et, dussiez-vous vous en prévaloir contre moi, découvrir à vos yeux les véritables sentimens de mon cœur.

Je crains bien, prince, que le choix de ma fille ne soit pas en votre faveur. (Acte v, scène III.)

Je n'ai jamais aimé que vous, et jamais je n'aimerai que vous. C'est vous, madame, qui m'avez enlevé cette qualité d'insensible que j'avois toujours affectée, et tout ce que j'ai pu vous dire n'a été qu'une feinte qu'un mouvement secret m'a inspirée, et que je n'ai suivie qu'avec toutes les violences imaginables. Il falloit qu'elle cessât bientôt, sans doute, et je m'étonne seulement qu'elle ait pu durer la moitié d'un jour; car, enfin, je mourois, je brûlois dans l'âme, quand je vous déguisois mes sentimens; et jamais cœur n'a souffert une contrainte égale à la mienne. Que si cette feinte, madame, a quelque chose qui vous offense, je suis tout prêt de mourir pour vous en venger ; vous n'avez qu'à parler, et ma main sur-le-champ fera gloire d'exécuter l'arrêt que vous prononcerez.

LA PRINCESSE. — Non, non, prince, je ne vous sais pas mauvais gré de m'avoir abusée; et, tout ce que vous m'avez dit, je l'aime bien mieux une feinte, que non pas une vérité.

IPHITAS. — Si bien donc, ma fille, que tu veux bien accepter ce prince pour époux.

LA PRINCESSE. — Seigneur, je ne sais pas encore ce que je veux. Donnez-moi le temps d'y songer, je vous prie, et m'épargnez un peu la confusion où je suis.

IPHITAS. — Vous jugez, prince, ce que cela veut dire, et vous vous pouvez fonder là-dessus.

EURYALE. — Je l'attendrai tant qu'il vous plaira, madame, cet arrêt de ma destinée ; et, s'il me condamne à la mort, je le suivrai sans murmure.

IPHITAS. Viens, Moron. C'est ici un jour de paix, et je te remets en grâce avec la princesse.

MORON. — Seigneur, je serai meilleur courtisan une autre fois, et je me garderai bien de dire ce que je pense.

Vous allez voir l'allégresse publique se répandre jusqu'ici. (Acte V, scène IV.)

SCÈNE III.

ARISTOMÈNE, THÉOCLE, IPHITAS, LA PRINCESSE, EURYALE, AGLANTE, CYNTHIE, MORON.

IPHITAS, *aux princes de Messène et de Pyle*. — Je crains bien, princes, que le choix de ma fille ne soit pas en votre faveur; mais voilà deux princesses qui peuvent bien vous consoler de ce petit malheur.

ARISTOMÈNE. — Seigneur, nous savons prendre notre parti ; et, si ces aimables princesses n'ont point trop de mépris pour des cœurs qu'on a rebutés, nous pouvons revenir par elles à l'honneur de votre alliance.

SCÈNE IV.

IPHITAS, LA PRINCESSE, AGLANTE, CYNTHIE, PHILIS, EURYALE, ARISTOMÈNE, THÉOCLE, MORON.

PHILIS, *à Iphitas*. — Seigneur, la déesse Vénus vient d'annoncer partout le changement du cœur de la princesse. Tous les pasteurs et toutes les bergères en témoignent leur joie par des danses et des chansons ; et, si ce n'est point un spectacle que vous méprisiez, vous allez voir l'allégresse publique se répandre jusques ici.

FIN DU CINQUIÈME ACTE.

CINQUIÈME INTERMÈDE.

BERGERS ET BERGÈRES.

QUATRE BERGERS ET DEUX BERGÈRES HÉROÏQUES *chantent la chanson suivante, sur l'air de laquelle dansent d'autres bergers et bergères.*

Usez mieux, ô beautés fières,
Du pouvoir de tout charmer :
Aimez, aimables bergères ;
Nos cœurs sont faits pour aimer.
Quelque fort qu'on s'en défende,
Il y faut venir un jour ;
Il n'est rien qui ne se rende
Aux doux charmes de l'amour.

Songez de bonne heure à suivre
Le plaisir de s'enflammer ;
Un cœur ne commence à vivre
Que du jour qu'il sait aimer.
Quelque fort qu'on s'en défende,
Il y faut venir un jour ;
Il n'est rien qui ne se rende
Aux doux charmes de l'amour.

LES PLAISIRS
DE
L'ILE ENCHANTÉE.

Course de bague; collation ornée de machines;
comédie de Molière, intitulée *la Princesse d'Élide*, mêlée de danse et de musique;
ballet du Palais d'Alcine; feu d'artifice, et autres fêtes galantes et magnifiques,
faites par le roi à Versailles, le 7 mai 1664, et continuées
plusieurs autres jours.

Le roi, voulant donner aux reines et à toute sa cour le plaisir de quelques fêtes peu communes, dans un lieu orné de tous les agrémens qui peuvent faire admirer une maison de campagne, choisit Versailles, à quatre lieues de Paris. C'est un château qu'on peut nommer un palais enchanté, tant les ajustemens de l'art ont bien secondé les soins que la nature a pris pour le rendre parfait. Il charme de toutes manières; tout y rit dehors et dedans, l'or et le marbre y disputent de beauté et d'éclat; et quoiqu'il n'y ait pas cette grande étendue qui se remarque en quelques autres palais de Sa Majesté, toutes choses y sont si polies, si bien entendues et si bien achevées, que rien ne les peut égaler. Sa symétrie, la richesse de ses meubles, la beauté de ses promenades et le nombre infini de ses fleurs, comme de ses orangers, rendent les environs de ce lieu dignes de sa rareté singulière. La diversité des bêtes contenues dans les parcs et dans la ménagerie, où plusieurs cours en étoile sont accompagnées de viviers pour les animaux aquatiques, avec de grands bâtimens, joignent le plaisir avec la magnificence, et en font une maison accomplie.

Cette relation n'est point de Molière.

Première journée.

PREMIÈRE JOURNÉE.

Ce fut en ce beau lieu, où toute la cour se rendit le cinquième de mai, que le roi traita plus de six cents personnes, jusques au quatorzième, outre une infinité de gens nécessaires à la danse et à la comédie, et d'artisans de toutes sortes venus de Paris; si bien que cela paroissoit une petite armée.

Le ciel même sembla favoriser les desseins de Sa Majesté, puisqu'en une saison presque toujours pluvieuse, on en fut quitte pour un peu de vent, qui sembla n'avoir augmenté qu'afin de faire voir que la prévoyance et la puissance du roi étoient à l'épreuve des plus grandes incommodités. De hautes toiles, des bâtimens de bois, faits, presque en un instant, et un nombre prodigieux de flambeaux de cire blanche, pour suppléer à plus de quatre mille bougies chaque journée, résistèrent à ce vent qui, partout ailleurs, eût rendu ces divertissemens comme impossibles à achever.

M. de Vigarani, gentilhomme modénois, fort savant en toutes ces choses, inventa et proposa celles-ci; et le roi commanda au duc de Saint-Aignan, qui se trouva lors en fonction de premier gentilhomme de sa chambre, et qui avoit déjà donné plusieurs sujets de ballets fort agréables, de faire un dessein où elles fussent toutes comprises avec liaison et avec ordre, de sorte qu'elles ne pouvoient manquer de bien réussir.

Il prit pour sujet le Palais d'Alcine, qui donna lieu au titre des *Plaisirs de l'Ile enchantée*; puisque, selon l'Arioste, le brave Roger et plusieurs autres bons chevaliers y furent retenus par les doubles charmes de la beauté, quoique empruntée, et du savoir de cette magicienne, et en furent délivrés après beaucoup de temps consommé dans les délices, par la bague qui détruisoit les enchantemens. C'étoit celle d'Angélique, que Mélisse, sous la forme du vieux Atlant, mit enfin au doigt de Roger.

On fit donc en peu de jours orner un rond, où quatre grandes allées aboutissent entre de hautes palissades, de quatre portiques de trente-cinq pieds d'élévation et de vingt-deux en carré d'ouverture, de plusieurs festons enrichis d'or et de diverses peintures, avec les armes de Sa Majesté.

Toute la cour s'y étant placée le septième, il entra dans la place, sur les six heures du soir, un héraut d'armes, représenté par M. des Bardins, vêtu d'un habit à l'antique, couleur de feu en broderie d'argent, et fort bien monté.

Il étoit suivi de trois pages. Celui du roi (M. d'Artagnan) marchoit à la tête des deux autres, fort richement habillé de couleur de feu, livrée de Sa Majesté, portant sa lance et son écu, dans lequel brilloit un soleil de pierreries, avec ces mots : *Nec cesso, nec erro*[1], faisant allusion à l'attachement de Sa Majesté aux affaires de son État, et à la manière avec laquelle il agit; ce qui étoit encore représenté par ces quatre vers du président de Périgny, auteur de la même devise :

Ce n'est pas sans raison que la terre et les cieux
Ont tant d'étonnement pour un objet si rare,
Qui, dans son cours pénible autant que glorieux,
Jamais ne se repose, et jamais ne s'égare.

Les deux autres pages étoient aux ducs de Saint-Aignan et de Noailles; le premier, maréchal de camp, et l'autre, juge des courses.

Celui du duc de Saint-Aignan portoit l'écu de sa devise, et étoit habillé de sa livrée de toile d'argent enrichie d'or, avec les plumes incarnates et noires, et les rubans de même. Sa devise étoit un timbre d'horloge, avec ces mots : *De mis golpes mi ruido*[2].

Le page du duc de Noailles étoit vêtu de couleur de feu, argent et noir, et le reste de la livrée semblable. La devise qu'il portoit dans son écu étoit un aigle, avec ces mots : *Fidelis et audax*[3].

Quatre trompettes et deux timbaliers marchoient après ces pages, habillés de satin couleur de feu et argent, leurs plumes de la même livrée, et les caparaçons de leurs chevaux couverts d'une pareille broderie, avec des soleils d'or fort éclatans aux banderoles des trompettes et aux couvertures des timbales.

Le duc de Saint-Aignan, maréchal de camp, marchoit après eux, armé à la grecque, d'une cuirasse de toile d'argent, couverte de petites écailles d'or, aussi bien

1. « Jamais je ne m'arrête, et jamais je ne m'égare. »
2. « De mes coups vient mon bruit. »
3. « Fidèle et hardi. »

que son bas de saie, et son casque étoit orné d'un dragon et d'un grand nombre de plumes blanches, mêlées d'incarnat et de noir. Il montoit un cheval blanc, bardé de même, et représentoit Guidon le Sauvage.

Pour le duc de Saint-Aignan, *représentant Guidon le Sauvage.*

Les combats que j'ai faits en l'Ile dangereuse,
Quand de tant de guerriers je demeurai vainqueur,
　　Suivis d'une épreuve amoureuse,
Ont signalé ma force aussi bien que mon cœur.

　　La vigueur qui fait mon estime,
Soit qu'elle embrasse un parti légitime
　　Ou qu'elle vienne à s'échapper,
Fait dire pour ma gloire, aux deux bouts de la terre,
　　Qu'on n'en voit point, en toute guerre,
　　Ni plus souvent, ni mieux frapper.

Pour le même.

Seul contre dix guerriers, seul contre dix pucelles,
C'est avoir sur les bras deux étranges querelles.
Qui sort à son honneur de ce double combat,
Doit être, ce me semble, un terrible soldat.

Huit trompettes et deux timbaliers, vêtus comme les premiers, marchoient après le maréchal de camp.

Le roi, représentant Roger, les suivoit, montant un des plus beaux chevaux du monde, dont le harnois couleur de feu éclatoit d'or, d'argent et de pierreries. Sa Majesté étoit armée à la façon des Grecs, comme tous ceux de sa quadrille, et portoit une cuirasse de lames d'argent, couverte d'une riche broderie d'or et de diamans. Son port et toute son action étoient dignes de son rang : son casque, tout couvert de plumes couleur de feu, avoit une grâce incomparable ; et jamais un air plus libre, ni plus guerrier, n'a mis un mortel au-dessus des autres hommes.

Sonnet pour le Roi, *représentant Roger.*

Quelle taille, quel port a ce fier conquérant !
Sa personne éblouit quiconque l'examine ;
Et, quoique par son poste il soit déjà si grand,
Quelque chose de plus éclate dans sa mine.

Son front de ses destins est l'auguste garant,
Par delà ses aïeux sa vertu l'achemine ;
Il fait qu'on les oublie, et de l'air qu'il s'y prend,
Bien loin derrière lui laisse son origine.

De ce cœur généreux c'est l'ordinaire emploi,
D'agir plus volontiers pour autrui que pour soi ;
Là principalement sa force est occupée :

Il efface l'éclat des héros anciens,
N'a que l'honneur en vue, et ne tire l'épée
Que pour des intérêts qui ne sont pas les siens.

Le duc de Noailles, juge du camp, sous le nom d'Oger le Danois, marchoit après le roi, portant la couleur de feu et le noir sous une riche broderie d'argent ; et ses plumes, aussi bien que tout le reste de son équipage, étoient de cette même livrée.

Pour le Duc de Noailles, *juge du camp, représentant Oger le Danois.*

Ce paladin s'applique à cette seule affaire,
De servir dignement le plus puissant des rois.
Comme, pour bien juger, il faut savoir bien faire,
Je doute que personne appelle de sa voix.

Le duc de Guise et le comte d'Armagnac marchoient ensemble après lui. Le premier, portant le nom d'Aquilant le Noir, avoit un habit de cette couleur en broderie d'or et de jais ; ses plumes, son cheval et sa lance assortissoient à sa livrée : et l'autre, représentant Griffon le Blanc, portoit sur un habit de toile d'argent plusieurs rubis, et montoit un cheval blanc bardé de la même couleur.

Pour le duc de Guise, *représentant Aquilant le Noir.*

La nuit a ses beautés, de même que le jour.
Le Noir est ma couleur, je l'ai toujours aimée ;
Et, si l'obscurité convient à mon amour,
Elle ne s'étend pas jusqu'à ma renommée.

Pour le comte d'Armagnac, *représentant Griffon le Blanc.*

Voyez que de candeur en moi le ciel a mis ;
Aussi nulle beauté ne s'en verra trompée ;
Et, quand il sera temps d'aller aux ennemis,
C'est où je me ferai tout blanc de mon épée.

Les ducs de Foix et de Coaslin, qui paroissoient ensuite, étoient vêtus, l'un d'incarnat avec or et argent, et l'autre de vert, blanc et argent ; toute leur livrée et leurs chevaux étant dignes du reste de leur équipage.

Pour le duc de Foix, *représentant Renaud.*

Il porte un nom célèbre, il est jeune, il est sage :
A vous dire le vrai, c'est pour aller bien haut ;
Et c'est un grand bonheur que d'avoir, à son âge,
La chaleur nécessaire, et le flegme qu'il faut.

Pour le duc de Coaslin, *représentant Dudon.*

Trop avant dans la gloire on ne peut s'engager.
J'aurai vaincu sept rois, et, par mon grand courage,
Les verrai tous soumis au pouvoir de Roger,
Que je ne serai pas content de mon ouvrage.

Après eux, marchoient le comte du Lude et le prince de Marsillac : le premier vêtu d'incarnat et blanc ; et l'autre, de jaune, blanc et noir, enrichis de broderie d'argent ; leur livrée de même, et fort bien montés.

Pour le comte du Lude, *représentant Astolphe.*

De tous les paladins qui sont dans l'univers,
Aucun n'a pour l'amour l'âme plus échauffée ;
Entreprenant toujours mille projets divers,
Et toujours enchanté par quelque jeune fée.

Pour le prince DE MARSILLAC, *représentant Brandimart.*

Mes vœux seront contens, mes souhaits accomplis,
Et ma bonne fortune à son comble arrivée,
Quand vous saurez mon zèle, aimable Fleur-de-lis,
Au milieu de mon cœur profondément gravée.

Les marquis de Villequier et de Soyecourt marchoient ensuite. L'un portoit le bleu et argent ; et l'autre, le bleu, blanc et noir, avec or et argent; leurs plumes et les harnois de leurs chevaux étoient de la même couleur et d'une pareille richesse.

Pour le marquis DE VILLEQUIER, *représentant Richardet*

Personne, comme moi, n'est sorti galamment
D'une intrigue où, sans doute, il falloit quelque adresse;
Personne, à mon avis, plus agréablement
N'est demeuré fidèle en trompant sa maîtresse.

Pour le marquis DE SOYECOURT, *représentant Olivier.*

Voici l'honneur du siècle, auprès de qui nous sommes,
Et même les géans, de médiocres hommes ;
Et ce franc chevalier, à tout venant tout prêt,
Toujours pour quelque joûte a la lance en arrêt.

Les marquis d'Humières et de La Vallière les suivoient : le premier, portant la couleur de chair et argent; et l'autre, le gris de lin, blanc et argent; toute leur livrée étant la plus riche et la mieux assortie du monde.

Pour le marquis D'HUMIÈRES, *représentant Ariodant.*

Je tremble dans l'accès de l'amoureuse fièvre;
Ailleurs, sans vanité, je ne tremblai jamais,
Et ce charmant objet, l'adorable Genèvre,
Est l'unique vainqueur à qui je me soumets.

Pour le marquis DE LA VALLIÈRE, *représentant Zerbin.*

Quelques beaux sentimens que la gloire nous donne,
Quand on est amoureux au souverain degré,
Mourir entre les bras d'une belle personne,
Est de toutes les morts la plus douce à mon gré.

M. le Duc marchoit seul, portant pour sa livrée la couleur de feu, blanc et argent. Un grand nombre de diamans étoient attachés sur la magnifique broderie dont sa cuirasse et son bas de saie étoient couverts; son casque et le harnois de son cheval en étant aussi enrichis.

Pour M. LE DUC, *représentant Roland.*

Roland fera bien loin son grand nom retentir;
La gloire deviendra sa fidèle compagne.
Il est sorti d'un sang qui brûle de sortir
Quand il est question de se mettre en campagne;
Et, pour ne vous en point mentir,
C'est le pur sang de Charlemagne.

Un char de dix-huit pieds de haut, de vingt-quatre de long, et de quinze de large, paroissoit ensuite, éclatant d'or et de diverses couleurs. Il représentoit celui d'Apollon, en l'honneur duquel se célébroient autrefois les jeux Pythiens, que ces chevaliers s'étoient proposé d'imiter en leurs courses et en leur équipage. Cette divinité, brillante de lumière, étoit assise au plus haut du char, ayant à ses pieds les quatre Ages ou Siècles, distingués par de riches habits, et par ce qu'ils portoient à la main.

Le siècle d'Or, orné de ce précieux métal, étoit encore paré de diverses fleurs qui faisoient un des principaux ornemens de cet heureux âge.

Ceux d'Argent et d'Airain avoient aussi leurs remarques particulières.

Et celui de Fer étoit représenté par un guerrier d'un regard terrible, portant d'une main l'épée, et de l'autre le bouclier.

Plusieurs autres grandes figures de relief paroient les côtés de ce char magnifique. Les monstres célestes, le serpent Python, Daphné, Hyacinthe, et les autres figures qui conviennent à Apollon, avec un Atlas portant le globe du monde, y étoient aussi relevés d'une agréable sculpture. Le Temps, représenté par le sieur Millet, avec sa faux, ses ailes, et cette vieillesse décrépite dont on le peint toujours accablé, en étoit le conducteur. Quatre chevaux, d'une taille et d'une beauté peu communes, couverts de grandes housses semées de soleils d'or, et attelés de front, tiroient cette machine.

Les douze Heures du jour, et les douze Signes du Zodiaque, habillés superbement, comme les poëtes les dépeignent, marchoient en deux files aux deux côtés de ce char.

Tous les pages des chevaliers le suivoient deux à deux, après celui de M. le Duc, fort proprement vêtus de leurs livrées, avec quantité de plumes, portant les lances de leurs maîtres et les écus de leurs devises :

Le duc de Guise, représentant Aquilant le Noir, ayant pour devise un lion qui dort, avec ces mots : *Et quiescente pavescunt*[1] ;

Le comte d'Armagnac, représentant Griffon le Blanc, ayant pour devise une hermine, avec ces mots : *Ex candore decus*[2] ;

Le duc de Foix, représentant Renaud, ayant pour devise un vaisseau dans la mer, avec ces mots : *Longè levis aura feret*[3] ;

Le duc de Coaslin, représentant Dudon, ayant pour devise un soleil, et l'héliotrope ou tournesol, avec ces mots : *Splendor ab obsequio*[4] ;

Le comte du Lude, représentant Astolphe, ayant pour devise un chiffre en forme de nœud, avec ces mots : *Non fia mai sciolto*[5] ;

---

1. « Il est terrible même dans son repos. »
2. « Sa candeur fait sa beauté. »
3. « Un souffle léger le portera loin. »
4. « Son obéissance fait sa gloire. »
5. « Il ne sera jamais rompu. »

Suite de la première journée.

Suite de la première journée.

Le prince de Marsillac, représentant Brandimart, ayant pour devise une montre en relief, dont on voit tous les ressorts, avec ces mots : *Chieto fuor, commoto dentro*[1] ;

Le marquis de Villequier, représentant Richardet, ayant pour devise un aigle qui plane devant le soleil, avec ces mots : *Uni militat astro*[2] ;

Le marquis de Soyecourt, représentant Olivier, ayant pour devise la massue d'Hercule, avec ces mots : *Vix æquat fama labores*[3] ;

Le marquis d'Humières, représentant Ariodant, ayant pour devise toutes sortes de couronnes, avec ces mots : *No quiero menos*[4] ;

Le marquis de La Vallière, représentant Zerbin, ayant pour devise un phénix sur un bûcher allumé par le soleil, avec ces mots : *Hoc juvat uri*[5] ;

M. le Duc, représentant Roland, ayant pour devise un dard entortillé de lauriers, avec ces mots : *Certò ferit*[6].

Vingt pasteurs, chargés des diverses pièces de la barrière qui devoit être dressée pour la course de bague, formoient la dernière troupe qui entra dans la lice. Ils portoient des vestes couleur de feu, enrichies d'argent, et des coiffures de même.

Aussitôt que ces troupes furent entrées dans le camp, elles en firent le tour ; et, après avoir salué les reines, elles se séparèrent, et prirent chacune leur poste. Les pages de la tête, les trompettes et les timbaliers, se croisant, s'allèrent poster sur les ailes. Le roi, s'avançant au milieu, prit sa place vis-à-vis du haut dais ; M. le Duc, proche de Sa Majesté ; les ducs de Saint-Aignan et de Noailles, à droite et à gauche ; les dix chevaliers, en haie aux deux côtés du char ; leurs pages, au même ordre, derrière eux ; les Signes et les Heures, comme ils étoient entrés.

Lorsqu'on eut fait halte en cet état, un profond silence, causé tout ensemble par l'attention et par le respect, donna le moyen à mademoiselle de Brie, qui représentoit le Siècle d'airain, de commencer ces vers à la louange de la reine, adressés à Apollon, représenté par le sieur La Grange :

LE SIÈCLE D'AIRAIN, à *Apollon*[7].

Brillant père du jour, toi de qui la puissance,
Par ses divers aspects, nous donna la naissance,
Toi, l'espoir de la terre et l'ornement des cieux,
Toi, le plus nécessaire et le plus beau des dieux,
Toi, dont l'activité, dont la bonté suprême
Se fait voir et sentir en tous lieux par soi-même,
Dis-nous par quel destin, ou par quel nouveau choix,
Tu célèbres tes jeux aux rivages françois !

1. « Tranquille au dehors, agité au dedans. »
2. « Il combat pour un seul astre. »
3. « Sa renommée égale à peine ses travaux. »
4. « Je n'ambitionne pas moins. »
5. « Heureux d'être embrasé de ses feux. »
6. « Il frappe à coup sûr. »
7. Ces vers, ainsi que ceux qu'on trouvera plus loin sous les noms de Diane, de Pan et des quatre Saisons, et probablement les vers à la louange de la reine mère, sont du président de Périgny.

APOLLON.

Si ces lieux fortunés ont tout ce qu'eut la Grèce
De gloire, de valeur, de mérite et d'adresse,
Ce n'est pas sans raison qu'on y voit transférés
Ces jeux qu'à mon honneur la terre a consacrés.
J'ai toujours pris plaisir à verser sur la France
De mes plus doux rayons la bénigne influence ;
Mais le charmant objet qu'hymen y fait régner,
Pour elle maintenant me fait tout dédaigner.
Depuis un si long temps que, pour le bien du monde,
Je fais l'immense tour de la terre et de l'onde,
Jamais je n'ai rien vu si digne de mes feux,
Jamais un sang si noble, un cœur si généreux,
Jamais tant de lumière avec tant d'innocence,
Jamais tant de jeunesse avec tant de prudence,
Jamais tant de grandeur avec tant de bonté,
Jamais tant de sagesse avec tant de beauté.
Mille climats divers qu'on vit sous la puissance
De tous les demi-dieux dont elle prit naissance,
Cédant à son mérite autant qu'à leur devoir,
Se trouveront un jour unis sous son pouvoir.
Ce qu'eurent de grandeurs et la France et l'Espagne,
Les droits de Charles-Quint, les droits de Charlemagne,
En elle avec leur sang heureusement transmis,
Rendront tout l'univers à son trône soumis.
Mais un titre plus grand, un plus noble partage
Qui l'élève plus haut, qui lui plaît davantage,
Un nom qui tient en soi les plus grands noms unis,
C'est le nom glorieux d'épouse de Louis.

LE SIÈCLE D'ARGENT.

Quel destin fait briller, avec tant d'injustice,
Dans le siècle de fer, un astre si propice ?

LE SIÈCLE D'OR.

Ah ! ne murmure point contre l'ordre des dieux.
Loin de s'enorgueillir d'un don si précieux,
Ce siècle, qui du ciel a mérité la haine,
En devroit augurer sa ruine prochaine.
Et voir qu'une vertu qu'il ne peut suborner,
Vient moins pour l'ennoblir que pour l'exterminer.
Sitôt qu'elle paroît dans cette heureuse terre,
Vois comme elle en bannit les fureurs de la guerre ;
Comment, depuis ce jour, d'infatigables mains
Travaillent sans relâche au bonheur des humains ;
Par quels secrets ressorts un héros se prépare
A chasser les horreurs d'un siècle si barbare,
Et me faire revivre avec tous les plaisirs
Qui peuvent contenter les innocents désirs.

LE SIÈCLE DE FER.

Je sais quels ennemis ont entrepris ma perte ;
Leurs desseins sont connus, leur trame est découverte ;
Mais mon cœur n'en est pas à tel point abattu....

APOLLON.

Contre tant de grandeur, contre tant de vertu,
Tous les monstres d'enfer, unis pour ta défense,
Ne feroient qu'une foible et vaine résistance.
L'univers opprimé de ton joug rigoureux,
Va goûter, par ta fuite, un destin plus heureux.
Il est temps de céder à la loi souveraine
Que t'imposent les vœux de cette auguste reine ;
Il est temps de céder aux travaux glorieux

D'un roi favorisé de la terre et des cieux.
Mais ici trop longtemps ce différend m'arrête ;
A de plus doux combats cette lice s'apprête,
Allons la faire ouvrir, et ployons des lauriers
Pour couronner le front de nos fameux guerriers.

Tous ces récits achevés, la course de bague commença, en laquelle, après que le roi eut fait admirer l'adresse et la grâce qu'il a en cet exercice, comme en tous les autres, et, après plusieurs belles courses de tous les chevaliers, le duc de Guise, les marquis de Soyecourt et de La Vallière demeurèrent à la dispute, dont ce dernier emporta le prix, qui fut une épée d'or enrichie de diamans, avec des boucles de baudrier de valeur, que donna la reine mère, et dont elle l'honora de sa main.

La nuit vint cependant à la fin des courses, par la justesse qu'on avoit eue à les commencer ; et un nombre infini de lumières ayant éclairé tout ce beau lieu, l'on vit entrer dans la même place :

Trente-quatre concertans fort bien vêtus, qui devoient précéder les Saisons, et faisoient le plus agréable concert du monde.

Pendant que les Saisons se chargeoient des mets délicieux qu'elles devoient porter, pour servir devant Leurs Majestés la magnifique collation qui étoit préparée, les douze Signes du Zodiaque, et les quatre Saisons, dansèrent dans le rond une des plus belles entrées de ballet qu'on eût encore vues.

Le Printemps parut ensuite sur un cheval d'Espagne, représenté par mademoiselle du Parc, qui, avec le sexe et les avantages d'une femme, faisoit voir l'adresse d'un homme. Son habit étoit vert, en broderie d'argent et de fleurs au naturel.

L'Été le suivoit, représenté par le sieur du Parc, sur un éléphant couvert d'une riche housse.

L'Automne, aussi avantageusement vêtu, représenté par le sieur de La Thorillière, venoit après, monté sur un chameau.

L'Hiver suivoit sur un ours, représenté par le sieur Béjart.

Leur suite étoit composée de quarante-huit personnes, qui portoient toutes sur leurs têtes de grands bassins pour la collation.

Les douze premiers, couverts de fleurs, portoient, comme des jardiniers, des corbeilles peintes de vert et d'argent, garnies d'un grand nombre de porcelaines, si remplies de confitures et d'autres choses délicieuses de la saison, qu'ils étoient courbés sous cet agréable faix.

Douze autres, comme moissonneurs, vêtus d'habits conformes à cette profession, mais forts riches, portoient des bassins de cette couleur incarnate qu'on remarque au soleil levant, et suivoient l'Été.

Douze, vêtus en vendangeurs, étoient couverts de feuilles de vigne et de grappes de raisin, et portoient dans des paniers feuille-morte, remplis de petits bassins de cette même couleur, divers autres fruits et confitures, à la suite de l'Automne.

Les douze derniers étoient des vieillards gelés, dont les fourrures et la démarche marquoient la froideur et la foiblesse, portant dans des bassins couverts d'une glace et d'une neige, si bien contrefaites qu'on les eût prises pour la chose même, ce qu'ils devoient contribuer à la collation, et suivoient l'Hiver.

Quatorze concertans de Pan et de Diane précédoient ces deux divinités, avec une agréable harmonie de flûtes et de musettes.

Elles venoient ensuite sur une machine fort ingénieuse, en forme d'une petite montagne ou roche ombragée de plusieurs arbres ; mais ce qui étoit plus surprenant, c'est qu'on la voyoit portée en l'air, sans que l'artifice qui la faisoit mouvoir se pût découvrir à la vue.

Vingt autres personnes les suivoient, portant des viandes de la ménagerie de Pan et de la chasse de Diane.

Dix-huit pages du roi, fort richement vêtus, qui devoient servir les dames à table, faisoient les derniers de cette troupe : laquelle étant rangée, Pan, Diane et les Saisons se présentent devant la reine, le Printemps lui adressa le premier ces vers :

LE PRINTEMPS, à la reine.
Entre toutes les fleurs nouvellement écloses
   Dont mes jardins sont embellis,
Méprisant les jasmins, les œillets et les roses,
Pour payer mon tribut, j'ai fait choix de ces lis,
Que, dès vos premiers ans, vous avez tant chéris.
Louis les fait briller du couchant à l'aurore,
Tout l'univers charmé les respecte et les craint ;
Mais leur règne est plus doux et plus puissant encore,
   Quand ils brillent sur votre teint.

L'ÉTÉ.
   Surpris un peu trop promptement.
J'apporte à cette fête un léger ornement ;
   Mais, avant que ma saison passe,
   Je ferai faire à vos guerriers,
   Dans les campagnes de la Thrace,
   Une ample moisson de lauriers.

L'AUTOMNE.
Le Printemps orgueilleux de la beauté des fleurs
   Qui lui tombèrent en partage,
Prétend de cette fête avoir tout l'avantage,
Et nous croit obscurcir par ses vives couleurs ;
Mais vous vous souviendrez, princesse sans seconde,
De ce fruit précieux qu'a produit ma saison,
   Et qui croît dans votre maison,
Pour faire quelque jour les délices du monde.

L'HIVER.
La neige, les glaçons, que j'apporte en ces lieux,
   Sont des mets les moins précieux ;
   Mais ils sont des plus nécessaires
Dans une fête où mille objets charmans,
   De leurs œillades meurtrières,
Font naître tant d'embrasemens.

DIANE.
Nos bois, nos rochers, nos montagnes,
   Tous nos chasseurs, et mes compagnes
Qui m'ont toujours rendu des honneurs souverains,

Depuis que parmi nous ils vous ont vu paroître,
Ne veulent plus me reconnoître ;
Et, chargés de présens, viennent avecque moi,
Vous porter ce tribut pour marque de leur foi.
Les habitans légers de cet heureux bocage
De tomber dans vos rets font leur sort le plus doux,
Et n'estiment rien davantage
Que l'heur de périr de vos coups.
Amour, dont vous avez la grâce et le visage,
A le même secret que vous.

PAN.
Jeune divinité, ne vous étonnez pas,
Lorsque nous vous offrons en ce fameux repas
L'élite de nos bergeries ;
Si nos troupeaux goûtent en paix
Les herbages de nos prairies,
Nous devons cet honneur à vos divins attraits.

Ces récits achevés, une grande table, en forme de croissant, ronde du côté où l'on devoit couvrir, et garnie de fleurs de celui où elle étoit creuse, vint à se découvrir.

Trente-six violons, très-bien vêtus, parurent derrière sur un petit théâtre, pendant que messieurs de La Marche et Parfait, père, frère, et fils, contrôleurs généraux, sous les noms de l'Abondance, de la Joie, de la Propreté et de la Bonne Chère, la firent couvrir par les Plaisirs, par les Jeux, par les Ris, et par les Délices.

Leurs Majestés s'y mirent en cet ordre, qui prévint tous les embarras qui eussent pu naître pour les rangs.

La reine mère étoit assise au milieu de la table, et avoit à sa main droite :

LE ROI.
Mlle d'Alençon.
Mme la Princesse.
Mlle d'Elbeuf.
Mme de Béthune.
Mme la duchesse de Créquy.
Mme la maréchale d'Étampes.
Mme de Gourdon.
Mme de Montespan.
Mme d'Humières.
Mlle de Brancas.

MONSIEUR.
Mme la duchesse de Saint-Aignan.
Mme la maréchale du Plessis.
Mme d'Armagnac.
Mme la comtesse de Soissons.
Mme la princesse de Bade.
Mlle de Grançay.

De l'autre côté étoient assises :

LA REINE.
Mme de Carignan.
Mme de Flaix.
Mme la duchesse de Foix.
Mme de Brancas.
Mme de Froullay.
Mme la duchesse de Navailles.
Mlle d'Ardennes.
Mlle de Coetlogon.
Mme de Crussol.
Mme de Montausier.
MADAME.
Mme la princesse Bénédicte.
Mme la Duchesse.
Mme de Rouvroy.
Mlle de La Mothe.
Mme de Marse.
Mlle de La Vallière.
Mlle d'Artigny.
Mlle du Bellay.
Mlle de Dampierre.
Mlle de Fiennes.

La somptuosité de cette collation passoit tout ce qu'on en pourroit écrire, tant par l'abondance, que par la délicatesse des choses qui y furent servies. Elle faisoit aussi le plus bel objet qui puisse tomber sous les sens ; puisque dans la nuit, auprès de la verdure de ces hautes palissades, un nombre infini de chandeliers peints de vert et d'argent, portant chacun vingt-quatre bougies, et deux cents flambeaux de cire blanche, tenus par autant de personnes vêtues en masques, rendoient une clarté presque aussi grande et plus agréable que celle du jour. Tous les chevaliers, avec leurs casques couverts de plumes de différentes couleurs, et leurs habits de la course, étoient appuyés sur la barrière ; et ce grand nombre d'officiers richement vêtus qui servoient, en augmentoient encore la beauté, et rendoient ce rond une chose enchantée, duquel, après la collation, Leurs Majestés et toute la cour sortirent par le portique opposé à la barrière, et, dans un grand nombre de galesches fort ajustées, reprirent le chemin du château.

DEUXIÈME JOURNÉE.

Lorsque la nuit du second jour fut venue, Leurs Majestés se rendirent dans un autre rond environné de palissades comme le premier, et sur la même ligne, s'avançant toujours vers le lac où l'on feignoit que le palais d'Alcine étoit bâti.

Le dessein de cette seconde fête étoit que Roger et les chevaliers de sa quadrille, après avoir fait des merveilles aux courses que, par l'ordre de la belle magicienne, ils avoient faites en faveur de la reine, continuoient en ce même dessein pour le divertissement

Troisième journée.

suivant; et que l'Ile flottante n'ayant point éloigné le rivage de la France, ils donnoient à Sa Majesté le plaisir d'une comédie dont la scène étoit en Élide.

Le roi fit donc couvrir de toiles, en si peu de temps qu'on avoit lieu de s'en étonner, tout ce rond d'une espèce de dôme, pour défendre contre le vent le grand nombre de flambeaux et de bougies qui devoient éclairer le théâtre, dont la décoration étoit fort agréable.

Aussitôt qu'on eut tiré la toile, un grand concert de plusieurs instrumens se fit entendre, et l'Aurore, représentée par mademoiselle Hilaire, ouvrit la scène, et chanta ce récit.

(*C'est ici que, dans l'édition originale, se trouve placée la comédie de* LA PRINCESSE D'ÉLIDE, *avec son prologue et ses intermèdes.*

Après le cinquième et dernier intermède de la pièce, le récit continue en ces termes :)

Pendant que ces aimables personnes dansoient, il sortit de dessous le théâtre la machine d'un grand arbre chargé de seize Faunes, dont huit jouèrent de la flûte, et les autres du violon, avec un concert le plus agréable du monde. Trente violons leur répondoient de l'orchestre, avec six autres concertans de clavecins et de thuorbes, qui étoient les sieurs D'ANGLEBERT, RICHARD, ITIER, LA BARRE le cadet, TISSU, et LE MOINE.

Et quatre bergers et quatre bergères vinrent danser une fort belle entrée, à laquelle les Faunes, descendant de l'arbre, se mêlèrent de temps en temps.

Et toute cette scène fut si grande, si remplie et si agréable, qu'il ne s'étoit encore rien vu de plus beau en ballet.

Aussi fit-elle une avantageuse conclusion aux divertissemens de ce jour, que toute la cour ne loua pas moins que celui qui l'avoit précédé, se retirant avec une satisfaction qui lui fit bien espérer de la suite d'une fête si complète.

Les bergers étoient les sieurs CHICANEAU, DU PRON, NOBLET, LA PIERRE;

Et les bergères, les sieurs BALTHAZARD, MAGNY, ARNALD, BONARD.

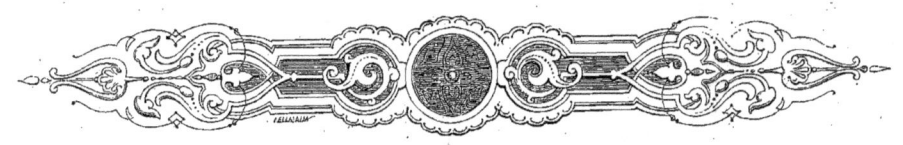

TROISIÈME JOURNÉE.

Plus on s'avançoit vers le grand rond d'eau qui représentoit le lac sur lequel étoit autrefois bâti le palais d'Alcine, plus on s'approchoit de la fin des divertissemens de l'Ile enchantée, comme s'il n'eût pas été juste que tant de braves chevaliers demeurassent plus longtemps dans une oisiveté qui eût fait tort à leur gloire.

On feignoit donc, suivant toujours le premier dessein, que, le ciel ayant résolu de donner la liberté à ces guerriers, Alcine en eût des pressentimens qui la remplirent de terreur et d'inquiétude. Elle voulut apporter tous les remèdes possibles pour prévenir ce malheur, et fortifier en toutes manières un lieu qui pût renfermer tout son repos et sa joie.

On fit paroître sur ce rond d'eau, dont l'étendue et la forme sont extraordinaires, un rocher situé au milieu d'une île couverte de divers animaux, comme s'ils eussent voulu en défendre l'entrée.

Deux autres îles plus longues, mais d'une moindre largeur, paroissoient aux deux côtés de la première; et toutes trois, aussi bien que les bords du rond d'eau, étoient si fort éclairées, que ces lumières faisoient naître un nouveau jour dans l'obscurité de la nuit.

Leurs Majestés étant arrivées n'eurent pas plus tôt pris leurs places, que l'une des deux îles qui paroissoient aux côtés de la première, fut toute couverte de violons fort bien vêtus.

L'autre, qui étoit opposée, le fut en même temps de trompettes et de timbaliers, dont les habits n'étoient pas moins riches.

Mais ce qui surprit davantage, fut de voir sortir Alcine de derrière le rocher, portée par un monstre marin d'une grandeur prodigieuse.

Deux des nymphes de sa suite, sous les noms de Célie et de Dircé, partirent au même temps à sa suite; et, se mettant à ses côtés sur de grandes baleines, elles s'approchèrent du bord du rond d'eau ; et Alcine commença des vers auxquels ses compagnes répondirent, et qui furent à la louange de la reine, mère du roi.

ALCINE, CÉLIE, DIRCÉ.

ALCINE.
Vous à qui je fis part de ma félicité,
Pleurez avecque moi dans cette extrémité.

CÉLIE.
Quel est donc le sujet des soudaines alarmes
Qui de vos yeux charmans font couler tant de larmes

ALCINE.
Si je pense en parler, ce n'est qu'en frémissant.
Dans les sombres horreurs d'un songe menaçant,

Un spectre m'avertit, d'une voix éperdue,
Que pour moi des enfers la force est suspendue ;
Qu'un céleste pouvoir arrête leur secours,
Et que ce jour sera le dernier de mes jours.
Ce que versa de triste, au point de ma naissance,
Des astres ennemis la maligne influence,
Et tout ce que mon art m'a prédit de malheurs,
En ce songe fut peint de si vives couleurs,
Qu'à mes yeux éveillés sans cesse il représente
Le pouvoir de Mélisse, et l'heur de Bradamante.
J'avois prévu ces maux ; mais les charmans plaisirs
Qui sembloient en ces lieux prévenir nos désirs,
Nos superbes palais, nos jardins, nos campagnes,
L'agréable entretien de nos chères compagnes,
Nos jeux et nos chansons, les concerts des oiseaux,
Le parfum des zéphyrs, le murmure des eaux,
De nos tendres amours les douces aventures,
M'avoient fait oublier ces funestes augures,
Quand le songe cruel dont je me sens troubler,
Avec tant de fureur les vint renouveler.
Chaque instant, je crois voir mes forces terrassées,
Mes gardes égorgés, et mes prisons forcées ;
Je crois voir mille amans, par mon art transformés,
D'une égale fureur à ma perte animés,
Quitter, en même temps, leurs troncs et leurs feuillages,
Dans le juste dessein de venger leurs outrages ;
Et je crois voir enfin mon aimable Roger,
De mes fers méprisés prêt à se dégager.

CÉLIE.

La crainte en votre esprit s'est acquis trop d'empire.
Vous régnez seule ici, pour vous seule on soupire ;
Rien n'interrompt le cours de vos contentemens,
Que les accens plaintifs de vos tristes amans.
Logistille et ses gens, chassés de nos campagnes,
Tremblent encor de peur, cachés dans leurs montagnes ;
Et le nom de Mélisse, en ces lieux inconnu,
Par vos augures seuls jusqu'à nous est venu.

DIRCÉ.

Ah! ne nous flattons point. Ce fantôme effroyable
M'a tenu cette nuit un discours tout semblable.

ALCINE.

Hélas! de nos malheurs qui peut encor douter ?

CÉLIE.

J'y vois un grand remède, et facile à tenter ;
Une reine paroît, dont le secours propice
Nous saura garantir des efforts de Mélisse.
Partout de cette reine on vante la bonté ;
Et l'on dit que son cœur, de qui la fermeté
Des flots les plus mutins méprisa l'insolence,
Contre le vœu des siens est toujours sans défense.

ALCINE.

Il est vrai, je la vois. En ce pressant danger,
A nous donner secours tâchons de l'engager.
Disons-lui qu'en tous lieux la voix publique étale
Les charmantes beautés de son âme royale ;
Disons que sa vertu, plus haute que son rang,
Sait relever l'éclat de son auguste sang,
Et que de notre sexe elle a porté la gloire
Si loin, que l'avenir aura peine à le croire ;
Que du bonheur public son grand cœur amoureux
Fit toujours des périls un mépris généreux ;
Que de ses propres maux son âme à peine atteinte,
Pour les maux de l'État garda toute sa crainte ;
Disons que ses bienfaits, versés à pleines mains,
Lui gagnent le respect et l'amour des humains,
Et qu'aux moindres dangers dont elle est menacée,
Toute la terre en deuil se montre intéressée.
Disons qu'au plus haut point de l'absolu pouvoir,
Sans faste et sans orgueil, sa grandeur s'est fait voir ;
Qu'aux temps les plus fâcheux, sa sagesse constante,
Sans crainte a soutenu l'autorité penchante,
Et dans le calme heureux par ses travaux acquis,
Sans regret, la remit dans les mains de son fils.
Disons par quels respects, par quelle complaisance,
De ce fils glorieux l'amour la récompense.
Vantons les longs travaux, vantons les justes lois
De ce fils reconnu pour le plus grand des rois,
Et comment cette mère, heureusement féconde,
Ne donnant que deux fois, a donné tant au monde.
Enfin, faisons parler nos soupirs et nos pleurs
Pour la rendre sensible à nos vives douleurs ;
Et nous pourrons trouver, au fort de notre peine
Un refuge paisible aux pieds de cette reine.

DIRCÉ.

Je sais bien que son cœur, noblement généreux,
Écoute avec plaisir la voix des malheureux ;
Mais on ne voit jamais éclater sa puissance,
Qu'à repousser le tort qu'on fait à l'innocence.
Je sais qu'elle peut tout ; mais je n'ose penser
Que jusqu'à nous défendre on la vît s'abaisser.
De nos douces erreurs elle peut être instruite,
Et rien n'est plus contraire à sa rare conduite.
Son zèle si connu pour le culte des dieux,
Doit rendre à sa vertu nos respects odieux ;
Et, loin qu'à son abord mon effroi diminue,
Malgré moi, je le sens qui redouble à sa vue.

ALCINE.

Ah! ma propre frayeur suffit pour m'affliger.
Loin d'aigrir mon ennui, cherche à le soulager,
Et tâche de fournir à mon âme oppressée
De quoi parer aux maux dont elle est menacée.
Redoublons cependant les gardes du palais ;
Et s'il n'est point pour nous d'asile désormais,
Dans notre désespoir cherchons notre défense,
Et ne nous rendons pas au moins sans résistance.

ALCINE, mademoiselle DU PARC.
CÉLIE, mademoiselle DE BRIE.
DIRCÉ, mademoiselle MOLIÈRE.

Lorsqu'ils eurent achevé, et qu'Alcine se fut retirée pour aller redoubler les gardes du palais, le concert des violons se fit entendre, pendant que, le frontispice du palais venant à s'ouvrir avec un merveilleux artifice, et des tours à s'élever à vue d'œil,

Quatre géans, d'une grandeur démesurée, vinrent à paroître avec quatre nains, qui, par l'opposition de leur petite taille, faisoient paroître celle des géans encore plus excessive. Ces colosses étoient commis à la garde du palais, et ce fut par eux que commença la première entrée du ballet.

Suite de la troisième journée.

Suite et fin de la troisième journée.

BALLET DU PALAIS D'ALCINE.

PREMIÈRE ENTRÉE.

QUATRE GÉANS ET QUATRE NAINS.

GÉANS, les sieurs MANCEAU, VAGNARD, PESAN, et JOUBERT.
NAINS, les deux petits DES-AIRS, le petit VAGNARD, et le petit TUTIN.

DEUXIÈME ENTRÉE.

Huit Maures, chargés par Alcine de la garde du dedans, en font une exacte visite, avec chacun deux flambeaux.

MAURES, les sieurs D'HEUREUX, BEAUCHAMP, MOLIÈRE, LA MARRE, LE CHANTRE, DE GAN, DU PRON, et MERCIER.

TROISIÈME ENTRÉE.

Cependant un dépit amoureux oblige six des chevaliers qu'Alcine retenoit auprès d'elle, à tenter la sortie de ce palais; mais, la fortune ne secondant pas les efforts qu'ils font dans leur désespoir, ils sont vaincus, après un grand combat, par autant de monstres qui les attaquent.

SIX CHEVALIERS ET SIX MONSTRES.

CHEVALIERS, M. DE SOUVILLE, les sieurs RAYNAL, DES-AIRS l'aîné, DES-AIRS le second, DE LORGE, et BALTHAZARD.
MONSTRES, les sieurs CHICANEAU, NOBLET, ARNALD, DESBROSSES, DESONETS, et LA PIERRE.

QUATRIÈME ENTRÉE.

Alcine, alarmée de cet accident, invoque de nouveau tous ses Esprits, et leur demande secours : il s'en présente deux à elle, qui font des sauts avec une force et une agilité merveilleuses.

DÉMONS AGILES, les sieurs SAINT-ANDRÉ et MAGNY.

CINQUIÈME ENTRÉE.

D'autres démons viennent encore, et semblent assurer la magicienne qu'ils n'oublieront rien pour son repos.

AUTRES DÉMONS SAUTEURS, les sieurs TUTIN, LA BRODIÈRE PESAN, et BUREAU.

SIXIÈME ET DERNIÈRE ENTRÉE.

Mais à peine commence-t-elle à se rassurer, qu'elle voit paroître auprès de Roger, et de quelques chevaliers de sa suite, la sage Mélisse, sous la forme d'Atlant. Elle court aussitôt pour empêcher l'effet de son intention ; mais elle arrive trop tard. Mélisse a déjà mis au doigt de ce brave chevalier la fameuse bague qui détruit les enchantemens. Lors un coup de tonnerre, suivi de plusieurs éclairs, marque la destruction du palais, qui est aussitôt réduit en cendres par un feu d'artifice, qui met fin à cette aventure, et aux divertissemens de l'Ile enchantée.

ALCINE, mademoiselle DU PARC.
MÉLISSE, le sieur DE LORGE.
ROGER, le sieur BEAUCHAMP.

CHEVALIERS, les sieurs D'HEUREUX, RAYNALD, DU PRON, et DESBROSSES.

ÉCUYERS, les sieurs LA MARRE, LE CHANTRE, DE GAN, et MERCIER.

Il sembloit que le ciel, la terre et l'eau, fussent tout en feu, et que la destruction du superbe palais d'Alcine, comme la liberté des chevaliers qu'elle retenoit en prison, ne se pût accomplir que par des prodiges et des miracles. La hauteur et le nombre des fusées volantes, celles qui rouloient sur le rivage, et celles qui ressortoient de l'eau après s'y être enfoncées, faisoient un spectacle si grand et si magnifique, que rien ne pouvoit mieux terminer les enchantemens qu'un si beau feu d'artifice ; lequel ayant enfin cessé après un bruit et une longueur extraordinaires, les coups de boîtes qui l'avoient commencé redoublèrent encore.

Alors toute la cour se retirant, confessa qu'il ne se pouvoit rien voir de plus achevé que ces trois fêtes ; et c'est assez avouer qu'il ne s'y pouvoit rien ajouter, que de dire que, les trois journées ayant eu chacune ses partisans, comme chacune ses beautés particulières, on ne convint pas du prix qu'elles devoient emporter entre elles, bien qu'on demeurât d'accord qu'elles pouvoient justement le disputer à toutes celles qu'on avoit vues jusqu'alors, et les surpasser peut-être.

QUATRIÈME JOURNÉE.

Mais, quoique les fêtes comprises dans le sujet des Plaisirs de l'Ile enchantée fussent terminées, tous les divertissemens de Versailles ne l'étoient pas ; et la magnificence et la galanterie du roi en avoient encore réservé pour les autres jours, qui n'étoient pas moins agréables.

Le samedi, dixième, Sa Majesté voulut courre les têtes. C'est un exercice que peu de gens ignorent, et dont l'usage est venu d'Allemagne, fort bien inventé pour faire voir l'adresse d'un chevalier, tant à bien mener son cheval dans les passades de guerre, qu'à bien se servir d'une lance, d'un dard, et d'une épée. Si quelqu'un ne les a point vus courre, il en trouvera ici la description, étant moins communes que la bague, et seulement ici depuis peu d'années, et ceux qui en ont eu le plaisir, ne s'ennuieront pas pourtant d'une narration si peu étendue.

Les chevaliers entrent l'un après l'autre dans la lice, la lance à la main, et un dard sous la cuisse droite ; et, après que l'un d'eux a couru et emporté une tête de gros carton peinte, et de la forme de celle d'un Turc, il donne sa lance à un page ; et, faisant la demi-volte, il revient à toute bride à la seconde tête, qui a la couleur et la forme d'un Maure, l'emporte avec le dard, qu'il lui jette en passant ; puis, reprenant une javeline peu différente de la forme du dard, dans une troisième passade, il la darde dans un bouclier où est peinte une tête de Méduse ; et, achevant sa demi-volte, il tire l'épée dont il emporte, en passant toujours à toute bride, une tête élevée à un demi-pied de terre ; puis, faisant place à un autre, celui qui, en ses courses, en a emporté le plus, gagne le prix.

Toute la cour s'étant placée sur une balustrade de fer doré, qui régnoit autour de l'agréable maison de Versailles, et qui regarde sur le fossé dans lequel on

Cinquième journée.

avoit dressé la lice avec des barrières, le roi s'y rendit, suivi des mêmes chevaliers qui avoient couru la bague ; les ducs de Saint-Aignan et de Noailles y continuoient leurs premières fonctions, l'un de maréchal de camp, et l'autre de juge des courses. Il s'en fit plusieurs, fort belles et heureuses ; mais l'adresse du roi lui fit emporter hautement, en suite du prix de la course des dames, encore celui que donnoit la reine : c'étoit une rose de diamans de grand prix, que le roi, après l'avoir gagnée, redonna libéralement à courre aux autres chevaliers, et que le marquis de Coaslin disputa contre le marquis de Soyecourt, et gagna.

CINQUIÈME JOURNÉE.

Le dimanche, au lever du roi, quasi toute la conversation tourna sur les belles courses du jour précédent, et donna lieu à un grand défi entre le duc de Saint-Aignan, qui n'avoit point encore couru, et le marquis de Soyecourt, qui fut remis au lendemain, pour ce que le maréchal duc de Grammont, qui parioit pour ce marquis, étoit obligé de partir pour Paris, d'où il ne devoit revenir que le jour d'après.

Le roi mena toute la cour, cette après-dînée, à sa ménagerie, dont on admira les beautés particulières, et le nombre presque incroyable d'oiseaux de toutes sortes, parmi lesquels il y en a beaucoup de fort rares. Il seroit inutile de parler de la collation qui suivit ce divertissement, puisque, huit jours durant, chaque repas pouvoit passer pour un festin des plus grands qu'on puisse faire.

Le soir, Sa Majesté fit représenter, sur l'un de ces théâtres doubles de son salon, que son esprit universel a lui-même inventés, la comédie des *Fâcheux*, faite par le sieur de Molière, mêlée d'entrées de ballet, et fort ingénieuse.

SIXIÈME JOURNÉE.

Le bruit du défi, qui se devoit courir le lundi, douzième, fit faire une infinité de gageures d'assez grande valeur, quoique celle des deux chevaliers ne fût que de cent pistoles ; et comme le duc, par une heureuse audace, donnoit une tête à ce marquis fort adroit, beaucoup tenoient pour ce dernier, qui, s'étant rendu un peu plus tard chez le roi, y trouva un cartel pour le presser, lequel, pour n'être qu'en prose, on n'a point mis en ce discours.

Le duc de Saint-Aignan avoit aussi fait voir à quelques-uns de ses amis, comme un heureux présage de sa victoire, ces quatre vers :

AUX DAMES.

Belles, vous direz en ce jour,
Si vos sentimens sont les nôtres,
Qu'être vainqueur du grand Soyecourt,
C'est être vainqueur de dix autres,

faisant toujours allusion à son nom de Guidon le Sauvage, que l'aventure de l'Ile périlleuse rendit victorieux de dix chevaliers.

Aussitôt que le roi eut dîné, il conduisit les reines, Monsieur, Madame, et toutes les dames, dans un lieu où on devoit tirer une loterie, afin que rien ne manquât à la galanterie de ces fêtes. C'étoient des pierreries, des ameublemens, de l'argenterie, et autres choses semblables; et, quoique le sort ait accoutumé de décider de ces présens, il s'accorda sans doute avec le désir de Sa Majesté, quand il fit tomber le gros lot entre les mains de la reine; chacun sortant de ce lieu-là fort content, pour aller voir les courses qui s'alloient commencer.

Enfin, Guidon et Olivier parurent sur les rangs, à cinq heures du soir, fort proprement vêtus et bien montés.

Sixième journée.

Le roi, avec toute la cour, les honora de sa présence; et Sa Majesté lut même les articles des courses, afin qu'il n'y eût aucune contestation entre eux. Le succès en fut heureux au duc de Saint-Aignan, qui gagna le défi.

Le soir, Sa Majesté fit jouer les trois premiers actes d'une comédie, nommée *Tartuffe*, que le sieur de Molière avoit faite contre les hypocrites; mais, quoiqu'elle eût été trouvée fort divertissante, le roi connut tant de conformité entre ceux qu'une véritable dévotion met dans le chemin du ciel, et ceux qu'une vaine ostentation des bonnes œuvres n'empêche pas d'en commettre de mauvaises, que son extrême délicatesse pour les choses de la religion ne put souffrir cette ressemblance du vice avec la vertu, qui pouvoient être pris l'un pour l'autre; et, quoiqu'on ne doutât point des bonnes intentions de l'auteur, il la défendit pourtant en public, et se priva soi-même de ce plaisir, pour n'en pas laisser abuser à d'autres, moins capables d'en faire un juste discernement.

SEPTIÈME JOURNÉE.

Le mardi, treizième, le roi voulut encore courre les têtes, comme à un jeu ordinaire que devoit gagner celui qui en feroit le plus. Sa Majesté eut encore le prix de la course des dames, le duc de Saint-Aignan celui du jeu; et, ayant eu l'honneur d'entrer pour le second à la dispute avec Sa Majesté, l'adresse incomparable du roi lui fit encore avoir ce prix; et ce ne fut pas sans un étonnement, duquel on ne pouvoit se défendre,

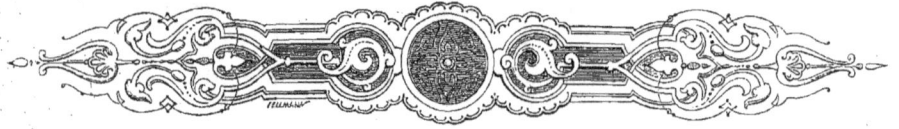

Septième journée.

qu'on en vit gagner quatre à Sa Majesté, en deux fois qu'elle avoit couru les têtes.

On joua, le même soir, la comédie du *Mariage forcé*, encore de la façon du même sieur de Molière, mêlée d'entrées de ballet et de récits; puis le roi prit le chemin de Fontainebleau le mercredi, quatorzième. Toute la cour se trouva si satisfaite de ce qu'elle avoit vu que chacun crut qu'on ne pouvoit se passer de le mettre par écrit, pour en donner la connoissance à ceux qui n'avoient pu voir des fêtes si diversifiées et si agréables, où l'on a pu admirer tout à la fois le projet avec le succès, la libéralité avec la politesse, le grand nombre avec l'ordre et la satisfaction de tous ; où les soins infatigables de M. de Colbert s'employèrent en tous ces divertissemens, malgré ses importantes affaires ; où le duc de Saint-Aignan joignit l'action à l'invention du dessein ; où les beaux vers du président de Périgny, à la louange des reines, furent si justement pensés, si agréablement tournés, et récités avec tant d'art ; où ceux que M. de Benserade fit pour les chevaliers, eurent une approbation générale ; où la vigilance exacte de M. Bontemps, et l'application de M. de Launay, ne laissèrent manquer d'aucune des choses nécessaires ; enfin, où chacun a marqué si avantageusement son dessein de plaire au roi, dans le temps où Sa Majesté ne pensoit elle-même qu'à plaire, et où ce qu'on a vu ne sauroit jamais se perdre dans la mémoire des spectateurs, quand on n'auroit pas pris le soin de conserver, par cet écrit, le souvenir de toutes ces merveilles.

PERSONNAGES ET ACTEURS.

Don JUAN, fils de don Louis.	La Grange.
SGANARELLE.	Molière.
ELVIRE, femme de don Juan.	Mlle Du Parc.
GUSMAN, écuyer d'Elvire.	
Don CARLOS, Don ALONSE, } frères d'Elvire.	
Don LOUIS, père de don Juan.	Béjart.
FRANCISQUE, pauvre.	
CHARLOTTE, MATHURINE, } paysannes.	Mlle Molière. Mlle de Brie.
PIERROT, paysan.	Hubert.
LA STATUE DU COMMANDEUR.	
LA VIOLETTE, RAGOTIN, } valets de don Juan.	
M. DIMANCHE, marchand.	Du Croisy.
LA RAMÉE, spadassin.	De Brie.

SUITE DE DON JUAN.

SUITE DE DON CARLOS ET DE DON ALONSE, frères.

UN SPECTRE.

La scène est en Sicile.

Don Juan ou le Festin de Pierre (de don Pierre), fut représenté pour la première fois le 15 février 1665. Cette comédie est imitée d'une pièce espagnole, *El Burlados de Sevilla*, de frère Gabriel Tellez, sous le pseudonyme de Tirso de Molina.

Le Festin de Pierre n'eut que quinze représentations, et ne fut pas repris du vivant de l'auteur. Après la mort de Molière, Thomas Corneille traduisit cette comédie en vers; elle fut jouée treize fois sous cette forme, et resta ainsi au théâtre. La pièce de Molière fut publiée également; mais la censure fit disparaître, au moyen de cartons, un très-grand nombre de passages; et ce n'est qu'en 1819, que M. Auger reproduisit exactement, d'après une édition non expurgée acquise par la Bibliothèque du roi, le texte de Molière, tel que nous le donnons ici.

ACTE PREMIER.

Le théâtre représente un palais.

SCÈNE I.

SGANARELLE, GUSMAN.

SGANARELLE, *tenant une tabatière.* — Quoi que puisse dire Aristote et toute la philosophie, il n'est rien d'égal au tabac : c'est la passion des honnêtes gens, et qui vit sans tabac, n'est pas digne de vivre. Non-seulement il réjouit et purge les cerveaux humains, mais encore il instruit les âmes à la vertu, et l'on apprend avec lui à devenir honnête homme. Ne voyez-vous pas bien, dès qu'on en prend, de quelle manière obligeante on en use avec tout le monde, et comme on est ravi d'en donner à droite et à gauche, partout où l'on se trouve? On n'attend pas même qu'on en demande, et on court au-devant du souhait des gens, tant il est vrai que le tabac inspire des sentiments d'honneur et de vertu à tous ceux qui en prennent. Mais c'est assez de cette matière, reprenons un peu notre discours. Si bien donc, cher Gusman, que done Elvire, ta maîtresse, surprise de notre départ, s'est mise en campagne après nous, et son cœur, que mon maître a su toucher trop fortement, n'a pu vivre, dis-tu, sans le venir chercher ici. Veux-tu qu'entre nous je te dise ma pensée? J'ai peur qu'elle ne soit mal payée de son amour, que son voyage en cette ville produise peu de fruit, et que vous eussiez autant gagné à ne bouger de là.

GUSMAN. — Et la raison encore? Dis-moi, je te prie, Sganarelle, qui peut t'inspirer une peur d'un si mauvais augure? Ton maître t'a-t-il ouvert son cœur là-dessus, et t'a-t-il dit qu'il eût pour nous quelque froideur qui l'ait obligé à partir?

SGANARELLE. — Non pas; mais, à vue de pays, je connois à peu près le train des choses, et, sans qu'il m'ait encore rien dit, je gagerois presque que l'affaire va là. Je pourrois peut-être me tromper; mais enfin, sur de tels sujets, l'expérience m'a pu donner quelques lumières.

GUSMAN. — Quoi! ce départ si peu prévu seroit une infidélité de don Juan? Il pourroit faire cette injure aux chastes feux de done Elvire?

SGANARELLE. — Non, c'est qu'il est jeune encore, et qu'il n'a pas le courage....

GUSMAN. — Un homme de sa qualité feroit une action si lâche?

SGANARELLE. — Hé! oui, sa qualité! La raison en

est belle ; et c'est par là qu'il s'empêcheroit des choses !

GUSMAN. — Mais les saints nœuds du mariage le tiennent engagé.

SGANARELLE. — Hé ! mon pauvre Gusman, mon ami, tu ne sais pas encore, crois-moi, quel homme est don Juan.

GUSMAN. — Je ne sais pas, de vrai, quel homme il peut être, s'il faut qu'il nous ait fait cette perfidie ; et je ne comprends point comme, après tant d'amour et tant d'impatience témoignée, tant d'hommages pressans, de vœux, de soupirs et de larmes, tant de lettres passionnées, de protestations ardentes et de sermens réitérés, tant de transports enfin et tant d'emportemens qu'il a fait paroître, jusqu'à forcer, dans sa passion, l'obstacle sacré d'un couvent, pour mettre done Elvire en sa puissance ; je ne comprends pas, dis-je, comme, après tout cela, il auroit le cœur de pouvoir manquer à sa parole.

SGANARELLE. — Je n'ai pas grande peine à le comprendre, moi ; et, si tu connoissois le pèlerin, tu trouverois la chose assez facile pour lui. Je ne dis pas qu'il ait changé de sentimens pour done Elvire, je n'en ai point de certitude encore. Tu sais que, par son ordre, je partis avant lui, et, depuis son arrivée, il ne m'a point entretenu ; mais, par précaution, je t'apprends, *inter nos*, que tu vois, en don Juan, mon maître, le plus grand scélérat que la terre ait jamais porté, un enragé, un chien, un diable, un Turc, un hérétique, qui ne croit ni ciel, ni saint, ni Dieu, ni loup-garou, qui passe cette vie en véritable bête brute, un pourceau d'Épicure, un vrai Sardanapale, qui ferme l'oreille à toutes les remontrances chrétiennes qu'on lui peut faire, et traite de billevesées tout ce que nous croyons. Tu me dis qu'il a épousé ta maîtresse ; crois qu'il auroit plus fait pour sa passion, et qu'avec elle il auroit encore épousé, toi, son chien et son chat. Un mariage ne lui coûte rien à contracter ; il ne se sert point d'autres pièges pour attraper les belles ; et c'est un épouseur à toutes mains. Dame, demoiselle, bourgeoise, paysanne, il ne trouve rien de trop chaud ni de trop froid pour lui ; et, si je te disois le nom de toutes celles qu'il a épousées en divers lieux, ce seroit un chapitre à durer jusqu'au soir. Tu demeures surpris et changes de couleur à ce discours ; ce n'est là qu'une ébauche du personnage ; et, pour en achever le portrait, il faudroit bien d'autres coups de pinceau. Suffit qu'il faut que le courroux du ciel l'accable quelque jour ; qu'il me vaudroit bien mieux d'être au diable, que d'être à lui, et qu'il me fait voir tant d'horreurs, que je souhaiterois qu'il fût déjà je ne sais où. Mais un grand seigneur méchant homme est une terrible chose ; il faut que je lui sois fidèle, en dépit que j'en aie ; la crainte en moi fait l'office du zèle, bride mes sentimens, et me réduit d'applaudir bien souvent à ce que mon âme déteste. Le voilà qui vient se promener dans ce palais, séparons-nous. Écoute, au moins : je t'ai fait cette confidence avec franchise, et cela m'est sorti un peu bien vite de la bouche ; mais, s'il falloit qu'il en vînt quelque chose à ses oreilles, je dirois hautement que tu aurois menti.

SCÈNE II.

DON JUAN, SGANARELLE.

DON JUAN. — Quel homme te parloit là ? Il a bien de l'air, ce me semble, du bon Gusman de done Elvire.

SGANARELLE. — C'est quelque chose aussi à peu près de cela.

DON JUAN. — Quoi ! c'est lui ?

SGANARELLE. — Lui-même.

DON JUAN. — Et depuis quand est-il en cette ville ?

SGANARELLE. — D'hier au soir.

DON JUAN. — Et quel sujet l'amène ?

SGANARELLE. — Je crois que vous jugez assez ce qui le peut inquiéter.

DON JUAN. — Notre départ, sans doute ?

SGANARELLE. — Le bonhomme en est tout mortifié, et m'en demandoit le sujet.

DON JUAN. — Et quelle réponse as-tu faite ?

SGANARELLE. — Que vous ne m'en aviez rien dit.

DON JUAN. — Mais encore, quelle est ta pensée là-dessus ? Que t'imagines-tu de cette affaire ?

SGANARELLE. — Moi ? Je crois, sans vous faire tort, que vous avez quelque nouvel amour en tête.

DON JUAN. — Tu le crois ?

SGANARELLE. — Oui.

DON JUAN. — Ma foi, tu ne te trompes pas, et je dois t'avouer qu'un autre objet a chassé Elvire de ma pensée.

SGANARELLE. — Hé ! mon Dieu ! je sais mon don Juan sur le bout du doigt, et connois votre cœur pour le plus grand coureur du monde ; il se plaît à se promener de liens en liens, et n'aime guère à demeurer en place.

DON JUAN. — Et ne trouves-tu pas, dis-moi, que j'ai raison d'en user de la sorte ?

SGANARELLE. — Hé ! monsieur....

DON JUAN. — Quoi ? Parle.

SGANARELLE. — Assurément que vous avez raison, si vous le voulez ; on ne peut pas aller là contre. Mais, si vous ne le vouliez pas, ce seroit peut-être une autre affaire.

DON JUAN. — Hé bien ! je te donne la liberté de parler, et de me dire tes sentimens.

SGANARELLE. — En ce cas, monsieur, je vous dirai franchement que je n'approuve point votre méthode, et que je trouve fort vilain d'aimer de tous côtés comme vous faites.

DON JUAN. — Quoi ! tu veux qu'on se lie à demeurer au premier objet qui nous prend, qu'on renonce au monde pour lui, et qu'on n'ait plus d'yeux pour personne ? La belle chose de vouloir se piquer d'un faux honneur d'être fidèle, de s'ensevelir pour toujours dans une passion, et d'être mort dès sa jeunesse à toutes les autres beautés qui nous peuvent frapper les yeux ! Non, non, la constance n'est bonne que pour des ridicules ; toutes les belles ont droit de nous charmer, et l'avantage d'être rencontrée la première, ne doit point dérober aux autres les justes prétentions qu'elles ont toutes sur nos cœurs. Pour moi, la beauté me ravit partout où je la trouve, et je cède facilement à cette douce violence dont elle nous entraîne. J'ai beau être engagé, l'amour que j'ai pour une belle n'engage point mon âme à faire injustice aux autres; je conserve des yeux pour voir le mérite de toutes, et rends à chacune les hommages et les tributs où la nature nous oblige. Quoi qu'il en soit, je ne puis refuser mon cœur à tout ce que je vois d'aimable; et, dès qu'un beau visage me

SGANARELLE. — Assurément que vous avez raison, si vous le voulez. (Acte I, scene II.)

le demande, si j'en avois dix mille, je les donnerois tous. Les inclinations naissantes, après tout, ont des charmes inexplicables, et tout le plaisir de l'amour est dans le changement. On goûte une douceur extrême à réduire, par cent hommages, le cœur d'une jeune beauté, à voir de jour en jour les petits progrès qu'on y fait, à combattre par des transports, par des larmes et des soupirs, l'innocente pudeur d'une âme qui a peine à rendre les armes, à forcer pied à pied toutes les petites résistances qu'elle nous oppose, à vaincre les scrupules dont elle se fait un honneur, et la mener doucement où nous avons envie de la faire venir. Mais lorsqu'on en est maître une fois, il n'y a plus rien à dire ni rien à souhaiter; tout le beau de la passion est fini, et nous nous endormons dans la tranquillité d'un tel amour, si quelque objet nouveau ne vient réveiller nos désirs, et présenter à notre cœur les charmes attrayans d'une conquête à faire. Enfin, il n'est rien de si doux, que de triompher de la résistance d'une belle personne; et j'ai, sur ce sujet, l'ambition des conquérans, qui volent perpétuellement de victoire en victoire, et ne peuvent se résoudre à borner leurs souhaits. Il n'est rien qui puisse arrêter l'impétuosité de mes désirs; je me sens un cœur à aimer toute la terre; et, comme Alexandre, je souhaiterois qu'il y eût d'autres mondes, pour y pouvoir étendre mes conquêtes amoureuses.

SGANARELLE. — Vertu de ma vie, comme vous débitez! Il semble que vous ayez appris cela par cœur, et vous parlez tout comme un livre.

DON JUAN. — Qu'as-tu à dire là-dessus?

SGANARELLE. — Ma foi, j'ai à dire.... Je ne sais que dire; car vous tournez les choses d'une manière, qu'il semble que vous avez raison; et cependant il est vrai que vous ne l'avez pas. J'avois les plus belles pensées du monde, et vos discours m'ont brouillé tout cela. Laissez faire; une autre fois je mettrai mes raisonnemens par écrit, pour disputer avec vous.

DON JUAN. — Tu feras bien.

SGANARELLE. — Mais, monsieur, cela seroit-il de la permission que vous m'avez donnée, si je vous disois que je suis tant soit peu scandalisé de la vie que vous menez?

DON JUAN. — Comment! quelle vie est-ce que je mène?

SGANARELLE. — Fort bonne. Mais, par exemple, de vous voir tous les mois vous marier comme vous faites....

DON JUAN. — Y a-t-il rien de plus agréable?

SGANARELLE. — Il est vrai. Je conçois que cela est fort agréable et fort divertissant, et je m'en accommoderois assez, moi, s'il n'y avoit point de mal; mais, monsieur, se jouer ainsi d'un mystère sacré, et....

DON JUAN. — Va, va, c'est une affaire entre le ciel et moi, et nous la démêlerons bien ensemble, sans que tu t'en mettes en peine.

SGANARELLE. — Ma foi, monsieur, j'ai toujours ouï dire que c'est une méchante raillerie, que de se railler du ciel, et que les libertins ne font jamais une bonne fin.

DON JUAN. — Holà! maître sot. Vous savez que je vous ai dit que je n'aime pas les faiseurs de remontrances.

SGANARELLE. — Je ne parle pas aussi à vous, Dieu m'en garde. Vous savez ce que vous faites, vous; et, si vous ne croyez rien, vous avez vos raisons : mais il y a de certains petits impertinens dans le monde, qui sont libertins sans savoir pourquoi, qui font les esprits forts, parce qu'ils croient que cela leur sied bien; et, si j'avois un maître comme cela, je lui dirois fort nettement, le regardant en face : Osez-vous bien ainsi vous jouer au ciel, et ne tremblez-vous point de vous moquer comme vous faites des choses les plus saintes? c'est bien à vous, petit ver de terre, petit mirmidon que vous êtes (je parle au maître que j'ai dit), c'est bien à vous à vouloir vous mêler de tourner en raillerie ce que tous les hommes révèrent? Pensez-vous que pour être de qualité, pour avoir une perruque blonde et bien frisée, des plumes à votre chapeau, un habit bien doré, et des rubans couleur de feu (ce n'est pas à vous que je parle, c'est à l'autre), pensez-vous, dis-je, que vous en soyez plus habile homme, que tout vous soit permis, et qu'on n'ose vous dire vos vérités? Apprenez de moi, qui suis votre valet, que le ciel punit tôt ou tard les impies, qu'une méchante vie amène une méchante mort, et que....

DON JUAN. — Paix.

SGANARELLE. — De quoi est-il question?

DON JUAN. — Il est question de te dire qu'une beauté me tient au cœur, et qu'entraîné par ses appas, je l'ai suivie jusqu'en cette ville.

SGANARELLE. — Et n'y craignez-vous rien, monsieur, de la mort de ce commandeur que vous tuâtes il y a six mois?

DON JUAN. — Et pourquoi craindre? Ne l'ai-je pas bien tué?

SGANARELLE. — Fort bien, le mieux du monde, et il auroit tort de se plaindre.

DON JUAN. — J'ai eu ma grâce de cette affaire.

SGANARELLE. — Oui; mais cette grâce n'éteint pas peut-être le ressentiment des parens et des amis, et....

DON JUAN. — Ah! n'allons point songer au mal qui nous peut arriver, et songeons seulement à ce qui nous peut donner du plaisir. La personne dont je te parle est une jeune fiancée, la plus agréable du monde, qui a été conduite ici par celui même qu'elle y vient épouser, et le hasard me fit voir ce couple d'amans trois ou quatre jours avant leur voyage. Jamais je n'ai vu deux personnes être si contentes l'une de l'autre, et faire éclater plus d'amour. La tendresse visible de leurs mutuelles ardeurs me donna de l'émotion; j'en fus frappé au cœur, et mon amour commença par la jalousie. Oui, je ne pus souffrir d'abord de les voir si bien ensemble; le dépit alluma mes désirs, et je me figurai un plaisir extrême à pouvoir troubler leur intelligence, et rompre cet attachement, dont la délicatesse de mon cœur se tenoit offensée; mais jusques ici tous mes efforts ont été inutiles, et j'ai recours au dernier remède. Cet époux prétendu doit aujourd'hui régaler sa maîtresse d'une promenade sur mer. Sans t'en avoir rien dit, toutes choses sont préparées pour satisfaire mon amour, et j'ai une petite barque et des gens, avec quoi fort facilement je prétends enlever la belle.

SGANARELLE. — Ah! monsieur....

DON JUAN. — Hen?

SGANARELLE. — C'est fort bien fait à vous, et vous le prenez comme il faut. Il n'est rien tel en ce monde que de se contenter.

DON JUAN. — Prépare-toi donc à venir avec moi, et prends soin toi-même d'apporter toutes mes armes, afin que.... (*Apercevant donc Elvire.*) Ah! rencontre fâcheuse. Traître! tu ne m'avois pas dit qu'elle étoit ici elle-même.

SGANARELLE. — Monsieur, vous ne me l'avez pas demandé.

DON JUAN. — Est-elle folle, de n'avoir pas changé d'habit, et de venir en ce lieu avec son équipage de campagne.

SCÈNE III.

DONE ELVIRE, DON JUAN, SGANARELLE.

DONE ELVIRE. — Me ferez-vous la grâce, don Juan, de vouloir bien me reconnoître? et puis-je au moins espérer que vous daignerez tourner le visage de ce côté?

DON JUAN. — Madame, je vous avoue que je suis surpris, et que je ne vous attendois pas ici.

DONE ELVIRE. — Oui, je vois bien que vous ne m'y attendiez pas; et vous êtes surpris, à la vérité, mais tout autrement que je ne l'espérois; et la manière dont vous le paroissez, me persuade pleinement ce que je refusois de croire. J'admire ma simplicité et la foiblesse de mon cœur, à douter d'une trahison que tant d'apparences me confirmoient. J'ai été assez bonne, je le confesse, ou plutôt assez sotte, pour me vouloir tromper moi-même, et travailler à démentir mes yeux et mon jugement. J'ai cherché des raisons, pour excuser à ma tendresse le relâchement d'amitié qu'elle voyoit en vous; et je me suis forgé exprès cent sujets légitimes d'un départ si précipité, pour vous justifier du crime dont ma raison vous accusoit. Mes justes soupçons chaque jour avoient beau me parler, j'en rejetois la voix qui vous rendoit criminel à mes yeux, et j'écoutois avec plaisir mille chimères ridicules, qui vous peignoient innocent à mon cœur; mais, enfin, cet abord ne me permet plus de douter, et le coup d'œil qui m'a reçue, m'apprend bien plus de choses que je ne voudrois en savoir. Je serai bien aise pourtant d'ouïr de votre bouche les raisons de votre départ. Parlez, don Juan, je vous prie, et voyons de quel air vous saurez vous justifier.

DON JUAN. — Madame, voilà Sganarelle qui sait pourquoi je suis parti.

SGANARELLE, *bas, à don Juan.* — Moi, monsieur? Je n'en sais rien, s'il vous plaît.

DONE ELVIRE. — Hé bien! Sganarelle, parlez. Il m'importe de quelle bouche j'entende ces raisons.

DON JUAN, *faisant signe à Sganarelle d'approcher.* — Allons, parlez donc à madame.

SGANARELLE, *bas, à don Juan.* — Que voulez-vous que je dise?

DONE ELVIRE. — Approchez, puisqu'on le veut ainsi, et me dites un peu les causes d'un départ si prompt.

DON JUAN. — Tu ne répondras pas?

SGANARELLE, *bas, à don Juan.* — Je n'ai rien à répondre. Vous vous moquez de votre serviteur.

DON JUAN. — Veux-tu répondre, te dis-je?

SGANARELLE. — Madame....

DONE ELVIRE. — Quoi?

SGANARELLE, *se tournant vers son maître.* — Monsieur....

DON JUAN, *en le menaçant.* — Si....

SGANARELLE. — Madame, les conquérans, Alexandre et les autres mondes, sont cause de notre départ. Voilà, monsieur, tout ce que j'en puis dire.

DONE ELVIRE. — Vous plaît-il, don Juan, nous éclaircir ces beaux mystères?

DON JUAN. — Madame, à vous dire la vérité....

DONE ELVIRE. — Ah! que vous savez mal vous défendre pour un homme de cour, et qui doit être accoutumé à ces sortes de choses! J'ai pitié de vous voir la confusion que vous avez. Que ne vous armez-vous le front d'une noble effronterie? Que ne me jurez-vous que vous êtes toujours dans les mêmes sentimens pour moi, que vous m'aimez toujours avec une ardeur sans égale, et que rien n'est capable de vous détacher de moi que la mort? Que ne me dites-vous que des affaires de la dernière conséquence vous ont obligé à partir sans m'en donner avis; qu'il faut que, malgré vous, vous demeuriez ici quelque temps, et que je n'ai qu'à m'en retourner d'où je viens, assurée que vous suivrez mes pas le plus tôt qu'il vous sera possible; qu'il est certain que vous brûlez de me rejoindre, et qu'éloigné de moi, vous souffrez ce que souffre un corps qui est séparé de son âme? Voilà comme il faut vous défendre, et non pas être interdit comme vous êtes.

DON JUAN. — Je vous avoue, madame, que je n'ai point le talent de dissimuler, et que je porte un cœur sincère. Je ne vous dirai point que je suis toujours dans les mêmes sentimens pour vous, et que je brûle de vous rejoindre, puisque enfin il est assuré que je ne suis parti que pour vous fuir; non point par les raisons que vous pouvez vous figurer, mais par un pur motif de conscience, et pour ne croire pas que vous davantage je puisse vivre avec vous péché. Il m'est venu des scrupules, madame, et j'ai ouvert les yeux de l'âme sur ce que je faisois. J'ai fait réflexion que, pour vous épouser, je vous ai dérobée à la clôture d'un couvent, que vous avez rompu des vœux qui vous engageoient autre part, et que le ciel est fort jaloux de ces sortes de choses. Le repentir m'a pris, et j'ai craint le courroux céleste. J'ai cru que notre mariage n'étoit qu'un adultère déguisé, qu'il nous attireroit quelque disgrâce d'en haut, et qu'enfin je devois tâcher de vous oublier, et vous donner moyen de retourner à vos premières chaînes. Voudriez-vous, madame, vous opposer à une si sainte pensée, et que j'allasse, en vous retenant, me mettre le ciel sur les bras; que par?...

DONE ELVIRE. — Ah! scélérat! c'est maintenant que je te connois tout entier; et, pour mon malheur, je te connois lorsqu'il n'en est plus temps, et qu'une telle connoissance ne peut plus me servir qu'à me désespérer; mais sache que ton crime ne demeurera pas impuni, et que le même ciel dont tu te joues me saura venger de ta perfidie.

Appréhende du moins la colère d'une femme offensée. (Acte I, scène III.)

DON JUAN. — Sganarelle, le ciel!

SGANARELLE. — Vraiment oui, nous nous moquons bien de cela, nous autres.

DON JUAN. — Madame....

DONE ELVIRE. — Il suffit. Je n'en veux pas ouïr davantage, et je m'accuse même d'en avoir trop entendu. C'est une lâcheté que de se faire expliquer trop sa honte; et, sur de tels sujets, un noble cœur, au premier mot, doit prendre son parti. N'attends pas que j'éclate ici en reproches et en injures; non, non, je

DON JUAN, ACTE I.

n'ai point un courroux à exhaler en paroles vaines, et toute sa chaleur se réserve pour sa vengeance. Je te le dis encore, le ciel te punira, perfide, de l'outrage que tu me fais; et, si le ciel n'a rien que tu puisses appréhender, appréhende du moins la colère d'une femme offensée.

SCÈNE IV.

DON JUAN, SGANARELLE.

SGANARELLE, *à part*. — Si le remords le pouvoit prendre!
DON JUAN, *après un moment de réflexion*. — Allons songer à l'exécution de notre entreprise amoureuse.
SGANARELLE, *seul*. — Ah! quel abominable maître me vois-je obligé de servir!

SGANARELLE. — Il n'est rien d'égal au tabac. (Acte 1, scène I.)

PIERROT. — Non, tu ne m'aimes pas. (Acte II, scène I.)

ACTE DEUXIÈME

Le théâtre représente une campagne, au bord de la mer.

SCÈNE I.

CHARLOTTE, PIERROT.

CHARLOTTE. — Notre dinse, Piarrot, tu t'es trouvé là bien à point.

PIERROT. — Parguienne, il ne s'en est pas fallu l'époisseur d'une éplingue, qu'il ne se sayant nayés tous deux.

CHARLOTTE. — C'est donc le coup de vent d'à matin qui les avoit renvarsés dans la mar?

PIERROT. — Aga, quien, Charlotte, je m'en vas te conter tout fin drait comme cela est venu; car, comme dit l'autre, je les ai le premier avisés, avisés le premier je les ai. Enfin donc j'étions sur le bord de la mar, moi et le gros Lucas, et je nous amusions à batifoler avec des mottes de tarre que je nous jesquions à la tête; car, comme tu sais bian, le gros Lucas aime à batifoler, et moi, par fouas, je batifole itou. En batifolant donc, pisque batifoler y a, j'ai aparçu de tout loin queuque chose qui grouilloit dans gliau, et qui venoit comme envars nous par secousse. Je voyois cela fixiblement, et pis tout d'un coup je voyois que je ne voyois plus rian. Hé! Lucas, ç'ai-je fait, je pense que vlà des hommes qui nageant là-bas. Voire, ce m'a-t-il fait, t'as été au trépassement d'un chat, t'as la vue trouble. Palsanguienne, ç'ai-je fait, je n'ai point la vue trouble, ce sont des hommes. Point du tout, ce m'a-t-il fait, t'as la barlue. Veux-tu gager, ç'ai-je fait, que je n'ai point la barlue, ç'ai-je fait, et que sont deux hommes, ç'ai-je fait, qui nageant droit ici, ç'ai-je fait? Morguienne, ce m'a-t-il fait, je gage que non. Oh! çà, ç'ai-je fait, veux-tu gager dix sous que si? Je le veux bian, ce m'a-t-il fait; et, pour te montrer, vlà argent su jeu, ce m'a-t-il fait. Moi, je n'ai point été ni fou, ni étourdi; j'ai bravement bouté à tarre quatre pièces tapées, et cinq sous en doubles, jerniguienne, aussi hardiment que si j'avois avalé un varre de vin; car je sis hazardeux, moi, et je vas à la débandade. Je savois bian ce que je faisois pourtant. Queuque gniais ! Enfin donc, je n'avons pas putôt eu gagé, que j'avons vu les deux hommes tout à plain, qui nous faisiant signe de les aller querir; et moi de tirer auparavant les enjeux. Allons, Lucas, c'ai-je dit, tu vois bian qu'ils nous appelont; allons vite à leu secours. Non, ce m'a-t-il dit, ils m'ont fait pardre. Oh! donc, tanquia, qu'à la parfin, pour le faire court, je l'ai tant sarmonné, que je nous sommes boutés dans une barque, et pis j'avons tant fait cahin caha, que je les avons tirés de gliau, et pis je les avons menés cheux nous auprès du feu, et pis ils se sant dépouillés tout nus pour se sécher, et pis il y en est venu encore deux de la même bande, qui s'équiant sauvés tout seuls, et pis Mathurine est arrivée là à qui l'en a fait les doux yeux. Vlà justement, Charlotte, comme tout ça s'est fait.

CHARLOTTE. — Ne m'as-tu pas dit, Piarrot, qu'il y en a un qu'est bien pu mieux fait que les autres ?

PIERROT. — Oui, c'est le maître. Il faut que ce soit queuque gros, gros monsieu, car il a du dor à son habit tout depis le haut jusqu'en bas ; et ceux qui le servont sont des monsieux eux-mêmes; et stapandant, tout gros monsieu qu'il est, il seroit par ma fiqué nayé si je n'aviomme été là.

CHARLOTTE. — Ardez un peu.

PIERROT. — Oh! parguienne, sans nous, il en avoit pour sa maine de fèves.

CHARLOTTE. — Est-il encore cheux toi tout nu, Piarrot?

PIERROT. — Nannain, ils l'avont rhabillé tout devant nous. Mon guieu, je n'en avois jamais vu s'habiller. Que d'histoires et d'engigorniaux boutont ces messieux-là les courtisans ! Je me pardrois là dedans, pour moi, et j'étois tout ébobi de voir ça. Quien, Charlotte, ils avont des cheveux qui ne tenont point à leu tête ; et ils boutont ça, après tout, comme un gros bonnet de filace. Ils ant des chemises qui ant des manches où j'entrerions tout brandis, toi et moi. En glieu d'haut-de-chausses, ils portont un garde-robe aussi large que d'ici à Pâques; en glieu de pourpoint, de

PIERROT. — Veux-tu gager dix sous? (Acte II, scène

petites brassières, qui ne leu venont pas jusqu'au brichet; et, en glieu de rabats, un grand mouchoir de cou à réziau, aveuc quatre grosses houpes de linge qui leu pendont sur l'estomaque. Ils avont itou d'autres petits rabats au bout des bras, et de grands entonnois de passement aux jambes, et, parmi tout ça, tant de rubans, tant de rubans que c'est une vraie piquié. Ignia pas jusqu'aux souliers qui n'en soyont farcis tout depis un bout jusqu'à l'autre ; et ils sont faits d'eune façon que je me romprois le cou aveuc.

CHARLOTTE. — Par ma fi, Piarrot, il faut que j'aille voir un peu ça.

PIERROT. — Oh! acoute un peu auparavant, Charlotte. J'ai queuque autre chose à te dire, moi.

CHARLOTTE. — Hé bian! dis, qu'est-ce que c'est?

PIERROT. — Vois-tu, Charlotte ? il faut, comme dit l'autre, que je débonde mon cœur. Je t'aime, tu le sais bian, et je sommes pour être mariés ensemble; mais marguienne, je ne suis point satisfait de toi.

CHARLOTTE. — Quement? qu'est-ce que c'est donc qu'iglia?

PIERROT. — Iglia que tu me chagraines l'esprit, franchement.

CHARLOTTE. — Et quement donc?

PIERROT. — Tétiguienne, tu ne m'aimes point.

CHARLOTTE. — Ah! ah! n'est-ce que ça?

PIERROT. — Oui, ce n'est que ça, et c'est bian assez.

CHARLOTTE. — Mon guieu, Piarrot, tu me viens toujou dire la même chose.

PIERROT. — Je te dis toujou la même chose, parce que c'est toujou la même chose ; et, si ce n'étoit pas toujou la même chose, je ne te dirois pas toujou la même chose.

CHARLOTTE. — Mais qu'est-ce qu'il te faut? Que veux-tu?

PIERROT. — Jernigienne! je veux que tu m'aimes.

CHARLOTTE. — Est-ce que je ne t'aime pas?

PIERROT. — Non, tu ne m'aimes pas, et si, je fais tout ce que je pis pour ça. Je t'achète, sans reproche, des rubans à tous les marciers qui passont; je me romps le cou à t'aller dénicher des marles; je fais ouer pour toi les vielleux quand ce vient ta fête, et tout ça comme si je me frappois la tête contre un mur. Vois-tu, ça n'est ni biau ni honnête de n'aimer pas les gens qui nous aimont.

CHARLOTTE. — Mais, mon guieu, je t'aime aussi.

PIERROT. — Oui, tu m'aimes d'une belle dégaine !

CHARLOTTE. — Quement veux-tu donc qu'on fasse ?

PIERROT. — Je veux que l'en fasse comme l'en fait, quand l'en aime comme il faut.

CHARLOTTE. — Ne t'aimé-je pas aussi comme il faut ?

PIERROT. — Non. Quand ça est, ça se voit, et l'en fait mille petites singeries aux parsonnes quand on les aime du bon du cœur. Regarde la grosse Thomasse, comme elle est assottée du jeune Robain ; alle est toujou autour de li à l'agacer, et ne le laisse jamais en repos. Toujou al li fait queuque niche, ou li baille queuque taloche en passant ; et l'autre jour qu'il étoit assis sur un escabiau, al fut le tirer de dessous li, et le fit choir tout de son long par tarre. Jarni, vlà où l'en voit les gens qui aimont ; mais toi, tu ne me dis jamais mot, t'es toujou là comme eune vraie souche de bois ; et je passerois vingt fois devant toi, que tu ne te grouillerois pas pour me bailler le moindre coup, ou me dire la moindre chose. Ventreguienne ! ça n'est pas bian, après tout ; et t'es trop froide pour les gens.

DON JUAN. — Moi, me railler de vous ? Dieu m'en garde ! (Acte II, scène II.)

CHARLOTTE. — Que veux-tu que j'y fasse ? C'est mon himeur, et je ne me pis refondre.

PIERROT. — Ignia himeur qui quienne. Quand en a de l'amiquié pour les parsonnes, l'en en baille toujou queuque petite signifiance.

CHARLOTTE. — Enfin je t'aime tout autant que je pis, et si tu n'es pas content de ça, tu n'as qu'à en aimer queuque autre.

PIERROT. — Hé bian ! vlà pas mon compte ! Tétiguié, si tu m'aimois, me dirois-tu ça ?

CHARLOTTE. — Pourquoi me viens-tu aussi tarabuster l'esprit ?

PIERROT. — Morgué ! queu mal te fais-je ? Je ne te demande qu'un peu d'amiquié.

CHARLOTTE. — Hé bien ! laisse faire aussi, et ne me presse point tant. Peut-être que ça viendra tout d'un coup sans y songer.

PIERROT. — Touche donc là, Charlotte.

CHARLOTTE. — *donnant sa main.* — Hé bien ! quien.

PIERROT. — Promets-moi donc que tu tâcheras de m'aimer davantage.

CHARLOTTE. — J'y ferai tout ce que je pourrai ; mais il faut que cela vienne de lui-même. Pierrot, est-là ce monsieu ?

PIERROT. — Oui, le vlà.

CHARLOTTE. — Ah ! mon guieu, qu'il est genti, et que ç'auroit été dommage qu'il eût été nayé !

PIERROT. — Je revians tout à l'heure; je m'en vas boire chopaine, pour me rebouter tant soit peu de la fatigue que j'ais eue.

SCÈNE II.

DON JUAN, SGANARELLE, CHARLOTTE,
dans le fond du théâtre.

DON JUAN. — Nous avons manqué notre coup, Sganarelle, et cette bourrasque imprévue a renversé avec notre barque le projet que nous avions fait, mais, à te dire vrai, la paysanne que je viens de quitter répare ce malheur, et je lui ai trouvé des charmes qui effacent de mon esprit tout le chagrin que me donnoit le mauvais succès de notre entreprise. Il ne faut pas que ce cœur m'échappe et j'y ai déjà jeté des dispositions à ne pas me souffrir longtemps de pousser des soupirs.

SGANARELLE. — Monsieur, j'avoue que vous m'étonnez. A peine sommes-nous échappés d'un péril de mort qu'au lieu de rendre grâces au ciel de la pitié qu'il a daigné prendre de nous, vous travaillez tout de nouveau à attirer sa colère par vos fantaisies accoutumées, et vos amours cr.... (*Don Juan prend un ton menaçant.*) Paix, coquin que vous êtes, vous ne savez ce que vous dites, et monsieur sait ce qu'il fait. Allons.

DON JUAN, *apercevant Charlotte*. — Ah! ah! d'où sort cette autre paysanne, Sganarelle? As-tu rien vu de plus joli? et ne trouves-tu pas, dis-moi, que celle-ci vaut bien l'autre?

SGANARELLE. — Assurément. (*A part.*) Autre pièce nouvelle.

DON JUAN, *à Charlotte.* — D'où me vient, la belle, une rencontre si agréable? Quoi! dans ces lieux champêtres, parmi ces arbres et ces rochers, on trouve des personnes faites comme vous êtes!

CHARLOTTE. — Vous voyez, monsieur.

CHARLOTTE. — Ce monsieu veut m'épouser. (Acte II, scène III.)

DON JUAN. — Êtes-vous de ce village?
CHARLOTTE. — Oui, monsieur.
DON JUAN. — Et vous y demeurez?
CHARLOTTE. — Oui, monsieur.
DON JUAN. — Vous vous appelez?
CHARLOTTE. — Charlotte, pour vous servir.
DON JUAN. — Ah! la belle personne, et que ses yeux sont pénétrans!
CHARLOTTE. — Monsieu, vous me rendez toute honteuse.
DON JUAN. — Ah! n'ayez point de honte d'entendre dire vos vérités. Sganarelle, qu'en dis-tu? Peut-on rien voir de plus agréable? Tournez-vous un peu, s'il vous plaît. Ah! que cette taille est jolie! Haussez un peu la tête, de grâce. Ah! que ce visage est mignon! Ouvrez vos yeux entièrement. Ah! qu'ils sont beaux! Que je voie un peu vos dents, je vous prie. Ah! qu'elles sont amoureuses, et ces lèvres appétissantes! Pour moi, je suis ravi, et je n'ai jamais vu une si charmante personne.

CHARLOTTE. — Monsieur, cela vous plaît à dire, et je ne sais pas si c'est pour vous railler de moi.
DON JUAN. — Moi, me railler de vous? Dieu m'en garde! Je vous aime trop pour cela, et c'est du fond du cœur que je vous parle.
CHARLOTTE. — Je vous suis bien obligée, si ça est.
DON JUAN. — Point du tout, vous ne m'êtes point obligée de tout ce que je dis; et ce n'est qu'à votre beauté que vous en êtes redevable.
CHARLOTTE. — Monsieur, tout ça est trop bien dit pour moi, et je n'ai pas d'esprit pour vous répondre.
DON JUAN. — Sganarelle, regarde un peu ses mains.
CHARLOTTE. — Fi, monsieu, elles sont noires comme je ne sais quoi.
DON JUAN. — Ah! que dites vous là? Elles sont les plus belles du monde; souffrez que je les baise, je vous prie.
CHARLOTTE. — Monsieur, c'est trop d'honneur que vous me faites, et si j'avois su ça tantôt, je n'aurois pas manqué de les laver avec du son.

DON JUAN. — Hé! dites-moi un peu, belle Charlotte, vous n'êtes pas mariée, sans doute?

CHARLOTTE. — Non, monsieur; mais je dois bientôt l'être avec Piarrot, le fils de la voisine Simonette.

DON JUAN. — Quoi! une personne comme vous seroit la femme d'un simple paysan! Non, non, c'est profaner tant de beautés, et vous n'êtes pas née pour demeurer dans un village. Vous méritez, sans doute, une meilleure fortune; et le ciel, qui le connoît bien, m'a conduit ici tout exprès pour empêcher ce mariage, et rendre justice à vos charmes; car enfin, belle Charlotte, je vous aime de tout mon cœur, et il ne tiendra qu'à vous que je vous arrache de ce misérable lieu, et ne vous mette dans l'état où vous méritez d'être. Cet amour est bien prompt, sans doute; mais quoi! c'est un effet, Charlotte, de votre grande beauté, et l'on vous aime autant en un quart d'heure, qu'on feroit une autre en six mois.

CHARLOTTE. — Aussi vrai, monsieur, je ne sais comment faire quand vous parlez. Ce que vous dites me fait aise, et j'aurois toutes les envies du monde de vous croire; mais on m'a toujou dit qu'il ne faut jamais croire les monsieux, et que vous autres courtisans êtes des enjôleux, qui ne songez qu'à abuser les filles.

DON JUAN. — Je ne suis pas de ces gens-là.

SGANARELLE, à part. — Il n'a garde.

CHARLOTTE. — Voyez-vous, monsieu? Il n'y a pas plaisir à se laisser abuser. Je suis une pauvre paysanne; mais j'ai l'honneur en recommandation, et j'aimerois mieux me voir morte, que de me voir déshonorée.

DON JUAN. — Moi, j'aurois l'âme assez méchante pour abuser une personne comme vous? Je serois assez lâche pour vous déshonorer? Non, non, j'ai trop de conscience pour cela. Je vous aime, Charlotte, en tout bien et en tout honneur; et, pour vous montrer que je vous dis vrai, sachez que je n'ai point d'autre dessein que de vous épouser. En voulez-vous un plus grand témoignage? M'y voilà prêt, quand vous voudrez; et je prends à témoin l'homme que voilà, de la parole que je vous donne.

SGANARELLE. — Non, non, ne craignez point. Il se mariera avec vous tant que vous voudrez.

DON JUAN. — Ah! Charlotte, je vois bien que vous ne me connoissez pas encore. Vous me faites grand tort de juger de moi par les autres; et, s'il y a des fourbes dans le monde, des gens qui ne cherchent qu'à abuser des filles, vous devez me tirer du nombre, et ne pas mettre en doute la sincérité de ma foi, et puis votre beauté vous assure de tout. Quand on est faite comme vous, on doit être à couvert de toutes ces sortes de craintes; vous n'avez point l'air, croyez-moi, d'une personne qu'on abuse; et, pour moi, je l'avoue, je me percerois le cœur de mille coups, si j'avois eu la moindre pensée de vous trahir.

CHARLOTTE. — Mon Dieu, je ne sais si vous dites vrai, ou non; mais vous faites que l'on vous croit.

DON JUAN. — Lorsque vous me croirez, vous me rendrez justice assurément, et je vous réitère encore la promesse que je vous ai faite. Ne l'acceptez-vous pas? et ne voulez-vous pas consentir à être ma femme!

CHARLOTTE. — Oui, pourvu que ma tante le veuille.

DON JUAN. — Touchez donc là, Charlotte, puisque vous le voulez bien de votre part.

CHARLOTTE. — Mais au moins, monsieur, ne m'allez pas tromper, je vous prie; il y auroit de la conscience à vous, et vous voyez comme j'y vais à la bonne foi.

DON JUAN. — Comment! Il semble que vous doutiez encore de ma sincérité! Voulez-vous que je fasse des sermens épouvantables? Que le ciel....

CHARLOTTE. — Mon Dieu, ne jurez point, je vous crois.

DON JUAN. — Donnez-moi donc un petit baiser pour gage de votre parole.

CHARLOTTE. — Oh! monsieu, attendez que je soyons mariés, je vous prie. Après ça, je vous baiserai tant que vous voudrez.

DON JUAN. — Hé bien! belle Charlotte, je veux tout ce que vous voulez; abandonnez-moi seulement votre main, et souffrez que, par mille baisers, je lui exprime le ravissement où je suis....

SCÈNE III.

DON JUAN, SGANARELLE, PIERROT, CHARLOTTE.

PIERROT, *poussant don Juan qui baise la main de Charlotte*. — Tout doucement, monsieu; tenez-vous, s'il vous plaît. Vous vous échauffez trop, et vous pourriez gagner la purésie.

DON JUAN, *repoussant rudement Pierrot*. — Qui m'amène cet impertinent?

PIERROT, *se mettant entre don Juan et Charlotte*. — Je vous dis qu'ous vous tegniez, et qu'ous ne caressiais point nos accordées.

DON JUAN, *repoussant encore Pierrot*. — Ah! que de bruit!

PIERROT. — Jerniguienne! ce n'est pas comme ça qu'il faut pousser les gens.

CHARLOTTE, *prenant Pierrot par le bras*. — Eh! laisse-le faire aussi, Piarrot.

PIERROT. — Quement! que je le laisse faire? Je ne veux pas, moi.

DON JUAN. — Ah!

PIERROT. — Tétiguienne! parce qu'ous êtes monsieu, ous viendrez caresser nos femmes à note barbe? Allez-v's-en caresser les vôtres.

DON JUAN. — Heu?

PIERROT. — Heu. (*Don Juan lui donne un soufflet.*) Tétigné! ne me frappez pas. (*Autre soufflet.*) Oh! jerniguié! (*Autre soufflet.*) Ventregué! (*Autre soufflet.*) Palsangué! morguienne! ça n'est pas bian de battre les gens, et ce n'est pas là la récompense de v's avoir sauvé d'être nayé.

CHARLOTTE. — Piarrot, ne te fâche point.

PIERROT. — Je me veux fâcher; et t'es une vilaine, toi, d'endurer qu'on te cajole.

CHARLOTTE. — Oh! Piarrot, ce n'est pas ce que tu penses. Ce monsieu veut m'épouser, et tu ne dois pas te bouter en colère.

PIERROT. — Quemént? jerni! tu m'es promise.
CHARLOTTE. — Ça n'y fait rien, Piarrot. Si tu m'aimes, ne dois-tu pas être bien aise que je devienne madame?
PIERROT. — Jerniguié! non. J'aime mieux te voir crevée que de te voir à un autre.
CHARLOTTE. — Va, va, Piarrot, ne te mets point en peine. Si je sis madame, je te ferai gagner queuque chose, et tu apporteras du beurre et du fromage cheux nous.
PIERROT. — Ventreguienne! je gni en porterai jamais, quand tu m'en payerois deux fois autant. Est-ce donc comme ça que t'écoutes ce qu'il te dit? Morguienne! si j'avois su ça tantôt, je me serois bian gardé de le tirer de gliau, et je gli aurois baillé un bon coup d'aviron sur la tête.
DON JUAN, *s'approchant de Pierrot pour le frapper.* — Qu'est-ce que vous dites!
PIERROT, *se mettant derrière Charlotte.* — Jerniguienne! je ne crains parsonne.
DON JUAN, *passant du côté où est Pierrot.* — Attendez-moi un peu.
PIERROT, *repassant de l'autre côté.* — Je me moque de tout, moi.
DON JUAN, *courant après Pierrot.* — Voyons cela.
PIERROT, *se sauvant encore derrière Charlotte.* — J'en avons bian vu d'autres.
DON JUAN. — Ouais.
SGANARELLE. — Hé! monsieur, laissez là ce pauvre misérable. C'est conscience de le battre. (*A Pierrot, en se mettant entre lui et don Juan.*) Écoute, mon pauvre garçon, retire-toi, et ne lui dis rien.
PIERROT, *passant devant Sganarelle, et regardant fièrement don Juan.* — Je veux lui dire, moi.
DON JUAN, *levant la main pour donner un soufflet à Pierrot.* — Ah! je vous apprendrai.
(*Pierrot baisse la tête, et Sganarelle reçoit le soufflet.*)
SGANARELLE, *regardant Pierrot.* — Peste soit du maroufle!
DON JUAN, *à Sganarelle.* — Te voilà payé de ta charité.
PIERROT. — Jarni! je vas dire à sa tante tout ce ménage-ci.

SCÈNE IV.

DON JUAN, CHARLOTTE, SGANARELLE.

DON JUAN, *à Charlotte.* — Enfin, je m'en vais être le plus heureux de tous les hommes, et je ne changerois pas mon bonheur à toutes les choses du monde. Que de plaisirs quand vous serez ma femme, et que...

SCENE V.

DON JUAN, MATHURINE, CHARLOTTE, SGANARELLE.

SGANARELLE, *apercevant Mathurine.* — Ah! ah!
MATHURINE, *à don Juan.* — Monsieur, que faites-vous donc là avec Charlotte? Est-ce que vous lui parlez d'amour aussi?
DON JUAN, *bas, à Mathurine.* — Non. Au contraire, c'est elle qui me témoignoit une envie d'être ma femme, et je lui répondois que j'étois engagé à vous.
CHARLOTTE, *à don Juan.* — Qu'est-ce donc que vous veut Mathurine?
DON JUAN, *bas, à Charlotte.* — Elle est jalouse de me voir vous parler, et voudroit bien que je l'épousasse; mais je lui dis que c'est vous que je veux.
MATHURINE. — Quoi! Charlotte....
DON JUAN, *bas, à Mathurine.* — Tout ce que vous lui direz sera inutile; elle s'est mise cela dans la tête.
CHARLOTTE. — Quement donc! Mathurine....
DON JUAN, *bas, à Charlotte.* — C'est en vain que vous lui parlerez; vous ne lui ôterez point cette fantaisie.
MATHURINE. — Est-ce que?...
DON JUAN, *bas, à Mathurine.* — Il n'y a pas moyen de lui faire entendre raison.
CHARLOTTE. — Je voudrois....
DON JUAN, *bas, à Charlotte.* — Elle est obstinée comme tous les diables.
MATHURINE. — Vramént....
DON JUAN, *bas, à Mathurine.* — Ne lui dites rien, c'est une folle.
CHARLOTTE. — Je pense....
DON JUAN, *bas, à Charlotte.* — Laissez-la là, c'est une extravagante.
MATHURINE. — Non, non, il faut que je lui parle.
CHARLOTTE. — Je veux voir un peu ses raisons.
MATHURINE. — Quoi!...
DON JUAN, *bas, à Mathurine.* — Je gage qu'elle va vous dire que je lui ai promis de l'épouser.
CHARLOTTE. — Je....
DON JUAN, *bas, à Charlotte.* — Gageons qu'elle vous soutiendra que je lui ai donné parole de la prendre pour femme.
MATHURINE. — Holà! Charlotte, ça n'est pas bian de courir su le marché des autres.
CHARLOTTE. — Ça n'est pas honnête, Mathurine, d'être jalouse que monsieu me parle.
MATHURINE. — C'est moi que monsieu a vue la première.
CHARLOTTE. — S'il vous a vue la première, il m'a vue la seconde, et m'a promis de m'épouser.
DON JUAN, *bas, à Mathurine.* — Hé bien! que vous ai-je dit?
MATHURINE, *à Charlotte.* — Je vous baise les mains; c'est moi, et non pas vous, qu'il a promis d'épouser.
DON JUAN, *bas, à Charlotte.* — N'ai-je pas deviné?
CHARLOTTE. — A d'autres, je vous prie; c'est moi, vous dis-je.
MATHURINE. — Vous vous moquez des gens; c'est moi, encore un coup.
CHARLOTTE. — Le vlà qui est pour le dire, si je n'ai pas raison.
MATHURINE. — Le vlà qui est pour me démentir, si je ne dis pas vrai.
CHARLOTTE. — Est-ce, monsieu, que vous lui avez promis de l'épouser?

DON JUAN, *bas, à Charlotte.* — Vous vous raillez de moi.

MATHURINE. — Est-il vrai, monsieur, que vous lui avez donné parole d'être son mari?

DON JUAN, *bas, à Mathurine.* — Pouvez-vous avoir cette pensée.

CHARLOTTE. — Vous voyez qu'al le soutient.

DON JUAN, *bas, à Charlotte.* — Laissez-la faire.

MATHURINE. — Vous êtes témoin comme al l'essure.

DON JUAN, *bas, à Mathurine.* — Laissez-la dire.

CHARLOTTE. — Non, non, il faut savoir la vérité.

MATHURINE. — Il est question de juger ça.

CHARLOTTE. — Oui, Mathurine, je veux que monsieur vous montre votre bec jaune.

MATHURINE. — Oui, Charlotte, je veux que monsieur vous rende un peu camuse.

CHARLOTTE. — Monsieur, videz la querelle, s'il vous plaît.

MATHURINE. — Mettez-nous d'accord, monsieur.

CHARLOTTE, *à Mathurine.* — Vous allez voir.

MATHURINE, *à Charlotte.* — Vous allez voir vous-même.

CHARLOTTE, *à don Juan.* — Dites.

MATHURINE, *à don Juan.* — Parlez.

DON JUAN. — On ne peut plus souffrir les autres quand on vous a vue. (Acte II, scène. v)

DON JUAN. — Que voulez-vous que je dise? Vous soutenez également toutes deux que je vous ai promis de vous prendre pour femmes. Est-ce que chacune de vous ne sait pas ce qui en est, sans qu'il soit nécessaire que je m'explique davantage? pourquoi m'obliger là-dessus à des redites? Celle à qui j'ai promis effectivement n'a-t-elle pas, en elle-même, de quoi se moquer des discours de l'autre, et doit-elle se mettre en peine, pourvu que j'accomplisse ma promesse? Tous les discours n'avancent point les choses. Il faut faire et non pas dire; et les effets décident mieux que les paroles. Aussi n'est-ce rien que par là que je vous veux mettre d'accord; et l'on verra, quand je me marierai, laquelle des deux a mon cœur. (*Bas, à Mathurine.*) Laissez-lui croire ce qu'elle voudra. (*Bas, à Charlotte.*) Laissez-la se flatter dans son imagination. (*Bas, à Mathurine.*) Je vous adore. (*Bas, à Charlotte.*) Je suis tout à vous. (*Bas, à Mathurine.*) Tous les visages sont laids auprès du vôtre. (*Bas, à Charlotte.*) On ne peut plus souffrir les autres quand on vous a vue. (*Haut.*) J'ai un petit ordre à donner, je viens vous retrouver dans un quart d'heure.

SCÈNE VI.

CHARLOTTE, MATHURINE, SGANARELLE.

CHARLOTTE, *à Mathurine.* — Je suis celle qu'il aime, au moins.

MATHURINE, *à Charlotte*. — C'est moi qu'il épousera.

SGANARELLE, *arrêtant Charlotte et Mathurine*. — Ah! pauvres filles que vous êtes; j'ai pitié de votre innocence, et je ne puis souffrir de vous voir courir à votre malheur. Croyez-moi l'une et l'autre : ne vous amusez point à tous les contes qu'on vous fait, et demeurez dans votre village.

SCÈNE VII.
DON JUAN, CHARLOTTE, MATHURINE, SGANARELLE.

DON JUAN, *dans le fond du théâtre, à part*. — Je voudrois bien savoir pourquoi Sganarelle ne me suit pas.

SGANARELLE. — Mon maître est un fourbe; il n'a dessein que de vous abuser, et en a bien abusé d'autres; c'est l'épouseur du genre humain, et.... (*Apercevant don Juan.*) Cela est faux; et, quiconque vous dira cela, vous lui devez dire qu'il en a menti. Mon maître n'est point l'épouseur du genre humain, il n'est point fourbe, il n'a pas dessein de vous tromper, et n'en a point abusé d'autres. Ah! tenez, le voilà; demandez-le plutôt à lui-même.

DON JUAN, *regardant Sganarelle, et le soupçonnant d'avoir parlé*. — Oui!

SGANARELLE. — Monsieur comme le monde est plein de médisans, je vais au-devant des choses; et je leur disois que si quelqu'un leur venoit dire du mal de vous, elles se gardassent bien de le croire, et ne manquassent pas de lui dire qu'il en auroit menti.

DON JUAN. — Sganarelle!

SGANARELLE, *à Charlotte et à Mathurine*. — Oui, Monsieur est homme d'honneur; je le garantis tel.

DON JUAN. — Hon!

SGANARELLE. — Ce sont des impertinens.

Mon maître est un fourbe. (Acte II, scène VII.)

SCÈNE VIII.
DON JUAN, LA RAMÉE, CHARLOTTE, MATHURINE, SGANARELLE.

LA RAMÉE, *bas à Don Juan*. — Monsieur, je viens vous avertir qu'il ne fait pas bon ici pour vous.

DON JUAN. — Comment?

LA RAMÉE. — Douze hommes à cheval vous cherchent, qui doivent arriver ici dans un moment; je ne sais pas par quel moyen ils peuvent vous avoir suivi; mais j'ai appris cette nouvelle d'un paysan qu'ils ont interrogé, et auquel ils vous ont dépeint. L'affaire presse; et le plus tôt que vous pourrez sortir d'ici sera le meilleur.

SCÈNE IX.
DON JUAN, CHARLOTTE, MATHURINE, SGANARELLE.

DON JUAN, *à Charlotte et à Mathurine*. — Une af-
faire pressante m'oblige de partir d'ici; mais je vous prie de vous ressouvenir de la parole que je vous ai donnée, et de croire que vous aurez de mes nouvelles avant qu'il soit demain au soir.

SCÈNE X.
DON JUAN, SGANARELLE.

DON JUAN. — Comme la partie n'est pas égale, il faut user de stratagème, et éluder adroitement le malheur qui me cherche. Je veux que Sganarelle se revête de mes habits, et moi....

SGANARELLE. — Monsieur, vous vous moquez. M'exposer à être tué sous vos habits, et....

DON JUAN. — Allons vite, c'est trop d'honneur que je vous fais; et bien heureux est le valet qui peut avoir la gloire de mourir pour son maître.

SGANARELLE. — Je vous remercie d'un tel honneur. (*Seul.*) O ciel! puisqu'il s'agit de mort, fais-moi la grâce de n'être point pris pour un autre!

Nous voilà l'un et l'autre déguisés à merveille.
(Acte III, scène I.)

ACTE TROISIÈME

Le théâtre représente une forêt.

SCÈNE I.

DON JUAN, *en habit de campagne,* SGANARELLE, *en médecin.*

SGANARELLE. — Ma foi, monsieur, avouez que j'ai eu raison, et que nous voilà l'un et l'autre déguisés à merveille. Votre premier dessein n'étoit point du tout à propos, et ceci nous cache bien mieux que tout ce que vous vouliez faire.

DON JUAN. — Il est vrai que te voilà bien ; et je ne sais où tu as été déterrer cet attirail ridicule.

SGANARELLE. — Oui ? C'est l'habit d'un vieux médecin, qui a été laissé en gage au lieu où je l'ai pris, et il m'en a coûté de l'argent pour l'avoir. Mais savez-vous, monsieur, que cet habit me met déjà en considération, que je suis salué des gens que je rencontre, et que l'on me vient consulter ainsi qu'un habile homme ?

DON JUAN. — Comment donc ?

SGANARELLE. — Cinq ou six paysans et paysannes, en me voyant passer, me sont venus demander mon avis sur différentes maladies.

DON JUAN. — Tu leur as répondu que tu n'y entends rien ?

SGANARELLE. — Moi ? Point du tout. J'ai voulu soutenir l'honneur de mon habit; j'ai raisonné sur le mal, et leur ai fait des ordonnances à chacun.

DON JUAN. — Et quels remèdes encore leur as-tu ordonnés?

SGANARELLE. — Ma foi, monsieur, j'en ai pris par où j'en ai pu attraper; j'ai fait mes ordonnances à l'aventure; et ce seroit une chose plaisante, si les malades guérissoient, et qu'on m'en vînt remercier.

DON JUAN. — Et pourquoi non? Par quelle raison n'aurois-tu pas les mêmes priviléges qu'ont tous les autres médecins? Ils n'ont pas plus de part que toi aux guérisons des malades, et tout leur art est pure grimace. Ils ne font rien que recevoir la gloire des heureux succès; et tu peux profiter, comme eux, du bonheur du malade, et voir attribuer à tes remèdes tout ce qui peut venir des faveurs du hasard, et des forces de la nature.

SGANARELLE. — Comment, monsieur, vous êtes aussi impie en médecine?

DON JUAN. — C'est une des grandes erreurs qui soient parmi les hommes.

SGANARELLE. — Quoi! vous ne croyez pas au séné, ni à la casse, ni au vin émétique?

DON JUAN. — Et pourquoi veux-tu que j'y croie?

SGANARELLE. — Vous avez l'âme bien mécréante. Cependant vous voyez depuis un temps, que le vin émétique fait bruire ses fuseaux. Ses miracles ont converti les plus incrédules esprits; et il n'y a pas trois semaines que j'en ai vu, moi qui vous parle, un effet merveilleux.

DON JUAN. — Et quel?

SGANARELLE. — Il y avoit un homme qui, depuis six jours, étoit à l'agonie; on ne savoit plus que lui ordonner, et tous les remèdes ne faisoient rien; on s'avisa à la fin de lui donner de l'émétique.

DON JUAN. — Il réchappa, n'est-ce pas?

SGANARELLE. — Non, il mourut.

DON JUAN. — L'effet est admirable.

SGANARELLE. — Comment! il y avoit six jours entiers qu'il ne pouvoit mourir, et cela le fit mourir tout d'un coup. Voulez-vous rien de plus efficace?

DON JUAN. — Tu as raison.

SGANARELLE. — Mais laissons là la médecine où vous ne croyez point, et parlons des autres choses; car cet habit me donne de l'esprit, et je me sens en humeur de disputer contre vous. Vous savez bien que vous me permettez les disputes, et que vous ne me défendez que les remontrances.

DON JUAN. — Hé bien?

SGANARELLE. — Je veux savoir un peu vos pensées à fond. Est-il possible que vous ne croyiez point du tout au ciel?

DON JUAN. Laissons cela.

SGANARELLE. — C'est-à-dire que non. Et à l'enfer?

DON JUAN. — Eh!

SGANARELLE. — Tout de même. Et au diable, s'il vous plaît?

DON JUAN. — Oui, oui.

SGANARELLE. — Aussi peu. Ne croyez-vous point à l'autre vie?

DON JUAN. — Ah! ah! ah!

SGANARELLE. — Voilà un homme que j'aurai bien de la peine à convertir. Et dites-moi un peu, le moine bourru, qu'en croyez-vous? eh!

DON JUAN. — La peste soit du fat!

SGANARELLE — Et voilà ce que je ne puis souffrir; car il n'y a rien de plus vrai que le moine bourru, et je me ferois pendre pour celui-là. Mais encore faut-il croir quelque chose dans le monde. Qu'est-ce donc que vous croyez?

DON JUAN. — Ce que je crois?

SGANARELLE. — Oui.

DON JUAN. — Je crois que deux et deux sont quatre, Sganarelle, et quatre et quatre sont huit.

SGANARELLE. — La belle croyance, et les beaux articles de foi que voilà! Votre religion, à ce que je vois, est donc l'arithmétique? Il faut avouer qu'il se met d'étranges folies dans la tête des hommes, et que, pour avoir bien étudié, on est bien moins sage le plus souvent. Pour moi, monsieur, je n'ai point étudié comme vous, Dieu merci, et personne ne sauroit se vanter de m'avoir jamais rien appris; mais avec mon petit sens, mon petit jugement, je vois les choses mieux que tous les livres, et je comprends fort bien que ce monde que nous voyons, ce n'est pas un champignon qui soit venu tout seul en une nuit. Je voudrois bien vous demander qui a fait ces arbres-là, ces rochers, cette terre, et ce ciel que voilà là-haut, et si tout cela s'est bâti de lui-même? Vous voilà, vous, par exemple, vous êtes là, est-ce que vous vous êtes fait tout seul, et n'a-t-il pas fallu que votre père ait engrossé votre mère pour vous faire? Pouvez-vous voir toutes les inventions dont la machine de l'homme est composée, sans admirer de quelle façon cela est agencé l'un dans l'autre? ces nerfs, ces os, ces veines, ces artères, ces.... ce poumon, ce cœur, ce foie, et tous ces autres ingrédiens qui sont là et qui.... Oh! dame, interrompez-moi donc, si vous voulez. Je ne saurois disputer, si l'on ne m'interrompt. Vous vous taisez, exprès, et me laissez parler par belle malice.

DON JUAN. — J'attends que ton raisonnement soit fini.

SGANARELLE. — Mon raisonnement est qu'il y a quelque chose d'admirable dans l'homme, quoi que vous puissiez dire, que tous les savans ne sauroient expliquer. Cela n'est-il pas merveilleux que me voilà ici, et que j'aie quelque chose dans la tête qui pense cent choses différentes en un moment, et fait de mon corps tout ce qu'elle veut? Je veux frapper des mains, hausser le bras, lever les yeux au ciel, baisser la tête, remuer les pieds, aller à droite, à gauche, en avant, en arrière, tourner....

(Il se laisse tomber en tournant.)

DON JUAN. — Bon! voilà ton raisonnement qui a le nez cassé.

SGANARELLE. — Morbleu! je suis bien sot de m'amuser à raisonner avec vous; croyez ce que voudrez: il m'importe bien que vous soyez damné!

DON JUAN. — Mais tout en raisonnant, je crois que nous sommes égarés. Appelle un peu cet homme que voilà là-bas, pour lui demander le chemin.

SCÈNE II.

DON JUAN, SGANARELLE, UN PAUVRE.

SGANARELLE. — Holà! ho! l'homme! ho! mon compère! ho! l'ami! un petit mot s'il vous plaît. Enseignez-nous un peu le chemin qui mène à la ville.

LE PAUVRE. — Vous n'avez qu'à suivre cette route, messieurs, et détourner à main droite quand vous serez au bout de la forêt; mais je vous donne avis que vous devez vous tenir sur vos gardes, et que, depuis quelque temps, il y a des voleurs ici autour.

DON JUAN. — Je te suis obligé, mon ami, et je te rends grâce de tout mon cœur.

LE PAUVRE. — Si vous vouliez me secourir, monsieur, de quelque aumône.

DON JUAN. — Ah! ah! ton avis est intéressé, à ce que je vois.

LE PAUVRE. — Je suis un pauvre homme, monsieur, retiré tout seul dans ce bois depuis dix ans, et je ne manquerai pas de prier le ciel qu'il vous donne toute sorte de biens.

DON JUAN. — Eh! prie le ciel qu'il te donne un habit, sans te mettre en peine des affaires des autres.

SGANARELLE. — Vous ne connoissez pas monsieur, bonhomme; il ne croit qu'en deux et deux sont quatre, et en quatre et quatre sont huit.

DON JUAN. — Quelle est ton occupation parmi ces arbres?

LE PAUVRE. — De prier le ciel tout le jour pour la prospérité des gens de bien qui me donnent quelque chose.

DON JUAN. — Il ne se peut donc pas que tu ne sois bien à ton aise?

LE PAUVRE. — Hélas! monsieur, je suis dans la plus grande nécessité du monde.

DON JUAN. — Tu te moques : un homme qui prie le ciel tout le jour, ne peut pas manquer d'être bien dans ses affaires.

LE PAUVRE. — Je vous assure, monsieur, que le plus souvent je n'ai pas un morceau de pain à mettre sous les dents.

DON JUAN. — Voilà qui est étrange, et tu es bien mal reconnu de tes soins. Ah! ah! je m'en vais te donner un louis d'or tout à l'heure, pourvu que tu veuilles jurer.

LE PAUVRE. — Ah! monsieur, voudriez-vous que je commisse un tel péché?

DON JUAN. — Tu n'as qu'à voir si tu veux gagner un louis d'or, ou non; en voici un que je te donne, si tu jures. Tiens, il faut jurer.

LE PAUVRE. — Monsieur....

DON JUAN. — A moins de cela, tu ne l'auras pas.

SGANARELLE. — Va, va, jure un peu; il n'y a pas de mal.

DON JUAN. — Prends, le voilà, prends, te dis-je; mais jure donc.

LE PAUVRE. — Non, monsieur, j'aime mieux mourir de faim.

DON JUAN. — Va, va, je te le donne pour l'amour de l'humanité; (*regardant dans la forêt*) mais que vois-je là? Un homme attaqué par trois autres! la partie est trop inégale, et je ne dois pas souffrir cette lâcheté.

(*Il met l'épée à la main, et court au lieu du combat.*)

SCÈNE III.

SGANARELLE, *seul*.

Mon maître est un vrai enragé d'aller se présenter à un péril qui ne le cherche pas; mais, ma foi, le secours a servi, et les deux ont fait fuir les trois.

SCÈNE IV.

DON JUAN, DON CARLOS, SGANARELLE, *au fond du théâtre*.

Si vous vouliez me secourir de quelque aumône.
(Acte III, scène II.)

DON CARLOS, *remettant son épée*. — On voit, par la fuite de ces voleurs, de quel secours est votre bras. Souffrez, monsieur, que je vous rende grâces d'une action si généreuse, et que....

DON JUAN. — Je n'ai rien fait, monsieur, que vous n'eussiez fait en ma place. Notre propre honneur est intéressé dans de pareilles aventures; et l'action de ces coquins étoit si lâche, que c'eût été y prendre part que de ne s'y pas opposer. Mais par quelle rencontre vous êtes-vous trouvé entre leurs mains?

DON CARLOS. — Je m'étois, par hasard, égaré d'un frère et de tous ceux de notre suite; et, comme je cherchois à les rejoindre, j'ai fait rencontre de ces voleurs, qui, d'abord, ont tué mon cheval, et qui, sans votre valeur, en auroient fait autant de moi.

DON JUAN. — Votre dessein est-il d'aller du côté de la ville?

DON CARLOS. — Oui, mais sans y vouloir entrer; et nous nous voyons obligés, mon frère et moi, à tenir la campagne pour une de ces fâcheuses affaires qui réduisent les gentilshommes à se sacrifier, eux et leur famille, à la sévérité de leur honneur, puisque enfin le plus doux succès en est toujours funeste, et que, si l'on ne quitte pas la vie, on est contraint de quitter le royaume; et c'est en quoi je trouve la condition d'un gentilhomme malheureuse, de ne pouvoir point s'assurer sur toute la prudence et toute l'honnêteté de sa conduite, d'être asservi par les lois de l'honneur au déréglement de la conduite d'autrui, et de voir sa vie, son repos et ses biens, dépendre de la fantaisie du premier téméraire qui s'avisera de lui faire une de ces injures pour qui un honnête homme doit périr.

DON JUAN. — On a cet avantage, qu'on fait courir le même risque et passer mal aussi le temps à ceux qui prennent fantaisie de nous venir faire une offense de gaieté de cœur. Mais ne seroit-ce point une indiscrétion que de vous demander quelle peut être votre affaire?

DON CARLOS. — La chose en est aux termes de n'en plus faire de secret; et, lorsque l'injure a une fois éclaté, notre honneur ne va point à vouloir cacher notre honte, mais à faire éclater notre vengeance, et à publier même le dessein que nous en avons. Ainsi, monsieur, je ne feindrai point de vous dire que l'offense que nous cherchons à venger, est une sœur séduite et enlevée d'un couvent, et que l'auteur de cette offense est un don Juan Tenorio, fils de don Louis Tenorio. Nous le cherchons depuis quelques jours, et nous l'avons suivi ce matin sur le rapport d'un valet qui nous a dit qu'il sortoit à cheval, accompagné de

Oui, je suis don Juan moi-même. (Acte III, scène v.)

quatre ou cinq, et qu'il avoit pris le long de cette côte; mais tous nos soins ont été inutiles, et nous n'avons pu découvrir ce qu'il est devenu.

DON JUAN. — Le connoissez-vous, monsieur, ce don Juan dont vous parlez?

DON CARLOS. — Non, quant à moi. Je ne l'ai jamais vu, et je l'ai seulement ouï dépeindre à mon frère; mais la renommée n'en dit pas force bien, et c'est un homme dont la vie....

DON JUAN. — Arrêtez, monsieur, s'il vous plaît. Il est un peu de mes amis, et ce seroit à moi une espèce de lâcheté, que d'en ouïr dire du mal.

DON CARLOS. — Pour l'amour de vous, monsieur, je n'en dirai rien du tout, et c'est bien la moindre chose que je vous doive, après m'avoir sauvé la vie, que de me taire devant vous d'une personne que vous connoissez, lorsque je ne puis en parler sans en dire du mal; mais, quelque ami que vous lui soyez, j'ose espérer que vous n'approuverez pas son action, et ne trouverez pas étrange que nous cherchions d'en prendre la vengeance.

DON JUAN. — Au contraire, je vous y veux servir, et vous épargner des soins inutiles. Je suis ami de don Juan, je ne puis pas m'en empêcher; mais il n'est pas raisonnable qu'il offense impunément des gentilshommes, et je m'engage à vous faire faire raison par lui.

DON CARLOS. — Et quelle raison peut-on faire à ces sortes d'injures?

DON JUAN. — Toute celle que votre honneur peut souhaiter; et, sans vous donner la peine de chercher don Juan davantage, je m'oblige à la faire trouver au lieu que vous voudrez, et quand il vous plaira.

DON CARLOS. — Cet espoir est bien doux, monsieur, à des cœurs offensés; mais, après ce que je vous dois, ce me seroit une trop sensible douleur, que vous fussiez de la partie.

DON JUAN. — Je suis si attaché à don Juan, qu'il ne sauroit se battre que je ne me batte aussi; mais enfin j'en réponds comme de moi-même, et vous n'avez qu'à dire quand vous voulez qu'il paroisse et vous donne satisfaction.

DON CARLOS. — Que ma destinée est cruelle! Faut-il que je vous doive la vie, et que don Juan soit de vos amis?

SCÈNE V.

DON ALONSE, DON CARLOS, DON JUAN, SGANARELLE.

DON ALONSE, *parlant à ceux de sa suite sans voir don Carlos ni don Juan*. — Faites boire là mes chevaux, et qu'on les amène après nous; je veux un peu marcher à pied. (*Les apercevant tous deux*.) O ciel! que vois-je ici! Quoi! mon frère, vous voilà avec notre ennemi mortel!

DON CARLOS. — Notre ennemi mortel?

DON JUAN, *mettant la main sur la garde de son épée*. — Oui, je suis don Juan moi-même, et l'avantage du nombre ne m'obligera pas à vouloir déguiser mon nom.

DON ALONSE, *mettant l'épée à la main*. — Ah! traître, il faut que tu périsses, et....

(*Sganarelle court se cacher*.)

DON CARLOS. — Ah! mon frère, arrêtez. Je lui suis redevable de la vie; et, sans le secours de son bras, j'aurois été tué par des voleurs que j'ai trouvés.

DON ALONSE. — Et voulez-vous que cette considération empêche notre vengeance? Tous les services que nous rend une main ennemie ne sont d'aucun mérite pour engager notre âme; et, s'il faut mesurer l'obligation à l'injure, votre reconnoissance, mon frère, est ici ridicule; et, comme l'honneur est infiniment plus précieux que la vie, c'est ne devoir rien proprement, que d'être redevable de la vie à qui nous a ôté l'honneur.

DON CARLOS. — Je sais la différence, mon frère, qu'un gentilhomme doit toujours mettre entre l'un et l'autre, et la reconnoissance de l'obligation n'efface point en moi le ressentiment de l'injure; mais souffrez que je lui rende ici ce qu'il m'a prêté, que je m'acquitte sur-le-champ de la vie que je lui dois, par un délai de notre vengeance, et lui laisse la liberté de jouir, durant quelques jours, de la liberté de son bienfait.

DON ALONSE. — Non, non, c'est hasarder notre vengeance que de la reculer, et l'occasion de la prendre peut ne plus revenir. Le ciel nous l'offre ici, c'est à nous d'en profiter. Lorsque l'honneur est blessé mortellement, on ne doit point songer à garder aucunes mesures; et, si vous répugnez à prêter votre bras à cette action, vous n'avez qu'à vous retirer, et laisser à ma main la gloire d'un tel sacrifice.

DON CARLOS. — De grâce, mon frère.

DON ALONSE. — Tous ces discours sont superflus, il faut qu'il meure.

DON CARLOS. — Arrêtez, vous dis-je, mon frère. Je ne souffrirai point du tout qu'on attaque ses jours; et je jure le ciel que je le défendrai ici contre qui que ce soit, et je saurai lui faire un rempart de cette même vie qu'il a sauvée; et, pour adresser vos coups, il faudra que vous me perciez.

DON ALONSE. — Quoi! vous prenez le parti de notre ennemi contre moi; et, loin d'être saisi à son aspect des mêmes transports que je sens, vous faites voir pour lui des sentimens pleins de douceur!

DON CARLOS. — Mon frère, montrons de la modération dans une action légitime; et ne vengeons point notre honneur avec cet emportement que vous témoignez. Ayons du cœur dont nous soyons les maîtres, une valeur qui n'ait rien de farouche, et qui se porte aux choses par une pure délibération de notre raison, et non point par le mouvement d'une aveugle colère. Je ne veux point, mon frère, demeurer redevable à mon ennemi, et je lui ai une obligation dont il faut que je m'acquitte avant toute chose. Notre vengeance, pour être différée, n'en sera pas moins éclatante; au contraire, elle en tirera de l'avantage; et cette occasion de l'avoir pu prendre, la fera paroître plus juste aux yeux de tout le monde.

DON ALONSE. — O l'étrange foiblesse, et l'aveuglement effroyable de hasarder ainsi les intérêts de son honneur pour la ridicule pensée d'une obligation chimérique!

DON CARLOS. — Non, mon frère, ne vous mettez pas en peine. Si je fais une faute, je saurai bien la réparer, et je me charge de tout le soin de notre honneur; je sais à quoi il nous oblige, et cette suspension d'un jour que ma reconnoissance lui demande ne fera qu'augmenter l'ardeur que j'ai de la satisfaire. Don Juan, vous voyez que j'ai soin de vous rendre le bien que j'ai reçu de vous, et vous devez par là juger du reste, croire que je m'acquitte avec même chaleur de ce que je dois, et que je ne serai pas moins exact à vous payer l'injure que le bienfait. Je ne veux point vous obliger ici à expliquer vos sentimens, et je vous donne la liberté de penser à loisir aux résolutions que vous avez à prendre. Vous connoissez assez la grandeur de l'offense que vous nous avez faite, et je vous fais juge vous-même des réparations qu'elle demande. Il est des moyens doux pour nous satisfaire; il en est de violens et de sanglans : mais enfin, quelque choix que vous fassiez, vous m'avez donné parole de me faire faire raison par don Juan. Songez à me la faire, je vous prie, et vous ressouvenez que, hors d'ici, je ne dois plus qu'à mon honneur.

DON JUAN. — Je n'ai rien exigé de vous, et vous tiendrai ce que j'ai promis.

DON CARLOS. — Allons, mon frère; un moment de douceur ne fait aucune injure à la sévérité de notre devoir.

SCÈNE VI.

DON JUAN, SGANARELLE.

DON JUAN. — Holà ! hé ! Sganarelle !
SGANARELLE, *sortant de l'endroit où il étoit caché.* — Plaît-il ?
DON JUAN. — Comment ! coquin, tu fuis quand on m'attaque !
SGANARELLE. — Pardonnez-moi, monsieur ; je viens seulement d'ici près. Je crois que cet habit est purgatif, et que c'est prendre médecine que de le porter.
DON JUAN. — Peste soit l'insolent ! Couvre au moins ta poltronnerie d'un voile plus honnête. Sais-tu bien qui est celui à qui j'ai sauvé la vie.
SGANARELLE. — Moi ? non.
DON JUAN. — C'est un frère d'Elvire.
SGANARELLE. — Un....
DON JUAN. — Il est assez honnête homme, il en a bien usé, et j'ai regret d'avoir démêlé avec lui.
SGANARELLE. — Il vous seroit aisé de pacifier toutes choses.
DON JUAN. — Oui ; mais ma passion est usée pour done Elvire, et l'engagement ne compatit point avec mon humeur. J'aime la liberté en amour, tu le sais, et je ne saurois me résoudre à renfermer mon cœur entre quatre murailles. Je te l'ai dit vingt fois, j'ai une pente naturelle à me laisser aller à tout ce qui m'attire. Mon cœur est à toutes les belles, et c'est à elles à le prendre tour à tour, et à le garder tant qu'elles le pourront. Mais quel est le superbe édifice que je vois entre ces arbres ?
SGANARELLE. — Vous ne le savez pas ?
DON JUAN. — Non, vraiment.
SGANARELLE. — Bon ; c'est le tombeau que le commandeur faisoit faire lorsque vous le tuâtes.
DON JUAN. — Ah ! tu as raison. Je ne savois pas que c'étoit de ce côté-ci qu'il étoit. Tout le monde m'a dit des merveilles de cet ouvrage, aussi bien que de la statue du commandeur ; et j'ai envie de l'aller voir.
SGANARELLE. — Monsieur, n'allez point là.
DON JUAN. — Pourquoi ?
SGANARELLE. — Cela n'est pas civil, d'aller voir un homme que vous avez tué.
DON JUAN. — Au contraire, c'est une visite dont je lui veux faire civilité, et qu'il doit recevoir de bonne grâce, s'il est galant homme. Allons, entrons dedans.
(*Le tombeau s'ouvre, et l'on voit la statue du commandeur.*)
SGANARELLE. — Ah ! que cela est beau ! Les belles statues ! le beau marbre ! les beaux piliers ! Ah ! que cela est beau ! Qu'en dites-vous, monsieur ?
DON JUAN. — Qu'on ne peut voir aller plus loin l'ambition d'un homme mort ; et ce que je trouve d'admirable, c'est qu'un homme qui s'est passé durant sa vie d'une assez simple demeure, en veuille avoir une si magnifique, pour quand il n'en a plus que faire.
SGANARELLE. — Voici la statue du commandeur.
DON JUAN. — Parbleu ! le voilà bon, avec son habit d'empereur romain !
SGANARELLE. — Ma foi, monsieur, voilà qui est bien fait. Il semble qu'il est en vie, et qu'il s'en va parler. Il jette des regards sur nous qui me feroient peur si j'étois tout seul, et je pense qu'il ne prend pas plaisir de nous voir.
DON JUAN. — Il auroit tort ; et ce seroit mal recevoir l'honneur que je lui fais. Demande-lui s'il veut venir souper avec moi.
SGANARELLE. — C'est une chose dont il n'a pas besoin, je crois.
DON JUAN. — Demande-lui, te dis-je ?
SGANARELLE. — Vous moquez-vous ? Ce seroit être fou, que d'aller parler à une statue.
DON JUAN. — Fais ce que je te dis.
SGANARELLE. — Quelle bizarrerie ! Seigneur commandeur.... (*A part.*) Je ris de ma sottise ; mais c'est mon maître qui me la fait faire. (*Haut.*) Seigneur commandeur, mon maître don Juan vous demande si vous voulez lui faire l'honneur de venir souper avec lui. (*La statue baisse la tête.*) Ah !
DON JUAN. — Qu'est-ce ? Qu'as-tu ? Dis donc. Veux-tu parler ?
SGANARELLE, *baissant la tête comme la statue.* — La statue...,
DON JUAN. — Hé bien ! que veux-tu dire, traître ?
SGANARELLE. — Je vous dis que la statue....
DON JUAN. — Hé bien ! la statue ? Je t'assomme, si tu ne parles.
SGANARELLE. — La statue m'a fait signe.
DON JUAN. — La peste le coquin !
SGANARELLE. — Elle m'a fait signe, vous dis-je ; il n'est rien de plus vrai. Allez-vous-en lui parler vous-même pour voir. Peut-être....
DON JUAN. — Viens, maraud, viens. Je te veux bien faire toucher au doigt ta poltronnerie. Prends garde. Le seigneur commandeur voudroit-il venir souper avec moi ?
(*La statue baisse encore la tête.*)
SGANARELLE. Je ne voudrois pas en tenir dix pistoles. Hé bien ! monsieur ?
DON JUAN. — Allons, sortons d'ici.
SGANARELLE, *seul.* — Voilà de mes esprits forts, qui ne veulent rien croire.

Le seigneur commandeur voudrait-il venir souper avec moi ? (Acte IV, scène VI.)

Je vous invite à venir souper demain avec moi. (Acte IV, scène XII.)

ACTE QUATRIÈME.

Le théâtre représente l'appartement de don Juan.

SCÈNE I.
DON JUAN, SGANARELLE, RAGOTIN.

DON JUAN, à *Sganarelle*. — Quoi qu'il en soit, laissons cela : c'est une bagatelle, et nous pouvons avoir été trompés par un faux jour, ou surpris de quelque vapeur qui nous ait troublé la vue.

SGANARELLE. — Hé ! monsieur, ne cherchez point à démentir ce que nous avons vu des yeux que voilà. Il n'est rien de plus véritable que ce signe de tête ; et je ne doute point que le ciel, scandalisé de votre vie, n'ait produit ce miracle pour vous convaincre, et pour vous retirer de....

DON JUAN. — Écoute. Si tu m'importunes davantage de tes sottes moralités, si tu me dis encore le moindre mot là-dessus, je vais appeler quelqu'un, demander un nerf de bœuf, te faire tenir par trois ou quatre, et te rouer de mille coups. M'entends-tu bien ?

SGANARELLE. — Fort bien, monsieur, le mieux du monde. Vous vous expliquez clairement ; c'est ce qu'il y a de bon en vous, que vous n'allez point chercher de détours : vous dites les choses avec une netteté admirable.

DON JUAN. — Allons, qu'on me fasse souper le plus tôt que l'on pourra. Une chaise, petit garçon.

II

DON JUAN, SGANARELLE, LA VIOLETTE, RAGOTIN.

LA VIOLETTE. — Monsieur, voilà votre marchand, monsieur Dimanche, qui demande à vous parler.

SGANARELLE. — Bon. Voilà ce qu'il nous faut, qu'un compliment de créancier. De quoi s'avise-t-il de nous venir demander de l'argent ; et que ne lui disois-tu que monsieur n'y est pas ?

LA VIOLETTE. — Il y a trois quarts d'heure que je

je lui dis ; mais, il ne veut pas le croire, et s'est assis là dedans pour attendre.

SGANARELLE. — Qu'il attende tant qu'il voudra.

DON JUAN. — Non, au contraire, faites-le entrer. C'est une fort mauvaise politique que de se faire celer aux créanciers. Il est bon de les payer de quelque chose ; et j'ai le secret de les renvoyer satisfaits sans leur donner un double.

SCÈNE III.

DON JUAN, MONSIEUR DIMANCHE, SGANARELLE, LA VIOLETTE, RAGOTIN.

DON JUAN. — Ah ! monsieur Dimanche, approchez. Que je suis ravi de vous voir, et que je veux de mal à mes gens de ne vous pas faire entrer d'abord ! J'avois donné ordre qu'on ne me fît parler à personne ; mais cet ordre n'est pas pour vous, et vous êtes en droit de ne trouver jamais de porte fermée chez moi.

MONSIEUR DIMANCHE. — Monsieur, je vous suis fort obligé.

DON JUAN, parlant à La Violette et à Ragotin. — Parbleu ! coquins, je vous apprendrai à laisser monsieur Dimanche dans une antichambre, et je vous ferai connoître les gens.

MONSIEUR DIMANCHE. — Monsieur, cela n'est rien.

DON JUAN, à M. Dimanche. — Comment ! vous dire que je n'y suis pas, à monsieur Dimanche, au meilleur de mes amis !

MONSIEUR DIMANCHE. — Monsieur, je suis votre serviteur. J'étois venu....

DON JUAN. — Allons vite, un siège pour monsieur Dimanche.

MONSIEUR DIMANCHE. — Monsieur, je suis bien comme cela.

DON JUAN. — Point, point, je veux que vous soyez assis contre moi.

MONSIEUR DIMANCHE. — Cela n'est point nécessaire.

DON JUAN. — Otez ce pliant, et apportez un fauteuil.

MONSIEUR DIMANCHE. — Monsieur, vous vous moquez, et....

DON JUAN. — Non, non, je sais ce que je vous dois ; et je ne veux point qu'on mette de différence entre nous deux.

MONSIEUR DIMANCHE. — Monsieur....

DON JUAN. — Allons, asseyez-vous.

MONSIEUR DIMANCHE. — Il n'est pas besoin, monsieur et je n'ai qu'un mot à vous dire. J'étois....

DON JUAN. — Mettez-vous là, vous dis-je.

MONSIEUR DIMANCHE. — Non, monsieur, je suis bien. Je viens pour....

DON JUAN. — Non, je ne vous écoute point, si vous n'êtes assis.

Écoute. Si tu m'importunes davantage.
(Acte IV, scène I.)

MONSIEUR DIMANCHE. — Monsieur, je fais ce que vous voulez. Je....

DON JUAN. — Parbleu ! monsieur Dimanche, vous vous portez bien ?

MONSIEUR DIMANCHE. — Oui, monsieur, pour vous rendre service. Je suis venu....

DON JUAN. — Vous avez un fonds de santé admirable, des lèvres fraîches, un teint vermeil, et des yeux vifs.

MONSIEUR DIMANCHE. — Je voudrois bien....

DON JUAN. — Comment se porte madame Dimanche, votre épouse ?

MONSIEUR DIMANCHE. — Fort bien, monsieur, Dieu merci.

DON JUAN. — C'est une brave femme.

MONSIEUR DIMANCHE. — Elle est votre servante, monsieur. Je venois....

DON JUAN. — Et votre petite fille Claudine, comment se porte-t-elle ?

MONSIEUR DIMANCHE. — Le mieux du monde.

DON JUAN. — La jolie petite fille que c'est ! Je l'aime de tout mon cœur.

MONSIEUR DIMANCHE. — C'est trop d'honneur que vous lui faites, monsieur. Je vous....

DON JUAN. — Et le petit Colin, fait-il toujours bien du bruit avec son tambour ?

MONSIEUR DIMANCHE. — Toujours de même, monsieur. Je....

DON JUAN. — Et votre petit chien Brusquet, gronde-t-il toujours aussi fort, et mord-il toujours bien aux jambes les gens qui vont chez vous ?

MONSIEUR DIMANCHE. — Plus que jamais, monsieur, et nous ne saurions en chevir.

DON JUAN. — Ne vous étonnez pas si je m'informe des nouvelles de toute la famille ; car j'y prends beaucoup d'intérêt.

MONSIEUR DIMANCHE. — Nous vous sommes, monsieur, infiniment obligés. Je...

DON JUAN, lui tendant la main. — Touchez donc là, monsieur Dimanche. Êtes-vous bien de mes amis ?

MONSIEUR DIMANCHE. — Monsieur, je suis votre serviteur.

DON JUAN. — Parbleu ! je suis à vous de tout mon cœur.

MONSIEUR DIMANCHE. — Vous m'honorez trop. Je....

DON JUAN. — Il n'y a rien que je ne fisse pour vous.

MONSIEUR DIMANCHE. — Monsieur, vous avez trop de bonté pour moi.

DON JUAN. — Et cela sans intérêt, je vous prie de le croire.

MONSIEUR DIMANCHE. — Je n'ai point mérité cette grâce assurément. Mais, monsieur....

DON JUAN. — Oh ! çà, monsieur Dimanche, sans façon, voulez-vous souper avec moi ?

MONSIEUR DIMANCHE. — Non, monsieur, il faut que je m'en retourne tout à l'heure. Je...:

DON JUAN, *se levant.* — Allons, vite un flambeau, pour conduire monsieur Dimanche, et que quatre ou cinq de mes gens prennent des mousquetons pour l'escorter.

MONSIEUR DIMANCHE, *se levant aussi.* — Monsieur, il n'est pas nécessaire, et je m'en irai bien tout seul. Mais....

(*Sganarelle ôte les siéges promptement.*)

DON JUAN. — Comment? Je veux qu'on vous escorte, et je m'intéresse trop à votre personne. Je suis votre serviteur, et, de plus, votre débiteur.

MONSIEUR DIMANCHE. — Ah! monsieur....

DON JUAN. — C'est une chose que je ne cache pas, et je le dis à tout le monde.

MONSIEUR DIMANCHE. — Si....

DON JUAN. — Voulez-vous que je vous reconduise?

MONSIEUR DIMANCHE. — Ah! monsieur, vous vous moquez! Monsieur....

DON JUAN. — Embrassez-moi donc, s'il vous plaît. Je vous prie encore une fois d'être persuadé que je suis tout à vous, et qu'il n'y a rien au monde que je ne fisse pour votre service. (*Il sort.*)

SCÈNE IV.

MONSIEUR DIMANCHE, SGANARELLE.

SGANARELLE. — Il faut avouer que vous avez en monsieur un homme qui vous aime bien.

MONSIEUR DIMANCHE. — Il est vrai; il me fait tant

Ah! monsieur Dimanche, approchez. (Acte IV, scène III.)

de civilités et tant de complimens, que je ne saurois jamais lui demander de l'argent.

SGANARELLE. — Je vous assure que toute sa maison périroit pour vous; et je voudrois qu'il vous arrivât quelque chose, que quelqu'un s'avisât de vous donner des coups de bâton, vous verriez de quelle manière ...

MONSIEUR DIMANCHE. — Je crois; mais, Sganarelle, je vous prie de lui dire un petit mot de mon argent.

SGANARELLE. — Oh! ne vous mettez pas en peine, il vous payera le mieux du monde.

MONSIEUR DIMANCHE. — Mais vous, Sganarelle, vous me devez quelque chose en votre particulier.

SGANARELLE. — Fi! ne parlez pas de cela.

MONSIEUR DIMANCHE. — Comment? Je....

SGANARELLE. — Ne sais-je pas bien que je vous dois?

MONSIEUR DIMANCHE. — Oui. Mais....

SGANARELLE. — Allons, monsieur Dimanche, je vais vous éclairer.

MONSIEUR DIMANCHE. — Mais, mon argent.

SGANARELLE, *prenant M. Dimanche par le bras.* Vous moquez-vous?

MONSIEUR DIMANCHE. — Je veux....

SGANARELLE, *le tirant.* — Hé!

MONSIEUR DIMANCHE. — J'entends....

SGANARELLE, *le poussant vers la porte.* — Bagatelles.

MONSIEUR DIMANCHE. — Mais....

SGANARELLE, *le poussant encore.* — Fi!

MONSIEUR DIMANCHE. — Je....

SGANARELLE, *le poussant tout à fait hors du théâtre.* — Fi! vous dis-je.

SCÈNE V.

DON JUAN, SGANARELLE, LA VIOLETTE.

LA VIOLETTE, *à don Juan.* — Monsieur, voilà monsieur votre père.

DON JUAN. — Ah! me voici bien! Il me falloit cette visite pour me faire enrager.

SCÈNE VI.

DON LOUIS, DON JUAN, SGANARELLE.

DON LOUIS. — Je vois bien que je vous embarrasse, et que vous vous passeriez fort aisément de ma venue. A dire vrai, nous nous incommodons étrangement l'un et l'autre; et, si vous êtes las de me voir, je suis bien las aussi de vos déportemens. Hélas! que nous savons peu ce que nous faisons, que nous ne laissons pas au ciel le soin des choses qu'il nous faut, quand nous ne laissons pas au ciel le soin des choses qu'il nous faut, quand nous voulons être plus avisés que lui, et que nous venons à l'importuner par nos souhaits aveugles, et nos demandes inconsidérées! J'ai souhaité un fils avec des ardeurs nonpareilles; je l'ai demandé sans relâche avec des transports incroyables; et ce fils, que j'obtiens en fatiguant le ciel de vœux, est le chagrin et le supplice de cette vie même dont je croyois qu'il devoit être la joie et la consolation. De quel œil, à votre avis, pensez-vous que je puisse voir cet amas d'actions indignes, dont on a peine, aux yeux du monde, d'adoucir le mauvais visage; cette suite continuelle de méchantes affaires, qui nous réduisent à toute heure à lasser les bontés du souverain, et qui ont épuisé auprès de lui le mérite de mes services, et le crédit de mes amis? Ah! quelle bassesse est la vôtre! Ne rougissez-vous point de mériter si peu votre naissance? Êtes-vous en droit, dites-moi, d'en tirer quelque vanité? Et qu'avez-vous fait dans le monde pour être gentilhomme? Croyez-vous qu'il suffise d'en porter le nom et les armes, et que ce nous soit une gloire d'être sortis d'un sang noble, lorsque nous vivons en infâmes? Non, non, la naissance n'est rien où la vertu n'est pas. Aussi, nous n'avons part à la gloire de nos ancêtres qu'autant que nous nous efforçons de leur ressembler; et cet éclat de leurs actions qu'ils répandent sur nous, nous impose un engagement de leur faire le même honneur, de suivre les pas qu'ils nous tracent, et de ne point dégénérer de leur vertu, si nous voulons être estimés leurs véritables descendans. Ainsi vous descendez en vain des aïeux dont vous êtes né; ils vous désavouent pour leur sang, et tout ce qu'ils ont fait d'illustre ne vous donne aucun avantage; au contraire, l'éclat n'en rejaillit sur vous qu'à votre déshonneur, et leur gloire est un flambeau qui éclaire aux yeux d'un chacun la honte de vos actions. Apprenez enfin qu'un gentilhomme qui vit mal est un monstre dans la nature; que la vertu est le premier titre de noblesse; que je regarde bien moins au nom qu'on signe, qu'aux actions qu'on fait, et que je ferois plus d'état du fils d'un crocheteur, qui seroit honnête homme, que du fils d'un monarque, qui vivroit comme vous.

DON JUAN. — Monsieur, si vous étiez assis, vous en seriez mieux pour parler.

DON LOUIS. — Non, insolent, je ne veux point m'asseoir, ni parler davantage, et je vois bien que toutes mes paroles ne font rien sur ton âme; mais sache, fils indigne, que la tendresse paternelle est poussée à bout par tes actions; que je saurai, plus tôt que tu ne penses, mettre une borne à tes déréglemens, prévenir sur toi le courroux du ciel, et laver, par ta punition, la honte de t'avoir fait naître.

SCÈNE VII.

DON JUAN, SGANARELLE.

DON JUAN, *adressant encore la parole à son père, quoiqu'il soit sorti.* — Hé! mourez le plus tôt que vous pourrez, c'est le mieux que vous puissiez faire. Il faut que chacun ait son tour, et j'enrage de voir des pères qui vivent autant que leurs fils. (*Il se met dans un fauteuil.*)

Non, je ne veux point m'asseoir. (Acte IV, scène VI.)

SGANARELLE. — Ah! monsieur, vous avez tort.

DON JUAN, *se levant.* — J'ai tort!

SGANARELLE, *tremblant.* — Monsieur....

DON JUAN. — J'ai tort!

SGANARELLE. — Oui, monsieur, vous avez tort d'avoir souffert ce qu'il vous a dit, et vous le deviez mettre dehors par les épaules. A-t-on jamais rien vu de plus impertinent? Un père venir faire des remontrances à son fils, et lui dire de corriger ses actions, de se ressouvenir de sa naissance de mener une vie d'honnête homme, et cent autres sottises de pareille nature! Cela se peut-il souffrir à un homme comme vous, qui savez comme il faut vivre? J'admire votre patience; et, si j'avois été en votre place, je l'aurois envoyé promener. (*Bas, à part.*) O complaisance maudite! à quoi me réduis-tu?

DON JUAN. — Me fera-t-on souper bientôt?

SCÈNE VIII.
DON JUAN, SGANARELLE, RAGOTIN.

RAGOTIN. — Monsieur, voici une dame voilée qui vient vous parler.
DON JUAN. — Que pourroit-ce être?
SGANARELLE. — Il faut voir.

SCÈNE IX.
DONE ELVIRE, *voilée*, DON JUAN, SGANARELLE.

DONE ELVIRE. — Ne soyez point surpris, don Juan, de me voir à cette heure et dans cet équipage. C'est un motif pressant qui m'oblige à cette visite, et ce que j'ai à vous dire ne veut point du tout de retardement. Je ne viens point ici pleine de ce courroux que j'ai tantôt fait éclater, et vous me voyez bien changée de ce que j'étois ce matin. Ce n'est plus cette done Elvire qui faisoit des vœux contre vous, et dont l'âme irritée ne jetoit que menaces et ne respiroit que vengeance. Le ciel a banni de mon âme toutes ces indignes ardeurs que je sentois pour vous, tous ces transports tumultueux d'un attachement criminel, tous ces honteux emportemens d'un amour terrestre et grossier; et il n'a laissé dans mon cœur pour vous qu'une flamme épurée de tout le commerce des sens, une tendresse toute sainte, un amour détaché de tout, qui n'agit point pour soi, et ne se met en peine que de votre intérêt.

DON JUAN, *bas, à Sganarelle*. — Tu pleures, je pense?
SGANARELLE. — Pardonnez-moi.

Je vous ai aimé avec une tendresse extrême. (Acte IV, scène IX.)

DONE ELVIRE. — C'est ce parfait et pur amour qui me conduit ici pour votre bien, pour vous faire part d'un avis du ciel, et tâcher de vous retirer du précipice où vous courez. Oui, don Juan, je sais tous les déréglemens de votre vie, et ce même ciel, qui m'a touché le cœur et fait jeter les yeux sur les égaremens de ma conduite, m'a inspiré de vous venir trouver, et de vous dire de sa part que vos offenses ont épuisé sa miséricorde, que sa colère redoutable est prête de tomber sur vous, qu'il est en vous de l'éviter par un prompt repentir, et que peut-être vous n'avez pas encore un jour à vous pouvoir soustraire au plus grand de tous les malheurs. Pour moi, je ne tiens plus à vous par aucun attachement du monde. Je suis revenue, grâces au ciel, de toutes mes folles pensées; ma retraite est résolue, et je ne demande qu'assez de vie pour pouvoir expier la faute que j'ai faite, et mériter, par une austère pénitence, le pardon de l'aveuglement où m'ont plongée les transports d'une passion condamnable. Mais, dans cette retraite, j'aurois une douleur extrême qu'une personne que j'ai chérie tendrement devînt un exemple funeste de la justice du ciel; et ce me sera une joie incroyable, si je puis vous porter à détourner de dessus votre tête l'épouvantable coup qui vous menace. De grâce, don Juan, accordez-moi, pour dernière faveur, cette douce consolation; ne me refusez point votre salut, que je vous demande avec larmes; et, si vous n'êtes point touché de votre intérêt, soyez-le au moins de mes prières, et m'épargnez le cruel déplaisir de vous voir condamner à des supplices éternels.

SGANARELLE, *à part*. — Pauvre femme!
DONE ELVIRE. — Je vous ai aimé avec une tendresse extrême, rien au monde ne m'a été si cher que vous; j'ai oublié mon devoir pour vous, j'ai fait toutes choses pour vous; et toute la récompense que je vous en demande, c'est de corriger votre vie, et de prévenir votre perte. Sauvez-vous, je vous prie, ou pour l'amour de vous, ou pour l'amour de moi. Encore une fois, don Juan, je vous le demande avec larmes; et, si ce n'est assez des larmes d'une personne que vous avez aimée, je vous en conjure par tout ce qui est le plus capable de vous toucher.

SGANARELLE, *à part, regardant don Juan.* — Cœur de tigre!

DONE ELVIRE. — Je m'en vais, après ce discours, et voilà tout ce que j'avois à vous dire.

DON JUAN. — Madame, il est tard, demeurez ici. On vous y logera le mieux qu'on pourra.

DONE ELVIRE. — Non, don Juan, ne me retenez pas davantage.

DON JUAN. — Madame, vous me ferez plaisir de demeurer, je vous assure.

DONE ELVIRE. — Non, vous dis-je, ne perdons point de temps en discours superflus. Laissez-moi vite aller, ne faites aucune instance pour me conduire, et songez seulement à profiter de mon avis.

SCÈNE X.

DON JUAN, SGANARELLE.

DON JUAN. — Sais-tu bien que j'ai encore senti quelque peu d'émotion pour elle, que j'ai trouvé de l'agrément dans cette nouveauté bizarre, et que son habit négligé, son air languissant et ses larmes, ont réveillé en moi quelques petits restes d'un feu éteint?

SGANARELLE. — C'est-à-dire que ses paroles n'ont fait aucun effet sur vous.

DON JUAN. — Vite à souper.

SGANARELLE. — Fort bien.

SCÈNE XI.

DON JUAN, SGANARELLE, LA VIOLETTE, RAGOTIN.

DON JUAN, *se mettant à table.* — Sganarelle, il faut songer à s'amender, pourtant.

SGANARELLE. — Oui-da?

DON JUAN. — Oui, ma foi, il faut s'amender. Encore vingt ou trente ans de cette vie-ci, et puis nous songerons à nous.

SGANARELLE. — Oh!

DON JUAN. — Qu'en dis-tu?

SGANARELLE. — Rien. Voilà le souper,

(*Il prend un morceau d'un des plats qu'on apporte, et le met dans sa bouche.*)

DON JUAN. — Il me semble que tu as la joue enflée; qu'est-ce que c'est! Parle donc. Qu'as-tu là?

SGANARELLE. — Rien.

DON JUAN. — Montre un peu. Parbleu! c'est une fluxion qui lui est tombée sur la joue. Vite une lancette pour percer cela. Le pauvre garçon n'en peut plus, et cet abcès le pourroit étouffer. Attends, voyez comme il étoit mûr. Ah! coquin que vous êtes!

SGANARELLE. — Ma foi, monsieur, je voulois voir si votre cuisinier n'avoit point mis trop de sel ou trop de poivre.

DON JUAN. — Allons, mets-toi là, et mange. J'ai affaire de toi, quand j'aurai soupé. Tu as faim, à ce que je vois.

SGANARELLE, *se mettant à table.* — Je le crois bien, monsieur, je n'ai point mangé depuis ce matin. Tâtez de cela, voilà qui est le meilleur du monde.

(*A Ragotin, qui, à mesure que Sganarelle met quelque chose sur son assiette, la lui ôte, dès que Sganarelle tourne la tête.*)

Mon assiette, mon assiette. Tout doux, s'il vous plaît. Vertubleu! petit compère, que vous êtes habile à donner des assiettes nettes! Et vous, petit La Violette, que vous savez présenter à boire à propos!

(*Pendant que La Violette donne à boire à Sganarelle, Ragotin ôte encore son assiette.*)

DON JUAN. — Qui peut frapper de cette sorte?

SGANARELLE. — Qui diable nous vient troubler dans notre repas?

DON JUAN. — Je veux souper en repos, au moins, et qu'on ne laisse entrer personne.

SGANARELLE. — Laissez-moi faire, je m'y en vais moi-même.

DON JUAN, *voyant venir Sganarelle effrayé.* — Qu'est-ce donc? Qu'y a-t-il?

SGANARELLE, *baissant la tête comme la statue.* — Le.... qui est là.

DON JUAN. — Allons voir, et montrons que rien ne me sauroit ébranler.

SGANARELLE. — Ah! pauvre Sganarelle, où te cacheras-tu?

SCÈNE XII.

DON JUAN, LA STATUE DU COMMANDEUR, SGANARELLE, LA VIOLETTE, RAGOTIN

DON JUAN, *à ses gens.* — Une chaise et un couvert vite donc.

(*Don Juan et la Statue se mettent à table.*)

(*A Sganarelle.*) Allons, mets-toi à table.

SGANARELLE. — Monsieur, je n'ai plus faim.

DON JUAN. — Mets-toi là, te dis-je. A boire. A la santé du commandeur. Je te la porte, Sganarelle. Qu'on lui donne du vin.

SGANARELLE. — Monsieur, je n'ai pas soif.

DON JUAN. — Bois, et chante ta chanson, pour régaler le commandeur.

SGANARELLE. — Je suis enrhumé, monsieur.

DON JUAN. — Il n'importe. Allons. Vous autres (*à ses gens*), venez, accompagnez sa voix.

LA STATUE. — Don Juan, c'est assez. Je vous invite à venir demain souper avec moi. En aurez-vous le courage?

DON JUAN. — Oui, j'irai, accompagné du seul Sganarelle.

SGANARELLE. — Je vous rends grâces, il est demain jeûne pour moi.

DON JUAN, *à Sganarelle.* — Prends ce flambeau.

LA STATUE. — On n'a pas besoin de lumière, quand on est conduit par le ciel.

Que la tendresse d'un père est aisément rappelée.
(Acte v, scène i.)

ACTE CINQUIÈME.

Le théâtre représente une campagne.

SCÈNE I.

DON LOUIS, DON JUAN, SGANARELLE.

DON LOUIS. — Quoi! mon fils, seroit-il possible que la bonté du ciel eût exaucé mes vœux? Ce que vous me dites est-il bien vrai? Ne m'abusez-vous point d'un faux espoir, et puis-je prendre quelque assurance sur la nouveauté surprenante d'une telle conversion?

DON JUAN. — Oui, vous me voyez revenu de toutes mes erreurs; je ne suis plus le même d'hier au soir, et le ciel, tout d'un coup, a fait en moi un changement qui va surprendre tout le monde. Il a touché mon âme et dessillé mes yeux; et je regarde avec horreur le long aveuglement où j'ai été, et les désordres criminels de la vie que j'ai menée. J'en repasse dans mon esprit toutes les abominations, et m'étonne comme le ciel les a pu souffrir si longtemps, et n'a pas vingt fois sur ma tête laissé tomber les coups de sa justice redoutable. Je vois les grâces que sa bonté m'a faites en ne me punissant point de mes crimes; et je prétends en profiter comme je dois, faire éclater aux yeux du monde un soudain changement de vie, réparer par là le scandale de mes actions passées, et m'efforcer d'en obtenir du ciel une pleine rémission. C'est à quoi je vais travailler; et je vous prie, monsieur, de vouloir bien contribuer à ce dessein, et de m'aider vous-même à faire choix d'une personne qui me serve de guide, et sous la conduite de qui je puisse marcher sûrement dans le chemin où je m'en vais entrer.

DON LOUIS. — Ah! mon fils, que la tendresse d'un père est aisément rappelée, et que les offenses d'un fils s'évanouissent vite au moindre mot de repentir! Je ne me souviens plus déjà de tous les déplaisirs que vous m'avez donnés, et tout est effacé par les paroles que vous venez de me faire entendre. Je ne me sens pas, je l'avoue, je jette des larmes de joie; tous mes vœux sont satisfaits, et je n'ai plus rien désormais à demander au ciel. Embrassez-moi, mon fils, et persistez, je vous conjure, dans cette louable pensée. Pour moi, j'en vais, tout de ce pas, porter l'heureuse nouvelle à votre mère, partager avec elle les doux transports du ravissement où je suis, et rendre grâces au ciel des saintes résolutions qu'il a daigné vous inspirer.

SCÈNE II.

DON JUAN, SGANARELLE.

SGANARELLE. — Ah! monsieur, que j'ai de joie de vous voir converti! Il y a longtemps que j'attendois cela; et voilà, grâces au ciel, tous mes souhaits accomplis.

DON JUAN. — La peste le benêt!

SGANARELLE. — Comment, le benêt?

DON JUAN. — Quoi! tu prends pour de bon argent ce que je viens de dire, et tu crois que ma bouche étoit d'accord avec mon cœur?

SGANARELLE. — Quoi! ce n'est pas.... Vous ne....

J'obéis à la voix du ciel. (Acte V, scène III.)

Votre.... (A part.) Oh! quel homme! quel homme! quel homme!

DON JUAN. — Non, non, je ne suis point changé, et mes sentiments sont toujours les mêmes.

SGANARELLE. — Vous ne vous rendez pas à la surprenante merveille de cette statue mouvante et parlante?

DON JUAN. — Il y a bien quelque chose là dedans que je ne comprends pas; mais, quoi que ce puisse être, cela n'est pas capable, ni de convaincre mon esprit, ni d'ébranler mon âme; et, si j'ai dit que je voulois corriger ma conduite, et me jeter dans un train de vie exemplaire, c'est un dessein que j'ai formé par pure politique, un stratagème utile, une grimace nécessaire où je veux me contraindre, pour ménager un père dont j'ai besoin, et me mettre à couvert, du côté des hommes, de cent fâcheuses aventures qui pourroient m'arriver. Je veux bien, Sganarelle, t'en faire confidence, et je suis bien aise d'avoir un témoin du fond de mon âme et des véritables motifs qui m'obligent à faire les choses.

SGANARELLE. — Quoi! vous ne croyez rien du tout, et vous voulez cependant vous ériger en homme de bien?

DON JUAN. — Et pourquoi non? Il y en a tant d'autres comme moi, qui se mêlent de ce métier, et qui se servent du même masque, pour abuser le monde!

SGANARELLE. — Ah! quel homme! quel homme!

DON JUAN. — Il n'y a plus de honte maintenant à cela; l'hypocrisie est un vice à la mode, et tous les vices à la mode passent pour vertus. Le personnage d'homme de bien est le meilleur de tous les personnages qu'on puisse jouer. Aujourd'hui la profession d'hypocrite a de merveilleux avantages. C'est un art de qui l'imposture est toujours respectée; et, quoiqu'on la découvre, on n'ose rien dire contre elle. Tous les autres vices des hommes sont exposés à la censure, et chacun a la liberté de les attaquer hautement; mais l'hypocrisie est un vice privilégié qui, de sa main, ferme la bouche à tout le monde, et jouit en repos d'une impunité souveraine. On lie, à force de gri-

L'endurcissement au péché traîne une mort funeste. (Acte v, scène vi.)

maces, une société étroite avec tous les gens du parti. Qui en choque un, se les attire tous sur les bras; et ceux que l'on sait même agir de bonne foi là-dessus, et que chacun connoît pour être véritablement touchés, ceux-là, dis-je, sont toujours les dupes des autres; ils donnent bonnement dans le panneau des grimaciers, et appuient aveuglément les singes de leurs actions. Combien crois-tu que j'en connoisse, qui, par ce stratagème, ont rhabillé adroitement les désordres de leur jeunesse, qui se font un bouclier du manteau de la religion, et, sous cet habit respecté, ont la permission d'être les plus méchans hommes du monde? On a beau savoir leurs intrigues et les connoître pour ce qu'ils sont, ils ne laissent pas pour cela d'être en crédit parmi les gens; et quelque baissement de tête, un soupir mortifié, et deux roulemens d'yeux, rajustent dans le monde tout ce qu'ils peuvent faire. C'est sous cet habit favorable que je veux me sauver, et mettre en sûreté mes affaires. Je ne quitterai point mes douces habitudes; mais j'aurai soin de me cacher, et me divertirai à petit bruit. Que si je viens à être découvert, je verrai, sans me remuer, prendre mes intérêts à toute la cabale, et je serai défendu par elle envers et contre tous. Enfin, c'est là le vrai moyen de faire impunément tout ce que je voudrai. Je m'érigerai en censeur des actions d'autrui, jugerai mal de tout le monde, et n'aurai bonne opinion que de moi. Dès qu'une fois on m'aura choqué tant soit peu, je ne pardonnerai jamais, et garderai tout doucement une haine irréconciliable. Je ferai le vengeur des intérêts du ciel; et, sous ce prétexte commode, je pousserai mes ennemis, je les accuserai d'impiété, et saurai déchaîner contre eux des zélés indiscrets, qui, sans connoissance de cause, crieront en public après eux, qui les accableront d'injures, et les damneront hautement de leur autorité privée. C'est ainsi qu'il faut profiter des foiblesses des hommes, et qu'un sage esprit s'accommode aux vices de son siècle.

SGANARELLE. — O ciel! qu'entends-je ici! Il ne vous manquoit plus que d'être hypocrite, pour vous achever de tout point, et voilà le comble des abominations. Monsieur, cette dernière-ci m'emporte, et je ne puis m'empêcher de parler. Faites-moi tout ce qu'il vous plaira; battez-moi, assommez-moi de coups, tuez-moi, si vous voulez; il faut que je décharge mon cœur, et qu'en valet fidèle, je vous dise ce que je dois. Sachez, monsieur, que tant va la cruche à l'eau, qu'enfin elle se brise; et, comme dit fort bien cet auteur que je ne connois pas : l'homme est, en ce monde, ainsi que l'oiseau sur la branche; la branche est attachée à l'arbre; qui s'attache à l'arbre, suit de bons préceptes; les bons préceptes valent mieux que les belles paroles; les belles paroles se trouvent à la cour; à la cour sont les courtisans; les courtisans suivent la mode; la mode vient de la fantaisie; la fantaisie est une faculté de l'âme; l'âme est ce qui nous donne la vie; la vie finit par la mort; la mort nous fait penser au ciel; le ciel est au-dessus de la terre; la terre n'est point la mer; la mer est sujette aux orages; les orages tourmentent les vaisseaux; les vaisseaux ont besoin d'un bon pilote; un bon pilote a de la prudence; la prudence n'est pas dans les jeunes gens; les jeunes gens doivent obéissance aux vieux; les vieux aiment les richesses; les richesses font les riches; les riches ne sont pas pauvres; les pauvres ont de la nécessité; la nécessité n'a point de loi; qui n'a pas de loi, vit en bête brute; et, par conséquent, vous serez damné à tous les diables.

DON JUAN. — O le beau raisonnement!

SGANARELLE. — Après cela, si vous ne vous rendez, tant pis pour vous.

SCÈNE III.

DON CARLOS, DON JUAN, SGANARELLE.

DON CARLOS. — Don Juan, je vous trouve à propos, et suis bien aise de vous parler ici plutôt que chez vous, pour vous demander vos résolutions. Vous savez que ce soin me regarde, et que je me suis, en votre présence, chargé de cette affaire. Pour moi, je ne le cèle point, je souhaite fort que les choses aillent dans la douceur; et il n'y a rien que je ne fasse pour porter votre esprit à vouloir prendre cette voie, et pour vous voir publiquement confirmer à ma sœur le nom de votre femme.

DON JUAN, *d'un ton hypocrite.* — Hélas! je voudrois bien, de tout mon cœur, vous donner la satisfaction que vous souhaitez; mais le ciel s'y oppose directement; il a inspiré à mon âme le dessein de changer de vie, et je n'ai point d'autres pensées maintenant, que de quitter entièrement tous les attachemens du monde, de me dépouiller au plus tôt de toutes sortes de vanités, et de corriger désormais, par une austère conduite, tous les déréglemens criminels où m'a porté le feu d'une aveugle jeunesse.

DON CARLOS. — Ce dessein, don Juan, ne choque point ce que je dis; et la compagnie d'une femme légitime peut bien s'accommoder avec les louables pensées que le ciel vous inspire.

DON JUAN. — Hélas! point du tout. C'est un dessein que votre sœur elle-même a pris; elle a résolu sa retraite, et nous avons été touchés tous deux en même temps.

DON CARLOS. — Sa retraite ne peut nous satisfaire, pouvant être imputée au mépris que vous feriez d'elle et de notre famille; et notre honneur demande qu'elle vive avec vous.

DON JUAN. — Je vous assure que cela ne se peut. J'en avois, pour moi, toutes les envies du monde; et je me suis, même encore aujourd'hui, conseillé au ciel pour cela; mais, lorsque je l'ai consulté, j'ai entendu une voix qui m'a dit que je ne devois point songer à votre sœur, et qu'avec elle, assurément, je ne ferois point mon salut.

DON CARLOS. — Croyez-vous, don Juan, nous éblouir par ces belles excuses?

DON JUAN. — J'obéis à la voix du ciel.

DON CARLOS. — Quoi! vous voulez que je me paye d'un semblable discours?

DON JUAN. — C'est le ciel qui le veut ainsi.

DON CARLOS. — Vous aurez fait sortir ma sœur d'un couvent, pour la laisser ensuite?

DON JUAN. — Le ciel l'ordonne de la sorte.

DON CARLOS. — Nous souffrirons cette tache en notre famille?

DON JUAN. — Prenez-vous-en au ciel.

DON CARLOS. — Hé quoi! toujours le ciel!

DON JUAN. — Le ciel le souhaite comme cela.

DON CARLOS. — Il suffit, don Juan, je vous entends. Ce n'est pas ici que je veux vous prendre, et le lieu ne le souffre pas; mais, avant qu'il soit peu, je saurai vous trouver.

DON JUAN. — Vous ferez ce que vous voudrez. Vous savez que je ne manque point de cœur, et que je sais me servir de mon épée quand il le faut. Je m'en vais passer tout à l'heure dans cette petite rue écartée qui mène au grand couvent; mais je vous déclare, pour moi, que ce n'est point moi qui me veux battre : le ciel m'en défend la pensée; et, si vous m'attaquez, nous verrons ce qui en arrivera.

DON CARLOS. — Nous verrons, de vrai, nous verrons.

Spectre, fantôme. (Acte v, scène v.)

SCÈNE IV.

DON JUAN, SGANARELLE.

SGANARELLE. — Monsieur, quel diable de style prenez-vous là? Ceci est bien pis que le reste, et je vous aimerois bien mieux encore comme vous étiez auparavant. J'espérois toujours de votre salut : mais c'est maintenant que j'en désespère; et je crois que le ciel, qui vous a souffert jusques ici, ne pourra souffrir du tout cette dernière horreur.

DON JUAN. — Va, va, le ciel n'est pas si exact que tu penses; et si toutes les fois que les hommes....

SCÈNE V.

DON JUAN, SGANARELLE, UN SPECTRE,
en femme voilée.

SGANARELLE, *apercevant le spectre*. — Ah! monsieur, c'est le ciel qui vous parle, et c'est un avis qu'il vous donne.

DON JUAN. — Si le ciel me donne un avis, il faut qu'il parle un peu plus clairement, s'il veut que je l'entende.

LE SPECTRE. — Don Juan n'a plus qu'un moment à pouvoir profiter de la miséricorde du ciel; et, s'il ne se repent ici, sa perte est résolue.

SGANARELLE. — Entendez-vous, monsieur?

DON JUAN. — Qui ose tenir ces paroles? Je crois connoître cette voix.

SGANARELLE. — Ah! monsieur, c'est un spectre; je le reconnois au marcher.

DON JUAN. — Spectre, fantôme, ou diable, je veux voir ce que c'est.

(*Le spectre change de figure, et représente le Temps avec sa faux à la main.*)

SGANARELLE. — O ciel! Voyez-vous, monsieur, ce changement de figure?

DON JUAN. — Non, non, rien n'est capable de m'imprimer de la terreur; et je veux éprouver, avec mon épée, si c'est un corps ou un esprit.

(*Le spectre s'envole dans le temps que don Juan veut le frapper.*)

SGANARELLE. — Ah! monsieur, rendez-vous à tant de preuves, et jetez-vous vite dans le repentir.

DON JUAN. — Non, non, il ne sera pas dit, quoi qu'il arrive, que je sois capable de me repentir. Allons, suis-moi.

SCÈNE VI.

LA STATUE DU COMMANDEUR, DON JUAN, SGANARELLE.

LA STATUE. — Arrêtez, don Juan, vous m'avez hier donné parole de venir manger avec moi.
DON JUAN. — Oui. Où faut-il aller?
LA STATUE. — Donnez-moi la main.
DON JUAN. — La voilà.

LA STATUE. — Don Juan, l'endurcissement au péché traîne une mort funeste; et les grâces du ciel que l'on renvoie, ouvrent un chemin à sa foudre.

DON JUAN. — O ciel! que sens-je? Un feu invisible me brûle, je n'en puis plus, et tout mon corps devient un brasier ardent. Ah!

(*Le tonnerre tombe avec un grand bruit et de grands éclairs, sur don Juan. La terre s'ouvre et l'abîme; et il sort de grands feux de l'endroit où il est tombé.*)

SCÈNE VII.

SGANARELLE, *seul*.

Ah! mes gages! mes gages! Voilà, par sa mort, un chacun satisfait. Ciel offensé, lois violées, filles séduites, familles déshonorées, parens outragés, femmes mises à mal, maris poussés à bout, tout le monde est content; il n'y a que moi seul de malheureux. Mes gages, mes gages, mes gages!

AU LECTEUR.

Ce n'est ici qu'un simple crayon, un petit impromptu dont le roi a voulu se faire un divertissement. Il est le plus précipité de tous ceux que Sa Majesté m'ait commandés; et, lorsque je dirai qu'il a été proposé, fait, appris et représenté en cinq jours, je ne dirai que ce qui est vrai. Il n'est pas nécessaire de vous avertir qu'il y a beaucoup de choses qui dépendent de l'action. On sait bien que les comédies ne sont faites que pour être jouées, et je ne conseille de lire celle-ci qu'aux personnes qui ont des yeux pour découvrir, dans la lecture, tout le jeu du théâtre. Ce que je vous dirai, c'est qu'il seroit à souhaiter que ces sortes d'ouvrages pussent toujours se montrer à vous avec les ornemens qui les accompagnent chez le roi. Vous les verriez dans un état beaucoup plus supportable; et les airs et les symphonies de l'incomparable M. Lulli, mêlés à la beauté des voix et à l'adresse des danseurs, leur donnent, sans doute, des grâces dont ils ont toutes les peines du monde à se passer.

PERSONNAGES DU PROLOGUE.

LA COMÉDIE. — LA MUSIQUE. — LE BALLET.

PERSONNAGES DE LA COMÉDIE.

SGANARELLE, père de Lucinde.
LUCINDE, fille de Sganarelle.
CLITANDRE, amant de Lucinde.
AMINTE, voisine de Sganarelle.
LUCRÈCE, nièce de Sganarelle.
LISETTE, suivante de Lucinde.
M. GUILLAUME, marchand de tapisseries.
M. JOSSE, orfèvre.
M. TOMÈS,
M. DESFONANDRÈS,
M. MACROTON, } médecins.
M. BAHIS,
M. FILERIN,
UN NOTAIRE.
CHAMPAGNE, valet de Sganarelle.

PERSONNAGES DU BALLET.

PREMIÈRE ENTRÉE.

CHAMPAGNE, valet de Sganarelle, dansant.
QUATRE MÉDECINS, dansans.

DEUXIÈME ENTRÉE.

UN OPÉRATEUR, chantant.

TRIVELINS et SCARAMOUCHES, dansans, de la suite de l'Opérateur.

TROISIÈME ENTRÉE.

LA COMÉDIE.
LA MUSIQUE.
LE BALLET.
JEUX, RIS, PLAISIRS, dansans.

La scène est à Paris.

L'Amour médecin parut sur le théâtre de Versailles le 15 septembre 1665, et à Paris, sur le théâtre du Palais-Royal, le 22 du même mois.

PROLOGUE.

LA COMÉDIE, LA MUSIQUE, LE BALLET.

LA COMÉDIE.

Quittons, quittons notre vaine querelle,
Ne nous disputons point nos talens tour à tour ;
  Et d'une gloire plus belle,
    Piquons-nous en ce jour.
Unissons-nous tous trois d'une ardeur sans seconde
Pour donner du plaisir au plus grand roi du monde.
TOUS TROIS ENSEMBLE.
Unissons-nous tous trois d'une ardeur sans seconde.
Pour donner du plaisir au plus grand roi du monde.

LA COMÉDIE.

De ses travaux, plus grands qu'on ne peut croire,
Il se vient quelquefois délasser parmi nous.
  Est-il de plus grande gloire ?
  Est-il bonheur plus doux ?

TOUS TROIS ENSEMBLE.

Unissons-nous, tous trois, d'une ardeur sans seconde
Pour donner du plaisir au plus grand roi du monde.

FIN DU PROLOGUE.

ACTE PREMIER.

SCÈNE I.

SGANARELLE, AMINTE, LUCRÈCE, M. GUILLAUME, M. JOSSE.

SGANARELLE. — Ah! l'étrange chose que la vie! et que je puis bien dire avec ce grand philosophe de l'antiquité, que qui terre a, guerre a, et qu'un malheur ne vient jamais sans l'autre! Je n'avois qu'une seule femme, qui est morte.

MONSIEUR GUILLAUME. — Et combien donc en voulez-vous avoir?

SGANARELLE.— Elle est morte, monsieur Guillaume, mon ami. Cette perte m'est très-sensible, et je ne puis m'en ressouvenir sans pleurer. Je n'étois pas fort satisfait de sa conduite, et nous avions le plus souvent dispute ensemble; mais enfin, la mort rajuste toutes choses. Elle est morte; je la pleure. Si elle étoit en vie, nous nous querellerions. De tous les enfans que le ciel m'avoit donnés, il ne m'a laissé qu'une fille, et cette fille est toute ma peine. Car enfin, je la vois dans une mélancolie la plus sombre du monde, dans une tristesse épouvantable, dont il n'y aura pas moyen de la retirer et dont je ne saurois même apprendre la cause. Pour moi, j'en perds l'esprit, et j'aurois besoin d'un bon conseil sur cette matière. (A Lucrèce) Vous êtes ma nièce; (à Aminte) vous, ma voisine; (à M. Guillaume et à M. Josse) et vous, mes compères et mes amis; je vous prie de me conseiller tous ce que je dois faire.

MONSIEUR JOSSE. — Pour moi, je tiens que la braverie et l'ajustement est la chose qui réjouit le plus les jeunes filles; et, si j'étois que de vous, je lui achèterois, dès aujourd'hui, une belle garniture de diamans, ou de rubis, ou d'émeraudes.

MONSIEUR GUILLAUME. — Et moi, si j'étois en votre place, j'achèterois une belle tenture de tapisserie de verdure, ou à personnages, que je ferois mettre à sa chambre, pour lui réjuir l'esprit et la vue.

AMINTE. — Pour moi, je ne ferois par tant de façons; et je la marierois fort bien, et le plus tôt que je pourrois, avec cette personne qui vous la fit, dit-on, demander il y a quelque temps.

LUCRÈCE. — Et moi, je tiens que votre fille n'est point du tout propre pour le mariage. Elle est d'une complexion trop délicate et trop peu saine, et c'est la vouloir envoyer bientôt en l'autre monde, que de l'exposer, comme elle est, à faire des enfans. Le monde n'est point du tout son fait; et je vous conseille de la mettre dans un couvent, où elle trouvera des divertissemens qui seront mieux de son humeur.

SGANARELLE. — Tous ces conseils sont admirables, assurément; mais je les tiens un peu intéressés, et trouve que vous me conseillez fort bien pour vous. Vous êtes orfévre, monsieur Josse, et votre conseil sent son homme qui a envie de se défaire de sa marchandise. Vous vendez des tapisseries, monsieur Guillaume, et vous avez la mine d'avoir quelque tenture qui vous incommode. Celui que vous aimez, ma voisine, a, dit-on, quelque inclination pour ma fille; et vous ne seriez pas fâchée de la voir la femme d'un autre. Et quant à vous, ma chère nièce, ce n'est pas mon dessein, comme on sait, de marier ma fille avec qui que ce soit, et j'ai mes raisons pour cela; mais le conseil que vous me donnez de la faire religieuse, est d'une femme qui pourroit bien souhaiter charitablement d'être mon héritière universelle. Ainsi, messieurs et mesdames, quoique tous vos conseils soient les meilleurs du monde, vous trouverez bon, s'il vous plaît, que je n'en suive aucun. (*Seul.*) Voilà de mes donneurs de conseils à la mode.

SCÈNE II.
LUCINDE, SGANARELLE.

SGANARELLE. — Ah! voilà ma fille qui prend l'air. Elle ne me voit pas. Elle soupire; elle lève les yeux au ciel. (*A Lucinde.*) Dieu vous gard. Bonjour, ma mie. Hé bien! qu'est-ce? Comme vous va? Hé quoi! toujours triste et mélancolique comme cela, et tu ne veux pas me dire ce que tu as? Allons donc, découvre-moi ton petit cœur. Là, ma pauvre mie, dis, dis, dis tes petites pensées à ton petit papa mignon. Courage, veux-tu que je te baise? Viens. (*A part.*) J'enrage de la voir de cette humeur-là. (*A Lucinde.*) Mais, dis-moi, me veux-tu faire mourir de déplaisir, et ne puis-je savoir d'où vient cette grande langueur? Découvre-m'en la cause, et je te promets que je ferai toutes choses pour toi. Oui, tu n'as qu'à me dire le sujet de ta tristesse; je t'assure ici, et te fais serment qu'il n'y a rien que je ne fasse pour te satisfaire; c'est tout dire. Est-ce que tu es jalouse de quelqu'une de tes compagnes que tu voies plus brave que toi, et seroit-il quelque étoffe nouvelle dont tu voulusses avoir un habit? Non. Est-ce que ta chambre ne te semble pas assez parée, et que tu souhaiterois quelque cabinet de la foire Saint-Laurent? Ce n'est pas cela. Aurois-tu envie d'apprendre quelque chose, et veux-tu que je te donne un maître pour te montrer à jouer du clavecin?

N'auriez-vous point quelque secrète inclination. (Acte I, scène III.)

Nenni. Aimerois-tu quelqu'un, et souhaiterois-tu d'être mariée? (*Lucinde fait signe que oui.*)

SCÈNE III.
SGANARELLE, LUCINDE, LISETTE.

LISETTE. — Hé bien, monsieur, vous venez d'entretenir votre fille. Avez-vous su la cause de sa mélancolie?

SGANARELLE. — Non. C'est une coquine qui me fait enrager.

LISETTE. — Monsieur, laissez-moi faire, je m'en vais la sonder un peu.

SGANARELLE. — Il n'est pas nécessaire; et, puisqu'elle veut être de cette humeur, je suis d'avis qu'on l'y laisse.

LISETTE. — Laissez-moi faire, vous dis-je. Peut-être qu'elle se découvrira plus librement à moi qu'à vous. Quoi! madame, vous ne nous direz point ce que vous avez, et vous voulez affliger ainsi tout le monde? Il me semble qu'on n'agit point comme vous faites; et que, si vous avec quelque répugnance à vous expliquer à un père, vous n'en devez avoir aucune à me découvrir votre cœur. Dites-moi, souhaitez-vous quelque chose de lui? Il nous a dit plus d'une fois qu'il n'épargneroit rien pour vous contenter. Est-ce qu'il ne vous donne pas toute la liberté que vous souhaiteriez? Et les promenades et les cadeaux ne tenteroient-ils point votre âme? Hé! Avez-vous reçu quelque déplaisir de quelqu'un? Hé? N'auriez-vous point quelque secrète inclination, avec qui vous souhaiteriez que votre père vous mariât? Ah! je vous entends. Voilà l'affaire. Que diable! pourquoi tant de façons? Monsieur, le mystère est découvert; et....

SGANARELLE. — Va, fille ingrate, je ne te veux plus parler, et je te laisse dans ton obstination.

LUCINDE. — Mon père, puisque vous voulez que je vous dise la chose....

SGANARELLE. — Oui, je perds toute l'amitié que j'avois pour toi.

LISETTE. — Monsieur, sa tristesse....

SGANARELLE. — C'est une coquine qui me veut faire mourir.

LUCINDE. — Mon père, je veux bien....

SGANARELLE. — Ce n'est pas la récompense de t'avoir élevée comme j'ai fait.

LISETTE. — Mais, monsieur....

SGANARELLE. — Non, je suis contre elle dans une colère épouvantable.

LUCINDE. — Mais, mon père....

SGANARELLE. — Je n'ai plus aucune tendresse pour toi.

LISETTE. — Mais....

SGANARELLE. — C'est une friponne.

LUCINDE. — Mais....

SGANARELLE. — Une ingrate.

LISETTE. — Mais....

SGANARELLE. — Une coquine, qui ne me veut pas dire ce qu'elle a.

LISETTE. — C'est un mari qu'elle veut.

SGANARELLE, *faisant semblant de ne pas entendre.* — Je l'abandonne.

LISETTE. — Un mari.

SGANARELLE. — Je la déteste.

LISETTE. — Un mari.

SGANARELLE. — Et la renonce pour ma fille.

LISETTE. — Un mari.

SGANARELLE. — Non, ne m'en parlez point.

LISETTE. — Un mari.

SGANARELLE. — Ne m'en parlez point.

LISETTE. — Un mari.

SGANARELLE. — Ne m'en parlez point.

LISETTE. — Un mari, un mari, un mari.

SCÈNE IV.

LUCINDE, LISETTE.

LISETTE. — On dit bien vrai qu'il n'y a point de pires sourds que ceux qui ne veulent point entendre.

LUCINDE. — Hé bien! Lisette, j'avois tort de cacher mon déplaisir, et je n'avois qu'à parler pour avoir tout ce que je souhaitois de mon père! Tu le vois.

LISETTE. — Par ma foi, voilà un vilain homme; et je vous avoue que j'aurois un plaisir extrême à lui jouer quelque tour. Mais, d'où vient donc, madame, que jusqu'ici vous m'avez caché votre mal?

LUCINDE. — Hélas! de quoi m'auroit servi de te le découvrir plus tôt? et n'aurois-je pas autant gagné à le tenir caché toute ma vie? Crois-tu que je n'aie pas bien prévu tout ce que tu vois maintenant, que je ne susse pas à fond tous les sentiments de mon père, et que le refus qu'il a fait porter à celui qui m'a demandée par un ami n'ait pas étouffé dans mon âme toute sorte d'espoir?

LISETTE. — Quoi! c'est cet inconnu qui vous a fait demander, pour qui vous?...

LUCINDE. — Peut-être n'est-il pas honnête à une fille de s'expliquer si librement; mais enfin, je t'avoue que, s'il m'étoit permis de vouloir quelque chose, ce seroit lui que je voudrois. Nous n'avons eu ensemble aucune conversation, et sa bouche ne m'a point déclaré la passion qu'il a pour moi; mais, dans tous les lieux où il m'a pu voir, ses regards et ses actions m'ont toujours parlé si tendrement, et la demande qu'il a fait faire de moi, m'a paru d'un si honnête homme, que mon cœur n'a pu s'empêcher d'être sensible à ses ardeurs; et, cependant, tu vois où la dureté de mon père réduit toute cette tendresse.

LISETTE. — Allez, laissez-moi faire. Quelque sujet que j'aie de me plaindre de vous du secret que vous m'avez fait, je ne veux pas laisser de servir votre amour; et, pourvu que vous ayez assez de résolution....

LUCINDE. — Mais que veux-tu que je fasse contre l'autorité d'un père? Et, s'il est inexorable à mes vœux....

LISETTE. — Allez, allez, il ne faut pas se laisser mener comme un oison; et, pourvu que l'honneur n'y soit pas offensé, on peut se libérer un peu de la tyrannie d'un père. Que prétend-il que vous fassiez? N'êtes-vous pas en âge d'être mariée? et croit-il que vous soyez de marbre? Allez, encore un coup, je veux servir votre passion; je prends, dès à présent, sur moi, tout le soin de ses intérêts, et vous verrez que je sais des détours.... Mais, je vois votre père. Rentrons, et me laissez agir.

SCÈNE V.

SGANARELLE, *seul.*

Il est bon quelquefois de ne point faire semblant d'entendre les choses qu'on n'entend que trop bien; et j'ai fait sagement de parer la déclaration d'un désir que je ne suis pas résolu de contenter. A-t-on jamais rien vu de plus tyrannique que cette coutume où l'on veut assujettir les pères, rien de plus impertinent et de plus ridicule, que d'amasser du bien avec de grands travaux, et d'élever une fille avec beaucoup de soin et de tendresse, pour se dépouiller de l'un et de l'autre entre les mains d'un homme qui ne nous touche de rien? Non, non, je me moque de cet usage, et je veux garder mon bien et ma fille pour moi.

SCÈNE VI.

SGANARELLE, LISETTE.

LISETTE, *courant sur le théâtre, et feignant de ne pas voir Sganarelle.* — Ah! malheur! Ah! disgrâce!

Ah! pauvre seigneur Sganarelle, où pourrai-je te rencontrer?

SGANARELLE, à part. — Que dit-elle là?

LISETTE, courant toujours. — Ah! misérable père! que feras-tu, quand tu sauras cette nouvelle?

SGANARELLE, à part. — Que sera-ce?

LISETTE. — Ma pauvre maîtresse!

SGANARELLE, à part. — Je suis perdu.

LISETTE. — Ah!

SGANARELLE, courant après Lisette. — Lisette.

LISETTE. — Quelle infortune!

SGANARELLE — Lisette.

LISETTE. — Quel accident!

SGANARELLE. — Lisette.

LISETTE. — Quelle fatalité!

SGANARELLE. — Lisette.

LISETTE, s'arrêtant. — Ah! monsieur.

SGANARELLE. — Qu'est-ce?

LISETTE. — Monsieur.

SGANARELLE. — Qu'y a-t-il?

LISETTE. — Votre fille....

SGANARELLE. — Ah! ah!

LISETTE. — Monsieur, ne pleurez donc point comme cela, car vous me feriez rire.

SGANARELLE. — Dis donc vite.

LISETTE. — Votre fille, toute saisie des paroles que vous lui avez dites, et de la colère effroyable où elle vous a vu contre elle, est montée vite dans sa chambre, et, pleine de désespoir, a ouvert la fenêtre qui regarde sur la rivière.

SGANARELLE. — Hé bien?

LISETTE. — Alors, levant les yeux au ciel : « Non, a-t-elle dit, il m'est impossible de vivre avec le courroux de mon père et, puisqu'il me renonce pour sa fille, je veux mourir. »

SGANARELLE. — Elle s'est jetée?

LISETTE. — Non monsieur. Elle a fermé tout doucement la fenêtre, et s'est allée mettre sur son lit. Là, elle s'est prise à pleurer amèrement; et, tout d'un coup, son visage a pâli, ses yeux se sont tournés, le cœur lui a manqué, et elle m'est demeurée entre les bras.

SGANARELLE. — Ah! ma fille! Elle est morte?

LISETTE. — Non, monsieur. A force de la tourmenter, je l'ai fait revenir; mais cela lui reprend de moment en moment, et je crois qu'elle ne passera pas la journée.

SGANARELLE. — Champagne! Champagne! Champagne!

SCÈNE VII.

SGANARELLE, CHAMPAGNE, LISETTE.

SGANARELLE. — Vite, qu'on m'aille querir des médecins, et en quantité. On n'en peut trop avoir dans une pareille aventure. Ah! ma fille! Ma pauvre fille!

SCÈNE VIII.

PREMIER INTERMÈDE.

Champagne, valet de Sganarelle, frappe en dansant, aux portes de quatre médecins.

SCÈNE IX.

Les quatre médecins dansent, et entrent avec cérémonie chez Sganarelle.

ACTE DEUXIÈME.

SCÈNE I.

SGANARELLE, LISETTE.

LISETTE. — Que voulez-vous donc faire, monsieur, de quatre médecins? N'est-ce pas assez d'un pour tuer une personne?

SGANARELLE. — Taisez-vous. Quatre conseils valent mieux qu'un.

LISETTE. — Est-ce que votre fille ne peut pas bien mourir sans le secours de ces messieurs-là?

SGANARELLE. — Est-ce que les médecins font mourir?

LISETTE. — Sans doute; et j'ai connu un homme qui prouvoit, par bonnes raisons, qu'il ne faut jamais dire : Une telle personne est morte d'une fièvre et d'une fluxion sur la poitrine, mais : Elle est morte de quatre médecins et de deux apothicaires.

SGANARELLE. — Chut. N'offensez pas ces messieurs-là.

LISETTE. — Ma foi, monsieur, notre chat est réchappé depuis peu d'un saut qu'il fit du haut de la maison dans la rue; et il fut trois jours sans manger, et sans pouvoir remuer ni pied ni patte; mais il est bien heureux de ce qu'il n'y a point de chats médecins, car ses affaires étoient faites, et ils n'auroient pas manqué de le purger et de le saigner.

SGANARELLE. — Voulez-vous vous taire? vous dis-je. Mais, voyez quelle impertinente! Les voici.

LISETTE. — Prenez garde, vous allez être bien édifié. Ils vous diront en latin que votre fille est malade.

SCÈNE II.

MM. TOMÈS, DESFONANDRÈS, MACROTON, BAHIS, SGANARELLE, LISETTE.

SGANARELLE. — Hé bien! messieurs?

MONSIEUR TOMÈS. — Nous avons vu suffisamment la malade, et sans doute qu'il y a beaucoup d'impuretés en elle.

SGANARELLE. — Ma fille est impure?

MONSIEUR TOMÈS. — Je veux dire qu'il y a beaucoup d'impuretés dans son corps, quantité d'humeurs corrompues.

SGANARELLE. — Ah! je vous entends.

MONSIEUR TOMÈS. — Mais.... Nous allons consulter ensemble.

SGANARELLE. — Allons, faites donner des siéges.

LISETTE, *à M. Tomès.* — Ah! monsieur, vous en êtes!

SGANARELLE, *à Lisette.* — De quoi donc connoissez-vous monsieur?

LISETTE. — De l'avoir vu l'autre jour chez la bonne amie de madame votre nièce.

MONSIEUR TOMÈS. — Comment se porte son cocher?

LISETTE. — Fort bien. Il est mort.

MONSIEUR TOMÈS. — Mort?

LISETTE. — Oui.

MONSIEUR TOMÈS. — Cela ne se peut.

LISETTE. — Je ne sais pas si cela se peut; mais je sais bien que cela est.

MONSIEUR TOMÈS. — Il ne peut pas être mort; vous dis-je.
LISETTE. — Et moi, je vous dis qu'il est mort et enterré.
MONSIEUR TOMÈS. — Vous vous trompez.
LISETTE. — Je l'ai vu.
MONSIEUR TOMÈS. — Cela est impossible. Hippocrate dit que ces sortes de maladies ne se terminent qu'au quatorze, ou au vingt-un; et il n'y a que six jours qu'il est tombé malade.
LISETTE. — Hippocrate dira ce qu'il lui plaira; mais le cocher est mort.
SGANARELLE. — Paix, discoureuse. Allons, sortons d'ici. Messieurs, je vous supplie de consulter de la bonne manière. Quoique ce ne soit pas la coutume de payer auparavant, toutefois, de peur que je ne l'oublie, et afin que ce soit une affaire faite, voici....

(*Il leur donne de l'argent, et chacun, en le recevant, fait un geste différent.*)

il ne devoit pas être d'un autre avis que son ancien. Qu'en dites-vous?
MONSIEUR DESFONANDRÈS. — Sans doute. Il faut toujours garder les formalités, quoi qu'il puisse arriver.
MONSIEUR TOMÈS. — Pour moi; j'y suis sévère en diable, à moins que ce soit entre amis; et l'on nous assembla un jour, trois de nous autres, avec un médecin de dehors, pour une consultation où j'arrêtai toute l'affaire et ne voulus point endurer qu'on opinât, si les choses n'alloient dans l'ordre. Les gens de la maison faisoient ce qu'ils pouvoient, et la maladie pressoit; mais je n'en voulus point démordre, et le malade mourut bravement pendant cette contestation.
MONSIEUR DESFONANDRÈS. — C'est fort bien fait d'apprendre aux gens à vivre, et de leur montrer leur bec jaune.
MONSIEUR TOMÈS. — Un homme mort n'est qu'un homme mort, et ne fait point de conséquence; mais une formalité négligée porte un notable préjudice à tout le corps des médecins.

SCÈNE III.

MM. DESFONANDRÈS, TOMÈS, MACROTON, BAHIS.

(*Ils s'asseyent et toussent.*)

MONSIEUR DESFONANDRÈS. — Paris est étrangement grand, et il faut faire de longs trajets quand la pratique donne un peu.
MONSIEUR TOMÈS. — Il faut avouer que j'ai une mule admirable pour cela, et qu'on a peine à croire le chemin que je lui fais faire tous les jours.
MONSIEUR DESFONANDRÈS. — J'ai un cheval merveilleux, et c'est un animal infatigable.
MONSIEUR TOMÈS. — Savez-vous le chemin que ma mule a fait aujourd'hui? j'ai été, premièrement, tout contre l'Arsenal; de l'Arsenal, au bout du faubourg Saint-Germain; du faubourg Saint-Germain, au fond du Marais; du fond du Marais, à la porte Saint-Honoré; de la porte Saint-Honoré, au faubourg Saint-Jacques; du faubourg Saint-Jacques, à la porte de Richelieu; de la porte de Richelieu, ici; et d'ici, je dois aller encore à la place Royale.
MONSIEUR DESFONANDRÈS. — Mon cheval a fait tout cela aujourd'hui; et, de plus, j'ai été à Ruel voir un malade.
MONSIEUR TOMÈS. — Mais, à propos, quel parti prenez-vous dans la querelle des deux médecins Théophraste et Artémius? car c'est une affaire qui partage tout notre corps.
MONSIEUR DESFONANDRÈS. — Moi, je suis pour Artémius.
MONSIEUR TOMÈS. — Et moi aussi. Ce n'est pas que son avis, comme on a vu, n'ait tué le malade, et que celui de Théophraste ne fût beaucoup meilleur, assurément; mais enfin, il a tort dans les circonstances, et

SCÈNE IV.

SGANARELLE, MM. TOMÈS, DESFONANDRES, MACROTON, BAHIS.

SGANARELLE. — Messieurs, l'oppression de ma fille augmente; je vous prie de me dire vite ce que vous avez résolu.
MONSIEUR TOMÈS, *à M. Desfonandrès*. — Allons, monsieur.
MONSIEUR DESFONANDRÈS. — Non, monsieur, parlez, s'il vous plaît.
MONSIEUR TOMÈS. — Vous vous moquez.
MONSIEUR DESFONANDRÈS. — Je ne parlerai pas le premier.
MONSIEUR TOMÈS. — Monsieur.
MONSIEUR DESFONANDRÈS. — Monsieur.
SGANARELLE. — Hé! de grâce, messieurs, laissez toutes ces cérémonies, et songez que les choses pressent.

(*Ils parlent tous quatre à la fois.*)
MONSIEUR TOMÈS. — La maladie de votre fille....
MONSIEUR DESFONANDRÈS. — L'avis de tous ces messieurs tous ensemble....
MONSIEUR MACROTON. — A-près a-voir bi-en con-sul-té....
MONSIEUR BAHIS. — Pour raisonner....
SGANARELLE. — Hé! messieurs, parlez l'un après l'autre, de grâce.
MONSIEUR TOMÈS. — Monsieur, nous avons raisonné sur la maladie de votre fille, et mon avis, à moi, est que cela procède d'une grande chaleur de sang; ainsi, je conclus à la saigner le plus tôt que vous pourrez.
MONSIEUR DESFONANDRÈS. — Et moi, je dis que sa maladie est une pourriture d'humeurs causée par une trop grande réplétion; ainsi, je conclus à lui donner de l'émétique.

MONSIEUR TOMÈS. — Je soutiens que l'émétique la tuera.

MONSIEUR DESFONANDRÈS. — Et moi, que la saignée la fera mourir.

MONSIEUR TOMÈS. — C'est bien à vous de faire l'habile homme!

MONSIEUR DESFONANDRÈS. — Oui, c'est à moi; et je vous prêterai le collet en tout genre d'érudition.

MONSIEUR TOMÈS. — Souvenez-vous de l'homme que vous fîtes crever ces jours passés.

MONSIEUR DESFONANDRÈS. — Souvenez-vous de la dame que vous avez envoyée en l'autre monde, il y a trois jours.

MONSIEUR TOMÈS, *à Sganarelle*. — Je vous ai dit mon avis.

MONSIEUR DESFONANDRÈS, *à Sganarelle*. — Je vous ai dit ma pensée.

MONSIEUR TOMÈS. — Si vous ne faites saigner tout à l'heure votre fille, c'est une personne morte.
(Il sort.)

MONSIEUR DESFONANDRÈS. — Si vous la faites saigner, elle ne sera pas en vie dans un quart d'heure.
(Il sort.)

SCÈNE V.

SGANARELLE, MM. MACROTON, BAHIS.

SGANARELLE. — A qui croire des deux? et quelle résolution prendre sur des avis si opposés? Messieurs, je vous conjure de déterminer mon esprit, et de me dire, sans passion, ce que vous croyez de plus propre à soulager ma fille.

MONSIEUR MACROTON. — Mon-si-eur, dans ces ma-ti-è-res-là, il faut pro-cé-der a-vec-que cir-cons-pec-ti-on, et ne ri-en fai-re, com-me on dit, à la vo-lé-e; d'au-tant que les fau-tes qu'on y peut fai-re sont, se-lon no-tre maî-tre Hip-po-cra-te, d'u-ne dan-ge-reu-se con-sé-quen-ce.

MONSIEUR BAHIS, *bredouillant*. — Il est vrai, il faut bien prendre garde à ce qu'on fait; car ce ne sont pas ici des jeux d'enfant; et, quand on a failli, il n'est pas aisé de réparer le manquement, et de rétablir ce qu'on a gâté : *experimentum periculosum*. C'est pourquoi il s'agit de raisonner auparavant comme il faut, de peser mûrement les choses, de regarder le tempérament des gens, d'examiner les causes de la maladie, et de voir les remèdes qu'on y doit apporter.

SGANARELLE, *à part*. — L'un va en tortue, et l'autre court la poste.

MONSIEUR MACROTON. — Or, mon-si-eur, pour ve-nir au fait, je trou-ve que vo-tre fil-le a u-ne ma-la-di-e chro-ni-que, et qu'el-le peut pé-ri-cli-ter, si on ne lui don-ne du se-cours, d'au-tant que les symp-tô-mes qu'el-le a sont in-di-ca-tifs d'u-ne va-peur fu-li-gi-neu-se et mor-di-can-te qui lui pi-co-te les mem-bra-nes du cer-veau. Or cet-te va-peur, que nous nom-mons en grec, *at-mos*, est cau-sé-e par des hu-meurs pu-tri-des, te-na-ces et con-glu-ti-neu-ses, qui sont con-te-nu-es dans le bas-ven-tre.

MONSIEUR BAHIS. — Et comme ces humeurs ont été là engendrées par une longue succession de temps, elles s'y sont recuites, et ont acquis cette malignité qui fume vers la région du cerveau.

MONSIEUR MACROTON. — Si bi-en donc que, pour ti-rer, dé-ta-cher, ar-ra-cher, ex-pul-ser, é-va-cu-er les-di-tes hu-meurs, il fau-dra u-ne pur-ga-ti-on vi-gou-reu-se. Mais, au pré-a-la-ble, je trou-ve à pro-pos, et il n'y pas d'in-con-vé-ni-ent, d'u-ser de pe-tits re-mè-des a-no-dins, c'est-à-dire, de pe-tits la-ve-mens ré-mol-li-ens et dé-tor-sifs, de ju-leps et de si-rops ra-fraî-chis-sans qu'on mê-le-ra dans sa ti-sa-ne.

MONSIEUR BAHIS. — Après, nous en viendrons à la purgation, et à la saignée, que nous réitérerons, s'il en est besoin.

MONSIEUR MACROTON. — Ce n'est pas qu'a-vec tout ce-la vo-tre fil-le ne puis-se mou-rir; mais au moins vous au-rez fait quel-que cho-se, et vous au-rez la con-so-la-ti-on qu'el-le se-ra mor-te dans les for-mes.

MONSIEUR BAHIS. — Il vaut mieux mourir selon les règles, que de réchapper contre les règles.

MONSIEUR MACROTON. — Nous vous di-sons sin-cè-re-ment no-tre pen-sé-e.

MONSIEUR BAHIS. — Et vous avons parlé comme nous parlerions à notre propre frère.

SGANARELLE, *à M. Macroton, en allongeant ses mots.* — Je vous rends très-hum-bles grâ-ces. (*A M. Bahis, en bredouillant.*) Et vous suis infiniment obligé de la peine que vous avez prise.

SCÈNE VI.

SGANARELLE, *seul*.

Me voilà justement un peu plus incertain que je n'étois auparavant. Morbleu! il me vient une fantaisie. Il faut que j'aille acheter de l'orviétan, et que je lui en fasse prendre; l'orviétan est un remède dont beaucoup de gens se sont bien trouvés. Holà!

SCÈNE VII.

DEUXIÈME ENTRÉE
SGANARELLE, UN OPÉRATEUR.

SGANARELLE. — Monsieur, je vous prie de me donner une boîte de votre orviétan, que je m'en vais vous payer.

L'OPÉRATEUR, *chante*.

L'or de tous les climats qu'entoure l'Océan,
Peut-il jamais payer ce secret d'importance?
Mon remède guérit, par sa rare excellence,

Plus de maux qu'on n'en peut nombrer dans tout un an;
La gale,
La rogne,
La teigne,
La fièvre,
La peste,
La goutte,
Vérole,
Descente,
Rougeole.
O grande puissance
De l'orviétan !

SGANARELLE. — Monsieur, je crois que tout l'or du monde n'est pas capable de payer votre remède; mais, pourtant, voici une pièce de trente sols que vous prendrez, s'il vous plaît.

L'OPÉRATEUR, *chante.*
Admirez mes bontés, et le peu qu'on vous vend
Ce trésor merveilleux que ma main vous dispense.
Vous pouvez, avec lui, braver en assurance
Tous les maux que sur nous l'ire du ciel répand,
La gale,
La rogne,
La teigne,
La fièvre,
La peste,
La goutte,
Vérole,
Descente,
Rougeole.
O grande puissance
De l'orviétan !

SCÈNE VIII.

(*Plusieurs Trivelins et plusieurs Scaramouches, valets de l'Opérateur, se réjouissent en dansant.*)

ACTE TROISIÈME.

SCÈNE I.

MM. FILERIN, TOMÈS, DESFONANDRÈS.

MONSIEUR FILERIN. — N'avez-vous point de honte, messieurs, de montrer si peu de prudence, pour des gens de votre âge, et de vous être querellés comme de jeunes étourdis? Ne voyez-vous pas bien quel tort ces sortes de querelles nous font parmi le monde? et n'est-ce pas assez que les savans voient les contrariétés et les dissensions qui sont entre nos auteurs et nos anciens maîtres, sans découvrir encore au peuple, par nos débats et nos querelles, la forfanterie de notre art? Pour moi, je ne comprends rien du tout à cette méchante politique de quelques-uns de nos gens, et il faut confesser que toutes ces contestations nous ont décriés depuis peu d'une étrange manière; et, que, si nous n'y prenons garde, nous allons nous ruiner nous-mêmes. Je n'en parle pas pour mon intérêt; car, Dieu merci, j'ai déjà établi mes petites affaires. Qu'il vente, qu'il pleuve, qu'il grêle, ceux qui sont morts, sont morts, et j'ai de quoi me passer des vivans; mais enfin, toutes ces disputes ne valent rien pour la médecine. Puisque le ciel nous fait la grâce que, depuis tant de siècles, on demeure infatué de nous, ne désabusons point les hommes avec nos cabales extravagantes, et profitons de leurs sottises le plus doucement que nous pourrons. Nous ne sommes pas les seuls, comme vous savez, qui tâchons à nous prévaloir de la foiblesse humaine. C'est là que va l'étude de la plupart du monde, et chacun s'efforce de prendre les hommes par leur foible pour en tirer quelque profit. Les flatteurs, par exemple, cherchent à profiter de l'amour que les hommes ont pour les louanges, en leur donnant tout le vain encens qu'ils souhaitent; c'est un art où l'on fait, comme on voit, des fortunes considérables. Les alchimistes tâchent à profiter de la passion que l'on a pour les richesses, en promettant des montagnes d'or à ceux qui les écoutent; et les diseurs d'horoscopes, par leurs prédictions trompeuses, profitent de la vanité et de l'ambition des crédules esprits. Mais le plus grand foible des hommes, c'est l'amour qu'ils ont pour la vie; et nous en profitons, nous autres, par notre pompeux galimatias, et savons prendre nos avantages de cette vénération que la peur de mourir leur donne pour notre métier. Conservons-nous donc dans le degré d'estime où leur foiblesse nous a mis, et soyons de concert auprès des malades, pour nous attribuer les heureux succès de la maladie, et rejeter sur la nature toutes les bévues de notre art. N'allons point, dis-je, détruire sottement les heureuses préventions d'une erreur qui donne du pain à tant de personnes, et, de l'argent de ceux que nous mettons en terre, nous fait élever de tous côtés de si beaux héritages.

MONSIEUR TOMÈS. — Vous avez raison en tout ce que vous dites; mais ce sont chaleurs de sang, dont parfois on n'est pas le maître.

MONSIEUR FILERIN. — Allons donc, messieurs, mettez bas toute rancune, et faisons ici votre accommodement.

MONSIEUR DESFONANDRÈS. — J'y consens. Qu'il me passe mon émétique pour la malade dont il s'agit; et je lui passerai tout ce qu'il voudra pour le premier malade dont il sera question.

MONSIEUR FILERIN. — On ne peut pas mieux dire; et voilà se mettre à la raison.

MONSIEUR DESFONANDRÈS. — Cela est fait.

MONSIEUR FILERIN — Touchez donc là. Adieu. Une autre fois montrez plus de prudence.

SCÈNE II.
M. TOMÈS, M. DESFONANDRÈS, LISETTE.

LISETTE. — Quoi! messieurs, vous voilà, et vous ne songez pas à réparer le tort qu'on vient de faire à la médecine!

MONSIEUR TOMÈS. — Comment? Qu'est-ce?

LISETTE. — Un insolent, qui a eu l'effronterie d'entreprendre sur votre métier, et qui, sans votre ordonnance, vient de tuer un homme d'un grand coup d'épée au travers du corps.

MONSIEUR TOMÈS. — Écoutez, vous faites la railleuse; mais vous passerez par nos mains quelque jour.

LISETTE. — Je vous permets de me tuer, lorsque j'aurai recours à vous.

Ah! madame, que le ravissement où je suis est grand! (Acte III, scène VI.)

SCÈNE III.
CLITANDRE, en habit de médecin, LISETTE.

CLITANDRE. — Hé bien! Lisette, que dis-tu de mon équipage? Crois-tu qu'avec cet habit je puisse duper le bonhomme? Me trouves-tu bien ainsi?

LISETTE. — Le mieux du monde; et je vous attendois avec impatience. Enfin, le ciel m'a fait d'un naturel le plus humain du monde, et je ne puis voir deux amans soupirer l'un pour l'autre, qu'il ne me prenne une tendresse charitable, et un désir ardent de soulager les maux qu'ils souffrent. Je veux, à quelque prix que ce soit, tirer Lucinde de la tyrannie où elle est, et la mettre en votre pouvoir. Vous m'avez plu d'abord; je me connois en gens, et elle ne peut pas mieux choisir. L'amour risque des choses extraordinaires; et nous avons concerté ensemble une manière de stratagème qui pourra peut-être nous réussir. Toutes nos mesures sont déjà prises : l'homme à qui nous avons affaire n'est pas des plus fins de ce monde; et, si cette aventure nous manque, nous trouverons mille autres voies pour arriver à notre but. Attendez-moi là seulement, je reviens vous quérir.

(*Clitandre se retire dans le fond du théâtre.*)

SCÈNE IV.
SGANARELLE, LISETTE.

LISETTE. — Monsieur, allégresse! allégresse!

SGANARELLE. — Qu'est-ce?
LISETTE. — Réjouissez-vous.
SGANARELLE. — De quoi?
LISETTE. — Réjouissez-vous, vous dis-je.
SGANARELLE. — Dis-moi donc ce que c'est, et puis je me réjouirai peut-être.
LISETTE. — Non. Je veux que vous vous réjouissiez auparavant, que vous chantiez, que vous dansiez.
SGANARELLE. — Sur quoi?
LISETTE. — Sur ma parole.
SGANARELLE. — Allons donc. (*Il chante et danse.*) La lera la la, la, lera la. Que diable!
LISETTE. — Monsieur, votre fille est guérie.
SGANARELLE. — Ma fille est guérie!
LISETTE. — Oui. Je vous amène un médecin, mais un médecin d'importance, qui fait des cures merveilleuses, et qui se moque des autres médecins.
SGANARELLE. — Où est-il?
LISETTE. — Je vais le faire entrer.
SGANARELLE, *seul.* — Il faut voir si celui-ci fera plus que les autres.

SCÈNE V.

CLITANDRE, *en habit de médecin*, SGANARELLE.

LISETTE, *amenant Clitandre.* — Le voici.
SGANARELLE. — Voilà un médecin qui a la barbe bien jeune.
LISETTE. — La science ne se mesure pas à la barbe, et ce n'est pas par le menton qu'il est habile.
SGANARELLE. — Monsieur, on m'a dit que vous aviez des remèdes admirables pour faire aller à la selle.
CLITANDRE. — Monsieur, mes remèdes sont différens de ceux des autres. Ils ont l'émétique, les saignées, les médecines et les lavemens; mais moi, je guéris par des paroles, par des sons, par des lettres, par des talismans, et par des anneaux constellés.
LISETTE. — Que vous ai-je dit?
SGANARELLE. — Voilà un grand homme.
LISETTE. — Monsieur, comme votre fille est là tout habillée dans une chaise, je vais la faire passer ici.
SGANARELLE. — Oui. Fais.
CLITANDRE, *tâtant le pouls à Sganarelle.* — Votre fille est bien malade.
SGANARELLE. — Vous connoissez cela ici?
CLITANDRE. — Oui, par la sympathie qu'il y a entre le père et la fille.

SCÈNE VI.

SGANARELLE, LUCINDE, CLITANDRE, LISETTE.

LISETTE, *à Clitandre.* — Tenez, monsieur, voilà une chaise auprès d'elle. (*A Sganarelle.*) Allons, laissez-les là tous deux.
SGANARELLE. — Pourquoi? Je veux demeurer là.

LISETTE. — Vous moquez-vous? Il faut s'éloigner. Un médecin a cent choses à demander qu'il n'est pas honnête qu'un homme entende.

(*Sganarelle et Lisette s'éloignent.*)

CLITANDRE, *bas, à Lucinde.* — Ah! madame, que le ravissement où je me trouve est grand! et que je sais peu par où vous commencer mon discours! Tant que je ne vous ai parlé que des yeux, j'avois, ce me sembloit, cent choses à vous dire; et, maintenant que j'ai la liberté de vous parler de la façon que je souhaitois, je demeure interdit, et la grande joie où je suis étouffe toutes mes paroles.
LUCINDE. — Je puis vous dire la même chose; et je sens, comme vous, des mouvemens de joie qui m'empêchent de pouvoir parler.
CLITANDRE. — Ah! madame, que je serois heureux, s'il étoit vrai que vous sentissiez tout ce que je sens, et qu'il me fût permis de juger de votre âme par la mienne! Mais, madame, puis-je au moins croire que ce soit à vous à qui je doive la pensée de cet heureux stratagème qui me fait jouir de votre présence?
LUCINDE. — Si vous ne m'en devez pas la pensée, vous m'êtes redevable au moins d'en avoir approuvé la proposition avec beaucoup de joie.
SGANARELLE, *à Lisette.* — Il me semble qu'il lui parle de bien près.
LISETTE, *à Sganarelle.* — C'est qu'il observe sa physionomie, et tous les traits de son visage.
CLITANDRE, *à Lucinde.* — Serez-vous constante, madame, dans ces bontés que vous me témoignez?
LUCINDE. — Mais vous, serez-vous ferme dans les résolutions que vous avez montrées?
CLITANDRE. — Ah! madame, jusqu'à la mort. Je n'ai point de plus forte envie que d'être à vous, et je vais le faire paroître dans ce que vous m'allez voir faire.
SGANARELLE, *à Clitandre.* — Hé bien! notre malade? Elle me semble un peu plus gaie.
CLITANDRE. — C'est que j'ai déjà fait agir sur elle un de ces remèdes que mon art m'enseigne. L'esprit a grand empire sur le corps, et c'est de lui, bien souvent, que procèdent les maladies, ma coutume est de courir à guérir les esprits, avant que de venir aux corps. J'ai donc observé ses regards, les traits de son visage, et les lignes de ses deux mains; et, par la science que le ciel m'a donnée, j'ai reconnu que c'étoit de l'esprit qu'elle étoit malade, et que tout son mal ne venoit que d'une imagination déréglée, d'un désir dépravé de vouloir être mariée. Pour moi, je ne vois rien de plus extravagant et de plus ridicule que cette envie qu'on a du mariage.
SGANARELLE, *à part.* — Voilà un habile homme!
CLITANDRE. — Et j'ai eu, et aurai pour lui, toute ma vie, une aversion effroyable.
SGANARELLE, *à part.* — Voilà un grand médecin!
CLITANDRE. — Mais, comme il faut flatter l'imagination des malades, et que j'ai vu en elle de l'aliénation d'esprit, et même qu'il y avoit du péril à ne lui pas donner un prompt secours, je l'ai prise par son

foible, et lui ai dit que j'étois venu ici pour vous la demander en mariage. Soudain, son visage a changé, son teint s'est éclairci, ses yeux se sont animés; et, si vous voulez, pour quelques jours, l'entretenir dans cette erreur, vous verrez que nous la tirerons d'où elle est.

SGANARELLE. — Oui-da, je le veux bien.

CLITANDRE. — Après, nous ferons agir d'autres remèdes pour la guérir entièrement de cette fantaisie.

SGANARELLE. — Oui, cela est le mieux du monde. Hé bien! ma fille, voilà monsieur qui a envie de t'épouser, et je lui ai dit que je le voulois bien.

LUCINDE. — Hélas! est-il possible?

SGANARELLE. — Oui.

LUCINDE. — Mais, tout de bon?

SGANARELLE. — Oui, oui.

LUCINDE, à Clitandre. — Quoi! vous êtes dans les sentimens d'être mon mari?

CLITANDRE. — Oui, madame.

LUCINDE. — Et mon père y consent?

SGANARELLE. — Oui, ma fille.

LUCINDE. — Ah! que je suis heureuse, si cela est véritable!

CLITANDRE. — N'en doutez point, madame. Ce n'est pas d'aujourd'hui que je vous aime, et que je brûle de me voir votre mari. Je ne suis venu ici que pour cela; et, si vous voulez que je vous dise nettement les choses comme elles sont, cet habit n'est qu'un pur prétexte inventé, et je n'ai fait le médecin que pour m'approcher de vous, et obtenir plus facilement ce que je souhaite.

LUCINDE. — C'est me donner des marques d'un amour bien tendre, et j'y suis sensible autant que je puis.

SGANARELLE, à part. — O la folle! O la folle! O la folle!

LUCINDE. — Vous voulez donc bien, mon père, me donner monsieur pour époux?

SGANARELLE. — Oui. Çà, donne-moi ta main. Donnez-moi un peu aussi la vôtre, pour voir.

CLITANDRE. — Mais, monsieur....

SGANARELLE, étouffant de rire. — Non, non, c'est pour.... pour lui contenter l'esprit. Touchez là. Voilà qui est fait.

CLITANDRE. — Acceptez, pour gage de ma foi, cet anneau que je vous donne. (Bas, à Sganarelle.) C'est un anneau constellé, qui guérit les égaremens d'esprit.

LUCINDE. — Faisons donc le contrat, afin que rien n'y manque.

CLITANDRE. — Hélas! je le veux bien, madame. (Bas, à Sganarelle.) Je vais faire monter l'homme qui écrit mes remèdes, et lui faire croire que c'est un notaire.

SGANARELLE. — Fort bien.

CLITANDRE. — Holà! faites monter le notaire que j'ai amené avec moi.

LUCINDE. — Quoi? vous aviez amené un notaire?

CLITANDRE. — Oui, madame.

LUCINDE. — J'en suis ravie.

SGANARELLE. — Ô la folle! ô la folle!

SCÈNE VII.

LE NOTAIRE, CLITANDRE, SGANARELLE, LUCINDE, LISETTE.

(Clitandre parle bas au notaire.)

SGANARELLE, au notaire. — Oui, monsieur, il faut faire un contrat pour ces deux personnes-là. Écrivez. (A Lucinde.) Voilà le contrat qu'on fait. (Au notaire.) Je lui donne vingt mille écus en mariage. Écrivez.

LUCINDE. — Je vous suis bien obligée, mon père.

LE NOTAIRE. — Voilà qui est fait. Vous n'avez qu'à venir signer.

SGANARELLE. — Voilà un contrat bientôt bâti.

CLITANDRE, à Sganarelle. — Mais, au moins, monsieur....

SGANARELLE. — Hé! non, vous dis-je. Sait-on pas bien.... (Au notaire.) Allons, donnez-lui la plume pour signer. (A Lucinde.) Allons, signe, signe, signe. Va, va, je signerai tantôt, moi.

LUCINDE. — Non, non, je veux avoir le contrat entre mes mains.

SGANARELLE. — Hé bien! tiens. (Après avoir signé.) Es-tu contente?

LUCINDE. — Plus qu'on ne peut s'imaginer.

SGANARELLE. — Voilà qui est bien, voilà qui est bien.

CLITANDRE. — Au reste, je n'ai pas eu seulement la précaution d'amener un notaire; j'ai eu celle encore de faire venir des voix et des instrumens et des danseurs pour célébrer la fête, et pour nous réjouir. Qu'on les fasse venir. Ce sont des gens que je mène avec moi, et dont je me sers tous les jours pour pacifier avec leur harmonie et leurs danses les troubles de l'esprit

SCÈNE VII.

LA COMÉDIE, LE BALLET, LA MUSIQUE,
ensemble.

Sans nous tous les hommes
Deviendroient malsains;
Et c'est nous qui sommes
Leurs grands médecins.

LA COMÉDIE.

Veut-on qu'on rabatte,
Par des moyens doux,
Les vapeurs de rate
Qui vous minent tous?
Qu'on laisse Hippocrate,
Et qu'on vienne à nous.

TOUS TROIS ENSEMBLE.

Sans nous tous les hommes
Deviendroient malsains;
Et c'est nous qui sommes
Leurs grands médecins.

(*Pendant que les Jeux, les Ris et les Plaisirs dansent, Clitandre emmène Lucinde.*)

SCÈNE IX.

SGANARELLE, LISETTE, LA COMÉDIE, LA MUSIQUE, LE BALLET, JEUX, RIS, PLAISIRS.

SGANARELLE. — Voilà une plaisante façon de guérir! Où est donc ma fille et le médecin?

LISETTE. — Ils sont allés achever le reste du mariage.

SGANARELLE. — Comment le mariage?

LISETTE. — Ma foi, monsieur, la bécasse est bridée, et vous avez cru faire un jeu, qui demeure une vérité.

SGANARELLE. — Comment diable! (*Il veut aller après Clitandre et Lucinde, les danseurs le retiennent.*) Laissez-moi aller, laissez-moi aller, vous dis-je! (*Les danseurs le retiennent toujours.*) Encore? (*Ils veulent faire danser Sganarelle de force.*) Peste des gens!

LE MISANTHROPE

COMÉDIE EN CINQ ACTES

1666

PERSONNAGES ET ACTEURS

ALCESTE, amant de Célimène.   Molière.
PHILINTE, ami d'Alceste.   La Thorillière.
ORONTE, amant de Célimène.   Du Croisy.
CÉLIMÈNE.   Mlle Molière.
ÉLIANTE, cousine de Célimène.   Mlle de Brie.
ARSINOÉ, amie de Célimène.   Mlle du Parc.
ACASTE,   ⎫
            ⎬ marquis.   La Grange.
CLITANDRE,⎭
BASQUE, valet de Célimène.
UN GARDE de la maréchaussée de France.   De Brie.
DUBOIS, valet d'Alceste.   Béjart.

La scène est à Paris, dans la maison de Célimène.

Le *Misanthrope* fut joué pour la première fois le 4 juin 1666, sur le théâtre du Palais-Royal.

ACTE PREMIER.

SCÈNE I.

PHILINTE, ALCESTE.

PHILINTE.
Qu'est-ce donc? Qu'avez-vous?
ALCESTE, *assis.*
Laissez-moi, je vous prie.
PHILINTE.
Mais encor, dites-moi quelle bizarrerie....
ALCESTE.
Laissez-moi là, vous dis-je, et courez vous cacher.
PHILINTE.
Mais on entend les gens au moins sans se fâcher.
ALCESTE.
Moi, je veux me fâcher, et ne veux point entendre.
PHILINTE
Dans vos brusques chagrins je ne puis vous comprendre,
Et, quoique amis enfin, je suis tout des premiers...
ALCESTE, *se levant brusquement.*
Moi, votre ami? Rayez cela de vos papiers.
J'ai fait jusques ici profession de l'être;
Mais, après ce qu'en vous je viens de voir paroître,
Je vous déclare net que je ne le suis plus,
Et ne veux nulle place en des cœurs corrompus.
PHILINTE.
Je suis donc bien coupable, Alceste, à votre compte?
ALCESTE.
Allez, vous devriez mourir de pure honte;
Une telle action ne sauroit s'excuser,
Et tout homme d'honneur s'en doit scandaliser.
Je vous vois accabler un homme de caresses,
Et témoigner pour lui les dernières tendresses;
De protestations, d'offres et de sermens,
Vous chargez la fureur de vos embrassemens;
Et, quand je vous demande après quel est cet homme,
A peine pouvez-vous dire comme il se nomme;
Votre chaleur pour lui tombe en vous séparant,
Et vous me le traitez, à moi, d'indifférent.
Morbleu! c'est une chose indigne, lâche, infâme,
De s'abaisser ainsi, jusqu'à trahir son âme;
Et si, par un malheur, j'en avois fait autant,
Je m'irois, de regret, pendre tout à l'instant.
PHILINTE.
Je ne vois pas, pour moi, que le cas soit pendable;
Et je vous supplierai d'avoir pour agréable
Que je me fasse un peu grâce sur votre arrêt,
Et ne me pende pas pour cela, s'il vous plaît.
ALCESTE.
Que la plaisanterie est de mauvaise grâce!
PHILINTE.
Mais sérieusement, que voulez-vous qu'on fasse?
ALCESTE.
Je veux qu'on soit sincère, et qu'en homme d'honneur,
On ne lâche aucun mot qui ne parte du cœur.
PHILINTE.
Lorsqu'un homme vous vient embrasser avec joie,
Il faut bien le payer de la même monnoie,
Répondre, comme on peut, à ses empressemens,
Et rendre offre pour offre, et sermens pour sermens.
ALCESTE.
Non, je ne puis souffrir cette lâche méthode
Qu'affectent la plupart de vos gens à la mode;
Et je ne hais rien tant que les contorsions
De tous ces grands faiseurs de protestations,
Ces affables donneurs d'embrassades frivoles,
Ces obligeans diseurs d'inutiles paroles,
Qui de civilités avec tous font combat,

Et traitent du même air l'honnête homme et le fat.
Quel avantage a-t-on qu'un homme vous caresse,
Vous jure amitié, foi, zèle, estime, tendresse,
Et vous fasse de vous un éloge éclatant,
Lorsqu'au premier faquin il court en faire autant?
Non, non, il n'est point d'âme un peu bien située,
Qui veuille d'une estime ainsi prostituée,
Et la plus glorieuse a des régals peu chers,
Dès qu'on voit qu'on nous mêle avec tout l'univers :
Sur quelque préférence une estime se fonde,
Et c'est n'estimer rien qu'estimer tout le monde.
Puisque vous y donnez, dans ces vices du temps,
Morbleu! vous n'êtes pas pour être de mes gens;
Je refuse d'un cœur la vaste complaisance
Qui ne fait de mérite aucune différence ;
Je veux qu'on me distingue, et, pour le trancher net,
L'ami du genre humain n'est point du tout mon fait.

PHILINTE.
Mais, quand on est du monde, il faut bien que l'on rende
Quelques dehors civils que l'usage demande.

ALCESTE.
Non, vous dis-je, on devroit châtier sans pitié
Ce commerce honteux de semblans d'amitié.
Je veux que l'on soit homme, et qu'en toute rencontre,
Le fond de notre cœur dans nos discours se montre,
Que ce soit lui qui parle, et que nos sentimens
Ne se masquent jamais sous de vains complimens.

PHILINTE.
Il est bien des endroits où la pleine franchise
Deviendroit ridicule, et seroit peu permise ;
Et parfois, n'en déplaise à votre austère honneur,
Il est bon de cacher ce qu'on a dans le cœur.
Seroit-il à propos, et de la bienséance,
De dire à mille gens tout ce que d'eux on pense?
Et, quand on a quelqu'un qu'on hait ou qui déplaît
Lui doit-on déclarer la chose comme elle est?

ALCESTE.
Oui.

PHILINTE.
Quoi! vous iriez dire à la vieille Émilie,
Qu'à son âge il sied mal de faire la jolie,
Et que le blanc qu'elle a scandalise chacun?

ALCESTE.
Sans doute.

PHILINTE.
A Dorilas, qu'il est trop importun;
Et qu'il n'est, à la cour, oreille qu'il ne lasse
A conter sa bravoure et l'éclat de sa race?

ALCESTE.
Fort bien.

PHILINTE.
Vous vous moquez.

ALCESTE.
Je ne me moque point,
Et je vais n'épargner personne sur ce point.
Mes yeux sont trop blessés, et la cour et la ville
Ne m'offrent rien qu'objets à m'échauffer la bile ;
J'entre en une humeur noire, en un chagrin profond,
Quand je vois vivre entre eux les hommes comme ils font;
Je ne trouve partout que lâche flatterie,
Qu'injustice, intérêt, trahison, fourberie ;
Je n'y puis plus tenir, j'enrage ; et mon dessein
Est de rompre en visière à tout le genre humain.

PHILINTE.
Ce chagrin philosophe est un peu trop sauvage.
Je ris des noirs accès où je vous envisage,
Et crois voir en nous deux, sous mêmes soins nourris,
Ces deux frères que peint *l'École des Maris*,
Dont....

ALCESTE.
Mon Dieu! laissons là vos comparaisons fades.

PHILINTE.
Non : tout de bon, quittez toutes ces incartades.
Le monde par vos soins ne se changera pas :
Et, puisque la franchise a pour vous tant d'appas,
Je vous dirai tout franc que cette maladie,
Partout où vous allez, donne la comédie ;
Et qu'un si grand courroux contre les mœurs du temps,
Vous tourne en ridicule auprès de bien des gens.

ALCESTE.
Tant mieux, morbleu! tant mieux, c'est ce que je demande.
Ce m'est un fort bon signe, et ma joie en est grande.
Tous les hommes me sont à tel point odieux,
Que je serois fâché d'être sage à leurs yeux.

PHILINTE.
Vous voulez un grand mal à la nature humaine.

ALCESTE.
Oui, j'ai conçu pour elle une effroyable haine.

PHILINTE.
Tous les pauvres mortels, sans nulle exception,
Seront enveloppés dans cette aversion?
Encore en est-il bien, dans le siècle où nous sommes....

ALCESTE.
Non, elle est générale, et je hais tous les hommes,
Les uns, parce qu'ils sont méchans et malfaisans,
Et les autres, pour être aux méchans complaisans,
Et n'avoir pas pour eux ces haines vigoureuses
Que doit donner le vice aux âmes vertueuses.
De cette complaisance on voit l'injuste excès
Pour le franc scélérat avec qui j'ai procès.
Au travers du masque on voit à plein le traître;
Partout il est connu pour tout ce qu'il peut être ;
Et ses roulemens d'yeux, et son ton radouci,
N'imposent qu'à des gens qui ne sont point d'ici.
On sait que ce pied plat, digne qu'on le confonde,
Par de sales emplois s'est poussé dans le monde,
Et que par eux, son sort, de splendeur revêtu,
Fait gronder le mérite et rougir la vertu;
Quelques titres honteux qu'en tous lieux on lui donne,
Son misérable honneur ne voit pour lui personne :
Nommez-le fourbe, infâme, et scélérat maudit,
Tout le monde en convient, et nul n'y contredit.
Cependant sa grimace est partout bien venue ;
On l'accueille, on lui rit, partout il s'insinue;
Et, s'il est, par la brigue, un rang à disputer,
Sur le plus honnête homme on le voit l'emporter.
Têtebleu! ce me sont de mortelles blessures,
De voir qu'avec le vice on garde des mesures ;
Et parfois il me prend des mouvemens soudains
De fuir dans un désert l'approche des humains.

PHILINTE.

Mon Dieu ! des mœurs du temps mettons-nous moins en
Et faisons un peu grâce à la nature humaine; [peine,
Ne l'examinons point dans la grande rigueur,
Et voyons ses défauts avec quelque douceur.
Il faut, parmi le monde, une vertu traitable;
A force de sagesse, on peut être blâmable;
La parfaite raison fuit toute extrémité,
Et veut que l'on soit sage avec sobriété.
Cette grande roideur des vertus des vieux âges
Heurte trop notre siècle et les communs usages;
Elle veut aux mortels trop de perfection :
Il faut fléchir au temps sans obstination;
Et c'est une folie à nulle autre seconde,
De vouloir se mêler de corriger le monde.
J'observe, comme vous, cent choses tous les jours,
Qui pourroient mieux aller, prenant un autre cours;
Mais, quoi qu'à chaque pas je puisse voir paroître,
En courroux, comme vous, on ne me voit point être;
Je prends tout doucement les hommes comme ils sont;
J'accoutume mon âme à souffrir ce qu'ils font,
Et je crois qu'à la cour, de même qu'à la ville,

Laissez-moi là, vous dis-je, et courez vous cacher. (Acte 1, scène 1.)

Mon flegme est philosophe autant que votre bile.

ALCESTE.

Mais ce flegme, monsieur, qui raisonnez si bien,
Ce flegme pourra-t-il ne s'échauffer de rien?
Et s'il faut, par hasard, qu'un ami vous trahisse,
Que, pour avoir vos biens, on dresse un artifice,
Ou qu'on tâche à semer des méchans bruits de vous,
Verrez-vous tout cela sans vous mettre en courroux?

PHILINTE.

Oui, je vois ces défauts dont votre âme murmure,
Comme vices unis à l'humaine nature;
Et mon esprit enfin n'est pas plus offensé
De voir un homme fourbe, injuste, intéressé,

Que de voir des vautours affamés de carnage,
Des singes malfaisans, et des loups pleins de rage.

ALCESTE.

Je me verrai trahir, mettre en pièces, voler,
Sans que je sois.... Morbleu! je ne veux point parler,
Tant ce raisonnement est plein d'impertinence!

PHILINTE.

Ma foi, vous ferez bien de garder le silence.
Contre votre partie éclatez un peu moins,
Et donnez au procès une part de vos soins.

ALCESTE.

Je n'en donnerai point, c'est une chose dite.

PHILINTE.
Mais qui voulez-vous donc qui pour vous sollicite?
ALCESTE.
Qui je veux? La raison, mon bon droit, l'équité.
PHILINTE.
Aucun juge par vous ne sera visité?
ALCESTE.
Non. Est-ce que ma cause est injuste ou douteuse?
PHILINTE.
J'en demeure d'accord; mais la brigue est fâcheuse
Et...
ALCESTE.
Non. J'ai résolu de n'en pas faire un pas.
J'ai tort, ou j'ai raison.
PHILINTE.
Ne vous y fiez pas.
ALCESTE.
Je ne remuerai point.
PHILINTE.
Votre partie est forte,
Et peut, par sa cabale, entraîner....
ALCESTE.
Il n'importe.
PHILINTE.
Vous vous tromperez.
ALCESTE.
Soit. J'en veux voir le succès.
PHILINTE.
Mais....
ALCESTE.
J'aurai le plaisir de perdre mon procès.
PHILINTE.
Mais enfin....
ALCESTE.
Je verrai dans cette plaiderie,
Si les hommes auront assez d'effronterie,
Seront assez méchans, scélérats et pervers,
Pour me faire injustice aux yeux de l'univers.
PHILINTE.
Quel homme!
ALCESTE.
Je voudrois, m'en coutât-il grand'chose,
Pour la beauté du fait, avoir perdu ma cause.
PHILINTE.
On se riroit de vous, Alceste, tout de bon,
Si l'on vous entendoit parler de la façon.
ALCESTE.
Tant pis pour qui riroit.
PHILINTE.
Mais cette rectitude
Que vous voulez en tout avec exactitude,
Cette pleine droiture, où vous vous renfermez,
La trouvez-vous ici dans ce que vous aimez?
Je m'étonne, pour moi, qu'étant, comme il le semble,
Vous et le genre humain, si fort brouillés ensemble,
Malgré tout ce qui peut vous le rendre odieux,
Vous ayez pris chez lui ce qui charme vos yeux;
Et ce qui me surprend encore davantage,
C'est cet étrange choix où votre cœur s'engage.
La sincère Éliante a du penchant pour vous,

La prude Arsinoé vous voit d'un œil fort doux;
Cependant à leurs vœux votre âme se refuse,
Tandis qu'en ses liens Célimène l'amuse,
De qui l'humeur coquette et l'esprit médisant
Semblent si fort donner dans les mœurs d'à présent.
D'où vient que, leur portant une haine mortelle,
Vous pouvez bien souffrir ce qu'en tient cette belle?
Ne sont-ce plus défauts dans un objet si doux?
Ne les voyez-vous pas, ou les excusez-vous?
ALCESTE.
Non. L'amour que je sens pour cette jeune veuve
Ne ferme point mes yeux aux défauts qu'on lui treuve;
Et je suis, quelque ardeur qu'elle m'ait pu donner,
Le premier à les voir, comme à les condamner.
Mais, avec tout cela, quoi que je puisse faire,
Je confesse mon foible; elle a l'art de me plaire :
J'ai beau voir ses défauts, et j'ai beau l'en blâmer,
En dépit qu'on en ait, elle se fait aimer;
Sa grâce est la plus forte; et sans doute ma flamme
De ces vices du temps pourra purger son âme.
PHILINTE.
Si vous faites cela, vous ne ferez pas peu.
Vous croyez être donc aimé d'elle?
ALCESTE.
Oui, parbleu!
Je ne l'aimerois pas, si je ne croyois l'être.
PHILINTE.
Mais, si son amitié pour vous se fait paroître,
D'où vient que vos rivaux vous causent de l'ennui?
ALCESTE.
C'est qu'un cœur bien atteint veut qu'on soit tout à lui,
Et je ne viens ici qu'à dessein de lui dire
Tout ce que là-dessus ma passion m'inspire.
PHILINTE.
Pour moi, si je n'avois qu'à former des désirs,
La cousine Éliante auroit tous mes soupirs;
Son cœur, qui vous estime, est solide et sincère,
Et ce choix plus conforme étoit mieux votre affaire.
ALCESTE.
Il est vrai : ma raison me le dit chaque jour;
Mais la raison n'est pas ce qui règle l'amour.
PHILINTE.
Je crains fort pour vos feux, et l'espoir où vous êtes
Pourroit....

SCÈNE II.

ORONTE, ALCESTE, PHILINTE.

ORONTE, *à Alceste*.
J'ai su là-bas que, pour quelques emplettes,
Éliante est sortie, et Célimène aussi;
Mais, comme l'on m'a dit que vous étiez ici,
J'ai monté pour vous dire, et d'un cœur véritable,
Que j'ai conçu pour vous une estime incroyable,
Et que, depuis longtemps, cette estime m'a mis
Dans un ardent désir d'être de vos amis.
Oui, mon cœur au mérite aime à rendre justice,
Et je brûle qu'un nœud d'amitié nous unisse.

Je crois qu'un ami chaud, et de ma qualité,
N'est pas assurément pour être rejeté.
(Pendant le discours d'Oronte, Alceste est rêveur, et semble ne pas entendre que c'est à lui qu'on parle. Il ne sort de sa rêverie que quand Oronte lui dit :)
C'est à vous, s'il vous plaît, que ce discours s'adresse.

ALCESTE.
A moi, monsieur?

ORONTE.
A vous. Trouvez-vous qu'il vous blesse?

ALCESTE.
Non pas. Mais la surprise est fort grande pour moi,
Et je n'attendois pas l'honneur que je reçoi.

ORONTE.
L'estime où je vous tiens ne doit point vous surprendre,
Et de tout l'univers vous la pouvez prétendre.

ALCESTE.
Monsieur....

ORONTE.
L'État n'a rien qui ne soit au-dessous
Du mérite éclatant que l'on découvre en vous.

ALCESTE.
Monsieur....

ORONTE.
Oui, de ma part, je vous tiens préférable
A tout ce que j'y vois de plus considérable.

ALCESTE.
Monsieur....

ORONTE.
Sois-je du ciel écrasé, si je mens ;
Et, pour vous confirmer ici mes sentimens,
Souffrez qu'à cœur ouvert, monsieur, je vous embrasse,
Et qu'en votre amitié je vous demande place.
Touchez là, s'il vous plaît. Vous me la promettez,
Votre amitié?

ALCESTE.
Monsieur....

ORONTE.
Quoi! vous y résistez?

ALCESTE.
Monsieur, c'est trop d'honneur que vous me voulez faire ;
Mais l'amitié demande un peu plus de mystère,
Et c'est assurément en profaner le nom
Que de vouloir le mettre à toute occasion.
Avec lumière et choix cette union veut naître ;
Avant que nous lier, il faut nous mieux connoître ;
Et nous pourrions avoir telles complexions,
Que tous deux du marché nous nous repentirions.

ORONTE.
Parbleu! c'est là-dessus parler en homme sage,
Et je vous en estime encore davantage.
Souffrons donc que le temps forme des nœuds si doux ;
Mais, cependant, je m'offre entièrement à vous
S'il faut faire à la cour pour vous quelque ouverture,
On sait qu'auprès du roi je fais quelque figure ;
Il m'écoute ; et, dans tout, il en use, ma foi,
Le plus honnêtement du monde avecque moi.
Enfin, je suis à vous de toutes les manières ;
Et, comme votre esprit a de grandes lumières,
Je viens, pour commencer entre nous ce beau nœud,
Vous montrer un sonnet que j'ai fait depuis peu,
Et savoir s'il est bon qu'au public je l'expose.

ALCESTE.
Monsieur, je suis mal propre à décider la chose.
Veuillez m'en dispenser.

ORONTE.
Pourquoi?

ALCESTE.
J'ai le défaut
D'être un peu plus sincère en cela qu'il ne faut.

ORONTE.
C'est ce que je demande, et j'aurois lieu de plainte,
Si, m'exposant à vous pour me parler sans feinte,
Vous alliez me trahir et me déguiser rien.

ALCESTE.
Puisqu'il vous plaît ainsi, monsieur, je le veux bien.

ORONTE.
Sonnet. C'est un sonnet.... *L'espoir*.... C'est une dame,
Qui de quelque espérance avoit flatté ma flamme.
L'espoir.... Ce ne sont point de ces grands vers pompeux,
Mais de petits vers doux, tendres et langoureux.

ALCESTE.
Nous verrons bien.

ORONTE.
L'espoir.... Je ne sais si le style
Pourra vous en paroître assez net et facile,
Et si du choix des mots vous vous contenterez.

ALCESTE.
Nous allons voir, monsieur.

ORONTE.
Au reste, vous saurez
Que je n'ai demeuré qu'un quart d'heure à le faire.

ALCESTE.
Voyons, monsieur ; le temps ne fait rien à l'affaire.

ORONTE *lit*.
L'espoir, il est vrai, nous soulage ;
Et nous berce un temps notre ennui ;
Mais, Philis, le triste avantage,
Lorsque rien ne marche après lui!

PHILINTE.
Je suis déjà charmé de ce petit morceau.

ALCESTE, *bas, à Philinte*.
Quoi? vous avez le front de trouver cela beau?

ORONTE.
Vous eûtes de la complaisance ;
Mais vous en deviez moins avoir,
Et ne vous pas mettre en dépense,
Pour ne me donner que l'espoir.

PHILINTE.
Ah! qu'en termes ces choses-là sont mises!

ALCESTE, *bas, à Philinte*.
Morbleu! vil complaisant, vous louez des sottises?

ORONTE.
S'il faut qu'une attente éternelle
Pousse à bout l'ardeur de mon zèle,
Le trépas sera mon recours.

Vos soins ne m'en peuvent distraire ;
Belle Philis, on désespère,
Alors qu'on espère toujours.

PHILINTE.
La chute en est jolie, amoureuse, admirable.
ALCESTE, *bas, à part.*
Le peste de ta chute, empoisonneur, au diable !
En eusses-tu fait une à te casser le nez !
PHILINTE.
Je n'ai jamais ouï de vers si bien tournés.
ALCESTE, *bas, à part.*
Morbleu !
ORONTE, *à Philinte.*
Vous me flattez, et vous croyez peut-être....
PHILINTE.
Non, je ne flatte point.
ALCESTE, *bas, à part.*
Hé ! que fais-tu donc traître ?
ORONTE, *à Alceste.*
Mais, pour vous, vous savez quel est notre traité.
Parlez-moi, je vous prie, avec sincérité.

ALCESTE.
Monsieur, cette matière est toujours délicate,
Et sur le bel esprit, nous aimons qu'on nous flatte.
Mais un jour, à quelqu'un dont je tairai le nom,
Je disois, en voyant des vers de sa façon,
Qu'il faut qu'un galant homme ait toujours grand empire
Sur les démangeaisons qui nous prennent d'écrire ;
Qu'il doit tenir la bride aux grands empressemens
Qu'on a de faire éclat de tels amusemens ;
Et que, par la chaleur de montrer ses ouvrages,
On s'expose à jouer de mauvais personnages.
ORONTE.
Est-ce que vous voulez me déclarer par là
Que j'ai tort de vouloir ?...
ALCESTE.
Je ne dis pas cela.
Mais je lui disois, moi, qu'un froid écrit assomme,
Qu'il ne faut que ce foible à décrier un homme,

Quoi, vous avez le front de trouver cela beau ? (Acte I, scène II.)

Et qu'eût-on d'autre part cent belles qualités,
On regarde les gens par leurs méchans côtés.
ORONTE.
Est-ce qu'à mon sonnet vous trouvez à redire ?
ALCESTE.
Je ne dis pas cela. Mais, pour ne point écrire,
Je lui mettois aux yeux, comme dans notre temps,
Cette soif a gâté de fort honnêtes gens.
ORONTE.
Est-ce que j'écris mal, et leur ressemblerois-je !
ALCESTE.
Je ne dis pas cela. Mais enfin, lui disois-je,
Quel besoin si pressant avez-vous de rimer ?
Et qui diantre vous pousse à vous faire imprimer ?
Si l'on peut pardonner l'essor d'un mauvais livre,
Ce n'est qu'aux malheureux qui composent pour vivre.
Croyez-moi, résistez à vos tentations,
Dérobez au public ces occupations,
Et n'allez point quitter, de quoi que l'on vous somme,

Le nom que dans la cour vous avez d'honnête homme,
Pour prendre de la main d'un avide imprimeur
Celui de ridicule et misérable auteur.
C'est ce que je tâchai de lui faire comprendre.
ORONTE.
Voilà qui va fort bien, et je crois vous entendre.
Mais ne puis-je savoir ce que dans mon sonnet...?
ALCESTE.
Franchement, il est bon à mettre au cabinet ;
Vous vous êtes réglé sur de méchans modèles,
Et vos expressions ne sont point naturelles.

Qu'est-ce que, *Nous berce un temps notre ennui ?*
Et que, *Rien ne marche après lui ?*
Que, *Ne vous pas mettre en dépense,*
Pour ne me donner que l'espoir ?
Et que, *Philis, on désespère,*
Alors qu'on espère toujours ?

Ce style figuré, dont on fait vanité,

Sort du bon caractère et de la vérité ;
Ce n'est que jeu de mots, qu'affectation pure,
Et ce n'est point ainsi que parle la nature.
Le méchant goût du siècle en cela me fait peur ;
Nos pères, tout grossiers, l'avoient beaucoup meilleur ;
Et je prise bien moins tout ce que l'on admire,
Qu'une vieille chanson que je m'en vais vous dire :

Si le roi m'avoit donné
Paris, sa grand'ville,
Et qu'il me fallût quitter
L'amour de ma mie !
Je dirois au roi Henri :
Reprenez votre Paris ;
J'aime mieux ma mie, ô gué !
J'aime mieux ma mie.

La rime n'est pas riche, et le style en est vieux ;
Mais ne voyez-vous pas que cela vaut bien mieux
Que ces colifichets dont le bon sens murmure,
Et que la passion parle là toute pure ?

Si le roi m'avoit donné
Paris, sa grand'ville,
Et qu'il me fallût quitter
L'amour de ma mie !
Je dirois au roi Henri :
Reprenez votre Paris ;
J'aime mieux ma mie, ô gué !
J'aime mieux ma mie.

Voilà ce que peut dire un cœur vraiment épris.
 (*A Philinte, qui rit.*)
Oui, monsieur le rieur, malgré vos beaux esprits,
J'estime plus cela que la pompe fleurie
De tous ces faux brillans où chacun se récrie....
    ORONTE.
Et moi, je vous soutiens que mes vers sont fort bons.

Autre part que chez moi cherchez qui vous encense. (Acte I, Scène II.)

    ALCESTE.
Pour les trouver ainsi vous avez vos raisons ;
Mais vous trouverez bon que j'en puisse avoir d'autres
Qui se dispenseront de se soumettre aux vôtres.
    ORONTE.
Il me suffit de voir que d'autres en font cas.
    ALCESTE.
C'est qu'ils ont l'art de feindre : et moi, je ne l'ai pas.
    ORONTE.
Croyez-vous donc avoir tant d'esprit en partage ?
    ALCESTE.
Si je louois vos vers, j'en aurois davantage.
    ORONTE.
Je me passerai bien que vous les approuviez.
    ALCESTE.
Il faut bien, s'il vous plaît, que vous vous en passiez.
    ORONTE.
Je voudrois bien, pour voir, que, de votre manière,
Vous en composassiez sur la même matière.

    ALCESTE.
J'en pourrois, par malheur, faire d'aussi méchans ;
Mais je me garderois de les montrer aux gens.
    ORONTE.
Vous me parlez bien ferme, et cette suffisance....
    ALCESTE.
Autre part que chez moi cherchez qui vous encense.
    ORONTE.
Mais, mon petit monsieur, prenez-le un peu moins haut.
    ALCESTE.
Ma foi, mon grand monsieur, je le prends comme il faut.
    PHILINTE, *se mettant entre deux.*
Hé ! messieurs, c'en est trop. Laissez cela, de grâce.
    ORONTE.
Ah ! j'ai tort, je l'avoue, et je quitte la place.
Je suis votre valet, monsieur, de tout mon cœur.
    ALCESTE.
Et moi, je suis, monsieur, votre humble serviteur.

SCÈNE III.

PHILINTE, ALCESTE.

PHILINTE.
Hé bien ! vous le voyez. Pour être trop sincère,
Vous voilà sur les bras une fâcheuse affaire ;
Et j'ai bien vu qu'Oronte, afin d'être flatté....

ALCESTE.
Ne me parlez pas.

PHILINTE.
Mais....

ALCESTE.
Plus de société.

PHILINTE.
C'est trop....

ALCESTE.
Laissez-moi là.

PHILINTE.
Si je....

ALCESTE.
Point de langage.

PHILINTE.
Mais quoi...

ALCESTE.
Je n'entends rien.

PHILINTE.
Mais,...

ALCESTE.
Encore ?

PHILINTE.
On outrage....

ALCESTE.
Ah ! parbleu ! c'en est trop. Ne suivez point mes pas.

PHILINTE.
Vous vous moquez de moi, je ne vous quitte pas.

FIN
DU
PREMIER ACTE

ACTE DEUXIÈME.

SCÈNE I.
ALCESTE, CÉLIMÈNE.

ALCESTE.
Madame, voulez-vous que je vous parle net ?
De vos façons d'agir je suis mal satisfait ;
Contre elles dans mon cœur trop de bile s'assemble,
Et je sens qu'il faudra que nous rompions ensemble.
Oui, je vous tromperois de parler autrement ;
Tôt ou tard nous romprons indubitablement ;
Et je vous promettrois mille fois le contraire,
Que je ne serois pas en pouvoir de le faire.

CÉLIMÈNE.
C'est pour me quereller donc, à ce que je voi,
Que vous avez voulu me ramener chez moi ?

ALCESTE.
Je ne querelle point. Mais votre humeur, madame,
Ouvre au premier venu trop d'accès dans votre âme :
Vous avez trop d'amans qu'on voit vous obséder,
Et mon cœur de cela ne peut s'accommoder.

CÉLIMÈNE.
Des amans que je fais me rendez-vous coupable ?
Puis-je empêcher les gens de me trouver aimable ?
Et, lorsque, pour me voir, ils font de doux efforts,
Dois-je prendre un bâton pour les mettre dehors ?

ALCESTE.
Non, ce n'est pas, madame, un bâton qu'il faut prendre,
Mais un cœur, à leurs vœux, moins facile et moins tendre.
Je sais que vos appas vous suivent en tous lieux ;
Mais votre accueil retient ceux qu'attirent vos yeux,
Et sa douceur offerte à qui vous rend les armes
Achève sur les cœurs l'ouvrage de vos charmes.
Le trop riant espoir que vous leur présentez
Attache autour de vous leurs assiduités,
Et votre complaisance, un peu moins étendue,
De tant de soupirans chasseroit la cohue.
Mais, au moins, dites-moi, madame, par quel sort,
Votre Clitandre a l'heur de vous plaire si fort ?
Sur quel fonds de mérite et de vertu sublime
Appuyez-vous en lui l'honneur de votre estime ?
Est-ce par l'ongle long qu'il porte au petit doigt,
Qu'il s'est acquis chez vous l'estime où l'on le voit ?
Vous êtes-vous rendue, avec tout le beau monde,
Au mérite éclatant de sa perruque blonde ?
Sont-ce ses grands canons qui vous le font aimer ?
L'amas de ses rubans a-t-il su vous charmer ?
Est-ce par les appas de sa vaste rheingrave
Qu'il a gagné votre âme en faisant votre esclave ?
Ou sa façon de rire, et son ton de fausset,
Ont-ils de vous toucher su trouver le secret ?

CÉLIMÈNE.
Qu'injustement, de lui, vous prenez de l'ombrage !
Ne savez-vous pas bien pourquoi je le ménage ;
Et que, dans mon procès, ainsi qu'il m'a promis,
Il peut intéresser tout ce qu'il a d'amis ?

ALCESTE.
Perdez votre procès, madame, avec constance,
Et ne ménagez point un rival qui m'offense.

CÉLIMÈNE.
Mais de tout l'univers vous devenez jaloux.

ALCESTE.
C'est que tout l'univers est bien reçu de vous.

CÉLIMÈNE.
C'est ce qui doit rasseoir votre âme effarouchée,
Puisque ma complaisance est sur tous épanchée ;
Et vous auriez plus lieu de vous en offenser,
Si vous me la voyiez sur un seul ramasser.

ALCESTE.
Mais moi, que vous blâmez de trop de jalousie,
Qu'ai-je de plus qu'eux tous, madame, je vous prie?
CÉLIMÈNE.
Le bonheur de savoir que vous êtes aimé.
ALCESTE.
Et quel lieu de le croire a mon cœur enflammé?
CÉLIMÈNE.
Je pense qu'ayant pris le soin de vous le dire,
Un aveu de la sorte a de quoi vous suffire.
ALCESTE.
Mais, qui m'assurera que, dans le même instant,
Vous n'en disiez peut-être aux autres tout autant?
CÉLIMÈNE.
Certes, pour un amant, la fleurette est mignonne,
Et vous me traitez là de gentille personne.
Hé bien! pour vous ôter d'un semblable souci,
De tout ce que j'ai dit, je me dédis ici,
Et rien ne sauroit plus vous tromper que vous-même :
Soyez content.
ALCESTE.
Morbleu! faut-il que je vous aime!
Ah! que si de vos mains je rattrape mon cœur,
Je bénirai le ciel de ce rare bonheur!
Je ne le cèle pas, je fais tout mon possible
A rompre de ce cœur l'attachement terrible;
Mais mes plus grands efforts n'ont rien fait jusqu'ici,
Et c'est pour mes péchés que je vous aime ainsi.
CÉLIMÈNE.
Il est vrai, votre ardeur est pour moi sans seconde!
ALCESTE.
Oui, je puis là-dessus défier tout le monde.
Mon amour ne se peut concevoir, et jamais
Personne n'a, madame, aimé comme je fais.
CÉLIMÈNE.
En effet, la méthode en est toute nouvelle,
Car vous aimez les gens pour leur faire querelle;
Ce n'est qu'en mots fâcheux qu'éclate votre ardeur,
Et l'on n'a vu jamais un amour si grondeur.
ALCESTE.
Mais il ne tient qu'à vous que son chagrin ne passe.
A tous nos démêlés coupons chemin, de grâce,
Parlons à cœur ouvert, et voyons d'arrêter....

SCÈNE II.

CÉLIMÈNE, ALCESTE, BASQUE.

CÉLIMÈNE.
Qu'est-ce?
BASQUE.
Acaste est là-bas.
CÉLIMÈNE.
Hé bien! faites monter.

SCÈNE III.

CÉLIMÈNE, ALCESTE.

ALCESTE.
Quoi! l'on ne peut jamais vous parler tête à tête?
A recevoir le monde on vous voit toujours prête?
Et vous ne pouvez pas, un seul moment de tous,
Vous résoudre à souffrir de n'être pas chez vous?
CÉLIMÈNE.
Voulez-vous qu'avec lui je me fasse une affaire?
ALCESTE.
Vous avez des égards qui ne sauroient me plaire.
CÉLIMÈNE.
C'est un homme à jamais ne me le pardonner,
S'il savoit que sa vue eût pu m'importuner.
ALCESTE.
Et que vous fait cela, pour vous gêner de sorte?...
CÉLIMÈNE.
Mon Dieu! de ses pareils la bienveillance importe;
Et ce sont de ces gens qui, je ne sais comment,
Ont gagné, dans la cour, de parler hautement.
Dans tous les entretiens on les voit s'introduire;
Ils ne sauroient servir, mais ils peuvent vous nuire;
Et jamais, quelque appui qu'on puisse avoir d'ailleurs,
On ne doit se brouiller avec ces grands brailleurs.
ALCESTE.
Enfin, quoi qu'il en soit, et sur quoi qu'on se fonde,
Vous trouvez des raisons pour souffrir tout le monde;
Et les précautions de votre jugement....

SCÈNE IV.

ALCESTE, CÉLIMÈNE, BASQUE.

BASQUE.
Voici Clitandre, encor, madame.
ALCESTE.
Justement.
CÉLIMÈNE.
Où courez-vous?
ALCESTE.
Je sors.
CÉLIMÈNE.
Demeurez.
ALCESTE.
Pourquoi faire?
CÉLIMÈNE.
Demeurez.
ALCESTE.
Je ne puis.
CÉLIMÈNE.
Je le veux.
ALCESTE.
Point d'affaire
Ces conversations ne font que m'ennuyer,
Et c'est trop que vouloir me les faire essuyer.

LE MISANTHROPE, ACTE II.

CÉLIMÈNE.
Je le veux, je le veux.
ALCESTE.
Non, il m'est impossible.
CÉLIMÈNE.
Hé bien! allez, sortez, il vous est tout loisible.

SCÈNE V.
ÉLIANTE, PHILINTE, ACASTE, CLITANDRE, ALCESTE, CÉLIMÈNE, BASQUE.

ÉLIANTE, *à Célimène.*
Voici les deux marquis qui montent avec nous.

Je viens d'en essuyer un des plus fatigants. (Acte II, scène V.)

Vous l'est-on venu dire?
CÉLIMÈNE.
(*A Basque.*)
Oui. Des sièges pour tous.
(*Basque donne des siéges, et sort.*)

(*A Alceste.*)
Vous n'êtes pas sorti?
ALCESTE.
Non; mais je veux, madame,
Ou pour eux, ou pour moi, faire expliquer votre âme.

Et, jusques au bonjour, il dit tout à l'oreille.

CÉLIMÈNE.
Taisez-vous.
ALCESTE.
Aujourd'hui vous vous expliquerez.
CÉLIMÈNE.
Vous perdez le sens.

ALCESTE.
Point. Vous vous déclarerez.
CÉLIMÈNE.
Ah!
ALCESTE.
Vous prendrez parti.

CÉLIMÈNE.
Vous vous moquez, je pense.
ALCESTE.
Non. Mais vous choisirez; c'est trop de patience.
CLITANDRE.
Parbleu! je viens du Louvre, où Cléonte, au levé,
Madame, a bien paru ridicule achevé.
N'a-t-il point quelque ami qui pût, sur ses manières,
D'un charitable avis lui prêter les lumières?
CÉLIMÈNE.
Dans le monde, à vrai dire, il se barbouille fort;
Partout il porte un air qui saute aux yeux d'abord,
Et, lorsqu'on le revoit après un peu d'absence,
On le retrouve encor plus plein d'extravagance.
ACASTE.
Parbleu! s'il faut parler des gens extravagans,
Je viens d'en essuyer un des plus fatigans;
Damon le raisonneur, qui m'a, ne vous déplaise,
Une heure, au grand soleil, tenu hors de ma chaise.
CÉLIMÈNE.
C'est un parleur étrange, et qui trouve toujours
L'art de ne vous rien dire avec de grands discours :
Dans les propos qu'il tient on ne voit jamais goutte,
Et ce n'est que du bruit, que tout ce qu'on écoute.
ÉLIANTE, *à Philinte.*
Ce début n'est pas mal; et, contre le prochain,
La conversation prend un assez bon train.
CLITANDRE.
Timante encor, madame, est un bon caractère.
CÉLIMÈNE.
C'est de la tête aux pieds, un homme tout mystère,
Qui vous jette en passant un coup d'œil égaré,
Et, sans aucune affaire, est toujours affairé.
Tout ce qu'il vous débite en grimaces abonde;
A force de façons, il assomme le monde;
Sans cesse il a, tout bas, pour rompre l'entretien,
Un secret à vous dire, et ce secret n'est rien;
De la moindre vétille il fait une merveille,
Et, jusques au bonjour, il dit tout à l'oreille.
ACASTE.
Et Géralde, madame?
CÉLIMÈNE.
O l'ennuyeux conteur!
Jamais on ne le voit sortir du grand seigneur.
Dans le brillant commerce il se mêle sans cesse,
Et ne cite jamais que duc, prince, ou princesse.
La qualité l'entête; et tous ses entretiens
Ne sont que de chevaux, d'équipage et de chiens :
Il tutaye, en parlant, ceux du plus haut étage,
Et le nom de monsieur est chez lui hors d'usage.
CLITANDRE.
On dit qu'avec Bélise il est du dernier bien.
CÉLIMÈNE.
Le pauvre esprit de femme, et le sec entretien!
Lorsqu'elle vient me voir, je souffre le martyre,
Il faut suer sans cesse à chercher que lui dire,
Et la stérilité de son expression
Fait mourir à tous coups la conversation.
En vain, pour attaquer son stupide silence,
De tous les lieux communs vous prenez l'assistance;

Le beau temps et la pluie, et le froid et le chaud,
Sont des fonds qu'avec elle on épuise bientôt.
Cependant sa visite, assez insupportable,
Traîne en une longueur encore épouvantable;
Et l'on demande l'heure, et l'on bâille vingt fois,
Qu'elle grouille aussi peu qu'une pièce de bois.
ACASTE.
Que vous semble d'Adraste?
CÉLIMÈNE.
Ah! quel orgueil extrême!
C'est un homme gonflé de l'amour de soi-même.
Son mérite jamais n'est content de la cour,
Contre elle il fait métier de pester chaque jour;
Et l'on ne donne emploi, charge, ni bénéfice,
Qu'à tout ce qu'il se croit on ne fasse injustice.
CLITANDRE.
Mais le jeune Cléon, chez qui vont aujourd'hui
Nos plus honnêtes gens, que dites-vous de lui?
CÉLIMÈNE.
Que de son cuisinier il s'est fait un mérite,
Et que c'est à sa table à qui l'on rend visite.
ÉLIANTE.
Il prend soin d'y servir des mets fort délicats.
CÉLIMÈNE.
Oui; mais je voudrois bien qu'il ne s'y servît pas;
C'est un fort méchant plat, que sa sotte personne,
Et qui gâte, à mon goût, tous les repas qu'il donne.
PHILINTE.
On fait assez de cas de son oncle Damis;
Qu'en dites-vous, madame?
CÉLIMÈNE.
Il est de mes amis.
PHILINTE.
Je le trouve honnête homme, et d'un air assez sage.
CÉLIMÈNE.
Oui; mais il veut avoir trop d'esprit, dont j'enrage.
Il est guindé sans cesse; et, dans tous ses propos,
On voit qu'il se travaille à dire de bons mots.
Depuis que dans la tête il s'est mis d'être habile,
Rien ne touche son goût, tant il est difficile.
Il veut voir des défauts à tout ce qu'on écrit,
Et pense que louer n'est pas d'un bel esprit,
Que c'est être savant que trouver à redire,
Qu'il n'appartient qu'aux sots d'admirer et de rire,
Et qu'en n'approuvant rien des ouvrages du temps,
Il se met au-dessus de tous les autres gens.
Aux conversations même il trouve à reprendre;
Ce sont propos trop bas pour y daigner descendre;
Et, les deux bras croisés, du haut de son esprit,
Il regarde en pitié tout ce que chacun dit.
ACASTE.
Dieu me damne, voilà son portrait véritable.
CLITANDRE, *à Célimène.*
Pour bien peindre les gens vous êtes admirable.
ALCESTE.
Allons, ferme, poussez, mes bons amis de cour,
Vous n'en épargnez point, et chacun a son tour :
Cependant aucun d'eux à vos yeux ne se montre,
Qu'on ne vous voie, en hâte, aller à sa rencontre,
Lui présenter la main, et, d'un baiser flatteur,

Appuyer les sermens d'être son serviteur.

CLITANDRE.

Pourquoi s'en prendre à nous? Si ce qu'on dit vous blesse
Il faut que le reproche à madame s'adresse.

ALCESTE.

Non, morbleu! c'est à vous; et vos ris complaisans
Tirent de son esprit tous ces traits médisans.
Son humeur satirique est sans cesse nourrie
Par le coupable encens de votre flatterie;
Et son cœur à railler trouveroit moins d'appas,
S'il avoit observé qu'on ne l'applaudît pas.
C'est ainsi qu'aux flatteurs on doit partout se prendre
Des vices où l'on voit les humains se répandre.

PHILINTE.

Mais pourquoi pour ces gens un intérêt si grand,
Vous qui condamneriez ce qu'en eux on reprend?

CÉLIMÈNE.

Et ne faut-il pas bien que monsieur contredise?
A la commune voix veut-on qu'il se réduise,
Et qu'il ne fasse pas éclater en tous lieux
L'esprit contrariant qu'il a reçu des cieux?
Le sentiment d'autrui n'est jamais pour lui plaire :
Il prend toujours en main l'opinion contraire;
Et penseroit paroître un homme du commun,
Si l'on voyoit qu'il fût de l'avis de quelqu'un.
L'honneur de contredire a pour lui tant de charmes,
Qu'il prend, contre lui-même, assez souvent les armes,
Et ses vrais sentimens sont combattus par lui,
Aussitôt qu'il les voit dans la bouche d'autrui.

ALCESTE.

Les rieurs sont pour vous, madame, c'est tout dire ;
Et vous pouvez pousser contre moi la satire.

PHILINTE.

Mais il est véritable aussi que votre esprit
Se gendarme toujours contre tout ce qu'on dit;
Et que, par un chagrin que lui-même il avoue,
Il ne sauroit souffrir qu'on blâme ni qu'on loue.

ALCESTE.

C'est que jamais, morbleu! les hommes n'ont raison,
Que le chagrin contre eux est toujours de saison,
Et que je vois qu'ils sont, sur toutes les affaires,
Loueurs impertinens ou censeurs téméraires.

CÉLIMÈNE.

Mais....

ALCESTE.

Non, madame, non, quand j'en devrois mourir,
Vous avez des plaisirs que je ne puis souffrir;
Et l'on a tort ici de nourrir dans votre âme
Ce grand attachement aux défauts qu'on y blâme.

CLITANDRE.

Pour moi, je ne sais pas; mais j'avouerai tout haut
Que j'ai cru jusqu'ici madame sans défaut.

ACASTE.

De grâces et d'attraits je vois qu'elle est pourvue;
Mais les défauts qu'elle a ne frappent point ma vue.

ALCESTE.

Ils frappent tous la mienne, et, loin de m'en cacher,
Elle sait que j'ai soin de les lui reprocher.
Plus on aime quelqu'un, moins il faut qu'on le flatte :
A ne rien pardonner le pur amour éclate ;
Et je bannirois, moi, tous ces lâches amans
Que je verrois soumis à tous mes sentimens,
Et dont, à tous propos, les molles complaisances
Donneroient de l'encens à mes extravagances.

CÉLIMÈNE.

Enfin, s'il faut qu'à vous s'en rapportent les cœurs,
On doit, pour bien aimer, renoncer aux douceurs;
Et du parfait amour mettre l'honneur suprême
A bien injurier les personnes qu'on aime.

ÉLIANTE.

L'amour, pour l'ordinaire, est peu fait à ces lois,
Et l'on voit les amans vanter toujours leur choix.
Jamais leur passion n'y voit rien de blâmable,
Et, dans l'objet aimé, tout leur devient aimable;
Ils comptent les défauts pour des perfections,
Et savent y donner de favorables noms.
La pâle est aux jasmins en blancheur comparable;
La noire a faire peur, une brune adorable;
La maigre a de la taille et de la liberté;
La grasse est, dans son port, pleine de majesté;
La malpropre sur soi, de peu d'attraits chargée,
Est mise sous le nom de beauté négligée;
La géante paroît une déesse aux yeux;
La naine, un abrégé des merveilles des cieux ;
L'orgueilleuse a le cœur digne d'une couronne;
La fourbe a de l'esprit; la sotte est toute bonne;
La trop grande parleuse est d'agréable humeur ;
Et la muette garde une honnête pudeur.
C'est ainsi qu'un amant, dont l'ardeur est extrême,
Aime jusqu'aux défauts des personnes qu'il aime.

ALCESTE.

Et moi, je soutiens, moi....

CÉLIMÈNE.

Brisons là ce discours,
Et dans la galerie allons faire deux tours.
Quoi! vous vous en allez, messieurs?

CLITANDRE ET ACASTE.

Non pas, madame.

ALCESTE.

La peur de leur départ occupe fort votre âme.
Sortez quand vous voudrez, messieurs; mais j'avertis
Que je ne sors qu'après que vous serez sortis.

ACASTE.

A moins de voir madame en être importunée,
Rien ne m'appelle ailleurs de toute la journée.

CLITANDRE.

Moi, pourvu que je puisse être au petit couché,
Je n'ai point d'autre affaire où je sois attaché.

CÉLIMÈNE, *à Alceste*.

C'est pour rire, je crois.

ALCESTE.

Non, en aucune sorte.
Nous verrons si c'est moi que vous voudrez qui sorte.

SCÈNE VI.

ALCESTE, CÉLIMÈNE, ÉLIANTE, ACASTE, PHILINTE, CLITANDRE, BASQUE.

BASQUE, *à Alceste.*
Monsieur, un homme est là qui voudroit vous parler
Pour affaire, dit-il, qu'on ne peut reculer.
ALCESTE.
Dis-lui que je n'ai point d'affaires si pressées.
BASQUE.
Il porte une jaquette à grand'basques plissées,
Avec du dor dessus.
CÉLIMÈNE, *à Alceste.*
Allez voir ce que c'est,
Ou bien faites-le entrer.

SCÈNE VII.

ALCESTE, CÉLIMÈNE, ÉLIANTE, ACASTE, PHILINTE, CLITANDRE, UN GARDE DE LA MARÉCHAUSSÉE.

ALCESTE, *allant au-devant du garde.*
Qu'est-ce donc qu'il vous plaît?
Venez, monsieur.
LE GARDE.
Monsieur, j'ai deux mots à vous dire.
ALCESTE.
Vous pouvez parler haut, monsieur, pour m'en instruire.
LE GARDE.
Messieurs les maréchaux, dont j'ai commandement,

Pour bien peindre les gens vous êtes admirable. (Acte v, scène v.)

Vous mandent de venir les trouver promptement,
Monsieur.
ALCESTE.
Qui? moi, monsieur?
LE GARDE.
Vous-même.
ALCESTE.
Et pourquoi faire?
PHILINTE, *à Alceste.*
C'est d'Oronte et de vous la ridicule affaire.
CÉLIMÈNE, *à Philinte.*
Comment?
PHILINTE.
Oronte et lui se sont tantôt bravés
Sur certains petits vers, qu'il n'a pas approuvés;
Et l'on veut assoupir la chose en sa naissance.
ALCESTE.
Moi, je n'aurai jamais de lâche complaisance.

PHILINTE.
Mais il faut suivre l'ordre : allons, disposez-vous.
ALCESTE.
Quel accommodement veut-on faire entre nous?
La voix de ces messieurs me condamnera-t-elle
A trouver bons les vers qui font notre querelle?
Je ne me dédis point de ce que j'en ai dit,
Je les trouve méchans.
PHILINTE.
Mais, d'un plus doux esprit....
ALCESTE.
Je n'en démordrai point; les vers sont exécrables.
PHILINTE.
Vous devez faire voir des sentimens traitables.
Allons, venez.
ALCESTE.
J'irai; mais rien n'aura pouvoir
De me faire dédire.

PHILINTE.
Allons vous faire voir.
ALCESTE.
Hors qu'un commandement exprès du roi me vienne,

De trouver bons les vers dont on se met en peine,
Je soutiendrai toujours, morbleu! qu'ils sont mauvais,
Et qu'un homme est pendable après les avoir faits.
(*A Clitandre et à Acaste qui rient.*)

Messieurs les maréchaux, dont j'ai commandement, vous mandent de venir les trouver promptement.

Par la sambleu! messieurs, je ne croyois pas être
Si plaisant que je suis!
CÉLIMÈNE.
Allez vite paroître

Où vous devez.
ALCESTE.
J'y vais, madame; et, sur mes pas,
Je reviens en ce lieu pour vider nos débats.

FIN DU DEUXIÈME ACTE

ACTE TROISIÈME.

SCÈNE I.

CLITANDRE, ACASTE.

CLITANDRE.

Cher marquis, je te vois l'âme bien satisfaite ;
Toute chose t'égaye, et rien ne t'inquiète.
En bonne foi, crois-tu, sans t'éblouir les yeux,
Avoir de grands sujets de paroître joyeux?

ACASTE.

Parbleu! je ne vois pas, lorsque je m'examine,
Où prendre aucun sujet d'avoir l'âme chagrine.
J'ai du bien, je suis jeune, et sors d'une maison
Qui se peut dire noble avec quelque raison ;
Et je crois, par le rang que me donne ma race,
Qu'il est fort peu d'emplois dont je ne sois en passe.
Pour le cœur, dont surtout nous devons faire cas,
On sait, sans vanité, que je n'en manque pas ;
Et l'on m'a vu pousser dans le monde une affaire
D'une assez vigoureuse et gaillarde manière.
Pour de l'esprit, j'en ai sans doute ; et du bon goût,
A juger sans étude et raisonner de tout ;
A faire aux nouveautés, dont je suis idolâtre,
Figure de savant, sur les bancs de théâtre ;
Y décider en chef, et faire du fracas
A tous les beaux endroits qui méritent des has!
Je suis assez adroit ; j'ai bon air, bonne mine,
Les dents belles, surtout, et la taille fort fine.
Quant à se mettre bien, je crois, sans me flatter,
Qu'on seroit mal venu de me le disputer.
Je me vois dans l'estime autant qu'on y puisse être,
Fort aimé du beau sexe, et bien auprès du maître.
Je crois qu'avec cela, mon cher marquis, je croi
Qu'on peut, par tout pays, être content de soi.

CLITANDRE.

Oui. Mais, trouvant ailleurs des conquêtes faciles,
Pourquoi pousser ici des soupirs inutiles?

ACASTE.

Moi? Parbleu! je ne suis de taille ni d'humeur
A pouvoir d'une belle essuyer la froideur.
C'est aux gens mal tournés, aux mérites vulgaires,
A brûler constamment pour des beautés sévères,
A languir à leurs pieds et souffrir leurs rigueurs,
A chercher le secours des soupirs et des pleurs,
Et tâcher, par des soins d'une très-longue suite,
D'obtenir ce qu'on nie à leur peu de mérite.
Mais les gens de mon air, marquis, ne sont pas faits
Pour aimer à crédit, et faire tous les frais.
Quelque rare que soit le mérite des belles,
Je pense, Dieu merci, qu'on vaut son prix comme elles ;
Que, pour se faire honneur d'un cœur comme le mien,
Ce n'est pas la raison qu'il ne leur coûte rien,
Et qu'au moins, à tout mettre en de justes balances,
Il faut qu'à frais communs se fassent les avances.

CLITANDRE.

Tu penses donc, marquis, être fort bien ici?

ACASTE.

J'ai quelque lieu, marquis, de le penser ainsi.

CLITANDRE.

Crois-moi, détache-toi de cette erreur extrême :
Tu te flattes, mon cher, et t'aveugles toi-même.

ACASTE.

Il est vrai, je me flatte, et m'aveugle en effet.

CLITANDRE.
Mais, qui te fais juger ton bonheur si parfait?

ACASTE.
Je me flatte.

CLITANDRE.
Sur quoi fonder tes conjectures?

ACASTE.
Je m'aveugle.

CLITANDRE.
En as-tu des preuves qui soient sûres?

ACASTE.
Je m'abuse, te dis-je.

CLITANDRE.
Est-ce que, de ses vœux,
Célimène t'a fait quelques secrets aveux?

ACASTE.
Non, je suis maltraité.

CLITANDRE.
Réponds-moi, je te prie.

ACASTE.
Je n'ai que des rebuts.

CLITANDRE.
Laissons la raillerie,
Et me dis quel espoir on peut t'avoir donné.

ACASTE.
Je suis le misérable, et toi le fortuné;
On a pour ma personne une aversion grande,
Et, quelqu'un de ces jours, il faut que je me pende.

CLITANDRE.
Oh! ça, veux-tu, marquis, pour ajuster nos vœux,
Que nous tombions d'accord d'une chose tous deux?

Tu penses donc, marquis, être fort bien ici. (Acte III, scène I.)

Que, qui pourra montrer une marque certaine
D'avoir meilleure part au cœur de Célimène,
L'autre ici fera place au vainqueur prétendu,
Et le délivrera d'un rival assidu?

ACASTE.
Ah! parbleu! tu me plais avec un tel langage,
Et, du bon de mon cœur, à cela je m'engage.
Mais, chut.

SCÈNE II.

CÉLIMÈNE, ACASTE, CLITANDRE.

CÉLIMÈNE.
Encore ici?

CLITANDRE.
L'amour retient nos pas.

CÉLIMÈNE.
Je viens d'ouïr entrer un carrosse là-bas.
Savez-vous qui c'est?

CLITANDRE.
Non.

SCÈNE III.

CÉLIMÈNE, ACASTE, CLITANDRE, BASQUE.

BASQUE.
Arsinoé, madame,
Monte ici pour vous voir.

CÉLIMÈNE.
Que me veut cette femme?

BASQUE.
Éliante là-bas est à l'entretenir.

CÉLIMÈNE.
De quoi s'avise-t-elle, et qui la fait venir?
ACASTE.
Pour prude consommée en tous lieux elle passe,
Et l'ardeur de son zèle....
CÉLIMÈNE.
Oui, oui, franche grimace.
Dans l'âme elle est du monde; et ses soins tentent tout
Pour accrocher quelqu'un sans en venir à bout.
Elle ne sauroit voir qu'avec un œil d'envie,
Les amans déclarés dont une autre est suivie;
Et son triste mérite, abandonné de tous,
Contre le siècle aveugle est toujours en courroux.
Elle tâche à couvrir d'un faux voile de prude
Ce que chez elle on voit d'affreuse solitude;
Et, pour sauver l'honneur de ses foibles appas,
Elle attache du crime au pouvoir qu'ils n'ont pas.

Cependant un amant plairoit fort à la dame;
Et même, pour Alceste, elle a tendresse d'âme.
Ce qu'il me rend de soins outrage ses attraits,
Elle veut que ce soit un vol que je lui fais;
Et son jaloux dépit, qu'avec peine elle cache,
En tous endroits sous main, contre moi se détache.
Enfin, je n'ai rien vu de si sot à mon gré;
Elle est impertinente au suprême degré,
Et....

SCÈNE IV.

ARSINOÉ, CÉLIMÈNE, CLITANDRE, ACASTE.

CÉLIMÈNE.
Ah! quel heureux sort en ce lieu vous amène?

Madame, sans mentir, j'étois de vous en peine. (Acte III, scène IV.)

Madame, sans mentir, j'étois de vous en peine.
ARSINOÉ.
Je viens pour quelque avis que j'ai cru vous devoir.
CÉLIMÈNE.
Ah! mon Dieu! que je suis contente de vous voir!

(Clitandre et Acaste sortent en riant.)

SCÈNE V.

ARSINOÉ, CÉLIMÈNE.

ARSINOÉ.
Leur départ ne pouvoit plus à propos se faire.
CÉLIMÈNE.
Voulons-nous nous asseoir?
ARSINOÉ.
Il n'est pas nécessaire.

Madame, l'amitié doit surtout éclater
Aux choses qui le plus nous peuvent importer;
Et, comme il n'en est point de plus grande importance
Que celles de l'honneur et de la bienséance,
Je viens, par un avis qui touche votre honneur,
Témoigner l'amitié que pour vous a mon cœur.
Hier j'étois chez des gens de vertu singulière,
Où, sur vous, du discours on tourna la matière;
Et là, votre conduite, avec ses grands éclats,
Madame, eut le malheur qu'on ne la loua pas.
Cette foule de gens dont vous souffrez visite,
Votre galanterie, et les bruits qu'elle excite,
Trouvèrent des censeurs plus qu'il n'auroit fallu,
Et bien plus rigoureux que je n'eusse voulu.
Vous pouvez bien penser quel parti je sus prendre,
Je fis ce que je pus pour vous pouvoir défendre,
Je vous excusai fort sur votre intention,
Et voulus de votre âme être la caution.

Mais vous savez qu'il est des choses dans la vie
Qu'on ne peut excuser, quoiqu'on en ait envie;
Et je me vis contrainte à demeurer d'accord
Que l'air dont vous vivez vous faisoit un peu tort;
Qu'il prenoit dans le monde une méchante face;
Qu'il n'est conte fâcheux que partout on n'en fasse;
Et que, si vous vouliez, tous vos déportemens
Pourroient moins donner prise aux mauvais jugemens.
Non que j'y croie au fond l'honnêteté blessée;
Me préserve le ciel d'en avoir la pensée!
Mais aux ombres du crime on prête aisément foi,
Et ce n'est pas assez de bien vivre pour soi.
Madame, je vous crois l'âme trop raisonnable
Pour ne pas prendre bien cet avis profitable,
Et pour l'attribuer qu'aux mouvemens secrets
D'un zèle qui m'attache à tous vos intérêts.

CÉLIMÈNE.
Madame, j'ai beaucoup de grâces à vous rendre,
Un tel avis m'oblige; et, loin de le mal prendre,
J'en prétends reconnoître à l'instant la faveur,
Par un avis aussi qui touche votre honneur;
Et, comme je vous vois vous montrer mon amie,
En m'apprenant les bruits que de moi l'on publie,
Je veux suivre, à mon tour, un exemple si doux,
En vous avertissant de ce qu'on dit de vous.
En un lieu, l'autre jour, où je faisois visite,
Je trouvai quelques gens d'un très-rare mérite,
Qui, parlant des vrais soins d'une âme qui vit bien,
Firent tomber sur vous, madame, l'entretien.
Là, votre pruderie et vos éclats de zèle
Ne furent pas cités comme un fort bon modèle;
Cette affectation d'un grave extérieur,

Ayons-en donc, madame, et voyons cette affaire. (Acte III, scène V.)

Vos discours éternels de sagesse et d'honneur,
Vos mines et vos cris aux ombres d'indécence
Que d'un mot ambigu peut avoir l'innocence,
Cette hauteur d'estime où vous êtes de vous,
Et ces yeux de pitié que vous jetez sur tous,
Vos fréquentes leçons et vos aigres censures
Sur des choses qui sont innocentes et pures :
Tout cela, si je puis vous parler franchement,
Madame, fut blâmé d'un commun sentiment.
A quoi bon, disoient-ils, cette mine modeste,
Et ce sage dehors que dément tout le reste?
Elle est à bien prier exacte au dernier point;
Mais elle bat ses gens et ne les paye point.
Dans tous les lieux dévots elle étale un grand zèle;
Mais elle met du blanc et veut paroître belle.
Elle fait des tableaux couvrir les nudités;
Mais elle a de l'amour pour les réalités.
Pour moi, contre chacun, je pris votre défense,

Et leur assurai fort que c'étoit médisance;
Mais tous les sentimens combattirent le mien,
Et leur conclusion fut, que vous feriez bien
De prendre moins de soin des actions des autres,
Et de vous mettre un peu plus en peine des vôtres;
Qu'on doit se regarder soi-même un fort long temps,
Avant que de songer à condamner les gens;
Qu'il faut mettre le poids d'une vie exemplaire
Dans les corrections qu'aux autres on veut faire;
Et qu'encor vaut-il mieux s'en remettre, au besoin,
A ceux à qui le ciel en a commis le soin.
Madame, je vous crois aussi trop raisonnable,
Pour ne pas prendre bien cet avis profitable,
Et pour l'attribuer qu'aux mouvemens secrets
D'un zèle qui m'attache à tous vos intérêts.

ARSINOÉ.
A quoi qu'en reprenant on soit assujettie,
Je ne m'attendois pas à cette repartie,

Madame; et je vois bien, par ce qu'elle a d'aigreur,
Que mon sincère avis vous a blessée au cœur.
CÉLIMÈNE.
Au contraire, madame ; et, si l'on étoit sage,
Ces avis mutuels seroient mis en usage.
On détruirait par là, traitant de bonne foi,
Ce grand aveuglement où chacun est pour soi.
Il ne tiendra qu'à vous qu'avec le même zèle
Nous ne continuions cet office fidèle,
Et ne prenions grand soin de nous dire, entre nous,
Ce que nous entendrons, vous de moi, moi de vous.
ARSINOÉ.
Ah ! madame, de vous je ne puis rien entendre ;
C'est en moi que l'on peut trouver fort à reprendre.
CÉLIMÈNE.
Madame, on peut, je crois, louer et blâmer tout ;
Et chacun a raison suivant l'âge ou le goût.
Il est une saison pour la galanterie :
Il en est une aussi propre à la pruderie.
On peut, par politique en prendre le parti,
Quand de nos jeunes ans l'éclat est amorti ;
Cela sert à couvrir de fâcheuses disgrâces.
Je ne dis pas qu'un jour je ne suive vos traces :
L'âge amènera tout ; et ce n'est pas le temps,
Madame, comme on sait, d'être prude à vingt ans.
ARSINOÉ.
Certes, vous vous targuez d'un bien foible avantage,
Et vous faites sonner terriblement votre âge.
Ce que de plus que vous on en pourroit avoir
N'est pas un si grand cas pour s'en tant prévaloir ;
Et je ne sais pourquoi votre âme ainsi s'emporte,
Madame, à me pousser de cette étrange sorte.
CÉLIMÈNE.
Et moi, je ne sais pas, madame, aussi pourquoi
On vous voit en tous lieux vous déchaîner sur moi.
Faut-il de vos chagrins sans cesse à moi vous prendre ?
Et puis-je mais des soins qu'on ne va pas vous rendre ?
Si ma personne aux gens inspire de l'amour,
Et si l'on continue à m'offrir chaque jour
Des vœux que votre cœur peut souhaiter qu'on m'ôte,
Je n'y saurois que faire, et ce n'est pas ma faute ;
Vous avez le champ libre, et je n'empêche pas
Que, pour les attirer, vous n'ayez des appas.
ARSINOÉ.
Hélas ! et croyez-vous que l'on se mette en peine
De ce nombre d'amans dont vous faites la vaine ?
Et qu'il ne nous soit pas fort aisé de juger
A quel prix aujourd'hui l'on peut les engager ?
Pensez-vous faire croire, à voir comme tout roule,
Que votre seul mérite attire cette foule ?
Qu'ils ne brûlent pour vous que d'un honnête amour,
Et que, pour vos vertus, ils vous font tous la cour ?
On ne s'aveugle point par de vaines défaites ;
Le monde n'est point dupe ; et j'en vois qui sont faites
A pouvoir inspirer de tendres sentimens,
Qui chez elles pourtant ne fixent point d'amans ;
Et de là nous pouvons tirer des conséquences, [ces,
Qu'on n'acquiert point leurs cœurs sans de grandes avan-
Qu'aucun, pour nos beaux yeux n'est notre soupirant,
Et qu'il faut acheter tous les soins qu'on nous rend.

Ne vous enflez donc pas d'une si grande gloire
Poùr les petits brillans d'une foible victoire ;
Et corrigez un peu l'orgueil de vos appas,
De traiter pour cela les gens de haut en bas.
Si nos yeux envioient les conquêtes des vôtres,
Je pense qu'on pourroit faire comme les autres.
Ne se point ménager, et vous faire bien voir
Que l'on a des amans quand on en veut avoir.
CÉLIMÈNE.
Ayez-en donc, madame, et voyons cette affaire ;
Par ce rare secret efforcez-vous de plaire ;
Et sans....
ARSINOÉ.
Brisons, madame, un pareil entretien ;
Il pousseroit trop loin votre esprit et le mien ;
Et j'aurois pris déjà le congé qu'il faut prendre,
Si mon carrosse encor ne m'obligeoit d'attendre.
CÉLIMÈNE.
Autant qu'il vous plaira, vous pouvez arrêter,
Madame, et, là-dessus, rien ne doit vous hâter.
Mais, sans vous fatiguer de ma cérémonie,
Je m'en vais vous donner meilleure compagnie ;
Et monsieur, qu'à propos le hasard fait venir,
Remplira mieux ma place à vous entretenir.

SCÈNE VI.
ALCESTE, CÉLIMÈNE, ARSINOÉ.

CÉLIMÈNE.
Alceste, il faut que j'aille écrire un mot de lettre
Que, sans me faire tort, je ne saurois remettre.
Soyez avec madame ; elle aura la bonté
D'excuser aisément mon incivilité.

SCÈNE VII.
ALCESTE, ARSINOÉ.

ARSINOÉ.
Vous voyez, elle veut que je vous entretienne,
Attendant un moment que mon carrosse vienne ;
Et jamais tous ses soins ne pouvoient m'offrir rien
Qui me fût plus charmant qu'un pareil entretien.
En vérité, les gens d'un mérite sublime
Entraînent de chacun et l'amour et l'estime ;
Et le vôtre, sans doute, a des charmes secrets
Qui font entrer mon cœur dans tous vos intérêts.
Je voudrois que la cour, par un regard propice,
A ce que vous valez rendît plus de justice.
Vous avez à vous plaindre, et je suis en courroux,
Quand je vois chaque jour qu'on ne fait rien pour vous.
ALCESTE.
Moi, madame ? Et sur quoi pourrois-je en rien prétendre ?
Quel service à l'État est-ce qu'on m'a vu rendre ?
Qu'ai-je fait, s'il vous plaît, de si brillant de soi,
Pour me plaindre à la cour qu'on ne fait rien pour moi ?

ARSINOÉ.
Tous ceux sur qui la cour jette des yeux propices,
N'ont pas toujours rendu de ces fameux services.
Il faut l'occasion ainsi que le pouvoir ;
Et le mérite enfin que vous nous faites voir,
Devroit....

ALCESTE.
Mon Dieu! laissons mon mérite, de grâce ;
De quoi voulez-vous là que la cour s'embarrasse ?
Elle auroit fort à faire, et ses soins seroient grands
D'avoir à déterrer le mérite des gens.

ARSINOÉ.
Un mérite éclatant se déterre lui-même.
Du vôtre en bien des lieux on fait un cas extrême ;
Et vous saurez de moi qu'en deux fort bons endroits,
Vous fûtes hier loué par des gens d'un grand poids.

ALCESTE.
Hé! madame, l'on loue aujourd'hui tout le monde,
Et le siècle par là n'a rien qu'on ne confonde.
Tout est d'un grand mérite également doué,
Ce n'est plus un honneur que de se voir loué ;
D'éloges on regorge, à la tête on les jette,
Et mon valet de chambre est mis dans la gazette.

ARSINOÉ.
Pour moi, je voudrois bien que, pour vous montrer mieux,
Une charge à la cour vous pût frapper les yeux.
Pour peu que d'y songer vous nous fassiez les mines,
On peut, pour vous servir, remuer des machines,
Et j'ai des gens en main que j'emploierai pour vous,
Qui vous feront à tout un chemin assez doux.

ALCESTE.
Et que voudriez-vous, madame, que j'y fisse ?

Et j'ai des gens en main que j'emploierai pour vous. (Acte III, scène VII.)

L'humeur dont je me sens veut que je m'en bannisse ;
Le ciel ne m'a point fait, en me donnant le jour,
Une âme compatible avec l'air de la cour.
Je ne me trouve point les vertus nécessaires
Pour y bien réussir et faire mes affaires.
Être franc et sincère est mon plus grand talent ;
Je ne sais point jouer les hommes en parlant ;
Et qui n'a pas le don de cacher ce qu'il pense,
Doit faire en ce pays fort peu de résidence.
Hors de la cour, sans doute, on n'a pas cet appui,
Et ces titres d'honneur qu'elle donne aujourd'hui ;
Mais on n'a pas aussi, perdant ces avantages,
Le chagrin de jouer de fort sots personnages ;
On n'a point à souffrir mille rebuts cruels,
On n'a point à louer les vers de messieurs tels,
A donner de l'encens à madame une telle,
Et de nos francs marquis essuyer la cervelle.

ARSINOÉ.
Laissons, puisqu'il vous plaît, ce chapitre de cour :
Mais il faut que mon cœur vous plaigne en votre amour ;
Et, pour vous découvrir là-dessus mes pensées,
Je souhaiterois fort vos ardeurs mieux placées.
Vous méritez, sans doute, un sort beaucoup plus doux,
Et celle qui vous charme est indigne de vous.

ALCESTE.
Mais en disant cela, songez-vous, je vous prie,
Que cette personne est, madame, votre amie ?

ARSINOÉ.
Oui. Mais ma conscience est blessée en effet
De souffrir plus longtemps le tort que l'on vous fait.
L'état où je vous vois afflige trop mon âme,
Et je vous donne avis qu'on trahit votre flamme.

ALCESTE.
C'est me montrer, madame, un tendre mouvement,
Et de pareils avis obligent un amant !

ARSINOÉ.
Oui, toute mon amie, elle est et je la nomme
Indigne d'asservir le cœur d'un galant homme.

Et le sien n'a pour vous que de feintes douceurs.
ALCESTE.
Cela se peut, madame, on ne voit pas les cœurs ;
Mais votre charité se seroit bien passée
De jeter dans le mien une telle pensée.
ARSINOÉ.
Si vous ne voulez pas être désabusé,
Il faut ne vous rien dire, il est assez aisé.
ALCESTE.
Non. Mais sur ce sujet quoi que l'on nous expose,
Les doutes sont fâcheux plus que tout autre chose ;
Et je voudrois, pour moi, qu'on ne me fît savoir
Que ce qu'avec clarté l'on peut me faire voir.
ARSINOÉ.
Hé bien ! c'est assez dit ; et, sur cette matière,
Vous allez recevoir une pleine lumière.
Oui, je veux que de tout vos yeux vous fassent foi.
Donnez-moi seulement la main jusque chez moi ;
Là, je vous ferai voir une preuve fidèle
De l'infidélité du cœur de votre belle ;
Et, si pour d'autres yeux le vôtre peut brûler,
On pourra vous offrir de quoi vous consoler.

FIN DU TROISIÈME ACTE

ACTE QUATRIÈME.

SCÈNE I.

ÉLIANTE, PHILINTE.

PHILINTE.

Non, l'on n'a point vu d'âme à manier si dure,
Ni d'accommodement plus pénible à conclure :
En vain de tous côtés on l'a voulu tourner,
Hors de son sentiment on n'a pu l'entraîner;
Et jamais différend si bizarre, je pense,
N'avoit de ces messieurs occupé la prudence.
« Non, messieurs, disoit-il, je ne me dédis point,
Et tomberai d'accord de tout, hors de ce point.
De quoi s'offense-t-il? et que veut-il me dire?
Y va-t-il de sa gloire à ne pas bien écrire?
Que lui fait mon avis qu'il a pris de travers?
On peut être honnête homme, et faire mal des vers :
Ce n'est point à l'honneur que touchent ces matières.
Je le tiens galant homme en toutes les manières,
Homme de qualité, de mérite et de cœur,
Tout ce qu'il vous plaira, mais fort méchant auteur.
Je louerai, si l'on veut, son train et sa dépense;
Son adresse à cheval, aux armes, à la danse;
Mais, pour louer ses vers, je suis son serviteur;
Et, lorsque d'en mieux faire on n'a pas le bonheur,
On ne doit de rimer avoir aucune envie,
Qu'on n'y soit condamné sur peine de la vie. »
Enfin toute la grâce et l'accommodement
Où s'est avec effort plié son sentiment,
C'est de dire, croyant adoucir bien son style :
« Monsieur, je suis fâché d'être si difficile;
Et, pour l'amour de vous, je voudrois, de bon cœur,
Avoir trouvé tantôt votre sonnet meilleur. »
Et, dans une embrassade, on leur a, pour conclure,
Fait vite envelopper toute la procédure.

ÉLIANTE.

Dans ses façons d'agir il est fort singulier,
Mais j'en fais, je l'avoue, un cas particulier;
Et la sincérité dont son âme se pique
A quelque chose en soi de noble et d'héroïque.
C'est une vertu rare au siècle d'aujourd'hui,
Et je la voudrois voir partout comme chez lui.

PHILINTE.

Pour moi, plus je le vois, plus surtout je m'étonne
De cette passion où son cœur s'abandonne.
De l'humeur dont le ciel a voulu le former,
Je ne sais pas comment il s'avise d'aimer;
Et je sais moins encor comment votre cousine
Peut être la personne où son penchant l'incline.

ÉLIANTE.

Cela fait assez voir que l'amour, dans les cœurs,
N'est pas toujours produit par un rapport d'humeurs;
Et toutes ces raisons de douces sympathies
Dans cet exemple-ci se trouvent démenties.

PHILINTE.

Mais croyez-vous qu'on l'aime, aux choses qu'on peut voir?

ÉLIANTE.

C'est un point qu'il n'est pas fort aisé de savoir.
Comment pouvoir juger s'il est vrai qu'elle l'aime?
Son cœur de ce qu'il sent n'est pas bien sûr lui-même;
Il aime quelquefois sans qu'il le sache bien,
Et croit aimer aussi, parfois, qu'il n'en est rien.

PHILINTE.

Je crois que notre ami, près de cette cousine,
Trouvera des chagrins plus qu'il ne s'imagine;
Et, s'il avoit mon cœur, à dire vérité,
Il tourneroit ses vœux tout d'un autre côté;
Et, par un choix plus juste, on le verroit, madame,

Profiter des bontés que lui montre votre âme.
ÉLIANTE.
Pour moi, je n'en fais point de façons, et je croi
Qu'on doit, sur de tels points, être de bonne foi.
Je ne m'oppose point à toute sa tendresse;
Au contraire, mon cœur pour elle s'intéresse;
Et, si c'étoit qu'à moi la chose pût tenir,
Moi-même, à ce qu'il aime, on me verroit l'unir.
Mais, si dans un tel choix, comme tout se peut faire,
Son amour éprouvoit quelque destin contraire,
S'il falloit que d'un autre on couronnât les feux,
Je pourrois me résoudre à recevoir ses vœux;
Et le refus souffert en pareille occurrence
Ne m'y feroit trouver aucune répugnance.
PHILINTE.
Et moi, de mon côté, je ne m'oppose pas,
Madame, à ces bontés qu'ont pour lui vos appas;
Et lui-même, s'il veut, il peut bien vous instruire
De ce que là-dessus j'ai pris soin de lui dire.
Mais si, par un hymen qui les joindroit eux deux,
Vous étiez hors d'état de recevoir ses vœux,
Tous les miens tenteroient la faveur éclatante
Qu'avec tant de bonté votre âme lui présente.
Heureux si, quand son cœur s'y pourra dérober,
Elle pouvoit sur moi, madame, retomber.
ÉLIANTE.
Vous vous divertissez, Philinte.
PHILINTE.
Non, madame,
Et je vous parle ici du meilleur de mon âme.
J'attends l'occasion de m'offrir hautement,
Et de tous mes souhaits j'en presse le moment.

Je suis, je suis trahi, je suis assassiné. (Acte IV, scène II.)

SCÈNE II.
ALCESTE, ÉLIANTE, PHILINTE.

ALCESTE.
Ah! faites-moi raison, madame, d'une offense
Qui vient de triompher de toute ma constance.
ÉLIANTE.
Qu'est-ce donc? Qu'avez-vous qui vous puisse émou-
ALCESTE.   [voir?
J'ai ce que, sans mourir, je ne puis concevoir;
Et le déchaînement de toute la nature
Ne m'accableroit pas comme cette aventure.
C'en est fait.... Mon amour.... Je ne saurois parler.
ÉLIANTE.
Que votre esprit un peu tâche à se rappeler.
ALCESTE.
O juste ciel! Faut-il qu'on joigne à tant de grâces
Les vices odieux des âmes les plus basses?
ÉLIANTE.
Mais encor, qui vous peut...

ALCESTE.
Ah! tout est ruiné;
Je suis, je suis trahi, je suis assassiné.
Célimène.... Eût-on pu croire cette nouvelle
Célimène me trompe, et n'est qu'une infidèle.
ÉLIANTE.
Avez-vous, pour le croire, un juste fondement?
PHILINTE.
Peut-être est-ce un soupçon conçu légèrement;
Et votre esprit jaloux prend parfois des chimères....
ALCESTE.
Ah! morbleu! mêlez-vous, monsieur, de vos affaires.
(A Éliante.)
C'est de sa trahison n'être que trop certain,
Que l'avoir, dans ma poche, écrite de sa main.
Oui, madame, une lettre écrite pour Oronte,
A produit à mes yeux ma disgrâce et sa honte;
Oronte, dont j'ai cru qu'elle fuyoit les soins,
Et que de mes rivaux je redoutois le moins.
PHILINTE.
Une lettre peut bien tromper par l'apparence,

Et n'est pas quelquefois si coupable qu'on pense.
ALCESTE.
Monsieur, encore un coup, laissez-moi, s'il vous plaît,
Et ne prenez souci que de votre intérêt.
ÉLIANTE.
Vous devez modérer vos transports, et l'outrage....
ALCESTE.
Madame, c'est à vous qu'appartient cet ouvrage ;
C'est à vous que mon cœur a recours aujourd'hui
Pour pouvoir s'affranchir de son cuisant ennui.
Vengez-moi d'une ingrate et perfide parente
Qui trahis lâchement une ardeur si constante ;
Vengez-moi de ce trait qui doit vous faire horreur.
ÉLIANTE.
Moi, vous venger ? Comment ?
ALCESTE.
En recevant mon cœur.
Acceptez-le, madame, au lieu de l'infidèle :
C'est par là que je puis prendre vengeance d'elle ;
Et je la veux punir par les sincères vœux,
Par le profond amour, les soins respectueux,
Les devoirs empressés et l'assidu service
Dont ce cœur va vous faire un ardent sacrifice.
ÉLIANTE.
Je compatis, sans doute, à ce que vous souffrez,
Et ne méprise point le cœur que vous m'offrez ;
Mais peut-être le mal n'est pas si grand qu'on pense :
Et vous pourrez quitter ce désir de vengeance.
Lorsque l'injure part d'un objet plein d'appas,
On fait force desseins qu'on n'exécute pas ;
On a beau voir, pour rompre, une raison puissante,
Une coupable aimée est bientôt innocente ;
Tout le mal qu'on lui veut se dissipe aisément,
Et l'on sait ce que c'est qu'un courroux d'un amant.
ALCESTE.
Non, non, madame, non. L'offense est trop mortelle.
Il n'est point de retour, et je romps avec elle ;
Rien ne sauroit changer le dessein que j'en fais.
Et je me punirois de l'estimer jamais.
La voici. Mon courroux redouble à cette approche ;
Je vais de sa noirceur lui faire un vif reproche,
Pleinement la confondre, et vous porter après
Un cœur tout dégagé de ses trompeurs attraits.

SCÈNE III.
CÉLIMÈNE, ALCESTE.

ALCESTE, *à part.*
O ciel ! de mes transports puis-je être ici le maître ?
CÉLIMÈNE, *à part.*
(*A Alceste.*)
Ouais ! Quel est donc le trouble où je vous vois paroître ?
Et que me veulent dire, et ces soupirs poussés,
Et ces sombres regards que sur moi vous lancez ?
ALCESTE.
Que toutes les horreurs dont une âme est capable
A vos déloyautés n'ont rien de comparable ;
Que le sort, les démons, et le ciel en courroux,
N'ont jamais rien produit de si méchant que vous.
CÉLIMÈNE.
Voilà certainement des douceurs que j'admire.
ALCESTE.
Ah ! ne plaisantez point, il n'est pas temps de rire.
Rougissez bien plutôt, vous en avez raison ;
Et j'ai de sûrs témoins de votre trahison.
Voilà ce que marquoient les troubles de mon âme ;
Ce n'étoit pas en vain que s'alarmoit ma flamme ;
Par ces fréquens soupçons qu'on trouvoit odieux,
Je cherchois le malheur qu'ont rencontré mes yeux ;
Et, malgré tous les soins et votre adresse à feindre,
Mon astre me disoit ce que j'avois à craindre.
Mais ne présumez pas que, sans être vengé,
Je souffre le dépit de me voir outragé.
Je sais que sur les vœux on n'a point de puissance,
Que l'amour veut partout naitre sans dépendance,
Que jamais par la force on n'entra dans un cœur,
Et que toute âme est libre à nommer son vainqueur.
Aussi ne trouverois-je aucun sujet de plainte,
Si pour moi votre bouche avoit parlé sans feinte ;
Et, rejetant mes vœux dès le premier abord,
Mon cœur n'auroit eu droit de s'en prendre qu'au sort.
Mais d'un aveu trompeur voir ma flamme applaudie,
C'est une trahison, c'est une perfidie
Qui ne sauroit trouver de trop grands châtimens ;
Et je puis tout permettre à mes ressentimens.
Oui, oui, redoutez tout après un tel outrage,
Je ne suis plus à moi, je suis tout à la rage.
Percé du coup mortel dont vous m'assassinez,
Mes sens par la raison ne sont plus gouvernés ;
Je cède aux mouvemens d'une juste colère,
Et je ne réponds pas de ce que je puis faire.
CÉLIMÈNE.
D'où vient donc, je vous prie, un tel emportement ?
Avez-vous, dites-moi, perdu le jugement ?
ALCESTE.
Oui, oui, je l'ai perdu, lorsque dans votre vue
J'ai pris, pour mon malheur, le poison qui me tue,
Et que j'ai cru trouver quelque sincérité
Dans les traîtres appas dont je fus enchanté.
CÉLIMÈNE.
De quelle trahison pouvez-vous donc vous plaindre ?
ALCESTE.
Ah ! que ce cœur est double, et sait bien l'art de feindre !
Mais, pour le mettre à bout, j'ai des moyens tout prêts.
Jetez ici les yeux, et connoissez vos traits,
Ce billet découvert suffit pour vous confondre,
Et, contre ce témoin, on n'a rien à répondre.
CÉLIMÈNE.
Voilà donc le sujet qui vous trouble l'esprit ?
ALCESTE.
Vous ne rougissez pas en voyant cet écrit !
CÉLIMÈNE.
Et par quelle raison faut-il que j'en rougisse ?
ALCESTE.
Quoi ! vous joignez ici l'audace à l'artifice !
Le désavouerez-vous, pour n'avoir point de seing ?
CÉLIMÈNE.
Pourquoi désavouer un billet de ma main ?

ALCESTE.
Et vous le pouvez voir, sans demeurer confuse
Du crime dont vers moi son style vous accuse!
CÉLIMÈNE.
Vous êtes, sans mentir, un grand extravagant.
ALCESTE.
Quoi! vous bravez ainsi ce témoin convaincant!
Et ce qu'il m'a fait voir de douceur pour Oronte,
N'a donc rien qui m'outrage, et qui vous fasse honte?
CÉLIMÈNE.
Oronte! Qui vous dit que la lettre est pour lui?

ALCESTE.
Les gens qui, dans mes mains, l'ont remise aujourd'hui.
Mais je veux consentir qu'elle soit pour un autre;
Mon cœur en a-t-il moins à se plaindre du vôtre?
En serez-vous vers moi moins coupable en effet?
CÉLIMÈNE.
Mais si c'est une femme à qui va ce billet,
En quoi vous blesse-t-il, et qu'a-t-il de coupable?
ALCESTE.
Ah! le détour est bon, et l'excuse admirable.
Je ne m'attendois pas, je l'avoue, à ce trait;

Vous ne rougissez pas en voyant cet écrit. (Acte IV, scène III.)

Et me voilà, par là, convaincu tout à fait.
Osez-vous recourir à ces ruses grossières?
Et croyez-vous les gens si privés de lumières?
Voyons, voyons un peu par quel biais, de quel air,
Vous voulez soutenir un mensonge si clair;
Et comment vous pourrez tourner, pour une femme,
Tous les mots d'un billet qui montre tant de flamme,
Ajustez, pour couvrir un manquement de foi,
Ce que je m'en vais lire....
CÉLIMÈNE.
Il ne me plaît pas, moi.
Je vous trouve plaisant d'user d'un tel empire,
Et de me dire au nez ce que vous m'osez dire.

ALCESTE.
Non, non, sans s'emporter, prenez un peu souci
De me justifier les termes que voici.
CÉLIMÈNE.
Non, je n'en veux rien faire; et dans cette occurrence,
Tout ce que vous croirez m'est de peu d'importance.
ALCESTE.
De grâce, montrez-moi, je serai satisfait,
Qu'on peut, pour une femme, expliquer ce billet.
CÉLIMÈNE.
Non, il est pour Oronte; et je veux qu'on le croie.
Je reçois tous ses soins avec beaucoup de joie.
J'admire ce qu'il dit, j'estime ce qu'il est,

Et je tombe d'accord de tout ce qu'il vous plaît..
Faites, prenez parti, que rien ne vous arrête,
Et ne me rompez pas davantage la tête.
               ALCESTE, *à part.*
Ciel ! rien de plus cruel peut-il être inventé ?
Et jamais cœur fut-il de la sorte traité ?
Quoi ! d'un juste courroux je suis ému contre elle,
C'est moi qui me vient plaindre, et c'est moi qu'on que-
On pousse ma douleur et mes soupçons à bout, [relle,
On me laisse tout croire, on fait gloire de tout ;
Et cependant mon cœur est encore assez lâche
Pour ne pouvoir briser la chaîne qui l'attache,
Et pour ne pas s'armer d'un généreux mépris
Contre l'ingrat objet dont il est trop épris !
           (*A Célimène.*)
Ah ! que vous savez bien ici, contre moi-même,

Perfide, vous servir de ma foiblesse extrême,
Et ménager pour vous l'excès prodigieux
De ce fatal amour né de vos traîtres yeux !
Défendez-vous au moins d'un crime qui m'accable,
Et cessez d'affecter d'être envers moi coupable.
Rendez-moi, s'il se peut, ce billet innocent ;
A vous prêter les mains ma tendresse consent ;
Efforcez-vous ici de paroître fidèle,
Et je m'efforcerai, moi, de vous croire telle.
               CÉLIMÈNE.
Allez, vous êtes fou dans vos transports jaloux,
Et ne méritez pas l'amour qu'on a pour vous.
Je voudrois bien savoir qui pourroit me contraindre
A descendre pour vous aux bassesses de feindre ;
Et pourquoi, si mon cœur penchoit d'autre côté,
Je ne le dirois pas avec sincérité.

Ma foi, je l'ai, monsieur, laissé sur votre table. (Acte IV, scène IV.)

Quoi ! de mes sentimens l'obligeante assurance,
Contre tous vos soupçons ne prend pas ma défense ?
Auprès d'un tel garant, sont-ils de quelque poids ?
N'est-ce pas m'outrager que d'écouter leur voix ?
Et, puisque notre cœur fait un effort extrême
Lorsqu'il peut se résoudre à confesser qu'il aime ;
Puisque l'honneur du sexe, ennemi de nos feux,
S'oppose fortement à de pareils aveux ;
L'amant qui voit pour lui franchir un tel obstacle,
Doit-il impunément douter de cet oracle ?
Et n'est-il pas coupable en ne s'assurant pas
A ce qu'on ne dit point qu'après de grands combats ?
Allez, de tels soupçons méritent ma colère,
Et vous ne valez pas que l'on vous considère.
Je suis sotte, et veux mal à ma simplicité
De conserver encor pour vous quelque bonté ;
Je devrois autre part attacher mon estime,
Et vous faire un sujet de plainte légitime.

               ALCESTE.
Ah ! traîtresse ! mon foible est étrange pour vous ;
Vous me trompez, sans doute, avec des mots si doux :
Mais il n'importe, il faut suivre ma destinée :
A votre foi mon âme est toute abandonnée ;
Je veux voir jusqu'au bout quel sera votre cœur,
Et si de me trahir il aura la noirceur.
               CÉLIMÈNE.
Non, vous ne m'aimez point comme il faut que l'on aime.
               ALCESTE.
Ah ! rien n'est comparable à mon amour extrême ;
Et, dans l'ardeur qu'il a de se montrer à tous,
Il va jusqu'à former des souhaits contre vous.
Oui, je voudrois qu'aucun ne vous trouvât aimable,
Que vous fussiez réduite à un sort misérable ;
Que le ciel, en naissant, ne vous eût donné rien ;
Que vous n'eussiez ni rang, ni naissance, ni bien,
Afin que de mon cœur l'éclatant sacrifice

Vous pût, d'un pareil sort, réparer l'injustice,
Et que j'eusse la joie et la gloire en ce jour
De vous voir tenir tout des mains de mon amour.
CÉLIMÈNE.
C'est me vouloir du bien d'une étrange manière !
Me préserve le ciel que vous ayez matière....
Voici monsieur Dubois plaisamment figuré.

SCENE IV.
CÉLIMÈNE, ALCESTE, DUBOIS.

ALCESTE.
Que veut cet équipage et cet air effaré ?
Qu'as-tu ?
DUBOIS.
Monsieur....
ALCESTE.
Hé bien ?
DUBOIS.
Voici bien des mystères.
ALCESTE.
Qu'est-ce ?
DUBOIS.
Nous sommes mal, monsieur, dans nos affaire.
ALCESTE.
Quoi ?
DUBOIS.
Parlerai-je haut ?
ALCESTE.
Oui, parle, et promptement.
DUBOIS.
N'est-il point là quelqu'un ?
ALCESTE.
Ah ! que d'amusement !
Veux-tu parler ?
DUBOIS.
Monsieur, il faut faire retraite.
ALCESTE.
Comment ?
DUBOIS.
Il faut déloger d'ici sans trompette.
ALCESTE.
Et pourquoi ?
DUBOIS.
Je vous dis qu'il faut quitter ce lieu.
ALCESTE.
La cause ?
DUBOIS.
Il faut partir, monsieur, sans dire adieu.
ALCESTE.
Mais par quelle raison me tiens-tu ce langage ?

DUBOIS.
Par la raison, monsieur, qu'il faut plier bagage.
ALCESTE.
Ah ! je te casserai la tête assurément,
Si tu ne veux, maraud, t'expliquer autrement.
DUBOIS.
Monsieur, un homme noir et d'habit et de mine,
Est venu nous laisser, jusque dans la cuisine,
Un papier griffonné d'une telle façon,
Qu'il faudroit, pour le lire, être pis que démon.
C'est de votre procès, je n'en fais aucun doute ;
Mais le diable d'enfer, je crois, n'y verroit goutte.
ALCESTE.
Hé bien ! quoi ? ce papier, qu'a-t-il à démêler,
Traître, avec ce départ dont tu viens me parler ?
DUBOIS.
C'est pour vous dire, monsieur, qu'une heure ensuite,
Un homme qui souvent vous vient rendre visite,
Est venu vous chercher avec empressement,
Et, ne vous trouvant pas, m'a chargé doucement,
Sachant que je vous sers avec beaucoup de zèle,
De vous dire.... Attendez, comme est-ce qu'il s'appelle ?
ALCESTE.
Laisse là son nom, traître, et dis ce qu'il t'a dit.
DUBOIS.
C'est un de vos amis, enfin, cela suffit ;
Il m'a dit que d'ici votre péril vous chasse,
Et que d'être arrêté le sort vous y menace.
ALCESTE.
Mais quoi ! n'a-t-il voulu te rien spécifier ?
DUBOIS.
Non. Il m'a demandé de l'encre et du papier,
Et vous a fait un mot, où vous pourrez, je pense,
Du fond de ce mystère avoir la connoissance.
ALCESTE.
Donne-le donc.
CÉLIMÈNE.
Que peut envelopper ceci ?
ALCESTE.
Je ne sais ; mais j'aspire à m'en voir éclairci.
Auras-tu bientôt fait, impertinent au diable ?
DUBOIS, *après avoir longtemps cherché le billet.*
Ma foi, je l'ai, monsieur, laissé sur votre table.
ALCESTE.
Je ne sais qui me tient....
CÉLIMÈNE.
Ne vous emportez pas,
Et courez démêler un pareil embarras.
ALCESTE.
Il semble que le sort, quelque soin que je prenne,
Ait juré d'empêcher que je vous entretienne ;
Mais, pour en triompher, souffrez à mon amour
De vous revoir, madame, avant la fin du jour.

FIN DU QUATRIÈME ACTE.

ACTE CINQUIÈME.

SCÈNE I.
ALCESTE, PHILINTE

ALCESTE.
La résolution en est prise, vous dis-je.
PHILINTE.
Mais, quel que soit ce coup, faut-il qu'il vous oblige?...
ALCESTE.
Non, vous avez beau faire et beau me raisonner :
Rien, de ce que je dis, ne peut me détourner :
Trop de perversité règne au siècle où nous sommes,
Et je veux me tirer du commerce des hommes.
Quoi! contre ma patrie on voit tout à la fois
L'honneur, la probité, la pudeur et les lois;
On publie en tous lieux l'équité de ma cause;
Sur la foi de mon droit mon âme se repose :
Cependant je me vois trompé par le succès,
J'ai pour moi la justice, et je perds mon procès.
Un traître, dont on sait la scandaleuse histoire,
Est sorti triomphant d'une fausseté noire !
Toute la bonne foi cède à sa trahison !
Il trouve, en m'égorgeant, moyen d'avoir raison !
Le poids de sa grimace, où brille l'artifice,
Renverse le bon droit, et tourne la justice !
Il fait par un arrêt couronner son forfait!
Et, non content encor du tort que l'on me fait,
Il court parmi le monde un livre abominable
Et de qui la lecture est même condamnable;
Un livre à mériter la dernière rigueur,
Dont le fourbe a le front de me faire l'auteur !
Et là-dessus on voit Oronte qui murmure
Et tâche méchamment d'appuyer l'imposture!
Lui, qui d'un honnête homme à la cour tient le rang,
A qui je n'ai rien fait qu'être sincère et franc,
Qui me vient, malgré moi d'une ardeur empressée,
Sur des vers qu'il a faits demander ma pensée;
Et parce que j'en use avec honnêteté,
Et ne le veux trahir, lui, ni la vérité,
Il aide à m'accabler d'un crime imaginaire !
Le voilà devenu mon plus grand adversaire !
Et jamais de son cœur je n'aurai de pardon,
Pour n'avoir pas trouvé que son sonnet fût bon !
Et les hommes, morbleu! sont faits de cette sorte !
C'est à ces actions que la gloire les porte !
Voilà la bonne foi, le zèle vertueux,
La justice et l'honneur que l'on trouve chez eux !
Allons, c'est trop souffrir les chagrins qu'on nous forge :
Tirons-nous de ce bois et de ce coupe-gorge.
Puisque entre humains ainsi vous vivez en vrais loups,
Traîtres! vous ne m'aurez de ma vie avec vous.
PHILINTE.
Je trouve un peu bien prompt le dessein où vous êtes,
Et tout le mal n'est pas si grand que vous le faites.
Ce que votre partie ose vous imputer
N'a point eu le crédit de vous faire arrêter;
On voit son faux rapport lui-même se détruire,
Et c'est une action qui pourroit bien lui nuire.
ALCESTE.
Lui? de semblables tours il ne craint point l'éclat,
Il a permission d'être franc scélérat;
Et, loin qu'à son crédit nuise cette aventure,
On l'en verra demain en meilleure posture.
PHILINTE.
Enfin, il est constant qu'on n'a point trop donné
Au bruit que contre vous sa malice a tourné;
De ce côté déjà vous n'avez rien à craindre :
Et pour votre procès, dont vous pouvez vous plaindre,

Il vous est en justice aisé d'y revenir,
Et contre cet arrêt....

ALCESTE.

Non, je veux m'y tenir,
Quelque sensible tort qu'un tel arrêt me fasse,
Je me garderai bien de vouloir qu'on le casse ;
On y voit trop à plein le bon droit maltraité,
Et je veux qu'il demeure à la postérité,
Comme une marque insigne, un fameux témoignage
De la méchanceté des hommes de notre âge.
Ce sont vingt mille francs qu'il m'en pourra coûter ;
Mais pour vingt mille francs j'aurai droit de pester
Contre l'iniquité de la nature humaine,
Et de nourrir pour elle une immortelle haine.

PHILINTE.

Mais enfin...

ALCESTE.

Mais enfin, vos soins sont superflus.
Que pouvez-vous, monsieur, me dire là-dessus ?
Aurez-vous bien le front de me vouloir, en face,
Excuser les horreurs de tout ce qui se passe ?

PHILINTE.

Non, je tombe d'accord de tout ce qu'il vous plaît :
Tout marche par cabale et par pur intérêt ;
Ce n'est plus que la ruse aujourd'hui qui l'emporte,
Et les hommes devroient être faits d'autre sorte.
Mais est-ce une raison que leur peu d'équité,
Pour vouloir se tirer de leur société ?
Tous ces défauts humains nous donnent, dans la vie,
Des moyens d'exercer notre philosophie :
C'est le plus bel emploi que trouve la vertu ;
Et, si de probité tout étoit revêtu,

Que vous me fatiguez avec un tel caprice ! (Acte v, scène II.)

Si tous les cœurs étoient francs, justes et dociles,
La plupart des vertus nous seroient inutiles,
Puisque on en met l'usage à pouvoir, sans ennui,
Supporter dans nos droits l'injustice d'autrui ;
Et, de même qu'un cœur d'une vertu profonde....

ALCESTE.

Je sais que vous parlez, monsieur, le mieux du monde.
En beaux raisonnemens vous abondez toujours ;
Mais vous perdez le temps et tous vos beaux discours.
La raison, pour mon bien, veut que je me retire :
Je n'ai point sur ma langue un assez grand empire ;
De ce que je dirois je ne répondrois pas,
Et je me jetterois cent choses sur les bras.
Laissez-moi, sans dispute, attendre Célimène.
Il faut qu'elle consente au dessein qui m'amène ;
Je vais voir si son cœur a de l'amour pour moi,
Et c'est ce moment-ci qui doit m'en faire foi.

PHILINTE.

Montons chez Éliante, attendant sa venue.

ALCESTE.

Non : de trop de souci je me sens l'âme émue.
Allez-vous-en la voir, et me laissez enfin
Dans ce petit coin sombre avec mon noir chagrin.

PHILINTE.

C'est une compagnie étrange pour attendre,
Et je vais obliger Éliante à descendre.

SCÈNE II.

CÉLIMÈNE, ORONTE, ALCESTE.

ORONTE.

Oui, c'est à vous de voir si, par des nœuds si doux,
Madame, vous voulez m'attacher tout à vous.
Il me faut de votre âme une pleine assurance :
Un amant là-dessus n'aime point qu'on balance.
Si l'ardeur de mes feux a pu vous émouvoir,
Vous ne devez point feindre à me les faire voir ;
Et la preuve, après tout, que je vous en demande,
C'est de ne plus souffrir qu'Alceste vous prétende,
De le sacrifier, madame, à mon amour,
Et de chez vous enfin le bannir dès ce jour.

CÉLIMÈNE.

Mais quel sujet si grand contre lui vous irrite,
Vous à qui j'ai tant vu parler de son mérite ?

ORONTE.
Madame, il ne faut point ces éclaircissemens ;
Il s'agit de savoir quels sont vos sentimens.
Choisissez, s'il vous plaît, de garder l'un ou l'autre ;
Ma résolution n'attend rien que la vôtre.
ALCESTE, *sortant du coin où il étoit.*
Oui, monsieur a raison ; madame, il faut choisir,
Et sa demande ici s'accorde à mon désir.
Pareille ardeur me presse, et même soin m'amène ;
Mon amour veut du vôtre une marque certaine ;
Les choses ne sont plus pour traîner en longueur,
Et voici le moment d'expliquer votre cœur.
ORONTE.
Je ne veux point, monsieur, d'une flamme importune
Troubler aucunement votre bonne fortune.
ALCESTE.
Je ne veux point, monsieur, jaloux ou non jaloux,
Partager de son cœur rien du tout avec vous.
ORONTE.
Si votre cœur au mien lui semble préférable....
ALCESTE.
Si du moindre penchant elle est pour vous capable.
ORONTE.
Je jure de n'y rien prétendre désormais.
ALCESTE.
Je jure hautement de ne la voir jamais.
ORONTE.
Madame, c'est à vous de parler sans contrainte.
ALCESTE.
Madame, vous pouvez vous expliquer sans crainte.
ORONTE.
Vous n'avez qu'à nous dire où s'attachent vos vœux.

Cette lettre, par vous, est écrite à Clitandre. (Acte v, scène iv.)

ALCESTE.
Vous n'avez qu'à trancher, et choisir de nous deux.
ORONTE.
Quoi ! sur un pareil choix vous semblez être en peine !
ALCESTE.
Quoi ! votre âme balance et paroit incertaine !
CÉLIMÈNE.
Mon Dieu que cette instance est là hors de saison,
Et que vous témoignez tous deux peu de raison !
Je sais prendre parti sur cette préférence,
Et ce n'est pas mon cœur maintenant qui balance.
Il n'est point suspendu, sans doute, entre vous deux,
Et rien n'est sitôt fait que le choix de nos vœux.
Mais je souffre, à vrai dire, une gêne trop forte
A prononcer en face un aveu de la sorte :
Je trouve que ces mots qui sont désobligeans,
Ne se doivent point dire en présence des gens ;
Qu'un cœur de son penchant donne assez de lumière,
Sans qu'on nous fasse aller jusqu'à rompre en visière :
Et qu'il suffit enfin que de plus doux témoins
Instruisent un amant du malheur de ses soins.

ORONTE.
Non, non, un franc aveu n'a rien que j'appréhende,
J'y consens pour ma part.
ALCESTE.
Et moi, je le demande ;
C'est son éclat surtout qu'ici j'ose exiger,
Et je ne prétends point vous voir rien ménager.
Conserver tout le monde est votre grande étude :
Mais plus d'amusement, et plus d'incertitude ;
Il faut vous expliquer nettement là-dessus,
Ou bien pour un arrêt je prends votre refus ;
Je saurai, de ma part, expliquer ce silence,
Et me tiendrai pour dit tout le mal que j'en pense.
ORONTE.
Je vous sais fort bon gré, monsieur, de ce courroux.
Et je lui dis ici même chose que vous.
CÉLIMÈNE.
Que vous me fatiguez avec un tel caprice !
Ce que vous demandez a-t-il de la justice ?
Et ne vous dis-je pas quel motif me retient ?
J'en vais prendre pour juge Éliante qui vient.

SCÈNE III.

ÉLIANTE, PHILINTE, CÉLIMÈNE, ORONTE, ALCESTE.

CÉLIMÈNE.

Je me vois, ma cousine, ici persécutée
Par des gens dont l'humeur y paroît concertée.
Ils veulent, l'un et l'autre, avec même chaleur,
Que je prononce entre eux le choix que fait mon cœur;
Et que, par un arrêt qu'en face il me faut rendre,
Je défende à l'un d'eux tous les soins qu'il peut prendre.
Dites-moi si jamais cela se fait ainsi.

ÉLIANTE.

N'allez point là-dessus me consulter ici :
Peut-être y pourriez-vous être mal adressée,
Et je suis pour les gens qui disent leur pensée.

ORONTE.

Madame, c'est en vain que vous vous défendez.

ALCESTE.

Tous vos détours ici seront mal secondés.

ORONTE.

Il faut, il faut parler, et lâcher la balance.

ALCESTE.

Il ne faut que poursuivre à garder le silence.

ORONTE.

Je ne veux qu'un seul mot pour finir nos débats.

ALCESTE.

Et moi, je vous entends, si vous ne parlez pas.

SCÈNE IV.

ARSINOÉ, CÉLIMÈNE, ÉLIANTE, ALCESTE, PHILINTE, ACASTE, CLITANDRE, ORONTE.

ACASTE, à *Célimène.*

Madame, nous venons tous deux, sans vous déplaire,
Éclaircir avec vous une petite affaire.

CLITANDRE, *à Oronte et à Alceste.*

Fort à propos, messieurs, vous vous trouvez ici,
Et vous êtes mêlés dans cette affaire aussi.

ARSINOÉ, *à Célimène.*

Madame, vous serez surprise de ma vue;
Mais ce sont ces messieurs qui causent ma venue :
Tous deux ils m'ont trouvée, et se sont plaints à moi
D'un trait à qui mon cœur ne sauroit prêter foi.
J'ai du fond de votre âme une trop haute estime,
Pour vous croire jamais capable d'un tel crime;
Mes yeux ont démenti leurs témoins les plus forts,
Et, l'amitié passant sur de petits discords,
J'ai bien voulu chez vous leur faire compagnie,
Pour vous voir vous laver de cette calomnie.

ACASTE.

Oui, madame, voyons d'un esprit adouci,
Comment vous vous prendrez à soutenir ceci.
Cette lettre, par vous, est écrite à Clitandre.

CLITANDRE.

Vous avez, pour Acaste, écrit ce billet tendre.

ACASTE, *à Oronte et à Alceste.*

Messieurs, ces traits pour vous n'ont point d'obscurité,
Et je ne doute pas que sa civilité
A connoitre sa main n'ait trop su vous instruire;
Mais ceci vaut assez la peine de le lire.

Vous êtes un étrange homme, de condamner mon enjouement, et de me reprocher que je n'ai jamais tant de joie que lorsque je ne suis pas avec vous. Il n'y a rien de plus injuste; et, si vous ne venez bien vite me demander pardon de cette offense, je ne vous la pardonnerai de ma vie. Notre grand flandrin de vicomte....

Il devroit être ici.

Notre grand flandrin de vicomte, par qui vous commencez vos plaintes, est un homme qui ne sauroit me revenir; et, depuis que je l'ai vu, trois quarts d'heure durant, cracher dans un puits pour faire des ronds, je n'ai pu jamais prendre bonne opinion de lui. Pour le petit marquis....

C'est moi-même, messieurs, sans nulle vanité.

Pour le petit marquis qui me tint hier longtemps la main, je trouve qu'il n'y a rien de si mince que toute sa personne; et ce sont de ces mérites qui n'ont que la cape et l'épée. Pour l'homme aux rubans verts....

(A *Alceste.*) A vous le dé, monsieur.

Pour l'homme aux rubans verts, il me divertit quelquefois avec ses brusqueries et son chagrin bourru; mais il est cent momens où je le trouve le plus fâcheux du monde. Et pour l'homme à la veste....

(A *Oronte.*) Voici votre paquet.

Et pour l'homme à la veste, qui s'est jeté dans le bel esprit et veut être auteur malgré tout le monde, je ne puis me donner la peine d'écouter ce qu'il dit; et sa prose me fatigue autant que ses vers. Mettez-vous donc en tête que je ne me divertis pas toujours si bien que vous pensez; que je vous trouve à dire, plus que je ne voudrois, dans toutes les parties où l'on m'entraîne : et que c'est un merveilleux assaisonnement aux plaisirs qu'on goûte, que la présence des gens qu'on aime.

CLITANDRE. — Me voici maintenant, moi.

Votre Clitandre dont vous me parlez, et qui fait tant le doucereux, est le dernier des hommes pour qui j'aurois de l'amitié. Il est extravagant de se persuader qu'on l'aime; et vous l'êtes de croire qu'on ne vous aime pas. Changez, pour être raisonnable, vos sentimens contre les siens; et voyez-moi le plus que vous pourrez, pour m'aider à porter le chagrin d'en être obsédée.

D'un fort beau caractère on voit là le modèle,
Madame, et vous savez comment cela s'appelle.
Il suffit. Nous allons l'un et l'autre en tous lieux
Montrer de votre cœur le portrait glorieux.

ACASTE.

J'aurois de quoi vous dire, et belle est la matière;
Mais je ne vous tiens pas digne de ma colère;
Et je vous ferai voir que les petits marquis
Ont, pour se consoler, des cœurs du plus haut prix.

SCÈNE V.

CÉLIMÈNE, ÉLIANTE, ARSINOÉ, ALCESTE, ORONTE, PHILINTE.

ORONTE.

Quoi! de cette façon je vois qu'on me déchire,
Après tout ce qu'à moi je vous ai vu m'écrire!
Et votre cœur, paré de beaux semblans d'amour,
A tout le genre humain se promet tour à tour!
Allez, j'étois trop dupe, et je vais ne plus l'être;
Vous me faites un bien, me faisant vous connoître;
J'y profite d'un cœur qu'ainsi vous me rendez,
Et trouve ma vengeance en ce que vous perdez.
(A Alceste.)
Monsieur, je ne fais plus d'obstacle à votre flamme,
Et vous pouvez conclure affaire avec madame.

SCÈNE VI.

CÉLIMÈNE, ÉLIANTE, ARSINOÉ, ALCESTE, PHILINTE.

ARSINOÉ, à Célimène.

Certes, voilà le trait du monde le plus noir,
Je ne m'en saurois taire, et me sens émouvoir.
Voit-on des procédés qui soient pareils aux vôtres?
Je ne prends point de part aux intérêts des autres;
(Montrant Alceste.)
Mais, monsieur, que chez vous fixoit votre bonheur,
Un homme, comme lui, de mérite et d'honneur,
Et qui vous chérissoit avec idolâtrie,
Devoit-il?...

ALCESTE.

Laissez-moi, madame, je vous prie,
Vider mes intérêts moi-même là-dessus;
Et ne vous chargez point de ces soins superflus.
Mon cœur a beau vous voir prendre ici sa querelle,
Il n'est point en état de payer ce grand zèle;
Et ce n'est pas à vous que je pourrai songer,
Si, par un autre choix, je cherche à me venger.

ARSINOÉ.

Hé! croyez-vous, monsieur, qu'on ait cette pensée,
Et que de vous avoir on soit tant empressée?
Je vous trouve un esprit bien plein de vanité,
Si de cette créance il peut s'être flatté.
Le rebut de madame est une marchandise
Dont on auroit grand tort d'être si fort éprise.
Détrompez-vous, de grâce, et portez-le moins haut:
Ce ne sont pas des gens comme moi qu'il vous faut.
Vous ferez bien encor de sourire pour elle,
Et je brûle de voir une union si belle.

SCÈNE VII.

CÉLIMÈNE, ÉLIANTE, ALCESTE, PHILINTE.

ALCESTE, à Célimène.

Hé bien! je me suis tu, malgré ce que je vois,
Et j'ai laissé parler tout le monde avant moi.
Ai-je pris sur moi-même un assez long empire?
Et puis-je maintenant....

CÉLIMÈNE.

Oui, vous pouvez tout dire;
Vous en êtes en droit, lorsque vous vous plaindrez,
Et de me reprocher tout ce que vous voudrez.
J'ai tort, je le confesse; et mon âme confuse
Ne cherche à vous payer d'aucune vaine excuse.
J'ai des autres ici méprisé le courroux;
Mais je tombe d'accord de mon crime envers vous.
Votre ressentiment sans doute est raisonnable:
Je sais combien je dois vous paroître coupable,
Que toute chose dit que j'ai pu vous trahir,
Et qu'enfin vous avez sujet de me haïr.
Faites-le, j'y consens.

ALCESTE.

Hé! le puis-je, traîtresse?
Puis-je ainsi triompher de toute ma tendresse?
Et, quoique avec ardeur je veuille vous haïr,
Trouvé-je un cœur en moi tout prêt à m'obéir?
(A Éliante et à Philinte.)
Vous voyez ce que peut une indigne tendresse,
Et je vous fais tous deux témoins de ma foiblesse.
Mais à vous dire vrai, ce n'est pas encor tout,
Et vous allez me voir la pousser jusqu'au bout,
Montrer que c'est à tort que sages on nous nomme,
Et que dans tous les cœurs il est toujours de l'homme.
(A Célimène.)
Oui, je veux bien, perfide, oublier vos forfaits.
J'en saurais, dans mon âme, excuser tous les traits,
Et me les couvrirai du nom d'une foiblesse
Où le vice du temps porte votre jeunesse,
Pourvu que votre cœur veuille donner les mains
Au dessein que j'ai fait de fuir tous les humains,
Et que dans mon désert, où j'ai fait vœu de vivre,
Vous soyez, sans tarder, résolue à me suivre.
C'est par là seulement que, dans tous les esprits,
Vous pourrez réparer le mal de vos écrits,
Et qu'après cet éclat qu'un noble cœur abhorre,
Il peut m'être permis de vous aimer encore.

CÉLIMÈNE.

Moi, renoncer au monde avant que de vieillir,
Et dans votre désert aller m'ensevelir!

ALCESTE.

Et s'il faut qu'à mes feux votre flamme réponde
Que vous doit importer tout le reste du monde?
Vos désirs avec moi ne sont-ils pas contens?

CÉLIMÈNE.

La solitude effraye une âme de vingt ans.
Je ne sens pas la mienne assez grande, assez forte,
Pour me résoudre à prendre un dessein de la sorte,
Si le don de ma main peut contenter vos vœux,
Je pourrai me résoudre à serrer de tels nœuds;
Et l'hymen....

ALCESTE.

Non. Mon cœur à présent vous déteste,
Et ce refus lui seul, fait plus que tout le reste.
Puisque vous n'êtes point, en des liens si doux

Pour trouver tout en moi, comme moi tout en vous.
Allez, je vous refuse ; et ce sensible outrage
De vos indignes fers pour jamais me dégage.

SCÈNE VIII.
ELIANTE, ALCESTE, PHILINTE.

ALCESTE, à Éliante.
Madame, cent vertus ornent votre beauté,
Et je n'ai vu qu'en vous de la sincérité ;
De vous, depuis longtemps, je fais un cas extrême ;
Mais laissez-moi toujours vous estimer de même ;
Et souffrez que mon cœur, dans ses troubles divers,
Ne se présente point à l'honneur de vos fers ;
Je m'en sens trop indigne, et commence à connoître
Que le ciel pour ce nœud ne m'avoit point fait naître ;
Que ce seroit pour vous un hommage trop bas,
Que le rebut d'un cœur qui ne vous valoit pas ;
Et qu'enfin....

Je vais sortir d'un gouffre où triomphent les vices: (Acte v, scène vii.)

ÉLIANTE.
Vous pouvez suivre cette pensée :
Ma main de se donner n'est pas embarrassée,
Et voilà votre ami, sans trop m'inquiéter,
Qui, si je l'en priois, la pourroit accepter.
PHILINTE.
Ah ! cet honneur, madame, est toute mon envie,
Et j'y sacrifierois et mon sang et ma vie.
ALCESTE.
Puissiez-vous goûter de vrais contentemens,
L'un pour l'autre, à jamais, garder ces sentimens !
Trahi de toutes parts, accablé d'injustices,
Je vais sortir d'un gouffre où triomphent les vices,
Et chercher, sur la terre, un endroit écarté,
Où d'être homme d'honneur on ait la liberté.

PHILINTE.
Allons, madame, allons employer toute chose
Pour rompre le dessein que son cœur se propose

FIN DU MISANTHROPE.

PERSONNAGES.

GÉRONTE, père de Lucinde.
LUCINDE, fille de Géronte.
LÉANDRE, amant de Lucinde.
SGANARELLE, mari de Martine.
MARTINE, femme de Sganarelle.
M. ROBERT, voisin de Sganarelle.
VALÈRE, domestique de Géronte.
LUCAS, mari de Jacqueline.
JACQUELINE, nourrice chez Géronte, et femme de Lucas.
THIBAUT, père de Perrin, ⎫
PERRIO,   ⎬ paysans.
                          ⎭

Le théâtre représente une forêt.

Le Médecin malgré lui fut représenté sur le théâtre du Palais-Royal le 6 août 1666.

ACTE PREMIER.

SCÈNE I.

SGANARELLE, MARTINE.

SGANARELLE. — Non, je te dis que je n'en veux rien faire, et que c'est à moi de parler et d'être le maître.

MARTINE. — Et je te dis, moi, que je veux que tu vives à ma fantaisie, et que je ne me suis point mariée avec toi pour souffrir tes fredaines.

SGANARELLE. — O la grande fatigue que d'avoir une femme! et qu'Aristote a bien raison, quand il dit qu'une femme est pire qu'un démon!

MARTINE. — Voyez un peu l'habile homme, avec son benêt d'Aristote.

SGANARELLE. — Oui, habile homme. Trouve-moi un faiseur de fagots qui sache, comme moi, raisonner des choses; qui ait servi six ans un fameux médecin, et qui ait su, dans son jeune âge, son rudiment par cœur.

MARTINE. — Peste du ou fieffé!

SGANARELLE. — Peste de la carogne!

MARTINE. — Que maudits soient l'heure et le jour où je m'avisai d'aller dire oui!

SGANARELLE. — Que maudit soit le bec cornu de notaire qui me fit signer ma ruine!

MARTINE. — C'est bien à toi, vraiment, à te plaindre de cette affaire! Devrais-tu être un seul moment sans rendre grâce au ciel de m'avoir pour ta femme; et méritois-tu d'épouser une personne comme moi?

SGANARELLE. — Il est vrai que tu me fis trop d'honneur, et que j'eus lieu de me louer la première nuit de nos noces! Hé! morbleu! ne me fais point parler là-dessus. Je dirois de certaines choses....

MARTINE. — Quoi? Que dirois-tu?

SGANARELLE. — Baste! laissons là ce chapitre. Il suffit que nous savons ce que nous savons, et que tu fus bien heureuse de me trouver.

MARTINE. — Qu'appelles-tu, bien heureuse de te trouver? Un homme qui me réduit à l'hôpital, un débauché, un traître qui me mange tout ce que j'ai!

SGANARELLE. — Tu as menti, j'en bois une partie.

MARTINE. — Qui me vend, pièce à pièce, tout ce qui est dans le logis.

SGANARELLE. — C'est vivre de ménage.

MARTINE. — Qui m'a ôté jusqu'au lit que j'avois!

SGANARELLE. — Tu t'en lèveras plus matin.

MARTINE. — Enfin, qui ne laisse aucun meuble dans toute la maison.

SGANARELLE. — On en déménage plus aisément.

MARTINE. — Et qui, du matin jusqu'au soir, ne fait que jouer et que boire.

SGANARELLE. — C'est pour ne me point ennuyer.

MARTINE. — Et que veux-tu, pendant ce temps, que je fasse avec ma famille?

SGANARELLE. — Tout ce qu'il te plaira.

MARTINE. — J'ai quatre pauvres petits enfants sur les bras....

SGANARELLE. — Mets-les à terre.

MARTINE. — Qui me demandent à toute heure du pain.

SGANARELLE. — Donne-leur le fouet. Quand j'ai bien bu et bien mangé, je veux que tout le monde soit soûl dans ma maison.

MARTINE. — Et tu prétends, ivrogne, que les choses aillent toujours de même?

SGANARELLE. — Ma femme, allons tout doucement, s'il vous plaît.

MARTINE. — Que j'endure éternellement tes insolences et tes débauches ?

Je vous battrai. (Acte 1, scène 1.)

Ah! vous en voulez donc? (Acte 1, scène 1.)

SGANARELLE. — Ne nous emportons point, ma femme.

MARTINE. — Et que je ne sache pas trouver le moyen de te ranger à ton devoir.

SGANARELLE. — Ma femme, vous savez que je n'ai pas l'âme endurante, et que j'ai le bras assez bon.

MARTINE. — Je me moque de tes menaces.

SGANARELLE. — Ma petite femme, ma mie, votre peau vous démange à votre ordinaire.

MARTINE. — Je te montrerai bien que je ne te crains nullement.

SGANARELLE. — Doux objet de mes vœux, je vous frotterai les oreilles.

MARTINE. — Ivrogne que tu es!
SGANARELLE. — Je vous battrai.
MARTINE. — Sac à vin !
SGANARELLE. — Je vous rosserai.
MARTINE. — Infâme!
SGANARELLE. — Je vous étrillerai.
MARTINE. — Traître, insolent, trompeur, lâche, coquin, pendard, gueux, belitre, fripon, maraud, voleur....
SGANARELLE. — Ah! vous en voulez donc?

(*Sganarelle prend un bâton et bat sa femme.*)

MARTINE, *criant* — Ah! ah! ah! ah!
SGANARELLE. — Voilà le vrai moyen de vous apaiser.

Vous êtes un impertinent de vous ingérer des affaires d'autrui. (Acte 1, scène II.)

SCÈNE II.
M. ROBERT, SGANARELLE, MARTINE.

MONSIEUR ROBERT. — Holà! holà! holà! Fi! Qu'est-ce ci? Quelle infamie! Peste soit le coquin de battre ainsi sa femme!

MARTINE, *à M. Robert.* — Et je veux qu'il me batte, moi.

MONSIEUR ROBERT. — Ah! j'y consens de tout mon cœur.

MARTINE. — De quoi vous mêlez-vous?

MONSIEUR ROBERT. — J'ai tort.

MARTINE. — Est-ce là votre affaire?

MONSIEUR ROBERT. — Vous avez raison.

MARTINE. — Voyez un peu cet impertinent, qui veut empêcher les maris de battre leurs femmes!

MONSIEUR ROBERT. — Je me rétracte.

MARTINE. — Qu'avez-vous à voir là-dessus?

MONSIEUR ROBERT. — Rien.

MARTINE. — Est-ce à vous d'y mettre le nez?

MONSIEUR ROBERT. — Non.

MARTINE. — Mêlez-vous de vos affaires,

MONSIEUR ROBERT. — Je ne dis plus mot.

Je te pardonne.... mais tu me le payeras. (Acte I, scène IV.)

MARTINE. — Il me plaît d'être battue.

MONSIEUR ROBERT. — D'accord.

MARTINE. — Ce n'est pas à vos dépens.

MONSIEUR ROBERT. — Il est vrai.

MARTINE. — Et vous êtes un sot de venir vous fourrer où vous n'avez que faire.

(Elle lui donne un soufflet.)

MONSIEUR ROBERT, *à Sganarelle.* — Compère, je vous demande pardon de tout mon cœur. Faites, rossez, battez comme il faut votre femme; je vous aiderai, si vous le voulez.

SGANARELLE. — Il ne me plaît pas, moi.

MONSIEUR ROBERT. — Ah! c'est autre chose.

SGANARELLE. — Je la veux battre, si je le veux; et ne la veux pas battre, si je ne le veux pas.

MONSIEUR ROBERT. — Fort bien.

SGANARELLE. — C'est ma femme et non pas la vôtre.

MONSIEUR ROBERT. — Sans doute.

SGANARELLE. — Vous n'avez rien à me commander.

MONSIEUR ROBERT. — D'accord.

SGANARELLE. — Je n'ai que faire de votre aide.

MONSIEUR ROBERT. — Très-volontiers.

SGANARELLE. — Et vous êtes un impertinent de vous ingérer des affaires d'autrui. Apprenez que Cicéron dit qu'entre l'arbre et le doigt il ne faut point mettre l'écorce. *(Il bat M. Robert, et le chasse.)*

SCÈNE III.

SGANARELLE, MARTINE.

SGANARELLE. — Oh? çà, faisons la paix nous deux. Touche là.
MARTINE. — Oui, après m'avoir ainsi battue!
SGANARELLE. — Cela n'est rien. Touche.
MARTINE. — Je ne veux pas.
SGANARELLE. — Eh?
MARTINE. — Non.
SGANARELLE. — Ma petite femme!
MARTINE. — Point.
SGANARELLE. — Allons, te dis-je.
MARTINE. — Je n'en ferai rien.
SGANARELLE. — Viens, viens, viens.
MARTINE. — Non, je veux être en colère.
SGANARELLE. — Fi! c'est une bagatelle. Allons, allons.
MARTINE. — Laisse-moi là.
SGANARELLE. — Touche, te dis-je.
MARTINE. — Tu m'as trop maltraitée.
SGANARELLE. — Hé bien! va, je te demande pardon; mets là ta main.
MARTINE. — Je te pardonne; *(bas, à part)* mais tu le payeras.
SGANARELLE. — Tu es une folle de prendre garde à cela. Ce sont petites choses qui sont de temps en temps nécessaires dans l'amitié; et cinq ou six coups de bâton entre gens qui s'aiment, ne font que ragaillardir l'affection. Va, je m'en vais au bois, et je te promets aujourd'hui plus d'un cent de fagots.

SCÈNE IV.

MARTINE, *seule*.

Va, quelque mine que je fasse, je n'oublierai pas mon ressentiment; et je brûle en moi-même de trouver les moyens de te punir des coups que tu me donnes. Je sais bien qu'une femme a toujours dans les mains de quoi se venger d'un mari; mais c'est une punition trop délicate pour mon pendard. Je veux une vengeance qui se fasse un peu mieux sentir; et ce n'est pas contentement pour l'injure que j'ai reçue.

SCÈNE V.

VALÈRE, LUCAS, MARTINE.

LUCAS, *à Valère, sans voir Martine*. — Parguienne! j'avons pris là tous deux une guèble de commission; et je ne sais pas, moi, ce que je pensons attraper.
VALÈRE, *à Lucas, sans voir Martine*. — Que veux-tu, mon pauvre nourricier? Il faut bien obéir à notre maître; et puis, nous avons intérêt, l'un et l'autre, à la santé de sa fille, notre maîtresse, et sans doute son mariage, différé par sa maladie, nous vaudra quelque récompense. Horace, qui est libéral, a bonne part aux prétentions qu'on peut avoir sur sa personne; et, quoiqu'elle ait fait voir de l'amitié pour un certain Léandre, tu sais bien que son père n'a jamais voulu consentir à le recevoir pour son gendre.
MARTINE, *rêvant à part, se croyant seule*. — Ne puis-je point trouver quelque invention pour me venger?
LUCAS, *à Valère*. — Mais quelle fantaisie s'est-il boutée là dans la tête, puisque les médecins y avont tous perdu leur latin?
VALÈRE, *à Lucas*. — On trouve quelquefois, à force de chercher, ce qu'on ne trouve pas d'abord; et souvent, en de simples lieux....
MARTINE, *se croyant toujours seule*. — Oui, il faut que je m'en venge, à quelque prix que ce soit. Ces coups de bâton me reviennent au cœur, je ne les saurois digérer, et.... *(Heurtant Valère et Lucas.)* Ah! messieurs, je vous demande pardon; je ne vous voyois pas, et cherchois dans ma tête quelque chose qui m'embarrasse.
VALÈRE. — Chacun a ses soins dans le monde, et nous cherchons aussi ce que nous voudrions bien trouver.
MARTINE. — Seroit-ce quelque chose où je vous puisse aider?
VALÈRE. — Cela se pourroit faire; et nous tâchons de rencontrer quelque habile homme, quelque médecin particulier, qui pût donner quelque soulagement à la fille de notre maître, attaquée d'une maladie qui lui a ôté tout d'un coup l'usage de la langue. Plusieurs médecins ont déjà épuisé toute leur science après elle; mais on trouve, parfois, des gens avec des secrets admirables, de certains remèdes particuliers, qui font le plus souvent ce que les autres n'ont su faire; et c'est là ce que nous cherchons.
MARTINE, *bas, à part*. — Ah! que le ciel m'inspire une admirable invention pour me venger de mon pendard! *(Haut.)* Vous ne pouviez jamais mieux vous adresser pour rencontrer ce que vous cherchez; et nous avons un homme, le plus merveilleux homme du monde, pour les maladies désespérées.
VALÈRE — Eh! de grâce, où pouvons-nous le rencontrer?
MARTINE. — Vous le trouverez maintenant vers ce petit lieu que voilà, qui s'amuse à couper du bois.
LUCAS. — Un médecin qui coupe du bois!
VALÈRE. — Qui s'amuse à cueillir des simples, voulez-vous dire?
MARTINE. — Non. C'est un homme extraordinaire, qui se plaît à cela, fantasque, bizarre, quinteux, et que vous ne prendriez jamais pour ce qu'il est. Il va vêtu d'une façon extravagante, affecte quelquefois de paroître ignorant, tient sa science renfermée, et ne fuit rien tant, tous les jours, que d'exercer les merveilleux talens qu'il a eus du ciel pour la médecine.

VALÈRE. — C'est une chose admirable, que tous les grands hommes ont toujours du caprice, quelque petit grain de folie mêlé à leur science.

MARTINE. — La folie de celui-ci est plus grande qu'on ne peut croire; car elle va parfois jusqu'à vouloir être battu pour demeurer d'accord de sa capacité; et je vous donne avis que vous n'en viendrez pas à bout, qu'il n'avouera jamais qu'il est médecin, s'il se le met en fantaisie, que vous ne preniez chacun un bâton, et ne le réduisiez, à force de coups, à vous confesser à la fin ce qu'il vous cachera d'abord. C'est ainsi que nous en usons, quand nous avons besoin de lui.

VALÈRE. — Voilà une étrange folie!

MARTINE. — Il est vrai; mais, après cela, vous verrez qu'il fait des merveilles.

VALÈRE. — Comment s'appelle-t-il?

MARTINE. — Il s'appelle Sganarelle; mais il est aisé à connoître. C'est un homme qui a une large barbe noire, et qui porte une fraise, avec un habit jaune et vert.

LUCAS. — Un habit jaune et vart! c'est donc le médecin des parroquets?

VALÈRE. — Mais est-il bien vrai qu'il soit si habile que vous le dites?

MARTINE. — Comment! C'est un homme qui fait des miracles. Il y a six mois qu'une femme fut abandonnée de tous les autres médecins : on la tenoit morte il y avoit déjà six heures et l'on se disposoit à l'ensevelir, lorsqu'on y fit venir de force l'homme dont nous parlons. Il lui mit, l'ayant vue, une petite goutte de je ne sais quoi dans la bouche; et, dans le même instant, elle se leva de son lit, et se mit aussitôt à se promener dans sa chambre, comme si rien n'eût été.

LUCAS. — Ah!

VALÈRE. — Il falloit que ce fût quelque goutte d'or potable.

MARTINE. — Cela pourroit bien être. Il n'y a pas trois semaines encore qu'un jeune enfant de douze ans tomba du haut du clocher en bas, et se brisa sur le pavé la tête, les bras et les jambes. On n'y eut pas plus tôt amené notre homme, qu'il le frotta par tout le corps d'un certain onguent qu'il sait faire; et l'enfant aussitôt se leva sur ses pieds, et courut jouer à la fossette.

LUCAS. — Ah!

VALÈRE. — Il faut que cet homme-là ait la médecine universelle.

MARTINE. — Qui en doute?

LUCAS. — Tétigué! vlà justement l'homme qu'il nous faut. Allons vite le charcher.

VALÈRE. — Nous vous remercions du plaisir que vous nous faites.

MARTINE. — Mais souvenez-vous bien, au moins, de l'avertissement que je vous ai donné.

LUCAS. — Hé! morguenne! laissez-nous faire. S'il ne tient qu'à battre, la vache est à nous.

VALÈRE, à Lucas. — Nous sommes bien heureux d'avoir fait cette rencontre; et j'en conçois, pour moi, la meilleure espérance du monde.

SCENE VI.

SGANARELLE, VALÈRE, LUCAS.

SGANARELLE, *chantant derrière le théâtre.* — La, la, la.

VALÈRE. — J'entends quelqu'un qui chante, et qui coupe du bois.

SGANARELLE, *entrant sur le théâtre avec une bouteille à sa main, sans apercevoir Valère et Lucas.* — La, la, la.... Ma foi, c'est assez travaillé pour boire un coup. Prenons un peu d'haleine. (*Après avoir bu.*) Voilà du bois qui est salé comme tous les diables.

(*Il chante.*)

Qu'ils sont doux,
Bouteille jolie,
Qu'ils sont doux,
Vos petits glougloux!
Mais mon sort feroit bien des jaloux,
Si vous étiez toujours remplie.
Ah! bouteille, ma mie,
Pourquoi vous videz-vous?

Allons, morbleu! il ne faut point engendrer de mélancolie.

VALÈRE, *bas, à part.* — Le voilà lui-même.

LUCAS, *bas, à Valère.* — Je pense que vous dites vrai, et que j'avons bouté le nez dessus.

VALÈRE. — Voyons de près.

SGANARELLE, *embrassant sa bouteille.* — Ah! ma petite friponne, que je t'aime, mon petit bouchon!

(*Il chante. Apercevant Valère et Lucas qui l'examinent, il baisse la voix.*)

Mais mon sort.... feroit.... bien des.... jaloux,
Si....

(*Voyant qu'on l'examine de plus près.*)

Que diable! à qui en veulent ces gens-là?

VALÈRE, à Lucas. — C'est lui assurément.

LUCAS, à Valère. — Le vlà tout craché comme on nous l'a défiguré.

(*Sganarelle pose la bouteille à terre; et, Valère se baissant pour le saluer, comme il croit que c'est à dessein de la prendre, il la met de l'autre côté; Lucas faisant la même chose que Valère, Sganarelle reprend sa bouteille, et la tient contre son estomac, avec divers gestes, qui font un jeu de théâtre.*)

SGANARELLE, à part. — Ils consultent en me regardant. Quel dessein auroient-ils?

VALÈRE. — Monsieur, n'est-ce pas vous qui vous appelez Sganarelle?

SGANARELLE. — Hé! Quoi?

VALÈRE. — Je vous demande si ce n'est pas vous qui se nomme Sganarelle?

SGANARELLE, *se tournant vers Valère, puis vers Lucas.* — Oui et non, selon ce que vous lui voulez.

VALÈRE. — Nous ne voulons que lui faire toutes les civilités que nous pourrons.

SGANARELLE. — En ce cas, c'est moi qui se nomme Sganarelle.

VALÈRE. — Monsieur, nous sommes ravis de vous voir. On nous a adressés à vous pour ce que nous cherchons; et nous venons implorer votre aide, dont nous avons besoin.

SGANARELLE. — Si c'est quelque chose, messieurs, qui dépende de mon petit négoce, je suis tout prêt à vous rendre service.

VALÈRE. — Monsieur, c'est trop de grâce que vous nous faites. Mais, monsieur, couvrez-vous, s'il vous plaît; le soleil pourroit vous incommoder

Monsieur, n'est-ce pas vous qui vous appelez Sganarelle? (Acte 1, scène VI.)

LUCAS. — Monsieu, boutez dessus.

SGANARELLE, *à part*. — Voici des gens bien pleins de cérémonie.

(*Il se couvre.*)

VALÈRE. — Monsieur, il ne faut pas trouver étrange que nous venions à vous; les habiles gens sont toujours recherchés, et nous sommes instruits de votre capacité.

SGANARELLE. — Il est vrai, messieurs, que je suis le premier homme du monde pour faire des fagots.

VALÈRE. — Ah! monsieur....

SGANARELLE. — Je n'y épargne aucune chose, et les fais d'une façon qu'il n'y a rien à dire.

LE MÉDECIN MALGRÉ LUI, ACTE I.

VALÈRE. — Monsieur, ce n'est pas cela dont il est question.

SGANARELLE. — Mais aussi, je les vends cent dix sols le cent.

VALÈRE. — Ne parlons point de cela, s'il vous plaît.

SGANARELLE. — Je vous promets que je ne saurois les donner à moins.

VALÈRE. — Monsieur, nous savons les choses.

SGANARELLE. — Si vous savez les choses, vous savez que je les vends cela.

VALÈRE. — Monsieur, c'est se moquer, que....

SGANARELLE. — Je ne me moque point, je n'en puis rien rabattre.

VALÈRE. — Parlons d'autre façon, de grâce.

SGANARELLE. — Vous en pourrez trouver autre part à moins : il y a fagots et fagots; mais pour ceux que je fais....

VALÈRE. — Hé! monsieur, laissons là ce discours.

SGANARELLE. — Je vous jure que vous ne les auriez pas, s'il s'en falloit un double.

VALÈRE. — Hé! Fi!

SGANARELLE. — Non, en conscience, vous en payerez cela. Je vous parle sincèrement, et ne suis pas homme à surfaire.

VALÈRE. — Faut-il, monsieur, qu'une personne comme vous s'amuse à ces grossières feintes, s'abaisse à parler de la sorte? qu'un homme si savant, un fameux médecin comme vous êtes, veuille se déguiser aux yeux du monde, et tenir enterrés les beaux talens qu'il a?

SGANARELLE, *à part*. — Il est fou.

Tenez cela, vous : voilà où je mets mes juleps. (Acte I, scène VI.)

VALÈRE. — De grâce, monsieur, ne dissimulez point avec nous.

SGANARELLE. — Comment?

LUCAS. — Tout ce tripotage ne sart de rien; je savons ben que je savons.

SGANARELLE. — Quoi donc? Que me voulez-vous dire? Pour qui me prenez-vous?

VALÈRE. — Pour ce que vous êtes, pour un grand médecin.

SGANARELLE. — Médecin vous-même; je ne le suis point, et je ne l'ai jamais été.

VALÈRE, *bas*. — Voilà sa folie qui le tient. (*Haut.*) Monsieur, ne veuillez point nier les choses davantage; et n'en venons point, s'il vous plaît, à de fâcheuses extrémités.

SGANARELLE. — A quoi donc?

VALÈRE. — A de certaines choses dont nous serions marris.

SGANARELLE. — Parbleu! venez-en à tout ce qu'il vous plaira; je ne suis point médecin, et ne sais ce que vous me voulez dire.

VALÈRE, *bas*. — Je vois bien qu'il faut se servir du remède. (*Haut.*) Monsieur, encore un coup, je vous prie d'avouer ce que vous êtes.

LUCAS. — Hé! tétigué! ne lantiponez point davantage, et confessez à la franquette que v's êtes médecin.

SGANARELLE, *à part*. — J'enrage.

VALÈRE. — A quoi bon nier ce qu'on sait?

LUCAS. — Pourquoi toutes ces fraimes-là? A quoi est-ce que ça vous sart?

SGANARELLE. — Messieurs, en un mot, autant qu'en deux mille, je vous dis que je ne suis point médecin.

VALÈRE. — Vous n'êtes point médecin?

SGANARELLE. — Non.

LUCAS. — V'n'êtes pas médecin?

SGANARELLE. — Non, vous dis-je.

VALÈRE. — Puisque vous le voulez, il faut s'y résoudre.

(*Ils prennent chacun un bâton et le frappent.*)

SGANARELLE. — Ah! ah! ah! messieurs, je suis tout ce qu'il vous plaira.

VALÈRE. — Pourquoi, monsieur, nous obligez-vous à cette violence?

LUCAS. — A quoi bon nous bailler la peine de vous battre?

VALÈRE. — Je vous assure que j'en ai tous les regrets du monde.

LUCAS. — Par ma figué, j'en sis fâché franchement.

SGANARELLE. — Que diable est ceci, messieurs? De grâce, est-ce pour rire, ou si tous deux vous extravaguez, de vouloir que je sois médecin?

VALÈRE. — Quoi! vous ne vous rendez pas encore, et vous vous défendez d'être médecin?

SGANARELLE. — Diable emporte si je le suis!

LUCAS. — Il n'est pas vrai qu'ous sayez médecin?

SGANARELLE. — Non, la peste m'étouffe. (*Ils recommencent à le battre.*) Ah! ah! Hé bien! messieurs, oui, puisque vous le voulez, je suis médecin, je suis médecin; apothicaire encore, si vous le trouvez bon. J'aime mieux consentir à tout, que de me faire assommer.

VALÈRE. — Ah! voilà qui va bien, monsieur; je suis ravi de vous voir raisonnable.

LUCAS. — Vous me boutez la joie au cœur, quand je vous vois parler comme ça.

VALÈRE. — Je vous demande pardon de toute mon âme.

LUCAS. — Je vous demandons excuse de la liberté que j'avons prise.

SGANARELLE, *à part*. — Ouais! seroit-ce bien moi qui me tromperois, et serois-je devenu médecin sans m'en être aperçu?

VALÈRE. — Monsieur, vous ne vous repentirez pas de nous montrer ce que vous êtes, et vous verrez assurément que vous en serez satisfait.

SGANARELLE. — Mais, messieurs, dites-moi, ne vous trompez-vous point vous-mêmes? Est-il bien assuré que je sois médecin?

LUCAS. — Oui, par ma figué.

SGANARELLE. — Tout de bon?

VALÈRE. — Sans doute.

SGANARELLE. — Diable emporte, si je le savois.

VALÈRE. — Comment! vous êtes le plus habile médecin du monde.

SGANARELLE. — Ah! ah!

LUCAS. — Un médecin qui a gari je ne sais combien de maladies.

SGANARELLE. — Tudieu!

VALÈRE. — Une femme étoit tenue pour morte il y avoit six heures; elle étoit prête à ensevelir, lorsque avec une goutte de quelque chose, vous la fîtes revenir et marcher d'abord par la chambre.

SGANARELLE. — Peste!

LUCAS. — Un petit enfant de douze ans se laissit choir du haut d'un clocher, de quoi il eut la tête, les jambes et les bras cassés; et vous, avec je ne sais quel onguent, vous fîtes qu'aussitôt il se relevit sur ses pieds, et s'en fut jouer à la fossette.

SGANARELLE. — Diantre!

VALÈRE. — Enfin, monsieur, vous aurez contentement avec nous, et vous gagnerez ce que vous voudrez, en vous laissant conduire où nous prétendons vous mener.

SGANARELLE. — Je gagnerai ce que je voudrai?

VALÈRE. — Oui.

SGANARELLE. — Ah! je suis médecin, sans contredit. Je l'avois oublié, mais je m'en ressouviens. De quoi est-il question? Où faut-il se transporter?

VALÈRE. — Nous vous conduirons. Il est question d'aller voir une fille qui a perdu la parole.

SGANARELLE. — Ma foi, je ne l'ai pas trouvée.

VALÈRE, *bas, à Lucas*. — Il aime à rire. (*A Sganarelle.*) Allons, monsieur.

SGANARELLE. — Sans une robe de médecin?

VALÈRE. — Nous en prendrons une.

SGANARELLE, *présentant sa bouteille à Valère*. — Tenez cela, vous : voilà où je mets mes juleps. (*Puis se tournant vers Lucas en crachant.*) Vous, marchez là dessus par ordonnance du médecin.

LUCAS. — Palsanguenne! vlà un médecin qui me plaît; je pense qu'il réussira, car il est bouffon.

FIN DU PREMIER ACTE.

ACTE DEUXIÈME.

SCÈNE I.
GÉRONTE, VALÈRE, LUCAS, JACQUELINE.

VALÈRE. — Oui, monsieur, je crois que vous serez satisfait; et nous vous avons amené le plus grand médecin du monde.

LUCAS. — Oh! morguenne! il faut tirer l'échelle après ceti-là; et tous les autres ne sont pas daignes de li déchausser ses souliés.

VALÈRE. — C'est un homme qui a fait des cures merveilleuses.

LUCAS. — Qui a gari des gens qui étiant morts.

VALÈRE. — Il est un peu capricieux, comme je vous ai dit; et, parfois, il a des momens où son esprit s'échappe, et ne paroît pas ce qu'il est.

LUCAS. — Oui, il aime à bouffonner; et l'an diroit parfois, ne v's en déplaise, qu'il a quelque petit coup de hache à la tête.

VALÈRE. — Mais, dans le fond, il est toute science; et, bien souvent, il dit des choses tout à fait relevées.

LUCAS. — Quand il s'y boute, il parle tout fin drait comme s'il lisoit dans un livre.

VALÈRE. — Sa réputation s'est déjà répandue ici; et tout le monde vient à lui.

GÉRONTE. — Je meurs d'envie de le voir; faites-le-moi vite venir.

VALÈRE. — Je le vais querir.

SCÈNE II.
GÉRONTE, JACQUELINE, LUCAS.

JACQUELINE. — Par ma fi, monsieur, ceti-ci fera justement ce qu'ant fait les autres. Je pense que ce ce sera queussi queumi; et la meilleure médeçaine que l'an pourroit bailler à votre fille, ce seroit, selon moi, un biau et bon mari, pour qui alle eût de l'amiquié.

GÉRONTE. — Ouais, nourrice, ma mie, vous vous mêlez de bien des choses.

LUCAS. — Taisez-vous, notre minagère Jacquelaine; ce n'est pas à vous à bouter là votre nez.

JACQUELINE — Je vous dis et vous douze que tous ces médecins n'y feront rian que de liau claire; que votre fille a besoin d'autre chose que de rhibarbe et de séné, et qu'un mari est un emplâtre qui guérit tous les maux des filles.

GÉRONTE — Est-elle en état maintenant qu'on s'en voulût charger avec l'infirmité qu'elle a? Et lorsque j'ai été dans le dessein de la marier, ne s'est-elle pas opposée à mes volontés?

JACQUELINE. — Je le crois bien, vous li vouliez bailler eun homme qu'alle n'aime point. Que ne preniais-vous ce monsieur Léandre, qui li tonchait au cœur! Alle auroit été fort obéissante; et je m'en vas gager qu'il la prendroit, li, comme alle est, si vous la li vouillais donner.

GÉRONTE. — Ce Léandre n'est pas celui qu'il lui faut; il n'a pas du bien comme l'autre.

JACQUELINE. — Il a eun oncle qui est si riche, dont il est hériquié.

GÉRONTE. — Tous ces biens à venir semblent autant de chansons. Il n'est rien tel que ce qu'on tient; et l'on court grand risque de s'abuser, lorsque l'on compte sur le bien qu'un autre vous garde. La mort n'a pas toujours les oreilles ouvertes aux vœux et aux prières de messieurs les héritiers; et l'on a le temps d'avoir les dents longues, lorsqu'on attend, pour vivre, le trépas de quelqu'un.

JACQUELINE. — Enfin, j'ai toujours ouï dire qu'en mariage, comme ailleurs, contentement passe richesse. Les pères et les mères ant cette maudite coutume, de demander toujours : « Qu'a-t-il? et qu'a-t-elle? Et le compère Piarre a marié sa fille Simonette au gros Thomas pour un quarquié de vaigne qu'il avoit davantage que le jeune Robin, où alle avoit bouté son amiquié; et vlà que la pauvre creyature en est devenue jaune comme un coing et n'a point profité tout depuis ce temps-là. C'est un bel exemple pour vous, monsieur. On n'a que son plaisir en ce monde; et j'aimerois mieux bailler à ma fille eun bon mari qui li fût agriable, que toutes les rentes de la Biausse.

GÉRONTE. — Peste, madame la nourrice, comme vous dégoisez! Taisez-vous, je vous prie; vous prenez trop de soin, et vous échauffez votre lait.

LUCAS, *frappant, à chaque phrase qu'il dit, sur la poitrine de Géronte.* — Morgué! tais-toi, t'es eune impertinente. Monsieur n'a que faire de tes discours, et il sait ce qu'il a à faire. Mêle-toi de donner à teter à ton enfant, sans tant faire la raisonneuse. Monsieur est le père de sa fille; il est bon et sage pour voir ce qu'il li faut.

GÉRONTE. — Tout doux. Oh! tout doux.

LUCAS, *frappant encore sur la poitrine de Géronte.* — Monsieu, je veux un peu la mortifier, et li apprendre le respect qu'alle vous doit.

GÉRONTE. — Oui. Mais ces gestes ne sont pas nécessaires.

Ce Léandre n'est pas celui qu'il lui faut. (Acte II, scène II.)

SCÈNE III.

VALERE, SGANARELLE, GÉRONTE, LUCAS, JACQUELINE.

VALÈRE. — Monsieur, préparez-vous. Voici notre médecin qui entre.

GÉRONTE, *à Sganarelle.* — Monsieur, je suis ravi de vous voir chez moi, et nous avons grand besoin de vous.

SGANARELLE, *en robe de médecin, avec un chapeau des plus pointus.* — Hippocrate dit.... que nous nous couvrions tous deux.

GÉRONTE. — Hippocrate dit cela?

SGANARELLE — Oui.

GÉRONTE. — Dans quel chapitre, s'il vous plaît?

SGANARELLE. — Dans son chapitre.... des chapeaux.

GÉRONTE. — Puisque Hippocrate le dit, il le faut faire.

SGANARELLE. — Monsieur le médecin, ayant appris les merveilleuses choses....

GÉRONTE. — A qui parlez-vous, de grâce?

SGANARELLE. — A vous.

GÉRONTE. — Je ne suis pas médecin.

SGANARELLE. — Vous n'êtes pas médecin?

GÉRONTE. — Non vraiment.

SGANARELLE. — Tout de bon?

GÉRONTE. — Tout de bon.

(*Sganarelle prend un bâton et frappe Géronte.*) Ah! ah! ah!

SGANARELLE. — Vous êtes médecin maintenant; je n'ai jamais eu d'autres licences.

GÉRONTE, *à Valère.* — Quel diable d'homme m'avez-vous là amené?

VALÈRE. — Je vous ai bien dit que c'était un médecin goguenard.

GÉRONTE. — Oui. Mais je l'enverrois promener avec ses goguenarderies.
LUCAS. — Ne prenez pas garde à ça, monsieur; ce n'est que pour rire.
GÉRONTE. — Cette raillerie ne me plaît pas.
SGANARELLE. — Monsieur, je vous demande pardon de la liberté que j'ai prise.
GÉRONTE. — Monsieur, je suis votre serviteur.
SGANARELLE. — Je suis fâché....
GÉRONTE. — Cela n'est rien.

SGANARELLE. Des coups de bâton....
GÉRONTE. — Il n'y a pas de mal.
SGANARELLE. — Que j'ai eu l'honneur de vous donner.
GÉRONTE. — Ne parlons plus de cela. Monsieur, j'ai une fille qui est tombée dans une étrange maladie.
SGANARELLE. — Je suis ravi, monsieur, que votre fille ait besoin de moi; et je souhaiterois de tout mon cœur que vous en eussiez besoin aussi, vous et toute

Hypocrate dit que nous nous couvrions tous deux. (Acte II, scène III.)

votre famille, pour vous témoigner l'envie que j'ai de vous servir.
GÉRONTE. — Je vous suis obligé de ces sentiments.
SGANARELLE. — Je vous assure que c'est du meilleur de mon âme que je vous parle.
GÉRONTE. — C'est trop d'honneur que vous me faites.
SGANARELLE. — Comment s'appelle votre fille?
GÉRONTE. — Lucinde.
SGANARELLE. — Lucinde! Ah! beau nom à médicamenter. Lucinde!
GÉRONTE. — Je m'en vais voir un peu ce qu'elle fait.
SGANARELLE. — Qui est cette grande femme-là?
GÉRONTE. — C'est la nourrice d'un petit enfant que j'ai.

SCÈNE IV.

SGANARELLE, JACQUELINE, LUCAS.

SGANARELLE, *à part.* — Peste! le joli meuble que voilà! (*Haut.*) Ah! nourrice, charmante nourrice, ma médecine est la très-humble esclave de votre nourricerie, et je voudrois bien être le petit poupon fortuné qui tetât le lait de vos bonnes grâces. (*Il lui porte la main sur le sein.*) Tous mes remèdes, toute ma science, toute ma capacité est à votre service, et...
LUCAS. — Avec votre parmission, monsieur le médecin, laissez là ma femme, je vous prie.
SGANARELLE. — Quoi! est-elle votre femme?
LUCAS. — Oui.

SGANARELLE. — Ah! vraiment, je ne savois pas cela, et je m'en réjouis pour l'amour de l'un et de l'autre.

(Il fait semblant de vouloir embrasser Lucas, et embrasse la nourrice.)

LUCAS, tirant Sganarelle, en se remettant entre lui et sa femme. — Tout doucement, s'il vous plaît.

SGANARELLE. — Je vous assure que je suis ravi que vous soyez unis ensemble. Je la félicite d'avoir un mari comme vous; et je vous félicite, vous, d'avoir une femme si belle, si sage, et si bien faite comme elle est.

(Faisant encore semblant d'embrasser Lucas, qui lui tend les bras, il passe dessous, et embrasse encore la nourrice.)

LUCAS, le tirant encore, — Hé! tétigué! point tant de complimens, je vous supplie.

SGANARELLE. — Ne voulez-vous pas que je me réjouisse avec vous d'un si bel assemblage?

LUCAS. — Avec moi, tant qu'il vous plaira; mais, avec ma femme, trêve de sarimonie.

SGANARELLE. — Je prends part également au bonheur de tous deux. Et, si je vous embrasse pour vous témoigner ma joie, je l'embrasse de même pour lui en témoigner aussi. (Il continue le même jeu.)

LUCAS, le tirant pour la troisième fois. — Ah! vartigué! monsieu le médecin, que de lantiponages!

SCÈNE V.

GÉRONTE, SGANARELLE, LUCAS, JACQUELINE.

GÉRONTE. — Monsieur, voici tout à l'heure ma fille qu'on va vous amener.

SGANARELLE. — Je l'attends, monsieur, avec toute la médecine.

GÉRONTE. — Où est-elle?

SGANARELLE, se touchant le front. — Là dedans.

GÉRONTE. — Fort bien.

SGANARELLE. — Mais, comme je m'intéresse à toute votre famille, il faut que j'essaye un peu le lait de votre nourrice, et que je visite son sein.

(Il s'approche de Jacqueline.)

LUCAS, le tirant et lui faisant faire la pirouette. — Nannain, naunain, je n'avons que faire de ça.

SGANARELLE. — C'est l'office du médecin, de voir les tetons des nourrices.

LUCAS. — Il gnia office qui quienne, je sis votre sarviteur.

SGANARELLE. — As-tu bien la hardiesse de t'opposer au médecin? Hors de là.

LUCAS. Je me moque de ça.

SGANARELLE, en le regardant de travers. — Je te donnerai la fièvre.

JACQUELINE, prenant Lucas par le bras et lui faisant faire aussi la pirouette. — Ote-toi de là aussi. Est-ce que je ne sis pas assez grande pour me défendre moi-même, s'il me fait queuque chose qui ne soit pas à faire?

LUCAS. — Je ne veux pas qu'il te tâte, moi.

SGANARELLE. — Fi, le vilain, qui est jaloux de sa femme!

GÉRONTE. — Voici ma fille.

SCÈNE VI.

LUCINDE, GÉRONTE, SGANARELLE, VALÈRE, LUCAS, JACQUELINE.

SGANARELLE. — Est-ce là la malade?

GÉRONTE. — Oui. Je n'ai qu'elle de fille ; et j'aurois tous les regrets du monde, si elle venoit à mourir.

SGANARELLE. — Qu'elle s'en garde bien. Il ne faut pas qu'elle meure sans l'ordonnance du médecin.

GÉRONTE. — Allons, un siége.

SGANARELLE, *assis entre Géronte et Lucinde*. — Voilà une malade qui n'est pas tant dégoûtante, et je tiens qu'un homme bien sain s'en accommoderoit assez.

GÉRONTE. — Vous l'avez fait rire, monsieur.

SGANARELLE. — Tant mieux ; lorsque le médecin fait rire le malade, c'est le meilleur signe du monde. (*A Lucinde*.) Hé bien ! de quoi est-il question ? Qu'avez-vous ? Quel est le mal que vous sentez ?

LUCINDE, *portant sa main à sa bouche, à sa tête, et sous son menton*. — Han, hi, hon, han.

SGANARELLE. — Hé ! que dites-vous ?

LUCINDE *continue les mêmes gestes*. — Han, hi, hon, han, han, hi, hon.

SGANARELLE. — Quoi ?

LUCINDE. — Han, hi, hon.

SGANARELLE. — Han, hi, hon, han, ha. Je ne vous entends point. Quel diable de langage est-ce là ?

GÉRONTE. — Monsieur, c'est là sa maladie. Elle est devenue muette, sans que jusques ici on en ait pu savoir la cause ; et c'est un accident qui a fait reculer son mariage.

SGANARELLE. — Et pourquoi ?

GÉRONTE. — Celui qu'elle doit épouser veut attendre sa guérison pour conclure les choses.

SGANARELLE. — Et qui est ce sot-là, qui ne veut pas que sa femme soit muette ! Plût à Dieu que la mienne eût cette maladie ! Je me garderois de la vouloir guérir.

GÉRONTE. — Enfin, monsieur, nous vous prions d'employer tous vos soins, pour la soulager de son mal.

SGANARELLE. — Ah ! ne vous mettez pas en peine. Dites-moi un peu, ce mal l'oppresse-t-il beaucoup ?

GÉRONTE. — Oui, monsieur.

SGANARELLE. — Tant mieux. Sent-elle de grandes douleurs ?

GÉRONTE. — Fort grandes.

SGANARELLE. — C'est fort bien fait. Va-t-elle où vous savez ?

GÉRONTE. — Oui.

SGANARELLE. — Copieusement ?

GÉRONTE. — Je n'entends rien à cela.

SGANARELLE. — La matière est-elle louable ?

GÉRONTE. — Je ne me connois pas à ces choses.

SGANARELLE, *à Lucinde*. — Donnez-moi votre bras. (*A Géronte*.) Voilà un pouls qui marque que votre fille est muette.

GÉRONTE. — Hé ! oui, monsieur, c'est là son mal ; vous l'avez trouvé tout du premier coup.

SGANARELLE. — Ah ! ah !

JACQUELINE. — Voyez comme il a deviné sa maladie !

SGANARELLE. — Nous autres grands-médecins, nous connoissons d'abord les choses. Un ignorant auroit été embarrassé, et vous eût été dire : C'est ceci, c'est cela ; mais moi, je touche au but du premier coup, et je vous apprends que votre fille est muette.

GÉRONTE. — Oui ; mais je voudrois bien que vous me pussiez dire d'où cela vient.

SGANARELLE. — Il n'est rien de plus aisé. Cela vient de ce qu'elle a perdu la parole.

GÉRONTE. — Fort bien ; mais la cause, s'il vous plaît, qui fait qu'elle a perdu la parole ?

SGANARELLE. — Tous nos meilleurs auteurs vous diront que c'est l'empêchement de l'action de sa langue.

GÉRONTE. — Mais encore, vos sentimens sur cet empêchement de l'action de sa langue ?

SGANARELLE. — Aristote, là-dessus, dit.... de fort belles choses.

GÉRONTE. — Je le crois.

SGANARELLE. — Ah ! c'étoit un grand homme.

GÉRONTE. — Sans doute.

SGANARELLE. — Grand homme tout à fait ; (*levant le bras depuis le coude*) un homme qui étoit plus grand que moi de tout cela. Pour revenir donc à notre raisonnement, je tiens que cet empêchement de l'action de sa langue est causé par de certaines humeurs, qu'entre nous autres savans, nous appelons humeurs peccantes, c'est-à-dire.... humeurs peccantes ; d'autant que les vapeurs formées par les exhalaisons des influences qui s'élèvent dans la région des maladies, venant.... pour ainsi dire.... à.... Entendez-vous le latin ?

GÉRONTE. — En aucune façon.

SGANARELLE, *se levant brusquement*. — Vous n'entendez point le latin ?

GÉRONTE. — Non.

SGANARELLE, *avec enthousiasme*. — *Cabricias arci thuram, catalamus, singulariter, nominativo, hæc musa*, la muse, *bonus, bona, bonum. Deus sanctus, est-ne oratio latinas ? Etiam*, oui. *Quare*, pourquoi ? *Quia substantivo, et adjectivum, concordat in generi, numerum, et casus.*

GÉRONTE. — Ah ! que n'ai-je étudié !

JACQUELINE. — L'habile homme que vlà !

LUCAS. — Oui, ça est si biau, que je n'y entends goutte.

SGANARELLE. — Or, ces vapeurs, dont je vous parle, venant à passer du côté gauche où est le foie, au côté droit où est le cœur, il se trouve que le poumon, que nous appelons en latin *armyan*, ayant communication avec le cerveau, que nous nommons en grec *nasmus*, par le moyen de la veine cave, que nous appelons en hébreu *cubile*, rencontre en son chemin lesdites vapeurs qui remplissent les ventricules de l'omoplate ; et parce que lesdites vapeurs.... Comprenez bien ce raisonnement, je vous prie ; et parce que lesdites vapeurs ont certaine malignité.... Écoutez bien ceci, je vous conjure.

GÉRONTE. — Oui.

SGANARELLE. — Ont une certaine malignité qui est causée.... Soyez attentif, s'il vous plaît.

GÉRONTE. — Je le suis.

SGANARELLE. — Qui est causée par l'âcreté des humeurs engendrées dans la concavité du diaphragme, il arrive que ces vapeurs.... *Ossabandus, nequeis, ne-*

quer, *potarinum*, *quipsa milus*. Voilà justement ce qui fait que votre fille est muette.

JACQUELINE. — Ah! que ça est bian dit, notre homme.

LUCAS. — Que n'ai-je la langue aussi bian pendue!

GÉRONTE. — On ne peut pas mieux raisonner, sans doute. Il n'y a qu'une seule chose qui m'a choqué; c'est l'endroit du foie et du cœur. Il me semble que vous les placez autrement qu'ils ne sont; que le cœur est du côté gauche, et le foie du côté droit.

Aristote, là-dessus, dit.... de fort belles choses. (Acte II, scène VI).

SGANARELLE. — Oui, cela étoit autrefois ainsi; mais nous avons changé tout cela, et nous faisons maintenant la médecine d'une méthode toute nouvelle.

GÉRONTE. — C'est ce que je ne savois pas, et je vous demande pardon de mon ignorance.

SGANARELLE. — Il n'y a point de mal; et vous n'êtes pas obligé d'être aussi habile que nous.

GÉRONTE. — Assurément. Mais, monsieur, que croyez-vous qu'il faille faire à cette maladie?

SGANARELLE. — Ce que je crois qu'il faille faire?

GÉRONTE. — Oui.

SGANARELLE. — Mon avis est qu'on la remette sur son lit, et qu'on lui fasse prendre, pour remède, quantité de pain trempé dans du vin.

GÉRONTE. — Pourquoi cela, monsieur?

SGANARELLE. — Parce qu'il y a dans le vin et le pain, mêlés ensemble, une vertu sympathique qui fait parler. Ne voyez-vous pas bien qu'on ne donne autre chose aux perroquets, et qu'ils apprennent à parler en mangeant de cela?

GÉRONTE. — Cela est vrai. Ah! le grand homme! Vite, quantité de pain et de vin.

SGANARELLE. — Je reviendrai voir, sur le soir, en quel état elle sera.

SCÈNE VII.

GÉRONTE, SGANARELLE, JACQUELINE.

SGANARELLE, à Jacqueline. — Doucement, vous. (A Géronte.) Monsieur, voilà une nourrice à laquelle il faut que je fasse quelques petits remèdes.

JACQUELINE. — Qui? Moi? Je me porte le mieux du monde.

Je n'en prendrai pas, monsieur. (Acte II, scène VIII.)

SGANARELLE. — Tant pis, nourrice, tant pis. Cette grande santé est à craindre; et il ne sera pas mauvais de vous faire quelque petite saignée amiable, de vous donner quelque petit clystère dulcifiant.

GÉRONTE. — Mais, monsieur, voilà une mode que je ne comprends point. Pourquoi s'aller faire saigner, quand on n'a point de maladie?

SGANARELLE. — Il n'importe, la mode en est salutaire; et, comme on boit pour la soif à venir, il faut se faire aussi saigner pour la maladie à venir.

JACQUELINE, en s'en allant. — Ma fi, je me moque de ça; et je ne veux point faire de mon corps une boutique d'apothicaire.

SGANARELLE. — Vous êtes rétive aux remèdes; mais nous saurons vous soumettre à la raison.

SCÈNE VIII.

GÉRONTE, SGANARELLE.

SGANARELLE. — Je vous donne le bonjour.
GÉRONTE. — Attendez un peu, s'il vous plaît.
SGANARELLE. — Que voulez-vous faire?
GÉRONTE. — Vous donner de l'argent, monsieur.
SGANARELLE, tendant sa main par derrière, tandis que Géronte ouvre sa bourse. — Je n'en prendrai pas, monsieur.
GÉRONTE. — Monsieur.
SGANARELLE. — Point du tout.
GÉRONTE. — Un petit moment.
SGANARELLE. — En aucune façon.

GÉRONTE. — De grâce.
SGANARELLE. — Vous vous moquez.
GÉRONTE. — Voilà qui est fait.
SGANARELLE. — Je n'en ferai rien.
GÉRONTE. — Eh !
SGANARELLE. — Ce n'est pas l'argent qui me fait agir.
GÉRONTE. — Je le crois.
SGANARELLE, *après avoir pris l'argent*. — Cela est-il de poids ?
GÉRONTE. — Oui, monsieur.
SGANARELLE. — Je ne suis pas un médecin mercenaire.
GÉRONTE. — Je le sais bien.
SGANARELLE. — L'intérêt ne me gouverne point.
GÉRONTE. — Je n'ai pas cette pensée.
SGANARELLE, *seul, regardant l'argent qu'il a reçu*. — Ma foi, cela ne va pas mal ; et pourvu que….

SCÈNE IX.

LÉANDRE, SGANARELLE.

LÉANDRE. — Monsieur, il y a longtemps que je vous attends, et je viens implorer votre assistance.
SGANARELLE, *lui tâtant le pouls*. — Voilà un pouls qui est fort mauvais.
LÉANDRE. — Je ne suis point malade, monsieur, et ce n'est pas pour cela que je viens à vous.
SGANARELLE. — Si vous n'êtes pas malade, que diable ne le dites-vous donc ?
LÉANDRE. — Non. Pour vous dire la chose en deux mots, je m'appelle Léandre, qui suis amoureux de Lucinde, que vous venez de visiter ; et, comme, par la mauvaise humeur de son père, toute sorte d'accès m'est fermé auprès d'elle, je me hasarde à vous prier de vouloir servir mon amour, et de me donner lieu d'exécuter un stratagème que j'ai trouvé, pour lui pouvoir dire deux mots d'où dépendent absolument mon bonheur et ma vie.
SGANARELLE. — Pour qui me prenez-vous ? Comment ! oser vous adresser à moi pour vous servir dans votre amour, et vouloir ravaler la dignité de médecin à des emplois de cette nature ?
LÉANDRE. — Monsieur, ne faites point de bruit.
SGANARELLE, *en le faisant reculer*. — J'en veux faire, moi. Vous êtes un impertinent.
LÉANDRE. — Hé ! monsieur, doucement.
SGANARELLE. — Un malavisé.
LÉANDRE. — De grâce.
SGANARELLE. — Je vous apprendrai que je ne suis point homme à cela, et que c'est une insolence extrême….
LÉANDRE, *tirant une bourse*. — Monsieur….
SGANARELLE. — De vouloir m'employer…. (*Recevant la bourse*.) Je ne parle pas pour vous ; car vous êtes honnête homme, et je serois ravi de vous rendre service. Mais il y a de certains impertinens au monde, qui viennent prendre les gens pour ce qu'ils ne sont pas ; et je vous avoue que cela me met en colère.
LÉANDRE. — Je vous demande pardon, monsieur, de la liberté que….
SGANARELLE. — Vous vous moquez. De quoi est-il question ?
LÉANDRE. — Vous saurez donc, monsieur, que cette maladie que vous voulez guérir, est une feinte maladie. Les médecins ont raisonné là-dessus comme il faut, et ils n'ont pas manqué de dire que cela procédoit, qui du cerveau, qui des entrailles, qui de la rate, qui du foie ; mais il est certain que l'amour en est la véritable cause, et que Lucinde n'a trouvé cette maladie que pour se délivrer d'un mariage dont elle étoit importunée. Mais de crainte qu'on ne nous voie ensemble, retirons-nous d'ici ; et je vous dirai en marchant ce que je souhaite de vous.
SGANARELLE. — Allons, monsieur. Vous m'avez donné pour votre amour une tendresse qui n'est pas concevable ; et j'y perdrai toute ma médecine, ou la malade crèvera, ou bien elle sera à vous.

ACTE TROISIÈME.

Le théâtre représente un lieu voisin de la maison de Géronte.

SCÈNE I.

LEANDRE, SGANARELLE.

LÉANDRE. — Il me semble que je ne suis pas mal ainsi pour un apothicaire; et comme le père ne m'a guère vu, ce changement d'habit et de perruque est assez capable, je crois, de me déguiser à ses yeux.

SGANARELLE. — Sans doute.

LÉANDRE. — Tout ce que je souhaiterois, seroit de savoir cinq ou six grands mots de médecine pour parer mon discours et me donner l'air d'habile homme.

SGANARELLE. — Allez, allez, tout cela n'est pas nécessaire : il suffit de l'habit; et je n'en sais pas plus que vous.

LÉANDRE. — Comment!

SGANARELLE. — Diable emporte si j'entends rien en médecine! Vous êtes honnête homme, et je veux bien me confier à vous, comme vous vous confiez à moi.

LÉANDRE. — Quoi! vous n'êtes pas effectivement....

SGANARELLE. — Non, vous dis-je, ils m'ont fait médecin malgré mes dents. Je ne m'étois jamais mêlé d'être si savant que cela; et toutes mes études n'ont été que jusqu'en sixième. Je ne sais point sur quoi cette imagination leur est venue; mais quand j'ai vu qu'à toute force ils vouloient que je fusse médecin, je me suis résolu de l'être aux dépens de qui il appartiendra. Cependant vous ne sauriez croire comment l'erreur s'est répandue, et de quelle façon chacun est endiablé à me croire habile homme. On me vient chercher de tous les côtés; et, si les choses vont toujours de même, je suis d'avis de m'en tenir toute ma vie à la médecine. Je trouve que c'est le métier le meilleur de tous; car, soit qu'on fasse bien, ou soit qu'on fasse mal, on est toujours payé de même sorte. La méchante besogne ne retombe jamais sur notre dos, et nous taillons comme il nous plaît sur l'étoffe où nous travaillons. Un cordonnier, en faisant des souliers, ne sauroit gâter un morceau de cuir, qu'il n'en paye les pots cassés; mais ici l'on peut gâter un homme sans qu'il en coûte rien. Les bévues ne sont point pour nous, et c'est toujours la faute de celui qui meurt. Enfin le bon de cette profession est qu'il y a parmi les morts une honnêteté, une discrétion la plus grande du monde; et jamais on n'en voit se plaindre du médecin qui l'a tué.

LÉANDRE. — Il est vrai que les morts sont fort honnêtes gens sur cette matière.

SGANARELLE, *voyant des hommes qui viennent à lui*. — Voilà des gens qui ont la mine de venir me consulter. (*A Léandre.*) Allez toujours m'attendre auprès du logis de votre maîtresse.

SCÈNE II.

THIBAUT, PERRIN, SGANARELLE.

THIBAUT. — Monsieur, je venons vous charcher, mon fils Perrin et moi.

SGANARELLE. — Qu'y a-t-il?

THIBAUT. — Sa pauvre mère, qui a nom Parrette, est dans un lit malade il y a six mois.

SGANARELLE, *tendant la main comme pour recevoir de l'argent*. — Que voulez-vous que j'y fasse?

THIBAUT. — Je voudrions, monsieur, que vous nous baillissiez queuque petite drôlerie pour la garir.

SGANARELLE. — Il faut voir de quoi est-ce qu'elle est malade.

THIBAUT. — Alle est malade d'hypocrisie, monsieur.

SGANARELLE. — D'hypocrisie ?

THIBAUT. — Oui, c'est-à-dire qu'alle est enflée partout ; et l'an dit que c'est quantité de sériosités qu'alle a dans le corps, et que son foie, son ventre, ou sa rate, comme vous voudrais l'appeler, au glieu de faire du sang, ne fait plus que de l'iau. Alle a, de deux jours l'un, la fièvre quotiguienne, avec des lassitudes et des douleurs dans les mufles des jambes. On entend dans sa gorge des fleumes qui sont tout prêts à l'étouffer, et parfois il lui prend des syncoles et des conversions, que je crayons qu'alle est passée. J'avons dans notre village un apothicaire, révérence parler, qui li a donné je ne sais combien d'histoires ; et il m'en coûte plus d'eune douzaine de bons écus, en lavemens, ne v's en déplaise, en aposthumes qu'on li a fait prendre, en infections de jacinthe, et en portions cordales. Mais tout ça, comme dit l'autre, n'a été que de l'onguent miton-mitaine. Il veloit li bailler d'une certaine drogue que

Ah ! je vous entends, vous. (Acte III, scène II.)

l'on appelle du vin amétile ; mais j'ai-z-eu peur franchement que ça l'envoyit *à patres*, et l'an dit que ces gros médecins tuont je ne sais combien de monde avec cette invention-là.

SGANARELLE, *tendant toujours la main*. — Venons au fait, mon ami, venons au fait.

THIBAUT. — Le fait est, monsieur, que je venons vous prier de nous dire ce qu'il faut que je fassions.

SGANARELLE. — Je ne vous entends point du tout.

PERRIN. — Monsieur, ma mère est malade, et vlà deux écus que je vous apportons, pour nous bailler queuque remède.

SGANARELLE. — Ah ! je vous entends, vous. Voilà un garçon qui parle clairement, et qui s'explique comme il faut. Vous dites que votre mère est malade d'hydropisie, qu'elle est enflée par tout le corps ; qu'elle a la fièvre, avec des douleurs dans les jambes, et qu'il lui prend parfois des syncopes et des convulsions, c'est-à-dire des évanouissemens.

PERRIN. — Hé ! oui, monsieur, c'est justement ça.

SGANARELLE. — J'ai compris d'abord vos paroles. Vous avez un père qui ne sait ce qu'il dit. Maintenant vous me demandez un remède ?

PERRIN. — Oui, monsieur.

SGANARELLE. — Un remède pour la guérir ?

PERRIN. — C'est comme je l'entendons.

SGANARELLE. — Tenez, voilà un morceau de fromage qu'il faut que vous lui fassiez prendre.

PERRIN. — Du fromage, monsieur?

SGANARELLE. — Oui, c'est un fromage préparé, où il entre de l'or, du corail et des perles, et quantité d'autres choses précieuses.

PERRIN. — Monsieu, je vous sommes bien obligés, et j'allons li faire prendre ça tout à l'heure.

SGANARELLE. — Allez. Si elle meurt, ne manquez pas de la faire enterrer du mieux que vous pourrez.

Non, je ne suis poin capable de changer de sentiment. (Acte III, scène VI.)

SCÈNE III.

(Le théâtre change, et représente, comme au second acte, une chambre de la maison de Géronte.)

JACQUELINE, SGANARELLE, LUCAS, *dans le fond du théâtre.*

SGANARELLE. — Voici la belle nourrice. Ah! nourrice de mon cœur, je suis ravi de cette rencontre; et votre vue est la rhubarbe, la casse et le séné qui purgent toute la mélancolie de mon âme.

JACQUELINE. — Par ma figué, monsieur le médecin, ça est trop bian dit pour moi, et je n'entends rian à tout votre latin.

SGANARELLE. — Devenez malade, nourrice, je vous

prie, devenez malade pour l'amour de moi. J'aurois toutes les joies du monde de vous guérir.

JACQUELINE. — Je sis votre servante, j'aime bian mieux qu'an ne me garisse pas.

SGANARELLE. — Que je vous plains, belle nourrice, d'avoir un mari jaloux et fâcheux, comme celui que vous avez!

JACQUELINE. — Que velez-vous, monsieu? C'est pour la pénitence de mes fautes; et là où la chèvre est liée, il faut bian qu'alle y broute.

SGANARELLE. — Comment! un rustre comme cela! Un homme qui vous observe toujours, et ne veut pas que personne vous parle!

JACQUELINE. — Hélas! vous n'avez rian vu encore, et ce n'est qu'un petit échantillon de sa mauvaise humeur.

SGANARELLE. — Est-il possible? et qu'un homme ait l'âme assez basse pour maltraiter une personne comme vous? Ah! que j'en sais, belle nourrice, et qui ne sont pas loin d'ici, qui se tiendroient heureux de baiser seulement les petits bouts de vos petons. Pourquoi faut-il qu'une personne si bien faite soit tombée en de pareilles mains? et qu'un franc animal, un brutal, un stupide, un sot.... Pardonnez-moi, nourrice, si je parle ainsi de votre mari.

JACQUELINE. — Hé! monsieur, je sais bian qu'il mérite tous ces noms-là.

SGANARELLE. — Oui, sans doute, nourrice, il les mérite; et il mériteroit encore que vous lui missiez quelque chose sur la tête, pour le punir des soupçons qu'il a.

JACQUELINE. — Il est bian vrai que, si je n'avois devant les yeux que son intérêt, il pourroit m'obliger à queuque étrange chose.

SGANARELLE. — Ma foi, vous ne feriez pas mal de vous venger de lui avec quelqu'un. C'est un homme, je vous le dis, qui mérite bien cela; et, si j'étois assez heureux, belle nourrice, pour être choisi pour....

(*Dans le temps que Sganarelle tend les bras pour embrasser Jacqueline, Lucas passe sa tête par-dessous, et se met entre eux deux. Sganarelle et Jacqueline regardent Lucas, et sortent chacun de leur côté.*)

SCÈNE IV.

GÉRONTE, LUCAS.

GÉRONTE. — Holà! Lucas, n'as-tu point vu ici notre médecin?

LUCAS. — Et oui, de par tous les diantres, je l'ai vu, et ma femme aussi.

GÉRONTE. — Où est-ce donc qu'il peut être?

LUCAS. — Je ne sais; mais je voudrois qu'il fût à tous les guébles.

GÉRONTE. — Va-t'en voir un peu ce que fait ma fille.

SCÈNE V.

SGANARELLE, LÉANDRE, GÉRONTE.

GÉRONTE. — Ah! monsieur, je demandois où vous étiez.

SGANARELLE. — Je m'étois amusé dans votre cour à expulser le superflu de la boisson. Comment se porte la malade?

GÉRONTE. — Un peu plus mal depuis votre remède.

SGANARELLE. — Tant mieux. C'est signe qu'il opère.

GÉRONTE. — Oui; mais, en opérant, je crains qu'il ne l'étouffe.

SGANARELLE. — Ne vous mettez pas en peine; j'ai des remèdes qui se moquent de tout, et je l'attends à l'agonie.

GÉRONTE, *montrant Léandre.* — Qui est cet homme-là que vous amenez?

SGANARELLE, *faisant des signes avec la main, pour montrer que c'est un apothicaire.* — C'est....

GÉRONTE. — Quoi?

SGANARELLE. — Celui...

GÉRONTE. — Hé?

SGANARELLE. — Qui...

GÉRONTE. — Je vous entends.

SGANARELLE. — Votre fille en aura besoin.

SCÈNE VI.

LUCINDE, GÉRONTE, LÉANDRE, JACQUELINE, SGANARELLE.

JACQUELINE. — Monsieur, vlà votre fille qui veut un peu marcher.

SGANARELLE. — Cela lui fera du bien. Allez-vous-en, monsieur l'apothicaire, tâter un peu son pouls, afin que je raisonne tantôt avec vous de sa maladie.

(*Sganarelle tire Géronte dans un coin du théâtre, et lui passe un bras sur les épaules pour l'empêcher de tourner la tête du côté où sont Léandre et Lucinde.*)

Monsieur, c'est une grande et subtile question, entre les docteurs, de savoir si les femmes sont plus faciles à guérir que les hommes. Je vous prie d'écouter ceci, s'il vous plaît. Les uns disent que non, les autres disent que oui; et moi je dis que oui et non; d'autant que l'incongruité des humeurs opaques, qui se rencontrent au tempérament naturel des femmes, étant cause que la partie brutale veut toujours prendre empire sur la sensitive, on voit que l'inégalité de leurs opinions dépend du mouvement oblique du cercle de la lune; et, comme le soleil qui darde ses rayons sur la concavité de la terre, trouve....

LUCINDE, *à Léandre.* — Non, je ne suis point du tout capable de changer de sentiment.

GÉRONTE. — Voilà ma fille qui parle! O grande vertu du remède! O admirable médecin! Que je vous suis obligé, monsieur, de cette guérison merveilleuse! et que puis-je faire pour vous après un tel service?

SGANARELLE, *se promenant sur le théâtre, et s'éventant avec son chapeau.* — Voilà une maladie qui m'a bien donné de la peine!

LUCINDE. — Oui, mon père, j'ai recouvré la parole; mais je l'ai recouvrée pour vous dire que je n'aurai jamais d'autre époux que Léandre, et que c'est inutilement que vous voulez me donner Horace.

GÉRONTE. — Mais....

LUCINDE. — Rien n'est capable d'ébranler la résolution que j'ai prise.

GÉRONTE. — Quoi?...

LUCINDE. — Vous m'opposerez en vain de belles raisons.

GÉRONTE. — Si....

LUCINDE. — Tous vos discours ne serviront de rien.

GÉRONTE. — Je....

LUCINDE. — C'est une chose où je suis déterminée.

GÉRONTE. — Mais....

LUCINDE. — Il n'est puissance paternelle qui me puisse obliger à me marier malgré moi.

GÉRONTE. — J'ai....

LUCINDE. — Vous avez beau faire tous vos efforts.

GÉRONTE. — Il....

LUCINDE. — Mon cœur ne sauroit se soumettre à cette tyrannie.

GÉRONTE. — La....

LUCINDE. — Et je me jetterai plutôt dans un couvent que d'épouser un homme que je n'aime point.

GÉRONTE. — Mais....

LUCINDE, *avec vivacité.* — Non. En aucune façon.

Je vous entends. (Acte III, scène V.)

Point d'affaires. Vous perdez le temps. Je n'en ferai rien. Cela est résolu.

GÉRONTE. — Ah! quelle impétuosité de paroles! Il n'y a pas moyen d'y résister. (*A Sganarelle.*) Monsieur, je vous prie de la faire redevenir muette.

SGANARELLE. — C'est une chose qui m'est impossible. Tout ce que je puis faire pour votre service, est de vous rendre sourd, si vous voulez.

GÉRONTE. — Je vous remercie. (*A Lucinde.*) Penses-tu donc?....

LUCINDE. — Non, toutes vos raisons ne gagneront rien sur mon âme.

GÉRONTE. — Tu épouseras Horace dès ce soir.

LUCINDE. — J'épouserai plutôt la mort.

SGANARELLE, *à Géronte.* — Mon Dieu! arrêtez-vous, laissez-moi médicamenter cette affaire. C'est une maladie qui la tient; et je sais le remède qu'il faut y apporter.

GÉRONTE. — Seroit-il possible, monsieur, que vous puissiez aussi guérir cette maladie d'esprit?

SGANARELLE. — Oui, laissez-moi faire, j'ai des remèdes pour tout, et notre apothicaire nous servira pour cette cure. (*A Léandre.*) Un mot. Vous voyez que l'ardeur qu'elle a pour ce Léandre est tout à fait contraire aux volontés du père, qu'il n'y a point de temps à perdre, que les humeurs sont fort aigries, et qu'il est nécessaire de trouver promptement un remède à ce mal, qui pourroit empirer par le retardement. Pour moi, je n'y en vois qu'un seul, qui est une prise de fuite purgative, que vous mêlerez, comme il faut, avec deux dragmes de matrimonium en pilules. Peut-être fera-t-elle quelque difficulté à prendre ce remède;

mais, comme vous êtes habile homme dans votre métier, c'est à vous de l'y résoudre, et de lui faire avaler la chose du mieux que vous pourrez. Allez-vous-en lui faire faire un petit tour de jardin, afin de préparer les humeurs, tandis que j'entretiendrai ici son père; mais surtout ne perdez point de temps. Au remède, vite! au remède spécifique!

SCÈNE VII.

GÉRONTE, SGANARELLE.

GÉRONTE. — Quelles drogues, monsieur, sont celles que vous venez de dire? Il me semble que je ne les ai jamais ouï nommer.

Hélas! mon cher mari, est-il bien vrai qu'on va te pendre? (Acte III, scène IX.)

SGANARELLE. — Ce sont drogues dont on se sert dans les nécessités urgentes.

GÉRONTE. — Avez-vous jamais vu une insolence pareille à la sienne?

SGANARELLE. — Les filles sont quelquefois un peu têtues.

GÉRONTE. — Vous ne sauriez croire comme elle est affolée de ce Léandre.

SGANARELLE. — La chaleur du sang fait cela dans les jeunes esprits.

GÉRONTE. — Pour moi, dès que j'ai eu découvert la violence de cet amour, j'ai su tenir toujours ma fille renfermée.

SGANARELLE. — Vous avez fait sagement.

GÉRONTE. — Et j'ai bien empêché qu'ils n'aient eu communication ensemble.

SGANARELLE. — Fort bien.

GÉRONTE. — Il seroit arrivé quelque folie, si j'avois souffert qu'ils se fussent vus.

SGANARELLE. — Sans doute.

GÉRONTE. — Et je crois qu'elle auroit été fille à s'en aller avec lui.

SGANARELLE. — C'est prudemment raisonné.

GÉRONTE. — On m'avertit qu'il fait tous ses efforts pour lui parler.

SGANARELLE. — Quel drôle!

GÉRONTE. — Mais il perdra son temps.

SGANARELLE. — Ah! ah!

GÉRONTE. — Et j'empêcherai bien qu'il ne la voie.

SGANARELLE. — Il n'a pas affaire à un sot, et vous savez des rubriques qu'il ne sait pas. Plus fin que vous n'est pas bête.

SCÈNE VIII.

LUCAS, GÉRONTE, SGANARELLE.

LUCAS. — Ah! palsanguenne, monsieu, vaici bian du tintamare; votre fille s'en est enfuie avec son Liandre. C'étoit lui qui étoit l'apothicaire; et vlà monsieu le médecin qui a fait cette belle opération-là.

GÉRONTE. — Comment! m'assassiner de la façon! Allons, un commissaire, et qu'on empêche qu'il ne sorte. Ah! traître! je vous ferai punir par la justice.

LUCAS. — Ah! par fi, monsieu le médecin, vous serez pendu; ne bougez de là seulement.

SCÈNE IX.

MARTINE, SGANARELLE, LUCAS.

MARTINE, à Lucas. — Ah! mon Dieu! que j'ai eu de peine à trouver ce logis! Dites-moi un peu des nouvelles du médecin que je vous ai donné.

LUCAS. — Le vlà qui va être pendu.

MARTINE. — Quoi! mon mari pendu! Hélas! et qu'a-t-il fait pour cela?

LUCAS. — Il a fait enlever la fille de notre maître.

MARTINE. — Hélas! mon cher mari, est-il bien vrai qu'on te va pendre?

Monsieur, votre vertu m'est tout à fait considérable. (Acte III, scène XI.)

SGANARELLE. — Tu vois. Ah!

MARTINE. — Faut-il que tu te laisses mourir en présence de tant de gens?

SGANARELLE. — Que veux-tu que j'y fasse?

MARTINE. — Encore, si tu avois achevé de couper notre bois, je prendrois quelque consolation.

SGANARELLE. — Retire-toi de là, tu me fends le cœur.

MARTINE. — Non; je veux demeurer pour t'encourager à la mort; et je ne te quitterai point que je ne t'aie vu pendu.

SGANARELLE. — Ah!

SCÈNE X.

GÉRONTE, SGANARELLE, MARTINE.

GÉRONTE, à Sganarelle. — Le commissaire viendra bientôt, et l'on s'en va vous mettre en lieu où l'on me répondra de vous.

SGANARELLE, à genoux. — Hélas! cela ne se peut-il point changer en quelques coups de bâton?

GÉRONTE. — Non, non, la justice en ordonnera. Mais, que vois-je?

SCÈNE XI.

GÉRONTE, LÉANDRE, LUCINDE, SGANARELLE, LUCAS, MARTINE.

LÉANDRE. — Monsieur, je viens faire paroître Léandre à vos yeux, et remettre Lucinde en votre pouvoir. Nous avons eu dessein de prendre la fuite nous deux, et de nous aller marier ensemble; mais cette entreprise a fait place à un procédé plus honnête. Je ne prétends point vous voler votre fille, et ce n'est que de votre main que je veux la recevoir. Ce que je vous dirai, monsieur, c'est que je viens tout à l'heure de recevoir des lettres, par où j'apprends que mon oncle est mort et que je suis héritier de tous ses biens.

géronte. — Monsieur, votre vertu m'est tout à fait considérable, et je vous donne ma fille avec la plus grande joie du monde.

sganarelle, à part. — La médecine l'a échappé belle.

martine. — Puisque tu ne seras point pendu, rends-moi grâce d'être médecin ; car c'est moi qui t'ai procuré cet honneur.

sganarelle. — Oui ! c'est toi qui m'as procuré je ne sais combien de coups de bâton ?

léandre, à Sganarelle. — L'effet en est trop beau pour en garder du ressentiment.

sganarelle. — Soit. (A Martine.) Je te pardonne ces coups de bâton, en faveur de la dignité où tu m'as élevé ; mais prépare-toi désormais à vivre dans un grand respect avec un homme de ma conséquence, et songe que la colère d'un médecin est plus à craindre qu'on ne peut croire.

FIN DU PREMIER VOLUME.

TABLE DES MATIÈRES

Notice sur Molière.	1
La Jalousie du Barbouillé, comédie.	15
Le Médecin volant, comédie	23
L'Étourdi ou les Contre-temps, comédie en cinq actes.	33
Les Précieuses ridicules, comédie en un acte.	121
Sganarelle ou le Cocu imaginaire, comédie.	135
Don Garcie de Navarre ou le Prince jaloux, comédie en cinq actes.	149
L'École des Maris, comédie en trois actes.	181
Les Fâcheux.	207
L'Impromptu de Versailles, comédie en un acte.	281
Le Mariage forcé, comédie en un acte.	293

Le Mariage forcé, ballet du Roi.	307
La Princesse d'Élide.	313
Les Plaisirs de l'Ile enchantée.	347
Don Juan ou le Festin de Pierre, comédie en cinq actes.	361
L'Amour médecin, ballet en trois actes.	405
Le Misanthrope, comédie en cinq actes.	429
Le Médecin malgré lui, comédie en trois actes.	457

www.ingramcontent.com/pod-product-compliance
Lightning Source LLC
Chambersburg PA
CBHW060236230426
43664CB00011B/1670